［監修］東京女子大学比較文化研究所・上海外国語大学日本研究センター
［全体編集］和田博文・高潔

コレクション・近代日本の中国都市体験

第6巻 奉天（瀋陽）

徐 静波・編

『コレクション・近代日本の中国都市体験』刊行にあたって

研究基盤の構築を目指して

和田博文

二〇二一年四月に東京女子大学比較文化研究所と上海外国語大学日本研究センターが研究所協定を結び、国際共同研究「近代日本の中国都市体験の研究」がスタートした。日本側は一一人、中国側は九人、合わせて二〇人の研究者が、中国の一七都市と、都市体験基本資料・旅行案内・内山書店をテーマに、三年間の共同研究を実施している。五回のシンポジウムで各テーマの研究発表を行い、活発な議論を積み重ねてきた。

国際共同研究には前段階がある。それは和田博文・王志松・高潔編『中国の都市の歴史的記憶』（二〇二二年九月、勉誠出版）で、日中二一人の研究者が、中国一六都市についての、日本語表象を明らかにしている。日本人が異文化体験を通して、自己や他者とどのように向き合ってきたのかというドラマは興味深い。ただこの本は論集なので、一次資料を共同で研究したわけではない。

本シリーズは復刻頁と編者執筆頁で構成している。前者は、単行本と雑誌掲載記事の二つである。単行本は稀覯本を基本として、復刻済みの本や、国会図書館デジタルライブラリーで読める本は、対象から外している。雑誌掲載記事は一年目にリストを作成して、その中から選定した。後者には、「エッセイ」「解題」「関連年表」「主要参考文献案内」を収録している。

コレクションの目標は、研究基盤の構築である。コレクションがスタート地点となって、日本人の中国都市体験や、中国主要都市の日本語表象の研究が、活性化することを願っている。

（わだ・ひろふみ　東京女子大学特任教授）

人を以て鑑と為す

高　潔

国際共同研究「近代日本の中国都市体験」は三年間の共同研究の期間を経て、全五回のシンポジウムを開催した。いよいよその成果となる『コレクション・近代日本の中国都市体験』全二〇巻の出版を迎えることとなる。

共同研究に参加する中国側九名の研究者にとって、一番大きな収穫は、日本語で記録された一次資料を通して、自分が現在実際住んでいる中国の各都市の近代史を、新たに考えてみる契機を与えられたことであった。最近、中国の都市では「シティー・ウォーク」が流行っているが、日本語による一次資料で都市のイメージを構築しながら、各都市の図書館で古い資料を調査し、「歴史建築」と札の付いている建物を一軒一軒見て回るなどの探索を重ねていくと、眼前にある都市の表情の奥底に埋もれていた、近代の面影が次第に現れてくる。

中国では、「上海学」「北京学」というように、特定の都市に関する研究がこの三四十年来盛んになってきたが、日本語で記録された一次資料を駆使する研究はまだ稀にみるものであった。中国人にとって、日本語による近代中国の都市表象は、どうしても侵略と植民のイメージが付き纏ってくるが、日本語の案内記や、都市概況の説明書は、当時の都市生活の事情が、詳しい数字や克明な記録を以て紹介されている。この共同研究で再発掘されたこれらの資料は、中国各都市の近代史の研究において、見過ごすことのできない重要なデータとなるだろう。

（こう・けつ　上海外国語大学教授）

凡例

・本書は、東京女子大学比較文化研究所と上海外国語大学日本研究センターによって、二〇二一年〜二〇二四年に行われた国際共同研究「近代日本の中国都市体験の研究」に基づく復刻版資料集である。中国の主要一七都市についての未復刻、および閲覧の困難な一次資料を、巻ごとに都市単位で収録した。

・各巻ごとに編者によるエッセイ・解題・関連年表・主要参考文献を収録した。

・収録に際しては、A五判（210ミリ×148ミリ）に収まるよう適宜縮小した。収録巻の書誌については解題を参照されたい。

・二色以上の配色がなされているページはカラーで収録した。

・本巻作成にあたって、原資料の提供を、東京女子大学比較文化研究所、監修者の和田博文氏よりご提供いただいた。また、山崎鋆一郎『最新版　奉天写真帖』（大阪屋号書店）の収録については、山崎鋆一郎氏の著作権を継承されている、池宮商会出版部様に、収録へのご理解をいただいた。ここに記して深甚の謝意を表する。

・池宮商会出版部様では、かつて『懐かしの風景　復刻 満洲絵葉書写真帖』（一九八六年三月）を刊行の際に、山崎鋆一郎氏の所在を調査し、了承を得られたこと記されている（同書「復刻にあたって」）。以下に引用し、謝意を表する。

編著者の山崎氏（明治三十年生）は、現在大阪市都島区東野田町の協和病院で療養の日々を送っておられる（中略）。

同氏が昭和十年ごろ和歌山市小松原通り一丁目五番地で大正写真工芸所を経営しておられたことは写真帖の奥付から分かったが、それ以外に手がかりは何一つなかったのである。（中略）とにかく和歌山市役所に問合せることから始めることにして昭和五十九年九月、同市の市民課に照会状を送り、同課からは折返し山崎氏の戸籍抄本が送られてきた。（中略）区長からは山崎氏の住民票の写しが送られてきた。それによると、転居先は確かに戸籍抄本どおりとなっており、ここまでは所在調べは少くとも順調に運んできたように思えた。しかし、その後、復刻計画について同氏の承諾を取り付けるために当社の責任者が訪ねたところ、同氏は前記の転居先にはおられず、老衰のため入院療養中らしいという雲をつかむような話を聞かされた。（中略）そのために大変な苦労をなめたが、その甲斐があって山崎氏の入院先が前記の協和病院であることを突き止めることができた。

病臥中の山崎氏は自著の復刻計画について説明を受けると直ちに復刻を快諾されただけでなく、その場で一札を認められて同刊行物のほか同氏が所有しておられる他の版権等も含めて権利一切を池宮商会に譲渡されたのである。以上が「満洲写真帖」復刻決定に至るまでのいきさつである（中略）。この復刻版を印刷に付す段階になって思いがけなく、山崎氏が昨年（昭和六〇年）、療養先で亡くなられたことを知った。（中略）謹んで故人のご冥福をお祈り申し上げる。

合資会社　池宮商会出版部

目次

コレクション・近代日本の中国都市体験

●第6巻　奉天（瀋陽）

徐 静波・編

皆川秀孝

『奉天一覧』

（満洲日日新聞社、一九一四年八月）

5　皆川秀孝『奉天一覧』（満洲日日新聞社、1914年8月）

資本金壹千萬圓

本

支

出張所（大連…

…原盛宏

奉天出張所

電話 日 長 五二一番
日 五二四番
所長舍宅 五二三番
振替貯金 大連 一三一番
口座 京城 一七五二番

…運、安東縣、長春、平壤、
…山、釜山、鎮南浦、群山、
義州、羅南、會寧

當行ハ一般銀行業務ヲ叮嚀迅速ニ取扱ヒ且内外樞要ノ地ニ為替取引ノ便ヲ有シ居候

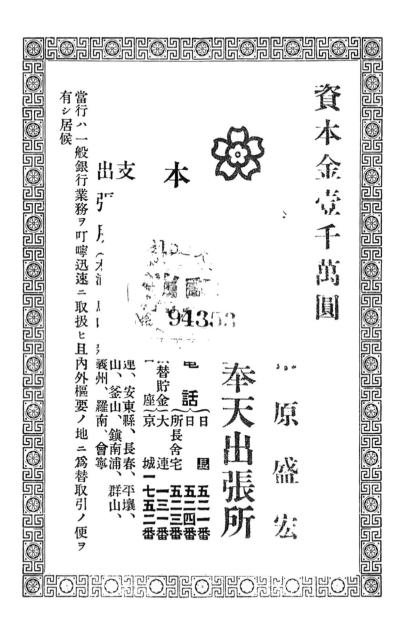

前一

奉天日本町
牧野呉服店
電話長三六番

撫順千金寨元町
牧野呉服店
電話四番

奉天北陵

榊原農場

場主　榊原政雄

第一農場事務所電話五七七番
第二農場事務所電長五六三番
自宅大連市紀伊町九號地
電長一二三八番

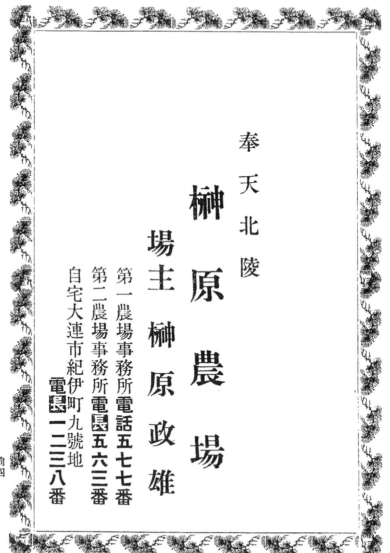

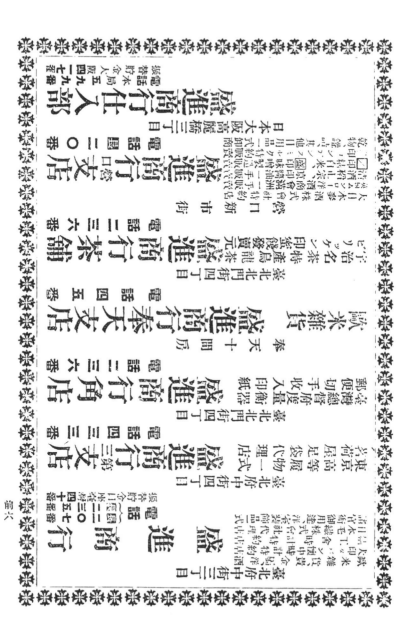

取締役　長谷川正直
同　笹部杉一
同　古賀松二
同　野田貞次

監査役　余村松之助
同　大島傳兵衛
同　田實優

奉天小西關

株式會社　南滿銀行

電話｛園　五三三番
　　　支分　一八二番
支配人室用電一四番

本溪湖永利町

本溪湖支店

電話二一番

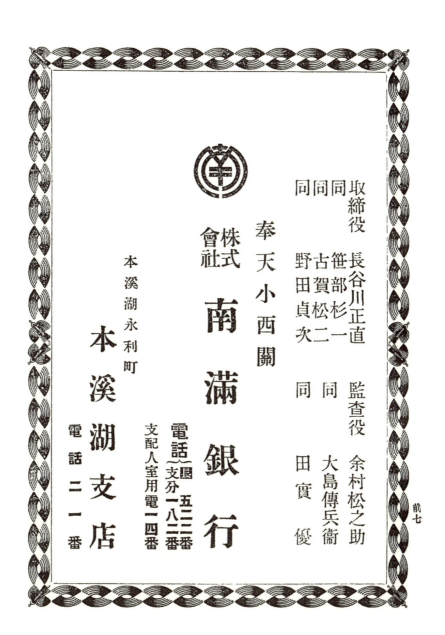

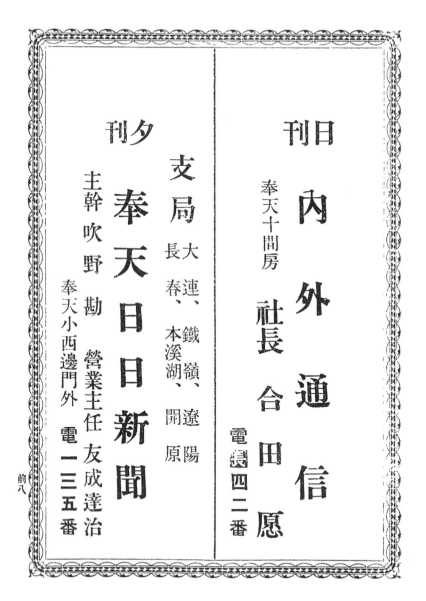

15　皆川秀孝『奉天一覧』（満洲日日新聞社、1914年8月）

明治生命保險株式會社奉天代理店
英國サン火災保險會社奉天代理店

雜貨文具

奉天城内

上田〇商會

奉天共融組合業務扱所

電話｛日圜二二二番　支三六〇番
電信略符（〇）

資本金參拾五萬圓

奉天倉庫金融株式會社

營業｛倉庫業、質屋業　寄託貨物ニ對スル貸付

取締役社長　石田武玄
取締役　上田久衛
同　松井小右衛門
常務取締役　長野偉
同　沼野八郎
監査役　佐伯直平
同　米田悦治
同　梶野喜重郎

前九

奉天石炭共同販賣組合

撫順炭
煙臺炭
販賣

公益公司

奉天小西關路北

電話
日一七四番
日四四四番
支五七〇番

分店新市街西二條街電話五四六番

貯炭場電話三四七番

千代田生命保險相互會社奉天代理店

本溪湖炭
コークス
販賣

奉天西塔大街

大昌煤局

電話長二〇九番

英國ノールウ井クュニオン火災保險會社申込所

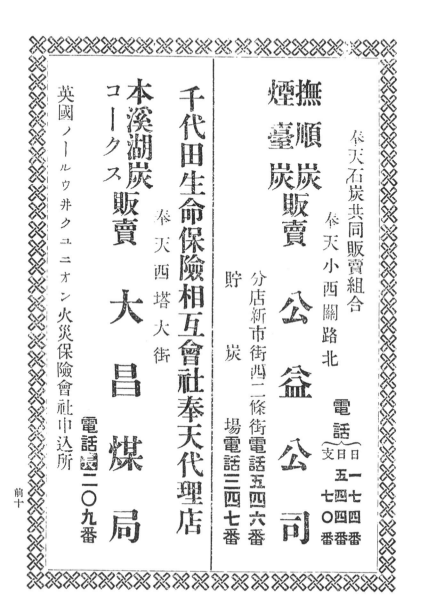

19　皆川秀孝『奉天一覧』（満洲日日新聞社、1914年8月）

奉天新市街
伊豫組
電話二〇二番
振替口座大連一四七番

奉天鐵道附屬地
石鹼製造所
鳥合洋行
電話三一番
振替口座大連九八八番

奉天新市街
西一條街第九號地
上木仁三郎
電話一五七番

奉天新市街公園前

吉田醫院

院主　吉田一

電話三三一七番

本社　神戸市榮町　山口合名會社

支店　大連市監部通　山口運輸公司

奉天驛前

山口運輸公司出張所

電話日一五八番

電話支一一五番

城内衙扱所　電話二一四番

出張所所在地　營口、鐵嶺、開原　四平街、公主嶺、長春

奉天新市街

書肆　山陽堂

電話　五二九番

振替口座大連一二九九番

前十四

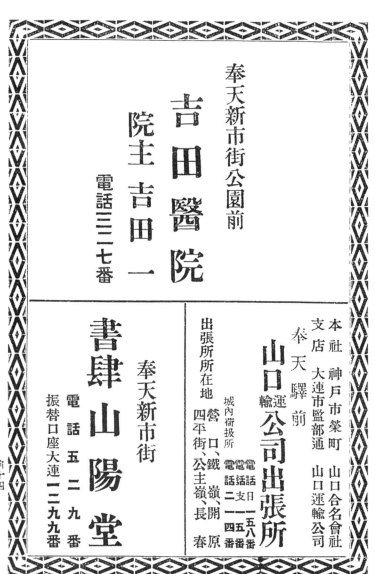

21　皆川秀孝『奉天一覧』（満洲日日新聞社、1914年8月）

寫眞

奉天城内鐘樓南
永清寫眞館
電話一八番

奉天名所繪ハガキ販賣

奉天小西關小什字街
直輸出入商　阪本洋行
電話三三九番
振替口座大連四三二番

同所
委託賣買問屋部　阪本行店
電中分一六五番

金銀時計
ダイヤモンド
各種寶石貴金屬美術製作品歐米文房具化粧品旅行用品建築用金物工場用諸機械器具農具度量衡器厨房用金物及物類

奉天小西關
藤田洋行鐵工廠
電話一一九番

奉天東華門街
藤田洋行
電話日支二二四番
振替貯金大連一七八

奉天城内鐘樓南
藤田洋行支店
電話日支二一四番

前十五

奉天一覧目次

奉天一覧目次　畢

奉天一覽

株式會社滿洲日日新聞社奉天支局編纂

第一章　奉天

●位置　奉天は南滿洲中央の大都會にして北緯四十一度五十分東經百二十三度三十五分に位置し地勢平坦にして一望無涯なり西に遼河あり南に渾河あり舟揖の便なきも安奉線東より來りて西京奉線に會し南滿鐵道南北に貫通して陸路交通の中樞を爲せり形象雄大洵に前途の大發展を豫想せしむ

●氣候　地旣に大陸に在り氣候は言ふ迄もなく大陸的にして寒に強く暑に強し此地測候所の調査する處に據れば結氷期は槪ね十月末にして翌年四月末又は五月初に於て解氷し極寒攝氏零度以下二十三度前後に降り酷暑攝氏の九十四度前後に昇る去れど家屋の構造は一般

に煉瓦又は土壁を用ふるより冬季室内に在りて適當に温度を保ち夏季また相應の凉氣あり只だ春秋二季に於ける西南風は時に濛々たる萬里の土砂を吹き捲り黄塵萬丈の奇觀を呈することあり

●沿革　奉天は俗に瀋陽と稱す唐朝以前は高勾驪の領土にして高勾驪以前は挹婁國なりしといふ瀋陽の名は元朝より始まり明は此地に瀋陽中衞を置けり清の太祖長白山下に起り興京より遼東を征するや天命六年瀋陽及び遼陽を陷れ都を遼陽に奠め更に瀋陽に遷る太宗位に卽き興京に對して盛京と號し世祖都を燕京に遷すに及び奉天府を設け府尹を置き爾來奉天と稱するに至れり次で康熙年間に至り將軍を駐めて留守せしむ依て留京又は陪都の名あり其後日露戰爭當時までは盛京將軍或は奉天將軍と稱する者此地に在りて行政軍事を統轄したるも戰後制度を改めて總督巡撫を置き共和民國と爲りて現今の都督と改稱せり

●奉天城　奉天城は淸の太宗の天聰五年に築城したるものにして内外二城より成る内城は方形にして周圍一里半高三丈の城壁を有す通路は大西小西大北小北大東小東大南小南の八門を以て扼し小西門だけ城樓を設けあり城内の市街は井字形に東西南北各門に通ずる四大

街を作り商家櫛比して頗る繁盛を極む小西門より大東門に達する街上には鐘樓鼓樓あり今は徒らに通路を阻碍するに過ぎざるも清朝初期の遺物として之を存せり井字形四大街路の中央には太宗文皇帝の政廳たりし宮殿あり奉天唯一の舊蹟として拜觀者常に群集す外城は楕圓形の土壁より成り周圍四里に亘れり內城各門の延線に八箇の小門を設け之を邊門と稱し邊門と內城各門との中間を關と號す大西關小西關の如き是なり外城內の通路は狹隘且つ不規則にして交通の不便甚だしく將來此地の發展と共に市區改正を施すの要あるが如し內城の各門は通常午後十二時に閉鎖し翌朝五時に開門す然れども匪賊侵入其他の虞ありと認めたる場合には午後十時頃より閉門するを以て人爲的交通上の不便常に多しまた城門は晝夜軍隊を以て之を警戒せり

●人口と戸數　大正三年六月末現在內外人戸口數左の如し

區分＼戸口數	戸數	人口 男	人口 女	計
支那人	三四、九六四	一三三、六四九	六一、六八八	一九五、三三七

區分	戸數	人口 男	人口 女	計
日本人	一、六〇二	三、四〇九	二、七一八	六、一二七
朝鮮人	四六	二〇一	一〇七	三〇八
外國人	六五	一一一	五六	一六七
計	三六、六七七	一三七、三七〇	六四、五六九	二〇一、九三九

右の中朝鮮人並に外國人の職業別を示せば次の如し

國別	職業	戸數	男	女
英國	領事館員	一	四	三
	宣教師	七	九	六
	醫士	四	三	三
	教員	二	二	一
	傭聘者	三	一〇	一〇
	看護婦	一	—	一
米	領事館員	二	三	二

職業	戸數	男	女
煙草商	三	八	四
雜貨商	一	五	三
雜業	三	四	—
受負業	一	一	—
合計	二六	四六	三一
煙草商	五	一五	五

國	宣教師	一	一	一
	傭聘者	五	五	一
	貿易商	一	一	|
獨逸	領事館員	三	四	二
	傭聘者	一	二	一
	旅館業	一	一	一
	銃砲商	一	一	|
佛國	領事館員	二	三	三
	宣教師	二	五	〇
露國	領事館員	三	一三	一
	雑貨商	一	二	|
	煙草商	一	一	|
	旅館業	一	二	|
朝鮮人	農業	一九	一一四	五七
	商業	一四	四五	二八
	雑業	八	三二	一二

	雑貨商	一	二	一
	合計	一五	二七	一〇
	雑貨商	一	一	|
	雑業	一	|	|
	合計	八	九	四
	教員	二	一	二
	合計	六	九	五
	馭者	一	一	一
	雑業	一	二	|
	鑿井業	一	一	|
	合計	九	二一	四
	藝酌婦	|	|	一三
	無職業	五	一〇	|
	合計	四六	二〇二	一〇七

●風俗　在住支那人は重に山東方面の移住者にして既に三代以上居住するものあり或は最近數年前に來りし者もあり去れば凡ての習慣は滿漢混合にして女子の如きも天足あり纏足あり服裝亦之に準ず男子は革命亂以來辮髮を剪るもの多く官吏軍人警官學生は勿論車夫勞働者に至るまで斷髮者增加せり靴も亦西洋式を穿つもの多く支那人の雜貨店は概ね出來合の洋靴を販賣す帽子は八分通り中折れ、山高、鳥打等の洋式を用ひ夏季は麥稈帽子、巴奈馬帽子、拿破翁帽子等を被れり滿洲人の婦女にして既婚の者は頭上高く結髮するに反し漢人婦女の既婚者は低く後頭部に束髮せり未婚者は一般に編みて後に垂る言語は北京官話の稍や訛りたるもの到る處通用せり

第二章　開埠地

開埠地とは支那官憲が各國居留地として自ら指定したる地區にして奉天の開埠地は鐵道附屬地に連接せる十間房一帶並に大小西關一帶の地面積二百餘萬坪を有せり此の地域内に居住する内外人は戸數約一萬人口六萬を算し商業常に繁盛なり各國領事館日本赤十字病院日

39　皆川秀孝『奉天一覧』（満洲日日新聞社、1914年8月）

泥中の馬車

高粱畑

奉天小西門通リ

瀬戸物接ぎ

本居留民會英米煙草トラスト會社等皆此內に在り大南關には平康里と稱する支那遊廓あり劇場料理店軒を併べ遊野郞の來往頗る頻繁を極む小西邊門附近には近き將來に於て京奉鐵道の所謂城根停車場を建設せらるべく此の一帶の前途は最も有望なるが如し支那官憲は開埠局なる役所を設け總辦及び外國人雇員を置き商埠地內に於ける諸外人との地上權に關する一切の交涉に當らしめり支那官憲は大正二年五月開埠地一帶を擧げて鐵道附屬地と爲すべき條件を以て我が滿鐵會社より金六十萬圓を借款したるが將來此の地域の鐵道附屬地と爲るの一日あらば奉天の發展上頗る好都合なるべし

第三章　鐵道附屬地

●沿革　南滿洲鐵道の附屬地は「ポーツマス」條約の結果露國より日本帝國に讓渡したるを更に北京條約に依り淸國政府の承諾を經て完全に日本帝國の權內に移りたる一定の地區にして我が奉天の鐵道附屬地も實に此の權內に屬する一地域たり然るに日本政府は自ら南滿鐵道の經營を爲さずして日本法律の下に成立せる株式會社をして之に當らしめたるより南

滿鐵道の附屬地は轉じて鐵道經營者たる南滿洲鐵道株式會社の所有となり以て今日に至れり

●警察權　鐵道附屬地內の警察權は「ポーツマス」條約及北京條約に依り日本帝國に於て日露戰前東清鐵道會社の所有せる警察權を繼承したる結果我が帝國に於て此の權を行使することゝなれり故に附屬地內に於ける警察權は之を關東都督に委任し關東都督は警務署を各地に置き保安上風紀上凡ての取締を爲し警察犯に對しては各警務署に於て日支人を問はず制裁處罰を加へつゝあり奉天も亦之に同じ

●面積　奉天の南滿鐵道附屬地は左の如し

總面積　百八十二萬五千二百餘坪

內譯

鐵道用地　二十七萬二千三百三十六坪

民政部用地　二萬三千三百六十八坪

陸軍用地　八萬九千九百一坪

耕地貸附豫定地　五十萬餘坪

市街宅地道路其他　九十三萬四千餘坪

●經營　滿鐵會社は政府命令第五條に依り附屬地內に於て敎育衞生土木其他公共に關する施設經營を爲さゞる可からず奉天に於ても經理係保線係等をして敎育土木其他の公共的事項を施行管理せしめ病院を設置して衞生事項を實施せしめつゝあり卽ち敎育に就きては奉天尋常高等小學校其他の諸機關を設け土木に關しては道路水道下水溝公園等を修築し一般衞生に就きては經理係をして管掌施行せしむるも別に奉天醫院を設け本書第十七章に掲げたる沿線無二の設備を整ひたり又學校に關しては本書第十四章に說明したる如くにして土木經營に就きては此に其の概況を述べんとす先づ道路は瀋陽大街以北中央大街と鐵道大街との中間は全部完成し瀋陽大街以南は半成又は單に道路型を取りたるもの多し市街發展の模樣に依り大正三年度以降に於て著々完成を期すべき豫定に在り次に下水は西六條と鐵路大街間各幹枝線奉天醫院南滿醫學堂構內等は旣に完成を告げ大正三年度は兵營を橫斷して西塔大街に至る線及び公園と鐵路大街間の各幹枝線其他各幹線に屬する枝線を完成せしむ

べし水道は忠魂碑の南方丘上に吸水塔を設け深三十尺直徑三十尺の鑿井を爲し十萬瓩の水を儲ひ五萬の人口に給水し得るの設計を定め目下吸水塔より瀋陽大街に口徑十二吋の鐵管を埋設せり大正三年度は各要地の消火栓、奉天驛、南滿醫學堂、奉天醫院等に給水し得るに至るべし

以上土木諸工事の完成せる曉には附屬地內居住者の便宜益々增大し活動上無限の利益を得べきなり尚經營の一端として宅地耕作地雜地並に家屋の貸附を爲しつゝあるが現に貸附したる宅地は五萬千四百六十坪（貸附料月額三錢より一錢まで）耕地及雜地は四十四萬餘坪（貸附料年額一錢より四厘まで）あり家屋は大正元年九月驛前に二十五萬圓の經費を以て三階建の大建築を爲し戶數六十戶を收容し得る設備を爲せり

●人口と戶數　大正三年六月末調査による鐵道附屬地居住戶口數は左の如し

區分　戶口	戶數	人口 男	人口 女	計
日本人	九七八	二、〇九〇	一、七六三	三、八五三

朝鮮人	九	七三	二二	九五
支那人	一八一	一、四六〇	二六五	一、七二五
外國人	二	二	四	六
計	一、一六八	三、六二三	二、〇五〇	五、六七三

右戸口數は戰後比年増加を重ね以て今日に至りたるものなるが將來益々發展を加ふ可きは言を俟たざる處なり

●行政　滿鐵會社の附屬地内に於ける行政事務は前項經營の部に概說したる外政府命令書第六條に依る公費の徵收竝に警備(消防と夜警)產業、屠畜場、公園、墓地、火葬場、救助其他の公共事務を處理せり公費徵收率は次の如し

官吏及本社員　月收三十圓以上の者に對し一箇月　千分の八・五六より千分の三十迄
其他の在留者　特等三十圓以上と一等二十六圓より十三等三十錢まで
藝妓　二圓
酌婦　一圓五十錢

舞妓	七十錢
仲居	七十錢
乘用馬車	一圓二十錢
自轉車	五十錢
人力車	一圓
荷馬車	一圓
荷車	三十錢
轎車	一圓
寄席	二圓
演劇	一圓五十錢
其他の興行	一圓
球突臺	二圓
屠畜	牛二圓五十錢豚八十錢其他四十錢

右の外手數料として徵收するもの左の如し

證明手數料　五十錢
督促手數料　二十錢
謄本手數料　二十錢
依託敎育料　一圓
幼兒運動場料　五十錢
小學校寄宿料　一日十五錢
火葬料　十二歲以上八圓十二歲以下四圓

外に墓地、公園、道路等の使用料あるも其料金は隨時定むるものとす
警備事務は消防と夜警との二種なるが消防の編制は一切之を義務消防となし監督一副監督一組頭以下五十七名を以て組織せり重なる役員名次の如し

監督　經理主任　原田鐵造
副監督　缺員

組頭　榊田七太郎

夜警は數名の不寢番を置き警戒を要すべき區域を巡邏せしむ産業は附屬地内の耕地を二三の者に貸附し水田陸田の經營を爲さしめつゝあり

尚大正二年度に於ける奉天區公費豫算を示せば次の如し

歳入總額　五九、七八〇•八〇円

内譯

公費	一二、四七五•二〇円
手數料	五、二七六•八〇
雜收入	二三五•〇〇
繰越金	一、一六二•四三
補助金	四〇、六三一•三七
計	五九、七八〇•八〇

歳出總額　五九、七八〇•八〇円

内譯

經常費

事務費	八〇六•五三円
會議費	一六•〇〇
土木費	一一、四三四•七五
教育費	二〇、六二四•六五
衛生費	五、九一五•六〇
警備費	三、三四九•四二
公園及苗圃費	二、一五八•三五
墓地及火葬場費	三七〇•八四
屠獸場費	一、八九四•七五
救助費	五〇•〇〇
雜支出	二五九•五一

豫備費	六〇〇•〇〇
臨時費	
土木費	一一、一〇〇•〇〇
衛生費	一、二〇〇•〇〇
計	五九、七八〇•八〇

第四章　在留邦人

●**邦人の分布**　一言に奉天と云へば集團せる一都市の如く思惟せらるゝも實際に於て我が邦人の散在せる地區は目下之を三大別するを得べし卽ち停車場を起點とせる鐵道附屬地と十間房と城内是なり鐵道附屬地及び奉天城内は前章述ぶる處の如し十間房は附屬地と城内との中間に在りて邦人の一部落を爲し雜貨店藥舖木材商料理業新聞業其他各種商店軒を竝べ一見邦人の市街を形成せり此の三地區に分布せる邦人の戸口及業務種別を表示せば左の如し

業務別＼地別	鐵道附屬地 戸數	鐵道附屬地 人口	十間房 戸數	十間房 人口	城內 戸數	城內 人口
官吏	八九	三一七	三〇	九〇	二六	六五
農業	一五	六二	四	九	—	—
商業	一七〇	五六四	六一	二五一	一一七	四八七
工業	一六八	五八四	六七	二一六	一七	七二
會社員	三〇七	一、三四四	二	一三	三六	一一五
雜業	一八九	六六三	一二九	四一二	一〇九	三六一
藝酌婦	—	一七五	—	五六	—	四一
勞力業	一七	七七	四	四	—	—
無職業	二二	六八	一二	二九	一四	二三
計	九七七	三、七五四	二九九	一、〇八〇	三一九	一、一六四

備考　一、右表中城內の部は各邊門內居住者全部を包含せり又軍人は表外なり
　　　二、十間房人口中女四百六十八人を含み城內人口中女四百五十七人を含む

●府縣別　在奉邦人男三千百八十二人女二千五百三十八人合計五千七百十二人を各府縣別に

分つときは左の如し（大正三年一月末調）

府縣	男	女	計
北海道	五九	一〇	六九
東京	一六二	一二〇	二八二
京都	六〇	四四	一〇四
大阪	一三四	一〇四	二三八
神奈川	五六	三〇	八六
兵庫	一一九	一〇八	二二七
長崎	一三九	一九二	三三一
新潟	六六	四三	一〇九
埼玉	三六	二一	五七
群馬	三四	一一	四五
千葉	三〇	二三	五三
茨城	四二	二一	六三
栃木	二四	二一	四五
奈良	三三	二六	五九
三重	六〇	四二	一〇二
巖手	二三	一七	四〇
青森	二〇	一三	三三
山形	二五	一八	四三
秋田	一一	四	一五
福井	三九	二七	六六
石川	八一	六〇	一四一
富山	六四	五四	一一八
鳥取	四二	三六	七八
島根	四六	三九	八五
岡山	六九	六〇	一二九
廣島	一四九	一二七	二七六
山口	一一四	一二三	二三七
和歌山	三五	三二	六七

德島	四七	四二	八九
香川	七七	六四	一四一
愛知	八七	八三	一七〇
靜岡	七五	三九	一一四
山梨	一八	一〇	二八
滋賀	八一	四四	一二五
岐阜	三九	三四	七三
長野	五六	五〇	一〇六
宮城	四七	三〇	七七
福島	七四	三八	一一二
沖繩	二	|	二
愛媛	一一一	九二	二〇三
高知	四八	三五	八三
福岡	一八六	一五九	三四五
大分	八二	八六	一六八
佐賀	一三二	八八	二二〇
熊本	一四五	一三八	二八三
宮崎	二五	一六	四一
鹿兒島	七八	五六	一三四
合計	三、一八二	二、五三〇	五、七一二

●邦人の狀態　上記在留者の中官吏は總領事館員警察官郵便局員等にして農業者は鐵道附屬地の一部に水田乾田を耕作し商業者は城内居住者の支那人を華客とするものゝ外概ね邦人間に日用物資を供給し工業者は煉瓦、石鹼、硝子、蠟燭等の製造販賣を爲し會社員は重に滿鐵從業員にして雜業の中には料理業、飲食店、菓子屋、理髮師、各種の者を包含し藝酌婦は半面に於て內地の娼妓稼業を公認されつゝあり其他少數なる勞力者及無職者を有す

れども大體に於て我が在留者は比年良好なる成績を收め中には既に數萬の富を作りたるものの少しとせず殊に近來戰爭後の一攫萬金を夢想せる時代を脱し各々秩序ある勤勉に依りて自己の發展を期するの新時期に入り人々百年の長計を以て此地に業を營むもの增加せるは帝國の滿洲發展に取り頗る喜ぶ可き現象なりとす

第五章　貿易

●物產　奉天は生產地に非ずして消費地たる故を以て單に奉天城を云へば何等特記するに足るものなきも滿洲全體より云ふ時は農產物を中心としたる各種產物少しとせず即ち大豆豆粕、高粱、粟、稗、小麥、陸稻、煙草、麻、藍靛、茸、蜂蜜、藥材等にして滿洲一千萬の人口は全く是等の產物に依りて活き在滿十萬の同胞も亦是等諸產物に依りて經濟の根據を支持し居れり今上記產物が奉天に集散する數量を示せば左の如し

大豆	二十萬石	全部輸出さる
豆粕	八十萬枚	原料大豆約十五萬石全部輸出

高粱	二十萬石	奉天の消費高
粟	十萬擔	重に朝鮮へ輸出す
稗	十萬擔	同上
麥	八千石	奉天消費高
陸稻	三萬石	同上
煙草	一千百萬斤	一部は奉天にて消費し一部は直隷山東方面へ輸出す
麻	百五十萬斤	内五十萬斤は輸出
藍靛	三十萬斤	奉天消費高
茸	十二萬斤	同上
蜂蜜	三萬斤	一部を輸出す
藥材	四十萬斤	同上
皮革	十萬枚	同上

●輸出入　奉天市場より日本其他の海外へ輸出さるゝ商品は大豆豆粕等を除くの外殆んど

云ふに足らず而して大豆豆粕の如きも近年中間驛の取引盛んに行はれ奉天市場へ現はるゝ暇もなく大連又は營口方面へ輸出されつゝあり獨り輸入に至りては比年増加に増加を重ね順境を追ふて良好なる發達を遂げ來れるが大正二年六月以降安東稅關の三分一減となりたるより頗る急劇に輸入額を大ならしめ今や輸入に於て大連の繁盛を奪ふに至らんとせり殊に最近院鮮安奉三線共に賃金低下を斷行したれば將來奉天の輸入商品は確かに滿蒙供給の中堅となるべく滿洲の經濟狀態に多大の變化を與ふるに至るべし大正元年末調査奉天に於ける重なる輸入品及數量は左記の如し(單位百斤)

綿絲	九、八八六
綿織物	八、八七二
綿布	二八、八三〇
綿花	八一〇
紙	一五、六四五
砂糖	二五、五五七

酒	六、四八四
食料品	六、三八八
メリヤス	二百四十萬圓
日用雜貨	
文房具	
藥品	一一、五八二
鹽魚類	一九、六八五
海草	五八一
陶磁器	四、二〇七
金屬原料	三三、四三〇
金屬製品	三七、四四七

輸入品の主要なるもの概ね右の如し而して現在に於ては輸出入合計約二千五百萬圓の貿易を爲すに過ぎずと雖も將來地方益々開發し農產產額の增進を見るに至らば殆んど無限の需

給關係を生ずべく奉天貿易の前途や洵に多望なりと云ふべし

◎税關 奉天に輸入する内地商品の經過路は世人の周知する如く安東及大連の二線を有す而して條約に依り定められたる關税の比較に就ては大正二年六月我が駐北京伊集院公使と總税務司エフ、アーグレン氏との間に締結せられたる滿鮮國境關税取極書竝に明治四十年六月駐北京林公使と清國總税務司サー、ロバートハート氏との間に締結せる大連海關設置に關する協定により各所定の關税を課せらるべきも安東關税は千九百八年露清間に締結せる滿洲里竝に綏芬河兩驛中國税關規則第二條に準據し支那海關正税の三分の二を課税せらるゝことゝなりたるを以て此の方面よりの輸入は大連よりの輸入に比し三分の一の減税となる次第なり試みに二者の税額を比較する時は左の如し

品名	單位	税率	大連	安東
綿布				
(一)生金巾及生粗布（但幅四十吋長四十碼を超えざる者）				
(甲)七封度以下	一疋	兩 〇・〇五〇	円 〇・〇七八	円 〇・〇五二

(乙)九封度以下	一疋	〇・〇八〇	〇・一二四	〇・〇八三
(丙)十一封度以下	一疋	〇・一一〇	〇・一七一	〇・一一四
(丁)十一封度以上	一疋	〇・一二〇	〇・一八六	〇・一二四
(二)晒金巾及晒粗布				
幅三十七吋長四十二碼を超えざるもの	一疋	〇・一三五	〇・二〇九	〇・一三九
(三)手織木棉				
(甲)幅二十吋長二十碼重量四封度以内の者	一疋	〇・〇二七	〇・〇四二	〇・〇二八
(乙)幅二十吋以内の者	一疋	従價五分		
(四)雲齋(生又は晒にして幅二十一吋長四十碼を超えざる者)				
(甲)重量十二封度四分の三以内	一疋	〇・一〇〇	〇・一五五	〇・一〇三
(乙)同上	一疋	〇・一二五	〇・一九四	〇・一二九
(五)畦織木棉(生又は晒)				
(甲)幅三十一吋長三十碼以内	一疋	〇・〇九〇	〇・一四〇	〇・〇九三
(乙)幅三十一吋長四十碼以内	一疋	〇・一二〇	〇・一八六	〇・一二四
(六)天竺布(生又は晒)				
(甲)幅三十四吋長二十四碼以内	一疋	〇・〇七〇	〇・一〇九	〇・〇七三

品名	單位	税率	大連	安東
(乙)幅三十四吋長四十碼以内	一疋	兩 〇・一三五	円 〇・二〇九	円 〇・一三九
(丙)幅三十七吋長二十四碼以内	一疋	〇・〇八〇	〇・一二四	〇・〇八三
(七)晒モスリン晒寒冷紗及晒細地金巾 幅四十六吋長十二碼を超ゑざるもの	一疋	〇・〇三二	〇・〇五〇	〇・〇三三
(八)染絲にて織たる各種棉布				
(甲)織				
(イ)幅三十吋長六碼以内	一疋	〇・〇二七	〇・〇四一	〇・〇二七
(ロ)幅三十吋長十碼以内	一疋	〇・〇三五	〇・〇五四	〇・〇三六
(ハ)幅三十吋以内長十碼以内	一碼	〇・〇〇三半	〇・〇〇五四	〇・〇〇三六
(乙)其他の染色棉布		従價五分		
綿絲				
(一)生又は漂泊したるもの	一擔	〇・九五〇	一・四七三	〇・九八二
(二)色もの		従價五分		
砂糖				
(一)赤砂糖	一擔	〇・一九〇	〇・二九五	〇・一九六

(二)白砂糖	一擔	〇・二四〇	〇・三七二	〇・一九六
(三)氷砂糖	一擔	〇・三〇〇	〇・四六五	〇・三一〇
日本酒				
(一)罎入（大瓶一打入小瓶二打入）	一箱	〇・一一〇	〇・一七〇半	〇・一一四
(二)樽入	一擔	〇・四〇〇	〇・六二〇	〇・四一三
麥酒罎入（大瓶一打又は小瓶二打）	一箱	〇・〇八五	〇・一三二	〇・〇八八
巻煙草				
(一)上等品	千本	〇・五〇〇	〇・七七五	〇・五一七
(二)下等品	千本	〇・〇九〇	〇・一四〇	〇・〇九三
麥粉		無税		
藥品（植物材料及動物材料を除き一般製藥及化學藥品）		從價五分		
陶磁器		從價五分		
車輌（自轉車及附屬品を除く）		從價五分		
亞鉛板（波板及平板）	一擔	〇・三七五	〇・五七一	〇・三八一
石鹼				
(一)洗濯用	一擔	〇・二四〇	〇・三七二	〇・二四八
(二)化粧用		從價五分		

品名	單位	税率	大連	安東
香水香油薫油類		従價五分		
皮革製品				
(一)蟇口又は弗入	一グロス	○・五○○	○・七七五	○・五一七
(二)靴手袋及鞄		従價五分		
(三)其他の製品		従價五分		
文具類(筆墨鉛筆ペン及軸硯ゴム等)		従價五分		
印刷料紙				
(一)光澤あり又は糊料を用ひたるもの		従價五分		
(二)光澤なく又は糊料を用ひざるもの	一擔	○・三○○兩	○・四六五円	○・五一○円
其他紙類(連史紙東洋紙半紙美濃紙塵紙等)		従價五分		

尚輸出品に對する二地の比較を示せば次の如し

品名	單位	税率	大連	安東
豆類				

在奉天日本總領事館

奉天城外野菜市場

奉天新市街全景

蓑作り

(一)落花生	一擔	兩〇・一〇〇	円〇・一五五	円〇・一〇三
(二)其他の豆類	一擔	〇・〇六〇	〇・〇九三	〇・〇六二
豆油	一擔	〇・三〇〇	〇・四六五	〇・三一〇
獸毛				
(一)羊毛	一擔	〇・三五〇	〇・五四三	〇・三六二
(二)山羊毛	一擔	〇・一八〇	〇・二七九	〇・一八六
(三)一般獸毛		從價五分		
生牛皮	一擔	〇・五〇〇	〇・七七五	〇・五一七
皮革				
(一)乾皮	一擔	〇・四二〇	〇・六五一	〇・四三四
(二)色革	一擔	一・八〇〇	二・七九〇	一・八六〇

大體に於て右の如し

即ち輸入税に於て綿絲の如き一梱平均三百三十斤（三擔三）とすれば安東經由のものは一梱に就き約一圓六十二錢の特典を承け砂糖の如きも一俵に就き一圓三十錢乃至一圓五十錢の減税を見ることゝなれり

第六章　日本の官衙

第一款　總領事館

●沿革　駐奉天日本總領事館は小西邊門外に在り日露戰後滿洲に關する日淸條約により開設せられたるものにして明治三十九年六月一日總領事館告示第一號を以て開館を公示したり當時奉天は戰後整理の外交諸案件多く萩原總領事以下館員殆んど寧日なき狀態に在りき超て四十二年に至り安奉線改築問題に關し奉天を中心として諸種の交涉問題を惹起したるも小池總領事以下各館員の努力により久しからずして良好なる解決を爲し得たり爾後今日に至るまで大なる問題なかりしと雖も東三省政治中心地の總領事館として滿洲に於ける日支國交上常に重要なる機關となりつゝあり廳舍は開館以來小西關に於て支那家屋を貸借し之に充用し來りたるも明治四十四年十一月現在の場所に新築工事を起し同四十五年七月竣成移轉せり建築と設備は約二十萬圓を投じたるだけありて外觀內容共に帝國を代表する官衙たるに恥ぢず歷代の總領事を列擧すれば左の如し

萩原守一　明治三十九年六月より
加藤本四郎　同四十年九月より
岡部三郎　同四十一年九月より代理
小池張造　同　年十一月より
落合謙太郎　同四十四年十一月より現任に至る

●管轄區域　當總領事館の管轄區域は奉天省中安東長春鐵嶺遼陽牛莊の各領事館管轄區域に屬せざる地方にして南滿本線の沙河新臺子間安奉線の奉天連山關間撫順線の奉天撫順等に過ぎず但し新民屯分館は當館の監督下に在り倆し乍ら地方事務の少きに反し奉天を中心とせる各種外交問題調査事項等頗る多數なるを以て館員數の如き滿洲唯一多人數なれども尚事務の繁忙を感じつゝあり

●事務と館員　當總領事館主要事務は交涉事件裁判事件通商に關する事務警察事務居留民の行政事務等なるが館員は左の如し

△總領事館員

総領事　落合謙太郎
領事　井原眞澄
領事官補　山崎平吉
同　東郷茂德
書記生　竹内廣彰
同　國原喜一郎
同　清野長太郎
通譯生　阪東末三
同　林出賢次郎

△同警察署員

署長（奉天警務署長兼任）　佐々木貞七
警部　山口金作
同　峰岸安太郎

警部補　荻原市太郎
同　藤原松雄
通譯事務囑託　古田磯吉
巡査定員五十四名

●裁判及警察事件數　當館法廷の取扱事件數は比年增加の傾あり大正二年中の件數を擧ぐれば訴訟事件四十一件假差押と强制執行三十一件刑事公判百三十六件豫審事件四件にして大正元年度に比較すれば頗る增加せり又大正二年中警察署に於て取扱たる事件數は强窃盜被害千五百七十件金額四萬四千四百三十五圓餘拘留九件科料十八件なるが强窃盜被害件數中檢擧數五十件回收金額千五百六十三圓餘あり

第二款　奉天警務署

●沿革　奉天警務署は明治三十九年九月關東都督府令第二十二號に基き同年十月より開始せられたるものにして同十一月警視村上庸吉氏署長として著任し翌四十年春經費二萬三千

餘圓を以て現在廳舍の建築工事を起し同九月末竣工したり其後四十一年の十一月村上氏に代りて警視田中剛輔氏來任し四十二年九月田中氏大連民政署に轉じ警視佐々木貞七氏後任となり以て今日に至れり

●職制任務　警務署設置の目的は明治三十九年九月の府令第二十二號に明示する如く南滿洲に於ける鐵道線路の保護及取締事務を分掌するに在るを以て此の目的を達するの任務を有するは勿論更に同年十二月の訓令第六十五號關東都督府警務署職制により警務署長は民政長官の指揮監督を受け管轄區域内の行政警察及司法警察事務を管理し其の管轄區域内に於ける保護取締に必要なる告示又は告諭を發し及び部下を監督し其功過を民政長官に具狀するの任務をも有せり

●區域及派出所　本警務署の管轄區域は左の如し

本署直轄區域　自安東分岐點至石橋子
自沙河至新臺子
撫順線撫安驛以西

撫順支署區域　撫順線全部（撫安驛以西を除く）

本溪湖支署區域　自石橋子至草河口

本署直轄區域內に於ける警察官吏派出所は次の如し

奉天城內北警察官吏派出所	城內小西門內
奉天城內南警察官吏派出所	城內東華門大街
奉天小西關警察官吏派出所	奉天小西關
奉天十間房警察官吏派出所	奉天十間房
奉天新市街警察官吏派出所	鐵道附屬地鐵路大街
奉天驛警察官吏派出所	奉天驛前
蘇家屯警察官吏派出所	南滿線蘇家屯驛
渾河警察官吏派出所	同渾河驛
文官屯警察官吏派出所	同文官屯驛
虎石臺警察官吏派出所	同虎石臺驛
懿路警察官吏派出所	懿路炭坑
石橋子警察官吏派出所	安奉線石橋子驛

姚千戸屯警察官吏派出所　同姚千戸屯驛
陳相屯警察官吏派出所　同陳相屯驛
撫安警察官吏派出所　撫順線撫安驛

右の外奉天鐵道附屬地内に二箇の見張所を設置す

●在勤官吏　大正三年七月末現在本警務署在勤官吏左の如し

署長（總領事館警察署長兼任）	警視	佐々木貞七
警務司法係	警部	古山又之亟
保安衛生係	警部	牧野武次
飜譯生		加藤信行
外勤監督	警部補	宮川安太郎
同	同	佐々木米藏
同	同	鳥山文吾
同	同	矢野茂樹

同　　　　　　　　　　　　　　同　森西武次郎
巡査定員八十名

●犯罪及檢擧數　大正二年度の本署管內犯罪數は左の如し

强盜	十二件	被害金高八百五十九圓四十二錢
窃盜	四百六十二件	同一萬一千六百二十六圓八十六錢
其他の犯罪	七十五件	
拘留科料	八十件	

右の中强窃盜犯の檢擧數は强盜十一件回收金高二百五十二圓八十六錢窃盜百七十五件回收金高二千七百二十五圓八十五錢なり

第三款　奉天郵便局

●沿革　奉天郵便局は明治三十九年九月元鐵奉天野戰郵便局を經承し關東都督府郵便電信局奉天支局と稱したるが同四十年十一月今の名に改め以て今日に至れり奉天の發展に伴ひ

通信事務の劇增は到底現在の臨時的廳舍を以て滿足し得べきに非ず目下附屬地中央大街に宏壯なる新廳舍の建築中に屬せり

●**區域と出張所**　當局の管轄區域は奉天全部、南滿線文官屯、虎石臺、新城子、安奉線撫安、陳相屯、姚千戶屯等にして奉天の集配區域は鐵道附屬地十間房並に東西北邊門以內の奉天城とす又南滿線安奉線の郵便物遞送事務は當局の所管する處たり出張所は次の如し

大北關出張所　明治四十年十一月元城內支局廢止と同時に開始せり

大西關出張所　明治四十一年八月より開始

城內電信取扱所　同四十二年三月より開始

奉天驛出張所　同四十四年六月より開始

●**分課と定員**　當局の分課は二課五係一部にして郵便課の中に郵便係鐵道郵便係あり電信課の中に電信係電話係あり外に庶務係建築部を有す定員は左の如し

奉天郵便局定員表

職別／區分	事務官	書記	技手	書記補	通信事務員	通信工手	電話交換手	同見習	合計

奉天郵便局	一	一一	三	三二	二七	二	二四	四	一〇五
大西關出張所	｜	一	｜	一	一	｜	｜	｜	三
大北關出張所	｜	一	｜	｜	一	｜	｜	｜	二
奉天驛出張所	｜	一	｜	一	一	｜	｜	｜	三
電信取扱所	｜	一	｜	二	｜	｜	｜	｜	二
合計	一	一五	三	三六	三〇	三	二四	四	一一六

右の外通信夫五十二名小使八名信使三名給仕二名合計六十五名の傭人を有せり

●重なる職員　當局重なる職員は次の如し

奉天郵便局長　高木銑次郎
郵便課長　山下重次郎
郵便課主事　福原知至
同　兒玉丙三
同　市川薫
同鐵道郵便係　岩崎源治

電信課長　柏田建太郎
電信課主事　淺原廣一
同　馬淵俊一
同電話係　加藤知正
同　竹内林三
庶務係　鵜澤覺一郎
建築部　北岡準二
大西關出張所長　西田敬三
大北關出張所長　三浦健造
奉天驛出張所長　東山松治
城内電信取扱所長(兼)　西田敬三

●郵便事務取扱數　大正三年三月中當局(各出張所を含む)取扱郵便物及貯金受拂高は次の如し以て一箇年を推知すべし但し電報電話は祕密に屬するを以て此處に掲載するを得ず

▲郵便物集配數

區分＼集配	引受	配達	合計
普通郵便物	八二、六七五	一二七、一六九	二〇九、八四四
特殊郵便物	二、三九九	八五〇	三、二四九
合計	八五、〇七四	一二八、〇一九	二一三、〇九三
小包郵便	一、二六一	三、一二五	四、三八六

▲爲替貯金其他受拂數

種別＼受拂別	受入 口數	受入 金高	拂渡 口數	拂渡 金高
爲替	二、〇五四	二五、五九九・四二〇円	八三九	一四、三七三・三二〇円
貯金	七四七	一三、七四三・〇一〇	二〇五	四、七三三・三〇五
取立金	二、一二三	一二、〇二四・六八〇	三七三	七、五五四・五九三
振替	七〇四	三五、九八〇・六八〇	一〇三	一一、九三九・一一五
合計	五、六二七	八七、三四七・七九〇	一、五二〇	三八、六〇〇・三三三

第四款　駐奉守備隊

●沿革　駐奉獨立守備第三大隊は明治四十年二月より設置せられたるものにして所定の區域内に於ける南滿鐵道竝に鐵道附屬地の警備に任ずるは勿論なり設置以來歷代の隊長左の如し

陸軍步兵少佐　河端　成康　明治四十年二月より

陸軍步兵中佐　藤田直太郎　同四十三年一月より

陸軍步兵中佐　田原小三郎　同　年十一月より

●組織と分遣隊　軍事に關することは常に機密を要することと多きを以て詳細の事項を記載し得ずと雖も守備大隊は全滿洲に約六箇を有し重に豫後備役軍人より成れり而して我が奉天駐剳の守備隊在隊員は金澤、富山、岐阜、靜岡、三重、愛知の各縣出身者多く年齡三十餘歲のもの亦少なしとせず本守備隊は若干の部隊を割き渾河、煙臺、虎石臺、千金寨、蘇家屯、陳相屯の各地に分遣隊を差遣しあり常に沿線の電線監視竝に列車警乘に忙殺せらる

るが如し

第五款　駐奉歩兵大隊

駐奉歩兵第五十八聯隊第二大隊は第十三師團の配下に屬し大正二年四月第五師團に代りて衞戍地たる高田より渡滿し來れり現大隊長は陸軍歩兵少佐白井重士氏にして隊員は長野縣北部及新潟縣南部の出身者多し勤務演習は凡て内地駐屯と異るなく氣候上の障碍多き一面には日露戰跡の各地に於て殆んど實戰に近き演習を爲し得るの利益あり詳細の事は特に省略す

第六款　奉天憲兵分隊

●沿革　奉天憲兵分隊は明治三十八年十二月軍政署憲兵隊の編成を改め關東憲兵隊奉天軍政署派遣憲兵と改稱し同三十九年三月再び奉天憲兵分隊と改め以て現在に至りたるものなるが其の廳舍も始めは小西關に在り三十九年六月大西關に移り四十一年十二月現在の鐵道

附屬地に移轉し來れり歷代の隊長を擧ぐれば左の如し

陸軍憲兵大尉　梅津　豐　明治三十八年十二月より
同　少尉　吉村　博　同三十九年三月より代理
同　大尉　中村　義之　同　年十二月より
同　少尉　武田　武平　同四十年十二月より代理
同　大尉　野坂　淸成　同四十二年一月より
同　大尉　山口鹿太郎　同　年五月より
同　大尉　山本　喜房　同　年十一月より
同　大尉　小河市之丞　同四十四年九月より
陸軍憲兵大尉　中村幸三郎　大正二年十二月より現在

●任務と區域　當憲兵分隊は關東憲兵隊の一部にして其服務に就ては明治四十四年三月關東都督訓令第十七號關東憲兵隊服務規程に依り其の本來の職任を盡すものとす管轄區域は同四十四年九月府令第二十一號に基づき南滿本線は煙臺以北新臺子まで安奉線は奉天橋頭

奉　天　警　務　署

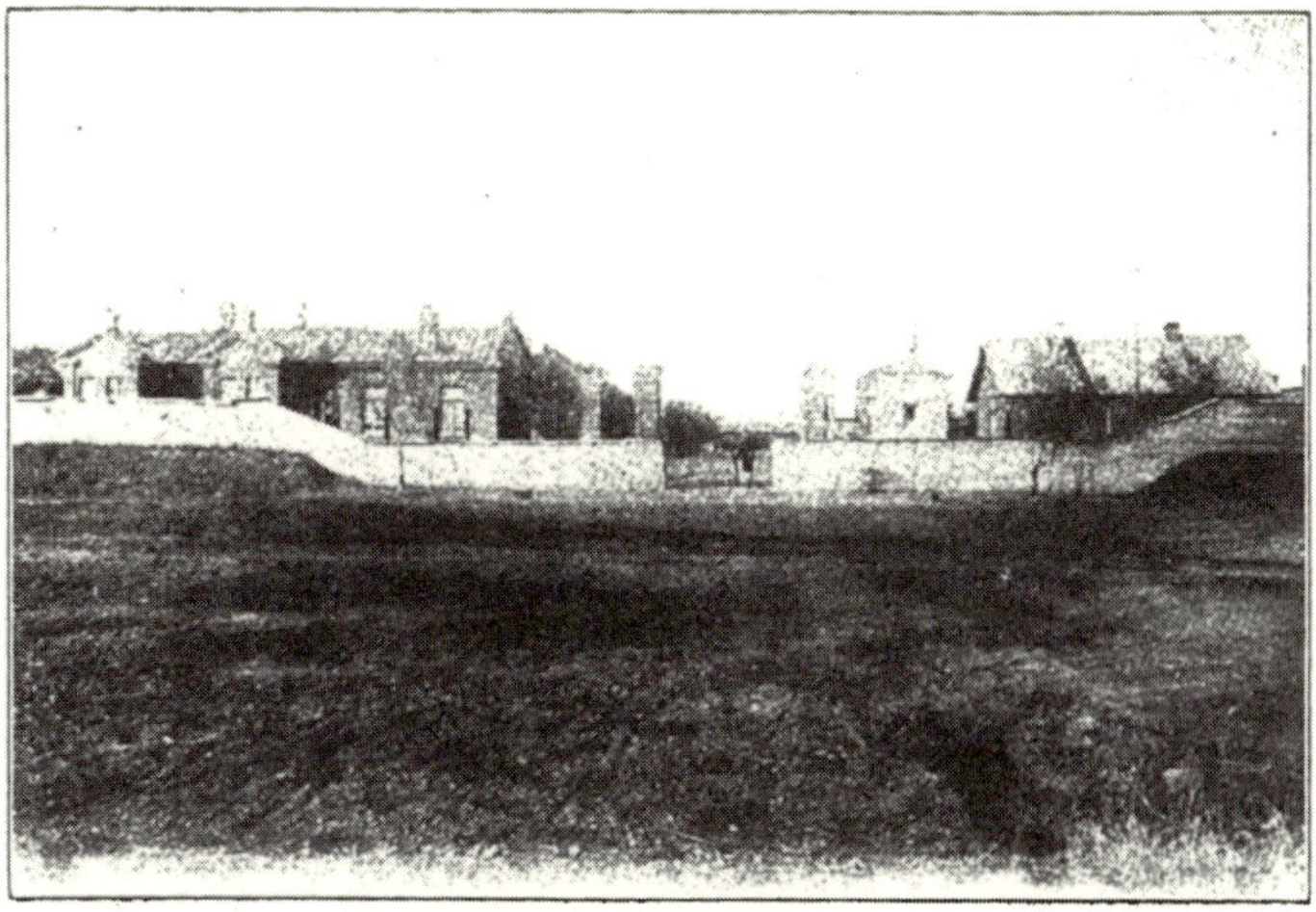

在奉天日本軍第五十八聯隊

奉天都督公署

滿鐵公所表門

間撫順線は奉天撫順間とし本溪湖分遣所を包括せり

第七款　奉天觀測所

關東都督府觀測所奉天支所は鐵道附屬地滿鐵奉天醫院の東方に在り本所は元中央氣象臺第八臨時觀測所にして奉天大東邊門内に在る清國禮部所屬の堂子廟を借り受け明治三十八年五月業務を開始したるが其後同廟を清國へ還附したるより同四十一年四月現在の場所に移轉せり現在の職員は支所長多奈部亮佐所員西村助八の二氏在勤せり

第七章　各國領事館

在奉天外國領事館は英露米獨佛の五國にして何れも小西邊門外に在り館員の氏名は左の如し

List of Consulate in Mukden.

British　Consulate-General.

P. E. O'Brien-Butler, Consul-General.

Russian Consulate-General.

S. A. Kolokolov, Consul-General.

D. M. Braikovsky, Vice-Consul.

G. J. Dola, Interpreter.

U.S.A. Consulate-General.

F. D. Fisher, Consul-General and Senior Consul.

German Consulate.

Dr. E. Heintges, Consul.

Dr. F. Siebert, Interpreter.

Dr. H. Witte, Secretary.

French Consulate.

F. Berteaux, Consul.

A. Fontanier, Eleve Vice-Consul and Interpreter.

第八章　支那の官衙

●都督公署　都督公署は奉天省最高の政治機關にして都督及幕僚を置き省内の民政軍政を統轄せり現任都督張錫鑾氏は奉天各地に就職すること既に十有餘年能く滿洲と日本との關係を知り常に東亞兩大國の提携を唱導し兩國國交關係の圓滿を圖りつゝあり重なる職員を擧ぐれば次の如し

奉天都督	兼奉天巡按使 吉林都督 鎭安上將軍	張錫鑾	浙江省杭州人
參謀長		張鉞	奉天省開原人
參謀		張煥相	奉天省撫順人
同		白廣都	滿洲旗人
副官長		白運昌	同
副官		彭士彬	奉天省鐵嶺人

軍務課長　陶治平　奉天省遂中人
軍需課長　富葆廉
軍法課長　錢宗昌

●政務廳　政務廳は全省民政を主宰する官廳にして巡按使に直屬し内務教育實業の各科長各道員各縣知事其他民政上の各機關を統率す重なる職員左の如し

政務廳長　任毓麟
總務科主任　缺
教育科主任　莫貴恒
實業科主任　馮紹唐
內務科主任　缺
警察廳長　宋文郁
瀋遼道尹　榮厚
東邊道尹　朱淑薪

洮昌道尹　　　　王耒
瀋陽縣知事　　　趙恭寅

●財政廳　北京財政部直轄にして全省の財務を掌管す内に收入科支出科の二科あり現廳長は元財政司たりし張翼廷氏なり

●外交部奉天交渉署　所謂奉天省の外務省にして表面北京政府の直轄なるも實際に於て都督公署の外交部に外ならず重なる職員左の如し

交渉特派員代理　　祝瀛元
秘書科長　　　　　謝德相
日語譯官　　　　　陶尙明
同　　　　　　　　丁鑑修

●各審判廳　審判廳は我が裁判所にして分つて高等審判廳地方審判廳初級審判廳の三種とせり地方及初級審判廳は樞要なる各地に設置しあるも高等審判廳は各省一箇所とす重なる職員左の如し

高等審判廳長　沈家彝
同　書記官長　許維瑜
高等檢察廳長　梁載熊
同　書記官長　吳肇和
瀋陽地方審判廳長　王倫章
同　檢察長　邱廷舉
同　初級審判廳推事　馮世凱
同　檢察官　董華珍

●駐防八旗　滿洲政府の舊制を襲き滿蒙旗人取締として左の諸官を設置しあり

東三省將軍事務取扱　都督　張錫鑾
盛京副都統　兼三陵守護大臣　三多　蒙古旗人
金州副都統　兼　三多
興京副都統　德裕

●其他の諸官廳　以上列記の外各種官廳職員左の如し

東三省屯懇局長　錫齡阿
奉天軍械廠長　楊宇霆　奉天省法庫人
陸軍測量局長　陳瑛　浙江省青田人
陸軍測量學校長　孫廣庭
奉天造幣廠長　阮貞元
奉天陸軍講武學堂監督　于珍　奉天省鐵嶺人
國稅籌備處長　巢鳳岡　江蘇省武進人
鹽運使（駐營口）　羅振方　浙江省上虞人

●陸軍　奉天省の陸軍は新舊の二種あり新軍は第二十師第二十七師第二十八師の三師團及騎兵一旅團を有し舊軍は巡防隊と稱し各地方に分駐す武力を擁したる上級軍人の勢力は革命戰亂以來中外の認識する處となり我が奉天に於ても二十七師長張作霖氏の如き陰に陽に行政司法にまて干渉し將に都督の壘を摩さんとする勢力を有し居れり左に各軍の幹部を列

舉す

第二十師（新民縣駐屯）

師長　潘矩楹　山東省
參謀長　易兆霖　直隸省
步兵第三十九旅長　伍祥禎　雲南省
同第四十旅長　范國璋　直隸省
同第七十七團長　汪麟章　同
同第七十八團長　車震　山東省
同第七十九團長　張建功　直隸省
同第八十團長　徐廷榮　同
騎兵第二十團長　陳寶龍
砲兵第二十團長　周子寅　安徽省

第二十七師（奉天駐屯）

師　　　長　陸軍中將　張作霖　奉天省海城人
參　謀　長　劉恩鴻　直隸省順天人
步兵第五十三旅長　湯玉麟　同　朝陽人
同　第五十四旅長　孫烈臣　奉天省鎭安人
同　第百五團長　張麟生
同　第百六團長　芬車賀　奉天省義州人
同　第百七團長　蔡永鎭　直隸省滿城人
同　第百八團長　馬　凱　同　天津人
騎兵第二十七團長　張作相　同　義州人
騎兵第二十八團長　張景惠　奉天省鎭安人

第二十八師（駐廣寧）

師　　　長　馮德麟　奉天省廣寧人
參　謀　長　白運昌

歩兵第五十五旅長　張海鵬
同　第五十六旅長　汲金純
同　第百九團長　呉寶貴
同　第百十團長　闞文波
同　第百十一團長　郭瀛州
同　第百十二團長　邱鎮榮
騎兵第二十九團長　唐敬師
同　第三十團長　史奎元

騎兵第二旅（駐遼源）

騎兵第二旅長　陸軍中將　呉俊陞　山東省歷城人
同　第三團長　諾們巴圖
同　第四團長　石德山

巡防隊

後路巡防隊統領　陸軍中將　吳俊陞
同遊擊隊長　劉景元
右路巡防隊統領　陸軍少將　馬龍潭　直隷省慶雲人
憲兵營
憲兵營長　王劍秋

第九章　滿鐵諸機關

●奉天公所　滿鐵奉天公所は城內大南門街に在り會社の發展に資せんが爲め外交的交渉に渉らざる範圍內に於て支那官民との意思の疏通を謀り併せて諸種の調査を爲す機關たり本所の歷史は明治四十年三月長春附屬地買收問題に關し支那側との交渉上社員佐藤安之介鎌田彌介藤井十四三の三氏を該地に派し折衝の任に當らしめたる結果成績頗る良好なりしを以て南滿の中央たる奉天にも此種機關の設置を必要とし同四十年の六月奉天公所を開設し原田鐵造氏をして主任たらしめ佐藤氏をして長春奉天兩公所を監督せしめたり斯て吉長鐵

道問題新奉鐵道問題安奉線改築問題等に貢獻する處多く以て今日に至りたるが支那官民に對する信用厚く滿鐵會社に取り樞要なる一機關となれり現在の重なる職員を擧ぐれば左の如し

公所長囑託　陸軍步兵中佐　佐藤安之介
公所員　鎌田彌介
同　米良貞雄
同　横山吏弓

●經理係　奉天經理係は奉天驛前に在り奉天鐵道附屬地內及び南滿本線沙河新城子間安奉線奉天石橋子間の地方事務を處理するの外南滿本線渾河孟家屯間安奉線奉天沙河鎭間の會計事務用度事務を取扱ふを以て事務の廣汎繁多なること沿線に冠絕せり殊に會計事務は鐵道、石炭、土地、電燈、病院、ホテル、其他諸機關の收入支出を爲すを以て半季取扱金額は收支合計約六百萬圓に上り宛然一大銀行たるの觀あり重なる職員は左の如し

經理係主任　原田鐵造

係　員（地方事務上席）　青柳留次
同（會計事務上席）　赤林巖
同　若竹千代吉
同　伊藤謙吉
同　上田志馬平
同　永坂義濤
同　手塚義
同　安部良忠
同　西村潔

●保線係　奉天保線係は南滿本線沙河新城子間安奉線奉天撫安間撫順線奉天千金寨間の線路工事竝に各附屬地內の土木建築修繕諸工事を爲す機關たり重なる職員左の如し

保線係主任　奥澤耕造
係　員　山崎源逸

同　保見傳
同　杉木又六
同　由利元吉

●車輛係　奉天車輛係は驛南附屬地に在り奉天驛に於ける車輛の配給檢査一切の事務を取扱ふ機關たり重なる職員左の如し

車輛係主任　伊藤清四郎
係員　渡邊榮司
同　堤治助
同　木村兼藏

●電燈營業所　電燈營業所は奉天附屬地十間房一帶大小西關城内の一部に於ける夜間電燈晝間電氣動力の供給を營めり其の營業狀態は第二十三章に説明せり重なる職員左の如し

電燈營業所主任　鮨井實一
所員　壬生義郎

所　　員　　内　藤　三　郎

●鑛業課　滿鐵本社鑛業課出張所は奉天各地の石炭販賣に關し販賣者の監督供給の伸縮外國炭賣行きの調査等を取扱へり重なる職員は左の如し

課　員（主任）　染　谷　保　藏

同　　林　正　春

●在奉社員　奉天に於ける滿鐵諸機關は以上列記の外其數頗る多く學校あり病院あり驛ありホテルあり然れども是等は別に説明せるを以て此處には省略せり而して在奉天全社員數は實に一千百二十八名（傭人三百二十一名支那人四百七十二名を含む）に達し甲乙丙丁四種の社宅三百七十六戸獨身社宅八十二室支那人宿舍七棟及八十餘戸の借社宅に分住せり

第十章　奉天居留民會

●沿革　奉天居留民會は明治三十九年七月總領事館令第五號奉天居留民會規則に依り創立せられたるものにして官選の民會長副會長行政委員を置き土木衞生敎育其の他居留民共同

の利益に關する事項を審議處理し之に要する費用の賦課徵收を爲す機關となりたるが此年十月公立小學校及び公立病院を開始し同四十一年末消防組を設置し同四十二年九月管內を三區分し各區に衞生組合を設け其他居留民共同の零碎用件を處理し來りたるが同年十月公立病院を赤十字病院に合併し從來公立病院の執り來れる一切の事項を赤十字病院に於て繼承處理することゝせり

大正二年春以來居留民の重なるもの期せずして從來の民會組織改善を提唱し或は新聞紙に於て又は居留民大會に於て熾んに從來の官選を撤廢し居留民自ら議員其他を選出するの當然なるを唱ふるに至りたるが取締官廳たる總領事館も大に此の民論を傾聽し同年九月に至り館令第一號を以て新民會規則を發布し民選評議員十五名及評議員互選の會長副會長會計主任を置き敎育衞生消防其の他居留民の公共事務を處理することゝなれり是れ蓋し時代の進步に伴ふ一現象にして奉天居留民の各方面に發展しつゝある結果なりと云ふを得べし本會創立以來歷代の會長左の如し

明治三十九年七月民會長　井上一男

茂松直順　同　年同月民會長心得
杉原泰雄　明治三十九年十二月民會長
三谷末治郎　同　四十年十二月民會長
末松階一郎　同　年十二月民會長代理
西宮房次郎　同　四十一年六月民會長代理
井深彦三郎　同　年七月民會長
原口聞一　大正二年十月民會長

●諸規則　奉天居留民會規則左の如し

奉天居留民會規則

第一條　本會ハ奉天及其附近ニ住居スル帝國臣民ヲ以テ之ヲ組織ス
第二條　本會ハ教育、衞生、消防其ノ他居留民ノ公共事務ヲ處理ス
第三條　前條ノ施設ニ要スル經費ヲ支辨スル爲居留民ニ課金ヲ賦課ス
第四條　居留民ニ非サルモ本會地區內ニ於テ建物物件ヲ所有シ若クハ使用シ、營業ヲ爲シ

又ハ別ニ細則ヲ以テ規定スル行爲ヲ爲ス者ハ本會ノ課金ヲ納ムヘキモノトス
第五條　本會ニ評議員十五名ヲ置キ其ノ任期ヲ一箇年トス
第六條　評議員ハ居留民ノ選擧ニ依リ當館ノ認可ヲ經テ就任ス評議員ハ名譽職トス
第七條　評議員選擧資格及被選擧資格ヲ有スル者左ノ如シ
一　本會地區內ニ住居シ年齡二十五年以上ノ男子ニシテ六箇月以來本會戶別賦課金每月金壹圓以上ヲ納ムル者
二　本會地區內ニ事務所ヲ有スル法人ニシテ六箇月以來本會戶別賦課金每月金壹圓以上ヲ納ムル者
戶別乙種賦課金ヲ納ムル者ハ前項ノ規定ニ拘ラス被選擧資格ヲ有セス
第八條　選擧人及被選擧人ヲ分チテ三級ト爲シ各級內ニ於テ評議員五名宛ヲ互選ス
前條ノ選擧資格及被選擧資格ヲ有スル者ノ中課金每月金拾圓以上ヲ納ムル者ヲ一級トシ課金每月金四圓以上ヲ納ムル者ヲ二級トシ課金每月金壹圓以上ヲ納ムル者ヲ三級トス
第九條　左ニ掲ケタル者ハ評議員ノ選擧ニ參與スルコトヲ得ス

一　六年ノ懲役又ハ禁錮以上ノ刑ニ處セラレタル者
二　禁錮以上ノ刑ノ宣告ヲ受ケタルトキヨリ其ノ執行ヲ終リ又ハ其ノ執行ヲ受クルコトナキニ至ル迄ノ者
三　家資分散又ハ破産ノ宣告ヲ受ケ其ノ確定シタルトキヨリ復權ノ決定確定スルニ至ル迄ノ者
四　在留禁止ヲ命セラレ滿期渡航後二箇年ヲ經サル者
五　禁治產者及準禁治產者
六　本會課金滯納中ノ者
第十條　左ニ揭ケタル者ハ評議員タルコトヲ得ス
一　在職官吏
二　本會ノ有給事務員
三　神官、僧侶其他諸宗ノ敎師
四　學校敎員

第十一條　居留民會長ハ毎年十二月十日ヲ期トシ選擧人及被選擧人名簿ヲ調製シ十二月十五日ヨリ七日間居留民會事務所ニ於テ關係者ノ縦覽ニ供スヘシ

第十二條　選擧人及被選擧人名簿ニ登錄セラレサル者ハ選擧ニ參與スルコトヲ得ス

選擧人及被選擧人名簿ニ登錄セラレタル者ニシテ選擧資格ヲ有セサルトキハ選擧ニ參與スルコトヲ得ス

第十三條　選擧期日ハ當館ニ於テ之ヲ指定ス

第十四條　居留民會長ハ選擧長トナリ選擧ヲ開閉シ其ノ取締ニ任ス

居留民會長ハ選擧人ヨリ二人乃至四人ノ選擧立會人ヲ選任スヘシ

第十五條　選擧ハ無記名投票ヲ以テ之ヲ行フ投票ハ一人一票ニ限ル

第十六條　選擧ヲ終リタルトキハ居留民會長ハ被選擧人ノ氏名及其ノ得票數ヲ具シ當館ニ差出スヘシ

第十七條　評議員確定シタルトキハ當館ハ之ヲ各評議員ニ通知シ且公告ス

第十八條　評議員ハ當館ニ於テ正當ノ理由アリト認ムル場合ノ外辭任スルコトヲ得ス

第十九條　評議員ニ闕員ヲ生シ其闕員議員定數ノ三分ノ一以上ニ至リタルトキ又ハ當館ニ於テ必要ト認ムルトキハ補闕選擧ヲ行フ
補闕員ハ其ノ前任者ノ殘存期間在任ス
第二十條　評議員ハ評議員會ヲ組織シ課金ノ賦課徵收ヲ議定シ其ノ他本會諸般ノ事務ヲ審議ス
第二十一條　評議員會ハ評議員定數ノ半數以上出席スルニ非サレハ會議ヲ開クコトヲ得ス
第二十二條　評議員會ノ議事ハ出席員ノ過半數ニ依リ之ヲ決ス可否同數ナルトキハ議長ノ決スル所ニ依ル
第二十三條　評議員會ニ於テ議決シタル事項ハ當館ノ認可ヲ受クヘシ
第二十四條　評議員ハ居留民會長、副會長及會計主任各一名ヲ互選シ當館ノ認可ヲ受クヘシ
第二十五條　居留民會長ハ本會ヲ代表シ評議員會ノ議長ト爲リ其ノ議決ニ依リ事務ヲ執行ス

第二十六條　居留民會副會長ハ會長ヲ輔ケ會長事故アルトキ之ヲ代理ス

第二十七條　會計主任ハ本會ノ出納其ノ他會計事務ヲ掌ル

第二十八條　本會ニ必要ノ事務員ヲ置ク

第二十九條　本會ノ會計年度ハ毎月一月ヨリ六月迄ヲ上半期トシ七月ヨリ十二月迄ヲ下半期トス

第三十條　居留民會長ハ毎半期收入支出豫算ヲ調製シ評議員會ノ議決ヲ經テ其ノ半期開始前ニ當館ノ認可ヲ受クヘシ

第三十一條　豫算外ノ支出又ハ豫算超過ノ支出ニ充ツル爲豫算ニ豫備費ヲ設クヘシ

第三十二條　豫算ヲ當館ニ差出ストキハ參考ノ爲左ノ書類ヲ添付スヘシ

一　豫算算定明細書

二　其ノ月ニ終ル半期ノ收支現計書

三　財産表

四　事務報告書

第三十三條　豫算ノ認可ヲ得タルトキハ居留民會長ハ之ヲ公告スヘシ

第三十四條　豫備費支出ハ評議員會ノ議決ニ依リ當館ノ認可ヲ受クヘシ

第三十五條　既定豫算ノ追加又ハ更正ヲ爲サントスルトキハ評議員會ノ議決ニ依リ當館ノ認可ヲ受クヘシ

第三十六條　豫算内ノ支出ヲ爲ス爲メ一時ノ借入金ヲ爲サントスルトキハ評議員會ノ議決ニ依リ當館ノ認可ヲ受クヘシ

第三十七條　會計主任ハ居留民會長ノ命令アルニ非サレハ支拂ヲ爲スコトヲ得ス

第三十八條　本會ノ出納ハ毎半期三回以上檢査ヲ爲シ當館ニ之ヲ報告スヘシ

前項ノ檢査ハ評議員會ニ於テ互選シタル二名以上ノ評議員之ヲ行フ

第三十九條　本會ノ出納閉鎖ハ半期經過後二箇月ヲ以テ期限トス

第四十條　決算ハ出納閉鎖後十五日以内ニ證書類ヲ添ヘ會計主任ヨリ之ヲ評議員會ノ審査ニ附スヘシ

第四十一條　居留民會長ハ決算報告及之ニ關スル評議員會ノ議決ヲ當館ニ報告シ且其ノ要

領ヲ公告スヘシ
第四十二條　評議員會ハ本規則施行ニ關スル細則ヲ定メ當館ノ認可ヲ受クヘシ

附　則

第四十三條　本令ハ公布ノ日ヨリ之ヲ施行ス
第四十四條　本令施行ノ際現ニ居留民會長副會長及行政委員タル者ハ本令ニ依リ評議員ノ就任スル時迄其ノ任ニ在ルモノトス
第四十五條　本令ニ依ル第一回評議員選擧ニ關スル限リ十月一日ヲ期トシ選擧人及被選擧人名簿ヲ調製シ十月五日ヨリ七日間關係者ノ縦覽ニ供スヘシ
第四十六條　本令ニ依ル第一回評議員ニ限リ其ノ任期ハ大正四年一月二十日迄トス
居留民會は前掲規則に基き課金賦課徴收規則會計規則給與規則事務規程會議規程等を定めたるが課金率及手數料は次の如し

甲種賦課金｛特等五圓以上／一等四圓より十等十錢まで

乙種賦課金（料理業者に限る）
特等十圓以上
一等八圓より十等八十錢まで

藝妓	金三圓五十錢
酌婦	金二圓
舞妓	金一圓五十錢
仲居	金五十錢
遊藝人	金一圓
女髮結	金五十錢
行商	金五十錢
遊戯業	金一圓五十錢
球突一臺	金二圓
興行	日額一等五圓より六等三十錢まで
出張販賣	同一等十圓より四等一圓まで

一箇月以上の滯在販賣　月額一等四圓より六等三十錢まで

督促手數料　一件十五錢

證明手數料　同　五十錢以內

(り)役員及評議員　大正三年七月末現在本會の役員並に評議員は左の如し

役員

民會長	原口聞一
副會長	石田武亥
會計主任	佐伯直平
理事（心得）	德久愛馬
書記	森永卯八郎

外に書記二名

評議員

正金銀行奉天支店	三井物產奉天出張所	手塚安彥	松尾八百藏

城野芳次郎　石田武亥　岩谷二郎　阿部孝助　増田長吉　野田貞次
佐伯直平　松井小右衞門　安達都　原口聞一　皆川秀孝
●敎育事項　本會は明治三十九年十月公立小學校を開設し居留民兒童の義務敎育を爲さしむる外商工業者子弟の爲め支那語を敎授する私立外國語學校に若干の補助を與へ最近此の補助を幼稚園に轉用する等居留民會としては相當に此の方面に力を竭し來れり又明治四十五年一月以降は敎育に關する諮問機關として定員五名より成る學務委員會を設けたるが大正三年三月末現在の該委員は左記の如し
室粂三郎　阿部孝助　皆川秀孝
三谷末次郎　中島盛彥
●衞生事項　本會は明治三十九年十月奉天公立病院を創立し醫學士檜垣春三氏を聘して院長とし醫師始良政秀氏をして外科及健康診斷を擔任せしめ四十二年一月十間房に分院を開き公衆衞生の爲め貢獻する處少なからざりしも經費上の事情に餘儀なくされ同年十月赤十字病院の設立を機とし公立病院一切の事務を該病院に合併し其代償として毎年民會賦課收

入の二割を赤十字病院に提供することゝしたり是に於て病院に關する民會の業務は輕減せられたるも民會本來の任務上傳染病豫防消毒種痘其他の公共衞生事務を處理し明治四十二年來總領事館令に基き管内を三區に分つて衞生組合を設け一般衞生事務の完全を圖りつゝあり大正三年六月末現在の各組合長は左の如し

城内組合長	余村松之助
中部組合長	古賀松次
十間房組合長	城野芳次郎

●消防組　本會は居留民の火災防禦並に不時の警備に任ずる爲め總領事館令に基き明治四十一年十二月以來消防組を設置したるが給與事務の外火災出動演習出動悉く總領事館警察署の指揮監督を受くることゝなれり消防手當として本會より支出する金額左の如し

頭取	月額	金五圓
副頭取	月額	金四圓
小頭	同	金三圓

當　番　同　金　十　圓
一般出場手當　一回一人　金　五　十　錢
右の外職務の爲め死傷したる者に對し弔祭料二十圓遺族扶助料百五十圓傷痍の輕重に依り七等三十圓以内より一等二百圓以内の手當を支給す現在頭取は西尾市五郎副頭取は原田覺次郎小頭以下七十五名を定員とせり
㈥其他の事業　以上列記の外本會の公務としては行路病者取扱、共同墓地管理、胞衣及産穢物取扱、諸願届受附送達を主とし便宜上商業會議所賦課金徵收、衞生組合費徵收、其他臨時に發生する公共事務を取扱ふ將來支那方面の自治機關又は行政機關に接近し日支兩國に跨る零細の案件竝に兩國共通の自治的事務に關する案件に容喙するを得るに至らば奉天居留民會の居留民に貢献するもの更に一層擴大せらるべき乎
●歲入出豫算　本會の歲入出豫算は一年度を二分し上下兩半期に於て査定せらるゝものなるが大正三年度上半期豫算は次の如し

歲入の部

賦課金	七、九五三・四二円
手數料	一五・〇〇
雜收入	二四四・六〇
歳入合計	八、二一三・〇二

歳出の部

經常費

事務所費	二、二九四・五八
會議費	二六・六〇
教育費	二、〇八九・〇〇
衛生費	一〇一・六五
警備費	三八八・〇〇
救助費	五〇・〇〇
病院補助費	一、四〇四・九八

營繕費	五九・九〇
共同墓地費	一五〇・〇〇
雜支出	一六六・〇〇
基本金積立	八〇〇・〇〇
豫備費	三一〇・三一
合計	七、八四一・〇二
臨時費	
基本金償却費	三〇〇・〇〇
備品購入費	七二・〇〇
合計	三七二・〇〇
歳出總計	八、二一三・〇二

歳入出差引なし

第十一章　奉天商業會議所

●沿革　奉天商業會議所は明治三十九年十二月總領事館令第十二號に依り杉原泰雄遠藤藤次郎三谷末治郎の三氏を發企人に指定し翌四十年一月定款を作り監督官廳の認可を經玆に始めて創立せられたるものにして爾來四十一年の大連關稅問題、同安奉線廣軌改築問題、四十二年の日貨排斥問題、四十四年のペスト問題、巡警暴行問題、四十五年の淸國革命動亂等に關し居留商工業者に貢獻する處少なからず最近滿鮮實業家大會を大連に開催し或は支那紙幣の兌換に關し又は滿鐵本社を奉天に移轉せしめんとする建議等に就き種々劃策奔走する處あり奉天商業の唯一機關として頗る重要なる地位に立てり本會議所創立以來の會頭を擧ぐれば左の如し

茂松直順	明治四十年二月より會頭
中根齊	同　年十月より會頭
阿部孝助	同四十一年八月より會頭

谷口武一郎　明治四十二年一月より會頭
三谷末治郎　同　年九月より會頭
縣　左吉　同四十三年十二月より會頭
藤田九一郎　大正元年十二月より會頭

●諸規則　明治三十九年十二月總領事館令第十二號を以て規定せられたる本會議所規則左の如し

奉天商業會議所規則

第一條　奉天商業會議所は奉天及其の附近に在留する帝國臣民に依り公選せられたる議員を以て組織す
第二條　本會議所の事務權限左の如し
一　商業の發達を圖るに必要なる方案を調査すること
二　商業に關する法規の制定、改廢、施行に關する意見を行政廳に開申し及商工業の利害に關し意見を表示すること

三　商業に關する事項に關し行政廳の諮問に應ずること
四　商業の狀況及統計を調査發表すること
五　官廳の命令又は商工業者の委囑に依り商工業に關する事項を調査し又は商品の產地價格を證明すること
六　官廳の命に依り商工業に關する鑑定又は參考人を推選すること
七　關係人の請求に依り商工業に關する紛議を仲裁すること
八　總領事官の認可を受け商工業に關する營造物を設立し又は管理し其他商工業の發達を圖るに必要なる施設を爲すこと

第三條　本會議所議員の定數は十五名とす
奉天居留民會に五等以上の賦課金を納附するものは議員選擧權及被選擧權を有す

第四條　議員の任期は二箇年とす

第五條　本會議所に左の役員を置く

會　頭　一　名

副　會　頭　　一　名

會頭は本會議所事務を統轄擔任し會議の議長となる

副會頭は會頭を補佐し會頭事故ある時は其の代理となる

第六條　會頭副會頭は議員に於て互選し領事官の認可を受く可し

會頭副會頭の任期は二箇年とす

第七條　本會議所の經費は議員の選擧權を有する者に於て之を負擔す

經費の豫算は領事官の認可を受くべし

附　則

第八條　本會議所設立の準備は領事官の選定したる發企人三名之を行ふ

第九條　發企人は本會議所事務の執行に必要なる細則は定款を以て定め領事官の認可を受くべし

第十條　發企人の任務は議員及會頭副會頭の選擧を以て終る

第十一條　本則は明治四十年一月一日より之を實施す

定款と課金

前掲會議所規則に依り規定したる定款は全部三十七箇條にして議員の選擧法同任期役員の任務、總會の事業、紛議仲裁規定、會計法等を定めたるものなり又賦課金は同徵收規則第二條に依り左の如く徵收せり

	月額
特等	金二圓四十錢以上
一等	同　一圓六十五錢
二等	同　一圓二十錢
三等	同　八十錢
四等	同　五十五錢
五等	同　四十錢
六等	同　二十八錢

本會議所は規則第二條の意義を敷衍し商工業の進歩發達を促すべき事項法律命令其他避く可からざる外部の事情の爲め商工業の利害に關する事項の通報を乞ふこと本會議所の紹介

又は照會を要する場合商工業上に關する疑義等は遠慮なく申出づ可きこと官報通商公報各地商業會議所報告其他商工業上有益なる書類を備附けあるに付き隨時閲覧すべきこと等を月報巻頭に掲げつゝあり

●役員及議員　大正三年一月末現在本會議所役員及議員は次の如し

役員

會頭　藤田九一郎

副會頭　瀬尾榮太郎

書記長　南洞孝

外書記　二名　雇員　二名

議員

○余村松之助　○笹野杉一　伊東小三郎

○阿部孝助　松尾八百藏　中江十五郎

江藤豊二　○野田貞次　○城野芳次郎

藤田九一郎　三谷末治郎　瀨尾榮太郎

備考　現に三名の缺員あり、○印を附したるは常議員なり

●事業と經費　本會議所の事業は規則第二條の事務權限に依り或は商工業の利害に關して意見を發表し又は商業に關する諮問に應へ若くは商業の狀況及統計を調査發表する等常に綿密なる注意と敏活なる判斷を要するもの多く其活動如何は直ちに延て商工業者の興廢に關係せり然るに本會議所の經費は年額六千餘圓に過ぎざるを以て當局役員の不便と掣肘は到底免れ得ざる處なるが如し目下調査發表の機關として每月月報を發行せり尙本會議所の經費たる大正三年度上半期歲入出豫算は次の如し

歲入の部

賦課金	二、三三八・六五円
前期繰越金	三二二・四三
雜收入	四七六・四〇
合計	三、一三七・四八

民會と會議所入口

正金銀行支店

南満銀行

南満醫學堂

歳出の部

給與費	一、五五七•〇〇
備品費	四五•〇〇
所費	一、二〇五•〇〇
豫備費	一六三•四八
修繕費	一五〇•〇〇
合計	三、一三七•四八

第十二章　支那商工會

●商務總會　奉天省商務總會は日露戰役後日本商工業者に對抗し結束協力して支那商民の利益增進を謀る可く設立せられたるものにして或は會員內の商事裁判機關となり又は會員相互の特種自治機關となり以て今日に至れり故を以て本會は商業上の紛議仲裁は勿論商取引に關する調査及指導を爲すの外市內數箇所に消防隊を設置し火災其他の警備を爲せり現

在重なる役員は次の如し

總理　孫百斛　協理　崔興麟

坐辦　楊雲九　書記長　魯宗煦

外議員五十三名

●工務總會　商務總會に對し各種工業者の利益保護を目的とせる團體にして兩三年前の創立に係れり然れども其基礎其權限商務總會に比すべくもあらず何等目覺しき活動を爲せし事なし

第十三章　日支金融機關

第一款　日本金融機關

奉天に於ける我が金融機關は正金支店正隆支店鮮銀出張所南滿銀行を主として中流以下の商工業者竝に細民の金融に資する貸金業頼母子講等あり常に市況の振否を圖り金融の圓滑を謀れり左に概況を列擧す

●橫濱正金銀行奉天支店　正金支店の當地に開業せるは明治三十八年五月にして當時は單

に小規模の爲替業務を引扱に過ぎざりしも在留邦人の增加と商工業の發展につれ漸次爲替預金貸附等の一般銀行業務を取るの外關東都督府の金庫事務を取扱ひ明治四十三年七月よりは大藏省の命令に依る特別貸付を爲し在留邦人に限り動產又は不動產を擔保とし年七朱の低利資金を供給せり近來は支那商工業者にして當支店を利用するもの續出し業務の前途益々有望となれり大正三年三月末帳尻竝に諸利率は次の如し

▲帳尻

預金	五一六、六六四•七八円
貸付	五八八、二八四•〇〇
貸越	二五二、四五一•三一
割引	二七二、七五八•六六
爲替受入	一〇、一六一、九二一•二八
爲替拂出	一二、七〇一、三六七•三〇
外國貨幣買	四一二、二七五•七七

外國貨幣賣	六三三、九五二•四二
金銀出	三一、一二八、六四〇•四八
同入	三一、三一三、七五四•五九

▲利率

定期預金	三箇月	年五分
	六箇月	年六分
	一箇年	年六分
當座預金		日歩九厘
小口當座預金		同一錢二厘

備考　當支店は洋錢勘定を取扱はず

●株式會社正隆銀行奉天支店　當支店は明治四十二年十二月開設せられたるものにして本店は大連に在り其組織日支合辦事業なる爲め支那人間の信用頗る厚く業務日々に隆盛を見つゝあり大正二年末帳尻及營業成績竝に諸利率左の如し

▲帳尻（大正二年下半期中）

區分／種類	金勘定	銀勘定	洋錢勘定
預金	円 一二一、三五六・八〇	兩 八、八九九・七二	元 七三、八七一・三〇
貸付	一一、二九三・〇〇	二〇、二七四・六二	—
貸越	三二、二二八・五四	—	—
割引	九三三、四八五・一三	八一、九四〇・〇〇	五三、二八三・六六
爲替受入	二一六、六四九・一八	六六、五三四・三六	四二、三三〇・一四
同拂出	一、一四九、三六九・五四	三一六、五〇三・六四	二〇、四〇一・六九
地金銀買入	—	四五、〇〇四・九四	四三二、一九二・八四
同賣渡	—	四三、九九八・九〇	四三〇、二一二・八一

▲損益勘定（大正二年下半期）

總益金　金二萬二千三百二十圓七十錢
同　銀四千六百七十七圓〇五錢
總損金　金一萬六千九百八十八圓十錢

總損金	銀三千二十九圓九十五錢
差引	
純益金	金五千六百四十三圓六十五錢
同	銀千六百四十七圓十錢

▲諸利率

定期預金	三箇月	年五分五厘
	六箇月	年六分
	一箇年	年六分五厘
當座預金		日歩一錢　洋錢三厘
小口當座預金		日歩一錢三厘　洋錢五厘

●朝鮮銀行奉天出張所　鮮銀出張所は大正二年七月開設せられたるものにして比年商業關係を密接ならしむる滿鮮の金融機關として一般に信用高し取扱業務は預金割引貸付爲替等なるも不動産に對する貸付と融通手形の割引は之を取扱はず大正三年三月末帳尻及諸利子

左の如し

▲帳尻

預金	一四九、九二四・四一円
貸付金	二一四、七四九・八〇
貸越	一六四、五九二・三九
割引	三九〇、五〇七・一八
爲替受入	二四六、八二八・六八
同拂出	五一一、二九五・三八
外國貨幣買	二四一、三六六・〇〇
同賣	二四一、五三四・〇〇
金銀出	一二、〇一一、二八五・一二
同入	一一、六一九、九六〇・五八

▲諸利率

定期預金	三箇月	年六分
	六箇月以上	年六分五厘
當座預金		日歩九厘
小口當座預金		同壹錢貳厘

●**株式會社南滿銀行** 本行は奉天在留者により發企創立せられたるものにして大正二年七月末業務を開始したり資本は總額二十萬圓（一株を五十圓とし四千株に分つ）とし本店を當地小西關に支店を本溪湖に設置し營業科目を割引爲替預金貸付手形金の取立等と定めたるが本行の特色として他に誇る可きもの概ね次の六項あり

一　正金支店は日本本位正隆支店は滿洲本位なるも本行は奉天本位なり

二　故に他銀行の如く本店の掣肘を受くることなく奉天の金融狀態に應じ直ちに臨機の處置を取り得べし

三　他銀行にて取扱はざる洋錢紙幣まで之を取扱ふ

四　金銀洋錢勘定共他銀行に比し利子高率なり

五　他銀行を過大なりとする中流以下の商工業者の金融機關たり後援者たり
六　執務時間を延長し大祭日（一月三日迄、天長節、紀元節を除く）日曜日と雖も午前中は執務す
右の六特色は奉天の金融機關として最も機宜に適したるもの開業以來日尚淺きにも拘はらず業務頗る繁盛なるは決して偶然に非ざるなり尚本行第一回の決算報告は左の如し

第一回決算報告　（大正二年十二月三十一日開業約五箇月間分）

▲負債之部

株金	二〇〇、〇〇〇●〇〇円
諸預金	二三〇、九八八●九一
諸手形内入金	七五〇●〇〇
他店借（六箇所）	一七、七一二●七四
借入金	四八、九〇八●五五
再割引手形	一四〇、七七九●二五

未經過利息割引料割戻勘定	二、四五〇•〇〇
純益金	五、〇四〇•八三
合計	六四六、六三〇•二八

▲資産之部

未拂込株金	一五〇、〇〇〇•〇〇
貸付金	七〇、四八三•〇四
當座預金貸越	二一、七八二•一〇
割引手形	二五〇、三四七•五七
取立爲替手形	一、二〇一•九六
他所割引手形	三、八七〇•〇〇
繰替金	九五•九四
當座預託金	一一、二七三•一九
他店貸(五箇所)	一五、三五八•四八

外國貨幣	一二、一五一・〇〇
建物金庫什器	六、九八九・一五
創業費	八〇〇・〇〇
現金	一〇二、二七七・八五
合計	六四六、六三〇・二八

▲利益金處分

金五千四十圓八十三錢	當期純益金
內	
金三百圓	法定積立金
金二千七百圓	準備積立金
金八百圓	創業費償却
金五百圓	役員賞與金
金七百四十圓八十三錢	後期繰越金

創業以來五箇月間の營業成績は右の如し尚本行の諸利率は次の如し

▲金銀勘定

定期預金	三箇月	年六分
	六箇月	年六分五厘
	一箇年	年七分二厘
當座預金		日歩一錢一厘
小口當座預金		日歩一錢五厘
特別小口當座預金		日歩一錢六厘（金五百圓迄）

▲洋錢勘定

定期預金	三箇月	年五歩
	六箇月	年五分五厘
	一箇年	年六分
當座預金		日歩八厘（但し十日間最低殘高に附す）

小口當座預金　日歩一錢（但同上）

尚本行重役は次の通りなり

取締役頭取　城野芳次郎
取締役　長谷川正直
同　笹部杉一
同　古賀松二
同　野田貞次
監査役　余村松之介
同　大島傳兵衛
同　田實優

●貸金業　既に前掲の各銀行あり金融上に就ては十分便益なるが如しと雖も其間自ら範圍ありて未だ一般の需用を充たし得ざるより玆に所謂金貸業者なるもの現出し專ら中下流の資金融通に當れり金貸業の主なるものに共融組合と協通社との二あり共融組合は大正二年

七月創立したるものにして資本金二萬圓の匿名株式組合なり現在貸付金は約五萬圓に達し居れり協通社は古くより金貸を營み來りたるが目下貸付金三萬餘圓を有せり此他市中各所に散在せる無數の金貸業者に依りて各方面に融通せる金額は約八萬圓を算すべく此の方面の資本流通高は合計十六萬圓を下らず而して金利は何れも比較的高率にして月利二分より五六分に達し期限は普通二三箇月を以て一期となせり

●賴母子講　當地に於ける賴母子講は小資本營業者竝に特種營業者（料理店營業の如きもの）の唯一生命にして一人にして數箇の賴母子に加入し彼れ是れ互に相扶助するの機關となり動す可からざる一大金融機關となれり大正元年より同二年末までに創立せられたる講數は三十六箇にして口數現に千二百二十餘を有し一口最低三十錢最高六十圓一講の總掛金最低百五十圓最高四千五百圓の範圍を以て重に汽車講と稱する掛け方を行ひつゝあり故を以て不幸にして一講たりとも破綻を生ずる等の事あらんか其の餘波は延て全講數に及ぼし經濟上頗る危險を釀すの虞あり近時有志者は信託會社を創立し重に講の整理を爲さんとするの企てあり取締官憲も將來の取締方法に就き講究を重ね居れり

第二款　支那金融機關

支那固有の金融機關としては票莊錢莊錢舖當舖の類のみなりしも最近各地共銀行を設立し頗る亂雜不確實なる銀行業を營むことゝなれり我が奉天に於ても日露戰役後俄かに數箇の銀行を開き何れも紙幣を濫發し目下金融市場の大恐慌を來しつゝあるが以下順を追ふて其の概況を略述すべし

●東三省官銀號　舊名を奉天官銀號と稱し光緒三十一年(明治三十八年)時の將軍趙爾巽氏の發議に依り創立せられたるものなるが其の目的は我が軍用手票の流通を奪はんが爲に在りき明治四十二年名を東三省官銀號と改め三省の中央金庫たらんとせしも果さず僅かに奉天省の中央銀行的となれり資本は設立當時銀三十萬兩なりしが其後五十萬兩に增資せり營業科目は租稅其他官金の出納保管一般の預金爲替貸付質業銀貨の鑑定等を營み又紙幣の發行權を有し現に發行せる紙幣は約九百萬元に達し之に對する引換準備なき爲め紙幣は殆んど不換紙幣となり大正二年末以來市中頗る恐慌を來し居れり預金は重に官金にして民間の

分は之を引受けざるも貸付は適當の擔保を提供せしめ之に應じつゝあり利子は月利一分五六厘より一分七八厘年利一割二三分より一割六七分の間に在り爲替は主として賣爲替にして仕向地は北京天津上海營口等なり質業は明治四十三年より開始したるが利率は月利二分期限は最長二箇年なり

●中國銀行奉天分號　本行は元と戶部銀行分店にして光緒三十三年卽ち明治四十年四月此の地に開設せられたり其後戶部は度支部と改稱せられ一時大淸戶部銀行と稱したるも間もなく大淸銀行と改名し營業を繼續し來りたるが革命亂後業務整理の爲め久しく休業し大正二年五月今の名に改めて再び營業を開始せり本店の資本は銀六千萬兩と定めあるも實際の拂込は二百萬元に過ぎず奉天分號の資銀は別に限定なきも本行の成立が支那の中央銀行たるを以て信用比較的高し營業の種類は割引爲替地金銀及各國貨幣の賣買手形の取立預金貸付等なるが本店は紙幣の發行權を有し現に當地に於て流通せるもの百五六十萬元に達し居れり但し引換の準備なきは官銀號と同一なり

●交通銀行奉天分店　當分店は明治四十三年四月開設したるものにして主たる營業は官衙

に對し貸付を爲すに在り資本は百萬元にして内五十萬元は北京本店より分付せられ三十萬元は此地に於て積立て二十萬元は爲替資金として交通部より交付せられたり本行も同じく紙幣發行權を有し當地に流通せる紙幣高約二百四十萬元と算せらる兌換の準備なきは前二銀行と異る所なし

●黒龍江官銀號奉天分號　本號の當地に設置せられたるは明治四十二年十月にして預金貸付爲替等の業務を營み兌換劵を發行せり目下預金及貸付を休業し紙幣發行の外は専ら吉黒二省との爲替を業務とせり資本は僅かに三十萬元なるも市中に流通せる該分號兌換劵は少くとも六十萬元を下らず革命騒亂當時猛烈なる取付けに遭遇し爾來信用頗る揚らざるが如し

●奉天興業總銀行　本行は大正二年七月創立したるものにして資本百萬元なりしも曩に勸業道陳棋氏等の設立したる農業銀行と合併し其の資本三十萬元を併せ總資本百三十萬元となれり本行も亦紙幣の發行權を有し自己の商號を表記したる兌換劵約百五十萬元を發行流通せしめつゝあり經營者は準備四十萬元を有すと稱すれども固より信を措くに足らず且

つ正貨の準備皆無なる故兌換に應じ得ざるは他銀行と同一なり
●票●荘　票荘は支那固有の金融機關にして常に錢舖の親銀行となり市況の平準を保つの作用を爲せり奉天に於ける票荘は何れも山西人の營業に係り爲替及貸付を業務とし比較的大資本の本店を有し金融市場の重鎭となれり從來十二戸の票荘を有したりしも日露戰役當時より戸部銀行分號又は官銀號の設立となり漸次其の勢力を蠶蝕せられ目下は僅かに六戸を剩すに過ぎず貸付利子は年九分より一割までにして預金は十二月三十日まで引出さゞるものに限り年四五分の利を附せり現在奉天の該業者は蔚太厚、志誠信、合盛元、世義信、大德玉、用通王等にして資本三十萬兩より一千萬兩を各自所有し居れり
●錢●舖　一般商人の金融機關として最も密接の關係を有するは錢舖なり奉天に於ける錢舖は團匪事變前までは其數約六十を算したるも團匪事變の當時掠奪を蒙り甚だしく疲弊したるに加へ趙爾巽將軍より地銀の定期賣買穀物の定期賣買及び帳簿上の貸借計算を禁止せられ且つ官銀號を起して紙幣の發行を獨占せられたる結果錢舖は再び立つ可からざるの大打擊を受け閉店するもの續出し目下僅かに二十戸を除すのみとなれり三十萬兩乃至百萬兩の

資金を運轉しつゝあるは富森峻、咸元會、隆泉美、淵泉溥、義泰長、公濟號、大有玉、合盛東等の數店に過ぎず貸付期限は三箇月五箇月半年一年等あり利率は月利一分六厘乃至二分にして擔保は商品家屋等なるも重に信用程度に應ずる信用貸付を爲せり

第三款　貨幣と金融狀態

●貨幣　奉天に流通せる貨幣は之を內國貨幣、外國貨幣の二者に區分す卽ち左の如し

▲內國貨幣
- 硬貨
  - 銅錢
    - 制錢
    - 私錢
  - 銅元
  - 銀元
  - 銀兩
- 紙幣
  - 現銀票
  - 銀元票
    - 奉天官銀號券
    - 奉天交通銀行券
    - 奉天農業銀行券
    - 奉天興業總銀行券
    - 大清銀行奉天分行兌換券
    - 黑龍江官銀分號券
    - 中國銀行券

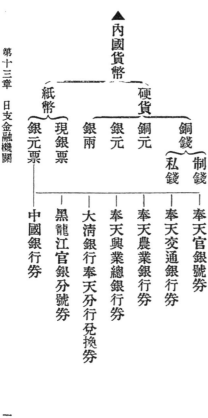

▲外國貨幣

- 硬貨
  - 日本貨幣（銀貨、銅貨、白銅貨）
  - 露國貨幣
  - 墨西哥弗
  - 香港弗
- 紙幣
  - 日本紙幣
    - 日本銀行兌換券
    - 正金銀行鈔票
    - 正金銀行金券
    - 朝鮮銀行紙幣
  - 露國紙幣

内國貨幣は卽ち支那の發行に係るものにして硬貨は官立造幣廠に於て之を鑄造し紙幣は各銀行概ね發行權を有せり硬貨の内制錢は前淸歷代の鑄造したる穴明錢にして私錢は奸商の贋造せる穴明錢なり此の二種は目下殆んど市中に流通するを見ず銅元は所謂我國の銅貨にして半分（五厘）一分（一錢）二分（二錢）の三種を有す銀元は卽ち我國の銀貨にして俗に洋錢

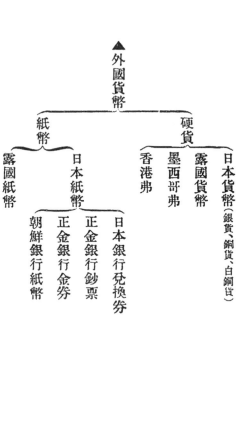

と稱す五分（五錢）一角（十錢）二角（二十錢）五角（五十錢）一元（一圓）の五種あり銀元の量目は一元は七錢二分五角は三錢六分二角は一錢四分四一角は七分二なり品質は純銀八銅其他二の割合と定めらる銀兩は所謂馬蹄銀と稱するものにして一箇の重量は奉天秤の五十一兩乃至五十三兩を有す從來は官吏の俸給課税の納金大なる取引等に使用されたるも現今は一般に銀元を用ふることゝなり其用途極めて狹隘となれり紙幣は現銀票と銀元票の二種あり現銀票は市中に流通するもの僅少なるも銀元票に至りては殆んど無制限に之を濫發したる結果今は其價格に少なからざる低落を來し信用將に地に墜んとしつゝあり要するに奉天の本位貨は銀元にして銅元及紙幣は本位貨の補助又は代表たるに過ぎず而して銀元と日本貨との比較は時に依り同じからずと雖も普通金貨一圓に對し銀元一元二角半又は一元三角位なりとす

外國貨は前掲表示の如く日露兩國貨及墨銀香港弗等の流通を見るも多數を占むるは勿論日本貨なり現在の流通高は優に一千萬圓を超ゆべしといふ

●金融　奉天金融の最も活潑なるは重に農産物收穫後の結氷期中に在り此時期は附近各部

落より盛んに農産物を搬出し來り大小の取引各所に行はるゝを以て需用購買力强く各種貿易商の均しく忙殺せらるゝ季節たり然れども土木建築の如き工作事業は是非共解氷より結氷までの期間に於て爲さゞる可からざる故春夏秋の三季は工業的に金融上の活動を爲す好時節たり然るに前段述べたる如く日常の通貨は現錢少くして殆んど紙幣のみなるより一朝何等かの事變に遭遇し又は現錢と紙幣との價値に大なる差額を生じたるが如き場合に際會せば忽ち銀行取付けとなり同時に貨幣の價格暴落する爲め金融上不測の災害を蒙ることあり將來支那自ら幣制の整理を完備するか若くは關係外國に於て適當なる自衛策を取るに非ずんば金融の安固を見ること到底覺束なきに似たり但し邦人間の金融は或は正金の特貸あり又は正隆南滿各銀行の洋錢賣買あり中流以下には貸金業あり賴母子講あり互に相扶掖して金融の圓滿を企圖しつゝあり

第十四章　教育機關

第一款　南滿醫學堂

●沿革　南滿醫學堂は鐵道附屬地滿鐵醫院の南方に在り明治四十四年南滿洲鐵道株式會社の創立したるものにして同年六月關東都督の認可を得時の東三省總督趙爾巽氏を名譽總裁に推し醫學博士河西健次氏を堂長に任命し十月第一回學生を收容して授業を開始し十一月十二日開校式を擧げたり爾來校舍の建築學生の增加敎育品の整備に力を竭し何れも豫定の如く進捗して今や尨然たる大校舍は附屬地の東北に屹立し規模の大敎授の精將に南滿唯一の大學堂たらんとしつゝあり

●目的と程度　本學堂の目的は日支兩國の學生を收容して專ら醫學を敎授し卒業者をして醫學上支那開發の先驅たらしめんとするに在り尙一般醫學的硏究殊に滿洲特有の疾病竝に人種的關係を硏究するの任務をも有し居れり學堂の程度は明治四十四年八月勅令第二百三十號を以て南滿醫學堂は專門學校令に據ることを公布せられ同月專門學校令第四條に據り南滿醫學堂を設置すべき旨關東都督に申請し九月其認可を得たるを以て云ふ迄もなく純然たる醫學專門學校たり右に就き文部省は明治四十五年二月告示第三十三號を以て徵兵令第十三條に依り南滿醫學堂を認定する旨公示せられたり

●**規則概要**　本學堂本科卒業者は南滿醫學堂醫學士の稱號を認許さる（第一章）修業年限は本科を四箇年研究科を一箇年以上とす學年は毎年九月十一日に始まり翌年九月十日に終る（第二章）學科目は化學、解剖學、生理學、醫化學、病理學、藥物學、內科學、外科學、兒科學、皮膚病花柳病學、耳鼻咽喉科學、眼科學、產科及婦人科學、精神病學、衞生學、細菌學、法醫學、齒科學、倫理、支那語、獨逸語、体操等とし陸軍出身志願者には特に軍事學及衞生勤務學を敎授す（第三章）本科第一學年に入學し得る者は中學校を卒業したる者專門學校入學檢定試驗に合格したる者支那人にして前二項同等の學力を有し且日本語を解する者又は本學堂豫科を修了したるもの等にして一定の入學志願書を提出し許可を得たる者は別に在學證書を差出すものとす（第四章）試驗は毎學期の終に於て之を行ひ百點を滿點とし一學科四十點總學科平均六十點を以て進級の標準と爲す（第五章）卒業試驗は第一科目第二科目に分ち第一科目に及第するに非ざれば第二科目の試驗を受け得ず卒業者には各受持敎授の連署したる卒業證書を授與し研究生には論文の審査を經て研究證明書を與ふ（第六章）授業料は本科一學年三十圓研究科實驗料一箇年五十圓を納附せしむ但し現在の在學生は當分の內授業料を免除す（第七章）懲戒は戒飾譴愼停學放學の四とす（第八章）學生は凡て寄宿舍に寄寓すべく時宜により通學を許すことあるべし（第九章）本學堂に滿鐵總裁の囑託したる商議員若干名を置く（第十章）以上の外本科に入らんとする支那人の爲めに豫科を設け二箇年間の修業を爲さしむ

●設備建築　圖書器械等設備に關するものは用に應じ緩急を計り漸次整備する方針を取りつゝあるが創立以來現在に至る間旣に支出したる設備費及本年度の豫算に計上せられたるものを通算すれば器具器械費三萬五千百十二圓〇九錢圖書費一萬七千五百八十六圓十六錢七厘に達し居れり建築物は豫科敎室豫科寄宿舍本科寄宿舍各一棟及本科敎室等にして以上建築に要したる經費は合計三十一萬五千百三十餘圓なるが外に煖房給水排水瓦斯電燈諸工事に約六萬圓を要すべき見込なり

●敎職員　大正三年七月現在敎職員左の如し

學堂長　醫學博士　河西健次

教授

內科學　醫學博士　河西健次
眼科學　醫學博士　喜田村朔治
外科學　醫學博士 ドクトル、メヂチーネ　尾見薫
衞生學細菌學(獨逸留學中)　醫學士　鶴見三三
外科學　醫學士　山井三七
產科婦人科學　醫學士　笠島陽三
小兒科學(獨逸留學中)　醫學士　稻葉逸好
解倍學　醫學士　椎野鋒太郎
眼科學(獨逸留學中)　小口忠太
產科婦人科學(獨逸留學中)　醫學士　林榮
內科學(獨逸留學中)　醫學士　戸谷銀三郎
小兒科學　醫學士　小津孟

內科學	醫學士	結城玄通
藥物學生理學	醫學士	久保田晴光
耳鼻咽喉科學	醫學士	和田由常
內科學	醫學士	山根政治
皮膚病花柳病科學		塙繁彌太
解剖學		久保武
生理學(獨逸留學中)		久野寧
醫化學	ドクトルメヂチーネ	岩野俊治
病理學	大阪高醫醫學士	今井實
物理學數學	理學士	嶺亮介
博物學兼舍監		西村眞琴
獨逸語		辻春十郎

助教授

化學　末岡正二
日本語　伊藤文十郎
日本語　今川伊介
數學　毛利森一

講師

獨逸語　カール、アルベルチー
倫理　田岡正樹
內科學　ドクトル メヂイーネ　齋藤糸平
衛生學細菌學　江口忠六
漢文倫理支那語　王孔彰
體操兼舍監　陸軍步兵少佐　高桑友二郎

幹事　西村眞琴

稽査　陶倘銘

右の外事務員四名、技術員三名を有せり

●**學生定員**　學生生徒の定員は本科學生二百名豫科生徒六十名なるも建築設備共に未だ完備せざるを以て授業上支障なきを度とし適宜入學人員を制限せり卽ち明治四十四年第一回入學者は本科を二十名豫科を八名とし大正元年第二回入學者は本科を二十名豫科を二十八名とし大正二年第三回入學者は本科を二十五名豫科を三十六名とせり大正三年教室完成後は無論定員を入學せしむべし

學生生徒の現在數左の如し

本科第三學年	日本人	十六名
本科第二學年	日本人	十七名
本科第一學年	日本人	二十三名
	支那人	五名
計		六十一名

豫科第二學年	支那人	十五名
豫科第一學年	支那人	三十七名
計		五十二名
合計		百十三名

●支那學生　支那人生徒にして大正二年豫科を卒業し本科に進みたるもの五名あり支那人生徒に對し豫科二箇年の教育は果して所期の效果を收め得べきや否頗る疑問としたる所なりしも大正二年の豫科卒業者は成績意外に良好にして日本人學生と馳騁し本科の學習に堪ゆるものゝ如し而して支那人の本學堂を信ずること漸く篤く大正元年度は奉天省より十名の官費生を派遣せられ大正二年度は同じく二十二名を派遣せられたり其他一般應募者は年と共に其數を增し教育程度も多少向上しつゝあるを認めり

●學費　授業料は當分之を免除しあるも在學生の實際に要する費用は七圓五十錢書籍其他文具雜費七圓五十錢食費合計十五圓位は每月之を要すべく被服料は一箇年約二十圓あれば充分なり支那學生の費用は官費生一箇月十五圓を徵收し豫科は十二圓を徵收せり食費を除

きたる寄宿料は當分免除さる

第二款　奉天尋常高等小學校

●沿革　奉天尋常高等小學校は鐵道附屬地奉天公園の南に在り南滿洲鐵道株式會社の設立したるものにして明治四十一年四月二十七日開校式を擧げ同年十二月現在の校舍を新築して之に移り以て今日に至りたるが開校當時の生徒數は各級を通じ僅に三十六名に過ぎざりしも大正三年七月末は男女合計五百十餘名に達し在留民の增加と共に比年盛大を來しつゝあり加ふるに明治四十三年五月には實業補習學校を併置し同年九月には校舍を增築し大正二年六月また實科女學校を併置せり在留民に對する敎育上の效果は言ふ迄もなく最も顯著なりとす

●敎育施設　本校の敎育に關しては監督者として關東都督滿鐵總裁同地方課長同敎育係主任等あり管理者としては奉天經理主任同敎育係あり敎育方針に就きては全然敎育勅語の精神に則り個人の完成家族の輯睦社會の進步國家の發展人道の平和を基礎とし一般國民とし

ては時代の要求に應じ國家の爲めに有益なる活動を爲すに足るの人物國民道德の基礎たる忠孝の德を完ふする人物殖民地に於ける住民としては其風土に適應し荒怠相誡め自彊息まざるの人物襟度を大にし人道の平和を重んずる人物を養成するを主眼とせり

●**校舍及經費**　校舍は洋式煉瓦建にして第一より第八に至る學級室、幼兒開誘室、手工敎室、圖書室、機械標本室、職員室、應接室、御影奉安室等あり總坪數六百二十七坪餘にして外に屋外運動場四千餘坪及び學校園千五百餘坪を有す經費は大正三年度の豫算に據れば總額二萬二千二百七十一圓九錢を要し收入八千六百二圓三十錢に對する不足額一萬三千六百六十八圓七十九錢は滿鐵本社より補給することゝ爲れり

●**職員**　大正三年七月現在の職員は左の如し

校長訓導	本科正敎員	河村音吉
訓導	同	梅森慶之進
同	同	瀧川嘉一郎
同	專科正敎員	三島耿介

同
同
同
同
同
同
同
訓導兼保姆
訓導
同
授業囑託
同
保姆兼授業囑託

本科正教員　清水金十郎
同　野本正吉
同　千頭嘉甫
同　阿久津六三郎
同　大久保猶一
同　小川權三郎
尋常科正教員　廣瀬政次郎
本科正教員　中川ヒナ
同　坪内京三
同　廣井辰雄
伊藤シュン
椎名シツ
尋常科正教員　安齋キナ

保姆兼補助教員　本科正教員　三瀬カツ

校　醫　醫學士　笠島陽三

●在學兒童數　大正三年七月末現在兒童在學數は左表の如し尚通學區域は鐵道附屬地、十間房、奉天城內、渾河、沙河、蘇家屯、瀋陽驛、虎石臺等に渉り徒歩通學最長距離二十町乘車通學最長距離四十分を要す

學年	尋一	尋二	尋三	尋四	尋五	尋六	計	高一	高二	計	合計
男	五一	四一	二八	四三	三九	三五	二三七	二四	二〇	四四	二八一
女	五六	二六	一八	三五	二八	二二	一八五	二四	二〇	四四	二二九
計	一〇七	六七	四六	七八	六七	五七	四二二	四八	四〇	八八	五一〇

●附設諸教育　幼兒運動場は明治四十二年四月一日より併置せられ現に九十七名の男女幼兒を保育し居れり實業補習學校は同四十三年五月一日より併置し國語算術英語支那語露西亞語幾何代數機械科簿記等の諸學科を設け高等小學科卒業男學生の爲めに補習教育を施しつゝあり目下在學生は各科合計二百五十餘名を有し講師として小學校重なる職員の外專門

智識を有する者を囑託しあり月謝として三十錢乃至五十錢を徵す圖書閲覽場は同年十一月開始したるが常備圖書五百餘冊巡回圖書千五百餘冊を有し篤學者に取り頗る利便なる機關となれり實科女學校は大正二年六月一日より併置せられ小學卒業女生徒の爲めに修身國語算術家事女禮裁縫等を敎授す現在生徒數三十餘名あり此他明治四十三年四月兒童寄宿舍を併置し通學に不便なる地方の小學兒童を收容監督せり

第三款　公立奉天小學校

●沿革　公立奉天小學校は大西關に在り明治三十九年十月奉天居留民會の設立したるものにして同四十一年滿鐵小學校の設置までは全奉天の學齡兒童に對し規定義務敎育の任に當れり四十一年後は專ら民會管內の子弟敎育を爲すに至りたるも鐵道附屬地に接近したる十間房の如きは六十餘名の兒童擧つて滿鐵小學校へ通學する爲め本校の兒童數は常に五十名以內に止まり外見甚だ振はざる如きも敎授其他に就きては兒童數の多少如何に依りて增減し得べからざる事情あり民會は其經濟力に比し案外多額の經費を提供して本校の維持を繼

續し來れり

●教育施設　本校は兒童職員共に少數なるを以て目下三學級編成の敎授法を取れり訓育に就きては敎育勅語の聖旨を奉體し德育の如き勉めて會得と實行を圖るは勿論特に文行忠信の旨趣に基き荒怠し易き殖民的外國に在る兒童をして最も健全なる發育を遂げしむるに勉め居れり職員としては左の三名を有す

校長兼訓導　本科正敎員　室粂三郎

訓　導　同　室栗代

同　尋常科正敎員　中村一太郎

●校舍及經費　校舍は支那式家屋を改修したるものにして敎室二雨天體操場一職員室兼應接室一の四棟を有せり現在の兒童數を容るゝには勿論廣濶にして些の狹隘を見ず本校の經費は左の如し

經費總計金二千八十九圓　但し六箇月間分

內　譯

小學校費　金千四百四十九圓
教員俸給使丁給料旅費備品費消耗品費雜費修繕費等を含む
教育依託料　金四百二十圓
圖書館費　金十圓
教育奬勵費　金二百十圓
幼稚園補助費月額三十五圓宛

●在學兒童數　大正三年六月末現在本校在學兒童數左の如し

	第一學年	第二學年	第三學年	第四學年	第五學年	第六學年	合計
男	一一	六	四	三	七	三	三四
女	八	八	四	二	二	三	二七
合計	一九	一四	八	五	九	六	六一

尚本校兒童は概ね城内大小西關居住者の子弟にして高等科は全部滿鐵小學校へ依託せり

●附設幼稚園　本園は居留民會より設立費竝に毎月經費の幾部分を補助し城内大小西關居

住者有志の寄附金に依り創立したるものにして大正二年九月開園式を擧行したり而して保育上に就きては公立奉天小學校長の監督を受くることゝし專科正教員出雲辻江を保姆に任じ現に男兒十三名女兒十二名を保育し居れるも大正三年七月以降全然奉天居留民會の經營となれり

第四款　奉天外國語學校

●沿革　奉天外國語學校は小西邊門外に在り明治四十三年三月奉天外國語夜學校及淸語學堂を合併し現專任講師たる富谷兵次郎氏の創立したるものにして經費の幾分は之を居留民會の補助竝に有志の寄附金に仰ぎ來りたるも大正二年四月以降之を辭退し別に他の方面より若干の補助を受くることゝなれり校長は歷代の總領事を戴き幹事には領事館員居留民會職員等之に當りつゝあり現在の校舍は支那家屋を賃借し在るを以て外觀甚だ擧らざるも將來は奉天唯一の支那語學校として大に望を囑するもの少なからず滿鐵會社の如きも多少助力する處あるべしといふ

滿鐵小學校

公立小學校

奉天停車場

滿鐵奉天醫院

●課程と生徒　本校は華語及日語の二學科を置き日本人に支那語支那人に日本語を教授せり課程は華語科華語時文尺牘日語科譯讀文法會話等なるが修業年限各二箇年にして現在の在學者は華語科各年を通じて四十七名日語科六名を有す束脩は洋一元月謝また洋一元たり

●職員及成績　本校々長は落合謙太郎氏にして評議員十二名幹事四名名譽講師三名專任講師二名を有す專任講師は富谷及支那人宋彥銘の二氏にして專ら教授に當れり

開校以來の成績は入學者華語科二百七十九名日語科百五名にして卒業者は華語科二十名日語科十一名あり生徒は一般に有職者にして官吏あり會社銀行員あり其他殆んど店員たらざるはなし故を以て日常應用の急に迫られつゝあるもの而已なる爲め華語科の如き成績頗る良好なり日語科は之に反し平常日本語を使用するの必要なきもの多く從て應用の機會少き爲め成績華語科に及ばざること遠し

第五款　支那教育機關

支那各種教育機關は政務廳第三課教育科の所管にして義務教育には東西南北各關に模範小

學堂あり中等教育には省立中學堂あり高等學堂あり專門教育には師範學堂女子師範學堂蒙文中學堂法政學堂陸軍講武堂商業學堂あり何れも經費不充分なると教員其人を得ざる爲め大なる發展を遂ぐるに至らざるが如し

第十五章　宗　教

●本派本願寺出張所　本願寺出張所は十間房に在り日露戰役の從軍布教使たりし安達格知氏に依りて創設せられたるものにして現に神田藏雄氏主任として在奉し奉天總領事館監獄教誨師を兼ね奉天佛教婦人會を主宰し日曜學校を經營し病院軍隊三業組合方面にも布教を試みつゝあり重なる信徒は城野芳次郎上木仁三郎望月實太郎北悟一老田太文野田貞次の諸氏にして信徒約三百戶を有せり

●淨土宗教會所　本所も十間房に在り明治四十四年十月創立せられたるものにして京都智恩院に直屬す現主任は田村智學氏にして檀林の重なるものは鈴木基紀朝枝閑槌江中新太郎の諸氏なり城內外の信徒數は約百五十戶を算し近く附屬地に寺院新築の計畫あり

●日蓮宗蓮華寺　本寺も亦十間房に在り大正元年十月の建立に係り規模宏壯ならざるも奉天最先の日本式寺院たり本寺は身延派に屬し明治四十二年以來此の地に布敎を試み目下滿洲布敎支部として大に活動せり現主任は花木郎忠氏にして信徒の重なるものに藤田九一郎笹部杉一大草村明の諸氏あり信徒約百戸を有す

●曹洞宗布敎所　本所は附屬地に在り曹洞宗三派を代表したるものにして大正二年六月設立を見たり現主任は小川良山氏にして毎月一回觀音講及禪學講習會を開き營々として開敎に奔走し居れり信徒約百戸あり重なるものには峰八十一大竹孝助阿部好介松尾八百藏橋本柳吉波佐間正一の諸氏を有す

●高野山大師敎會支部　十間房に在り高野山金剛峰寺の直轄にして大正二年五月より開設せり現主任は加藤靜雄氏にして信徒百二十餘戸を有し重なるものに瀨尾榮太郎牧野實四郎牛島國五郎三浦梅太郎の諸氏あり

●天理敎滿洲布敎管理所　本所は附屬地に在り大正二年十一月堂宇を建築し村田敬三氏主任として大に布敎に努力し居れり又基督敎會堂も新市街に在り時々說敎を試み傳道を圖り

つゝあり
●黑住敎講義所　附屬地に在り最近の設立にして村田宗美氏主任たり重なる信徒は上田久衛氏にして目下擴張に腐心せり
●支那宗敎　奉天の支那宗敎は喇嘛敎佛敎囘敎道敎の各種あり此中喇嘛敎案外に勢力强く他は大なる甲乙なきが如し喇嘛敎の寺院には小西邊門外に實勝寺あり一名黃寺と稱し蒙古喇嘛に屬し大喇嘛を座主とせる清朝歸依の勅建寺たり囘敎の寺院には小西關に淸眞寺あり道敎の廟には大淸宮あり佛敎に屬する法輪寺廣慈寺永光寺等は何れも城內外に散在し儒敎の本尊たる孔子廟また城內に在り

第十六章　交通機關

第一款　奉天驛

●沿革　南滿洲鐵道株式會社の成立來歷は第三章に於て概說したる所なり卽ち奉天驛は會社の成立と共に野戰鐵道提理部を離れ滿鐵會社の奉天驛として旅客及貨物取扱を開始し以

て今日に至りたるものなるが繼承當時の驛舍は所謂舊停車場にして其後附屬地の經營方針と安奉線の廣軌改築と旅客貨物の取扱關係上是より南方約四分の三哩の場所に現在の停車場を建設し明治四十四年十月一日移轉式を擧行すると同時全部の營業を此處に移し舊停車場は之を改築して貨物取扱所と爲せり

●營業の設備　驛本舍には貴賓室、一、二、三各等旅客待合室あり中ホームには京奉線用各等旅客待合所及手荷物受渡所あり驛本舍待合室には二箇の出札口を設け一は三等出札口一は一、二等及安奉線出札口とせり又小荷物取扱所は發送引渡の二部に分ち發送部は待合所內に引渡部は本舍北端に設けたり普通貨物の取扱は舊停車場跡に於て之を行ひ貨物保管用として二箇の鐵骨倉庫を有しまた小西關に市內營業所を設置しあり

●貨物取扱所　は舊停車場跡にして助役一名を貨物主任となし若干の貨物係員を置き事務を處理せしむ本所に於て取扱ふ發著貨物の種類は千種萬樣にして一切の輸出入貨物を包含せり今や奉天は鐵路四通の要衝に當り南滿洲の首都として漸次經濟的の地位を向上し內外貨物の一大集散市場たらんとする勢を示せり最近三箇年間の貨物發著數量及運賃額を表示

せば左の如し

	發送 社線	發送 連絡	發送 計	發送 運賃	到著 社線	到著 連絡	到著 計
明治四十四年度	七三、六七七噸	二三八噸	七三、九一五噸	三九〇、一八二円	一八二、六二九噸	二、七九三噸	一八五、四二二噸
同　四十五年度	八四、一七五	五、〇七七	八九、二五二	五一八、五二九	二一九、七三六	六、一六一	二三五、八九六
大正二年度	八二、五〇三	二〇、二三一	一〇二、七三四	六四五、二〇一	二六〇、八九四	九、六六五	二七〇、五五九

備考　連絡は上海、東清、内地（商船經由鮮鐵經由）及び郵船に依る外國連絡を含む

●市内營業所　前掲の如く當驛の貨物取扱數量は比年確實なる増加を爲し特に連絡貨物に於て著しき増加を示し驛と城内外各所との貨物集配事務を開始するの必要を認め大正二年七月以降小西關に市内營業所を創始せり本所の取扱事務は乘車劵の發賣驛著發貨物小荷物手荷物の運搬にして又十數箇の倉庫を有し寄託貨物の保管をも營めり運搬費は驛と城内外各所距離の遠近に依り最低十錢以上の賃金を徴收す但し本所と驛間とは小口扱運賃の十哩分を要すべし

●驛員　當驛員左の如し

驛長　荒尾龍太郎
助役　庄田安正
同　小島遷次郎
同　田代源次郎
同　秋山卯八
同　金丸富八郎
同　保田文雄
同（市内營業所主任）　小田原寅吉
同　八田詮吉
同　八田武雄
貨物主任　森敬藏
同（車掌取締）　帘《サヽバヤシ》康太郎

電信主任　　吉田金次

外日本人驛員八十名　支那人傭人二百名

●乘降客數　大正二年四月並に大正三年四月に於ける當驛乘客數及び賃金は左表の如し

	一等		二等		三等		座席料	合計	
	人員	賃金	人員	賃金	人員	賃金		人員	賃金
大正二年四月	三八	三、三二八・九九	二、八〇五	六、七三六・四七	四三、六八一	七一、六四一・一七	三六一・〇〇	四六、四二九	八二、〇四〇・一五
大正三年四月	三七	三、一四三・〇五	三、八〇三	一〇、四五〇・八九	四四、〇五〇	八〇、三〇五・〇五	三五八・〇〇	四八、九九八	九七、四五五・〇五

右統計は南滿本線安奉線東清連絡朝鮮連絡内地連絡商船連絡を包含す又大正三年四月中の降客數は四萬八千五百十七名に達したり

●發著列車　東清鐵道との連絡關係並に季候の關係により一年二回内外の改正を爲すことあり大正三年五月一日改正の當驛列車發著は次の如し

奉天驛列車發著時刻表

南滿本線

發車

午前一時五分	大連行急行
同八時十分	長春行
同九時二十分	大連行
午後〇時三十分	長春行
同三時五十分	大石橋行
同四時二十分	昌圖行
同　八　時	大連行
同　九　時	長春行
同十一時五十分	長春行急行

備考　大連行急行は火金土（月木金の午後長春發）長春行急行は日水木の日に限る

著車

午前〇時四十五分	長春より急行
同七時四十五分	大連より
同八時五十分	長春より
同十一時四十五分	昌圖より
午後〇時十分	大石橋より
同三時三十二分	長春より
同七時二十八分	長春より
同八時三十分	大連より
同十一時二十五分	大連より急行

備考　長春より到著の急行は月木金大連より到著の急行は日水木の日に限る

安奉線

發車	
午前一時二十五分	安東行急行
同九時四十分	安東行
午後一時	鷄冠山行
同八時五十分	安東行

備考　安東行急行は火金土に限る安東行は凡て鮮鐵に接續す

著車	
午前六時五十五分	安東より
午後三時二十分	鷄冠山より
同六時三十五分	安東より
同十一時十分	安東より急行

備考　安東よりの急行は日水木に限る

●各驛距離と乘車賃　當驛より南滿本支線安奉線各驛に至る距離（哩數）並に乘車賃金は左の如し

自奉天驛至各驛距離並乘車賃金表

著驛	哩數	賃金 一等	二等	三等
南滿本線（南行）				
渾河	六・〇	・三五	・一五	・一〇

蘇家屯	一〇・四	・七〇	・三〇	・二〇
沙河	一六・二	一・〇〇	・四五	・三〇
煙臺	二六・八	一・六〇	・七〇	・五〇
張臺子	三二・七	二・〇五	・九〇	・六〇
遼陽	四〇・七	二・五〇	一・一〇	・七五
馬伊屯	四七・三	二・九五	一・三〇	・八五
立山	五三・〇	三・二五	一・四五	・九五
鞍山站	五九・四	三・六〇	一・六〇	一・〇五
湯崗子	六六・三	四・〇五	一・八〇	一・二〇
南臺	七二・七	四・四〇	一・九五	一・三〇
海城	七八・四	四・七五	二・一〇	一・四〇
他山	八八・七	五・四〇	二・四〇	一・六〇
分水	九三・六	五・七五	二・五五	一・七〇
大石橋	九八・三	五・九五	二・六五	一・七五
太平山	一〇五・三	六・四〇	二・八五	一・九〇
蓋平	一一六・九	七・一〇	三・一五	二・一〇
沙崗	一二三・五	七・五五	三・三五	二・二〇
蘆家屯	一三〇・二	七・九〇	三・五〇	二・三五
熊岳城	一三六・四	八・三五	三・七〇	二・四五
九寨	一四二・七	八・六五	三・八五	二・五五
萬家嶺	一五六・二	九・四五	四・二〇	二・八〇
松樹	一六五・九	一〇・一五	四・五〇	三・〇〇
得利寺	一六九・九	一〇・三五	四・六〇	三・〇五
王家	一七七・〇	一〇・八〇	四・八〇	三・二〇
瓦房店	一八一・八	一一・〇五	四・九〇	三・二五
田家	一八八・六	一一・五〇	五・一〇	三・四〇
普蘭店	一九九・〇	一二・〇五	五・三五	三・六〇
石河	二〇五・九	一二・五〇	五・五五	三・七〇
三十里堡	二一三・三	一二・九五	五・七五	三・八〇
二十里臺	二一八・三	一三・三〇	五・九〇	三・九五
金州	二二六・八	一三・七五	六・一〇	四・一〇
大房身	二二九・七	一三・九五	六・二〇	四・一五
南關嶺	二三七・三	一四・四〇	六・四〇	四・二五
臭水子	二四一・四	一四・六五	六・五〇	四・三五

著驛	哩數	賃金 一等	賃金 二等	賃金 三等
大連	二四六・九	一四・九五	六・六五	四・四五
本線(北行)				
文官屯	七・五	・四五	・二〇	・一五
虎石臺	一三・一	・八〇	・三五	・二〇
新城子	一九・七	一・二五	・五五	・三五
新臺子	二七・二	一・七〇	・七五	・五〇
得勝臺	三七・九	二・二五	一・〇〇	・七〇
鐵嶺	四三・八	二・七〇	一・二〇	・八〇
平頂堡	五〇・五	三・〇五	一・三五	・九〇
開原	六四・六	三・九五	一・七五	一・一五
馬仲河	七七・七	四・七五	二・一〇	一・四〇
昌圖	八三・九	五・〇五	二・二五	一・五〇
滿井	八八・五	五・四〇	二・四〇	一・六〇

著驛	哩數	賃金 一等	賃金 二等	賃金 三等
雙廟子	九九・五	六・二〇	二・七〇	一・八〇
四平街	一一七・〇	七・二〇	三・一五	二・一〇
郭家店	一三三・四	八・二〇	三・六〇	二・四〇
大楡樹	一四五・五	八・九〇	三・九五	二・六〇
公主嶺	一五〇・三	九・二〇	四・〇五	二・七〇
劉房子	一五七・〇	九・五五	四・二五	二・八五
范家屯	一七〇・〇	一〇・三五	四・六〇	三・〇五
孟家屯	一八二・九	一一・一五	四・九五	三・三〇
長春	一八八・八	一一・五〇	五・一〇	三・四〇
西寛城子	一八八・三	一一・五〇	五・一〇	三・四〇
寛城子	一八九・四	一一・六〇	五・一五	三・四五
旅順線				
夏家河子	二四九・〇	一五・二〇	六・七〇	四・五〇

營城子	二五九・五	一五・五五	六・九〇	四・六〇
旅順	二七三・〇	一六・六五	七・三五	四・九〇
營口線				
營口	二二一・七	六・七五	三・〇〇	二・〇〇
撫順線				
孤家子	一九・七	一・二五	・五五	・三五
深井子	二九・〇	一・八〇	・八〇	・五〇
李石寨	三三・六	二・〇五	・九〇	・六〇
撫順	四一・二	二・五〇	一・一〇	・七五
安奉線				
渾河	五・三	・三四	・一五	・一〇
撫安	八・一	・五〇	・二二	・一五
陳相屯	一九・四	一・二〇	・五三	・三五
姚千戶屯	二六・九	一・六五	・七三	・四九
石橋子	三五・一	二・一四	・九五	・六四
火連寨	四三・四	二・六六	一・一八	・七九
本溪湖	四七・〇	二・八六	一・二七	・八五
福金	五〇・四	三・〇六	一・三六	・九一
橋頭	五六・七	三・四五	一・五三	一・〇三
南坟	六六・〇	四・〇三	一・七九	一・一九
下馬塘	七二・四	四・四一	一・九六	一・三一
連山關	七七・八	四・七三	二・一〇	一・四〇
祁家堡	八三・五	五・〇九	二・二六	一・五一
草河口	九〇・二	五・四九	二・四四	一・六三
通遠堡	九七・七	五・九四	二・六四	一・七六
劉家河	一〇七・五	六・五五	二・九一	一・九四
秋木莊	一一一・五	六・七八	三・〇一	二・〇一
鷄冠山	一二〇・三	七・三三	三・二五	二・一七
四臺子	一二七・一	七・七四	三・四四	二・二九
鳳凰城	一三二・九	八・〇八	三・五九	二・四〇

著驛	哩數	賃金 一等	賃金 二等	賃金 三等
高麗門	一四三・〇	八・六四	三・八四	二・五六
湯山城	一四九・四	九・〇九	四・〇四	二・六九
五龍背	一五五・一	九・四三	四・一九	二・八〇
蛤蟆塘	一六四・三	九・九九	四・四四	二・九六
沙河鎮	一六八・一	一〇・二三	四・五四	三・〇三
安東	一七〇・二	一〇・三五	四・六〇	三・〇七

●**乘車上の諸注意**　急行列車は一等二等寢臺車及び食堂車を以て編成し大連長春間釜山長春間(滿鮮直通)を運轉す此の急行列車は長春に於て西伯利亞急行に接續し釜山に於て關釜連絡船經山下の關新橋間の急行に接續し大連に於て上海連絡汽船に連續す急行座席料次の如し

一等急行座席料

	大人	小兒
二百哩未滿	金五圓	金四圓
二百哩以上六百哩未滿	金八圓	金六圓五十錢

六百哩以上　金十二圓　金九圓五十錢

二等急行座席料

大人　小兒

二百哩未滿　金三圓　金二圓五十錢

二百哩以上六百哩未滿　金五圓　金四圓

六百哩以上　金八圓五十錢　金七圓

普通列車急行列車共年齢の制限は滿十二歳以下を小兒とし乘車賃を半減す

普通乘車劵の通用期限は發行の日より起算し百哩までを二日間とし百哩以上百哩又は其未滿毎に一日を加ふ

手荷物は一等一人百斤二等六十斤三等三十斤迄を無賃とし小兒は前記斤量の半額を無賃とす

制限外の手荷物小荷物は左記の運賃を要す

重量一斤に付　五十哩まで一錢　五十一哩以上百哩まで一錢五厘　百一哩以上二

百哩まで二錢　　二百一哩以上三百哩まで二錢五厘　　三百一哩以上三錢

安東税關通過の手小荷物は成る可く旅客自ら該檢査に立會ふ可し然らざれば抑留さるゝ事あり

●割引乘車賃　二十五人以上の團體に對しては普通賃金の二割乃至三割五分を割引し各種學校生徒に對しては二等に限り五割引とす

當驛より熊岳城温泉湯崗子温泉に往復するものには三等を除き五割引とす

●各線連絡と割引　南滿鐵道は長春に於て東淸鐵道及吉長鐵道、奉天に於て京奉鐵道、安東に於て朝鮮鐵道、營口に於て遼河を隔てゝ京奉鐵道の營口支線、大連に於て大阪商船の大連航路及滿鐵直營の上海航路日本郵船の朝鮮沿岸航路とに連絡す

當驛より朝鮮鐵道及鐵道院線を經由し滿洲內地間を往復するものに對しては二割引大阪商船大連航路を經由し內地滿洲間を往復するものに對しては滿鐵及商船會社は二割引とす

右の外團體に對する割引の規定あり

●貨物運賃　當驛より發送する重なる貨物運賃は次の如し

品目＼送先	單位	大阪	大連	遼陽	長春	鐵嶺	撫順	營口	安東
大豆、豆粕、雜穀	一噸	六・一五	四・〇〇	一・二〇	五・七〇	一・三五	一・二三	三・三六	四・〇〇
豆油	百斤	・六三	・三五	・〇九	・四五	・一〇	・〇九	・二六	・三五
葉莨	百斤	―	・三五	・〇九	・四五	・一〇	・〇九	・二六	・三五
瓜子	一噸	―	四・〇〇	一・二〇	五・七〇	一・三五	一・二三	三・三六	四・〇〇
落花生	百斤	―	・三五	・〇九	・四五	・一〇	・〇九	・二六	・三五
木材	一噸	―	三・〇〇	・八〇	三・八〇	・九〇	・八二	二・二四	三・〇〇
鐵作品	百斤	―	・三五	・〇九	・四五	・一〇	・〇九	・二六	・三五
藥材染料	同	―	・四七	・一三	・六〇	・一四	・一三	・三五	・四七
安平	同	―	・二五九	・〇六	・三〇	・〇七	・〇六	・一七	・二五九
皮革	同	・九七	・四七	・一三	・六〇	・一四	・一三	・三五	・四七

備考　右表は發著手數料を加算せず但し發著手數料は百斤に就き金三錢一噸に就き金三十錢の割とす

右の外內地より當地へ到著する貨物は安奉線南滿本線共品目を限り普通運賃の約三割に相當する割引あり

第二款　京奉鐵道

●沿革　本鐵道は北京正陽門と奉天との間に敷設せられたる支那鐵道にして幹線五百二十一哩支線八十六哩を有す本鐵道は開平礦局の創始にして光緒七年天津山海關を敷設し同二十一年天津より北京に延長し同二十四年山海關新民府間を敷設したり日露戰役に際し日本は新民府奉天間に輕便鐵道を敷設したるが明治四十年新奉鐵道協定に依り百六十萬圓を以て之を買收し軌道改築工事を完了せり本鐵道經營は借款官辦にして英國より二百三十萬磅を借款し新奉線改築費として三十二萬圓を日本より借款せり之が爲め總支配人、技師長、會計課長其他各種技術者を英國より新奉線の技師長、技師を日本より傭聘することゝなり現に日本よりは工學士老田太文氏技師長に小川覺之介氏技師に聘せられ居れり

●奉天驛　本鐵道の終端たる奉天には事實上三箇の驛を有す皇姑屯驛瀋陽驛及び我南滿鐵道の奉天驛是なり皇姑屯驛は新奉線の買收當時此線の端末と奉天城との間に日支兩國の懸爭地を存したる爲め此の懸爭地に最も接近せる皇姑屯に瀋陽驛を設けたるに始めたるものにして爾後城根引込線の協定成り本線端末を小西邊門附近に移したるも依然として本驛より發著する貨客多く事實上の奉天最終驛となれり瀋陽驛は明治四十四年九月日支兩國委員

間に協定せる所謂城根引込線の末端にして目下小西邊門に土地を購入し新停車場起工の準備中に屬す奉天驛は同じく協定により各種發著列車共本驛に停車し南滿線安奉線の普通急行諸列車に接續するを以て事實上本驛も亦奉天最終の停車場たる觀あり

●列車發著表　我が滿鐵の奉天驛を起點としたる京奉鐵道列車發著表は次の如し

發車

午前六時二十分	山海關行
午前十時	同上
但火金曜日は天洋北京直通	
午前一時三十分	北京行急行
但毎週土曜日に限る	

著車

午前六時十分	城根より
同九時四十七分	同上
同〇時十分	同上
但毎週土曜日に限る	
午後七時七分	山海關より
但木日曜日は北京より直通	
午後八時三十六分	北京より急行
但毎週水曜日に限る	

●距離及賃金　滿鐵奉天驛を起點とし京奉沿線主要驛に至る距離及賃金は次の如し

著驛	距離	賃金（弗）一等	二等	三等
新民	三六・一	二・五〇	一・六〇	・九〇
溝幇子	一〇六・〇	六・七〇	四・二五	二・三〇
錦州	一四五・七	九・一〇	五・七五	三・一〇
山海關	二五九・七	一五・九五	一〇・〇〇	五・四〇
天津	四三五・三	二六・五〇	一六・六〇	八・九〇
北京	五二一・九	三一・七五	一九・八五	一〇・六五

●乘車上の注意　本鐵道の連絡は南滿鐵道京漢鐵道京張鐵道津浦鐵道の諸線にして急行券は一等二圓二等一圓寢臺劵は一等五圓二等二圓五十錢なりまた無賃手荷物は一等百五十磅二等百磅三等八十磅迄とし小兒三歲以下は無賃十二歲以下は半額と規定さる其他は概ね我國鐵道規則に大差なきものと知るべし

第三款　郵便電信電話

●郵便　通常郵便（信書類）は内地と大差なきも小包郵便料は左の如し但し歐米諸外國を略す

小包郵便

宛所／量目	日本及朝鮮	關東州租借地內	同租借地外及其他在支那日本郵便局區內	
二百匁迄	三十錢	十二錢	百二十匁迄	十五錢
四百匁迄	四十錢	十八錢	二百四十匁迄	二十錢
六百匁迄	四十五錢	二十四錢	四百八十匁迄	三十錢
八百匁迄	五十錢	三十錢	七百二十匁迄	四十錢
一貫匁迄	五十五錢	三十六錢	一貫三百二十匁迄	五十錢
一貫二百匁迄	六十錢	四十二錢	一貫六百匁迄	八十錢
一貫四百匁迄	六十五錢	四十八錢	外省略	
一貫六百匁迄	七十錢	五十四錢		

●郵便爲替　郵便爲替料金左の如し但し各種手數料を略す

爲替料

内國		
金額	通常爲替料	電信爲替料
十圓以内	十錢	四十錢
二十圓以内	二十錢	五十錢
三十圓以内	三十錢	六十錢
四十圓以内	四十錢	七十錢
五十圓以内	五十錢	八十錢
六十圓以内	六十錢	九十錢
七十圓以内	七十錢	一圓
八十圓以内	八十錢	一圓十錢
九十圓以内	九十錢	一圓二十錢
百圓以内	一圓	一圓三十錢
小爲替	(五圓迄)	五錢

外國		
國地名	爲替一口の最高額	通常爲替料
青島	八百麻	四十麻迄毎に十錢
香港	四百弗	十弗迄毎に十錢
北滿洲	三百留	十留迄毎に十錢
アジヤロシヤ	三百留	同上
英吉利	四十磅	一磅迄毎に十錢
獨逸	八百麻	四十麻迄毎に十錢
佛蘭西	一千法	五十法迄毎に十錢
露西亞	三百留	十留迄毎に十錢
米國	百弗	十弗迄毎に十錢

●電信●　通常電報料及無線電報料特別電報料左の如し

通常電報料

種別		和文 片假名十五字内 歐文 五語以内	和文 五字以内及一話 歐文 を増す毎に
同一市内	和文	十錢	三錢
同一市内	歐文	十五錢	三錢
満洲内、芝罘朝鮮間	和文	二十錢	五錢
満洲内、芝罘朝鮮間	歐文	二十五錢	五錢
日本内地、臺灣、樺太	和文 官報	二十錢	五錢
日本内地、臺灣、樺太	和文 私報	三十錢	五錢
日本内地、臺灣、樺太	歐文 官報	二十五錢	五錢
日本内地、臺灣、樺太	歐文 私報	四十錢	五錢

官私報無線電信料

種別		和文 片假名十五字内 歐文 五語以内	和文 五字以内一語を 歐文 増す毎に
海岸局料金	和文	二十錢	五錢
海岸局料金	歐文	二十五錢	五錢
船舶局料金	和文	二十錢	五錢
船舶局料金	歐文	二十五錢	五錢
附註	無線電信のみにより傳送せざるものは上記料金の外通常電報料を要す		

特別電報料

官報私報｝普通料金の｛二倍三倍

一、至急電報料　一通

二、同文電報料　同（原信を除く）　和文十錢　歐文十五錢

三、時間外電報料　同　二十錢

四、新聞電報料　片假名五十字以內｛滿洲內、芝罘、朝鮮間　二十錢／日本各地と滿洲間　三十錢

五、同文新聞電報料　一通（原信を除く）　原信料の半額

●電話　奉天の電話は各方面發展の結果最近著しき增加を示し去る明治四十四年末には僅に三百內外に過ぎざりしも現在は加入數七百に達せんとしつゝあり加入料は單獨二十圓使用料八十四圓にして南滿沿線主要地には悉く長距離通話の便あり

●支那郵便電信電話　支那郵便制度も輓近大に改善を加へ利用者亦比年增加し來れるより城內外各地に郵便取扱所を設け居れり電信も之に準じ漸次業務を擴張しつゝあり電話は加入數六百餘あり勿論我國の施設に比し多大の遜色あるも支那人間には頗る便益を與へ居れり邦人にして支那郵便電信を利用するは我が郵便電信の設置なき地方との交通を爲す場合に限られ當地に在りては商工業者が支那電話に加入せるの外凡て之等の機關に倚ることな

きが如し

第四款　其他の諸機關

●瀋陽馬車鐵道股份有限公司　略して馬鐵會社と云ふ奉天に於ける唯一模範的日支合辦事業にして明治四十一年一月故茂林賓館主趙國鋋及大倉喜八郎二氏の協定創立に係り奉天驛と小西門間を運轉せり資本金は十九萬圓にして車數二十九臺馬匹百七十頭を有し一箇月の乘客數四千五百人賃金一萬餘圓を收納す重なる役員は總理魯崇煦、專務取締石井久次、閻廣泰、周登科、察査大倉喜八郎、薩摩德三郎、筧競平、崔興麟、獸醫田原彥衞等なるが株主への配當は一割を下りたることなし尙本公司は將來動力を變更し電車運轉の計畫を爲しつゝあり

●馬車　洋式乘用馬車は日露戰役前後より使用されたるものなるも其數極めて少數なり從て賃金不廉の嫌なきに非ず目下半日二圓一日四圓内外を通例とせり支那人は轎車と稱する蒲鉾形の一頭曳馬車を乘用すれども車臺に彈力なきと構造粗笨なる爲め到底邦人の使用に

堪へず去れど地方を旅行する場合には是非共此の馬車に頼らざるを得ず

●人車　人力車は之を東洋車と稱し城内外到る處に散在す人力車の始めて此地に輸入せられたるは明治三十九年にして當時は其數も少く乘用者また極めて稀なりしも支那固有の轎車等に比し頗る簡便なりし爲め漸次其數を增し今や幾千の車臺を算ひ晝夜の別なく市中を來往せり殊に最近一年以來車輪の全部急劇に護謨輪となり日本式獨逸式の二種競爭して客を求むるの形勢となれり

●荷馬車　何れも支那固有のものにして一頭曳以上五頭曳の大小車市中を來往す最も奇觀とするは之を曳く動物にして牛、馬、驢馬、騾馬の四種混淆協力して數十里の長途を往復す但し積載量數千斤に上るを以て道路を破損するの弊あり我附屬地内は二頭曳以上の馬車通行を禁止せり

第十七章　病院

第一款　奉天滿鐵醫院

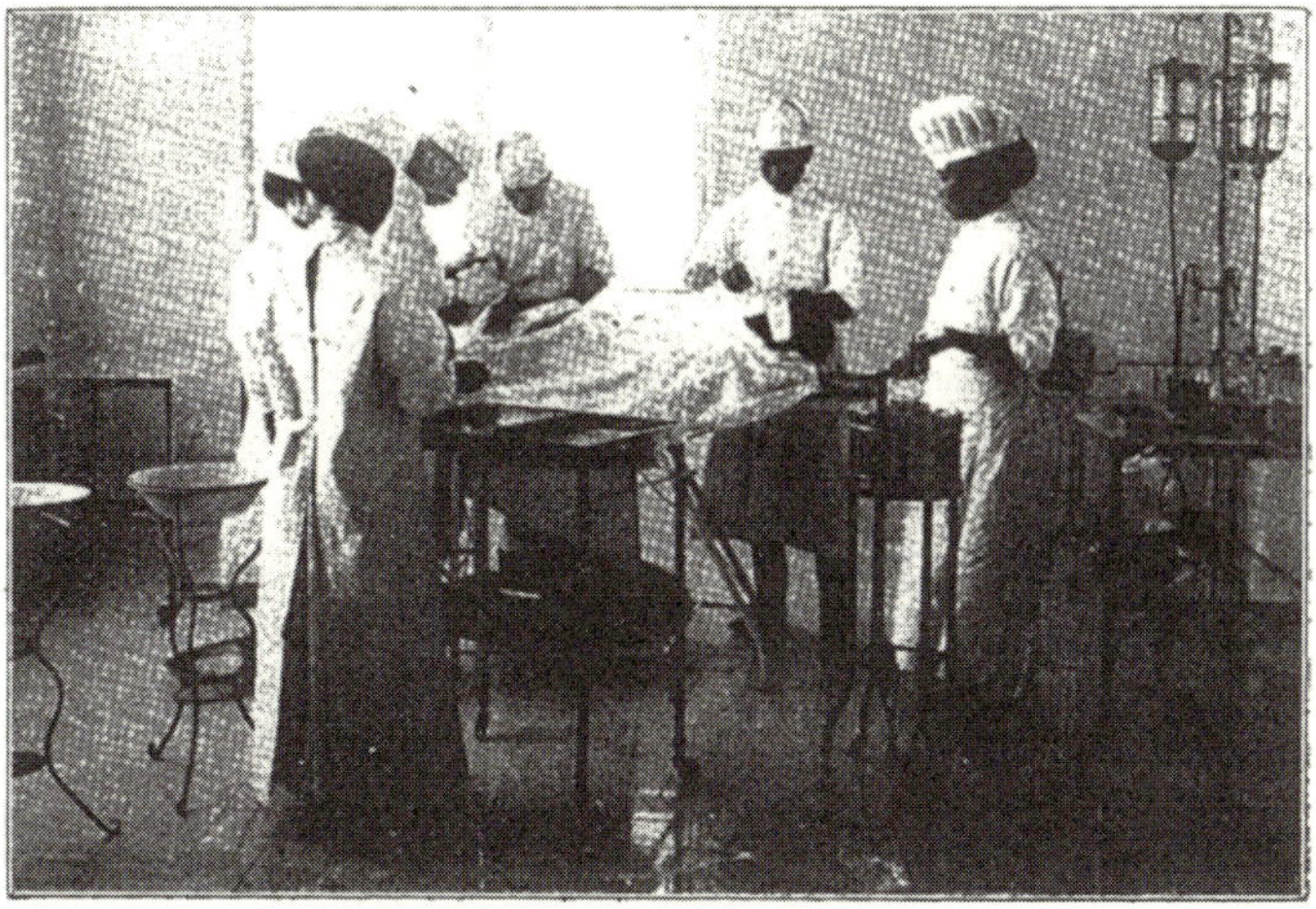

（日本赤十字社奉天病院）手術室

奉天忠魂碑

奉天宮殿崇政殿

奉天北陵大門

●沿革　南滿洲鐵道株式會社奉天醫院は鐵道附屬地中央大街に在り明治四十年四月會社の創立と共に附屬病院を大連に設置し元野戰鐵道提理部奉天醫務室の家屋物品を繼承し大連病院奉天出張所を開設したるに始まりたるものにして同四十一年の十月現在の場所に本館及病舍三棟の新築工事を起し翌四十二年八月竣工を告げ大連醫院奉天分院と改稱し著々として業務の擴張を圖りたるが今や諸般の設備を略完成し沿線無二の大病院となるに至れり大正元年八月病院名を今の如く改む尙創設以來歷代の院長を擧ぐれば左の如し

生川玉樹　明治四十四年四月より出張所長

倉持彥馬　同四十一年十月より分院長

汲田元之亟　同四十四年十一月より分院長

笠島陽三　大正二年九月より院長事務取扱

●診療各科　創設當時は外科內科產科婦人科等に過ぎざりしも大正三年一月現在は左の數科あり

內　科　創立當時より

外　　科　創立當時より
齒科口腔科　明治四十三年六月開始
産科婦人科　明治四十三年九月開始
眼　　科　同　四十五年七月開始

右の外皮膚病科小兒科耳鼻咽喉科精神病科等は大正三年九月より開始すべく尚大正元年十月より齒科口腔科の鐵嶺出張診療を開始し同年十二月より城内診療所を開き大正二年十二月より狂犬病治療注射を開始したり

●職員　大正三年七月現在の職員は左の如し

醫病長事務取扱　醫學士　笠島陽三
內科部長　醫學士　結城玄通
醫　　員　ドクトルメヂチーネ　齋藤糸平
同　池田正賢
同　高崎文雄

同　邱鳳翔
外科部長　醫學士　山井三七
醫員　西村多壽
同　小坂早五郎
同　寺澤定雄
技術員　鈴木武
產科婦人科部長　醫學士　笠島陽三
醫員　魚返順記
同　旦みちよ
眼科部主任醫員　重松靄
齒科口腔科主任醫員　安永鹿三郎
技術員　寺谷第
藥局主任藥劑員　榊原勝治

薬剤員　井上正次郎
技術員　案西恵
同　村上貢
事務主任事務員　小林理一
看護婦主任看護婦助産婦　佐野タメ
城内診療所主任醫員　守田福松
技術員　早崎嘉郎

右の外事務員三名看護婦二十八名助産婦三名臨時雇二名看護婦見習支那人八名看護人見習支那人二名及小使其他日本人十名支那人十八名を使用す尚城内診療所も看護婦二名看護人支那人一名看護婦見習支那人二名外二三名の日支人を使用せり

●患者收容定員　本院の患者收容定員は左表の如し但し支那人病舎は凡て支那人の習慣に適應する如く設備し寢具什器食事等は勿論看護人看護婦まで悉く支那人を用ふ尚新築中の傳染病舍は三十四名の收容力を有せり

病舎＼等級	一等	二等	三等	特別三等	計
第一病舎	二	六	四	—	一二
第二病舎	—	—	一九	一一	三〇
第三病舎	—	—	三三	—	三三
第四病舎	—	—	二八	一〇	三八
第五病舎	—	—	三三	—	三三
第六病舎（支那人病舎）	—	—	三二	—	三二
合計	二	六	一三七	二一	一六六

●患者數と地方別　外來及入院患者數は比年增加の一方なるが之を年度別に示せば左表の如し但し大正二年度は四月より大正三年一月まで十箇月分を計上せり

年度＼區分	入院患者 前年より繰越	入院患者 入院	入院患者 計	外來患者 日本人	外來患者 支那人其他	外來患者 計
明治四十年度	—	二三	二三	一、四五六	五九	一、五一五
同　四十一年度	—	一七六	一七六	一、四四七	一四七	一、五九四
同　四十二年度	一〇	四一二	四二二	一、九八三	一五九	二、一四二

區分／年度	入院患者 前年より繰越	入院患者 入院	入院患者 計	外來患者 日本人	外來患者 支那人其他	外來患者 計
明治四十三年度	二六	五七六	六〇二	二、七六〇	二六二	三、〇二二
同　四十四年度	三一	六八六	七一七	四、八七八	五五六	五、四三四
大正元年度	四四	九〇二	九四六	五、一六九	三、二二七	八、三九六
大正二年度	七三	一、一九四	一、二六七	五、七八五	一、四九一	七、二七六

右の外傳染病患者は明治四十二年度に十四名四十三年度は三十八名四十四年度に五十六名大正元年度に五十八名同二年度に九十名を取扱ひたり尚患者を地方的に區分すれば入院患者中明治四十二年度に奉天二百九十八名四十三年度に三百五十六名四十四年度に四百三十三名大正元年度に五百名二年度に五百九十一名を除き他は南滿沿線安奉沿線京奉沿線等より來奉入院したるものにして現在の狀況も奉天以外の各地より入院するもの增加の傾向を呈し居れり

●設備と經費　本院の敷地は二萬五千百五十坪にして建物坪數一千五百八十四坪を有し外に二階百五十坪三階六十八坪地下室百八坪を建設しあり冬期はスチームを以て各病室の温暖

を保ち醫療器械より藥品に至るまで常に新式精品を用ゐつゝあり從て經費は尙未だ收入を以て支出を爲し能はざるも設備萬端の完全せるは大連を除き他に類例を見ず

●藥價と入院料　本院の藥價は內服藥一日分十五錢より二十錢頓服藥一包十錢外用藥十五錢より二十錢にして入院料は一日特等七圓一等四圓二等二圓十錢三等一圓十錢特三等八十錢なり此外手術料往診料診斷書其他諸證書料等詳細の規定あり又初診の際三十日間有效の診察劵料二十錢を支拂ふことゝせり

●城內診療所　守田醫員主任となり城內大西門內に於て專ら支那方面患者の治療に從事せり

第二款　日本赤十字社奉天病院

●沿革　日本赤十字社奉天病院は大西關に在り明治四十二年十月居留民會設立の奉天公立病院と合併し現在の場所たる商品展覽會の家屋を借り同三日開院式を擧行せり當時の職員は院長檜垣春三氏以下概ね舊公立病院の職員にして患者收容力も本館一等二名二等三名三

等二十四名傳染病室十三名支那人病室十名特殊患者收容所三十名に過ぎざりしも四十三年の三月檜垣院長職を辭し陸軍一等軍醫醫學士合田平氏新たに院長と爲るに及び日夜本院の改善發展を圖り赤十字本社より臨時費の支出を受け治療器械其他の備品を購入し漸次病院としての設備を完整せり四十三年の八月に至り公立病院の設置したる十間房分院を廢し別に本院内に齒科を置き又院内病室其他に大修善を加へ比年發達を遂げ來りたるが大正二年三月合田院長職を辭し陸軍一等軍醫醫學士小久保鞆比古氏新院長として著任し更に諸般の改善を努めつゝあり

●診療各科　本院の診療各科は左の如し

内　　科　眼科を兼ぬ

外　　科　耳鼻咽喉科皮膚病科黴毒科を兼ぬ

產科婦人科

小　兒　科

●職員　大正三年六月末現在本院職員は次の如し

名譽顧問醫　十三師團軍醫部長 陸軍一等軍醫正　野口詮太郎
同　遼陽衛戍醫院長 陸軍二等軍醫正　内藤敬一
院長（内科）　陸軍一等軍醫 醫學士　小久保輌比古
副院長（外科）　醫學士　森川千丈
産科婦人科　豫備陸軍三等軍醫　西田謹一
小兒科　醫學士　高田義一郎
調劑員囑託　陸軍二等藥劑官　加藤清一郎
庶務部主任　酒井豐太郎
看護婦長　中村ヤヱ
看護婦　十三名
雇員　五名

●●●●●●

●患者收容定員　本院の患者收容定員は左表の如し

病室區分及收容定員表

普通病室

等級	室数	収容人員	摘要
特等	二	二	
一等	二	二	
二等	六	六	
三等	二	一二	
計	一二	二二	
傳染病室			
二等	二	二	
三等	三	一〇	
計	五	一二	
强制患者病室	一	一六	

施療病室　　三　　二

●總計　病室二十一室　收容人員六十二八

●患者數　大正二年度本院取扱患者左の如し

		入院 實人員	入院 延人員	外來 實人員	外來 延人員
普通患者	日	六四〇	六、〇六九	四、三三五	二四、六〇四
	支	一四五	一、一九四	二、〇三五	一三、一九七
救助患者	日	四七	八一〇	二〇	一二五
	支	四二	五〇九	四、二〇五	二二、九一九
合計		八七四	八、五八二	一〇、五九五	五九、八四五

●設備と經費　本院敷地は三千五百十八坪にして建物總計一千百三十三坪を有し病院使用の分は本館三百九十五坪附屬病室及宿舍等四百二十六坪計八百二十餘坪なるが他は奉天倶樂部及郵便局出張所へ貸付しあり又大正三年度本院豫算は左の如し

歳入の部

歳入總額金三萬七千百八十七圓八十二錢

内譯

本社交付金	金九千五百圓
居留民會補助金	金二千三百七十圓
指定寄附金	金百圓
患者收入	金二萬三千八百三十一圓八十二錢
雜收入	金千三百八十六圓

歳出の部

歳出總額金三萬七千百八十七圓八十二錢

内譯

諸給與	金二萬四千二百四十八圓二十五錢
物件費	金千七百七十九圓

營繕費　金九百九十圓

患者費　金九千七百七十圓五十七錢

豫備費　金四百圓

●藥價入院料　本院の藥價は内服藥一日分十二錢より十五錢頓服藥一回分八錢より十錢外用藥一劑十五錢を普通とし特に高價藥に對しては二十錢までを徵收す又手術料は五十錢以上と定め診斷書料は五十錢以上十圓とし診察料は往診最低五十錢最高二圓と規定せり入院料は特等七圓一等四圓二等二圓六十錢三等一圓六十錢を普通とし赤十字社員には特に二十錢又は五十錢の減額を爲す

前揭二大病院の外開業醫として新市街に吉田醫院あり栃木縣人吉田一氏主任醫たり近時城内に出張所を設け支那人患者の診療にも從事せり

第三款　支那病院

衞生思想普及せざる爲め乎人口二十萬を有する奉天に於て支那の病院らしきもの僅かに省

城衛生醫院一所あるのみ本院は奉省の官立にして醫員は概ね支那人なるも海外留學の二三首席醫を有する爲め凡ての設備洋式を採用せり本院の外英國人の經營せる慈惠病院ありまた支那紅十字社の設立せる紅十字病院あり其他開業醫すら尚寥々たる有樣に在り

第十八章　戰跡と忠魂碑

●**奉天大會戰と戰跡**　明治天皇の稜威と國民一致の後援に勵まされたる我が征露軍は破竹の勢を以て優勢にして而かも頑強なる敵軍を破り連戰連捷遂に遼陽を占領し沙河を挾んで冬營に移りたるは明治三十七年の十月十四日なりき

戰濛の中に此の年を終り明けて三十八年の一月一日流石難攻不落と稱せられたる旅順要塞も猛烈なる我が第三軍の爲めに遂に開城し第三軍は直ちに北進して我が野戰軍に加り更に其の第十一師團と後備第一師團とを以て鴨綠江軍を組織し滿洲軍の最右翼を進擊することとなれり斯くて鴨綠江軍は二月二十三日を以て堿廠より進發し行く〳〵敵を破りて二十六日には馬群丹附近に到達せり當時クロパトキン將軍は其の西伯利亞第二軍團を以て我が右

翼を攻撃すべく謀を定め頑强に我が第一軍の前面に肉迫を試みたるも鴨綠江軍の長驅して其の東北に猛進し來れるを聞き確かに我が第三軍が旅順陷落の餘勢を以て迂回剎到せるものと誤信し正面の一箇師團竝に豫備隊に命じ遽かに撫順方面の警備に赴かしめたり焉ぞ知らん我が第三軍は二十七日より運動を起し第一第二第四各軍の猛烈なる攻擊を利用し陰かに奉天を望んで敵の右側面に進出せり

三月一日第三軍は早くも新奉街道の一地に進軍し第一軍も亦第二師團を進めて敵に對し漸次包圍的姿勢を取れり是に於て乎クロパトキン將軍は曩に撫順方面に移動せしめたる大部隊を召還し我が第三軍に當らしめんと欲したるも命令意の如く行はれず何等奏功する處なかりき一方我が大山總司令官は全線各軍に命じ此日より總攻擊を開始したり

斯て三月二日我が第二軍は敵の第一線を取り五日第一師團は大石橋に達し第五師團は沙汰子攻擊を開始し第三軍は益々進んで敵の退路を絕たんとせり七日夜に至り敵は遂に渾河右岸まで退却する事となり近衞師團の如き始めて戰壕より出づるを得たり八日は敵の退却を追ふて全線總前進を爲し鴨綠江軍亦馬群丹の北方に達したり敵は遼陽戰以來殆んど全力を

盡して築造したる撫順奉天間の戰壕砲壕に據り頗る猛烈なる抵抗を試みぬ

三月九日全軍更に前進し第一軍は午前十一時渾河に達し鴨綠江軍は撫順の南方に到著せり

此日朝來より暴南風吹き荒み砂塵濛々として咫尺を辨ぜず彼我共に其所在を知るに苦めり

然るに我各軍は此の天與の紅塵萬丈を利用し渾河堅氷を渡りて敵に肉迫し遂に極東の勇將クロバトキン將軍をして「我は包圍せられたり」との電報を其の本國に打電せしむるに至れり而して彼は毎八分に發車する最大急行列車に依りて鐵嶺に退却輸送を開始し我は九日夜半より全然追擊戰に移り第一及び第四軍は東より第二軍は南より第三軍は退路より終夜突擊奮戰を試み遂に敵をして十萬の死傷を出さしめ十日午前十時全く奉天を占領したり

戰況右の如くなるを以て奉天の四周到る處として戰跡ならざるなく殊に李官堡は三月五日第三師團の苦戰せる所大石橋は三月六日第九師團の逆襲を受けたる戰跡大轉灣橋は七日第七師團の苦鬪せる所造化屯は同日第九師團の終日を費して占領せる跡北陵は第七師團の夜襲を試みたる戰跡なりとす

尙奉天戰に參加したる我が軍は

第一軍　司令官黒木大將
第二師團　第十二師團　近衛師團　近衛後備混成旅團
第二軍　司令官奥大將
第四師團　第五師團　第八師團　富岡支隊　秋山支隊
第三軍　司令官乃木大將
第九師團　第七師團　第一師團　後備歩兵第十五旅團　田村支隊
第四軍　司令官野津大將
第十師團　第六師團　大久保支隊
鴨綠江軍　司令官川村大將
第十一師團　後備第一師團
總豫備隊（總司令部直屬）
第三師團　後備歩兵第三旅團
にして其兵數を示せば歩兵二百四十五箇大隊（約二十萬人）野戰砲兵十九箇聯隊後備砲兵六

箇大隊騎砲兵一中隊騎兵二箇旅團獨立重砲一旅團戰利砲兵三箇大隊砲數合計千百餘門なるが之に對したる露國軍は歩兵三百七十六箇大隊（約三十萬人）野砲百三十五箇中隊小砲八箇中隊騎砲兵六箇中隊獨立砲兵四箇中隊野戰臼砲八箇中隊攻城砲兵十箇中隊砲數合計千三百六十八門なりき而して此の大會戰に於ける兩軍の死傷數は次の如し

	戰死		負傷		生死不明		合計
	將校	下士卒	將校	下士卒	將校	下士卒	
日本軍	二七五	八、四四八	一、四九二	四九、九四八	—	四	六〇、一六六
露軍	五五四	一五、八五〇	一、八〇二	五一、八五六	二八〇	二七、九二七	九八、二六八

右の外日本軍に於て鹵獲したる軍需品は頗る莫大のものにして重なるものは大砲六十餘門、小銃四萬挺、彈藥車四百五十輛、小銃彈藥縦列三百輛、其他糧秣等算ふるに遑あらず

●忠魂碑　忠魂碑は鐵道附屬地の東北部に在り奉天大會戰に戰沒したる忠勇將卒の納骨堂にして明治三十八年十月起工し同三十九年七月竣工したるも更に明治四十一年經費一萬三千餘圓を以て改築工事を起し同四十二年十月竣成せり直徑二尺八寸高二十三尺餘の鑄鐵製

奉天東陵

奉天小河沿

新市街公園

奉天公園

小銃彈形碑標は附屬地各方面より望見すべく忠魂碑の題字は元帥大山大將の揮毫せられたるものなり納骨堂に格納せる將校は近衞師團九、第一師團二八、第二師團一三、第三師團四四、第四師團二九、第五師團二九、第六師團一四、第七師團二、第八師團三五、第九師團三〇、第十師團一〇、第十一師團二六、第十二師團五、第十三師團二、第十四師團二、第十五師團六、第十六師團四、參謀本部六、後備第一師團一〇、各師團五六等にして下士以下合計二萬二千八百四十八名の遺骨を格納し毎年三月十日莊嚴なる祭典を執行せり

第十九章　名所古蹟

●宮殿　奉天唯一の古蹟として內外人の必らず參觀せんとするは城內の宮殿なり宮殿は之を金鑾殿と稱し淸の崇德二年（西曆一六三七年）の建造に係り淸の太祖高皇帝竝に太祖文皇帝の宮居せし處なり東西三十三丈南北八十九丈繞らすに牆壁を以てし正門の左右に二箇の門あり東に在るを文德房と云ひ西に在るを武功房と稱す正門は之を大淸門と名け門內の兩側に二層樓各一あり東を飛龍閣と云ひ西を翔鳳閣といふ此の二閣は今より二百八十年前に

宮殿圖

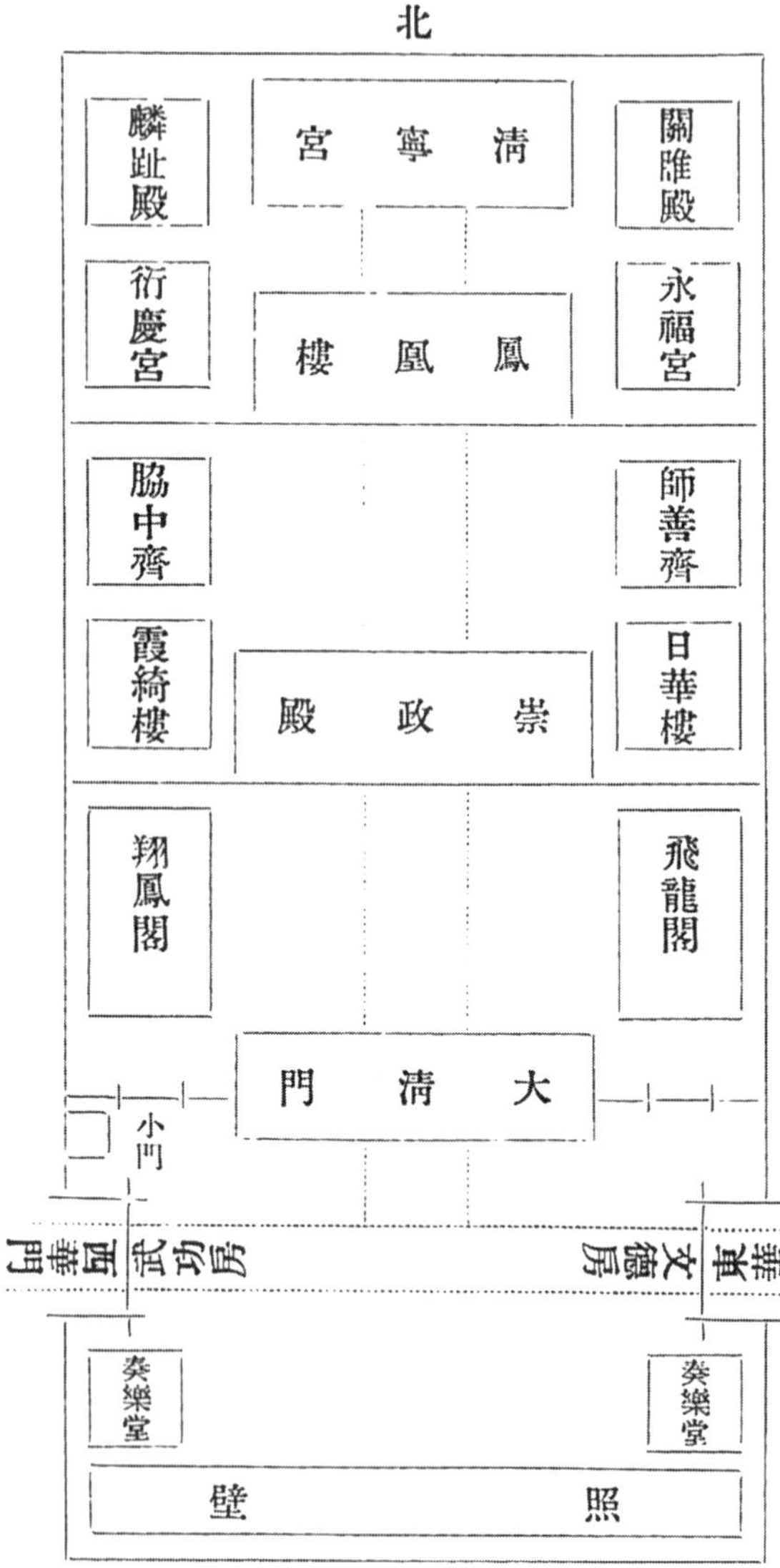

於て參朝せる文武大官の溜所なりしも今は寶物倉庫となりて金銀珠玉寶劔名畫等を納む中にも太祖の兜金剛石作りの小刀黃金の鍾眞珠の首飾等は光彩陸離として人目を眩じたるも

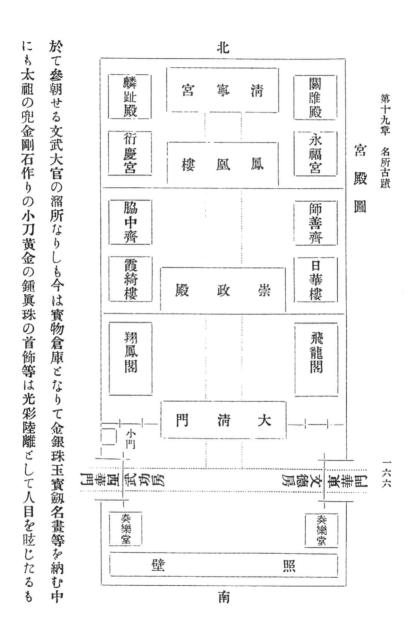

大部分の寳物は北京へ轉送されたり崇政殿は當年皇帝群臣を集めて政を聽きし所今に尚玉座を存す鳳凰樓は三層の高樓にして之に登れば奉天の全市一眸の中に在り淸寧宮は卽ち當年の便殿にして左右の堂宇は皇妃皇族の居室たり宮殿の東隣に大政殿あり王公百官の政務を執りし處また西隣には文溯閣あり現に四庫全書六千七百五十二函其他の古書を藏す

●東陵　東陵は一名福陵と稱し奉天城東二十支那里に在り元來滿洲には三陵あり肇祖、興祖、景祖顯の諸遠祖を葬れる靈域を永陵と稱し奉天の東二百五十支那里興京の附近に在り太祖高皇帝の陵は卽ち本文の東陵にして太宗文皇帝の陵は次に說く所の北陵なり此の三陵は中華民國の現今に於ても駐奉副都統をして三陵守護大臣を兼ねしめ四時の祭祀を營めり東陵は三陵中風景最も絕佳にして天柱山と稱する丘の最高部を占め東は渾河を隔てゝ遠く沙河水源の諸山に對し北は魏山の翠影を望み南は奉天の平野に接す丘上の老松は矗として天を摩し澗下の細流は潺々として流れて盡きず陵の左右には石獅石象の類を排列し康熙帝勅選の聖德碑は巍然として庭上に立つ進んで祭殿に入れば後に二層の隆恩殿あり高皇帝及び高皇后の神位を奉安せり殿後の築土は卽ち太祖の寢陵にして之を拜するもの自ら崇敬の

念を起さゞるなし只恨むらくは奉天を距る我が三里あり爲めに折角の勝地も如何とも爲し能はざるなり

●北陵　北陵は別名昭陵といふ奉天城の西北十支那里に在り太宗文皇帝の寢陵にして清の崇德八年（西曆一六四二年）に成る風景の勝は東陵の如く雄大ならざるも全陵松杉蓊鬱し春夏二季に於ける土塵濛々たる奉天の唯一淸涼地として杖を此地に曳くもの頗る多し陵內の結構は圖に示すが如くなるも陵外の森林は周圍里餘に達し林間の李花は正に奉天の春を獨占す故を以て花見時の雜沓は上野飛鳥山にも劣らざる盛況を呈せり

北陵圖

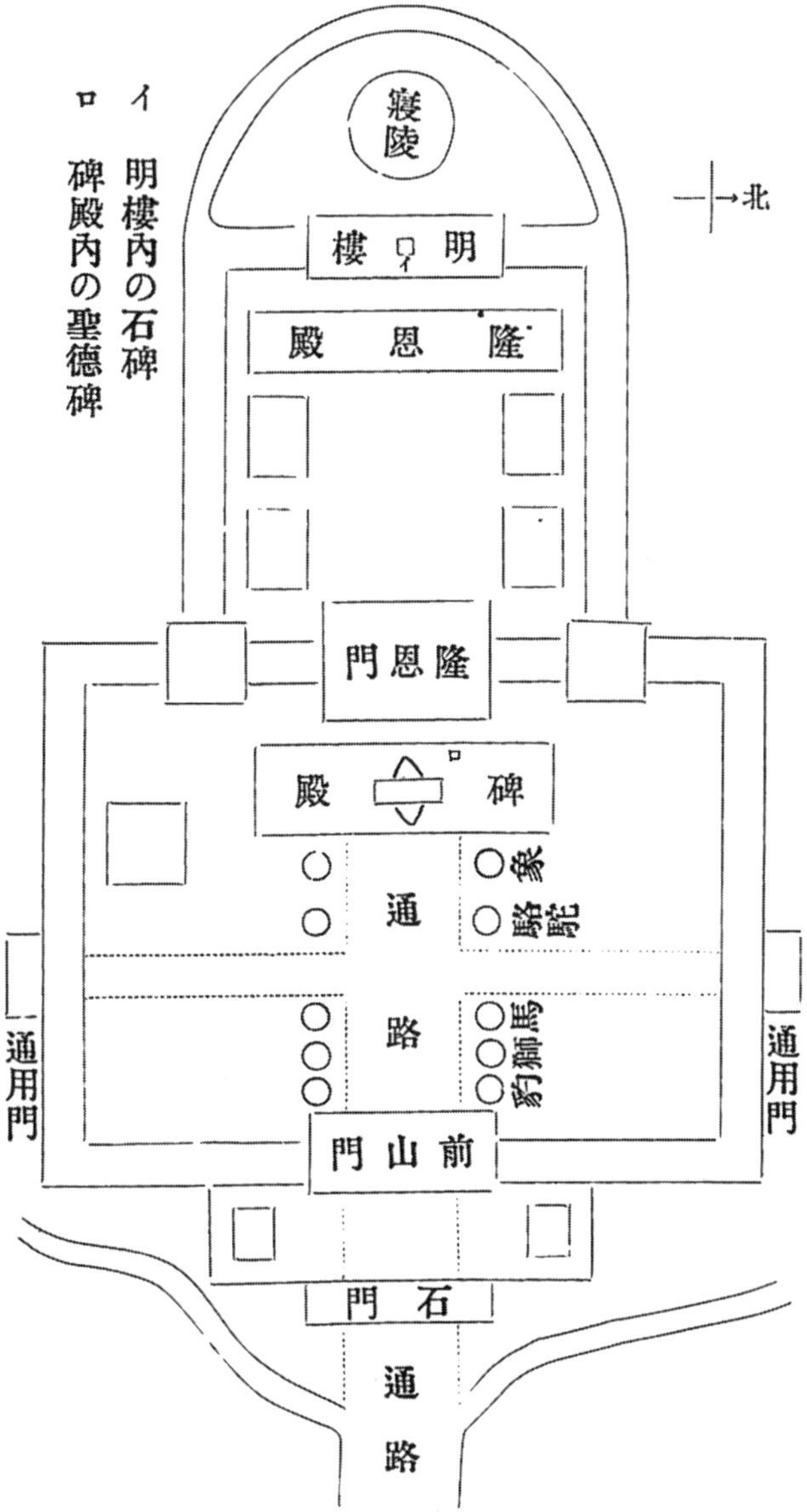

イ　明樓內の石碑
ロ　碑殿內の聖德碑

●寺塔●　北陵と奉天城北門との中間村落に法輪寺あり護國塔高く天に冲す其の附近に長寧

寺あり天地佛の喇嘛尊像を以て名あり北陵の東南に日露戰跡の塔灣あり陸軍射擊場の所在地にして近傍に高き喇嘛塔を有す小西邊門外には黄寺あり蒙古喇嘛の大喇嘛を座主とし清朝歸依の勅建寺たり又鐵道附屬地の附近に西塔あり奉天守護四塔の一なり小西關には回々敎の清眞寺道敎の大淸宮太祖功臣を祭れる賢王祠あり其他城内外の寺院頗る多く孔子廟城隍廟は何れも城内にあり奉天守護四塔は城の東西南北に在りて磚瓦剝脫し古色蒼然徐ろに舊都の遺物たるを偲ばしむ

第二十章　各種團體

●在鄕軍人會支部及分會　支部は在鄕軍人會規約に基き成立したるものにして奉天分會及撫順分會を監督す役員次の如し

支部長　陸軍步兵中佐田原小三郎　同副長　陸軍憲兵大尉中村孝三郎　理事　陸軍步兵中尉野口惣次　監事　陸軍一等主計木内茂正

分會は支部規約に基き成立したるものにして左の役員を置く

分會長　高桑友二郎　同副長　佐々木貞七
理事　塘眞太郎　監事　岩田鹿之介
評議員　二十一名

●赤十字支部　日本赤十字社奉天委員支部は明治三十九年九月の創立にして同四十一年四月撫順に同四十三年三月本溪湖及新民府に出張所を置き社員募集に力を盡し來れり現在社員數は四千三百三十八名にして內邦人社員三千三十八外國人社員千三百八名を有す當支部重なる職員は次の如し

奉天支部長　缺員　同支部副長　佐々木貞七
主事補　酒井豐太郎　書記　岩山直道

●二十日會　大正元年九月の創立にして現在會員六十餘名を有し奉天重なる官民有志を網羅し毎月二十日を以て例會日とす

●十七會　大正三年三月十七日の創立にして會員は日支官民有力者七十名を有し兩國々交に取り最も效果ある會合をなせり毎月十七日を以て例會日とす

●奉天倶樂部　在奉同胞間の唯一社交機關にして會場を東部（城內）中部（小西關）西部（附屬地）の三箇所に設く會員は現在百三十名を有するも定りたる例會日なく隨時會合を爲せり重なる役員は次の如し

會　長　落合謙太郎　　副會長　守田利遠
副會長　佐藤安之助　　幹　事　老田太文
幹　事　原田鐵造　　同　北悟一
同　江藤豐二　　外評議員　二十二名

●奉天學士會　會員左の如し

落合謙太郎（法）　山崎平吉（法）　東郷茂德（文）
小久保輌比古（醫）　森川千丈（醫）　高田義一郎（醫）
老田太文（工）　奥澤耕造（工）　田代源次郎（工）
伊藤清四郎（工）　中島爲喜（法）　中村光吉（法）
笠島陽三（醫）　結城玄通（醫）　山井三七（醫）

椎野鋒太郎（醫）　久保田晴光（醫）　嶺　亮介（理）
鶴見三三（醫）

●早稲田大學校友會　會員左の如し

石田武亥（政）　三明諒夫（政）　手塚安彦（政）
皆川秀孝（政）　大森純一（商）　宮谷公雄（法）
丁鑑修（政）　董榮光（政）

●東亞同文書院同窓會　會員左の如し

染谷保藏　林正春　森啓三　横山吏弓
山崎賢司　梅原俊明　權藤八洲生　佐藤善雄
菊地貞二　南洞孝　小笠原俊三　小田原寅吉
西本市太郎　三田村源治　松井小右衛門　阪東末三
國原喜一郎　林出賢次郎　西村潔　佐藤國之介
伊藤文十郎　今川伊介　龜井實一　玉生義郎

石井久次　坂田長平　上野充一　埜島經太

●東京外國語學校高等商業學校連合校友會　會員左の如し

伊藤小三郎　澁川義雄　川崎武　鎌田彌介
皆川秀孝　廣瀨規矩治　永原正雄　山崎英雄
岸本德三郎　倉田誠一郎　芝文雄　小松靜
（以上外國語學校）　岡村謙次郎　佐藤信　栗原重康
鉅賀貫一郎　波佐間正一　（以上高等商業學校）

●新聞記者團　在奉天新聞記者團員次の如し

原口聞一（京城日報）　田村貞一（大阪每日）　中島眞雄（盛京時報）
中島爲喜（大阪朝日）　吹野勘（奉天日日）　合田愿（内外通信）
佐藤善雄（盛京時報）　三明諒夫（遼東新報）　皆川秀孝（滿洲日日）

●青年睦會　在奉青年有志の團體にして會員三十餘名を有し每月一回例會を開き學術上の研究を爲す外每週三回夜學會を開きつゝあり會長には領事井原眞澄氏を推薦せり

●**佛教婦人會**　本願寺出張所の主催するものにして現在會員三百餘名を有し毎月一回例會を開きつゝあり重なる役員次の如し

會長　落合高子　　幹事　佐々木友江子
幹事　荒尾良久子　　同　老田清子
同　井深壽枝子　　會計　池田伊作
會計　桑田元太郎

●**奉天中央會**　小西邊門以西西塔大街以東の在留者有志を以て組織したる會合にして毎月一回例會を開き副業として貯蓄會を設け一口金五十錢づつの貯金を爲し其利子を以て會費を支辨し且つ救貧協濟等の資に充つることゝなせり目下會員八十餘名を有し會長城野芳次郎外八名の協議員十數名の區長を設置す

●**新市街町内會**　附屬地新市街居住者有志を以て組織したる會にして重なる役員は田實優（會長）杉原槌三郎（副會長）等なるが外に幹事五名常議員十五名區長數名を設く

●**各種組合**　業務上の各種組合は其數頗る多きも重なるものを列擧すれば左の如し

雜貨貿易商組合	質屋同業組合	藥業組合
綿絲布貿易商組合	食料品雜貨商組合	實業組合
料理業飲食店組合	貸家同業組合	

●各縣人會　既設したる縣人會は概左の如し

長崎縣人會	愛知縣人會	大坂府人會
茨城縣人會	鹿兒島縣人會	福岡縣人會
山口縣人會	熊本縣人會	佐賀縣人會
富山縣人會		

第二十一章　公園と農場

●公園　附屬地公園と奉天公園との二あり附屬地公園は滿鐵の經營せるものにして面積千四百坪を有し明治四十三年十月白澤工學博士の設計により起工し漸次花壇を築き芝生地を作り盆栽類を陳列し各種運動器具を設け年額一千餘圓を投じて繼續的に凡ての完成を期し

つゝあり奉天公園は小西邊門外に在り支那巡按使の所轄にして森林學堂教習水戸林學士の設計に依り明治四十三年頃開設したり未だ見る可きの設備なきも境内の樹木は稍や繁茂し支那式喫茶店各所に客を呼び夏季散策するもの頗る多し

●農園　附屬地内に四十八萬坪の耕地豫定地あり滿鐵會社は此の豫定地の大部を勝弘貞次郎西宮房次郎二氏に貸付し水陸兩田を經營せしむ勝弘農園西宮農園卽ち是なり二者共に水田四十餘町歩陸田數十町歩を有し米麥其他の雜穀を栽培せり尙北陵近邊に於て佐藤才太郎萩原昌彥二氏は三十餘町歩の水田を經營し榊原政雄氏は八百餘町歩の水陸田を經營す

第二十二章　日支電氣業

●電燈營業所　滿鐵奉天電燈營業所は滿鐵作業所電氣部の出張營業所にして驛前に在り明治四十一年六月より開設せらる發電機は英國製三相交流發電機二百キロ二基を有し動力は水管式汽罐百七十馬力三臺を備ふ現在は發電機一基を晝夜運轉し他の一基は其の半數時間だけ運轉せるも大正三年中には二基を併行運轉せしむる豫定なり從て豫備として更に二百

キロ又は三百キロの發電機を備附くるの必要あり目下夫れ〳〵準備中なり現在の電力供給は電燈として白熱燈七千七百六十五燈アーク燈四十五燈を供給せるが之を十六燭光に換算すれば一萬二千五百二十一燈となれり動力としては十馬力十箇を供給し精米業、印刷業、製粉業、夏季水田の揚水用及上下水道の排水用として使用さる電燈使用戸數及箇數は支那人六十九戸七百三十三燈日本人千百六十八戸七千七燈外國人八戸八十燈なるが增加率は每月百燈を下らず前途益々增加の傾向あり使用料金は十六燭一箇約束一圓二十錢なるが建設費使用者持の場合は一圓十五錢に減額すべく米突は一キロに付き二十錢建設費使用者持の場合は十八錢に減額せり動力は一馬力に付き約束馬力二百時間迄六錢之れ以上は四錢とせり又設備の一部として高壓線の延長は三十二萬四千五百八十二尺低壓線の延長は二十三萬九千五百五十五尺に達し電柱數千四十四本を有す從業者は日本人二十七名支那人二十名あり

●電燈廠　支那電燈廠は城内に在り宣統元年の設立にして資本金二十二萬八千兩の內度支司より十七萬兩銀元局より一萬三千兩造幣廠より二萬兩借入三萬兩の出資となり純然たる

官業となれり供給數發電機等滿鐵電燈營業に大差なく收入年額四萬三千七百餘元を有し居れり點燈料金は次の如し

八燭	一元二角	十六燭	二元
二十四燭	二元八角	三十二燭	三元五角
五十燭	五元	六十燭	五元六角

第二十三章　會社及重なる商工業

●會社　東亞煙草會社奉天出張所は滿洲中部に於ける官煙專賣所として英米トラストに對抗し常に目覺しき活動を爲しつゝあり中島盛彦氏現主任たり調辦所株式會社は滿鐵社員に對し日用雜貨食料品等を供給する會社にして新市街に在り野田貞次氏取締役社長たり奉天信託株式會社は大正三年八月の創立にして佐伯直平氏專務取締役となり資本金五萬圓を以て（一）動産不動産の管理又は賣買賃貸借の仲介（二）有價證券賣買の仲介（三）講會の管理（四）小荷物及荷爲替の代金立替（五）契約に依る信託積立金の取扱（六）諸貸付等を營めり殊

に信託積立金の取扱は百圓會、三百圓會、五百圓會、千圓會、二千圓會の積立會を設け會員に信用貸付を爲すの組織となし中流以下の金融界に雄飛を謀りつゝあり奉天倉庫金融株式會社は石田武亥氏を取締役社長とし資本金三十五萬圓を以て(一)倉庫營業(二)寄託貨物に對する貸付(三)質屋業を營まんとするものにして同じく八月の創立に係れり

●貿易商　貿易商の巨擘は三井物產會社出張所にして肥料部に於て豆粕魚粕人造肥料及び大豆其他の穀物を取扱ひ軍器部に於て銃砲皮革其他一切の軍需品を輸入し雜貨部に於て綿絲布燐寸米利堅粉建築材料鐵器類木材類を取引せり

●特產物商　特產物商として名あるは小寺洋行出張所及び松隆洋行の二とす何れも大豆、豆粕を中心とし麥粟小豆其他一切の雜穀を輸出せり

●雜貨商　雜貨は奉天主要の商品にして店舖の數五十餘を算し取引價額は殆んど全貿易額の八九分に達す重なる商店は附錄雜貨部に掲げたる如くにして主要取引品又は兼業品として綿絲布、洋服、食料品、毛織物、腿帶、帽子、洋服附屬品、莫大小、裝飾化粧品、紙類、文房具類等を取扱へり

●質屋業　支那人又は邦人間の小資本融通機關たる質屋業は合計二十七八戶に達し內外共に多大の便益を受けつゝあり貸出利子は十圓以下一割二十圓以下八分五十圓以下六分位なり

●藥種商　醫術幼稚なる滿洲に在りては賣藥また重要なる商品として比年良好なる發達を遂げ我が奉天に於ても現に二十有餘の該業者を有し盛んに發展を圖れり賣揚高年額約三十萬圓に達す重なる該業者は井上誠昌堂佐藤廣濟堂とす

●石炭商　奉天に於て邦人の供給する石炭は撫順炭本溪湖炭を主とし少量の煙臺炭牛心臺炭等を取扱へり而して撫順炭は公益公司に於て本溪湖炭は大昌煤局に於て全然一手販賣を爲し他は概ね之等販賣店の取次販賣を爲すに過ぎず

●請負業　新開地たる附屬地十間房方面は年々土木又は建築工事續出する爲め請負業者また少なしとせず現に該業者二十餘戶の多きに上り何れも相應の收益あるが如し

●運送業　停車場と市內間の貨物運送業は滿鐵會社市內營業所設置以來事實に於て其の數を制限し目下僅かに二三者の手に依りて取扱はれつゝあり汽車輸送に對しても貨物取扱所

及び市内營業所に依りて大部分滿鐵直營となれり故を以て現在七戸を有するに過ぎず

●綿絲布商　主として綿絲布を取引する商店また數戸あり綿絲布の需要は比年增加の一方に在るを以て前途頗る有望なる業務なりとす

●金物時計商　貴金屬製作品鐵器類亞鉛版等の金物竝に時計商も重要輸入商の一なり目下城内外を通じ七八戸の商店を有す

●木材商　建築土木の諸工事盛なるに伴ひ木材商また大に活躍せり供給木材は鴨綠江材吉林材哈爾賓材を主とし其の販路は北京天津各地に及べり主なる該商は三井及び瑞光木局とす

●諸工業　煙草製造業に三林公司あり硝子器製造業に穗積玻璃工廠あり煉瓦製造業に松茂洋行あり蠟燭製造業に佐伯洋行あり石鹼製造業に鳥合洋行あり工業稀少なる滿洲に在りて何れも前途有望なる事業たるを失はず

第二十四章　新聞雜誌

榊原農場

藤田洋行

内外通信社

滿洲日日新聞社奉天支局

奉天は單に南滿洲の大都會たる而已ならず東三省政治經濟の中心地として夙に中外の重視する處從て新聞事業の如き著しき進歩發展を遂げつゝあり左に要點を摘記すべし

●盛京時報　明治三十九年五月の創刊にして純然たる漢字新聞なり支那方面の輿論を喚起するに於て驚く可き威力を有す發行紙數また南北各地支那新聞を通じて最も多數なり

社　長　中島眞雄　　主　筆　佐藤善雄

●内外通信　明治四十年五月の創刊にして鐵筆版の日刊新聞たり但し第一面と第四面は全部廣告欄とし毎十日分づつ豫め活字印刷に附するを以て體裁頗る整頓せり

社　長　合田愿　　主　筆　芝原祐之

●奉天日日新聞　南滿日報の後身にして大正元年九月經營者の更改と共に今の名に改題せり

主　幹　吹野勘　　營業部主任　友成達治

●滿洲日日新聞　大連に於て發行するも奉天には特に支局を設置し社員を常駐せしめ材料の蒐集新聞の販賣を爲さしめつゝあり

支局長　皆川秀孝　　事務員　大坪一之介

●遼東新報　是れ亦大連發行の新聞にして満洲日日新聞と同じく分局を設置しあり

分局主任　三明諒夫

●京城日報　朝鮮京城の發行なるも満鮮連接の主意を以て當地に支局を置けり

支局主任　原口聞一

●大阪毎日新聞　満洲政治經濟の新聞材料を得んが爲め特派員を常置しあり

特派員　田村貞一

●大阪朝日新聞　右毎日新聞と等しく特派員を常設す

特派員　中島爲喜

●奉天商業會議所月報　商業會議所規則第二條に基き發行するものにして内容は談叢、調査資料、商況、統計、彙報、錄事等を掲載し奉天を中心とせる經濟事情を網羅せり但し非賣品にして希望者にのみ配付す

編輯發行人　南洞孝　　發行所　奉天商業會議所

●満韓公論　満洲全體に渉る政治經濟社會各方面の評論雜誌なり
主　幹　高　橋　清　八　　主　筆　安　藤　復　堂
●東三省公報　奉天最大の支那新聞にして支那人發行の新聞としては他に匹敵するものなし都督公署の機關紙なりとも傳へらる
總經理兼總撰述　王　光　烈
●醒時報　中流以下の知識文明を開發せんが爲め發行する支那新聞にして論說は常に言語體を掲載せり
社　長　張　子　岐　　女　主　筆　張　維　祺

第二十五章　娯樂機關

●奉天座　十間房に在り洋式建築の奉天唯一劇場にして收容定員五百餘名を算し四時各種興業を爲せり創立者は藤代堅太郎なるも現に井村某之を經營す
●末廣席　新市街に在り奉天無二の寄席にして落語講談活動寫眞の類時々興行さる附屬地

一千餘戶の住民は本寄席を以て最も輕便なる娛樂機關とせり
●球突俱樂部　十間房に東三俱樂部あり小西關に常盤俱樂部あり附屬地西塔大街には一方軒あり新市街には瀋陽俱樂部あり此他奉天俱樂部の各會場には何れも一二臺の球臺を備附し一般好球家の娛樂機關となれり
右の外支那劇場は城內外に數箇あるも未だ以て邦人の耳目を樂ましむるに足らず支那球突屋また追々增加し來るも邦人の出入するもの殆んど皆無なり

第二十六章　旅　館

●大和ホテル　大和ホテルは滿鐵會社の經營に係る洋式旅館にして奉天驛階上の三分の二階下の三分の一を使用し客室十九收容力三十名を有する外應接間上下各一、新聞閱覽室一、食堂宿泊客專用一、外來客用一、酒場一、理髮所一を設備し宿泊客慰藉用として日本は勿論英米獨佛各國の新聞雜誌竝に小說類數百部を備附けあり又宿泊客の爲め各種馬車四臺馭者日支人五名馬匹七頭を準備し市內見物北陵觀覽等の便を謀りつゝありホテル主任は園田

大和ホテル

瀋陽館

金六の表門

深川の客室

靜造氏にして次席淸水源次郎外職員三名ボーイ厨夫日本人二十名支那人十五名を使用せり冬季はスチームを以て室內の溫度を調和す宿泊料及食料は次の如し

△宿泊料　特等　金　七　圓　一等　金　四　圓　二等　金三圓五十錢
三等　金　三　圓　四等　金二圓七十五錢（一室二人以上の宿泊には割引あり）

△食　料　朝食　金　一　圓　晝食　金一圓五十錢　夕食　金一圓七十五錢

●瀋陽館　附屬地の中央に在り全部赤煉瓦洋式建築にして總建坪三百坪（二階共）を有し客室二十の外洋式應接間あり滿鐵沿線稀に見る日本式大旅館にして中流以上の旅客常に充滿せり大正二年冬より特に防寒用スチームを備附け如何なる嚴寒と雖も室內の溫度小春日和の如し停車場には列車發著每に自用馬車を走らせ宿泊客の送迎を爲せり宿料及晝食料左の如し

	宿泊料（朝夕二食附）	晝食料
特等	五圓	二圓
一等	四圓	一圓五十錢

二　等　三　圓　一　圓
三　等　二　圓　八　十　錢

●大星ホテル●●●●　停車場前に在り瀋陽館に次ぎたる日本式高等旅館にして客室十五を有し防寒の設備また遺憾なし瀋陽館の建築以前は奉天唯一の日本旅館にして紳士紳商の定宿たり現在も亦宿泊客充滿せり宿料晝食料は次の如し

宿泊料（朝夕二食附）		晝食料
特等	五圓	二圓
一等	四圓	一圓五十錢
二等	三圓	一圓二十錢
三等	二圓	九十錢

●常盤旅館●●●●　驛前三階建貸事務所の一部に在り客室四間に過ぎざれども女將一人の腕に依りて經營せる爲め地方旅客の同情深く相應に繁昌しつゝあり冬季はスチームの設備ありて防寒の用意完全せり宿泊料は瀋陽館又は大星ホテルと同額なれども晝食料は上中下の三種

に區分し上は一圓五十錢中は一圓二十錢下は九十錢と定めたり

●一力旅館　停車場前に在り客室九間を有し地方商人の投宿者常に充滿せり宿料は一等三圓二等二圓三等一圓五十錢四等一圓にして晝食料は一圓二十錢九十錢七十錢の三種に區別せり

右の外停車場附近に東洋ホテル紀の國屋旅館榮城館あり十間房に防長旅館丸福旅館勢州館等あり何れも商人宿にして宿料其他頗る低廉なり

●支那旅館　停車場前に悅來棧天泰棧あり城內外には茂林賓館華昌飯店其他數十の旅館あれども邦人にして支那旅館に投宿するもの殆んど稀なり之等支那旅館は宿料食費共概ね邦人旅館に比し低廉なるも設備其他邦人に適せざるが如し

第二十七章　食道樂

●金六（十間房）　元小西關に在りしも大正二年春現在の場所に新築移轉し全室へスチームを引き大に業務の發展を圖りつゝあり食道樂卽ち內地の料理屋としては奉天唯一と稱せら

れ紳士紳商の出入するもの常に絶ねず

●深川（十間房）　金六に續きたる食道樂なり特色は從業者何れも營業主の家族又は無垢の少女のみなるを以て何となく高潔なる趣あり就中本店の壽司及び鰻は夙に奉天の呼物となれり營業主は盆栽書畫骨董の趣味深く目下庭園其他の修飾に腐心し居れり

●巒（新市街）　公主嶺の料理屋くつわの變形にして大正二年現在の場所へ新築移轉し來れり新市街方面に於ては唯一無二の設備を有し來客また少なからず

●やつこ（西塔大街）　輕便なる食道樂なりしも近來客室を增築し大に業務發展を圖れり來客あり出前あり常に多忙を極む

●横濱軒（小西關）　奉天無二の西洋料理なるも設備未だ全からず但し營業主は軍艦商船のコックとして多年の經驗を有し居れり

●支那料理　城内外に散在す四海春、德懋徠等名あり内地より新來のもの一餐を試むるもまた興あるべし

右の外新くつわ、香取、松月、しのぶ、お多福等無數の食道樂あり何れも業務發展を策し

支那婦人田植の景

驛前の貸事務所

奉天金鑾殿

奉天西塔

つゝあり

第二十八章　檢番、料理店、待合

●瀋陽檢番（西塔大街）　奉天藝妓の改良を理想とし大正三年春より開設したり抱藝妓は十數名あり主に東京仕込のものにして奉天花柳界に雄飛せり花代は一本三十錢一時間四本の割合なるが一晝夜は十五圓と定む

●祇園檢番（十間房）　營口祇園閣の後身にして同じく大正三年春より開業す抱藝妓もまた十餘名あり重に京都美人を集め大に發展を企圖しつゝあり花代は前掲瀋陽檢番と大差なし

●金城館（小西關）　料理店の老舗にして抱藝妓十數名あり食道樂金六の新築以前は大小の宴會概ね本館の獨占に歸し居たるも目下頗る遜色あり是に於てか近く一大飛躍を爲すべく諸事劃策中なり

●金龍亭（大西關）　金城館に匹敵せる料理店にして抱藝妓十餘名あり花代は一時間一圓二十錢にして午後十二時限りとす目下隣地を租借し增築の計劃あり

●金波樓（西塔大街）　附屬地無二の建築を有し藝妓數名酌婦數名あり管絃鄭聲常に絶えず

●粹山（附屬地）　大正二年秋の開業なるも建築の完備せるを以て客足常に繁し抱藝妓十餘名あり多く名古屋産なり

●穗積館（西塔大街）　附屬地切つての老舗にして軍政時代より大に覇を稱したり抱藝妓數名酌婦數名あり

●安樂（西塔大街）　抱妓は全部藝妓にして一種の檢番を形成せり客席また清潔なり

右の外料理店にして名を馳するもの城内に一富士、思君亭あり十間房に五角、花の屋、紅葉軒あり附屬地にはいろは、滿盛館、松の屋あり何れも數名の藝酌婦を有す又城內及附屬地に朝鮮料理店あり大西關及び附屬地の一角に支那遊廓あり

●千鳥（西塔大街）　待合の元祖にして檢番設置後殊に必要なる機關となれり

●粹樂（西塔大街）　大正三年春の開業なるが待合の發展すべき時期に到著したる爲め前途頗る有望なり

要するに奉天の花柳界は目下南滿沿線の各地中最も繁盛を極め家屋改造の競爭より抱藝酌

婦の撰擇競爭に移り月收三萬圓を下らざる形勢に在り

附録

商工案内

本篇に集錄せるは奉天在留者にして居留民會及び經理係の公課金月額一圓以上を納附する者のみとす

銀行業

横濱正金銀行支店　伊東小三郎　城内
正隆銀行支店　河島義人　小西關
朝鮮銀行出張所　中村幸吉　小西關
南滿銀行　城野芳次郎　小西關

質屋業

廣福當　望月實太郎　城内
名利當　出雲喜之介　小西關
義和當　石田武亥　城内
八鳥屋　南島清吉　十間房
西村多三郎　小東關
永世當　山本鉦太郎　大北關
義興當　沼野八郎　大南關
福合當　齋藤サオ　小南關

合豊當　米田悦治　小北關
福壽當　上木仁三郎　小西關
瑞寶當　梶野喜十郎　小北關
古村艶　西塔大街
伊豫屋　西村兵三郎　附屬地
峰商會　峰節翁　附屬地
寶踐號　和田寶　附屬地
三浦屋　三浦茂助　附屬地
太田質店　太田武市　附屬地

利民當　長野倬　小西關
寶隆當　榊原康吉　小西關
奥田屋　奥田竹次郎　十間房
大竹質店　大竹孝助　附屬地
淺野質店　淺野猪之松　附屬地
和田質店　和田治哉　附屬地
上野家　上野一二　附屬地
共隆商會　篠原省三　附屬地

雜貨商

怡信洋行　岩田鹿之介　城內
大島洋行　大島傳兵衛　城內
越本洋行　越本佐太郎　城內

上田〇商會　上田久衛　城內
寺庄洋行　寺村清次郎　城內
盛進商行　中辻喜三郎　十間房

石川洋行　石川次郎一　城內
喜多商行　河野榮　十間房
義和公司　石田武亥　城內
阪本洋行　阪本平七郎　小西關
阿部號　阿部好介　城內
西尾洋行　西尾一五郎　城內
三隆洋行　三井彌作　城內
近江屋　近藤外次郎　十間房
白石洋行　遠山源藏　城內
小島洋行　小島庄太郎　小西關
谷澤支店　谷澤儀平　十間房
佐野屋　佐野和三郎　十間房
伊豫組　峰八十一　附屬地

扇利洋行　上田利一　小西關
關東洋行　三谷末次郎　城內
大阪洋行　虎間留三郎　小西關
蓬萊號　余村松之介　城內
松本商店　松本庄三　十間房
大村洋行　大村清太郎　城內
柏野洋行　柏野菊太郎　城內
中越洋行　佐々木長太郎　小西關
美濃洋行　田中銈次郎　城內
山口屋　阪倉政太　十間房
大本商店　大本重兵衞　十間房
伊勢作分莊　田中仁十郎　十間房
滿鐵調辨所　野田貞次　附屬地

梶野洋行　梶野喜十郎　附屬地
義道洋行　野村文藏　附屬地
岩井洋行　岩井忠平　附屬地
江中支店　山田岩太郎　附屬地
松田商店　松田登一　附屬地
中川商店　中川五八郎　附屬地

藥種商

廣福洋行　望月實太郎　城内
廣濟堂　佐藤才太郎　小西關
長壽堂　中江十五郎　城内
德盛堂　竹内正八　城内
向井洋行　加藤善次郎　大西關
杉本洋行　杉本次郎　小西關

小杉洋行　小杉與次郎　附屬地
荒木洋行　荒木龜吉　附屬地
福井屋　百戸幸吉　附屬地
龜屋　大谷茂四郎　附屬地
坪根洋行　坪根金一　附屬地

延壽堂藥房　村井松次郎　城内
井上誠昌堂　井上鹽六　小西關
永田藥院　増田長吉　城内
奥田佐平　大南關
萩野源太郎　西塔大街
蘇生堂　古谷岩松　城内

林世生堂藥房　林　與七　附屬地
井上藥房　飯野源藏　附屬地
中和藥房　植　岩彦　附屬地

石炭商　附薪炭

公益公司　古賀松二　小西關
公益公司　齋藤邦造　小西關
同順公司　飯塚正信　大西關
　　　　　下村計佐吉　小西關
富田洋行　富田伊介　十間房
福記煤局　徐　明　附屬地

請負業

延泰洋行　津田秀次郎　十間房
新居仙吉　西塔大街

鶴原藥店　鶴原隣次郎　附屬地
土肥藥房　土肥豊次郎　附屬地
保壽堂　藤城堅太郎　附屬地
公益公司　松井小右衛門　小西關
大昌煤局　笹部杉一　小西邊門外
湧泰公司　岩崎清太郎　十間房
福隆公司　山口斧吉　小西邊門外
梅村洋行　梅村力十郎　十間房
內海洋行　內海桝三　小西關
柴崎時藏　十間房

堀内組　堀内茂吉　附屬地
大倉組　横山信毅　附屬地
山葉洋行　中原文太郎　附屬地
　　　　石橋寅三郎　附屬地
三丹組　池邊庄藏　附屬地
　　　　植田友次郎　附屬地
志岐組　裏松忠雄　附屬地

綿絲布商

湯淺洋行　河合藤七　城内
共益社分店　大庭啓　大北關
森永商店　森永傳八　十間房

寫眞業

永清寫眞館　永清文次郎　城内

吉川組　吉川康　附屬地
上木組　上木仁三郎　附屬地
天慶組　北悟一　附屬地
權太商會　星野幸三郎　附屬地
釣商會　釣伊之介　附屬地
　　　　吉田金太郎　附屬地
佐伯洋行　佐伯直平　小西關
田中洋行　田中重次郎　城内
瀋陽照相館　南洞孝　城内

布田寫眞館 布田酉次 小西邊門外
藤永寫眞館 加藤新作 附
山本寫眞館 山本晴雄 附屬地
加藤一心館 加藤伊之介 附地

運送業

奉天運輸公司 野田貞次 小西關
山口運輸公司 桑本平一 附屬地
日清通運公司 木村保之助 附屬地
丸重洋行 加藤定次郎 附屬地
三泰公司 安達都 小西關
狩野公司 齋藤一郎 附屬地
平岡公司 齋藤五三郎 附屬地

金物時計商

藤田洋行 藤田九一郎 城内
科野洋行 加藤清吉 大西關
樫村洋行（時計） 樫村保 城内
大野洋行（時計） 大野辰次郎 城内
大信洋行 松井清作 大北關
岡田洋行 岡田清一 大北關
大草洋行（時計） 大草村明 十間房
（時計） 戸塚謙造 城内

用達商

三神商店　三神道五郎
郡山商店　郡山彌太郎
吉川商會　吉川俊雄

人力車商

大都洋行　小林秀次郎　小西關
西村兵三郎　大西關
松永自轉車店　松永主馬太郎　小西關

菓子商

風月堂　松澤久平　十間房
太平堂　杉原槌三郎　附屬地
成久號　成久久爲藏　附屬地

古物商　附古着商

長谷商店　長谷増太郎　附屬地

古畑商店　古畑吾助
三光商會　田村鹿之介

㊝洋行　柴田由次郎　小西關
古賀亥之介　大西關
楠原肇　小西關

七福屋　中村政市　小西關
七福屋　篠崎宗一郎　附屬地

芳田古物店　芳田喜代松　附屬地

金光堂　馬場伴次郎　附屬地
西田古着店　西田為藏　十間房
本田古着店　本田信太郎　十間房

金貸業

共融組合　上田久衛　城内
入江傳六　十間房
江中佐次郎　附屬地
西田平四郎　小西關
竹田市郎右衛門　附屬地

材木商

瑞光木局　城野芳次郎　十間房
東和木局　長尾謙一　十間房
牟樓木局　中川淺吉　附屬地
三浦商會　三浦梅太郎　十間房
三井木廠　江藤豐二　附屬地

獸骨商　附毛皮商

安藤洋行　安藤嘉藏　小西關
船越秀次郎　小西邊門外
天心洋行　木下熊吉　小西關
三浦洋行（毛皮）　三浦新兵衛　小西關

（毛皮）鄭　義　甸　城内

理髪店と湯屋

革心軒　小島勝三郎　大西關
廣島床　今井精一　附屬地
櫻　湯　熊本兎米吉　附屬地
奉天湯　白方三太郎　附屬地
佐賀床　神代喜六　小西關
凱旋湯　大野鐵太郎　十間房
朝日湯　高瀬政吉　附屬地
享樂澧塘林　直造　附屬地

貸家業

大竹孝助　西塔大街
興産組合　余村松之助　附屬地
大和商會　廣瀬德次　附屬地
瀋陽建物組合　向野堅一　附屬地
茂林洋行　向野堅一　附屬地
伊豫組　峯八十一　附屬地

洋服店

怡信洋行　岩田鹿之介　城内
富永洋服店　富永十一　附屬地
田中洋服店　田中芳次郎　小西關
島田洋服店　島田米太郎　附屬地

諸工業

三林公司	煙草製造業	岩谷 二郎	大北關
三五公司	硝子製造業	三田村文屋	小西關
奉天號	煉瓦製造業	波佐間正一	十間房
佐伯洋行	蠟燭製造業	佐伯 直平	小西關

各種商工業

貿易商	三井物產出張所	江藤 豐二	小西關
特產物商	小寺洋行出張所	手塚 安彥	小北關
煙草商	官煙出張所	中島 盛彥	小西關
紙類商	光明洋行支店	鉅賀 貫一	城內
吳服商	牧野吳服店	牧野實四郎	十間房
吳服商	入江吳服店	入江英一郎	附屬地
銃砲商	永信號	山下 永幸	小西關

穗積玻璃工廠	硝子製造業	鈴木 基紀	大西關
松茂洋行	煉瓦製造業	近藤 九一	十間房
米田洋行	煉瓦製造業	米田 悅次	附屬地
烏合洋行	石鹼製造業	烏合八十二	附屬地
貿易商	日清棧	岡田惣三郎	大北關
特產物商	松隆洋行	松尾八百藏	小西關
煙草商	前田商店	前田德太郎	附屬地
紙類商		嚴 琪燮	城內
吳服商	牛島吳服店	牛島國五郎	十間房
銃砲商	瀨尾商店	瀨尾榮太郎	小西關
軍用被服商	喬洋行	橋本 柳吉	城內

酒類商	宇都宮支店	江中新太郎	十間房
搾乳業	奉天牧場	小松吉兵衛	十間房
製靴業	岡崎商會	岡崎　到	十間房
製靴業	河村靴店	河村　初藏	附屬地
農業	勝弘農場	勝弘貞次郎	附屬地
印刷業	奉天活版所	三井　彌作	小西關
印刷業	朝日活版所	布施長次郎	十間房
穀物商	西海洋行	野田　貞次	小西關
穀物商	同益豐	朴　昌　鎮	西塔大街
製麵包商	原田製麵包所	原田覺次郎	小西關
硝子商	茂林洋行硝子部	實松　儀一	大西關
飲食店	更科	鈴木　けい	小西關
海產物商	辰七洋行	萩原　敬三	城内
搾乳業	三丹組	池邊　庄藏	附屬地
搾乳業	西宮號	西宮房次郎	小西關
製靴業	村上靴店	村上京四郎	小西關
柑橘商	東海洋行	杉山　勇吉	城内
農業	西宮農場	西宮房次郎	附屬地
印刷業	盛京印字局	中原安太郎	城内
小間物商	龜屋	前田　龜作	十間房
穀物商	福興厚	老田鐵次郎	西塔大街
麥粉商	滿洲製粉出張所		城内
製麵業	若竹製麵所	中村　常一	十間房
硝子商	河合硝子店	河合善太郎	附屬地
飲食店	更科	神谷孝之介	十間房
海產物商	山口商店	山口近太郎	附屬地

魚類商 ㊂商店 金井保幸 十間房
三味線商 寺本嘉三郎 十間房
精米業 勝弘精米所 勝弘貞次郎 附屬地
洗濯業 つるや 西岡正治 附屬地
鍛冶職 明石屋 宮崎萬壽 附屬地
疊職 〇福屋 桂代五郎 附屬地
劇場 奉天座 井村佳久雄 十間房

魚類商 呉鳳嶺 附屬地
精米業 萩原精米所 萩原昌彥 小西關
洗濯業 播磨屋 間宮巽 附屬地
洗濯業 中村洗濯屋 中村春次 附屬地
鍛冶職 清澤鐵工場 清澤清作 附屬地
疊職 二葉屋 二葉茂 附屬地

旅館業

大和ホテル 園田靜造 奉天驛
大星ホテル 神宮敏男 驛前
東洋ホテル 野尻ハル 附屬地
紀の國屋 市川榮三郎 驛前
勢州館 菊田榮三郎 十間房

瀋陽館 田實優 附屬地
一力旅館 三吉ヨネ 驛前
常盤旅館 國久モヨ 驛前
防長館 三輪善次郎 十間房

検番料理店

瀋陽検番	石井庄三郎	附屬地
金城館	荒井卯三郎	小西關
金六	土屋アカ	十間房
紅葉軒	石丸久吉	十間房
梅月	横山タツ	十間房
深川	永田良吉	十間房
三國樓	石上雄吾	十間房
戎館	大石益三	十間房
大東館	梁京洙	西塔大街
金時	渡邊シモ	十間房
穗積館	阪本龍造	附屬地
粋山	長谷川せう	附屬地
祇園検番	田中虎次郎	十間房
金龍亭	垂水庄太郎	大西關
花の屋	德田コイト	十間房
五角	谷澤儀平	十間房
一富士	岡安長太郎	小西關
愛信館	野島コマ	城内
一力	小石清兵衛	十間房
思君亭	遠山金次郎	大西關
八千久林	リヨウ	西塔大街
東一館	金正大	大西關
金波樓	荒木松市	附屬地
いろは館	本田要	附屬地

安樂 小西傳吉 附屬地
一山樓 朝枝ツチ 附屬地
玉の井 益田スヾヨ 附屬地
藝豫館 江上勇藏 附屬地
昇清亭 森國鐵藏 附屬地
新玉樓 中井太助 附屬地
松竹 松原松次郎 附屬地
轡 明石セイ 附屬地
千鳥(待合) 田野ツヤ 附屬地

敷島館 鈴田與藏 附屬地
七福 百武不二雄 附屬地
松の屋 江畑トラ 附屬地
石川樓 北川勝信 附屬地
松月 愛川庄四郎 附屬地
新月 森半六 附屬地
奴 井上吉之介 附屬地
香取 松岡米治 附屬地
粋樂(待合) 勝野トメ 附屬地

大正三年八月二十日印刷
大正三年八月二十五日發行

正價金五拾錢

著者　皆川秀孝
大連市東公園町十七號地

發行兼印刷人　山本鯱象
大連市東公園町十七號地

發行所　株式會社滿洲日日新聞社
大連市東公園町十七號地

印刷所　株式會社滿洲日日新聞社

奉天
山本寫眞館
電話四一番

御印章彫刻
御名刺印刷
文珠堂印房
奉天新市街

營業品目
各種掛、置懐中時計、貴金屬製附屬品、装飾品、各種眼鏡
奉天新市街西二條
岡田時計店
電話三三四番

松茂洋行
瀬尾榮太郎商店
奉天小西關電話 國三三三番 中一三三番
振替口座大連九五七番

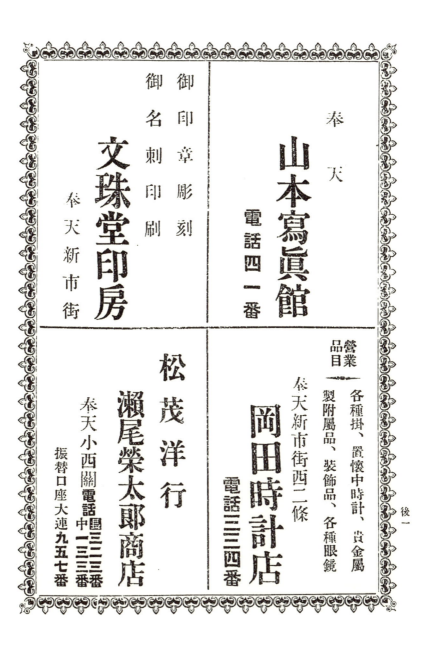

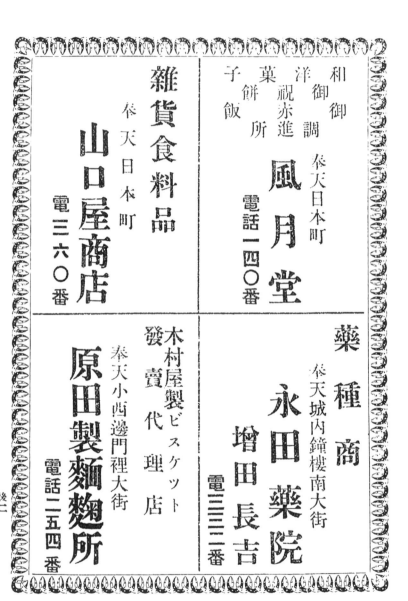

奉天新市街公園畔

食道樂（變改）芙蓉亭

電五三六番

會席

御料理

奉天鐵道附屬地中央大街

粋山

電話五四〇番

後五

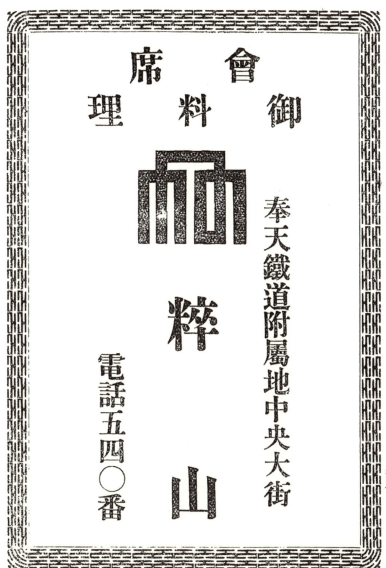

奉天

會席御料理

穗積館

電話一五六番

後六

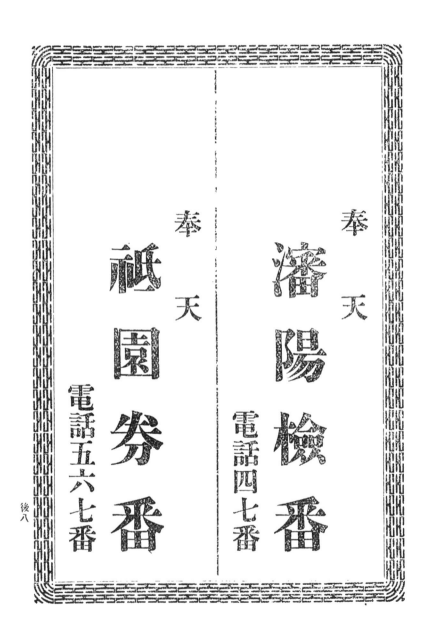

會席
御料理
奉天十間房
花廼家
電話一二六番

食道樂
奉天小西門外
八千久
電話五〇九番

會席
御料理
奉天小西關
金城館
電話一九番

會席
御料理
奉天日本町
紅葉軒
電話二四〇番

後九

奉天附屬地
食道樂　やつこ
電話二四二番

奉天附屬地
御待合　千鳥
電話一六八番

奉天附屬地
御待合　粹樂
電五七二番

奉天新市街
食道樂　新くつわ
電話二一七番

後十一

奉天

御料理

安樂

電話五三八番

食道樂

奉天
深川
電話一六〇番

業主　永田良吉

後十三

營業種目

滿洲日日新聞發行
活版、石版、銅版、寫眞銅版
凸版、凹版、アートタイプ
三色版、電氣版、亞鉛版
木版等諸製版印刷、製本
和洋帳簿、活字鑄造
和洋紙印刷竝諸材料販賣

大連東公園町十七號地
株式會社 滿洲日日新聞社
電話 編輯用二、四七三 營業用四八、七六七（振替口座大連六〇番）

支社支局　東京　大阪　奉天
所在地　長春　營口　安東縣

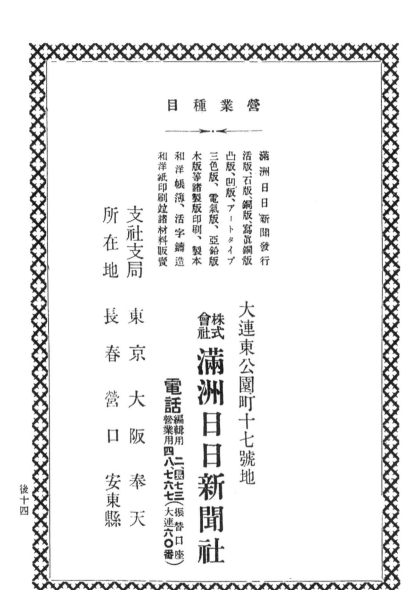

営業科目

一、動産不動産ノ管理又ハ賣買賃貸借ノ仲介　二、有價證券賣買ノ仲介　三、講會ノ管理　四、小荷物及荷爲替ノ代金立替　五、積立金ノ取扱　六、諸貸付

奉天信託株式會社

電話三七三番

専務取締役　佐伯直平
取締役　上田久衛
取締役　石田武亥
監査役　神宮敏男
監査役　望月實太郎

昨今流行の紙巻煙草は

二十本入
賣價金七錢

奉天　日本官煙專賣所

『ほうてん』

（第2号～第10号、奉天編輯所、一九一七年一月～一一月）

ほうてん

第二號

大正六年一月十日發行

募集課題

△空腹　五葉選
△喧嘩　水府選
△時計　西嫁選
締切一月廿五日（三月號）
△豆腐屋　五葉選
△指輪　水府選
△災難　渓花坊選
△日永　意想郎選
締切二月廿五日（四月號）

奉天遼東分局

投吟所　奉天編輯所

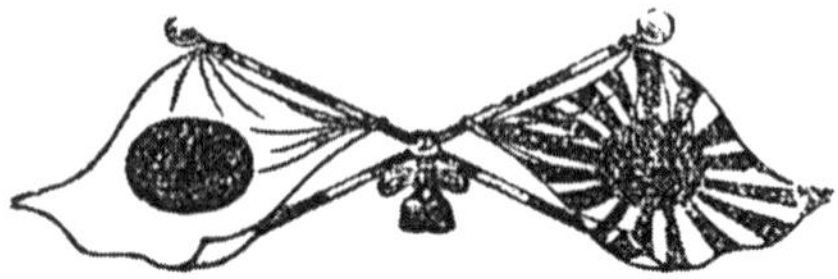

賀正

御禮　（順序不同）

うつすらと積つた山へ初日の出　雅柳
元朝の心に無事な生を追ふ　春花
初雪や隱居炬燵で年をとり　白牡丹
遠山の雪を見て飲む二階借り　豊齋
金策の夢うつ〳〵と鶏の聲　夢考
律義者まじり〳〵と子が出來る　樂水
お隣りへ歌留多島田に雪が積み　西嫁
紋附に飲む事ばかり附き纏ひ　水府

……の　氏及……
當百、五葉、意想郎、洲馬、其他の諸氏
より賀状を賜り御厚志を謝す……

川柳界の將來

大阪　五葉

少々私等にとつては題が大き過ぎて、容易に何うとも申上げかねる次第でありますが、強つての御下命とあれば止むを得ません。何とかお答をして見ようと思ひます。

私の頭も、句作する方に於ても、觀賞をする事に於ても、暫く休息をして居ましたので、廣い觀察も新らしい現代の傾向が何う發展して居るか其邊も確には存じません。

先づ本題にお答する豫言の斷定は聊か荷が重過ぎも致しますし旁何んで厶いますから私流のお答で御勘辨を願つて置きます。

お恥しいながら私は系統的に川柳などやつて來なかつたのでありますから狹い事だけしか解りません。

現在に於ても新らしい頭を有つて居らるゝ方は短詩（吾々のいふ）をやつてお出でになるやうでもありますが、これが又自覺なさると元の古巣へ戻つて、當り前の尋常な飯事の川柳に復歸されるのであります、何時迄も現代式とか自己を歌ふとか、自ら自分のボディーやマインドを狹めて息のつまるやうな境遇の中にこらへ耐へて居られぬのであります。抵抗力がなくなり同一經驗の苦しさに飽き、遂に自ら自制的に軟化して了ふのであります。川柳からスタートした人であつたら必ツと此時此人は川柳を再び試みるべく餘儀なくせらるゝのであります。これだけは私は十分豫言し得らるゝ自信を有つで居ります。

で、普通現今の川柳は大なり小なり師の關係、土地の關係、或はヒントが合ふとか何とか種々の情實の下に各人各個の川柳のやり方があります。引ッくるめて言へば何時迄も步調の同じになる時はありません。詠ふ人によつて、活氣のある人もあれば疲勞した人もあり、唯々安樂に慰めつゝある人、又自覺して仙人のやうな超然主義に出る人も見受けるといふ風に種別をすれば色々に別けられるのであります。

總括した其吾々の現在やりつゝある川柳が何う變つて行くかといふに、今でも隨分毛色の變つた二三種の傾向があるのでありますから、幾年經つても多少の波瀾は必ずあると思ひます。併し動かし得ない純粹の川柳は決して一朝一夕に變るものではありません。個人々々に多少取材や何かに於て時偶行詰る事があつても、少し頭を休めて居れば直に又眼の前に變つた事物が勝手に向ふから展開して來るのでありますから又やり始めるのであります。幾ら詰つても繰返し〱斷行して行けるのであります。但厭になつた人は別問題であります。

斯ういふ次第ですから川柳は容易に亡びませんが、變化の點に於て或は徐々に何う變つて行くかは私に於ても斷言致しかねます。併しながら其觀賞者が吾々の存意を旨く了解して受入れて下さつたなら何時迄も其時代々々のいゝ川柳が殘つて行くのであります。

これは川柳でこれは川柳でないと云ふやうな評は一切第三者に任すとして、其內の實際の川柳を褒めて行つて貰ひたいのであります。

幾ら時代が變遷して行くといつても人

情に於てそんなにハイカラに變つて行くものではありません。同じく同胞の日本人じやありませんか。變るものは建造物機械、發明及輸入的模倣から來る科學的の進歩のみであります。其處に於て、日本服が脊廣に變更したり、臺所が靴はきの儘あがれ、オバーシユースにアンブレーラーと云ふ風になると迄想像しまして大丈夫であります。川柳はそれに伴ふてハイカラになつて行く丈けの事で、根本義に於て其要素が全然變るといふ事は信じ得られません。一方主義の暗闘といふやうなものは多少はありませう。

何う考へましても今後の柳界は然う急劇に變るとは思へません。もう少し賢いお方に聞いて頂いたら或は丸つきり異つた御意見もありませうが、私と致しましては將來の川柳は大した發展も變化もないかと心得ます。

大正六年一月十日午前二時

色々の内より

妊賣もしろうと藝者にも檢査　鯛千樓
筆先の御恩は決して忘れませぬなり　西嫁
その娘手段がつきて産仕度　同
女房のケチはお萩の砂糖加減　同
三面でもめる内所の枕金　同
又の念振られた朝の生返事　同
下女の酌ピストル向けるやうに出し　吟坊子
マラソンの話に舞子笑ひこけ　同
親里は倉もあるなり姐藝者　同
合宿で足が冷めたい大男　銀坊
此の部屋の譯を知つてる惚氣箱　同
二階借り一人で惜しい雪景色　同
辻の賣物は少々藝を交ぜ　同
仕込まるゝ狆はひもじい眼を見張り　幸坊
入墨をヤケドで消した旅藝者　同

◉奉天神社祭典

―壯嚴裡に執行さる―

今回建設されし奉天神社は十二月十五、六兩日に亘り祭典を擧行せられたり、十五日は遷座式を擧げられ午前十一時と云ふた滿鐵小學校に安置されし神靈前に於て招魂祭あり五時三十分殿前にて鎭祭を行ひ次いで平部齊主神靈を馬車に奉じ委員參列員路列の間を神職、伶人、神職、神靈、神職矢田建設委員長、委員、技師參列車順序にて假殿より本殿に入り齊主神靈、神職、神櫃を奉安して降壇平部齊主祝詞を奏し參列員の參拜終つて各玉串を獻げ庭に焚く篝火の焔、神官の白衣に照り映へて神々しき裡に芽出度く移御の神事は濟み百餘の參列者はとり〴〵に退散せり、十六日には奉祝大典擧行せられ神殿の御簾豊に垂るゝ所鉾幡一對左右に立ら黒冠の神職六名、直衣の伶人三名太鼓を控へて午前十一時より祓の行事開扉神酒、神饌、の奉獻、祭詞、參列者の拜禮、玉串奉獻ありて撤饌し參列者に神酒神饌を頒かちたり此日西南の烈風殊に甚だしく十九米突八ありて飛塵空を覆ひし爲めにや參列者は學校生徒を除き僅かに三十名に過ぎざりしは遺憾なりき。

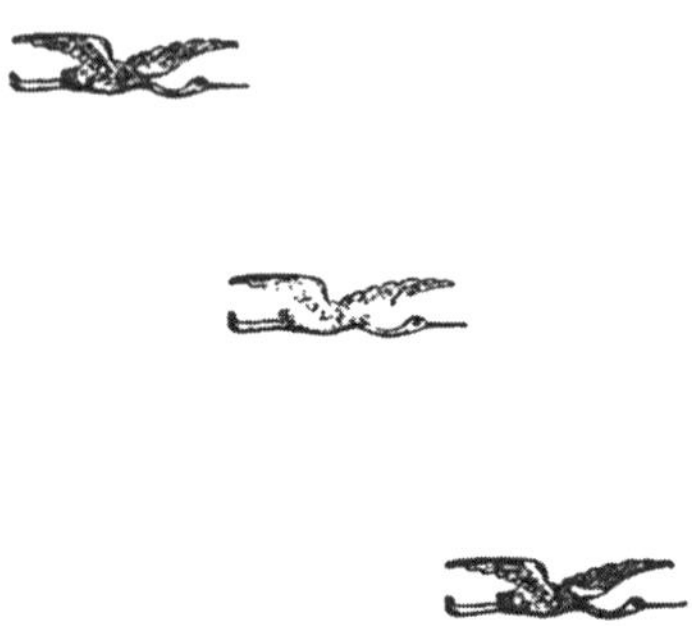

奉天柳檀 投吟歡迎

○ 仲田白牡丹

我家の様に自惚れ上つて來
物干のお三下からからかはれ
春の宵女房が留守で出たくなり
佗住居佛檀ばかり大き過ぎ
野心ぼつ〳〵敵娼をゆり起し
長襦袢男の癖にうす化粧
見合だと後から知つて駄々をこね
關門で先づ記者團を煙に卷き

○ 重岡西嫁

末つ子は立つたなんまで蚊帳へ入り
水嚢を手傳つてやる女客
母親へ響く寢棺の槌の音
縄付きを見送り遣手舌を出し
子の熱を乳房に氣附く親心
競賣所破産の名前利用する

○ 松本春花

豆腐屋の聲に眼覺ます獨り者
思ひ出の文が出て來る土用干
聞かね氣のとう〳〵親を捨てゝ行き
日濟貸汗臭いのは平氣なり
金力に蹤いて浮世をあざ笑ひ

○ 森脇樂水

出産の報らせ車の遲ひ事
落ちさうな腹を抱えて共稼ぎ
おへそから出たと近所へ振れに行き

○ 柳川洲馬

辻待ちへ女中角から手を叩き
辻待の口程も無く追ひぬかれ
敵打手懸りも無く京へ着き

○ 田邊柳香

番附を握り土俵をしかりつけ
番附をお膳の横に飲んで居る
番頭は踊りを急ぐ時間なり
帳場さん又代筆を頼まれる

募集吟

新年雜詠　五葉選

初詣手形の事が氣にかゝり　西嫁
氣も知れぬ正月聟のつまらなさ　同
もう手酌折から禮者やつて來る　同
源氏名を息子内々試筆なり　同
歌かるた女が拔けて生々伸　春花
初夢を嘘でかためる色男　同
どちらでも負けて正月丸く行き　同
燒け過ぎた餠を小姑いやがらせ　同
目的があつて禮者のあがり込み　同
交叉點初荷は少し醉が醒め　夢考
初日の出拜む隱居の五ッ紋　白牡丹
三日目は雜煮の數が少し減り　同
魚屋が羽織着て來る三ヶ日　同
三ヶ日兎角御飯を忘れ勝ち　同
淸方の附錄を貰ふ新年號　同

同（秀逸）

顏に疵廻禮以來寢正月　西嫁
彈初を思ふ長屋の實の母　同

軸

三ヶ日二階の方ゝ客があり　五葉

新春雜詠

大連川柳會より

お手附に懲りたが下男懷手　金次郎
居候賀狀の落ちを書かされる　雅柳
遣羽根の中止初荷の續く事　豐海坊
羽根の音毛色の違ふ國で冴へ　紫郎
屠蘇以來改心にちと譯がつき　力智
ほめものゝ婿服藥の顏で屠蘇　赤葉家
店中へ厚く禮云ふ屠蘇氣嫌　否那丸
獨り者七草までは他所でやり　源二郎
歌留多會負けてばつかり腰が冷へ　西嫁
點燈夫見兼て羽根をとつてやり　虹夜子
若夫婦から陣を引く歌留多會　鯛千樓
かざり毬松が過ぎれば見合なり　赤眼子
初風呂に菖藥が浮く情なさ　人右衛
ぽつかりと積んで座敷に羽根の音　蓮の家

雑吟

意想郎選

鉛筆を矢鱈になめる近視眼　洲馬
手と手とが觸つて娘赤い顔　秋月
殺人の古手拭で足がつき　同
國賓と言つて案内見直させ　雅柳
切れ話大分舌はもつれてる　同
鼻唄は今居酒屋を出た男　同
合乗りの娘シガーに咽せかへり　同
効能を笑ひ合つてる玉子酒　同
人知れず重役暗い町を抜け　夢考
廢兵のわざと義足を引きづらせ　同
膝枕鬢の白毛を見つけ出し　同
奉賀帳兎に角書きは書いて置き　同
忌中札今日も肴屋見て通り　同
おだてれば眞面目に怒る野暮な客　春花
腹の子に因果ふくめる崖の上　同
出戻りの胸にしみ込む秋の雨　同
評判の芝居髪結夢中なり　同
豊年の祭り嬉しい稲の波　同

下役の旅では一寸もてるなり　柳香
招かれた家で思はぬ見合なり　同
氣心が合ふて仲居と立つ浮名　同
三時でも四時でも梯子呑むつもり　同
女房は指輪の事も口ばしり　同
村夫子知事に竹馬の友があり　白牡丹
媒妁に聞けば男はほとけ様　同
無躾に芝居の女よく口説き　同
嫁入つて見れば豫想と大違ひ　同
色男女に眞似たふみも書き　同
長襦袢赤子は乳母が抱いてゐる　同
茶を汲んで出ると仲人チヅト見る　同
鏡臺の横に擴げた繪番附　同
鋸借りに行くと大工は截つて呉れ　同
到來の品に晩酌追加され　同
在學の内から娘のぞまれる　同

佳作

繪番附お針子皆んな手を休め　白牡丹

雑吟

洲馬選

怪しさに態とサーベルの音をたて　二郎
サーベルがあつて號令よく通り　源二郎
午後三時涎の蠅を逐ふ鼾　茗八
賣れぬ妓にお職時間をつけてやり　有山
子の着物借着で行けぬ寸が延び　柳香
綳帶の跡に無念の疵がつき　同
敵娼に逢てサーベル道をそれ　西嫁
子煩惱サーベル向りや縮こまり　同
サーベルが歸り婦人は髪をきり　不句郎
晝寢の證據ほつぺたに跡を引き　同

佳吟

子の様に背の小猿と話して居　柳香

軸

血判の誓紙の豫備を持お職
のろけ箱涎の付た金を入れ
交尾期が來たに不粋な猿廻し

選に遅れて

編輯部選

羽子板と添寢娘の大晦日　不那丸

本宅は破産妾の年の暮　同
年の暮叱りながらの親心　蓮の家
暮の街見に出て妾スラレけり　現厦
心配な妻に日めぐり後二枚　虹夜子
荷造りの女房の耳に杵の音　里昇
大晦日差配キワドイ水心　力智
掛乞を外し藝者の手線香　羽月
十三日遂好い仲を感づかれ．　西嫁
狂言と取られる暮の足袋素足　同
鏡餅貰ふを當に少しつき　同

寄贈品目録

番傘　毎號　關西川柳社
紅柳　同　大連川柳社
おもがた　同　山口川柳社
山陸川柳　某社
彩　藤本蘭華
瓢たん　瓢たん倶樂部
山口實業新聞　柳川洲馬
金一圓　重岡西嫁
金一圓三十錢　松本春花

短歌

田邊抑香

歎樂の春は去りにき何事も斯くて過去てふ頁に入りぬ

母君の過去を刻める顔の皺一日越しに深くなる見ゆ

母のことなど思ひつゝ正月の夜を佗びてあり不幸の子等は

今日もまた紅き顔して彼の男醉ふて來りきその恐ろしき眼よ

破れたる心を抱き淪落の郡に投ずる女淺まし

死を思ふ瞬間に鳴り出づる鐘よ悲しくいと身に泌みて

霧深き七發島の山影に今日も悲しき瀛笛がなりけり

・・・・・・・・

石段の一歩々々に梅薫る　西嫁

數へ日となつて自分の愚をさとり　春花

零度以下三十度

凍死既に二十名

滿洲何れの地も昨年來殊に甚だしく就中奉天の如きは平均温度零下十三度三分と云ふ、大正三年にも讓らざる烈寒にて昨今は零下二十七八度を上下しつゝあり別けて去る八日などは實に零下三十度を示して滿洲に於ける近年の最低氣温を表はせり傳ふるに明治四十年十二月十二日の零下三十一度三分に次ぐ有樣なるにより平生暖房設備の完全なるを誇れる我編輯部すら水道凍りて朝食に不自由を感ずる事珍しからず隨つて附屬地十間房の汲揚井戸の凍りて終日水なきに若しみ例の苦力の濁り水を已むなく買入れては飲用に供するは勿論なり更に城内に至りては水より受くる困難は一層にして强烈の寒氣の爲め凍死する窮民は日毎に二三を數へ居れるを以て支那官憲も城内外一日六百の凍死者を生ぜし一昨年の經驗に懲り一般高民より寄贈を募して工夫市警察廳構内に焚出を設け粥を窮民に施し衣住所なきものは同棲流所に收容して古服など與へ居れど凍餓により路傍に死せるもの既に城内のみにて二十を越へたりと聞くが邦人の凍傷並に氣官病に罹るものも漸く多くなる摸樣なり

謹賀新年

大正六年一月元旦

磯貝意想郎
仲田白牡丹
錦織豊齋
田邊柳香
三鴨雅柳
淺井五葉
西田當百
岸本水府
船木夢考
重岡西嫁
柳川洲馬
松本春花
小林茗八

編輯室より

御目出度う、諸君の努力と同情に依り生れし我奉天は引續き發行申上候▲未だ號數の淺い本誌なれば幾久しく御援助のほど願上候▲何しろ奉天は近年になき强寒にて萬物悉く氷り氷らぬのは人間ばかりにてもう寒氣の程度は通り越し反つて痛いと言ふ有樣何卒御察し被下度候▲それよ拘らず我編輯子は大いに奮闘罷在り候奉天柳界のため健全の達を遂けまた川柳思想の普及を擴張すべく大なる自信を持ち居るものにて御座候▲以上の趣旨に有之候間諸先輩者に於て滿洲に居住する初心者のため一臂の力を附與せられんこと特に御願申上候▲本號は新年早々印刷に着手し十日迄に配附致すべき豫定に有之候處印刷所の都合にて甚だ延刊致し不悪御了知被下度候▲大連の西嫁君は今後本誌の同人となられ御助力下さる事と相成り候間左樣御承知のほど願上候▲尚同氏より維持費として金一圓春花君よりも御惠與に預り深く御禮申上候

大正六年一月十日納本
大正六年一月十九日發行　（非賣品）
毎月十日一回發行

編輯兼發行人　奉天驛前　田邊米三郎
印刷所　奉天小西關　奉天活版所
發行所　奉天遼東新報社分局　奉天編輯所
電話一二五番

大正六年一月二十四日第三種郵便物認可
大正六年二月十日發行（毎月十日發行）

ほうてん

第三號

二月號

募集課題

△豆腐屋　五葉選
△指輪　水府選
△淡雪　溪花坊選
日永　意想郎選
締切二月二十五日（四月號）

月給　鈴ン坊選
インキ　五葉選
△縁　水府選
雲　意想郎選
締切三月二十五日（五月號）

投吟所

奉天編輯所

內容

古句

狐の子出來て二月が初幟（初午）
不拍子が神意に叫午祭り
初午にたこあげるのはすねた奴
大木になつてもどこか柳なり（柳）
哀れなる柳猿澤角田川
五日目に柳の動くおだやかさ
咲いたなと座頭は鼻で梅をほめ（梅）
難波津の梅は一重を八重によみ
梅が香は座禪の鼻の邪魔になり
風の來る度に隣りの梅をほめ

川柳の研究

初心者は
先づ客観を主として
＝寫生より初めて＝
＝研究するが早道＝

■奉天作家の爲めに

奉天は土地の割合に川柳作家が多い事は、別項所載の新番附に示したる如くなるが、この四十名の會員が眞に川柳を理解し作句の趣味を有して居る人達が幾人ほどあるかと云ふ問題は別に論ずるとして茲には此等の人々の爲めに少しく川柳上の參考となるべきことを述べて見やう

■奉天作家の句風

は何うも川柳を狂句と履違へて、タワイもない駄洒落を川柳だと心得て居る人もあるやうである、この俗語交りや、漢文崩しの句風は純川柳家として最も排斥すべきことで、餘り感心の出來ぬことである、私は小言を云ふのではなく單に御注意まで申し上げるので、そこを誤解のなきやうに讀んで貰ひたい

■元來が滑稽文學

のことであるから、一寸位の愛嬌をつけて冷笑するのは差支ないとしても、それを暴慢に罵つたり惡洒落に詠むのは、餘り非眞面た態度と思ふ、尤も漢文崩しが盛んに流行り出した原因を調べて見ると元新派の俳句が始めて漢文崩しの聲調を試みたのが初りで、今でも或る一部に於て好んで試みて居る傾向があるが、川柳は形式の單純なるを好まないから

■形式の變化を

求むる手段として種々の變調を施すの必要がある、只慢然として漢文崩しを亂用するのは誠に不研究千萬なことで、若し漢文崩しを使ふには使ふだけの内容がなくてはならぬ、内容に伴ふ形式の變化、この位のことは川柳でも從事しやうかといふ人の頭には疾くに心得て頂きたい、俗語交ソレを無理に駄洒落タツプリ、りの漢文崩しを使ふのは餘りホメたことであるまい、要するに川柳には「穿ち」「可笑味」「輕味」といふ■この三大要素を頭に忘れないやうに、そして古句の客觀主義の方面の滑稽文學の美を發揮して進む方が、向上の近道かと思はれる、けれども川柳と文章とを混同し、駄洒落と文藝とを履違へても困るが、一概に川柳といへば只惡口ばかりいふのか目的でないのであるから、人情の穿ち即ち人をしていつまでも可笑味を感ぜしむるのが眞の川柳の目的である、其邊を能く注意して聲調の研究を進まれたい、故に■露骨なるを滑稽と信じて居ては眞の川柳はいつまでやつても向上しないから、先つ客觀の方面から寫生を主として、丁度美術家がスケツチする如く、一種の風俗畵を書くやうに社會のあらゆる各方面に亘つて、人々の特點とか其人の癖又は擧動を穿ち十七字に寫生すれば自然にユーモアに出來上るのである、然し寫生すれば滑稽になると早合點しても困るが、多少の想化が又必要であるけれども、この方から進めると最初は一寸入り易いと思ふ然し餘程上手にならぬと、見られたものでないけれども無難の方から第一に御進め申し上げる

（後援會員より）

文盲や妻は繪附錄だけながめ　おほさか　流美

窓に見る密柑畑のうらゝかさ　耕雪

川柳の感想（寄書）

初心者

■餘り嗚呼がましい題で極りが惡いですが、實際は無學者の觀たる川柳の感想を思ふまゝ書いて見やうと思ひます

■私はある人から川柳と言ふことに就いて聞いたことがありました、それは、川柳は何物にも拘束されず、風刺に、洒脱に、脱世の如く、又何物にも遮ぎられることなく、自由に翺翔し、自由に總てを獲へ得た、その眞實の正味の機微を穿ち得たものが、即ち川柳の生命であると聞きました。

■然らば、和歌、俳句、漢詩等と那邊に相違があるかと疑問でありました、然し…私のこの問ひは、終に問題にはならなかつたです、…實を言ふと私は是等の一つさへも、それが什麽なものであるか、其の眞味を知らないのでありました、そして又川柳も味ひ得ぬ程の趣味を持たぬのではありません、た恥しいながら淺學短才なのと、一は味ふほど川柳を讀まなかつたことに起因するのであります。

■素人中の素人、只私の小さい頭に觸れた狹い範圍に於て霞を通して月を看るやうな、ボンヤリした感想を告白しますならば、要するに私の心鏡に映じて、感得し獲た感情が美化されて、そして其滴りが凝つた結晶…それがPOEM（詩）…でなければならぬと思ひます…そして川柳も亦實に立派な十七詩でなければなりませぬ。

■それが怎して他の詩ほど人が認めて呉れぬだらうか、それは川柳が生れた日が淺いのと一は中流以上に多く用ひなかつたのと、其他種々の原因に據つて多く認められなかつた、永い々々惰力に依るだらうと思ひます。

■要するに作句者の品性に依り川柳の眞價が認められるのであらうと私は信ずるものであります。

■何にも頭にない私は元來川柳は品位もなく一顧にも價すべきものであるまいと寧ろ遠ざけて居ました。フトした機會から勸められて始めて見ると、ナカ／＼面白くありますが、サテ作句は難い、實は未だ句の多くを見ないのと川柳に關した書の一をも眼を通さない爲めに、其の眞價の味ひは解し得ないのです、之れから盛んに讀んで見る考へです。

■之れは只々皮相の觀で何物をも頭にない素人否無學者の想像に過ぎない論で、ツジツマの合はないことを臆面もなく書いて見て、憤飯に堪へない譯嗚呼の沙汰ですが、盲目蛇に恐ぢざるの大膽さを愛で給ふて將來大いに御垂敎賜はらんことを御願する次第であります。

古き手帖より

三階坊子

モーこれが別れ手巾強く引き
出來こゝろ其手巾へ魔醉劑
浪子ほどハンカチを振る船と陸
手巾を敷いてベンチの長はなし
妻は泣き亭主は廓のふみを讀む
姉藝者怪しくなると笑ふなり
戀心と知らず一閑恥をかき
三階で見るとちいさな芝居なり
看板の娘なるらん厚化粧
女房より豪傑酒を大事がり
遺言で妾宅へ來る二人挽き
雨漏りの天井裏にも地圖か出來
嫌々がつい母になり後家となり
合乗りの馬車心得て幌をかけ

古句の解釋

＝何處からか出して女房は帶を買ひ＝

▲古は盗み心あるものは去つて仕舞へと云つた相で、それは今でもさうでせうけれども、嫁に盗み心かあるのは何も色男かあつて夫れに貢ぐなんて、そんなことでもないでせう、能くすねて置いてお里へ送るなんていふことは聞くところですその不都合はいふまでもなく、そんな女房を置いたが最後家は目茶々々になつて仕舞ひます、けれども感心な藝者もあるもので、のらくら息子から散々金を吸ひ取り、その家が破産するといふ時、それを殘らず出して救つて遣つたといふ。メツタにそんなことをされては厄介ですが何うせそんな息子殿は何處かで捨てゝ仕舞ふ金ですから、これなどは感心といつて好い方でせう、それとこれとは違ひまして家庭の女房を警戒しなければとなつてはソレコソ大變です、けれども無駄喰ひをするとか内々役者狂ひをするなどから見ますと、自分のものを買ひます位などは罪のないことです。

＝船頭も後の婆々には義理で抱き＝

▲狡猾な奴は電車へ乗るにもウカ〳〵して居ない、入口に乗つて居ると老人か乗つた時に席を讓つて遣らない譯に行なかい、そこを考へてボギー車の中程へ腰をかける、さうすると厄介な年寄はそこまで來ない中に納まつて仕舞ふ、その代り若い娘さん達も途中でうまいことをされて仕舞ふ、さうして見ると何方にした方か好いか難かしいが、兎も角女も婆さんとなると世間から除外例として扱はれる樣になる、まして景氣で持て居る船頭さんなどは、若い女と見れば嫌かる奴まで抱いて仕舞ふが、お題目で賴み込でもお婆さんとなると荷厄介にされる。

奉天作家新番附

我奉天柳界に於ては作句獎勵の一策として、毎年二回番附を編成し各吟士か競爭しつゝあるものなるか、今回十二月末に據つて新に編成を觀るに至れり、昨夏六月の成績より對比せば横綱三役共に大異動を生じたり

新　番　附　（一月十二日作成）

東方	（新）	（舊）	西方	（新）	（舊）
横綱	曲字	空虛			
大關	雨翠	尙坊	大關	空虛	雨翠
關脇	象鼻	双蝶	關脇	尙坊	象鼻
小結	双蝶	諒心	小結	不鳴	宇仙
前頭	無我	千香	前頭	茂男	江見子
同	淸風	一晃	同	不平坊	御風
同	しづか	狂馬	同	御風	彌次坊
同	豫一平	文錢	同	八百長	不鳴
同	哲坊	口黃	同	宇仙	豫一平
同	諒心	哲坊	同	容洞	容洞
同	閑忙子	無我	同	千香	竹內
同	天船	南窓	同	戀笑坊	迂人
同	要		同	白熊	天船
同	江見子		同	彌次坊	一得
同	狂馬		同	天界	
同	一光		同	口黃	
同	文錢		同	十年老	
同	迂人		同	巴城	
同	南窓		同	苓村	

右は得點數より編成されたるものにて出句多い人、句作せずして得點の少なき人と言ふ風に種々の事情の爲め案外下つた人もある之れは番附と其人の技倆を今直ちに推斷し難きことなれども大體に以上標準を以て示されたる如くなり又前回の二十九名に對し今回は三十九名即ち十名の增員を看しは斯界の爲め最も喜ぶべき現象にして今後幹部諸君の努力に依つて尙發展せんことを望む

＊　＊　＊　＊　＊　＊　＊　＊　＊　＊

奉天柳壇　投吟歡迎

○　重岡西嫁

放蕩を氣づいた頃は物を見ず
撲られた夜は女房の寺詣り
夜行汽車スケッチしたい顔ばかり
天晴れの夫人夜汽車で口をあけ
下車驛の電燈見へて大欠伸
夜行車にチト愛嬌な大鼾
驛前の錢莊に先づ氣をのまれ
見くびつた眼に城内の賑やかさ

○　仲田白牡丹

橋の上荷車くの字〳〵なり
好い返事おしよと仲居握らされ
玄關を横眼に八百屋かつぎ入れ
血刀を拭ふとやたら月が出る
白髮染息子は蔭で苦笑ひ

○　松本春花

喰ひつめて滿洲行の腹をきめ
苦心談惡い仕事は拔きにして
愚痴を言ふ二人似たもの夫婦なり

○　柳川洲馬

下り腹昨夜の酒の愚痴を言ひ
女中部屋腹の仕末の念を押し
劍の峯耐へる奴を腹へのせ

○　小林茗八

水道へバケツを覆す細い音
ほてる顔足袋を座敷の隅へ投げ
色見本延ばす電氣の笠の塵

○　中川虎城

半玉の一本になり朝の風呂
附け馬に不安を隠す途すがら
手巾が役にたすける愁嘆場

○　土屋寅坊

先生は親よりこわい小學生
出勤を其處迄送る仲の好さ
辨當を渡して子供抱いてとり

○　神院吟坊子

獨り者袷は夏と同じ編
角刈にチト不似合な京言葉
香典に與太叮嚀にのしを書き
後見の兎角相惚れ割きたがり
氣に入つた貸間に家賃一寸張り

○　淺見麥村

四疊半寢た樣にあり聲もする
退院後酒もお客も斷つ氣也
自前のは小形に内の番地まで
無盡講落として自前抱へる氣
三十で自前子抱の意地も無し

○　田邊柳香

凉み臺此所も女と差し向ひ
子の出來た注進兄か使者に立ち
叔父の文又細々の意見なり
新調の羽織兎に角外出する
山出しの嬲られたのを眞に受けせて
れ披露目の舞妓逃ぐるがごと歸り
子か二人あるのに母の氣が變り

あつまり

本年最初の會合
一月の例會

奉天川柳同好者に據りて組織されつゝある瓢簟倶樂部は昨年十一月例會を開催せし以來久しく休會中の處御大空虛君の奔走に依り愈々去る二十八日午後七時より場所は何時もの滿鐵倶樂部三階大廣間に於て開催せらる集りしものは空虛君を初め尙坊、諒心、象鼻、柳香、白字、清し風づか、一得、八百長、白熊、豫一平、閑忙子の十三人互に得意の快談氣焰を弄して後「歌留」「多眼鏡」の二題を課し引續き歌留多會に移り各々其の選手振りを發揮し大盛況の裡十二時過ぎ散會せり、當夜互選の結果優れたる句を一二紹介すれば左の如し

歌留多會奇麗な仲に意地があり　八百長
金椽をかけて世間へ見得を張り　しづか

募集吟

雑吟　五葉選

腹黒の家扶とふざける旅の留守　否那丸
旅易者春畫の見本なども持ち　同
遅れ馳せ發車の窓にお辭義丈　同
通譯に只管賴む妓夫太郎　同
月ヶ瀬の失敗をいふ向島　同
宿の名が行李に殘る旅戻り　同
ホネムーーン宿の女中の口がすぎ　西嫁
繼ッ子の度か目につく旅戻り　同
或時は木賃にも寢る小說家　同
田舍宿立派な服裝に買冠り　同
小說家作るたんびに旅に立ち　虹夜子
客引の葉卷を褒めて貰ひけり　同
法界屋見知る頃には旅に立ち　同
孤兒の旅から旅を蛇使ひ　同
目隱しの鬼になつたは父なし子　豊齊

奥樣の聲色眞似て舌を出し　柳香
奥樣は卒業したを鼻にかけ　同
親の非を唯蔭に泣く母なし子　同
四疊半相惚れといふ形なり　波六
許嫁男を捨てるつもり也　同
日光と藝者ガールを見て歸り　茗八
旅稼ぎ行李に秘めて妻の骨　同
旅慣れて土地の言葉で道を聞き　同
旅の留守暗いランプに妻なれて　同
宿屋から質屋へ客の耻を云ふ　同
旅先の耻を肴に妻の酌　同
應接に待つ間魚を燒く香　白牡丹
肥汲の顏へ蜘蛛の巢引つかゝり　同
御隱居の提燈を持つ骨董屋　同
交換手紙白粉を持つて居る　同
控所の火鉢は消へて寒い風　同
旅の雨寄席でもあれば行く氣也　同
未亡人子の成長を幸氣がり　同
足早に行くを巡査は振り歸り　同

鬼灯を口に電燈の笠を拭き　同
料理人女房は仲居させて居る　同

佳吟

手カバンの枕が落ちる夜行汽車　否那丸
置去られ宿の情けで産み落し　西嫁
安兵衛の様に仲裁飲まされる　豊齋
得心が行くまで子供聞たがり　柳香
名物が小包で來る長い旅　若八
金使ふすべを幇間傳授する　白牡丹

軸

賽錢も放らず神樂に見惚れてる

素裸

意想郎選

着せ様とすれば其儘逃げて行き　可叶
雙肌を脱げば女房の痩せた事　壽太
お釋伽様を引合に出す素裸　洲馬
取り的に取り卷かれてる朝稽古　仝
素裸朝顔鉢に水をやり　仝
己惚れは裸になつた事も云ひ　時勢
孤拳湯卷一つで逃げて行き　仝
寢小便裸で置けと親父言ひ　源二郎
水鐵砲子供良い氣でマトに也　仝
物干の親父裸で酒を飲み　秋月
避暑の客裸の儘で碁を圍み　仝
避暑の濱一ッチ黒いが教師なり　有山
籬越し巡査裸を知つて居り　仝
馴れたもの赤褌船のふちを驅け　否那丸
足音に行水の嫁向きを替え　仝
人形を湯浴み可愛いゝ襷かけ　西嫁
好い月に浮れ裸で蚊に喰はれ　仝
裸にはならぬ程度で居候　力彌
氣付いた頃は野呂作素ッ裸　欠珍坊
曲線美書き出す迄の長い事　勘平
湯を取る間坊の喜ぶ肩車　蓮の家
晝の廓湯卷一つで花を引き　虹夜子
恥を言ふ裸惚氣を話すなり　柳香
卒中の湯棺肥滿に又涙　現屋
雪の肌男湯へ來て氣を揉ませ　仝

雨水浴などゝふざける獨り者　仝

佳作

素裸たもとの煙草取りに行き　洲馬
椽臺の裸へくばる盆の瓜　虹夜子
素つ裸叱るが如く蚊を叩き　柳香
敷《かれ》勝ち裸にされて逃げられる　西嫁

軸

母親が惚れて裸の嫁を取り

寄贈品目録

番傘　六ノ一　關西川柳社
華　近江川柳社
山蔭川柳　同　某社
川柳鯱鉾　同　中京川柳社
山口實業新聞　柳川洲馬
京都日出新聞　藤本蘭花
川柳ギオン　京都川柳華
局舍の思出　船木夢考
金六十錢　重岡西嫁
金三十錢　仲田白牡丹
金二十錢　松本春花

（各地の柳界）

雜吟

或る日の會合

買ふ人へ惜しさうに云ふ見切物　若八
山の神晦日〳〵を荒給ひ　同
閑な晩端唄の尻を妓夫欠伸　同
女形藝者屋へ來て肩が凝り　同
氣が付いて男に返る女形　同
神樣の樣に言はれて貧乏し　秋月
前幕の人とは見えぬ女形　逸人
女形娘の惚れぬ年になり　波六
見切物成程是れは安い筈　同
爪彈を打壞してるラッパ節　扇坊
袱紗から拔書を出す女形　誰助
御神燈淡い光がおびき寄　同
三十になつて神童職を得ず　七三
泥棒の神器に觸るゝ手に震え　九羊
道具屋にある自轉車の見切物　同

手に取ると砂のザラ付く見切物　同
孫程に違ふを出雲聞直し　磯　耶
女形十八貫をよくこなし　同
歯が抜けて娘になれぬ女形　有　山
女房より聲の優しい女形　時　勢
弱さうな奴に取つ付く風の神　同
疵と値で腹の定らぬ見切物　天　頓
半臺に一つ殘つて見切られぬ　同　好
奥樣の下女に買せる見切物　同
人間の世辭に呆れる八百萬　西　嫁
案外な物はアイスの端唄也　同
妾宅のお三端唄をうろ覺え　同
敵娼が亭主を眞似る女形　同
見切番する番頭は股火をし　同

おもがた會報

山口川柳會より

歌留多會家の娘が美しい　西　嫁
歌留多會指のダイヤが光ること　喜知坊
成金になる氣で番頭株を買ひ　櫻　仙

羽子板を握つたまんま追はれてる　奥　太
フロツクで來るさ娘は羽根を止め　滑稽坊
門松をゆさぶつて取るかヽり羽根　同
雫ほど嫁はお屠蘇を受けて飲み　同
丸い世をいやに角張る僞紳士　雅樂齋
〇〇の所が文句の要所也　同
おしやもじで羽根を長屋のお正月　洲　嶌
お店者春を一日山口座　同
勘當へ又かと指で〇を見せ　同
猫板の猪口を受けてる馴染客　さち子
小便にお女將藝者へ何か云ひ　同
月給にチト巾たい緋縮緬　樂　水
三次會奥へ話を持つて行き　同
送られて辻で最一度手を握り　同

■都々逸■

田邊柳香

逢瀨するのも今日これ限り長い別れをする埠頭

夢は樂しや內地の君と夜ごと〱を逢ふて居る

押へ切れない心の中を今は滿洲野で一人泣き

國に立派な妻子が有に又も滿洲て新家庭

花の咲く頃滿洲へ來たが種になる實は何時結ぶ

■……社　告……■

柳友諸君が若し轉居旅行等の爲め現住所に異動ある場合は新配付先を直ちに御一報ありたし萬一その手續きなき方は到着遲延又は返戾などの徒らの手數を要せざるとも計り難し故に其際は御手數ながら本社まで御通報のほど特に願つて置きます

谷口ヤヱ子女子

令兄の碑前に泣く

遼陽戰に於て首山堡の山上に壯烈比ひなき最後を遂け軍の神として三つ兒も知らぬものなき故橘中佐、その令妹にして鄕里の谷口家に嫁ぎたる谷口ヤヱ子女史は折もあらば自ら亡兄戰跡を吊らはんとは多年の希望なりしを今回所用ありて大連に來りしを此上なき幸ひと自分の息を伴ひ一月十七日朝遼陽に至り十七師團司令部を訪れて其意を通ぜしにより師團にても殊更に出來得る限りの便を與へ其日は飯泉通譯の案內にて納骨堂參拜同所に故中佐の遺骨をいと叮重に納めたり四時香華の絕ゆる時なしと聞き深く感激して一門の榮譽を喜び當日聯隊將校の東道にて所謂「揉山」の戰跡に到りて親しくその跡を吊らいて同夜大連に引き歸せりとは近頃心床しき話しならずや

大正六年一月廿四日　第三種郵便物認可

ほうてん

（第三號）

大正六年二月十日發行　毎月一回十日發行

編輯室より

第二號は印刷の手違いから思ひの外發行を遲らかしまして申譯がございませんでした今度は精々勉强して出したつもりです▲本號の募集吟が一寸季節に適しない夏向きのものを載せましたがそれは昨年遼東紙上で募集した句を全部集めましたのですそれを本號に載せるはづであつた募集吟が編輯の都合で全部來號に廻る事になつた爲め何やかやで間に合せに一寸載せたのです▲間に合せと云ふと語弊がございますが各柳友から折角出して頂いて新聞紙だけでは何んだか物たらぬ氣持がいたしますから一纏めして殘い處に報告した譯ですから何うか宜敷御諒察を願います▲本誌も追々編輯の準備も整頓いたしましたから來號より募集吟其他に亘り改善を加へまして遺憾なく拵らへ上げるつもりです何うか氣長く御辛抱を御願ひします▲前號に奉天の記事を載せたに就いてある人から妙なものが載りましたなと質問を受けましたこれが我編輯方の獨特たる所以です我奉天は日本全國に數百の愛讀者を以て居ります奉天市以外の讀者にはこの滿洲の消息を紹介するに於て最も必要と見留めた記事は簡單に御紹介するつもりですから今後の本誌を御覧下さいませ◉京都の流奐、排雪雨君と久しく柳界を隠退せられつゝありし大阪の一寸坊君を特に御願ひしまして今後の本誌の後援會員になつて頂きました◉これを書き終つた處へ東京の某大家から我編輯子が遠く滿洲の一角に孤軍奮鬪して居るのを深く御同情の上今後御盡力下さることになると同時に最近御執筆の上御寄稿するとの報に接しました近く本誌上に現はれます先づそれまでは名前を秘して置きます　左樣なら

謹告

▲投書は如何なるものにても喜んで拜受す▲續々地方柳界の消息を報導せられし▲各柳友の意見等あれば快談氣焰を御書き送りあれ▲初心者と參考となるべき必讀の記事は最も歡迎す▲若し原稿返附を要すべきものあらば其旨附記せられたし▲投書は本編輯部田邊柳香宛親展書にして御寄稿あらんこと切に懇願す

大正六年二月五日納本　大正六年二月十日發行　毎月十日一回發行　（柳友ニ限リ 四錢ニテ分ツ）

編輯兼發行人　奉天驛前　田邊米三郎

印刷所　奉天小西關　奉天活版所

發行所　奉天遼東新報社分局　奉天編輯所　電話一二五番

大正六年一月二十四日第三種郵便物認可
大正六年三月十日發行（毎月十日發行）

ほうてん

第四號

三月號

募集吟課題

△月給　飴ン坊選
△インキ　五葉選
△絲　水府選
△噓　意想郎選
締切三月二十五日（五月號）

△晝寢　水府選
△繩　五葉選
△白粉　飴ン坊
△聲　雅柳選
△狀袋　意想郎選
締切四月二十五日（六月號）

投吟所

奉天編輯所

內容

古　句（時代不同）

仙人さまアと濡手て介抱し　（久米僊）

玉に疵弘法大師見つけ出し　（弘法大師）

京都では梅を盜まれたと思ひ　（菅　公）

義光と呼ぶは佛の土左衞門　（義　光）

御廐へ取揚婆かけつける　（聖德太師）

仲麿は日本の月を遠眼鏡　（仲　麿）

三百もあとの事さゝ武内　（宿　禰）

眞白になつて浦島くやしがり　（浦　島）

惚れ帳を九十九夜目に消して置き　（深草少將）

讀めぬ場に蜘先生の引きまはし　（吉備大臣）

奉天各國領事館

Consulate of Various states at Mukden.

ほうてんを見て

食満南北

平打の指輪はチヨツご重たさう
災難といふて灰をばかいて居る
豆腐屋の三人目をば呼びごめる
日永をばへんてつもなく暮す也
勘定をしても月給はたらぬなり
赤インキをやたら障子へかけてある
姉藝者本間の事を嘘にする
縁でせうなど〻隣りへいやなやつ

川柳の研究

誤まれる川柳

岸本水府

●大阪川柳家の一ツ話
狂句か川柳が問題なり●

▲「誤まれる川柳」と問題を出されて見ると學校の試驗でも受けるやうな心持がします。其癖秩序立つた事は申し上げられませんからお許しを賴ひます。

●先づ第一に川柳と狂句を一緒にして●

ゐるのがありますが、これはもう川柳專問雜誌を手にして居る人々には絶無といつてもよい位ですが、大阪にも物識りのやうな顔をした人が、瘤柳吟壇などゝいふ川柳欄を新聞紙上に設けて馬鹿さ加減を示してゐるのがあります。おとなしく作つてゐるだけならいゝのですが

●恰も滑稽の句は脱線してゐるかのやうに●

云ふから穩かでないのです。その人達の作品を伺つて見ると

正月も骨となつては財布寒

吾心餅に非ずとこね出し

世辞上手餅屋の媳がこね廻り

餅屋の娘案外に黒い也

この中に先生の句が二句もあるから恐れ入ります。柳樽の一篇でも讀んで聞かしてやりたい位です。序ながらモ一つ

●大阪に變つた派の人がありますがこれは●

餘り頭があり過ぎて新しがり過ぎて、飛んでもない句を作つてゐる人達であります。最も極端な句を示しますと

職場へ取りに來い

といふ句がそれで、コレは「いろは譬」と間違つたのでもなく、又上下に字を落したのでもありません。此種の句ばかり作つてゐる人があるのですから驚かされるでせう。コレは大阪の川柳家の一ッ話になつてゐる句であります。

▲大阪には此の二筋の邪道(私から見た)を行く人がありますが、東京には一人で兩刀を使ふ器用な人があるやうです。卽ち川柳らしい句を作つてゐるかと思ふと舊派の和歌の下句丸出しをスマしてゐる人があります、川柳はどこ迄も川柳で、他の領分に迄及ぼさねばならぬ程貧弱な畑ではありません。

●誤まれる川柳家の末路は私達の眼か●

ら見れば、哀れにも果敢ないものであります。甚だ氣の毒ですが私は敢て末路を呼んで見たいのです。横濱の「新川柳」一派は什うです。あれだけ旗色のハッキリして居た柳壇の古老も遂に「短詩」の名に依らねばならぬ程權威がなくなつたではありませんか。その足痕は朝の霜に永く殘りません。

▲一番終ひに一寸附け加へておきます、それは、神戸のある人から質問があつて例會の席上で

秋の夜は長い煙管で二服のみ

といふ句が出來たが、或者は此の句を

●狂句だといひ又或者は
此の程度なら關はぬさ●

いふ一体どちらが本當さ、いふのでした私は當時忙しかつたので返答が出來なかつたが、恰度此際を利用してお答へしたいとおもひます。作家は狂句的の態度でなく偶然にも斯うなつた事は明らかですが、此句が內容に於て頗る貧弱なだけそれだけ

●「長い」の二字が强く響き
隨て「秋の夜」『長い』と頭へ●

ピンと來るので誤解される句だと思ひます、此句を關はぬ、此程度ならいゝとは云へ難いとおもひます。大阪から神戸へお答へするのに、奉天まで訴へるのは誤まれる川柳、オット誤まれ道かもわかりません。（二月二日夕）

朝戻り

仲田白牡丹

二階借女按摩を口說いて居
未だ歸しやせんと襖へ仁王立
店番は頭のフケを落して居
留守番のおさん行李の整理をし
四疊半十六燭は明る過ぎ
コップ酒豫算して見て三ッ飲み
落籍されて只平凡に日を送り
長火鉢女將大分飲める口
閑そうに辻ビラを見る懐手
幕間に隣りへ賴む小便所
迷ひ子へ羅宇屋傍から口を出し
朝戻り電車の中で一人笑み
迎へ文番頭とうから知つて居る

古句の裏面（一）

敦賀　船木夢考

うれしさはうれしいが下女讀めぬなり

▲折釘の樣な字でも書く下女はまだしも碌々讀めもせぬ癖に風呂屋の三助から戀文を受取り、嬉しさのあまり苦悶煩悶の極に達し、さりとて他人に讀んで貰事ふも出來ず大切に懷中にしたまゝ、自分勝手に推察して其夜は實家の母か病氣ぐらひにして暇を取り、淋しい闇路にたゞ一人夜を明せしとは偖も〳〵哀れなる自惚強き明盲目と云ふべきなり

愛相に云つたを下女は實にする

▲死ねと云つても死にはせぬだらうが馬鹿と間拔は正直なものと昔から相場がきまつてゐる、馬鹿ば元來社會の廢物と認められてゐるものゝ、時には此の廢物も利用の道ありと聞く程に、「あなたが好きです」ぐらい云つたが最後、モウ惚れ込んで來たものと思ひ朝夕其の男の尻を付き纏ふとは其の男にして有難迷惑千萬也

寢た振りで居るは奇麗なりん氣なり

▲手の痛い程も戸を叩かせて絶体絶命の極に至り無二無三に錠を拗ぢ開けて這入つて見れば案に違はず斯くの体、大体、女は意地の惡いものとは知つてゐるものゝ屛の高い狸寢とは少々恐れ入りたてまつる、之等は男たるゝのを精神的に苦しめるから第一閉口仕る。

抱いた子に叩かせて見る惚れた人

▲凉しい瞳から送る秋波は何處となく可愛氣のあるところなるも、子供を道具に使つて間接に自分の意志を通じさすとは何處までも性の惡い癪にさはる奴なり、されど今一考すれば女としての優しさところはあれど女の腹の底は解らぬものなり。

満洲

志賀半厘坊

目的も無く満洲へ流れ込み
廢兵は未だ満洲を夢に見て
満洲へ左遷始めて船に乘り
守備隊附と聞いて親爺は酒を飲み
兵隊になつたお蔭で支那も知り
六人も出來て今更満洲行
賣笑婦誘拐されてからのこと
母親と出るとウドンで濟ましとき
立話女房四五間離れて居
花賣は自分の村を言はぬなり
満洲の月に故郷をまたおもひ
満洲で少しは貯めて居る噂

ひげ

船木夢考

借金のある顔でなし八字髯
金縁と髯とを取るとたゞの顔

鳥籠

岡田源屈

儲からぬ同志夜滊車で話し合ひ
別莊をあぶない所へ建てゝゐる
鳥籠を日向へ出してフケを取り
巻紙にうつらぬ文字を息子書き
行倒れ片手の草履切れて居る
横文字を澤山讀んだ近眼なり
學歴が無うて社會部に席を置き
若旦那餘ッ程迷ふ髭を置き
鼻聲を出して一錢貰てゆき
ヤー〳〵といふて二人は連になり
出前持猪口を差されて狽狼へる

殖民地より

田邊柳香

支那巡査立つたまんまで夢を見る
支那美人人形の樣な足を持ち
品物の樣に子供を買ひに來る

●近江八景から●

滋賀 馬場仙髏

□

川柳をやる人に限り表面で悪い事はしない。公明な人が多い、否公明でない人は一人も無い

□

川柳を自由に見、自由に作る力の無い者ほど憐れなものはあるまいと思ふ。何んとなれば川柳は社會の隅々、宇宙を隈なく照す月の如き、清いものをして高潔なものであるから。

□

川柳に親しむ者は幸福也。一生人間らしき行爲のもとに活動し得べければ――

古句の解釋

愛憎も男にすればきずになり

▲何うも女と云ふものは損に出來上つて居ます。女は愛嬌で持て居るとは誰れも申しますし、この愛嬌もまあ男からこう云ひます處から見ますと、男に愛憎の好いことを指す樣ですが、それが厄介なことになつて仕舞ひます。夫が女の寫眞を飾つて置く分には誰れも何とも申しません、よし其れが不女にしても部屋の裝飾として机の上に飾られますが、妻君が男の寫眞を飾つて置いたら何んなものでせう、夫が第一他人に顏向けが出來ますまい、女房に甞められて居るとか何とか他人は見て仕舞ひます、こんな風で男のすることは笑可しくつても間違つて居りましても世間は大目に見て仕舞ひますが、たとへ旦那さまの藝者買ひは當り前と思

はれますが、奥様の役者買となると其れは〱大變な騷動になつて仕舞ひます、ぢやあ女は一せつ色氣がないのが無難ですけれども、口矢釜しい男と云ふものはそれで承知しないから厄介なものです。

姉婿とよもやは母の手抜けなり

▲姉さんは惣領の甚六で兎角れとなしいが妹の方は仲々跳ねたがるもの。姉さんはまだ氣まり惡げに下うつ向き勝ちなのに妹は彼方此方の男と親しく口を聞くと云ふ鹽梅で、内々は姉さんの婿はあんなものなどゝ品定めをする、其のうちに姉さんは先へ生れたものだからお婿さんが出來る。其の朝夕の仲睦さを見るにつけ妹は何だか自分は意氣地のない樣な氣がして、そこで性來のお跳ねの妹さんだから、からかい半分に話もするそれが刧じていつかネーそれ……。

京の四季

中江二山

しんぼうしても養子の不服なり
今日は花明日も花見の竹格子
繪ぼんぼり中は靜に京の四季
妾の子本家〱と敎へられ
十二時と云ふに夕刊二枚賣れ
三の系切れてつぐ間を口で受け

梯子酒

金子呑風

院長の聲に居直る見舞客
皮黴科に姉藝ザツクバランなり
梯子酒覺えないよなツケが來る
二三本倒して無口義太をやり

あはゆき

田原穂耕

まだ春淺い灯影が　うッすらと流れて戸外には積りもあへず消え果る淡雪が降つてゐる。丁度お美代と健三と、二人の心の底に潜んでゐる哀愁のやうに……、

　淡雪やあふ向き膝に物を言ふ

二人は狭い座敷に、一人は壁を背にして、一人は長火鉢に膝を突いて折々かすかな吐息が洩れる。

　淡雪や二人ははかない戀をして

何時まで考へて見ても、吐息を幾度吐いても、二人は今夜限り別かれねばならなかつた。

　諦めのつかない話し春の雪

健三は幾度か起上がつた。

「もし、ちよつと」と、呼ばれてはまた腰を下した。その都度組んだ手を解いたりまた組んだり。

　春の雪若い血潮にもゆるほゝ

「もう逢へないのだ」と二人は同じやうに思つてゐた。だが女は一時でも長く男はまた、どうせ別れるものなら一時も早く」と、女の眼はうるんでゐる。男の顔のいろは沈んでゐた。また微な吐息が……

　淡雪や灯影に忍び泣きをして

二人は同じ事を同じやうに考へてゐる見交はす眼が互に物をいひ合つて、同じやうに光る。女の膝には睫毛に宿つてゐた露が落た。

　別れたら何時何處で逢ふ春の雪

　淡雪や別れればならぬとは悲し

二人は默つたまゝ、ひし／＼と迫つて來る悲しみを、心の底に湧くがまゝに、成行だと思ひ返しても見たり運命を恨んでも見たり、けれども纏まつた考へは浮かばなかつた。

春雪の思ひ及ばぬこと多し

「今別かれたらもう逢へないのね……」

と、お美代はしみ〴〵と言つた。

「ウム」と、健三は僅かに肯いたばかり。時計の刻むで行く音のみが室内に響いてゐる。

別れたら、屹度忘れちまふのだらう」と健三は獨り言のやうに言つた

思ひ出すとは忘れた證據春の雪

淡雪や何時の春にか廻り逢ふ

「斯うして何時までゐても同じ事だ俺はもう歸る」と健三は投げ出すやうに言つた。

「妾もモウ留ますまい」とお美代は　三の後姿を見送つた。

春の雪苦勞に胸の痛む夜ぞ

二人は其儘別れ〳〵に、お互に涙を見せまいッと、張り裂けるやうな思ひをぢつと堪えて別れてしまつた。二人は分別のつかぬ年でもなかつた。

淡雪や別れた後の寂しさを

斯うして二人が別かれてから、丁度三度目の春が廻つて來た。二人は遠く離れて今じや思ひ出しもせずに別々の事を考へてゐるだらう。二人の別れ話を知つてゐる友達は、淡雪の降る夜など顔を合せると、

泣いた人は今何處にゐる春の雪

思ひ出したやうに手紙を二人に送つた。まだ何方からも返事は來ない。

膝を打ち

松浦松堂

辻替に叩き潰した羅宇で來る

羅宇屋を待つ中に敷島空になり

顔を見てから受込んだ膝を打ち

カンプルの儘ンま息子の歸りまで

脈取つた儘看護婦も貰い泣き

轉寢は嘘の鼻を揉んで起き

春の月

磯貝意想郎

春の月小便で字を書いて見る

酒の量

松本春花

顔を見て相談しろと嫌がらせ
里の母梅を土産に町へ出る
入聟のさうはかくせぬ酒の量
三味の音に春は嬉しい夜が更ける

薄化粧

重岡西嫁

出前持猪口を差されて狼狽へる
讀みながら飲む歟の子の音の好さ
薄化粧繼子いじめと思はれず
紋と袴が下となる頭痛膏
焼死んだ酒豪はだろう定めにされ

髪結

德弘兎子

お妾は年より下の兄をもち
髪結の不足は鏡へ持つて行き
みだれ髪人形だいては泣き笑ひ
母親は生きていたらと指を折り
無理をして飲めばつまらぬ酒の味

女教員

平塚空嘘

美いちやんの殉死人形が言付かり
ヤケ糞の手紙相手が不足税
税金の様に月謝を督促し
違警罪手張の前にしほれて居
通信夫往復ハガキ程昇給り
招待とあつて同僚皆揃ひ
吝嗇な奴會費以上を飲む氣也
名は施療實は試驗の道具なり
顔だけが邪魔になるので女教員

募集吟

空腹　五葉選

よく／＼で菓子を摘んだ左り利き　曲人
何時見ても繼子空腹らしい顔　同
金策のまだあてもなく腹がへり　春花
空腹の懐中まむしにチト足らず　排雪
空腹にすき焼の香の匂ふこと　洲馬
さんざ待して空腹に茶を出され　同
若旦那何んにもせぬに腹がへり　同
晝飯を喰いはぐれてる忙しさ　松堂
もう止せと言れてヒガム病上り　豊齋
空腹の折々時計出して見る　逸見仙
獨り者空腹の儘風呂に入り　柳香
昨日から喰はぬ眼に救助船　否那丸
妓夫太郎通る出前に腹が鳴り　虹夜子
さぞ腹が空いてるよーな子順禮　西嫁
破け椀にチンチンをする愛らしさ　同
熱燗を思ふて急ぐ油服　同
空腹へよつぽど響く鎚の音　樂水
空腹に斥候パンを噛るなり　同

秀逸

へり過た腹へこたへるいゝ匂い　春花
握飯未だ喰ひ足らん程に空き　排雪
臺所へ來て空腹は笑はせる　松堂
扱いは只ひもじくはないばかり　逸見仙
考へて居るとれ腹が大分減り　柳香

人

一と風呂をあびて流連腹がへり　やまぐち　洲馬

地

女房は居ず空腹の淺黄服　たいれん　虹夜子

天

空腹に影を見て居る野呂仕事　よなご　豊齋

軸

空腹へ煙草をのんで咽せ返り
空腹の儘に幹事は述べかける

痛切に腹が減つてゐる救世軍
腹減つた事に氣のつく雨宿り

喧嘩　水府選

其相手弱いと見たが威張り出し　曲人
喧嘩にもならず盛んに管を卷き　春花
喧嘩から以來は無二の友となり　同
他の目に喧嘩さしたいほどの仲　耕雪
仲裁へ顏を立たせの金を云ひ　同
たかつてる中の一人が分けてゐる　同
お巡りへ何んの喧嘩じやありません　樂水
仲裁は喧嘩の一人へ逃げといふ　同
負け腹を巡査にはなす駐在所　松堂
長屋中寄つて喧嘩を聞いてやり　同
繃帶をしながら醫者は譯を聞き　同
卷舌で負けた喧嘩が外科へ來る　同
喧嘩でもしたかと泣く子睨かれる　豊齊
軒下で喧嘩を見てるふところ手　洲馬
出直して來ると喧嘩に花が咲き　同
盛り場はなぐつた奴はとほに逃げ　同
有りの儘言へば喧嘩になる所　逸見仙
女房の口きいたのが喧嘩なり　柳香
喧嘩をば土手で乞食が眺めて見　同
喧嘩した事もあるなと男言ひ　波六
交番がチト照される足袋素足　西嫁
乞食の子喧嘩騷ぎの拾ひ物　虹夜子
武勇傳屹度喧嘩の片を附け　否那丸

佳句

喧嘩でもしよかと思ふ惚た同士　やまぐち　洲馬
飯を嚙み乍ら喧嘩を行つてゐる　よこすが　逸見仙
一ト喧嘩して金策に出る女房　たいれん　西嫁
喧嘩にもならず亭主の子守唄　ク　虹夜子

軸

これからの喧嘩をわける始業鈴

時計　西嫁選

知らぬ間に女房目さまし進とき　曲人
痴話喧嘩互に時計たてに取り　春花

腕時計歩哨の何にか言ふて居る　洲馬
夜行汽車時計を見ては寢るの也　同
止まつてる時計午砲を待つて居る　同
ロハ臺の又も見直す腕時計　樂水
時計ごと握つた腕を放さない　同
膝枕言ひ出し得ない腕時計　同
人樣の時計を當てに稼いでる　逸見仙
腕時計又吊革へぶら下り　松堂
寢過した其日眼覺し買つて來る　同
男持ちの時計持つてる未亡人　豐齋
奥樣の時計簞笥へ仕舞づめ　同
金時計持つて質屋が罷り來る　柳香
金時計玩具の樣なものを持ち　同
抱車夫金の時計を持つて居る　同
懐手金のクサリが能く目立ち　波六
金時計何時も簞笥の底に入れ　同
人
吾も鍍金屋も知つてる金時計　よこすか　逸見仙
地

金側にチト不似合な日を送り　きやうと　耕雪
天
流行をクサス紳士の腕時計　みるが　春花
軸
金側でスリの新米はげまされ
流連の留守に時計の一トツトヤ

桑木源二郎君

別府温泉にて永眠

昨夏以來病氣の爲め別府温泉に靜養せられつゝありし桑木源二郎君は藥石不叶して終に去る一月二十三日異鄕の宿たる別府に於て淋しく永眠せらる行年未だ二十二歳實に悼惜に堪へず玆に會員諸君に謹告す

噓事の樣な話で我は泣き　柳香

花井二郎君の送別句會

大連川柳會々報

昨冬十一月十五日時勢氏宅に於て入營せらるべき花井二郎君のために送別句會を催されしが出席者は主賓の二郎君を初め不句郎　茗八　秋月　西嫁　時勢の六人にして飲乍ら「入營」「送別」の二題を課して散會せしは午前三時なりき

入營

稲も刈り入營祝す花角力　秋月
入營の驛から旗は寢てかへり　茗八
入營を喜こぶ蔭に泣く乳ア母　時勢
入營の旗が鎮守で入れ混ぜり　不句郎
營門を入る新兵の胸騷ぎ　西嫁
入營と知れて皆んなが言ひ聞かせ　二郎
入營の旗に仕事も手につかず　同

送別

見送りを別れ〳〵にかくし妻　時勢
インジンの音さらばよをさへぎりて　茗八
お袋は門まで送りイヤになり　不句郎
二郎兄君も忘れな今日の日を　秋月
出稼の波止場に目立つ九つ月　西嫁
洋行にうかぶ無言の許嫁　同
友達の言葉もしみる送別會　二郎
鍋燒の送別思ふ夜中頃　同

餘興俳句

入營の旗を雀の誇りけり　茗八
小春日や靜かになびく入營旗　秋月
夕日赤く入營の旗照しけり　不句郎
入營の前夜も母の按摩かな　西嫁
朝寒や入營送る森の家　不句郎

西嫁曰く此の日八九庵兄の寄附及び扇坊兄の多忙中を一寸出席されたのを深く御禮申します

（二月二日着）

山口川柳社募集吟（第二回）

手、口、後妻　五葉選

ぎり／＼の處で旅碁は口惜がり　呑氣坊
手の筋を賑かに見る大火鉢　同
遊廓を素通りにする懐手　同
觀劇にさて手間のいる化粧部屋　同
おばさんと言ふを後添うるさがり　同
口元がよいと姐妓にうらやまれ　天翁生
後添を貰ふた當座子を叱り　同
身體より口の達者な隱居なり　知川
手に取て見ればやつぱり合成金　喜知坊
成金へ匿名で凄い手紙が來　櫻仙
挨拶を後妻餘ッ程馴れて居る　同
懐手若旦さんは無口なり　柳香
スレ違ひ辭義にまごつく懐手　同
手拍子を取つて隱居は謠ふて居　同
手を出して舞妓はひどく叩れる　同
手土産を貰ふと子供泣きを止め　秋月

後添が來てから家が粋になり　同
綿帽子嬉しこわしの手を引かれ　西嫁
胚胎犯神に勝手な願いごと　同
丸髷で口に言はれぬ願とゞき　同
見廻りが通つて女工手をあぶり　洲馬
野雪隱言程に手を洗い　同
立話壁際に寄る儲け口　呑那丸
哺乳器は口にもたれて泣寝入り　同
無駄口の指のマッチは打忘れ　同
遠方で手を張つて居る放れ馬　亞石
挨拶の後ろに手持無沙汰なり　青静
後添は次第に尻が重うなり　邪樂齋
お茶ピー叱れば叱る口を眞似　鈴千代
後添の皮肉亭主は聞かぬ振り　春花
媒人は口約束に念を入れ　同
物たらぬ手紙でじれる許嫁　同
嫁入口詮議する間にとふがたち　森生
用事せぬ内儀口先き達者なり　同
佛壇を後妻よつぽど邪魔にする　樂水

母さんと云ふに後妻の重い顔　同
辻易者手間は取んと手を出させ　若力
あたしにも聞しなと云ふ電話口　さち子

透逸

糸巻に嫁は眠たい手を借られ　洲馬
炭の手で丁稚女中をこはがらせ　同
手が鳴つて仲居はやつと座を外し　柳香
大變な事を後妻は望んで居　同
幇間叩く眞似すりや手を合せ　西嫁
大欠伸口に何にやら投り込まれ　同
口答へしさうにもない高島田　同
へどれけのキッスを雛妓逃げ廻り　否那丸
レコードの三味が聞える電話口　樂水
カブり付女形の口のゆがむこと　同

人

人力に手荷物受ける股をあけ　樂水
兵隊が戻つて内の手が揃ひ　鈴千代
髪結をげなす後妻のチヂれ髪　洲馬

地

男名で來ると手代は嬉しがり　呑氣坊
色つぽい差配に女房口が過ぎ　西嫁

天

潔癖の上に後妻はクリスチヤン　洲馬

寄贈品目録

川柳鯱鉾　中京川柳社
山陰川柳　山陰川柳社
海友　大連海務協會
クスシヤミ　京都彩雲堂
紅一點　阜岐風交吟社
川柳ギオン　京都川柳社
両　石田梅吉
京都日出新聞　京都鴨柳會
關西毎夕新聞　後藤千枝
山口實業新聞　柳川洲馬

金一圓二十錢　重岡西嫁
金一圓　手塚空虚
金三十錢　仲田白牡丹
金三十錢　小林茗八
金二十錢　岡澤曲人
金二十錢　松本春花

大正六年一月廿四日
第三種郵便物認可

ほうてん
（第四號）

大正六年三月十日發行
毎月一回十日發行

編輯室より

引續き第四號をお目にかけることが出來ましたが未だ外形も內容も貧弱なもので甚だお恥かしい次第です追々と改善を加へて行く考へですから今暫くの御辛抱を願ひたいものです◉然し殖民地からこんなものでも出して奮闘してゐるその勇氣と努力且つその熱心に御贊助あらんこと切望する次第です幸にして諸兄から數多き御寄稿に接しました◉我々編輯子は深くその厚意を謝すると同時に今後益々奮闘を努めます決心で目下種々考案をいたして居りますが未だ發表の時期に至らず追々に計畫を實行いたします◉先づ差しあたり來號から川柳連鎖小說と云ふ頗る嶄新なものから御紹介する順序となつて居ります◉これは日露戰爭當時ある特別任務を帶びた帝國軍人と支那一少美人との戀のローマンスを骨子として舞臺は滿洲を背景に應用して而かも內容は波瀾曲折のある悲劇ものを川柳連鎖にてお目新らしい處を紹介いたします考へです詳しい處は來號をお樂みにお待ち下さいませ◉それから一家吟として御寄稿を頂きました方のうちに本號の紙面の都合で來號に廻しました方のものもありますが其邊は惡からず御諒察下さいませ◉これは奉天作家の方に申し上げるのですが募集吟を何うと云ふ譯か出して下さらない察するに題が六ッかしいのか又は他の人に遠慮あつてか一口に應募者が少ない◉これは川柳向上の目的から言つても甚だ餘計な遠慮と言ふものです誰れに遠慮がゐるものですかドシドシと出して作句練習をなして見ては如何です◉十の作句を作るより百の凡句を作る方が結果が能いことは編輯子の經驗するところです句數は無制限ですから遠慮なく何句でも作句して見て下さいませ左樣なら

謹告

▲投書は如何なるものにても喜んで拜受す▲一家吟は元より專川柳に關したるもの▲研究を要すべき川柳上の質問▲初心者の參考となるべき必讀の記事▲各地柳界の消息又は句稿▲其他一切何んによらず報道せられたし▲若し原稿返附を要すべき者あらば其旨附記せられたし▲投書は本部田邊柳香宛にして御寄稿を懇願す

大正六年三月五日納本
大正六年三月十日發行　（定價五錢）
毎月十日一回發行
編輯兼發行人　奉天驛前　田邊米三郎
印刷所　奉天小西關　奉天活版所
發行所　奉天遼東新報社分局　奉天編輯所
電話一一二五番

大正六年一月二十四日第三種郵便物認可
大正六年四月十日發行（毎月十日發行）

ほうてん

第五號

四月號

募集吟課題

△[illegible]寂　水府選
△繩　五葉選
△白粉　飴ン坊選
△[illegible]　雅柳選
△状袋　意想郎選
締切月二十五日（六月號）
△新聞　飴ン坊選
△質屋　水府選
△行水　五葉選
△海雑吟　大吉選
△拶挨　意想郎選
締切五月二十五日（七月號）

投吟所

奉天編輯所

内容

奉天城門下城廓

inside of the Mukden castle.

ほうてん

第五號

大正六年四月十日

古川柳十句

―――(遊　女)―――

請け出して見れば書間の螢なり

考行に賣られ不孝に請け出され

傾城の力で働く石のふた

きぬきぬのあさは身になる一と寢入

知るを知るとせず問はれて知りません

傾城の涙で藏の屋根がもり

どのうそが眞の夫婦にならうやら

傾城の義理はちよつちよと風を引き

手短にいへば口舌も無心なり

うそつかぬ傾城買ふて淋しがり

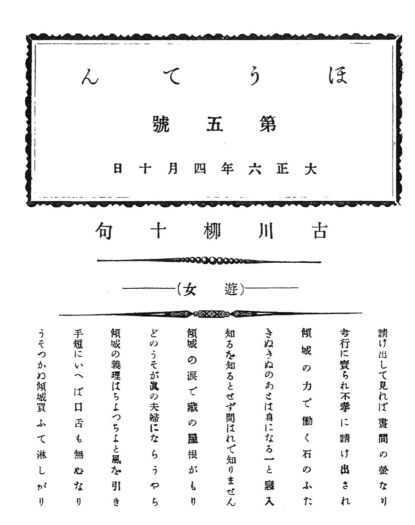

川柳の研究

僕の事と川柳の事

川柳屋
淺井五葉

●日曜日は僕の川柳デー

＝よい句を見たら解剖的に＝
＝鑑賞して眞實に研究せよ＝
＝超然たる處が川柳家なり＝

▲永らく僕はキチンと机に向つて、筆を執らなかつた、僕は唯日にち毎日川柳を思ふて居た。そして毎日考へてゐた

●川柳が思ひ浮ぶと
手帳へ書いた即ち

日曜が僕の川柳デーのやうになつてゐる。つい暇がないので、風呂も行かぬ勝でゐる。日曜の晩は大低千日前へ行く、法善寺へ這入つつ紅梅亭へ行く。その外はトンと決つた心が出ない。靴を磨くのもワイシャツを仕替へるのも靴下を替へるのも差詰つた咄嗟の仕事になつてゐる。無論原稿が著くが、これは大低纏めてやつて了ふ。手紙もつい出せない。例會などへ行つて、ジッと座つてるのが可笑しいやうな氣がする。

▲もう大分暖になつて來た。蝙蝠傘の張替屋などが路地へ來て、陽氣が押寄せて

來た。日曜は流石にいゝ氣持だ、十一時半頃に起きるので、●平生となら三四時間も時間を損をするのが殘念だが、どうも起きられない。だから晝飯を食つてから、自分の趣味の仕事をやりかける。それは無論川柳範圍の用事である。選をするか、繪葉書を書くか、川柳の本を讀む。用事が閑散だッたら硯を洗ふか、耳をほぜくるか、枕時計を見て考へるか、懷手して本箱へ靠れて居睡るか、位だ。

●一篇川柳に就て何か書かうと思ふてゐるるが具體的に頭が纒まらない。氣がついた折々は唯一二行の文章になる丈けの斷片の偶感である。それを一つ書いて見よう。

▲何故自分の川柳が思ふやうに拔いて貰へないか、と作者は思ふだらうが、それはつまり觀察した自分の眼と筆（即力）が●キッチリ合はないからだ命中さへしたら其句は必ッと整つてゐる。實際に見たものならキッと生きたものが出來上つてる筈だ、或はこれは偶感吟に屬するかも知れないが。若し課題の場合ならば考へて書いて貰ひたい、約束的拘束に防げられず、之を自己の見聞若くば實經驗の事實に辿つて貰ひたい。そして眞實に心の視線を目的物の身體或は事物に向けて●熱心に一意專心徹底して其物を突刺して貰ひたひそして生きたものを寫し出すのだ。生きて居らねば全く無價値の川柳になる。不適確やダラ〳〵の川柳は心を眞實に傾けなかつた證になる。

▲眞實にやつてゐれば、自然に調子も揃

つてくる。變調平調は自然に其作品の中に活躍せしめてくる。
▲あやふやに川柳の本を見ると、よく模倣の句か出たりする。だからウッかりと本を讀めない。よい句を見たら解剖的に鑑賞して貰ひたひ。成程斯うだと眞實に頷くのだ

●川柳なら川柳ばかりを研究するのだ他の本を

讀むと自然氣が散つて、途中半端になる小説でも讀むと川柳が全く馬鹿らしいやうな氣が起つてくる。其處だテ川柳屋の考へるべき場合は………。
▲元々川柳屋は川柳屋でゐればいゝのだから、其麽時にひげんずるのではない。少々の小説なら川柳屋に作れる素質が與へられてあるのだ。それに引入られないのが川柳屋だ。川柳は趣味である、小説はもソッと實際の力に片寄らねばならぬどッちもつかずになつてはつまらない。超然たる處に川柳屋の純價値があるのだ
▲十七字のピリッとした川柳を作るのだ
（大正六年三月十二日書）

春の柳

大谷銀坊

箱庭に花を咲かせる病上り
落籍かされてからを隅田の花に彈き
艶福にされて易所の面白さ
黒焼屋酔つた男が二人出る
爪彈に小猫のはしやぐ宵の雨
俺の呼ぶ奴の名もある幕を引き
春の宵男妾の女下駄
猫板の輪形に寒い切ればなし
柳行李ほどかず宿に落ちつかず
美術家の顔を葉柳二度辷り

●眞の川柳を普及せよ

東京　長山峰月

小生等も捻休刊以來柳書を見ざる事茲に二年有餘、只變り行く時代の川柳家の名前や、雜誌の發行所の所在すら知らざる小生は、川柳を忘れんが爲めに柳界を見ざるにあらざるも、現在眞に川柳に盡さんとする人の堪少なるは言ふ迄もなくして、且つ川柳の趣味性の奈邊に存ずるさへも知らざる川柳家に純醉の川柳を了解する事の困難なる、江戸趣味美を謳歌したる多くの人は今や要路の位置に有すされど我川柳界の一人として、開柘者及び功勞者の名を何時迄も腦裡に刻印し置くもの丶極めて少なきを歎かずにはいられない、それほどまて川柳界は低級者の集合と言はれても一言の辭することの出來ないのは實に小生等の常に憤仰の至りである、誰か、眞の川柳を普及せむとせば、其努力をや實に敬服に價するも「營利事業にあらず」營利事業より尚幾會倍面倒なる可き藝術的雜誌の編輯にあたる其人の、餘程の忍耐も覺悟の上でこそ其ても長持ちのせざる、まして川柳書を發行せむと貴兄等同人の意氣は大いに敬服するものである、何事も一度事に當りて過去を思ふ事勿れ、只誤まらぬ樣に趣味性を向上さして行けは、必然巳れの愉悅と永續の出來るものであるから、充分奮闘して見たならば思はざる會心の笑みに日を送る事が出來る、卑近に趣味性が傾いて來たとしたならば、既に灰滅に近いたものと認めねばならないのである

何うか滿洲の地で眞に誤まれぬ樣に正しい道に立つてほんとうの喜びを　我々に與へて下さい我々は既に老衰に近いで今は何をいふ至格のないものですが、後

進者の兎角誘惑に陥り易いものであるから、一言は注意申しあげたまでゝ、別段悪まれ口をきかしたくなかつたのですが江戸つ兒の氣性でどうもだまつて居られないので、ねいやつぱり川柳家ときいても懐しいものですよ、吳々も純醉の川柳に盡して下さればよいのですから、

蠅らまだ出ずうたゝ寝の腕枕

これが二年振りの即吟ですあは……

差向ひ

船木夢考

差向ひ腹の子供を聞いてゐる
獨り者裸体畫なとを壁に貼り
白髪染息子はキリスト信者なり

小間物屋

川村琴仙

新嫁を連れて小間店へ來る

千鳥足

西田葉蘭

戸別訪問する様に千鳥足
千鳥足花見の宴を騒がせる

おんな

池上花城

合ふ度に女同士はふりかへり
いろ街を女はよけて通るなり
唄はぬが姉もしつてる流行唄
女湯の方で子供が泣いてゐる

殖民地

吉原叢隠

殖民地なう大正の風が吹き
よく見れば支那の空にも星光り

古句の裏面（二）

敦賀　船木夢考

意見聞く息子の胸に女あり

▲前に控へし息子の爪の垢や疊の椽をいじつてゐるうちは意見にも見込はあれど何食はぬ顔に平々と澄まし込んでゐる靑樓息子にして、何をぬかしてやがるんだと狂人扱いに一向合手にもせず、むしろ淨瑠璃か芝居の臺詞でも聞いてると心得馬耳東風に聞流し、今頃は何をしてゐるだろうと廓の女の顔などを胸に描き居るとは未來有望なる箱屋渡世の人と云ふべし

親父のは息子の買つた妹なり

▲いくら佛々親父にせよ六十の坂を越して花柳の巷へ足を入れるとは抑々人生に違反の甚だしき赤黨と云ふべし、今だ鏡と相對せし事のあるか無きかは偖て置き世界地圖の如き六十面をも耻ぢず、むしろ我面に惚れ込んだものと思ひの甲斐もなく甘き舌を矢鱈に振廻して自惚て御座るとは情けない奴なるかな、對手の女郎にしても半身棺桶の客分となり既に人間界の廢物に何が惚れ込むものや、たゞ金の爲の犧牲になり居る丈けの事なり、其の助平親父の家に在りては鬼の如き赤面を怒らして息子への意見とは何處迄も良心の腐敗せる奴なるべし、或時、例の靑樓にて息子との衝突とは喜劇材料の一つ也

蚤一つ娘ざかりをはだかにし

▲一室に語り合ふ青二才の言に曰く「何處其處の令孃と野合の極に達した」と、凡そ人として口程に用をなさず、或る娘の帯を解かせた等と堂々と語る青年の言を他人より聞いた所謂受賣無代發賣なり苟も五體の揃つた五尺の男子にして蚤に

劣る○コンマ以下の人間と云はねばならぬ、

奉賀帳

丹村時勢

奉賀帳大家の例を引いて書き
運は天など、次男は懐手
自働車の後をつぶやく砂ぼこり
御器用な生れとそやす蝮し指

日和

水莖時雨

團參が櫻へ廻るうらゝかさ
うらゝかさ草履の裏へ花がつき
廣重の樣に晴れてるうらゝかさ
頬日に餌を忘れてるいゝ日和
裁縫に欠伸の多い春日和
公園を煙草屋が行くいゝ日和
とも角も散髪へ行くいゝ日和
日和から留守番をするもめが出來
朝風呂へ天氣のいゝをほめに來る

髪結

平井姫小松

髪結が出て最う一度櫛を入れ
又喧嘩して居るらしい音がする
煮切らぬ話茶ばかり飲んで居る
母親が見ると火事場は近く見へ

こたつ

野寺滋竹

兎も角も炬燵を圍む寒い事

地獄

都庵山花

歐洲戰亂で地獄多忙なり
死神を上座へ直す閻魔王

川柳無駄話

田邊柳香

▲大連川柳會の茗八君、川柳家として一種の天才を持つて居る、その作法も茗八獨特の句風があつて、大連川柳界の名物男であるが、近頃ねつから句作もせずに酒ばかり飲み廻つてゐる、彼れが當時名古屋の柳時代(今の鯱鉾)には健吟家としてナカ／＼振ふたものであつた、それが何う間違つたか、最近の消息を聞くに、相變らず川柳より酒の方が好いと云ふてゐるそうである、彼の爲め又川柳界のために甚だ遺憾に思ふ、但し例會とか小集とかには顔が現はれる、矢張り川柳が好きであるからだ

方針を變へて茗八酒を飲み

▲奉天に松尾巴城君と云ふ人がある、近頃本職が多忙の都合で句作をしないが氏が以前内外通信社に在勤の際は、能く作句をしたもので、時々内外紙上に川柳上の記事も掲せて、奉天柳界の爲め多少努力した人である、近頃は一口に氏の活動を聞かぬ、多忙の故もあらうが何うか柳界のため再び以前の如き川柳家になつて貰ひたい

巴城子が句作をするさ男なり

▲手塚空虚君、何を云ふても奉天柳界の花方男である、奉天川柳家中に川柳を誰が一番熱心にやるかさ云へば空虚君なりと斷言して憚らない、ところが未だ研究中で色々の方面に手を出して、文藝倶樂部よろしい、講談倶樂部よろしいと云ふ有樣で、目下の處狂句もやれば川柳もやる、いはゆる兩刀使ひさ云ふ体裁である、從つて句風ぬ中間に迷ふてゐる、これは氏の爲めに遺憾と思ふ、川柳をやる以上は狂句は斷念して、純川柳を研究

して貰ひたい
分らない何をば空虚は作つてゐ

玉屋町より

食満南北

本陣のはり札を見て立つ麗さ

散髪屋

徳弘兎子

バイオリン夜店へさらす面の皮
豆腐屋の使はいやな年になり
散髮屋大きい顏がぶら下り

メダカ

中江二山

川風に今夜ゝ同じ聲がする
しよんぼりと壁にたゝずむ好い天氣

煙草屋の店で喧嘩の花が咲き
姿見へ離れの二階ふざけ過ぎ
手拭にメダカ一少隊程逃げる
れ冠のさはりに三味の手を休め
葉柳の下で女は泣いてゐる
節穴は曲馬がいんますんだとこ
喰べこしのリンゴ机にふせた本
吸い込まれる様に改札口が開き

燒芋屋

龜山寶年坊

末つ子をてんでに探すほどの雪
辻待の股火へ横に雪が降り
「やきいも」の灯へツッと來る娘の眼

何處迄も

松本春松

媒人の心をはかる吾がこゝろ
何もかも捨てゝ淋しい吾が心

どこまでもつゞく心に魔が魅入り
命にもかへて戀しい字を慕ふ
滿洲へ發展をする親不孝
行末をあてにはかない情を立て
いろ／＼に心が變る見合の夜
特別の事情があつて泣寢入り

女記者

錦織豊齊

子が出來て以來夫へれ父さん
負けさうになると主人は待つた也
摑み合喧嘩の宿は斷はるぞ
女記者男の樣な文字を書き
後添は叱れば腹を立てゝ寢る

ふろさめ

大阪　平井美月

美「今晩は、風呂はまだおまつか」
娘「風呂は年中おまつが」
美「イエ、湯がおまつかと云ふのに」
娘「ヘイ、おまつけど一寸ぬるおまつせ
あんたはいつも手をたゝきなはら
へんけど」
美「買ひ切りだんな」
娘「また、我は此度西國のでもやんなは
れ」
美「あんたとこ晩は、たそうなりまん
な」
娘「朝ねむとをたまつせ、今朝もなア」
肥取は情を知らずに起すなり
美「今かへつた人は、えらいがまんだん
なア　女にはおまへんやろエ……
三人ろれが」
奥樣のがまん昔がしのばれる
足あげて足袋を平氣の平三也
娘「昨夜もなア　掃除をしてゐたらあほ
うらしいやらおかしいやら」
餘ッ程の女ゆまきを忘れさき

美「あんた其れ出しはりますやろ」
娘「けったいな、なんだんねん人の顔を」
美「イヱ思ひ出しやしまへんか」
娘「イやァ…………」
知らんはと湯屋の娘は逃げて行き
此れでは三錢の風呂は安いものなり

都々逸

大阪　西田葉蘭

□うまく踊るが批難が一つ
あれでお顔がよかつたら
□三味や踊りは表面の藝よ
夜毎〳〵にや隱し藝
□浮名流した身が天罰で
今じや戸毎を流す三味

深入り

志賀半厘坊

床上げの日から檢溫忘れられ
預つて置くは貰つたも同じ也
深入りをするなど母の粋に出る
お妾の家で髮結飮にする
番頭も選擧事務所に詰ッ切り
入墨が有るに素直なな べ燒屋

奉天見物（曾遊吟）

吉本寛汀

宮殿の五色にはでな日が當り
木戸錢のやうに賄賂をねだられる

賣切れた

松浦松堂

賣切れた柄へ女の眼が集い
小切手の美人へ事務の眼が集い
押賣りに女房ナカ〳〵負けて居ず

證文

田内狛峰

易見所涙にもろい客が寄り
持参金取る歳並みが眼立つなり
證文を入れろと伯父の他人振り
見へすいた嘘を言つてる御不勝手
馳落ちの男心を不安がり

年明け

大連　秋月

牡丹雪小猫これつでせのびをし
年明も近く心中の情と義理
雪だるま車ねめつけ泣き出し
女郎買の味を覚えて年も明け
年明の國へ土産は精勤賞
出獄を近所そしらぬ顔になり
武者修行峠を越して月をほめ
兎から馬鹿にされる山の道

無名氏より

▲遠く離れたる奉天の地に柳芽の生ぜしにも拘らず、内地のそれが甚だ遅々として振はざるは、何とも遺憾此事に存じ候
▲これと申すも互に小天狗の寄合にて鼻の突き合ふのが其の因をなす次第にて此間に處せる我々は常に小我を殺して大乗に活きたく心掛け居り候
▲貴地柳友諸君が飽くまで一致協力下されて、彼の小虚名小成効に安んずる事なく是非共一廉の御成功を納められんことを偏へに祈るものに御座候
▲及ばずながらお互に提携して扶け合ふ事に躊躇仕らず何卒同人諸君の奮闘を偏へに御願ひ申上候

記者曰く　此手紙はどなたの御出書なるや御姓名御一報ありたし

藝者の春着

仲田白牡丹

風邪聲で母縁談の席へ來る

留守番がフト辻占を買ふて見る
閑さうな店へ何やら聞きに來る
三流の藝者も春着出來は出來

部屋

服部耕雪

酔筆に今宵の名残り部屋の壁
晩食の肴が匂ふ書生部屋
案内も乞はずに部屋へ許嫁
書生部屋の客は夜更けてから歸り

國もと

小島哲坊

病上り裸雀の樣に瘦せ
病上り此處までお出でとからかはれ
國元へ病はかるい樣に書き

雛祭りの晩

岡田狂蝶庵小集

三月四日第一日曜日の夜狂蝶庵にて催したる句會より得たる産物にして同夜は一時すぐる頃まで御邪魔さ御馳走になつて春の雪、いはゆる淡雪を踏みつゝ連れ立つて散會いたしました

宿題（雛祭）

母親も知らず廓で雛祭り　西嫁
雛の主さて誰やらに生寫し　同
雛の客泣かせて次男フイと出る　同
酒は無論白酒もよく飲む男　同
お祝の人形で乳母を思ひ出し　淡山
白酒に酔ふて妹は鳩ポツポ　同
雛祭り孃は其の日の母となり　有山
出戻りがイケ酒蛙〱と雛祭り　狂蝶
妹は義足の雛を與へられ　同
白酒に酔ふてか母も若返り　秋月
雛祭り娘時々獨り言　同
鼻かけの雛上段に座を構へ　狂蝶
草餅の上出來雛をザットほめ　若八

雛を荒さぬ條約弟へついでやり　同
見つむれは雛も見つむる我が瞳　磯郎
三上戸あつて賑はし雛の宴　同
雛の宴角力を取つて叱られる　同
雛壇の下に集まる針供養　同
お袋の雛は流石に高い顔　同
病める兒の枕邊暗し紙の雛　同

春の雪（席題）

櫻田の昔をしのぶ春の雪　淡山
晝の雨白く化けたる春の雪　同
滿洲は珍らしくない春の雪　雨
近山の峰に殘れる春の雪　有山
暖かい春に名殘りの雪が降り　同
春の雪子供面白そうに見る　同
幇間も負げずに駄句る春の雪　西嫁
まだ休む亭主に春の雪が降り　同
春の雪酒にならずに消えちまい　狂蝶
泡雪や其名の通り其通り　同

鶯の庭で一ト聲春の雪　秋月
春の雪隱居は一句浮んで來　同
春の雪小雨に縺れ／＼解け　茗八
番傘を雫で落ちる春の雪　同
醉顏の車上氣味よし春の雪　磯郎
家に居る人は知らずに春の雪　同
傘かりて歸るでもなし春の雪　同

摘（仝上）

摘草の一人おくれて下駄を下げ　磯郎
摘み喰ひ飛んだ處で見附けられ　同
桝の酒チョット摘んで味噌をなめ　同
洋本を讀めて村での鼻摘み　狂蝶
鼻眼鏡高慢の鼻摘んで居　同
足袋はだし氣にして事情かい摘み　西嫁
抵い鼻摘み上げても親心　同
足音に驚いて拭くつまみ喰ひ　淡山
藝當はこんなものだと摘み喰ひ　同
摘喰ひ雜貨屋迄もぐるになり　同

教授の熱辯ホクロの毛をつまみ　若八
足抜きへ弱身は樓主つまみ癖　同
猫の産見舞一々兒をつまみ　同
摘み喰び表のベルがけたゝまし　秋月
春の野邊摘草をする氣にもなり　同
一ッだけ先に摘んで知らぬ顔　有山

桑木源次郎追悼句會

大連川柳會々報

去る二月十一日午後七時から何時もの岩代町なる時勢氏宅にて元同人たりし故桑木源次郎君の追悼句會を催しました、當夜の出席者は例に依り時勢、若八、薔花、秋月、西嫁の五人でしたが故人の逸話やら氣焔やらで話が進む裡に主題たる追悼吟の發表　次いで席題「泣」「選擧」等を作句しまして恰度午前一時の時計を聞きながら別れました。當夜奉天よりも追悼吟を送つて頂きましたのを厚く御禮申します（西嫁）

追悼吟

君逝いて遺愛のノート涙なり　薔花
君の名の上に惜しきや故の一字　波六
人生の半も行かず寝ねしまい　花車
極樂に行けよと君を祈るなり　白百合
二十二は餘ッ程惡い年と見え　英子
嘘事の樣な話しに我は泣き　柳香
温泉疲れの君は淋しい晝の月　西嫁
川柳誌持つて閻魔と背を競べ　時勢
二十二の花も眺めず永の旅　九郎
どんな氣で君はあの世でどんな句を　名八
嗚々君は我を殘して一人旅　秋月

席題（泣、選擧）

御氣嫌で落選と知る女中部屋　西嫁
當選を車夫も古郷へ書き添へる　同
落選を逆夢にして飲み明し　同
面會の名殘りは黒い布に泣き　同
お妾は狆の危篤にシャクリ泣き　同
總選擧又二三丁書き込まれ　薔花
泣上手帶一筋を悌に嘘　同

運動員事務所〳〵でうまい汁　秋月
政岡は廣い御殿で一人泣き　同
泣聲も涙もつきて親の爲め　時勢
泣しやくりして物語るなさぬ仲　同
手土産を國でこはがる選擧どき　若八
立候補猫なで聲で擅に立ち　同
膝枕代議士さんに何時なるの　同
三多摩のチョクラいける總選擧　同
子役に喰はれ泣下手の嚙む懷紙　同
泣くのかと覗いて見れば落語集　同

□□□京都の川柳小集□□□

何か原稿をお送りしようと思つたのですが差當り腹案もないので恰度手許にあつた小集の詠草をお送りすることにしました（綠天）

綠天採錄

袴

一月△△日

御近所を袴で少し氣兼なり　南北
袴をば脫いだ處へ忘れて來　同
胡坐をばかくに便利な袴なり　同
力彌だけ少うし荒い袴なり　同
急な候ほどに曳ずる長袴　鳴鳳
寫眞屋に袴の襞を正される　同
神主が輕い袴を穿いて來る　同
仙臺平頂載のやうに片附ける　孤山
お袴の紐をほどくと三を下げ　仝
幹事から袴を脫いで勸めてる　琴水女
教會を出ると袴の皺を伸し　千枝
忌中醫息子の袴穿かせて見　梅杏
徵兵が濟むと仙臺平を買ひ　柳舟
幹事だけ袴を穿いて飮んでゐる　同
總揚げの袴は手持不沙汰なり　二山
先づあなたからと袴へ猪口をさし　同
醉うて出る袴の裾が裏返り　綠天

世話女房らしく海老茶を疊んでゐる　同
お開きに袴を踏んでこけかゝり　同

久濶

二月△△日

久濶は子供を褒めてから坐り　時雨
久濶が記念と何か持つて來る　同
不意な事を聞かせ久濶歸る也　同
久濶に棚の寫眞を尋ねられ　同
久振きまりにわるい顏をする　同
久振矢張呑氣に暮して居　二山
何處で逢うたかと考へる久振　同
元氣好い顏で出て來る久振　同
久振世帶染みたを笑はれる　柳舟
久振だと飮みに行く話なり　同
久振少うし飮めるやうになり　こんや
久振一人家内が殖えてゐる　同
久振姉さんらしくなつてゐる　同
國訛綺麗になつて久しぶり　春水

久振お客の顏が變つてる　仝
何處へ行ごいやしたご段梯子で問はれ　醉香
工面した金で來てゐる久振　仝
久振何か云ひたい事があり　仝
もう駄目と頭を見せる久振　靜波
久振儲げば同ンなじ苦勞性　仝
久振少しよいのか身のまはり　仝
頓狂な聲で出て來る久しぶり　仝
久しぶり儲け話をして歸り　水光
久振どつちも見違へますと云ひ　仝
久振昔の名前つかふなり　仝
久振といふに氣のない話なり　綠天
久振些と仰山に年をとり　仝
久振秘密の多い同士なり　仝
相變らず變人でゐる久振　仝
久振どつちも損な道を行き　仝
話せない男と思ふ久振　仝
厄年になりますと云ふ久振　仝
あらためて話さうと云ふ久振　仝

＝帯＝

三月△日

御家風の京に生れて小倉帯　静波
共稼ぎ女房男帯を締め　仝
晝夜帯回数券が一寸見え　季水女
更けてから細帯のまゝ買ひに行き　仝
のしの様に古手屋帯を吊て置き　醉香
帯しめる傍で妹も行きたさう　仝
片側はかたみに貰うた晝夜帯　春水
子が出來てからは不精な帯をしめ　仝
結納が來て丸帯を買ひに行き　茶利弗
細帯を矢ッ張おちよぼ粋に締め　仝
兵兒帯が抑も親の氣に入らず　耕雪
雪洞へすれ〳〵に立つだらり帯　仝
帯をして貰ふ子供の連が待ち　緑天
心中の二人は帯を締めなほし　仝

第拾七回川柳七人會

（夢考報）

片思ひ、許嫁、二人連、

飴ン坊選

片思ひ睨まれたのを嬉しがり　夢考
後になり先になりして二人連れ　仝
二人連れ女は藝者らしい風　白牡丹
許嫁女の方はませてゐる　仝
二人連れ悲劇の幕が開いたとこ　仝
許嫁趣味が違つて破談なり　春花
兩方で思つて無事な許嫁　仝
許嫁卒業までを待ちわびる　逸見仙
片思ひ或夜ひそかに門の前　仝

○

二人連れ女の門へ送り込み　春花
片思ひ夢の覺めたを淋しがり　夢考
許嫁親の方では氣が變り　仝
近所から二三丁來て二人連れ　仝

畑打ちの腰のして見る二人連れ　好風
片思ひだん／＼年をとつて來る　仝
戯言を眞に受けてゐる片思ひ　仝
子が出來て兄さんをよす許嫁　逸見仙

人
許嫁また丸髷の夢を見る　夢考

地
儀式までたゞ兄さんで日を送り　白牡丹

天
許嫁親の意見とチト違ひ　夢考

軸
彼の人に深く知りたくない噂　仝

京都四人會句報（醉香報）

ほつれかみ、禿頭、貫拔

二月二十三日記

ほつれかみかき上げてゐる洗面所　春水
裏梯子送りて降りるほつれかみ　仝
禿頭將碁をするとつよいなり　仝
脱帽のはげた頭がよく目立ち　仝
貫〆も入れずに女房起きて居る　仝
ほつれ毛もなほさず娘急な用　宋公
忌中髷ほつれてさびしじゆづの音　仝
ほつれかみうるんだ眼で見上てる　天眠
やうかんの異名で通る禿あたま　仝
捧押にだれか貫〆持つて來る　仝
ほつれかみ歸しとない朝となり　醉香
里朱子の袴に掛かつたほつれがみ　仝
禿げてゐるだけで年よりふけて見ね　仝
禿頭顏に似合ぬ聲を出し　仝
貫〆を寢卷のまゝで女房しめ　仝

投吟家へ注意

本誌に投吟せらろべき讀者又ば會員に申し上げます原稿紙は何んでもかまはぬとは云へ別々の募集課題を連紙に記載して送られろ方もあるが、之れが原稿整理の際に編輯者の最も苦しむ所なれば成べく各課題を別々に、用紙も稿紙又は半紙等を使用せられんこと特にお願ひ申上げろ次第なり乞ふ諒せよ

（編輯子）

募集吟

豆腐屋

五葉選

豆腐屋へ來て臺所の事を言ひ　鶯郷
手の平をまな板にすを豆腐賣　仝
釜丈を賣つて豆腐屋破産をし　曲人
豆腐屋は明け方の火事知つて居り　耕雪
豆腐屋であくをもうつて雨になり　秋月
豆腐屋の隅からソロ〳〵芽を出し　仝
豆腐屋の聲聞洩らしたに弱り　逸見仙
食ふ丈けにして豆腐屋の來るを待ち　仝
坂道を豆腐屋少こし困つて居　姫小松
細い露路音だけで賣るお豆腐屋　葉蘭
豆腐屋の聲に起き來る日曜日　春花
寢すごした豆腐屋を呼ぶ小さい聲　仝
抜け裏と見えて豆腐屋かつぎ込み　仝
豆腐屋の錢は油と水で濡れ　美月

豆腐屋を子供に呼ばして焚きつける　葉丸
手の鳴つた方へ豆腐屋肩を替へ　松堂
恐想な手付き豆腐屋掬ひ上げ　仝
豆乳の瓶も豆腐屋ブラ下げる　仝
豆腐屋へ小一里納所寒い晩　洲馬
溜桶の豆腐手玉の樣に取り　仝
キラズ買ふ時は豆腐屋ソット呼び　哲坊
町内でいつち豆腐屋古く住み　蔦子
豆腐屋は見えず鈴だけ聞へてる　仝
出て見れば豆腐屋辻を曲つてる　仝
豆腐屋にして中々貯めてゐる　仝
獨り者又豆腐屋へ買に行き　仝
豆腐屋で湯を貰はせる好い天氣　柳香
豆腐屋の來る頃旦那洗面所　夢考
夜が明けたのに豆腐屋の灯がもこり　仝

佳句

豆腐屋の車段々ぬれて來る　鶯郷
豆腐屋を丁稚大きな聲で呼ぶ　耕雪
豆腐屋の賣子にしては惜しい顔　秋

豆腐屋が來る頃學校戻つて來　姫小松
梳かみのまゝで豆腐屋呼んでゐる　英丸
豆腐屋で馴持同士愚痴を云ひ　洲馬
豆腐屋のお女將は馬鹿に太つてゐ　哲坊
濡草履先づ豆腐屋で一ケ月　蔦子
考へてゐると豆腐屋恰度來る　柳香

秀逸

豆腐屋の聲にかけ出る下地っ子　さがみ　春花
忌中札豆腐屋斜に見て通り　やまぐち　洲馬
豆腐屋の買へとはかもに鈴をふり　ほうてん　柳香
豆腐屋の廓へ廻ると踊るなり　つるが　夢考

指輪

水府選

此方にでもと云ひつゝ指輪屋にめに來る　鶯鄉
警察の小使指輪拾ふて來　仝
病上りまはる指輪にホロリとし　曲人
母親は出る時だけの指輪なり　耕雪
ストーブを圍んで指輪からかはれ　仝
サックから指輪を出した晴着也　春水
苦勞性指輪仕舞つたまんまなり　仝
風呂の湯にすいて見えてる金指輪　醉香
手袋をはめるに指輪引かゝり　仝
三年を約して指輪はめてやり　秋月
金指輪水仕の出來ぬ指輪はめ　逸見仙
銀の指輪さへ持たずに隱居する　仝
借金をしても指輪を離なさない　姫小松
縫物屋おんなし樣に指輪はめ　仝
番臺へ指輪を拔いて預けてる　仝
隱居には惜しい指輪を一ツはめ　仝
くどかれて娘は指輪を見つめてる　仝
婚約の指輪に人がケチをつけ　春花
平打を質屋の主人差してゐる　美月
云はず語らず指輪に日がうつり　仝
陳列の指輪へ種々の顏が寄り　英九
男持ちの指輪を女將二つ箱め　半厘坊
加留多取り指輪の敵に三枚負け　仝
差向ひ無言で指輪見詰めて居　仝

色男女房の指輪借りて出る　豊齊
金指輪さした其指そらしてる　哲坊
女湯は指輪の事で大騒ぎ　蔦子
前借の内で指輪を一ッ買ひ　仝
他所行にはめる指輪はかねて買え　空盧
死ぬまでも指輪の主に惚れてゐる　柳香

佳句

指しきれぬのにお妾は亦強請り　曲人
結納の指輪を母は差して見る　姫小松
細い手によくどしい程はめて居る　仝
けつたいに舞妓指輪の無心なり　仝
陳列の指輪を見てるふところ手　仝
三遍目舞妓指輪を買ふと云ひ　蔦子
舞妓もう指輪を呉れる人が出來　柳香
酔覚めて指輪のないを淋しがり　夢考

人

一本の指輪を引き子大事がり　やまぐち洲馬

地

指輪屋の差して居るのは本間也　おさか姫小松

天

拝見の指輪一遍はめて見る　すま半厘坊

軸

苦勞した指が指輪に染つてゐ

日永　意想郎選

若旦那日の永いのを知らぬなり　柳香
豫定より早く片づく日のながさ　仝
日の影を眺め日永をはなしてゐ　仝
餅のかけ油で揚げる日のながさ　曲人
居候寝たり起きたり日のながさ　秋月
日の永さ船の都合で待つ一日　仝
青樓の金策を待つ日の永さ　仝
日の永さ出掛けるとこを考へる　逸見仙
日の永い割に仕事が捗らず　仝
廢兵の法螺を承知できく日永　苗穗
園はれて化粧日永の小半日　仝
永き日を觀光園の俥行く　春花

新聞にあきて日永の外へ出る　仝
錦魚賣り日永の町をふれ歩き　美月
頬杖で欠伸日永の顔になり　英丸
色町の猫は日永に椽に寝る　哲坊
苦力等は日永に愚痴をこぼしてる　仝
日の永さ隱居炬燵の反古を張り　髭男
鍬おいて雜談に入る日の永さ　仝
謡請塲のゆつくり休む日の永さ　蔦子
日の永さ敷島三ッ空になり　仝
日が延びて自然と事務も進捗し　空虚
欠伸して圖書館を出る日の永さ　夢考
村分限日永を待つて謡請なり　洲島
日の永さベットを書のくもがはい　仝
日の氷さ歩哨は又も時計を見　仝
留置塲横にもなれず日が永い　仝
日の永い事と妾は手を洗ひ　仝
天井へ欠伸が延びる日の永さ　仝

佳句

楼主たゞ一人日永をボヤイてかな　葉蘭

御隱居が町へ出て見る日の永さ　柳香

軸

永い日を遊び疲れてよく眠り
張物が三度乾てまだ日が高い

> お斷り　本田溪花坊氏の選「災難」の巻は本誌編輯締切りまでに到着しなかつた爲め遺憾ながら來號に廻しました

選に遲れて

水空時雨君から原稿が着いたのが締切り後であつた爲め意想郎氏を煩して選をして貰ひましたから一活して玆に掲出しました何うか惡からず（柳香）

豆腐屋

意想郎選

きぬこしを女名前の家で買ひ　時雨
豆腐屋を下女は喇叭で聞き分ける　仝
水道へ來て豆腐屋は水を換え　仝

豆腐屋が見直して居る新銅貨　仝
豆腐屋は糸こんにやくを尋ねられ　仝
豆腐でも宜いと亭主の朝ッから

追　加

指　輪

不氣用な形で印臺抜きとられ　時雨
手文庫へ形見の指輪入れ忘れ　仝
もううそを言へない指輪はめてゐる　仝
指輪から默つてしまふ戀にくり　仝

佳　句

指輪かと妾の無心言ひ當てる　仝

追　加

誘拐の女氣喰る金指輪

災　難

意想郎選

新聞で見たと災難見舞はれる　時雨
災難に是非ない羽織拂ふてる　仝
災難に知らない人が口を入れ　仝
盲目判捺したが父の落度なり　仝

佳　句

災難をあきらめて居るいゝ暮し　仝

秀　逸

災難をそこ〳〵に行く女連れ

追　加

寃罪の未決で長いこと暮し

柳香又云　成るべく締切りを厳守せられんこと望みます

寄贈品目録

番傘	關西川柳社
川柳鯱鉾	中京川柳社
山蔭川報	山蔭川柳社
新寶暦	山梨川柳社
川柳サイ	京都彩柳社
館ン坊	東京日日川柳會
川拂「華」	近江華の社
海友	大連海務協會
久良岐自畵賛	阪井久良岐

ホーテン報 龜山寶年坊
大阪パック 船木夢考
京都日出新聞 後藤千枝
山口實業新聞 柳川洲馬

金一圓五十錢 重岡西嫁
金一圓 柳川洲馬
金一圓 松本春花
金五十錢 仲田白牡丹
金三十錢 田内伯峰
金十錢 平井美月

遼東新報

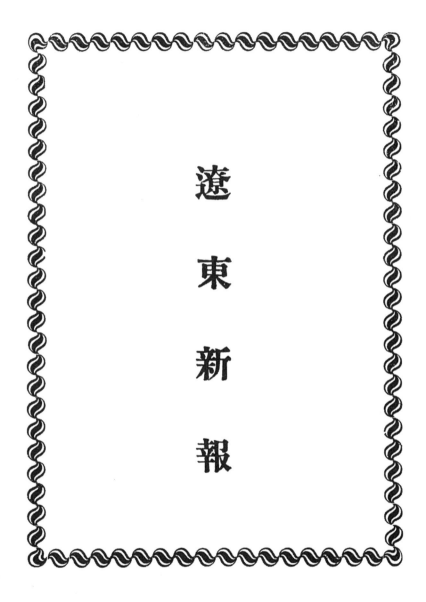

川柳鯱鉾

純川柳研究の
好伴侶なり

一部郵税共拾錢

名古屋市南區富江町
發行所　中京川柳社

川柳ばん傘

大阪川柳家の
機關雜誌なり

一部郵税共拾貳錢

大阪市西區市岡町五六
發行所　關西川柳社

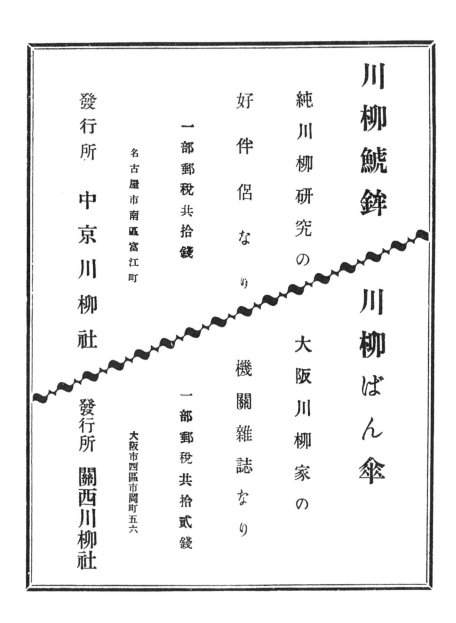

編輯室より

名ば營し雜誌で營利を目的として發行してる雜誌と、お互に趣味の交換をして言はゞ道樂半分に其道を研究しようと云ふ雜誌とは其間に於て隙程の違があります●我々編輯者は勿論その後者をとつて向かふ川柳の向上趣味の普及に努めて居ります又一面には愛好者の一人でも多く得るのが目的であります●然し拂底せる滿洲の柳界で以上の目的が果して遂し得られるであろうか疑問でありますが●眞似事ながら雜誌を創刊して同趣味の人を得るべく努力してゐるのですが第三者から見ると馬鹿氣げたやうな事がとても想像のつかない點に苦心を要してゐるのであります●何を言ふても滿洲に於て我ほうてんは唯一の純川柳雜誌で所謂一人舞臺とも申しましやうナカナカその責任の重大なる事が我々編輯者に適切に感じて來るのです●幾ら吾部が奮闘しても努力にても後援が繼かなければ駄目でありますが幸に諸君より聲援を得まして豫想以上に内容の充實を遂する事が出來ました●之れは諸君の[illegible]と努力に依つて遂し得られたものと今後引續き尚一層の聲援あらんことを編輯子の懇願する處です●本號にはいろいろお斷りしたい事があります先づ第一に募集吟の「災難」の巻は選者淡花坊の都合にて本誌締切りまで到着せなかつた爲め來號に廻しましたのと前號にて豫告しました川柳連鎖劇が掲られなかつた事です●これは申すまでもなく紙面の都合で止むなく來號に廻しました次第ですから樂みついでに今一回だけ御辛抱を願ひます●一家吟も本號に掲げなかつた分は來號に掲げますから何うか惡からず御察し下さいませ●募集吟の原稿には各題別紙に御願したいものです原稿整理の場合に他の題の方へ交り込むとも限りませんから何うぞ宜敷

謹告

▲投書は如何なるものにても喜んで拜受す▲一家吟は元より事川柳に關したるもの▲研究を要すべき川柳上の質問▲初心者の參考となるべき必讀の記事▲各地柳界の消息又は句稿▲其他一切何んによらず報道せられたし▲若し原稿返附を要すべき者あらば其旨附記せられたし▲投書は本部田邊柳香宛にして御寄稿を懇願す

大正六年四月九日納本
大正六年四月十日發行　（定價六錢）
毎月十日一回發行

奉天驛前
奉天編輯所　田邊米三郎
奉天小西關
印刷人　石本力藏
奉天小西關
印刷所　奉天活版所
奉天遼東新報社分局
發行所　奉天編輯所
電話一二五番

大正六年一月廿四日
第三種郵便物認可

ほうてん
（第四號）

大正六年四月十日發行
毎月一回十日發行

發行所
奉天編輯所

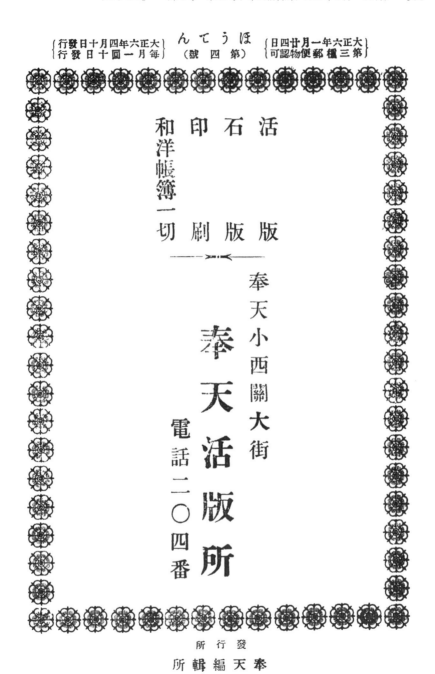

大正六年一月二十四日第三種郵便物認可
大正六年五月十日發行（毎月十日發行）

ほうてん

第六號

五月號

募集吟課題

△新聞　飴ン坊選
△質屋　水府選
△行水　五葉選
△海雜吟　大吉選
△挨拶　意想郎選
締切五月二十五日（七月號）

△風鈴　五葉選
△辨當　百樹選
△無性　水府選
△門番　綠天選
△立聞　意想郎選
締切六月二十五日（八月號）

投吟所

奉天編輯所

内容

奉天新市街ノ一部

ほうてん

第六號

大正六年五月十日

古川柳十句

（動物）

眞つ白な犬合羽屋で給どられる

そりや猫と云ふ間燒物九人前

迷惑な顔は祭りの牛ばかり

馬のへて四五人困る渡し舟

鷄は追ひつめられて五尺飛び

狼は財布ばかりを喰ひのこし

水瓶へ鼠が落ちて忠左衛門

じつとして目見えは狆に吠ゐられる

鼻はまだしも猿の毛は誰が數へ

繼母に育てゝ貰ふ家鴨の子

川柳の研究

考へて貰ひたい事

近藤飴ン坊

●募集吟に就て

＝川柳は拵らへずに＝
＝作らねばならぬ＝

▲作句家に考へて貰ひたいことが澤山ある。課題「月給」の選をしたから、其選から例句を擧げて、考へて貰ひたいことを言はう。

▲作句は、「こしらへぬ事」、こしらへた句は淺薄で同想が多い

月給日妻は歸りをつけて待ち　耕雪
常にない笑のもれる月給日　舟人
女房の葱切つてゐる月給日　鶯郷
月給日内では女房待つてゐる　姫小松

此の四句は月給日の稍豐かな懷ろ具合を詠んでゐるのである、斯の如き類想は外にも澤山あつた。此等の作者は月給と云ふ題にぶつかつて句をこしらへやうとするので類想に陷るのである。月給日を稍豐かな懷ろ具合、誰でも氣のつきそうな狙ひ所である、皆の氣のつく所には類想がある、此の類想を避けるには句をこしらへてはいけない。

▲然らば如何にしたらいゝかと云ふ問題

が生じる、句はこしらへずに作るのである、こしらへると云ふ言葉と作ると云ふ言葉とは同じであるが、私は、こしらへると云ふ言葉にはわざとらしい又求めた或物が含まれる、作ると云ふ言葉は、夫れよりもわざとらしくなく素直であると思ふ、句はこしらへてはいけない、作らねばならぬ、然り創作であらねばならぬ、月給日の豊かな懐ろ具合と云ふものは陳腐な想である、其想を借り來つてこしらへた句に内容のありやう道理がない。

　二階から月給貰たらしい錢の音　鶯郷

此れが創作である。二階を貸してある男が、いつもは生活に疲れたやうな様子をしてゐる、生甲斐か有るのか無いのかと危ぶまれてゐるのに、今夜は錢の勘定でもしてゐる音か聞える、ハヽア、月給をもらつたのだな、と云ふ句は、月給日に女房が葱を切つて待つてゐる句よりも遥かに内容がある、此の句は月給の感じを出すべく拵らへた句でなくて、月給の感じを表はすべく詠み出でた句てある、作者の詩嚢から消化されて出て來てゐる、同一作者の句で、詩の袋から取出された句と其袋の外側にある想とは此の位ゐ隔たりがある、句は心から搾り出さねばならぬ、耳から得てはいけない。此句の「貰たらし」は無論關西辯の「もろたらし」でなくては調子が整はぬ。

▲これから少し調子に就て言はう

　洋服屋先づ月給の寸を睨め　懇々

洋服屋が注文主の月給の額を踏んでゐるのを洋服屋に縁のある、寸尺を借り來つて寸を睨めと云つた所が川柳の値打である、或は縁語仕立故狂句に近いと云ふ者があるかも知れないが、私は此の程度なら川柳の面白味として許して差支ないと思ふ、此れは佳い句てある、併し斯う云ふ狙ひ所や、斯う云ふ叙し方は從來の川柳なのである、吾等は此の境地から脱して一層進んだ新しい天地を建設したい。こゝに努力の快味がある。

心臓が弱い十五の踊ッ子　雉子郎

此の踊ッ子は半玉でゝもあらうか、踊が此の女の課業なのである、自分は進んで踊を習つてゐるのではない、抱へ主から課業に強いられてゐるのである、其子は心臓が弱い、踊ると息がはづむ、苦しい、でも、強いられた課業なので已むを得ず踊らねばならぬ。此の句は洋服屋が注文主の月給の寸を睨めたと云ふタハムレ事ではない、洋服屋が月給の寸を睨める事も洋服屋自身に取つてはタハムレ事てないかも知れぬが、作者の扱ひ方は私にはタハムレ事に思はれる。

▲踊ッ子の句はシンケンな社會觀てある第三者は此の句から、踊を強いられてゐる病身な少女に同情が出て來る、そして社會の一部をのぞかせてもらつてゐるやうな氣がする、少女を現はす爲に「十五」と年を云つた修辞の用意もいゝ、句全体が整つてゐる、若し作者の用意が缺げ、努力が足りないならば、此句は單に心臓の弱い十五になる子が踊つてゐると云ふばかりなる詰らない句になつて了うが、「心臓が弱い」と切つてある用意が、讀者に或る想像を與へるのである、斯う云ふ用意が從來の川柳に少ない、私は調子の上に此用意を周到にしたならば舊套を脱して新しい天地に入り得ると思ふ

（四月廿三日記）

ラマ塔（會遊吟）

關口文象

後の月此處は戰後の奉天府

錦粧軒近什

坂井久良岐

いゝわよ知つてるわよと五月蝿がり
細君の花に頭も下げられず（生花）
花の醉野暮な野郎が搖り起し
助六も今は下駄屋の名と成りて
仲の丁昔しながらの八重が咲き

繪葉書

明和會　干龍齊

守錢奴の馴れぬ高利に貸倒れ
保證印初めて知つた原籍地
繪葉書になつて國寶切り賣られ
華族から嫁してはしため皆替り
安島田土瓶に酒を忍ばせる

春の柳（二）

大谷銀坊

柳散る街を男のきざみ足
李さんの樣な男の鼻眼鏡
本部屋に納まる俺はからツけつ
接吻に花簪のうごきすぎ
敷島の灰を落してつねりつこ
耳掃除簪までの出來心
象に飼をやる人間の小さすぎ
辻占を買つた晩から風邪を引き
三味線に用のない妓で養女分
結納の日に見た夢の恐しい
櫻咲き中候披露目の夜
鏡花集春の柳に灯がゆれる
女下駄春の柳を乘せて浮き
夕化粧覗けば柳朧なり

日比谷のつゝじ

紅灯籠昨夜の連れは皆んな居ず
大びらに手を引く跡を獨り者

◉柳香さん

東京　坂井久良岐

□

「奉天」で江戸趣味の川柳雑誌を出すと云ふことの困難事をお察し致し舛。丁度我等が去る明治三十八年の五月五日に「五月鯉」を發刊しまして大に江戸趣味を絶叫し古句研究の必要を唱道しました時を思ひ出し舛。

□

ソレは其當時尾崎紅葉が死んで間もなく世の中は自然主義勃興の時代で有まして、あらゆる舊物に對し打破主義を盛んに振廻はした時代で有ります、是等の一派と我等と大喧嘩をしたのは「五月鯉」一巻三號に其痕を留めて居り舛、ソレに川柳界は全く酒を呑んでワッショイ騒ぎをしたり、有らぬ人身攻撃したりして以つて能事足れりとする時代で有りました（近く劍花坊君は此時代の不眞面目を深く小子に謝罪せられました）そして

□

九段上は全く支那留學生のみと云ッても差支なく神田牛込は勿論吾久良岐社の附近に法政大學が有りますので、隣家や周圍に支那學生の住居する者のみで、此間に一人自分丈が川柳を通じて江戸趣味を絶叫すること足掛三年間で有りました此際は一切家事を抛擲し死を辞せずに努力しました

□

當時の感恨と奉天で今「ほうてん」を發行される心持と多少似通つた感しがするだらうと思ひ舛、支那情調も揚州江の春ならば江戸情調にも共感しませうが「奉天」ではチト大漠射鵰の氣味があつて投筆事軒戎と云ひたいやうで有ります。

□

今日でこそ東京でも江戸研究者は大分殖えて、社會でも明らかに認めて來ましたが、其眞の江戸情調や寶歴の川柳の眞髄は、決して理解されては居りません、尤も目下帝劇では幸四郎丈の助六劇が大好評で滿員續ではありますが、マダ世の多くは好奇的の歡迎で眞に助六劇に共鳴する人間は決して有りません、けれども我等眞に古句研究を此十四五年間に驅足で大努力進んだお影には此劇を見ると實に心の底から陶然として醉ふことが出來ます、分けて河東の音樂花道の出の所の文句を見てもゾク〱する程に嬉しいので有ります、

天命を成程知つて河東節

の拙句のある所以て、川柳家もどうか此氣分に共感して扨此寶歴の大精神をして社會をヨリ良き境に導きたいとのみ思ふのであり升（四月十八日着）

川柳出放題

東京　大谷銀坊

□愈々米國も遅蒔き乍ら參加と決定したり、戰亂は益々一般物價の勝貴を要求す可し、日本は時正に櫻花爛漫或は汐干に老若男女一日の歡樂に醉ふ時也、川柳家も大いに氣を養ふ事切也。

□「春の唄」「南洋」は川柳の課題也、「二日醉」「白粉」「月給」も又然り、此の時に當り「我々の進まんとする川柳」に質問あり、曰く「横に降る東京の兩若しらが」「氣狂ひの眼に艶のある如き朝」、初心者の迷ふも無理なきとすべし。

□東京に「大正川柳あり、依然混線たるを認む可し、値上げとは柳界多事の時節柄妙と云ふ可し、又一誌あり、「紅」と命名す眠れるが如し、平凡を知る可し、大阪に「番傘」あり、中京に「鯱鉾」あり、共

に佳句多し「ほうてん」の廣告に曰ク好伴侶も珍なり

□又々選者論あり結構の事と云ふ可し、選者論は東京に限らず、研究の歩を進めたきものなり、曰ク公認選者を選定すべし、丸持ち作家の上達を計り養成に急速を要す可し、庭の手入れをしたきは柳樽寺の言葉なり。

□川柳を向上させたきもの也、川柳を廣大にしたきもの也、眞の努力者無きを遺憾とするもの也、趣味の鐵は尙舊体のまゝ也、市區改正も前途遼遠と云ふべし。

□春の日は永し、火鉢ぉ邪魔な陽氣な鳥の囀えずるを聞くよりも、花を眺むるよりも、川柳の研究に力む可し、眞の川柳家と云ふべし、眞の親友と云ふ可し、「女房曰ク」川柳の先生になつて暮しが立つの………、六、四の五夜…………(つゞく)

花岡百樹氏來滿

大連より奉天—奉天は
見物のみにて即日出發

▲花岡百樹氏、今度御令孃の良緣纒り、その式典に御同席せらるべく去る四月十二日大連に上陸せられしが、大連にては川柳同好者發起の下に氏の來滿を期として、歡迎句會を開きました、今意想郎氏の報告を左に

百樹氏歡迎句會のことは、無論西嫁氏から其の模樣を御通知あつた事と存じますが、あらましを報告いたしますと、當日(四月十七日)は午後一時より開會との觸れ込みでしたが其時間に參集した者は恐らくなかったろうと思ひます、自分の出かけたのは社を終つてからで六時すぎになりました。百樹氏はモットト年を取つた方かと思つたら案外ぉ若

いのに驚きました、席題「神主」「東西南北」「百樹氏選では時勢君が高點を占めました、それから「總選擧」狂蝶氏選「花」意想郎選の二題ありまして、酒、飯の後記念撮影をいたしまして、散會したのは十時半頃でした、來會者は狂蝶、西嫁、不句郎、茗八、秋月、有山麥村、未知世、時勢の諸氏、それとモウ一人誰だつたか忘れました、會費寫眞共二圓五十錢（意想郎報）

右之如く割合に盛會でした、奉天に來られたのは二十二日午前五時五十分、奉天にも氏の來奉を待つて句會を催し、滑稽詩材を聞きたかりしが、如何せん大連滯在の長引し爲め即日出發のことになり單に奉天各所見物の上、その晩の八時五十分發安奉線にて、京城に向け出發せられました、句會を催さなかつたことが、歸すも〳〵殘念である

奠都博覽會

坂井久良岐

箱根山より見下せば朝鮮館

支那の芝居

花岡國樹

韮嗅くチャン十郎に好《ハオ》の聲

文使ひ

岸本水府

うそいふて濟まぬ氣もする文使ひ

名古屋より

大曾根大吉

へのもへと觀じて浮世面白し

へのもへに何の糸瓜の理屈かな

春雨の夜（上）

旅行中　後藤干技

▲久しく何にか書こう〳〵と思つて御無沙汰致しました。花は散つて選擧もすんだ今日午後から雨になりました、是れからの雨は眞の春雨氣分が味はれ舛、今夜は一とつ筆にまかせて出放題に書きませう、先づ今日の出來事から

（四月廿三日）

□川柳を玩味されつゝ

ある將軍

▲去る二十一日附けを以て豫備役に編入されたる仙波太郎中將閣下は岐阜縣武儀郡富野村靑年會の招きに應じ一場の講演をされるべく來會せられ字八神の大野榮太郎氏方にて晝支度を終えられ將に會場に向はんとて門前に送迎の大野氏夫妻並に在鄕軍人團に一々擧手の禮をされつゝ「今のは實に立派でした彼れは手料理ですか、有難とう」と頗る平民主義の御挨拶に大野氏夫妻大いに面目をほどこさる是れは小子がほんの見て來たまゝの事

手料理の蕨閣下の御意に召し

○留守の妻から

▲去る廿一日は京の島原廓の年中行事の一つなる太夫の道中について栽技女からの便りに曰く

太夫の髷　（エラ付）

金太夫の金猩々　九重太夫の立兵庫
三吉野の二葉巻　光人太夫の立兵庫
小紫太夫の立兵庫　花の香太夫の長一
管の井太夫の横兵庫　今紫太夫の靜
思君太夫の島田髷　梅の井太夫の菊づくし
大和太夫の横兵庫

にて傘止めの胡蝶太夫は壬生狂言に因ん

で桶取りと云ふ奇抜な髷で其の扮裝も桶取りと云ふ一風變つた粧ひなりしと。

○ほうろく

▲矢張り二十一日の道中と同日に洛西壬生寺に於て大念佛が執行され五月十日迄で毎日カンデ〱と壬生狂言が演ぜられ舛此狂言は桶取り。十蜘蛛。と焙烙割りである。このほうらくは二月節分會の時厄年のものが自分の年をほうらくに書きて厄を拂つて貰うつた物なり且て鯱鉾六年四號の森與梅てよみ前略「ほうろくに入園料に六錢と書いて云々」とあり、ほうろくは名古屋地方の言葉ならんが京都ではほうらくと云ふ

厄年の焙烙花の頃に割れ

○長良川の鵜飼

▲四月も最う下旬となりました、五月十五日からは字町北端を流れる長良川に鵜飼が毎夜催され舛、小子は此の長良川の北岸長良村に初聲を揚げた者でありますから、愛郷心の一端から鵜飼に就いて知つて居る丈けかい摘まんで申上げませうそも〱長良川鵜飼の起源は今より千二百年以前即ち大寶二年の頃の或る書物に「美濃の鵜飼」と云ふ文字が有る由にて其の以前何年頃より有りしかは不明なり延喜の頃長良　邊に鵜飼七戸有りて毎年是所より鵜飼にて捕獲したる鮎を干製し畏き邊りへ獻上せしと亦永禄七年織田信長、長良川鵜飼を觀覧して其の妙技を大に賞し鵜飼業者を鵜匠と改め鷹匠と同一の待遇をしたりと然して現今に至り明治となるや從來の待遇は一切廢止せられたれど二十三年より長良川筋なる武儀郡立花村一郡上郡嵩田村字上田一長良村内古津の三ヶ所を御獵場とせられ宮内省主獵官出張して御用鵜飼を執行せられ捕獲の鮮魚は其夜直に氷詰となし其筋へ差し

送るなり　畏くも　明治天皇には殊の外長良川の鮎をお好に相成り年々それ〳〵御手當金を下賜せらるゝ事となりたり

またゝぐひ長良の川の鮎なます　　芭蕉翁

古句の裏面（三）

敦賀　船木夢考

胸ぐらの外は女房手を知らず

▲十九世紀のチョン髷時代にも我が女房に柔術の指南を受けた奴が有と見へる。今や社會は男尊女卑の世にあらず、新らしい女なるもの出現して以來、男女同權を主張する現代なり。「あなた許しませんよ」と早速、奥の手を出してくる御代とは偖も〳〵怖ろしい女權の世なる哉

泣き泣きもよい方をとる形見分け

▲悲哀の涙に目を腫らして悔みの一つも云ふべき處に社會の人情もあるものを、さて死人の遺物を貰ひ受ける段になれば鵜の目鷹の目、慾一點張りに價格のありろうな物品を吾れ一に掻き取るとは偖も女は慾に拔目のないものなり。

仲直り元の女房の聲になり

▲時ならぬ雷鳴に隣り近所は、また始末つたと耳そば立てゝ聞いて居れば「いつでも出て行きます」はまだ素直な方で、「殺すなら殺せサア殺せ」と天下一品の聲調を持つて努鳴つてゐる。元來、女は嫉妬心が特性で夫婦喧嘩の元動とか、之等は主に陽春の季に發生するヒステリー性とかであろう。

明る朝、お目にかゝればニコ〳〵と笑を洩らしてゐるとは昨夜どんな夢を見たのやら。

借のある前では雨が横に降り

▲清貧の二字を誇りし時代、既に忘却して今や金力の現代なり。今日の日を喰ふ

に因る人物にして身には高貴御召の光々たるを纏ひ顔には八字髭をして紳士然と澄まし込んでゐる者の甚だ多きとは情けなき世の中と云ふべし、斯くの如き美裝に化し美顏術屋の厄介となりて社會を欺き白晝堂々と練り歩く面の皮の厚き奴にして時には安外小膽のものなり。腕車に乘じて車夫に一々道順を差圖するか又は雨の降らざるに幌を掛けて暑さに苦しみ又徒歩にありては或家の間口丈け傘を横にするとは傘も又た時には至極便利なる道具なる哉

物思ひ

重岡西嫁

道連はこず張店の物思ひ

二少年

村瀨微笑

花も見ず大峰山の露となり

天王寺中學校生徒の慘死

奉天柳壇

雑吟随意

○　池上花城

判じ繪の本をいろ〳〵廻して見
怪しな繪半分だけと見せて賣り
夜の内取り替て居る繪看板
裏長屋繪葉書なんど飾つとき
言ひ出した人が阿彌陀の高を引き
阿彌陀籤寢ころんだ儘これと云ひ
朝寢坊いつもホーキで起される
朝寢坊子守の唄も聞きながら

○　村瀬微笑

長家中今日魚じまの鯛を喰ひ
庖丁が切れぬは下手な料理人
花散る日宿舎の窓で文をかき

○　平井姫小姫

理に勝つて居ても伯父には勝てぬ也
書置の所々がにじんでゐ

終列車まだ寢付かれぬ儘に聞き
呼出して置いて女は隱れてる
愛嬌に髭をはやした太鼓持

○　土見秋晴

錢湯を問へば煙突数へられ
踏切が開かず自轉車輪をゑがき
看板に僞りのある大蛇なり
木の芽立ちニキビの親の痛い事

○　矢田春水

あの娘惜しい事には肺を病み
むツとして出たが己れの爲に也
乳の分女房寢しなに喰べて置き

○　平井美月

先生に鼻糞を掘る癖がある

○　志賀半厘坊

妾宅の三味から歸りや琴の音
無駄足を踏むは勸誘承知なり
改札へ冗談を云ふ定期パス

○　船木夢考

駈落のフト氣の變る比翼塚
禁治產一人の姉は遺傳病
○　徳弘兎子
欲しそうに下女の手傳ふ針仕事
寫眞屋は首を出しては何か言ひ
○　金子呑風
新兵は酒保で訛り笑はれる
犬の戀暖簾をかける棒で追ひ
○　服部耕雪
類燒の方は保險が付いてゐず
眼鏡を拭いて電球を透して見
○　川村琴仙
持參金もなくて後添只の顏
不器量をこらへて貰ふ三人目
○　岡澤曲人
若旦那笊の喰ひ方知らぬなり
叱られて体裁の惡い髭をもち
○　岡田源屈
雲助の二人うなづく良い女

○　伊豫呉久堂
勸誘員五月蠅がるのを笑顏にて
○　松本春花
何事も金でおさまる箱根山
○　三鴨雅柳
猫なれば傷もせまいと腰を撫で
雅柳子屋根より墜落の記

本溪湖研究句會

四月二十三日於本溪湖
初めて集つた新川柳家

兼てから本溪湖にて同好趣味者を勧誘しつゝありましたが、今度可なりの連中が揃ひましたから、研究を兼ねた初會式を催しました、奉天から柳香が出席して川柳上の意見を交換しました、當夜は謠曲會とぶつかつた爲め欠席者も出來ましたが、賜谷氏外六名と云ふ初會としては盛會でありました、當夜得たる處の句稿を發表します（柳香）

火鉢、娘

席題

肝癪は又も火鉢を叩いてゐ　隱居
出戻りが娘の様な風をする　同
美しい娘苦にする親心　同
先づこうと火鉢の前にかしこまり　胴田貫
親爺の顔見て火鉢撫でまはし　同
御袋は火鉢に顔を燻てゝ居り　同
内談を兎角娘の聞きたがり　同

あはて者火鉢の角で吹き出させ　天空
一服が腰をすへてる長火鉢　同
居催促アイス火鉢を楯にとり　同
賣れ殘り火鉢の番と冷かされ　同
淋しそうに番頭火鉢抱いて居り　同
姉娘先んを越されて仲違ひ　同
評判の娘中々交際家　同
待合の火鉢は顔か寫るよう　賜谷
來た客へ火鉢押してる今日の雪　同
差し向ひ時々火鉢耶魔になり　同
長火鉢妾と猫の睨み合ひ　同
下町の娘は口も達者なり　同
娘自慢母親は其下女に見へ　同
不性者火鉢の中へつばを吐き　有生軒
とは知らず親は頻にたぼこがり　同
ニラ臭き娘ながらも娘なり　同
姑娘《クーニャン》を乘せて威張つて街に出る　同
氣の毒さ行かずの娘旅に行き　同
内談と言ふて火鉢に膝を寄せ　東雲

赤顔の娘酸漿踏みつぶし　同
買物に兒を借りて行く娘が居　同
耳寄りな話火鉢をどけて聞き　柳香
聞き役は火鉢に炭をついてゐる　同
箱火鉢お膳の代りにも使ひ　同
若後家の娘時代を思ひ出し　同
許嫁もう世帶じみた事を云ひ　同
母親は娘に惚氣聞かされる　同

□□□近江八景から□□□（二）

馬場仙髏

八景を一ト間に入れて話し合ひ

日曜日の五人

日曜日お久し振りの顔が見え
日曜日散髪をしたゞけのこと
日曜日朝がら坊んち當てがはれ
日曜日朝飯女房一人なり
日曜日ステッキだけを持つて出る

一茶の俳句と川柳味

美濃　三秋庵岐州

▲俳句と川柳は全然違ふと云ふ事は出來ぬ川柳家は俳句を、俳人は川柳を研究して見るも隨分趣味があります、古人俳家の内でも貞徳や宗因のうちには川柳味のあるものが讀まれてあります、中にも小林一茶は川柳味のある俳句が讀まれてゐる（私が見たところでは）

夏の句に

下谷一番の顔して衣更
南無阿彌陀どてらの綿よひまやるぞ
鼻先に智惠ぶらさげて扇かな

秋の句に

稻妻やうつかりひよんとした顔へ

此外

窓へのる工夫して見る凉かな　鳥醉
田植唄までなる顔の諷ひ出し　重行
産月の腹をかゝへて田植かな　許六
ひとり寝や紙張の中のへらず口　學白

伊豫の川柳小集

四月二日の祭日に期せずして掘宅へ集つた連中が雛の前で飲みながらの得たる句稿が即ちこれなり（白牡丹）

白酒にほんのり笑ふ雛の客　八千代
雛祭り父ちやん既に酔ふて寝る　同
雛の客市松抱いて來るのなり　月の人
新妻も白酒に酔ふ雛祭り　同
雛祭りフト盃へ桃の花　文水女
雛段の菓子へ子供の手がとゞき　同
雛の主嫁いで祭り淋しがり　白牡丹
雛祭り白酒で父氣に入らず　同

美濃の河村琴仙君今度良縁があつて頗る美人の奥樣が出來ました由會員を代表して柳香が御祝ひ申します末永く家庭圓滿に早くお子樣が出來ますのを待つて居ります

□□□川柳四月一日會□□□

出席者百五十三名
柳界に於ける新レコード
優勝花輪は若葉會に歸す

本所緑町柴崎席都男氏邸宅に於て催されし川柳四月一日會は該界に於ける新レコードを作り出席者實に百五十三名の多きに達し頗る盛會を極めたり即ち豫定の時刻なる午後五時に參集者一同記念の撮影なしそれより餘興に移り琵琶、長唄、手踊等ありて何れも喝采の裡に當日の競點吟たる花輪優勝吟を開始せるが各柳壇二十七團体より各々三名の代表選手を選み決戰を交ゑたる結果最後の月桂冠は若葉會の手に歸し名譽の花輪を贈呈し万歳盛裡に散會せり當日宿題席題中其三才に入選せしもののみを適記せば即ち左の如し（干龍齋特信）

無心の手紙に添えて（宿題）
近藤飴ン坊選

人
こないだの部屋で小智恵の有ッたけ　むせき

地
口走る名は看護婦にしまはれる　人形子
天
もうそも書けず國でも知って居る　福助
軸
馬鹿になろう男にならう運動費

流行（宿題）

矢野きん坊選

人
姉藝者つまらなそうな流行唄　都男
地
粋島さ知れて雛妓に取巻れ　蘭蝶
天
流行妓贅を云はずに里か知れ　幽美
軸
車座の隅にかたまる流行唄
はやらない柄にお小間のつゝまやか

隅田川（宿題）

濱田如洗選

人
水神に嬉しい夜なり川千鳥　紫絃
地
梅若の死ぬ夜朧の角田川　花醉
天
捨られて死ぬるは隅田名高過　壽々六
軸
蜆掻く船が背負てる花の土手（春）
自動艇堀の小まんが泣いて居る（夏）
出水沙汰手丸が土手凄く飛び（秋）
川千鳥馴染む待乳がパックなり（冬）

色街（宿題）

寺澤素浪人選

人
神棚の切とに男呪はるゝ　壽々丸

地
紅鼻緒板新道の雨にゆれ　南都男
天
色街の明るい雨にうづく乳　吉之助
軸
玉帳をつけてる傍で茶をほうじ

喰ふに困つて（宿題）

佐瀬剣珍坊選

人
朝鮮え來ても俺には陽が照らず　華川
地
かたくなを捨てゝと妻の子を抑に　仲羽子
天
育児院出て母親のあてもなし　笑之介
軸
系統譜乃らが一番貧棒籤
氣まぐれに時計を止めて見ても晝

立派（席題）

吉川雉子郎選

人
体格で行くかけ合の付け焼刃　剣珍坊
地
風呂を出た火夫は立派な男なり　まいまい
天
自らの健全を恥づ紹介所　飴ン坊

妙（席題）

豊田千龍齋選

人
粉煙草に妙案もなし置手紙　銀坊
地
妙法を説いて庫裡では肉を割き　尺一
天
妙案もなくて一先づ落させる　飴ン坊
軸

妙なのゑ閑を盗んて逢ひに來る

明 （席題） 寺澤素浪人選

人
明け方に出す葬式は子が擔ぎ　久坊

地
明星が靴に凍つた霜の朝　ちどり

天
明日と云ふ日が又暗い胸を抱き　人形子

踊 （席題） 近藤飴ン坊選

人
心臓がよわい十五の踊ッ子　雄子郎

地
踊ッてるのが知事さんと二寸明け　雄子郎

天
拘留所踊ッて歩るくのに困り　劍珍坊

軸
踊ッてる〳〵懐中はからつぽ

人 （席題） 井上劍花坊選

人
惡人の割には脆い絞首臺　龜坊

地
キッスすれば悲し冷たし人形の頬　小次郎

天
筒井筒浮か〳〵人の親になり　堤南

軸
みどり町四月一日人を盛り

建碑除幕式

磯貝意想郎

四月八日大連虎公園に故末永鐵巖師の建碑除幕式にありたれば

人は死して虎公園に名を留め

募集吟

月給

飴ン坊選

喰ふだけがようくな月給嫌になり　耕雪
月給が上るに連れて子にかゝり　同
花が咲き月給取を淋しがり　同
月給日今日は蟇口持つて居る　空虚
月給日若干多くて落つかず　同
月給日迄といふので貸してやり　逸見仙
足ることは知れど月給足らぬなり　愬々
賞與だけ殘つて行くは上の上　同
月給が這入るとすぐに出てしまい　香茶
豫算して月給取は買ひに出る　舟人
月給日現金といふ洒落も云い　鶯郷
月給の當座財布を持つて出る　同
月給を持つて三越へと這入り　姫小松
月給日飲まずに置けば好かつたに　曲人

月給日土手で妻子を思ひ出し　西嫁
月給日のつびきならぬのに出合　松堂
新任の當座は里の扶持で生き　同
月給日朝から意見聞いて出る　雅柳
月給や標緻を望み嫁きをくれ　葉柳
原給のまんまで四十に手が届き　波久帆
算珠で聟の月給けなしてる　孿仙
卒業もせぬに月給だけ極り　柳香
眞似事の様に月給上つてゐ　同
昇給を夢見て其日欠勤し　葉蘭
月給が昇つて國の母を呼び　兎子
先借りが又た愚痴を云ふ月給日　美月
月給日宵から夫婦出たまんま　白牡丹
月給は少し外に何かあり　蔦子

佳句

人

嫁にもう月給の高打ち明ける　たいれん　西嫁

地

月給高のよこに口差引多い事　おさか　鶯郷

洋服屋先づ月給の寸を睨め　やまぐち怨々

天

二階のも月給もろたらし錢の音　おさか鶯鄕

軸

高い酒の廣告を讀む月給日

今月は長女が病らいだッけ月給

新柄の前に立とゞまれり月給日

月給の夜は運轉手様だらう

丸善の廣告には嫌られた月給日

往診の博士は勿体ぶつてゐた月給

月給か飛ぶ誘惑に負けた唄

インキ　五葉選

敎室の床にインキがこぼれてる　耕雪

考へる間にインキ乾いてる　逸見仙

探訪記者用意にインキよく注ぎ　同

喧嘩した様に浴びてる赤インキ　同

阿爺には讀めないといふインキの字　同

ペン先にインキの錆や冬ごもり　怨々

手の悪い奴はインキで文を書き　同

空瓶もインキのなどは値にならず　同

よい句をば見付出して赤インキ　舟人

書さしをインキで消した端書也　同

インキ壜机の上に氣にかゝり　鶯鄕

知らぬ間にインキやつぽり減つて行き　姫子松

氣付かないインキカウスについてあり　同

分らない箇所をインキで棒を引き　同

オヤまあと坊やインキをもぎとられ　御風

出張の留守ペン先に錆がつき　西嫁

振つて見て出す鋭筆にペンの愚痴　同

こぼされたインキ疊へ地圖が出來　豊齊

吸取りの紙に寫つた左り文字　同

それとなくインキのビラが目にとまり　松堂

洗濯の母はインキを叱つとき　同

若且那インキで手紙書いてゐる　柳香

二階のへインキを借りに上つて來　同

世界地圖日本ばかりを赤で染め　葉柳

エプロンにインキを飛ばす新世帶　春花
子が出來てインキ入らぬ世帶難　同
住所など尋ねてインキ一寸つけ　兎子
インキなど其儘置いて横になり　同
又してもインキこぼして叱られる　美月
地圖かいた樣に障子へ散るインキ　白牡丹

佳句

間に合せスタンプ台へ水を塗り　舟人
インキ壜にペン先膝枕してる樣　同
道草の邪魔になるのがインキ壺　孳仙

秀逸

インキ壺掃除に大分手間が入り　姫小松
首吊つた樣にインキはぶら下り　松堂

人

インキ壺洗ふ氣なる日曜日　ほうてん柳香
評　最も自然なる句、而して何處やらに餘裕あり

地

分析をする樣にインキ賣つて呉れ　おほさか鶯鄉
評　取材清新、小生此形容の手腕に驚く

天

忙かしいハタキにインキ引つかゝり　たいれん二二
評　潑剌たる處小生の最も好む作品、作者亦老巧なり

軸

轉任に給仕へ讓るインキ壺

＝縁＝　水府選

縁談の當座息子の神妙さ　兎子
再縁のもう恥かしい年でなし　同
其女みじかい縁をたんと持ち　美月
其時のベンチは今も其處にあり　同
辻占で見るはたつた一ツなり　同
どれ合は三日見ぬ間の櫻なり　同
學校を出ると縁談こゝかしこ　白牡丹
髮結は良縁ですと好氣嫌　仝
離縁され少さい方を連れて歸に　蔦子
絶縁と聞いて養子がヤケになり　仝

またの御縁で尻結ぶ浪花節 御風
た花見に母それとなく見合せる 秋月
腐れ縁ですと一生敷かれる氣 西嫁
戸口調査離縁にチョッと異見めき 仝
我儘は言はず遠縁氣がひがみ 仝
辻占の縁は男女へ其まんま 豊齋
再縁をせぬ考へも當座にて 葉柳
何事も縁だと變る裏住居 眷花
お互の慾でしがない縁を切り 仝
種々と聞いて終に縁をきり 空虚
縁續とは其あとで知られたり 逸見仙
良縁と思ふ所が纏らず 仝
縁ですよなどゝれ女將はおだてあげ 怨々
仲裁に這入つて妙な縁となり 番茶
縁談の咄し娘は隣りの間 舟人
そろ〳〵と野心を縁にして仕舞ひ 鶯郷
まあこれを縁にと語る夜行瀛車 姫小松
何氣なく話すと同じ國の人 仝
不縁をば待つてた樣に連れて歸に 仝

縁談の仲人らしいふところ手 拳仙
惡縁の子供が出來て諦める 柳香
縁談が出來て娘に品がつき 仝
縁は意なもの女から惚れる也 仝

佳句

妹の縁へ出戻り口を出し いよ 白牡丹
淋しいと置いたが縁で婿に入れ はうてん 曲人
良縁の泣き明かしたに氣が附かず たいれん 西嫁
縁付いた姉に小切を貰ふて來 きやうと 耕雪
情死は一ぺん縁の切れた中 おほさか 姫小松
居候不思議の縁と禮を言ひ はうてん 柳香

軸

妻揚枝の文句に二人胴づかれ

―――

＝災難＝ 溪花坊選

災難の話一方泣いて居る 鶯郷
災難を皆んな語つて借りに來る 仝
お饒舌な女房災難蒔き歩き 曲人

罪者とう〳〵未決で年をとり　秋月
災難の頻末語る生殘り　逸見仙
災難は惡い男に見込まれる　仝
災難をチトおほげように無心狀　姫小松
災難とあきらめてゐる親の借り　吞花
災難を未前にふせぐ保證人　仝
災難を他所に妾の高笑ひ　仝
炎難を仲居一人で引受る　美月
災難ですませますかと向き直り　仝
何もかも災難にして詫住居　牛匣坊
厄年は遊ぶ事にも氣をつける　豐齋
災難を侔知らずに他所に居る　仝
當座帳災難にして棒を引き　洲馬
こうもあらうと災難へ人だかり　仝
災難のあとを賭場で又た取られ　仝
災難をかついで廻る迷信者　哲坊
災難を救上げたが緣となり　仝
災難がたしかにあると易者云ひ　つた子
世話好の又災難をかぶつてる　仝
預かつた文で災難かゝつて來　仝
獨り者災難と云ふを知らぬ也　柳香
災難に逢ふた同士が旅の宿　仝
義理にせず災難にして諦める　夢考

佳句

災難と云ふを知らない男なり　おほさか 姫小松
災難に遇ふて厄除け貰ふて來　おほさか 英丸
男氣を出して災難引受ける　ほうてん 柳香
災難と諦めるほどに年をとり　つるが 夢考

軸

犯人に似た人相でかゝり合ひ

溪花坊曰ク、災難の句選皆樣に對して誠に濟まないほど遲くらかしまして申譯がございません、「災難」と云ふ題が餘程難かしいので類句が多くあつたのは致し方ありません。

噓

意想郎選

取られたと妾且那にウソを言ひ　柳香
ウソついた妾婆母やに舌を見せ　仝

ウソついて養生をさす病上り　仝
ウソといふ事を知りつゝ聞く日永　春水
ウソとしか見へぬ程の好い話　仝
思はない所で逢ふてウソが露れ　仝
辻妻を考へ苦しいウソをつき　仝
ウソついた事が後から氣にかゝり　仝
幇間に云はれた儘を嬉しがり　耕雪

先生にウソを云ふてる事が見え　仝
言譯をつく繼子のいじらしさ　仝
ウソならばウソにしとけと輪を吹し　仝
皆なウソにして女房はやくの也　仝

窮すれば通ず債鬼の眼が曇り　空虚
ウソを吐く役を一人は頼まれる　逸見仙
恐るまい事かすつかりウソが知れ　仝
ろりやウソでないと側から口を添へ　仝
眞赤なと白々しいがウソの色　懇々

ウソでない證據おなかゞ承知せす　仝
大奇術ウソを承知で感心し　仝
罪のないウソで一座は大笑ひ　番茶

ウソつけッと巡査叱つて足をあげ　舟人
死ぬ人にヂキに治るとウソを云ひ　仝
歸るすぐ女房ウソを看破する　鶯郷
申譯ないさだん〳〵白狀し　仝

ウソながら香貝師面白ふ人を寄せ　仝
ウソ云ふと白狀出來ぬ程に成り　仝
又ウソでしよう女房はつんとする　姫小松

そら涙聞く事だけは聞いてやり　仝
嫁の言ふ事を姑はウソにする　仝
息子への意見少しはウソも交ぜ　仝
ウソですと娘紅葉を散して居　曲人

母親のウソで子供は寢て仕舞　仝
度々で事實がウソになつちまい　仝
行懸り心にもないウソをつき　仝
泣いたのは添乳を迫る小さいウソ　仝
花雲り天氣豫報がウソになり　秋月

出鱈目を言つて落語家飯を喰ひ　仝
子を持つて心苦しいウソをつき　西嫁
出前持已がソヽウを犬に着せ　仝

淺はかなウソと氣の附く未決囚　仝
面會所でもお妾のそらなみだ　仝
ウソにして置けとは負げた遁辭也　松堂
僞證罪金に目の無い男なり　仝
講談師面白い程ウソを交ぜ　豊齊
面白い男眞面目でウソを言ひ　仝
度々のウソを母親又かつぎ　葉柳
ウソをつく事のみ知つて嫌がられ　春花
話好き調子に乘つてウソをつき　仝
よくあんなウソがつけると染ぬ緣　仝
眞實を悋氣はウソにして仕舞ひ　葉蘭
小商人奇麗なウウを信じさせ　仝
四疊半ソれとウソとの差し向ひ　仝
知れ切つたウソ面白い續きもの　兎子
ウソ事の樣だと悔みそつとふき　仝
夜深かしを親爺好きな將碁にし　仝

佳句

媒人はどつちのウソも間に受けず　さがみ春花

人

流連は女將にウソを敎へられ　よなご松堂

地

留置場夜ッぴてウソを考へる　よなご葉柳

天

吸ひ附けて桂庵ウソをつき合せ　たいれん西嫁

軸

新らしいウソ考へる朝歸り
度々の無心病氣の名を替える

寄贈金品目錄

川柳皷鉢	中京川柳社
山陰川柳	山陰川柳社
新寶暦	山梨川柳社
川柳ヤオン	京都川柳社
海友	大連海務協會
紅一點	松栢庵其光
川柳十集	仝
五月鯉	坂井久良岐
獅子頭	仝
わがまゝ	竹原苗穗

邦楽	大谷饌坊
藥業之友	村田鯛坊
染工美術	小笹樂山
大阪パック	船木夢考
京都日出新聞	後藤干枝
金一圓	豐田千龍齋
金一圓	梶谷笑樂
金一圓	松尾巴城
金五十錢	金子呑風
金五十錢	長岡不二雄
金三十錢	柳津奴風
金三十錢	志賀牛厘坊
金三十錢	德弘兎子
金二十六錢	平井美月
金十八錢	坂口燈雨
金十二錢	吉原叢隱
金十錢	川村琴仙

滿洲の山紫水明

湯岳河の鮎漁と溫泉

□曰く黄塵萬丈、曰く朔風淅瀝、飛雪と拳雹と、泥濘と洪水と、蒼蠅と惡疫と、是れ一に滿洲の名物と評言して可なり。

□豈に初夏の高粱を涉るの青嵐と思はざらんや、豈に千年の古塔に懸るの夕照を逸すべけんや。柳陰の騾馬、銀簪豊頰の少婦、皆滿洲の好特色なり

□遊子若し湯崗子驛に下車し溫泉に投浴して、熊岳河漁獲の鮎を賞味し、翌日騾馬を賃して千山の探勝に上る、道程三里二十丁。

□千山の勝地たる、唐代より淸朝に及びて史上に名あり、神廟佛閣の宏壯雄麗なるもの山上谿間に在り、或は老松季樹或は躑躅紅葉翠紅相映じ、枝梢相交はり、飛瀑淸溪出沒す、是れ千山の眞景なり。

□若し南滿洲に山紫水明の境を求むる、熊岳城を推さゞるべからず、巒峰重疊之を圍み、綠樹翠葉之を包む、その間白砂銀線を引くもの熊岳河と爲す。

□熊岳城の上流左岸廣濶なる沙原あり、試に礑砂を穿たんに溫泉到る處に湧出す戰時浴漕を此處に設け、公衆の投浴に便ぜるもの、當時同樂溫泉の名あり、鑛泉は透明にして淸澄且つ鐵味を有す

□熊岳城附近は名稱に富む、道一里にして古洞煙樵あり、廿餘町にして果老仙境あり、皆杖を曳いて村釀を酌むに足る。

□若しそれ安奉沿線の山水に至りては、新綠に佳く秋月に可く、杜鵑聽くべく鮎漁すべし。

□陳相屯を過ぎて塔山を仰ぐ、誰か當年彈雨硝煙の間に山頂の塔影を望めるを追憶せざらんや、塔山々頂の古塔高さ七丈餘、正に唐代の建立と傳へらる。（柯生）

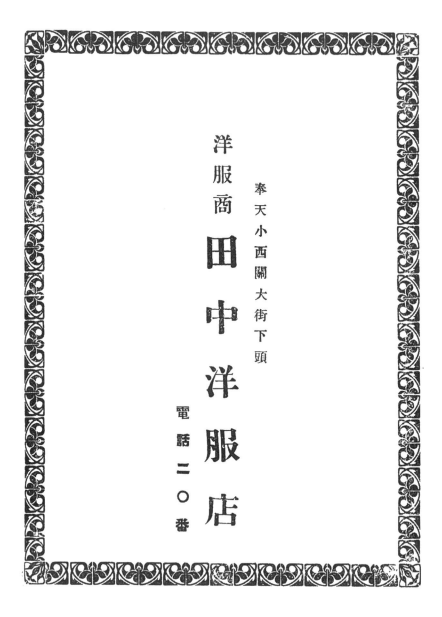

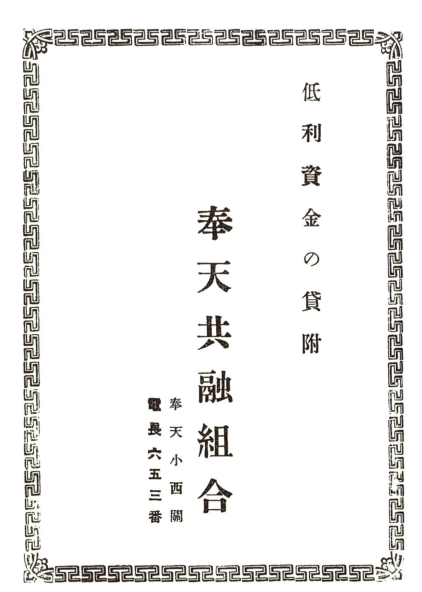

新築移轉

綿絲布
雜貨

商

大島洋行

奉天城内鐘路
電日長二四四番
話中三〇〇番

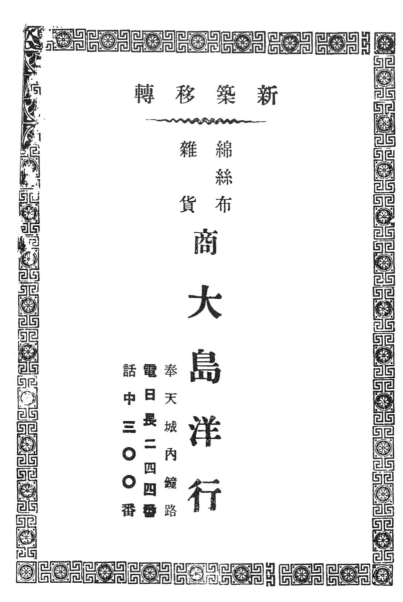

編輯室より

我奉天は漸く暖くなりましたが、内地では花が散つて居る時分では、本號はこの編輯室よりあれやこれやのこと報告に及びます◉花岡百樹氏のお令嬢は今度良縁纒り去月下旬目出度儀式が濟みました御祝ひ申し上げ升◉岸本水府氏は昨今御多忙で困られてゐられるそうです本號に何か書いて頂く筈であつたのがそう云ふ事情で來月になりました◉松本香花君は此程田代川柳會員一行六名で箱根旅行と洒落込んだ由該地より繪葉書を頂戴したが、金のある旅行は川柳氣分もあるが貧乏旅行は甚だ面白くない由であるそうな◉山陰川柳會三鴨幸四郎君事雅柳子近頃流行の飛行機墜落の眞似をして屋根から落ちたとのこと發六君から「折れたかも氣絶したかも知らず先づ幸四郎と起してぞ見る」本人は命に別狀がないので見舞は無用と添書があつたからマア安心をしてゐる◉輕我と違つてこれは病氣の方で月の內一遍は寢ないと氣が濟まぬと云ふ大連の西嫁君一名風邪引きの名人、こんど念入りに二十日ばかり寢込んだ　處が病氣中に期せずして出逢ふた若八參村の兩人、久し振りと云ふので夜の一時頃までチビリチビリと飲みだして妻君からグチも出る騷ぎ「風邪引きがチイ有難い二日醉」一病氣もこんな具合に行かぬと面白くない●今度本溪湖に十名の新加入者が出來ました、何れも熱心家揃ひとて當分は研究を意味して毎週一回の小集を催すことになりました◉御平子は今度西一條十八號地に家を借受け川柳研究家は何時でも御光來願ひたいと云ふて居りますから仝好者は遠慮なく襲撃して下さい

謹告

▲投書は如何なるものにても喜んで拜受す▲一家吟は元より專川柳に關したるもの▲研究を要すべき川柳上の質問▲初心者の參考となるべき必讀の記事▲各地柳界の消息又は句稿▲其他一切何んによらず報道せられたし▲若し原稿返附を要すべき者あらば其旨附記せられたし▲投書は本部田邊柳香宛にして御寄稿を懇願す

大正六年五月五日納本
大正六年五月十日發行　（定價六錢）
毎月十日一回發行

編輯兼發行人　奉天驛前　田邊米三郎
印刷人　奉天小西關　石本力藏
印刷所　奉天小西關　奉天活版所
發行所　奉天遼東新報社分局　奉天編輯所
電話一二五番

大正六年一月廿四日 第三種郵便物認可

ほうてん
（第六號）

大正六年五月十日發行 毎月一回十日發行

發行所
奉天編輯所

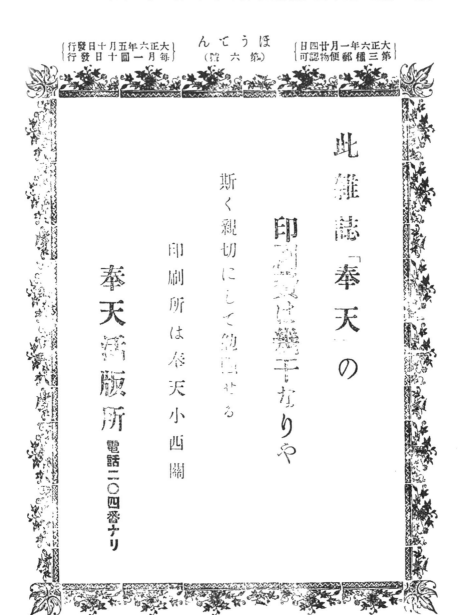

大正六年一月二十四日第三種郵便物認可
大正六年八月十日發行（毎月十日發行）

ほうてん

第七號

八月號

募集吟課題

△風鈴　五葉選
△辨當　百樹選
△無性　水府選
△門番　綠天選
△立聞　意想郎選
締切八月二十五日（十月號）

△切腹　水府選
△夜番　五葉選
△擂鉢　飴ン坊選
△お内儀　意想郎選
締切九月二十五日（十一月號）

投吟所

奉天編輯所

内容

奉天北陵ノ御陵背面ヨリ見タル全景

VIEW OF HOKU IMPERIAL TOMB MUKDEN.

ほうてん

第七號

大正六年八月十日

謝類燒御見舞

去る六月二十七日類燒の際は電報或は信書を以て御見舞に預り御厚情の段奉深謝候爾來居所定まらず浪々致し居り候とて御尊名御伺洩れも有之べく乍畧儀誌上を以て御厚禮申上候并に一同無事にて七月十三日より左記の處にて編輯事務を開始致し居り候條御禮を兼て御通知申上候

奉天西塔大街一丁目
遼東分局奉天編輯所
田邊米三郎

川柳の研究

選をしてから

近藤飴ン坊

●課題は作句の標準

＝川柳は説明を避けて＝
＝深く核心を掴んで作れ＝

私の今回の選は白粉でした、毎度言ふ事ですが、今回の應募者の多くも、白粉を説明するか、白粉を使つて居る者を説明して居ます、川柳は或る點まで説明を許す約束がありますが純説明では理屈が勝つので詩になりません。
課題と云ふものは作句の標準に過ぎないのです、課題を得て夫れを説明しやうと思ふ態度でいくら作句をした所で佳い句は生れません、課題が標準に止まると合點が行つたら、課題の説明を避け其の外廓だけを歌はずに、深く核心を掴んで來て歌はねばなりません。
例へば白粉の課題を得て
白粉に苦心して居る新女優
と云ふ句は、新女優が白粉に苦心して居ると云ふ説明に過ぎないのです、女優が白粉に苦心して居る場合もありませう、併し其事が詩として何の價値がありませう、詩はモット人生に觸れなければならないものです、そして新女優とは何たる不熟の語でせう。

野心ある下女白粉をたんと塗り

川柳が革新されて最う十餘年にある大正の今日にこんな句を選者の許へ送る作句家のある事を怨みます、こんな想は狂句の方で既に言ひ古して居るではありませんか。下女が白粉をたんと塗つた、ハヽア野心があるのだなと觀察する眼をモット外に向けて、深い新らしい觀察をなさい、此の句は恐らく觀察から生れたのではなく、從來讀んだ狂句の記憶から生れたタハムレでせう、タハムレは廢めて下さい、選者が非常に惱まされる。

作句上どんな事をタハムレかと云ふと

景品の白粉少し古くなり

白粉を落せば元の役者なり

こんな説明の甚だしき句をタハムレと云ひます。

今回は三才を定めるやうな秀れた句もありません、比較的いゝ句に短評を加へました

選者吟　近藤飴ン坊

媚びるのに解く白粉が馬鹿らしい

私は諸君の作句に對して説明を避けよと叫んだ、自分の句に就ても其點を考慮せねばならぬ、此句は藝妓か娼妓か酌婦か兎に角賣色の女が主體なのである、白粉を解いて化粧をして居るのは客に媚る支度なのである、自分の馬鹿らしい境遇にフト氣がついた所に、捨鉢の悲哀を捉へたものである

白粉を溶いてゐれば里にやつてある子

これも賣色の女が主體である、或る夕、白粉をといてゐると、いろ〱感想が湧いた、其中で最も強く感じたのは、里にやつてある子の事である、で此の女の或る場合の心理はつかまへてある

麥茶の後

大阪　岸本水府

○

川柳は技巧が生命也。見たまゝその儘では川柳家の手に依らすともいゝものなり。言ひ換ゆれは文字の陳列法に納つて共鳴させたり、失望させたりするもの。

○

某新聞の編輯長部下の社員の川柳を嫌ひ、時事川柳なりとて自作の數句を掲載す。傍らよりそれは狂句なりと注意すれば編輯長閣下改まつて題して曰く「現代狂句」――。

○

山口縣は劍花坊氏の郷里と聞く、然も縣下作家の御大洲馬、樂水兩氏の大阪系統なるは奇しき現象。

○

何處やらの川柳雜誌に「五花村氏が云ふのに關西は俺が俺がと豪がるので困る」とあり。五花村子の關西視察擴大に驚くべく、此人の大阪を知らざりしを怨む。

○

「山陰川柳」の表紙の「蔭」の字と、川柳入の挿畫と、袋綴の頁がいつも氣になると云ふ一人あり。其處が山陰らしいとは辨護の言葉に非ず。

○

東都柳壇に此人ありと謂はれたる古蝶蔦雄兩氏の振はざる久し。江戸ッ兒らしきハキ〳〵したる句に接するの日を待つ。

○

雜誌の募集課題「馬鹿」を「馬鹿らしい」といふ句に作つたるあり。讀み込みならんも馬鹿の題は馬鹿の事にて馬鹿らしいとは違ふもの也。又「出來心」の題に萬引その者を出來心のものと斷定して句作したるをも見受けたり。考ふべき事。

○

岡山鐵羅漢氏、「ばん傘」の「我家とまづ違ふ也洗面所、緣天」の句を評して洗面所に限らず玄關でも、臺所でも、便所でもよし、此句は駄作なりといふ。これより先天平氏は此句をばん傘三月號の厭卷なりと評したり。兩者は極端と極端、鐵羅漢氏の評は餘りに酷、洗面所にて感じたる氣分は動かすべからざるもの也。

朝鮮所見（車窓より）

若草や白き女の衣を洗ふ　花岡百樹

大連より

磯貝意想郎

子を借りて日曜を出る若夫婦

心中の一人殘つて氣が狂ひ

春の柳（三）

大谷銀坊

春一と夜また冗談に泣く女

日に幾度化粧室かられ手がなり

來年の利札繰って眠る夜

いさかひのあした二人の面白さ

怠け者河鹿の蠅に日か暮れる

三助は潔癖にして趣味を持ち

妙藥もなし頰杖に冷ゑる酒

カレンダー――いくつになつて嫁か來る

緋撫子小猫のはしやぐ夜に切れる

稽古屋を出た塗下駄のさゞめ言

月琴が重い二人に柳散る

柳散る街に女の胸苦し

初夏の氣分

金魚鉢夏の氣分なりました

緣月を素肌にセルノ心もち

川柳慢言

東京にて　久良岐生

▲純川柳界の不良靑年團たる事十年一日の如く、此際に當り大兄の川柳に對する態度倍仰確立せねば、他日の徒勞の愚を買ふに終らんのみ、愚物を貨物的に利して喰ふものは劍花坊也。

▲愚物を濟度せんとして焦郎輝心十嚏舌を弄するもの久良岐也、共樂主義を標傍してその江戸ッ兒(寶曆子)の精神を、人生の上に樹立せんとするは久良岐の心なり、古川柳の心なり、從つて莫大の犧牲は覺悟せらさるへからす。

▲時價四萬圓の動產を提供して月收二圓に四年間苦しむものは久良岐也、新狂句より出發して月收百圓以上に得たるは劍花坊也、故に喰はんとすれば川柳を曲げざるへからす、今から「ほうてん」發行費の心配をするやうならば、先づ川柳宣傳なとは速に中止すへき也、

▲そして誰れも來訪せす、金かなくなると人は來ないもの也、タマに來ると我等を喰はんとす狼の徒のみ也(五月十八日)

明和會柳草(二)

豊田千龍齊

入港の偶に歸れば廓に寢て
敗軍の商横文字を屋號にし
午前二時起てる妻の頭が高い
頑固から若い命が二ッ消ね
斯ならぬ前に頑固ねくごく說き
成し遂げる迄に二三座死にはぐれ
身受主玉をいだいて苦を求め

川柳出放題（二）

東京　大谷銀坊

△川柳は詩なり現世に於て誤解をされつゝあるは川柳なり、川柳は狂句に非ず萬人の言を待たずとも川柳は川柳たるべき處あるべし、吾等は飽く迄も誤解の道を脱すべし、川柳家目下の急務たるべし。

△川柳は藝術なり、藝術の道徳上より産れた吾等の川柳は何處迄も内容を尊まなくてはならぬ、冷やかに自己を顧みて創作に力めねばならぬ、新らしき世間より誤解の叫びを脱つせねばならぬ。

△多作も一種の効あるとすべし、亂作の道に注意を求めねばならぬ、川柳家たるべき以上は常に川柳の着眼點に心掛けねばならぬ、つまづいた石にも川柳の趣味あり、主觀客觀を問はず自然たるべきが川柳の意義である◎

△局外者曰く「川柳と狂句に於て何處に其境界を認める、川柳は江戸趣味を鼓吹してこそ以て眞の川柳である、現代に於ては自己一人の言を十七字として、川柳と呼ぶ尊い尊い十七字の文字を葬むる事又甚だしい」隱れたる川柳研究家の言也、此意味に於て一點張を警しめ、眞の川柳家を熱望するもの也。

△然し世は大正既に江戸趣味の代は去れり、江戸趣味の情調や、寶暦明和の氣分は共に吹はれず、自然輕快、機智、深刻を要する時代なり、川柳家は川柳獨特の道を謳歌して進むべき時也、大いに新進作家の新生命を發揮すべき時也

△川柳發展の根本は努力であるんである努力であるんであると共に根本的でなくてはならぬ、永續的でなくてはならぬ、吾々は川柳家である、少なく共川柳向上につくさねばならぬ義務がある、自己の缺陷をさとり、疑問の道を突かねばならぬ……大正六、五―五夕………つゞく

柳事小感

横濱　高木好風

▲近來、各誌の募集吟の作句傾向を見ると、一の型に囚はれて、感興が甚だしいので段々調べて見ると、其一原因とも覺ゆる事例を發見した、其れは外てもない、課題か出ると其の發表された句は、十中の八九までが、課題の題字を詠み込んて居るの一事てある。

▲僅々十七字の中に、人生の或る物を深く穿つて行かうと云ふのに、不經濟も甚だしいと思ふ、私は成るべく題字を詠み込まずに、意味でもつて詠んだ方が、深刻な作品を産む事と思ふ、淺薄な作品は得て此題字詠込み川柳の中に多い、今手近にある鯱鉾、山蔭川柳の中から、其例を引いて見る。

　あきらめて注意人物にされて居り
　注意人物眼色の違ふ知己を持ち
　注意人物人並でない面ッつき
　證文を徐ろに出す高利貸
　牛鍋で醉つて廓へ千鳥足
　牛鍋に女房いつちあとにあり
　英文を學校出のへ譯させる
　寢不足の罰は女房へすぐ當り
　寢不足の日向に蝶々二ッ三ッ
　悔悟した時遲かりし出來心
　出來心僅かな事に目がくらみ

以上は、皆其題字を詠み込んだ物てある中には三才に入選した句もあるが、共に淺薄にして、感興を引くやうな句とは思へない。

　親分と呼ばれ警察油斷せず
　連帶の一人ねたいの知らぬ仲
　女房は知らず家財も書き加へ
　要件に入る頃牛が煮ね初め
　罷業沙汰やんで肉屋へ押しかける

大臣に成つて母校の額をかけ
起されて下女は矢鱈に音を立て
裏長家玉を抱いて罪があり
萬引は充分買へる金を持ち
友禪の刺戟に女淺ましき

以上は、作句の上に字句でもつて、詠み出して其課題を現してあつて、一讀、注意人物、證文、牛鍋、學校出、寢不足、出來心等を詠んだ事が首肯せられる、そして其作品の何所かに云ひ知れぬ、情調があると思ふ、併しながら絶對に、題字を詠み込む事を排斥するのではない、意味、形容では詠む事の出來得ない課題も隨分多いのであるから、作者がこんな事も、頭の中へ貯へて置けば、他日の參考ともなる事と信ずる。

戀にや身分も血統も何んの
晴れて添ふ日を待つばかり　葉蘭

錦粧軒近什（二）

東京　川柳久良岐

聞けば今山師横町（有樂町）に巣を構え
又しても嫁を泣かせる新派劇
新派劇雪を降らせて又泣かせ
自然縞癈れ人道絣《カスリ》を着
人道絣享樂織へケチを付け
人道主義紅茶で乙にすます奴
ケロリカンとして藝妓の唄を聞き

葉書を集めて

水道の暫し議論の樣になり　螢鄕
彌次馬も一桶助けるヒドイ火事　洲馬
類燒の火元は半分燒けのこり　同
燒け落ちる頃に蒸氣ポンプが來　同
惚れて居た女を逃す律義者　あ人
文永の繪卷物見る加茂堤（蔡祭）　千枝

春雨の夜（下）

京都　後藤千枝

◎京都柳界の一節

▲何にを書くか判りません、最初に申し上げた通り出放題ですから、然し虚は嫌いですから書きません、只氣の向いた口から出まかせに書くと言ふだけのことです

▲大體京都の川柳界を地方人は何んと見て居らるゝでしやう、よもや盛會だとは思つてゐらつしやるまいが、左樣ではありません、毎月二回づゝは作句例會がありまして、其の餘に地方人の來京歡迎句會を開くから、平均の三回位いは毎月開きます、されど句の發表は當地の新聞紙上に掲載をして居ますから、どうしても地方人には京都の柳界は居眠つてゞも居る樣に思召すでしやう、けれども山椒は小粒でもヒリヽとやらで

▲京都川柳社孤山氏よりは「ギオン」と云ふ豆本が發行され、彩柳會よりは「サイ」と云ふ川柳誌が出て、鴨柳會よりは廻覽誌を發行して、可なり斯界には努力して居るつもりです、亦綠天氏より大毎京都附錄と京華日報、京都日報に蘭華氏より京都日出新聞と京都毎夕新聞に柳檀を開設して初心者を吸集してる譯です、決して地方川柳界に負けを取る樣なことは無いつもりです、我田引水になつても宜しくありませんから、此位の處でやめまして、他日改めて何にかれ目新らしきものを、お目にかけませう、末尾に奉天柳界の盛大ならん事を祈（岐阜縣美濃町にて）

雜沓の中で廣告やつて居る　柳香

詫び言の廣告つらひ活字なり　春花

鏡臺を斜に二丁鳴るを待ち　洲馬

古句の表面（四）

敦賀　船木夢考

女房の眼の忙しい下女を置き

▲亭主は無論女房とても一家の風致上バック材料の如き顔の下女は元より好む處にあらず、同じ傭ひ入れるものなら世間體もあるから、せめて十人並の下女をと傭ひ入れたまでは其れで好いが、玆にその女房の内心には忽ち穏ならぬ嫉妬の角か生し、此の頃の夫の素振りがどうも怪しいてな事を思ひ、此れが爲めに一家破綻して一團をつげるとは其の下女にして迷惑至極の次第なり。

硯より外に知り手のない病氣

▲今が蕾の處女の身にして云はざる處に甚だ尊重すべき點はあれど、抑々人に云はざる病氣とは、ペストかコレラか先づ〳〵肺病　否々、籔とか筒とか笹に縁のある醫者は元より、ドクトルとか云ふ舶來醫者の診察を受けても其の娘に與ふべき妙薬のなきは元より當然の至りなり、そも〳〵此の病名を知る者は誰ぞ、硯と筆と巻紙の三品ぐらいなもの　、先づ感づいてゐるものは其家に傭はれて居る乳母ぐらいなもので「白狀を娘は乳母にして貰ひ」の如く、其の生娘にして病氣で死ぬにせよ同じ死ぬのなら、イッソ思ひつめてゐる男を兩親に打ち明けぬものと、滿感せまる胸の悶へを内々乳母に打ち明けるとは優しき娘にして中々喰つても燒いても下へ置けぬ品物なり

女房を叱り過ごして飯を焚き

▲叱れば拗る、撲れば泣く、默つて居ればつけ上るとは、女にして昔からの通り相場なるも、今多少の爭ひから自分の女房を叱り過ごしたからと云つて苟しくも男と名の付く亭主にして、別に飯までも

焚いて女房の機嫌をとる必要はなかろうまして妻が巻煙草を吸ひながら胡坐をかいて、夫が背に子供を負つて洗濯をしてゐる様な、西洋通の現今とは違つて男權の最も高い昔の事なれば、現在今喰ふ飯が焚かねばないにせよ、そんな事には頓弱せず、サッサと出て行つて何處かの一膳飯屋へでも飛び込めば一時の腹肥にもなるものを飯まで焚いての、御機嫌伺ひとは生き甲斐のない亭主と云ふべし。

我が尻を云はす蟹を小さかり

▲大體全體、人間と云ふ奴は何處迄も得手勝手な奴にして、親に不平を云ふべき處の我が容貌を鏡に向つて愚痴り、散步と云ふ名目の元に日がな一日ステッキを振り廻してブラ〳〵と練り歩く怠惰者にして月末になつて無闇に生活難を叫ぶ、人目には勉學と見せての讀書家も戀愛の研究に餘念なく、さりとて試驗間近に至り尻に火が付いた樣に狼狽へ結局、落第の命令を受けてどゞの果は悲觀煩悶落擔の極に達する如く一々斯んな事に例をあげて居れば生存競爭の世の中に在る自分の身が危いから筆を置く。

一杯奇言

大連　意想郎生

▲大連の貸家業組合なるもの勝手に決議して家賃二割方を引上ぐ、豆腐蒟蒻商組合なるもの又これを眞似て三錢の豆腐を四錢に値上げす、共に上げ方の甚だしきに驚く、それにしても我々の增給は何日の事やら

此の處上らぬものは首ばかり

然かも此の首マゴ〳〵すると切らるゝやも知れず、れそろしきかな

▲下宿屋にゴロ付いて職なきに苦しむも

のあり、職なきにあらずして體裁を云々する故なり、店員、出前持選ばねばイソラもあり、なにも殖民地なり、氣取る可からず。

食へない口で体裁を云々し

▲殖民地に多きもの賣女《ばいた》に店員の使ひ込みとは情けなし、先頃も大連某所の待合に於て其の結果、腹を切つて自殺せる馬鹿者あり。

使ひ込み自殺春畫と質の札

▲道に小鳥籠を置き長煙管を啣へながら其の啼き聲に聞き惚れる支那人あり、彼等には生活難なきにや呑氣なものなり。

小鳥飼ふ支那人の顔のどかなり

お断り

本號に於て大連に於ける花岡百樹氏歡迎句會及び京都彩柳會の各詠草は編輯の都合により次號に廻すことになりましたから惡からず御了知を乞ふ

謹告

去る六月二十七日に於ける奉天火災は満洲にての稀有の珍事にして我編輯所も爲めに類燒し一時避難するの止むなきに至り雜誌編輯上多大の打撃を蒙るのみならず諸君より御寄揚或は投吟の貴重なる御玉稿は燒失或は紛失せしめ甚だ申譯なき次第なれども斯る非常の場合にて如何とも致し方なく遺憾ながら茲に陳謝する次第なり然して目下取調中なれば次號の誌上にて詳報すべきも募集吟中左記課題の分は不明となれり

九月號發表すべき

行水　五葉氏選

海雜吟　大吉氏選

挨拶　意想郎氏選

投吟家にして甚だ恐縮の至りなれど再作出來得るならば至急御送句あらんこと切に懇願す

奉天柳壇

投吟隨意

○　吉田鶯郷

聲かけて居るにと聊か怒つて居
鈴虫の聲する將机で口說かれる
やかましい泣聲晝寢へ響くなり
狀袋封切るまでの氣の騷ぎ
狀袋もきれいにナイフで切る男
おしろいをつけて下僕と下女の供
見物の後へおしろい香ひなり
湯屋からのおしろい生れ變つて出
繩飛へ丁稚横から器用に拔け
しつかりとくゝれば繩へ氣張つて居
繩帶をグット締め込む濱仲仕

○　松本春花

花が散る戀に恨みな春の暮
行く／＼は聟にと夫婦いゝ氣なり
婚約が出來て心の長閑なる
捨鉢のおれは男と云つた風
流行を追つて理想が高過ぎる

○　平井姫小松

夜廻りは切戸を一寸引いて見る
負將棊駒を放つてのびをする
まあ御挨拶ですねと女すねる也
あいふくを洋服屋から着始める
それ程でない隱し藝手間が入り

○　吉原叢隱

口說いてる中に盃冷になり
飲まないといふ盃を持たされる
御返盃出鱈目で無く惚れてゐる
おつもりと言ふ盃へ恰度なし
流行ッ妓藝より外の藝かあり
亂れ髮座敷歸りの生欠伸
三味線に片肱突いてネー旦那

○　竹内華和尚

衝突の罪は自轉車背負せられ
もう何にも聞きませんはと醉ふ氣なり

あきらめて見ればつきらぬ女なり
虚榮心二度目の謠聞いて居る
コップ酒捨鉢の眼に赤い灯が

○ 岩井波六

逃げて行く子供へ母は乳を見せ
喰ふだけの事を息子は知つて居る
支那の車夫韮臭いのに閉口し
煙筒の様に灰吹からけぶり

○ 上西水紅

野雪隱今來た道を見てるなり
野雪隱田舍廻りは馴れたもの
長屋中張物をする春になり

○ 田内波久帆

敗將の部下一人減り二人減り
戀出來て望郷の念うすらぎぬ
强意見先代の耻きかされる
雨後の月忍ぶ二人はまぶしかり
負けて行く人に兒もあり妻もあり

○ 岩田英丸

幕の字を舞妓旦那へ聞きに寄り
所作事を殘して歸る連鎖劇
幕毎に藝妓何所かへ立つて行き

○ 德弘兎子

浪花節うなるへ娘よけて行き
子があると知れて煙草屋賣れぬ也
小使を貰ひ皆出る日曜日

○ 柳川洲馬

乘り込みも未だに辻ビラ裂せて居る
一字あまさず辻ビラを懷手
番附のビラに床屋は知つた風

○ 可非木樓

賣れ殘り阿彌陀の籤の高を引き
化粧中電話のかゝる流行ッ妓
他所行の茶漬一碗搔ッ込んで

○ 手塚空虚

昔着た服ではいけぬ東京方
江戸を出て十年一寸面喰ひ

本溪湖小集

五月七日午後七時
より於倶樂部樓上

本溪湖に於ける川柳小集も五月七日の晩即ち大阪の大爆綫のことを話ながら句作しました、當夜出席者の顔振は賜谷、柳糖、胴田貫、萬可、如海、東嶺、藤の舎、天空、萩廼舎、柳香十人にて席題（花）（手拭）の二題を課し散會せり

＝花、手拭＝

手拭に恥をかくして納豆賣り　柳塘
手拭を名刺代りに配つて居　同
長家者菜種の花を差してゐる　同
盛花を乙女雑誌の繪に習ひ　同
一ヶ村紅手拭で繰り出し　胴田貫
手拭の上念珠をば置いて立ち　同
梅の花一輪封し込んでやり　同
叱つても持たせて歸す花盗人　同
動くたび花散らしけりはね釣瓶　同

花の種蒔たを豚に掘り出され　同
石一つ投げても見たひ崖の花　同
口開けて皆んな見て居る崖の花　同
かけ瓶に自慢の花を活けて置き　同
手拭を冠り梅忠駈落し　萬可
醉つかれ土産の花は技ばかり　同
手拭に主の紋染めた中元　如海
花嫁の山登りして豆が出來　同
文展に出て居りそうな花供養　同
貴婦人は押しつけらしい花も賣り　同
獨り者よく手拭を忘れて來　柳香
湯上りの隱居頭に乘せてゐる　同
花嫁はチト挨拶に念を入れ　同
花は花酒は酒だと飮み廻り　同
不言不語花出盛りの吉野山　東嶺
花見戻り物言ふ花も折りたがり　同
破れ袴大きなタオル腰に下げ　賜谷
手拭を塵打にする門の口　同
た妾を相手に隱居花作り　同

花の雨下女風呂敷を帯に掛け　同
屋根船は土手の花見をむかつかせ　同
花盗人叩けば同じ超味の人　萩廼舎
花ほめて一枝もろう野心なり　同
山里に咲いたる花は不仕合　同
花ガルタ樂しむまでは罪でなし　同
花の山一瓢ブラリ〳〵なり　同
花嫁も四十八癖そろ〳〵出　同
默想の仰げは顔ね花か散る　同
花の春スミス皆んなの口を開け　同
心ある寄贈の花輪美くしき　同
せがまれて花賣一枝子に惠み　同

新綠の溫泉より

山口　柳川洲馬

玉山頽れ盃洗に用はなし　貔々
盃洗へ一二はつけて思い差し　樂水
盃洗に用が無くなる差し向ひ　榮六
盃洗へ一口あけてネーあなた　鈴千代
盃洗て呑むぞさひざい元氣也　洲馬

不老の瀧より

瀧の茶屋五人男の派手浴衣　大吉
瀧壺に女の交じる賑かさ　旭映
生酔の裸体で瀧へ騷ぎ込み　映絲
瀧壺へ二の足を踏む肌寒し　一峰
生酔が二人一緒に壺へ倒け　自風

募集吟

白粉

飴ん坊選

誰が見る今寝る前の叩き刷毛　北溪
濃き薄き見合につくる六ヶしさ　同
白粉を塗るさ濟した顏になり　姫小松
白粉を溶く手丸める形なり　葉蘭
白粉を塗るも悲しい嫁き遲れ　潑隱
白粉の香ひに亭主生擒れ　胴田貫
白粉を附けぬが後家の誇りなり　荻迺舍
白粉の相場の狂ふほどを塗り　同
朝な夕な妾白粉に親しめる　微笑
店番の娘白壁ほどに塗り　蔦子
出戻りは白粉燒をかこつなり　杉峰
諸肌を脱いでクラブの壜を取り　奴凧
鼻丈けは女劍舞厚く塗り　春花

二點

白粉に嫌はれて女史獨り主義　ほうてん　曲人
想は古いです、が、白粉を人格視した所に少しく手柄を認めます、

白粉が乘つて兎角の評になり　ほうてん　空虛
年頃になつて白粉をつけ初めても最初はよくのらぬものです、それを多少苦心してのるやうになると、娘も最う油斷がならなくなります、そんな場合を輕く現はしてある、

御新造の塗らない方が奇麗也　ほうてん　柳香
塗らない方が塗つてゐる想をきかしてゐる反語の叙法を取りました、

嫁く日を指折つて見る寢白粉　いよ　白牡丹
類想があるかもしれませんが、マア

書に描いてさへ胡粉が要る女　よこすか　逸見仙
調子が、ゴツゴツとしてゐますが諷刺として取る

白粉に紅に娘の大人びる　さがみ　春花
父兄の見たる娘でせう、娘の成長を喜ぶ父兄の心持と、婚期の責任さ云ふものが稍現はれてゐるを取る

三點

一頁又白粉の法蝶を吹き　いよ　白牡丹
これも類想があるやうですが上五が大き出てよろしい

軸

媚びるのに解く白粉が馬鹿らしい

書寝

水府選

女房が留守で書寝の儘で居る　柳香
新聞を讀んてる樣て寝てる也　同
れ妾の書寝は餘程ながいなり　同
もう書寝出來ない時になつて居り　同
店先きて書寝して居る田舍店　豊齊
書寝から醒めて妾は顔がはれ　洲馬
藤椅子の書寝に輕い白毛布　同
書寝かと覗いて御用裏へ拔け　同
庭先へ書寝は醒めて水を打ち　耕雲
川遊び親の書寝に拔けて行き　同
母だけは書寝もせずにれ針なり　同
行水に抱かれて這入る書寝の子　北渓
寝ないとは云つて遂ひ〳〵書寝なり　春花
書寝から醒めりや電氣がついて居り　[illegible]小松
死んて居る樣に書寝へ蠅か來る　同
れ妾は書寝をせぬと肩か凝り　同
銀行て待つ間小僧は椅子へ寝る　同
書寝して居る内襁褓《むつき》洗つとき　空虚
乳呑兒かあつて体裁よく書寝　逸見仙
書寝した顔を其儘客に遇ひ　同
涼み臺書間寝過ぎた顔が寄り　波久帆
女房も出來て書寝の癖もつき　同
その當座書寝のひまを講義錄　同
バイオリン書寝の親に叱られる　同
子か出來て嫁は書寝の味を知り　曲人
夕立か來てよと書寝起される　叢隊
御用聞き書寝と知つて引返し　英丸
金魚屋か來た事までは知る書寝　同
日かさして書寝無性に場所を替へ　御風
[illegible]のはげた書寝のだらしなさ　柑舟
草の上成金になる蟬か鳴き　同
枕まで出して書寝の若夫婦　暢谷
また書寝かと小姑の苦笑ひ　有生軒

拔足て晝寢起こさぬ親心　東　雲
蟀の樣だと晝寢起される　關田貫
時間の經濟知つて晝寢の横着さ　萩廼家
晝寢する癖《くせ》を會社へ持つて行き　秋月
成金になつて晝寢もする氣なり　有山
眠られぬ晩は晝寢に罪をきせ　半風坊
下宿屋の晝を寢てゐる無一文　同
木賃宿の雜喉寢へ酷い日が當り　同
上り口兩足垂《た》れたまゝひるね　同
市のある迄魚屋の一ト寢入り　同
眼が醒めて見ると身體へ日が當り　同
下足番平場て一人晝寢なり　同
來客へ女房晝寢を隱すなり　同
若し來たら起せと旦那晝寢也　同
降り出していつそ晝寢をするに決め　仝
隅くたの方へ晝寢は追ひやられ　仝
浴衣着て晝寢するのを母叱り　仝
足先へ晝寢座蒲團きせて居る　仝
枕だけ勝手に出して晝寢なり　仝

晝寢もせずしようもない話が出　微笑
新聞を一順讀んで晝寢なり　仝
晝寢して居る傍で女房は針仕事　仝
二階から晝寢が好きな男なり　滋竹
放火犯晝寢をしたか咎ゆられ　仝
子澤山晝寢をするに邪魔がられ　仝
母親は晝寢もせずに縫ふて居る　燈雨
手を組んだ晝寢は口をあいて居る　仝
時間をば賴んで晝寢奥へ行き　仝
あらましの話を聞いて晝寢起き　仝
晝寢をほれちよぼこは〴〵起す也　蔦子
東西屋一寸晝寢の目をさまし　仝
晝寢する程でもないと時計を見　仝
暇もろて見ると晝寢も仕度なし　仝
惡戯が過ぎて晝寢が怒り出し　仝
大の字になつて晝寢の赤い顏　奴風
晝寢する耳に巡査の靴の音　仝
敷のしを敷いて晝寢の小半時　美月
枕蚊帳顏だけ入れて晝寢なり　仝

草鞋ばき晝寢足だけぶらり也　仝
扇風器晝寢のすそを弄び　仝
晝寢する赤子に無駄な風車　白牡丹
別莊に晝寢して居るハンモツク　仝
晝寢する勝手へ犬は廻はつ見　仝
晝寢起き今朝の用事を忘れて居　仝
晝寢した證據仕事か出來て居ず　仝
敵娼の晝寢に客の氣か變り　仝

佳句

晝寢をもせずに達者な妾の子　柳香
こんな所に晝寢と下女は起される　洲馬
飛行機を晝寢うろ〳〵待つて居る　北溪
晝寢するそばに男の憎い口　春花
大の字に小僧車へ晝寢する　姫小松
品物の間て丁稚晝寢なり　水花
主人丈け定期のやうに晝寢する　葉蘭
晝寢して頗る不味い飯を喰ひ　逸見倫
晝寢する母は子供を叱つとき　英丸
どこもかも開けてと晝寢叱られる　胴田貫

來客は晝寢をよけて奥へ行き　半厘坊
晝寢した塲所へ財布を探しに來　仝
晝寢してるへ僅の出前云ふて來る　微笑
蒸し暑い所て長家は午睡《すい》なり　滋竹
人の氣も知らず此人晝寢なり　美月
叱る丈け叱ると女將晝寢なり　蔦子
二階借り室一面の晝寢する　吳久堂
晝寢して飯こしらへがチト遲れ　白牡丹

人

なぶられる晝寢默つて座る也　おほさか　燈雨

地

小間物屋晝寢の頃を見て廻り　おほさか　美月

天

口入屋一寸晝寢をさしてやり　すま　半厘坊

軸

抽斗が晝寢の尻であけられず

蠅

五葉選

引越して繩の始末に困つてる　◉香
大怪我はあぶない事に繩か切れ　仝
茸山は繩を弛めて張つて置き　北溪
テレ隱し羽織の紐を繩になひ　春花
持つてゐる錢だけは飲む繩暖簾　仝
繩飛に足を餘る程高く上げ　姫小松
繩飛に教師も交じる賑やかさ　仝
手傳は帶の變りに繩を卷き　水花
繩張の内と外とて睨み合ひ　逸見仙
繩だけは拾ふて捨てる庭掃除　御風
とみかうみ繩暖簾にツト這入り　隱居
老舗買ふてチト新らしい繩暖簾　微笑
塵函を開て足繩探してる　燈雨
釣瓶繩少うし丁稚とゞきかね　蔦子
花盛り恨めしさうに繩で行く　奴凧
姫御前のあられもないは繩遊び　美月
七五三繩の傍に神馬の嘶きて　白牡丹

腰繩の女囚に乳が張つて居る　仝

佳句

繩藏に小僧晝寢の味を知り　柳香
田圃道びつくりさせる腐れ繩　豊齊
繩暖簾思ひ〳〵の菜て喰ひ　北溪
繩飛へ邪魔をしに來る男の子　姫小松
三越て繩付きになる淺間しさ　叢隱
荒繩をかけた簞笥か戻つて來　蔦子
七五三かあつて大木凄う見ゐ　仝

人

繩飛をする子に邪魔な長い袖　とうふ　叢隱
繩梯子まくらの樣に登るなり　おほさか　微笑

地

忍び寄る黒裝束の繩梯子　いよ　白牡丹

天

竹槍を引すごいてる繩襷　ほうてん　胴田貫

軸

繩梯子其儘舞臺廻る也

聲

雅柳選

聲變りそれとは親の氣がつかず　豊齋
どなる聲泣く聲隣り又喧嘩　仝
奥さんの聲色眞似る居候　柳香
肝じんの所は低いはなし聲　北溪
元の聲になつて出て行く高利貸　眷花
云ひ負けた自分の聲の小いさすぎ　仝
生れつきですと三百高い聲　姫小松
夜廻りは夜鳴へ聲を掛けて行き　仝
いゝ話女の聲は低いなり　水花
混線に女の聲が交つてる　仝
敦盛を關東一の聲で呼び　逸見仙
出戻りの小聲で唄ふ程になり　波久帆
靴音にさゝやく聲のふつと止み　仝
肩上げが取れて息子の聲變り　叢隱
女湯に覗いて見たい聲がする　御風
聲自慢錢湯へ來てよく唄ひ　有生軒
惜しい幕小供が泣いて見はぐれる　東雲
人聲がしますと下女はうまく逃げ　胴田貫
郵便の聲に二階借りは降り　萩廼舎
隣室は外科て時々唄か漏れ　秋月
聲變り女優の寫眞など持ち　微笑
女形地聲て話す鼠木戸　仝
聲變り美髮油など持つて居る　滋竹
三助はいつもの聲の唄を聞き　燈雨
賣り聲の止んだは何か賣つた也　蔦子
僧正は勿體振つた聲を出し　呉久堂
不貞腐れめかと泣く兒を持てあまし　松峰
振られたは落付聲の河東節　奴凧
聲聞いて盲目は年を當てゝ見る　美月
夜は更けて夜鳴きの聲を遠く聞き　白牡丹
振られた夜隣座敷て笑ふ聲　仝

秀逸

足音に話はそれて笑ひ聲　よなご　豊齋
高聲の良人を叱る寢つけばな　さがみ　春花
其聲に惚れたと瞽女を悦ばせ　よこすか　逸見仙
女形樂屋へ歸ぬと元の聲　おほさか　英丸

軸

聾ではないと大聲斷られ

中座して今の泣き聲抱いて來る

狀袋

意想郎選

推薦狀封も切らずにほつて置き　柳香

住所簿へ差し入れて置く狀袋　仝

二階のへ上書だけを賴んでゐ　仝

二三遍書直し見る狀袋　仝

橫裂きにして狀袋丸められ　北溪

承諾の意味狀袋手に戻り　仝

戀の迷狀袋からそゝる文字　春花

書き賃に狀袋まで吳れてやり　仝

狀袋裏の印判邪魔になり　水花

裏も見ず名前かわかる狀袋　仝

狀袋だけ男手の廓の文　葉蘭

狀袋だけに變つた筆のあと　逸見仙

印押せば受取になる狀袋　仝

狀袋なくして返事そのまんま　曲人

薄野呂に代書をさせる狀袋　仝

親展と優しく書いた繪封筒　叢隱

雪隱に書生名宛の狀袋　御風

表書だけと下女狀袋持つて來る　仝

狀袋だけを帳場へ賴みに來　萬可

狀袋〆と云ふ字か滲んで居　東嶺

封筒へ金を入れとく獨り者　暢谷

繪封筒中か臭いと女房云ひ　胴田貫

役所から來るのは靑い狀袋　萩廼舍

封筒に差出人は無名にて　有山

封筒で電氣をかくす工夫をし　秋月

開き封旦那は後へ廻しとき　ト厘坊

狀袋養子氣兼をして使ひ　仝

二階借り又封筒の無心なり　仝

狀袋中にタンザク折れてあり　微笑

狀袋やゝためろうて封をする　仝

原稿か腹一ぱいの狀袋　仝

狀袋にも入れず書置二ッあり　蔦子

狀袋から出して朝日一ッ買ひ　仝

里歸り封筒切つて泣きくずれ　呉久堂
封筒で來れば無心と親は知り　仝
封筒の裏へは情夫の名を借りる　奴風
其封を切つたか娘落度なり　美月
封筒へ金を入れてる淺黄服　仝
廣告にもつたいぶつた狀袋　仝
火鉢の抽斗封筒の空ばかり　白牡丹
封筒を口に手紙を讀んで居る　仝

佳句

狀袋破つて風邪の鼻をかみ　さがみ　春花
忙しく書いたと見ゐる狀袋　よこすか　逸見仙
奥樣と云はれ狀袋貼つてゐる　おほさか　蔦子

軸

一二等飾つてゐいて狀袋
封じ目に紅にぢんでる繪封筒

評曰、今回は佳句少なかりしを憾みとす、

寄贈金品目錄

川柳餞餅	中京川柳社
山蔭川柳	山蔭川柳社
新寶歷	山梨川柳會
海友	大連海務協會
華	近江川柳會
飴ン報	近藤飴ン坊
川柳あかざ	豐田十龍齋
川柳わさび	竹內華和尚
紅一點	松旭庵其光
川柳一万句集	藤本蘭華
ちさの木	龜山寶年坊
かささぎ	河野鐵羅漢
川柳べニ	大谷銀坑
邦樂	同
藥業の友	村田鯛坊
光洲日報	石井竹馬
滑稽新聞	坂口燈雨
京都日出新聞	後藤千枝
山口實業新聞	柳川洲馮

金一圓　德岡尙坊
金六十錢　岡田狂蝶
金五十錢　水野蒼老泉
金五十錢　森御風
金四十錢　松本春花
金三拾錢　武内北溪
金三十錢　中島干二坊
金二十錢　大谷銀坊
金十錢　吉原義隱

奉天第六號（五月號）雜吟中に掲載しある士見秋晴君の（看板に僞りのある大蛇なり）の句は曩に青柳第四卷第六號募集吟卯木氏選地の句に當選せる岳南川柳會害童君の句と同一なり無論暗合ならんも參考の爲め氣ついた儘斯の如し（忙中閑人）

暑中御見舞

磯貝意想郎
花岡百樹
本田溪花坊
近藤飴ン坊
淺井五葉
豐田千龍齋
高木角戀坊
仲田白牡丹
柳川洲馬
食滿南北
船木夢考
重岡西嫁

馬塲緑天
西田當百
大曾根大吉
坂井久良岐
岸本水府
大谷銀坊
高木好風
村田鯛坊
松本春花
藤本蘭華
後藤千枝
田邊柳香

◉本會の内容　新案特許「出願中」たから券及毎月の暦、家庭用金錢支拂表付の領收證用紙綴を三十枚金貳圓にて商店へ交付し

◉交付を受けたる商店は現金貳圓以上四圓以内、掛賣四圓以上八圓以内、卸賣八圓以上十六圓以内の顧客へ此の領收證を發行し

◉本會は領收證に添付の「たから券」に對し毎月一回、（十日）警察官、新聞社、一般世人御立會の上確實なる抽籤を行ひ

〔タカラ〕會とは
斯んな者である

奉天昭德大街
滿洲商榮たから會
電話五十二番
振替大連一八六三番

◉一等三百圓、二等五十圓等（以下七等迄總數千〇三十六本）金額壹千餘圓を當籤せる御方に提供する（但し壹割は手數料として發行せる商店の收得と成るのである）

◉右の外商店へは本綴の表紙に添付しある商業視察員假たから券十二枚を本たから券一枚と引換へ年二回人員四名を抽籤に依つて選定し一人壹百圓の費用を以て任意の地に旅行する事

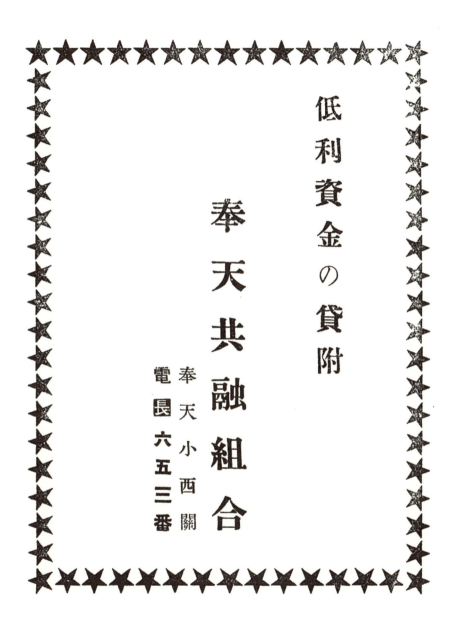

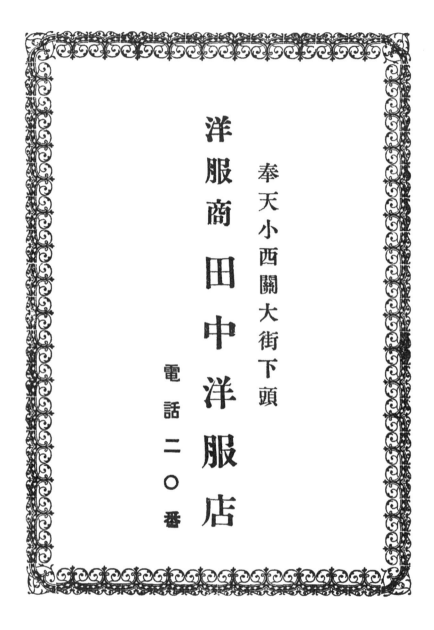

編輯室より

俗務多忙の爲め六月號は休刊し七月には是非共豫定通り發行すべく編輯も仕上げてヤット一安心をした⦿處が災難と云ふものは何時突發するか判らないもので、時は六月二十七日午後七時奉天驛前の支那宿から出た火が折柄の强風の爲め猛火でンダンと擴り滿鐵會社が理想的に建築せる六十四戸の三階建大廈は見る見る裡に燒盡され稀有の大火となりました⦿當時各新聞紙上にて既に御承知の如く我編輯所も類燒し編輯上多大の打擊を蒙り遺憾ながら七月號は又休刊するの止むを得ざる場合となり⦿加ふるに諸君より御寄稿の玉吟も燒失せしめ何んさ御詫をして可なるやとその挨拶の辭に苦しみ居る始末です⦿如何に非常の場合とは言へ何んと云ふ無責任千萬の事かと我ながら恥かしい次第で心痛致して居りますが平素御同情に厚き諸君なれば我等が從來の熱心と奮闘と今回の災危に宜しく同情を下されて幾重にも御赦免あらんことを切に御願ひします⦿さう云ふ事情で本號は急速に再度編輯した爲め非常に不體裁な然も內容の貧弱なものが出來上りました⦿各地から送つて頂いた御界の詠草は來號に繰延べる事になりました⦿一家吟及び詠草、大家の寄稿は非常に澤山着して居りますが順次掲載致しますから惡からず御承知の程を願ひます⦿誌上で御斷りしてあります通り募集吟の行水、海雜吟、挨拶の三題は燒失せしめました爲め今一應御投句を煩はしたひのです又た新たに應募下さる諸君があれば喜んで拜受しますから何うか宜敷願ひます締切八月二十五日限り⦿類燒に際し各方面より種々御厚情なる御見舞狀に接し茲に御禮申上げます

（八月卅一日稿）

謹告

▲投書は如何なるものにても喜んで拜受す▲一家吟は元より事川柳に關したるもの▲研究を要すべき川柳上の質問▲初心者の參考となるべき必讀の記事▲各地柳界の消息又は句稿▲其他一切何んによらず報道せられたし▲若し原稿返附を要すべき者あらば其旨附記せられたし▲投書は本部田邊柳香宛にして御寄稿を懇願す

大正六年八月五日納本
大正六年八月十日發行　定價六錢
每月十日一回發行

編輯兼發行人　奉天西塔大街　田邊三米郎
印刷人　奉天小西關　石本力藏
印刷所　奉天小西關　奉天活版所
發行所　奉天遼東新報社分局　奉天編輯所　電話一二五番

大正六年八月十日發行
毎月一回十日發行

ほうてん
（第七號）

大正六年一月廿四日
第三種郵便物認可

發行所
奉天編輯所

大正六年一月二十四日第三種郵便物認可
大正六年九月十日發行（毎月十日發行）

ほうてん

第八號

九月號

募集吟課題

△切腹 水府選
△夜番 五葉選
△擂鉢 飴ン坊選
△お内儀 意想郎選
締切九月二十五日（十一月號）

△冬籠り 五葉選
△子守 水府選
△借錢 淡花坊選
△按摩 意想郎選
締切十月二十五日（十二月號）

投吟所

奉天編輯所

内容

投吟家大番附

蒙御免

東

大關　柳香
小結　白牡丹
關脇　洲馬
前頭　耕雪
前頭　松堂
前頭　夢考
前頭　蔦子
前頭　曲人

前頭　同　同　同　同　同
薬屋蘭　半坊　懇々　若八　兎子　樂水　雅柳　波六　現履　琴仙　紫顔　髪男

前頭　同　同　同　同　同
胴田貫　徹笑　滋竹　北溪　晃久堂　有山　暢谷　東雲　萬可　梅杏

世話方
西田當百　阪井久良岐　豊田千龍齊　大谷銀坊　高木好風

大正五年十二月號より同六年五月まて募集吟點取

行司

近藤飴ン坊　岸本水府　淺井五葉　花岡百樹
大曾根大吉　馬場緑天　本田溪花坊　磯貝意想郎

勸進元

奉天編輯所

西

大關　西嫁
小結　春花
關脇　鶯郷
前頭　逸見仙
前頭　豊齋
前頭　時雨
前頭　姫小松
前頭　虹夜子

前頭　同　同　同　同　同
秋月　否那丸　美月　舟八　哲坊　英丸　御風　空盧　番茶　時勢　苗穂　波久帆

前頭　同　同　同　同　同
燈雨　叢隱　水花　奴風　萩の舍　松峯　柑舟　有生軒　隱居　東嶺

世話方
高木角戀坊　村田鯛坊　食満南北　後藤千枝　篠原春雨

尚作家東西に多數御座候
千客萬來大入叶

ほうてん

第八號

大正六年九月十日

本誌の主張

川柳界に起伏する萬般の事象に對しては諸先生に乞ふて最も權威ある批評と確實なる報告を爲すと同時に初心者の爲めに研究資料、各地に於ける柳界の消息、諸友よりの寄書其他募集吟に至りても充分意を注ざ且は我等が研究せんとする川柳を眞面目に解決を遂げんと欲するが故に吾等の伴侶は川柳研究家也

川柳の研究

川柳に就て

高木角戀坊

●一ツの觀察をすれば

＝感興よりは思索から＝
＝來たものが殊に多い＝

△川柳をどう考へるのか、考へると云ふ人に徹底した考の無いのに、後進に强ゆるのは無理ではないか。

△寳暦が好い、明和が好い、その好いと云ふのは徹底した理解の後が好いか、其輪廓を見て何がなしに氣に入つて好いか

▲十年一日の如く譯が解らぬのも困る

短詩といふ物を、今も猶ほ拵ねて居る人もある、けれども、これも川柳を作つて川柳に徹せぬと同しく、短詩に理解が無くては、拵へた短詩は矢張り拵へたものだ。一つの偶像を破壊して又淋しさに別の偶像を作る。それに何の權威があるか

▲江戸趣味を口にする者の行爲が其

味と相離る遠いのは苦々しい事である。で、これに誤らるゝ川柳は、寧ろ擯がれたり、踏臺にされたりする迷惑さ、此上も無い。

△川柳が良くて、狂句が惡いと云ふ人にその區別がドコにあると問へば、いろいろな事を云ふ、洒落や、落首を卑しいものとして、川柳を彌が上に、崇め奉つて見た所で、同じ泥田から採れた菖蒲杜若……

▲江戸趣味にも天保もあれば元祿享保

もあると、書畫の觀定てもする氣で列べる能書の、さても片腹痛い事。

△サテ川柳を詩だと考へて見ると、そこにいろ／＼な予盾も撞着も出て來る。短詩を起さねば納まらぬ事になる。起して見てからが自らに滿足を與へ得る何物も生れて來ない、況んや他人の共鳴。益々以て事が面倒である。

▲川柳を詩でないと考へては腐い意味の

詩としての立場を外にしても、少し嘗らぬ考と成る。鯨は魚扁だが、魚としては少し變だ、詮ずる所、川柳は德川中世以降の產物であつて、時代と共に變移すべき輕い性質の物として、山蔡の如くに扱ふのが、最も適した考へ方では無かろうかと思ふ、詩の立脚地は感興にある。之れに思索が如味されて

▲藝術品と成る其加味さろ度合に依つ

て抒情詩ともなり、敍事詩ともなり、敍景詩ともなる。或は月並臭くもなれば、鮮新な藝術味の豊かな物ともなる。

△それを以て川柳殊に古川柳を熟讀玩味して見ると思索を以て拵らへられた物が七分であつて、純感興の物は恐らく一句も無からうと思はれる位、技巧の物で、此意味から見て、私が言ふ通り

▲川柳は詩として價値の低い物である

事が首肯されやう、此の見方から出發し

て觀察すると川柳でも、狂句でも、乃至和歌でも、狂歌でも、俳句でも、洒落でも、落首でも、感興と思索との盛合せ方と、其定められた形式とに依つて、價値が問はるゝ物であると思ふ。之を川柳に就いて見るに。

それとも母は朝湯を覗くなり

此句からは母の情と云ふ感じを僅かに興へらるゝが、思索の方からは道樂な息子の歸りが案じられてならぬと云ふ方をより多く讀者に示して居る。

寄り給へあがりなんしと新世帶

此の句は純思索の句であつて、あがりなんしで考へさせる所に作者の技巧があり讀者の理解がある丈けである。但し此女房の廓者なる事は説明するまでもない。

ねぢ上げて手をやつて見る雨宿り

ねぢ上げるとは着物の裾の雫を絞る手付、その手を上げて未だ降つて居るかゐないかを考へると斯かる判斷する丈けが此句の持つて居る物の總てゞ何等の感興も無い。

雷をまねて腹掛やつとさせ

五番目は同じ作でも江戸生れ

臍を取られるぞと云ふ事を雷のまねで判じさせ、六阿彌陀の五番目は江戸にある事の了解が此等の句の總ての御仕舞である。要するに、思索の句は古川柳の七分を占めて居る。

△川柳が前句附から出、前句附は連歌から出た物としてある。連歌と和歌とは同祖である。和歌の淵源に遡つて見ても、感興の物と思索の物とは、綯ひ交せられて、そこに一つの藝術品が出來て居る。思索は才の働きに待つ所が多く、感興は情の物である。才情併せ有する物が藝術品であるから

▲川柳をして更により以上に向上せしめんとするには、思索の力と感興の力とを巧みに盛り合はせなければならぬ。

△洒落と云ふ物は純思索である。これは總て文藝が徳川中世以降の時代の影響を受けて、小説は勸善懲惡と定つた樣に、

狂歌狂句は縁語、掛詞の巧みを弄んで、地に、語呂と共に、洒落のめし、輕い、淺い、皮内な思索に剏へる事を以て、唯一の壇場としたのである。
△古川柳も亦た斯の如き洒落を生命とした物で、洒落は感興から出發せずして、思索から來た物、從つて古川柳の多くは理窟を判斷する。謎を解き當てる所に面白味がある。奉天を開きつゝ

動物古川柳の私解

眞白な犬合羽屋て繪どられる

▲合羽屋に居た犬の身體がいろ〳〵の色が染まつて居る。思索の物、繪どられるは有意で行はれた物で無く、知らずに居る中にそう成つて仕舞つた結果を詠み破つたのが作家の技巧である。

ろりや猫と云ふ間燒物九人前

▲九人前で一つ敢られた事を考へさせ樣と云ふ技巧、その思索を働かせる事以外に何物の無い句である。

迷惑な顏は祭の牛ばかり

▲如何に祭の爲めに人間が熱中して居るかを判斷させるのが此句の技巧である、作家の頭は牛に對する愛護の情が動いて居り杯と觀察しては穿ち過ぎる。

馬のへで四五人困る渡て舟

▲此の句は船の大きさを考へさせる丈けが作家の技巧、へと露骨に持つて來たので笑はせ樣、位な輕い要求。

鷄は追ひつめられて五尺飛び

▲五尺飛びとは鷄が精一杯に飛んだのだと判じさせる丈けの句

狼は財布ばかりを喰ひのこし

▲財布ばかりは流石に餓ゐて居る狼も喰ひのこした、何んでも喰つて仕舞ふと考

へさせる句である、人間は財布の中が物を喰ふに一番大切だが、猿は違つてゐるそんな所に作家の技巧がある。

水瓶へ鼠が落ちて仲左衛門

▲人間ならば十左エ門、鼠だから忠左エ門ほんの洒落に丈けの技巧

じつとして日見は狆に吠ねられる

▲見慣れぬ人故に、動く丈けの用事も未だ解らぬと、唯だそれ丈け。

鼻はまだしも猿の毛は誰が數へ

▲鼻毛を讀まれると三本足らぬとを合はせてそれを句にして理窟を云つた迄の事猿の毛と云はず猿のがはとやれば猶ほ一層妙であつたろう。

繼母に育てゝ貰ふ家鴨の子

▲家鴨は子を產み捨てゝ育てる術を知らぬから鷄が大概卵から抱いて雛に孵化する。それを云つた丈けの事。

▲以上、斯して一句一句に吟味して見ても、川柳と云ふ物ば思索の物で感興を盛る事の極めて少い物だと云ふ事が解ろう、穿ちと云ひ、たかしみと云ふも要するに輕い物である事が、川柳としての盛り得る内容である。又本領であらねばならぬと考へずに居られない。（五月十五日）

葉書に添ゐて

焼出され不思議なものが殘つてる　南北

桃山は淸い心になるところ　千枝

材木屋挽粉はらつて膳につき　同

無駄口を叩いて扇忘れて來　洲馬

戀の辻占聞くつめ彈きも
たへて淋しい夜半の廓　兎子

氣がれしやんすな内地の人目
ひろい滿洲があるわいな　醜女

滿洲よいとこ黄金が降ると
うまく乘せたろくちぐるま　呑酒氣

大文字小集（京都）

カチワリを持つて當直蚊帳に入り　醉香

川涼み岐阜提灯のゆれ心地　光憐

出來心その晩恐い夢を見る　春水

枕蚊帳冠つて寢息考へる　樂山人

それ程に好うもないいが生きて居る　紫明

火事でなし飛行機でなし大文字　湖春

六齊の仲にいつもの小便とり　千枝

いろ〳〵集

鵜殿黒い鳥

物騒なのを絡つとく冷藏庫

立喰ひの貼紋八分ばかりへげ

萬引に算盤持つた追人が來

秘書役は半分書いて聞きに來る

混血兒《アイノコ》を中に散歩の輕井澤

妹といふ格で來る許嫁

樂書を讀んでは左官塗つて行き

六齊を聞きつゝ

鴨柳會　後藤千枝

◎右の大文字を東山に、左り大を西山に北山に妙法、船岡山に船、鳥居を西山に點火する、京のお盆は今日明日で今ンま盆の廻禮を濟まして歸つて來たところでありますそこゐ奉天誌と宮島から別府地方へ避暑旅行中の京都の柳友富士子君の繪はがきと一所に配達されました。

絶景を杓子でこはす嚴島　富士子

◎貴社が不幸にも類燒のお仲間入りだつたと云ふ事は始めて知つた譯でお見舞狀すら差上げす甚だ失禮を致しました、何か今回もお目だるい處を少し御紹介したいと思つて筆をとつたものゝ餘り書けそうにありません。

◎數年前、横濱から出てゐた「春雨」と云ふ川柳誌へ七面鳥と云ふ拙稿を草して置きましたー其稿に「新傾向の句には川柳なる名稱を除きたいものである」と述べて置きましたー是は其の當時同じ横濱より出版されてゐた「新川柳」と云ふ雜誌に短詩的な句を滿載して、之が、川柳だ新川柳だと叫んで大いに初心者をして純川柳の何にものたるを、惑はしたる事あればなり、然るに其後一二年にして天命なるか運命なるか新川柳なる名稱は立ち消ゑとなり、短詩と云ふ誌名の下に目下發行されつゝあり、是れにて幾分川柳界の面目を一新された譯です、その當時よりも問題の仲間入りとなつた或る一派の川柳と稱呼しつゝある新狂句に對しても川柳と云ふ名稱を一日も早く消滅せんことを期待して居ります◎

◎京都に於ける川柳界の不統一は今更耳新らしく申す迄もなく、皆樣が先刻御承知なるが幾分は又誤解されて居る樣にも思はれます、最近發行の「番傘」に水府君が何にか其れに就いて、書いて居られた樣だが、世間では矢張り誤解されて居るのだ、十年以前の柳友社當時はいざ知らず現今は川柳以外の趣味、その間の原因が大いに不統一を欠くにあらざるか、貴重なる誌面にくだらぬ事は禁物々々、

◎昨年あたりでした岐阜の日日新聞紙上でこんな記事を拾つて置きました、「川柳文學の近況」てふ二段抜の長稿が掲載されてゐました、其の一部を抄錄して見ますと次の如きものです。

新川柳の世に發表されたのは明治三十六年の日本新聞紙上に井上劍花坊が時局に關する句を掲載したのが抑もの端緒であると云ふ事であつたが後に阪井久良岐が夫れに抗議を申込み、いや僕は公然と發表し得なかつたが其の以前に於て創作して居つたと云ふ事であつた之を聞いた田能村の朴山人も之れと同じ樣な事を稱へて居たが朴山人は別に（へなぶり）なるものを開いて更に先祖爭ひはしなかつたである、

久良岐派と劍花坊派を區別すれば久良岐は風雅な句を重きに置き劍花坊は俗受けのする句が多かつた、

さあ事だ下女鉢卷を腹に締め

と云ふ句は劍花坊が頗るうれしい句の一として有り難がつて居るに反して久良岐は徹頭徹尾之に惡評して居ると云ふ具合であつた云々

如何です皆樣こんな評は月並評で誰れでも知つて居る事ながら、第三者の眼から見れば實に馬鹿々々しい元祖爭ひじやありませんか、見つともないぢやありませんか、此の元祖爭ひも此の日日紙上で見るばかりではなく、再三再四專問雜誌上で見受ける事だ、もそつと兩者共に、偉大なる心になつて、死歿後千古不朽の勝利者になつて頂きたいものでもです。オット鍛を叩いて蛇を出すやら、京都川柳界にも此の偉大なる心と云ふ事があれば「統不統一」のと世間から横槍を入れられる樣な事はないのだと此處まで書い來たら。宇治の花火見物を誘ひに、樂山君が來てくれましたが明十六日午前二時より大文字を點火する東山如意ヶ嶽へ嫿左衞門と登山する心組で宵寢をせにやならんのでお斷りをした。……六―八―一五夕

古着の袂から

大阪　岸本水府

久良岐氏の手許で紛失した「脊物百句」の三分の二程が發見されて、世稚談に越された句稿の中から二十句ばかり拾つて見る。

寢衣着てからも仲居に用があり

考へた揚句紋付染め直し

紋付を着せた我子に年を聞き

三次會だよと紋付疊ませる

羽織袴で朝歸りする事になり

紋付を風呂屋で脱ぐと變なもの

年中常着なり、儲け續きなり

藤八も巧い息子の長襦袢
折目だけで嚝着といふは受取れる
記者だけが園遊會に常着なり
仲人に常着でいゝと連れられる
珠數擧ぎ中に浴衣がよく目立ち
古着屋は明日に迫つだ用を知り
古着店袖を拂つて負けぬなり
昔着たやうなのも見る古着店
と見たものか古着屋帶も出し
よく似合ひますと着物を貸してくれ
借着してあなたのやうと洒落る也
れ目見得に姉の着物とよくわかり
着飾つて出ると近所に見送られ

夏の夕べを揃への浴衣
　どつちが姉やら妹やら　片眼

金の生る木のある樣に聞いて
　行つて見りや豚尾の影ばかり　西岡生

蟲と鳴きましよ滿洲野の原で
　人にやはなせぬむねのあや　夢の人

柳の葉ツパ

大連　九羊生

◎柳香君の不斷の努力に由つて誌面が回を追ふて緊張して來たのはあり難い。
◎それに久良岐氏や、飴ン坊氏の寄稿も我々初心者のためには有益な賜だ。
◎聞けば本溪湖でも十五人ばかり會員が出來たそうだが結構な話しだ、そして夫等の人が飽かず研究せられんことを希望してゐく。
◎四月に發表された、講談倶樂部の五十圓懸賞の「飛行機の或る夜火を吹く美しさ」といふ句を、その選者たる劍花坊氏は盛んに褒めちぎつて居たが僕には何處が宜いか分らない。
◎滿洲にも大分隱れた川柳屋があると見ねて懸賞でもあると屹度滿洲の肩書を見かけるが懸賞ばかり遣らずに此方へも首を出したらどうです、同じ滿洲に住み乍ら。

吾々にもとむ

京都　武内北溪

◎異郷遠き有意味なる奉天に於て、眞面目なる柳誌「ほうてん」の發刊さるゝは確かに殖民地の一異彩です、幸にして斯く研究的對度の變ずるなく、屈するなく堅實に永久的努力あつて、貴誌同人は固より遙か吾々にまで、あるものを與へられんこと希望し、併せて編輯子貴兄の致されし大なる努力を多として感謝に堪へませぬ、

◎終りに倍々「ほうてん」を光輝あらしめ向上たらしむるは均しく切望するものにて、第四五兩號の終欄の床しき數言を、本旨として不親切且つ無智識の苦き自任先覺者の、徒らに多き今日の柳界をして覺醒と大なる威嚴とを發揚せしめらんことを追言します。（五月一日着）

奉天柳壇

投吟歡迎

○　石田梅杏

戰爭の御蔭別莊すまひなり
敵艦を覗んだまんま息が切れ
戰談の義足子供にとり卷れ
鬼灯《ほうづき》をならす男のよく喋り
あつけなさ駕にかゝせて門を出る
紡績へ二人通はす女親
母親を一目見たがる腹違ひ
化粧室母がついてる見合の日
母親は肉と汽船が嫌ひなり
自働車の音に吹つく場末町

○　西田艶笑

檢査官屛風の中で叱つてる
ゴム草履少し歩けばはづむ息
讃美歌を小聲で唄ふゴム草履
洋杖《ステッキ》の步みを呪ふゴム草履

追いついてオヽ辛度いとゴム草履
水溜り越ゑて振り向くゴム草履

○　松本春花

片思ひ男と生れ不甲斐なさ
云ひ出せぬ戀を其儘捧に振り
お茶代が利いて總てが早變り
大持てにもてゝ拐帶飲み過ぎる
泣く子にはかまつて居れぬ俄雨
村を立つ頃は希望もありし吾

○　平井姫小松

達筆は時々困ることもあり
引立てに逢ふて仲間で不評判
夕立に按摩は濡れる腹を極め
吊革を時計卷いてる方で持ち
二階借風呂の戻りを何か買ひ
朝寢坊起しに行くと怒るなり

○　岩井波六

お茶引の三時聞くまでつらい事
もうこれが別離れ女は膝へ泣き

飲みに行く事を湯殿で思ひ出し
妾宅に來ると旦那は若くなり
花嫁の外出を嫌ふ癖を持ち
女房を叱つて馬鹿な酒を飲み

○　鵜殿黒い鳥

天井の掃除立ち喰ひ思ひつき
土橋まで母が見送る紺絣
渡し守架橋工事を遠くに見
妹といふ格で來る許嫁
行李からトランプを出す避暑の夜
トランプに書生も交る誕生日

○　河岸豊年

犬の戀娘見ぬ振りして通り
淨瑠璃の師匠も兼ねて三味線屋
晝遊び隣りはだるい稽古三味
言譯に人をさん〴〵惡く言ひ
現代と言ふ字は情に薄ひ文字

○　村瀬微笑

袖引けば知らないわよと逃げて行き

宿替て電車の音に寝つからず
心安ふ仲居三味線弾いて呉れ
合宿所拳の稽古て寝つかれず
どうすればいゝと女は消氣て居
○　志賀半厘坊

大掃除晝は豆腐で濟ましとき
忘れ物ポケット皆んな押ねて見
これしきの事を女房氣がとどめ
飛乗りは車掌の後ろから入り
○　竹内萃和尚

駿河町素見しそうな顔がなし
藪蛇になつて女は腹をきめ
狸寝の窓に烈しい空ッ風
成金の竹馬は今日も留守を喰ひ
○　河村琴仙

着陸をすればズミスも只の人
プロペラの音に草苅り仰がせる
製糸場で堅い男は馬鹿にされ
○　武内北溪

美い着物きられるに娘納得し
養女分抱への様に使はれる
親方は晩酌のとき舞はせて見
○　神戸初夏子

校門にパラソルの散る美しさ
パラソルが地引《ジビキ》網をかこむ美しさ
パラソルを乗せて渡しの美しさ
○　服部耕雪

角帯を結んで廻はす若旦那
下車驛も同じ處で顔馴染
湯戻りのタオルにいゝ香うつてる
○　吉原叢隠

儲からぬ時は詰らぬ顔になり
初髷を褒められて居る里歸り
たゞ互に明日といふ日も知らず生き
○　森脇樂水

雨垂れをハッキリと聞く寝られぬ夜
孝行の一つ【すなほに嫁を持ち
諦めてすなほに嫁に行くと云ふ

○ 金子呑風

校長に或る日母親面會し
母親は末の娘による氣なり
金を拂つてやりながら母意見

○ 土見私晴

曳網へ別荘から又二人連れ
こをなれば惚れた女の奴隷なり

○ 手塚空虚

青い顔其處迄出るが息を切り
門番は己が屋敷の様に言ひ

○ 西田葉蘭

金蠅を選つて小供は取つかまへ

俳句　田邊柳香

硝子戸を洩る月影や蚊帳涼し
庭に水打て涼しき夕べかな
梅雨晴の涼しき庭や宵の月
そよ風の涼しき木々の葉蔭哉
灯火を消せば窓洩る夏の月
宵闇の草に落ち行く螢かな

露涼し木の葉は薄く紅葉して

御賢察を乞ふ

我ほうてん購讀料は從來一部金六錢として御愛讀を得來りし候處本號より金拾錢と云ふ甚だ突飛なる値上を致し候右は申すまでもなく戰亂の影響を受け紙價の昂騰は逐日歇まず出來得る限り忍耐をなし居り候得共平準價に倍加する昂騰は夙に過ぎ去りて今日にては三倍の暴騰と成相りその停止する處を知らざる現狀にて到底隱忍堪ゑざる場合と成相り候爲め遺憾ながら遂に値上を斷行を致すべき已むなきに至り候間何卒御賢察の上相變らす御愛讀あらんことを切に御願申上候

大正六年九月十日

奉天編輯所

選評

類想が多い

近藤飴ン坊

誰れでも氣のつく

＝着想は平凡なり作品の＝
＝推敲に力を注ぐが肝要＝

▲作句に際して類想を避けよとは、私が常の叫びである、今回の選「新聞」にも類想、類句が澤山あつた、何故類想類句がいけないか、それは構想に骨を折らないからである。一例を擧げて見る。

新聞て氣つきましたと火事見舞
新聞て見ましたと云ふ見舞狀
新聞て知つたと云つて火事見舞
新聞で判りましたと火事見舞

此の四句を見ると、誰れても氣のつく想て、誰れでも詠める想の下らぬ事が判るでしう。併し誰れでも氣のつきさうな事も叙法に依つて佳句になる事もある。

▲次は沒の句に就いて少し言はう。

一昨日の新聞を讀むけちん坊

つまらない事柄を詠んだものです、そして句品が卑しい、作品に品格と云ふものが要ります、私が狂句を排する理由の一つには、句品が卑しいと云ふ事もあるのです。

新聞の自殺女は美人なり

これは類句が澤山あります「新聞の身投け美人ときまつてる」など

若い後家又新聞の種を產み

若後家の亂行と云ふ事はもう何百年も讀み古されてゐます、其元祖とも思はれるのは、

石塔の赤い信女が又孕み

です、これは約二百年も前に詠まれた古句、此句のやうですと、叙法に苦心がしてあるので後世にも殘るのですか、「若い後家又新聞」ではどうも古人の糟粕をなめてゐるので無價値です、

新聞紙を棒にする力あり

此の投句家には「初心」と云ふ註がありました、初心の方ですから特に教へます、此れでは新聞紙の說明です、作句は說明ばかりではいけないのです、「梅は句のよき花をもつ」は說明でつまらぬ事でせう「紅は赤い」、「米の飯は白い」も說明で言はずもがなでせう、だだから說明は句としての價値がないのです、

新聞でイザリも世界一またぎ

これも前と同じ人です、此の句が沒になつたのは、これも新聞には各國の事がのつてゐて足腰の立たないイザリでも新聞を讀めば世界を一またぎしたと同じであると云ふ理窟だからです、理窟が川柳に禁物なのは、理窟は詩の價値を乏しくするからです、

新聞の受賣りをするいやな奴

これは相模で大家と云はれてゐる人の句です、下五の狂句式で下等な言葉が句品を卑しくします、構想も平凡で、主觀が理窟です、私の親友にして又斯道の大家と言はるゝ人が、私の選句にこんな句を入れる事を悲みます、君は最う投句に對して自分の句を自分で篩にかけて出す位

の用意をしていゝ大家ではありませんか私が敢て此の言葉を呈するのは、近來君か濫作の弊に陷つたからです、併し此の句か君の全班ではありません、ただ其一例のみを擧げて申しますのも、例の私の遠慮のない婆心からです、

新聞か讀めて村での學者なり

此投句家は二十句程投じられましたか、この句のやうに古いのさ平凡なのが多いので一句しか點を掛かるのかありませんでした、多作よりも推稿を希望します、

新聞は針程の事を棒に云ひ

これか説明である事は前に陳べました、そして類句です、

論文を鹿爪らしく讀む式部

式部を女學生の代名詞に使ふのはモウ時代遲れで古くさい、夫れから、女學生か新聞を鹿爪らしく讀んでゐるさ云ふ事柄に柳與かありますか、女學生か新聞を讀む事は普通てす、

新聞を置くさ欠伸が出るの也

これは英丸君の句ですか、置くさのさ欠伸がのが、出るの也のの三句は句をたるませます、依つて私は左の通り如筆しました、

新聞をはうり出したる大欠伸

句のたるむ、たるまぬさ云ふ事は此二句を玩味して叙法の大切な事を首肯して下さい、それから

◎選者さして五客さ三光に對して言はう

女房の手前濟まない事がのり　姫小松

輕い所を探る、叙法巧みてある、

夕刊を母も離れて貰つて居る　鶯郷

鶯郷君は句かうまい、鋭くして細かい川柳眼を光らせてゐないさ、斯かる寫生は摑めない、一讀平凡な寫生のやうてあるか決してさうてない、觀察か働いてゐる

取消を小ッぽけに書く新聞紙　鶯郷

窄ちてある、新聞の題て此等は類想かありそうに思はれたか、ただ一句白牡丹君の句に

正誤文三面の隅へ有りはありかあつたのみてある。併し此の兩句を並べて見ると、三面の隅と場所を限つたのよりも、小ッぽけに出てゐると云ふ窄ちの方か勝れてゐる。

奸商の懲りず紙上て謝罪文　白牡丹

世態の一部かよく現はされてゐる、奸商の新聞利用、よく題を扱つてゐる。「懲りず」の復數も利いてゐる、

新聞て折を包むは醉つてゐず　牛屋坊

新らしい想てはないか整つてゐるを採る

◎天地人三光に入つた人

新聞の一段うめる親不孝　春花

此句か「新聞を」では平凡になつてしまう、「新聞の」とした所に、親不孝を憎む憤りか出て來る

夕刊屋一錢落ちるまて走り　驚郷

川柳眼か働かせてある、「一錢貰ふ」てはつまらなくなる、「落ちるまて」の措辭は矢張り推敲せねば得られぬと同時に、斯う云ふ細かい川柳眼を養ふ事か作句家一般に必要な事てある

新聞を讀むと聾は歸るなり　山人

類想を見ぬ句てある、新聞に讀み耽つてゐる聾者か、新聞を讀み終るとサッサと歸つてしまふ、ただ夫れだけの事ではあるか、聾の心理に觸れてゐる所に内容かある（八月二十四日）

雨か降り出すさす傘持たぬ
　滿洲あたりにや軒かない　△△生

沖に白帆の眺めはないか
　高粱《きび》の滿《ま》洲野《の》は青嵐　凸凹生

内地立つたは十二の春よ
　今ぢや滿洲で人の母　◎◎生

募集吟

新聞

飴ン坊選

言ひ合ひをしてから新聞でも讀み　柳香
色男花柳種だけ三度讀む　同
論說は一番後とて讀むと極め　同
十日間新聞を待つ力瘤　曲人
夕刊屋日の暮れそうな聲で賣り　空虛
新聞を置いて角逈立つて見せ　同
さても野心の顔が行く相場欄　英丸
新聞をほうり出したる大欠伸　同
乳飲子を寢かして女房續き物　姬小松
食堂は雜報欄に花が咲き　同
相場欄を觀るだけに新聞買集め　同
讀書欄矢戀の男出す氣なり　梅杏
夕刊に俺の飛下り出されてる　同
新聞で見ると獨逸は負けて居る　鶯鄉

古新聞きれいなものに扱はれ　同
新聞を前におのれは〱な　美月
新聞に出る迄孝子苦勞をし　秋月
女客に新聞持つて亭主逃げ　逸見仙
新聞に出されて息子苦笑ひ　叢隱
若旦那浮名の記事を切り拔きて　西嫁
新聞に事實が違ふ恥をかき　春花
叩かれて讀む新聞に苦笑ひ　萩廼舍
女湯の方は新聞置いてなし　牛屋坊
新聞の上へ女は泣き崩れ　同
留守居番淋しく新聞讀み直し　波久帆
揭つてゐる新聞皆にさいなまれ　燈雨
お妾も赤いの文をとつてゐる　蔦子

佳句

新聞を舞子は恐いものにする　姬小松

五客

社の中傷の記事で讀むところ也　鶯鄉
女房の手前濟まない事が載り　姬小松
夕をを附も離れて賣つて居る　鶯鄉

取消しを小ぽけに書く新聞紙　同
奸商のこりず紙上で謝罪文　白牡丹
新聞で折を包むは醉ふて居ず　牛厘坊

人

新聞の一段うめる親不孝　さかみ春花

地

夕刊屋一錢たちるまで走り　おはさか鶯郷

天

新聞を讀むと聾は歸るなり　ほうてん曲人

質屋

水府選

苦勞する女房質屋へ平氣なり　柳香
錢持つて質屋で着て行くつもり也　耕雪
質屋から出てた馳染へ足か向き　同
風呂敷を抱ねて這入る褄れ樣　空盧
紺綏簾先代からの質屋也　英丸
その指輪流すに惜しい形見也　同
質屋からの戻り酒屋へ寄つて行き　姫小松

二階も下も共に質屋の得意なり　同
受出しに行つたは質屋で笑つて居　同
質草も無くて一日寢て暮らし　同
秋の風當分質屋通ひなり　梅杏
質使ひ女房の顔に苦勞性　春水
質の通持つて自前の慘めなり　醉香
質屋から出るなり辻を曲るなり　鶯郷
質使ひ婆は便利な露路に住み　同
質屋から出ると後へも振り向かず　美月
質使頭でのうれん分けて入り　椋介
此處通れと質屋奥にあり　逸見仙
夕暮を質屋へ通ふ裏長屋　蹤隱
今日は無理云はぬと上る質使　西嫁
氣の毒に思ふて刑事質屋を出　同
何扁も質屋潜ぐつた一張羅　御風
蚊帳布團質屋の藏ですれ違ひ　機樂坊
學帽を被り質屋へ這入りかね　滋竹
粹な事質屋の嬶が敎せてくれ　同
質屋の奥へづうと大分馴れて居る　白牡丹

月給日質屋へ何か受けに來る　同
長火鉢抽斗拔けは質の札　同
質屋から燒けて放火の噂なり　同
質草もなくてあやうい金を持ち　春花
又しても質屋へ通ふ腐れ縁　同
二度三度見直し質屋繩を打ち　萩酒舍
質使ひもうかる札を持つて居り　秋晴
夜になるを待つて奥さん置きに行き　同
古手屋へ賣るに質値の事も云ひ　同
落ふれて質屋の緩簾目に這入り　微笑
子供まで質屋と云ふは知つて居る　同
幾度か質屋は念を押して貸し　同
質屋にもあんなやさしい花を活け　同
臨月で質屋の門に暗い顔　偶水
子の代になつて質屋に琴の音　牛厘坊
來客にチト耻かしい質使ひ　同
鉛筆で書くのへ質屋筆を貸し　同
寢てるのか起きてるか質屋　同
落ぶれのまだ質屋へは這入り兼ね　波久帆

先客かあつて質屋へ這入り兼ね　同
片つ方は質屋の蔭に立つてゐる　燈雨
質屋から出ると邊りを二三遍　秋妻
源氏名になれて質屋の得意先　吳久堂
今出して着たのに質の札かつき　兎子
町内て質屋か大分古ふ住み　同
古い顔質屋の方も無理を聞き　同
人の質札も妓丁持つて居る　蔦子
何時の間に質に置いたと尋ねられ　同
駈落をした姉娘質も置き　同

佳句

考へた揚句質屋の戸をくゞり　柳香
質屋ではチギレタ紙幣を裏打し　曲人
薄暗い家に質屋は出來て居る　英丸
質屋から今受出した着物て出　姫小松
座敷牢の樣な質屋の荒格子　同
質草を子供の知らぬ間に集め　梅杏
捨鉢に入質をしてまでの意地　春水
垣一重へだてゝ質屋拜まれる　醉香

質屋から横町に居るに問びに行き　同
質屋へはほんとの事を云はぬ也　鶯郷
質使のれ賃は別の錢で呉れ　同
質屋から半町はなれ下駄の音　美月
質屋より外に二人の智恵か出す　逸見仙
其質屋に職の手管少し知り　西嫁
子を抱いた涙に質屋貸しすごし　同
質札を持つて戻りの寒い風　白牡丹
値か値てすなごと質屋は皺をのし　春花
同情をして質屋は貸さぬ也　微笑
質屋ては亭主の顔を禾た知らす　牛厘坊
迷宮に入つて質屋へまだ刑事　同
結局は質屋を起す事になり　波久帆
三越て買つたを質屋賞めて居る　豐齊
格子から質屋の聲は洩れぬなり　燈雨
風呂敷に質屋の電氣明るすき　兎子
吸空か一つたますと質屋云ひ　蔦子

人

金指輪質屋中々暇を入れ　おほさか 鶯郷

地

一晩の事に質屋へ持つて行き　おほさか 姫小松

天

羨やめは矢張り質屋も愚痴に也　たいれん 西嫁
まだ質屋だけには會す顔を持ち　きやうと 耕雪

お断り

本號に發表すべき豫定になつて居りました五葉氏選の「行水」大吉氏選の「海雜吟」意想郎氏選の「挨拶」の三卷は前號誌上にてれ斷り申し上げました通り本誌編輯部類燒に際し燒失せしめました爲め更に募集を致して居りますので共に本號に間に合ひませんでした投句は目下募集中でボツ〳〵集つて來て居りますから來號發表の募集吟と同時に掲載致しますから何うか惡からす御諒察を願ひます

花岡百樹氏歡迎句會

四月十七日午後一時より
大連綠温泉樓上に於て

神主　百樹選

冠の紐に神主小腕立　茗八
神主は荒れる御輿へ目も呉れず　同
神主の寄ると噂は巫女のこと　同
神主を結びの神にしつちまい　秋月
神主に變な二人が異見され　西嫁
稲荷祭大家神主氣取つて來　時勢
祭禮が濟むと神主氣がゆるみ　意想郎
寄附金の多寡で神主世辭を言ひ　同
新婚ののりとを宮司刷つてれき　狂蝶
神主の萬葉振り詠む御大典　不句郎
神主の謠長閑で花が散る　同

人

神主へ日傘の下で日が當り　茗八

地

神主も持て餘してる狐つき　時勢

天

御百度へ神主いたく同情し　秋月

軸

スタンプにうや〳〵しくも笏《シヤク》や置き

東、西、南、北、　百樹選

御同役西のうづらへ目がちらり　茗八
南無三方仲居氣附いた頃撤かれ　參村
慰めて叱つて伯父は北枕　同
日は西に青樓は新に鹽を盛り　秋月
北の風按摩來る頃雪になり　同
南風今朝も朝顏二つ咲き　同
北の國涙にうすひ賣春婦　同
神木に東風吹かばなどほつてあり　同
方角も言はず迷子は指をさし　愀晃

佳句

南風鯨靜に潮を吹き　秋月

人

東雲の頃た世繼は聲をあげ　時勢

地

藝者部屋西京焼の皮をむき　若八

天

西國は何處と聞いてる子煩惱　時勢

軸

南極にもうペンギンの味に馴れ

總選擧　狂蝶選

總選擧議員の家は留守になり　有山

總選擧また叔父さんがいたぶられ　意想郎

借金は選擧をあての羽織ごろ　時勢

總選擧落籍した妻が役に立ち　麥村

總選擧旦那はこりて旅に立ち　時勢

選擧熱女房は里へ歸り切り　若八

運動屋成金出すに一ト運動　不句郎

ネー貴君此方になさいこれだもの　壽花

選擧後は穴に入りたい酒びたり　西嫁

佳句

總選擧日頃は高い頭下げ　秋月

人

總選擧衡にかけて飯をくれ　百樹

地

運動員事務所〱で甘い汁　秋月

天

當選の明日は男の子が生れ　西嫁

軸

一票に時めく大臣腰を折り

總選擧淸き一票相場が出

花　意想郎選

花の咲く頃に息子戀になり　時勢

成金は高根の花も折る氣なり　同

花の無い時は吉野も唯の山　同

花の散る下で袖萩眞似て居る　同

花曇り娘帝劇主張なり　不句郎

花の渡暮れて嫁入越して行き　同

花の山ラッパで登る千鳥足　楸晃

妻君がこりたとこぼす花の山　参村
夜櫻に女房監視怠らず　狂蝶
毒草とも知らず奇麗な花に惚れ　有山
花形に兎も角据へる好い男　同
子順禮取卷いて聞く花の山　西嫁
櫻木の下家族の鬼ごつこ　不明
鬼ごつこ櫻のもので緋の亂れ

人

花曇り今日も盟に入れた儘　村

地

花霞み田圃は暮れて入谷の灯　不句

天

老僧のモク〳〵として花を掃き　不句

軸

花の頃また東京を夢に見る
狼籍を笑つて濟ます花の宴

其當座筆持てば書く學士號　西嫁

山口川柳會柳草（第三回）

夏、祭、　五葉選

買ひ立てか目立つ避暑地の夏帽子　洲馬
大びらに避暑で成金振りを見せ　同
夏蒲團二つに折つて足を乘せ　兵介
何にかなし祭の間は居る氣なり　丸木橋
江戸辯の田舍の夏を戀しがり　釣泉
夏祭揃浴衣の巾が利き　呑氣坊
夏服のかけ更へのない雨に逢ひ　天翁
若旦那祭りつゞきで落ち着かず　喜知坊
心配をする程神輿廻り過ぎ　同
終列車今日も祭りの片をつけ　愚々
旅役者祭りを當てに蓋をあけ　同
お祭を他所に淋しい忌中札　逆天
素麵に香橙と云ふ夏祭り　卜念
もゝずれが一層苦になァ下女の夏　青眼子
屋根船の三味をお客が取つてやァ　樂水
久し振りチト夏瘦せの頬を撫で　同

たてに振り首は團扇を蔭にして　松葉
炎天を歩む輪卒の重い靴　都お尺

一　點

お土産と聞いて小供は蚊帳から出　呑氣坊
鏡臺へ晝寢は足が突きあたり　同
村祭りどれも首だけ繼いだよう　同
手内職祭り話を外に聞き　洲馬
夏帽子此頃髭を剃りおとし　同
髭止を咬へて蚊帳を出る浴衣　都お尺
文の儘秘めた浴衣を母が知り　磯部

二　點

夏服の窮屈らしい座り樣　喜知坊
涼み臺安座《アグラ》をかひて邪魔がられ　呑氣坊
夏座敷千疊敷のように開け　樂水

三　點

夕刊を一ぱいに見る夏座敷　兵介
夏羽織腕まくりしてしはになり　洲馬
段梯子女將は夏を苦勞がり　同

京都彩柳會詠草

四月十五日京都河道屋支店に於て

都踊り　互選

都踊は只聞いて居るだけのこと　時雨
敷島を都おどりでおさして來　同
立て唄をお茶席からも聞惚る　千枝
お茶席でグイ飲みをする小成金　同
お茶の醉都おどりを見てかへり　春水
春の氣を都踊りにそゝられる　黒冠者
二人連れ都おどりを見てかへり　素風
今んま來た舞妓に踊ねだられる　とんや
ヨイヤサーごたり〳〵と練て出る　天眠
赤壁へ電車を止める灯を點し　柳舟

雲がりん氣か又じらすのか
月を見せたりかくした　美想子

校長 互選

校長に都踊りでヒョンと逢ひ　時雨
記念樹を校長ジツト見上げてる　同
超然として校長はかへるなり　同
日が當るまゝ校長は席を立ち　同
校長に一瞥をする視學なり　同
徴兵に校長久し振りでした　水紅
校長の後ろの壁に世界地圖　同
小使の部屋も校長見てまはり　同
校長さんいつち訛りがきつい也　同
遠足に校長さんはをくれがち　天眠
校長はとうに流行つた服を着て　同
久し振り校長さんも年をとり　同
校長は孝子の母を見舞に來　千枝
雅號では校長樣と見ゐぬなり　同
校長と早退の子がスレ違ひ　柳舟
校長の親を尋ねる豫科の親　同
校長へ遠い處かられ辭儀をし　光漆
校長か見ゐて靜かな室になり　樂山
同窓會校長だけは古馴染　春水
考へる樣に校長あるいて來　黑冠者
校長の窓へボールが飛んで來る　悠々

厚司 互選

玉突を厚司覗いて通るなり　二山
手の塵を拂ふて厚司錢を受け　同
天賞堂製を厚司ははめて居る　同
丁度よい所と厚司手を借られ　同
總領に生れ厚司のまゝで出る　同
遠來の客に厚司の儘で出る　柳舟
敵娼の相性を聞く羅紗厚司　同
羽ばたきをしてから厚司懷手　同
考へて厚司算盤とつて見る　同
戰友にあいにく厚司着て出た日　同
厚司ですからと閾に腰をかけ　時雨
戸の隙で厚司一幕だけを見る　同
厚司なりで馴染の青樓を斜に見る　同

外堀へ厚司か石を役つて居る　同
派出所へちよく／＼こ張つてる厚司　同
荷造屋厚司拂ふか仕舞ひなり　樂山
丁稚の厚司衿印うらをむき　同
學校から歸ると厚司着せられる　同
學友を息子厚司のまゝ話し　同
京極へ丁稚厚司のまゝ廻り　同
厚司着た男大きな犬を連れ　とんや
厚司着たまゝで一枚寫しとき　同
厚司着たまゝで家出をした噂　同
厚司から一寸惚氣も聞かされる　同
美くしい厚司で懸を取りに來る　水紅
厚司着たまゝ茸狩へ遣つて來る　同
身に合はぬ厚司を丁稚着てる也　同
町會議伊勢屋厚司のまゝで來る　天眠
大一座厚司か一人交つて居　同
木藥屋厚司も藥臭いなり　春水
厚司連れ高い調子で話すなり　黑冠者
いつもかも厚司の外は醉てゐる　同

無雜作に厚司帽子を冠つて來　光漆
稅務所へ厚司のまゝで遣て來る　千枝
道草の厚司溝板ふみかぶり　同
厚司着てゝも旦那は旦那なり　同
實習を出ると厚司を着てるなり　同
糖挨り電柱へまで持つて來る　悠々
厚司着た男運轉臺に立ち　同
ハンドルに一斗乘せて厚司來る　同

雜吟

姑は死なず內緣にて終り　春花
身賣りの塲又內緣を振り返り　白牡丹
妹は喰へない草を摘んで來る　洲馬
名も知れぬ草を粉にする田舍醫者　西嫁
相惚れのもう摘草はソッチ除け　同
足音に行水の嫁向きを替へ　否那丸
曲線美書き出す迄の長いこと　空虛
登山隊やつと探した岩清水　柳香

岡山壁土川柳發會

准川柳一派の中に孤立して眞の川柳を研究せんとするが我等の目的なり（松の家報）

帯、洗濯

八月△△日

何も彼も女房帯の間へ入れ　囚子改め黒い鳥
帯革で机まで引く五燭光　同
梅干の籠をかはして竿をかけ　同
死ぬ女もう一度帯を締め直し　備前坊
洗濯又云ひぬけの雨か降り　同
洗濯もする髪結ひの亭主なり　同
次の間へ帯はつぐねた儘であり　日本原
洗濯をドッサリ前に帯を締め　同
洗濯を絞りなからに値切つてる　同
ポチ袋仲居は帯へねじり込み　松の家
暮れ方に洗濯をする共稼ぎ　同
御用聞き洗濯竿もかけてやり　同

打水や夕風庭に木々よりす　柳香

近藤飴ン坊氏へ

佐々木桂雨

「ほうてん」第七號に掲載されたる、近藤飴ン坊氏選「白粉」の巻中に

書で描いてさへ胡粉か要る女

を佳句として拔かれたるが、此句は小生の考へでは全然狂句と思ひます、句の意味は畵で描いてさへも恰度白粉のやうな白い胡粉か必要な女だと云ふ駄洒落です敢て選者飴ン坊氏の明瞭なる御教示を願ひたひものです（八月二十五日着信）

柳界の諸兄姉さま

たつた今羽ばたきしたばかりの「黒い鳥」を見棄てなくを導きあらんことを願ひします

岡山市醫學專門學校
鵜殿裕

●御禮（到着順）

柳友百三十餘名より暑中見舞狀を頂きましたが一々御芳名を掲げませんが御寛恕申し上げます而して御高吟を頂きました諸氏のみ左に掲げます（柳香）

段梯子女將は夏を苦勞かり　洲馬
共同栓切符賣場の樣にあり　鷺子
井戸端の話題は水で持つて居り　同
避暑地から暑中見舞をけなるかり　豐齋
妾宅の母か驚く氷代　西嫁
旅行鞄《トランク》にベタ／＼貼つた寄切符　黒い鳥
まだ麥酒《ビール》冷へて居ぬかに氣にかゝり　白牡丹
暑い事矢鱈と騾馬に鞭を呉れ　意想郎
影法師の頭踏んでく暑いこと　雅柳
瀧壺へ何やら唱へ／＼入り　大吉
地方語も混ぜて可笑しい避暑だより　柴藤
峠茶屋金魚の水を換へて居る　滋竹
手を引いて電氣遊園《デンキユーエン》を散歩也　秋月
晝だけは夏と親父の手酌にて　蘆の家

寄贈金品目

川柳ばん傘	關西川柳社
川柳銀鉾	中京川柳社
新寶暦	山梨川柳會
山陸川柳	山陸川柳社
海友	大連海務協會
大陸	大陸社
奉天評論	奉天評論社
月報	奉天商業會議所
實業の名古屋	木村一峰
華	近江川柳會
紅倶樂部	紅倶樂部
わがまゝ	竹原狂羊
わさび	竹内華和尚
紅一點	松旭庵其光
藥業の友	村田鯛坊
南海時報	武内吳久堂
近江新報	馬場綠天
京都日出新報	後藤千枝
山陸日日新報	長尾柴藤
松陽新報	米村　豐
金貳圓	重岡西嫁
金參拾錢	小畑松次
金二十七錢	平井美月

地方の柳界

川柳新實歷
（會費十錢）（三個月分以上前納）
甲府市代官町三十一番地
山梨川柳會

山蔭川柳
（會費十二錢）（三個月分以上前納）
鳥取縣米子四日市町道笑町一丁目
山蔭川柳社

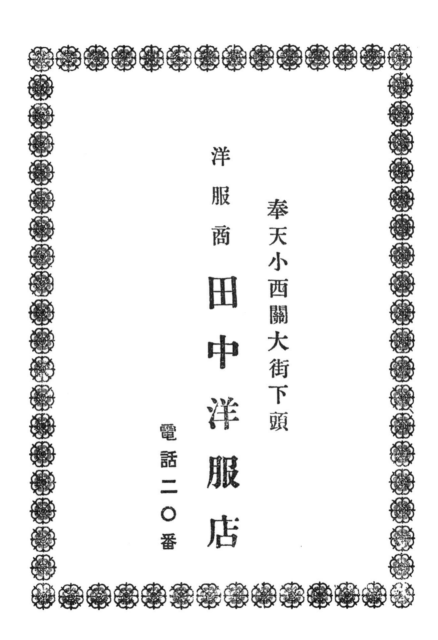

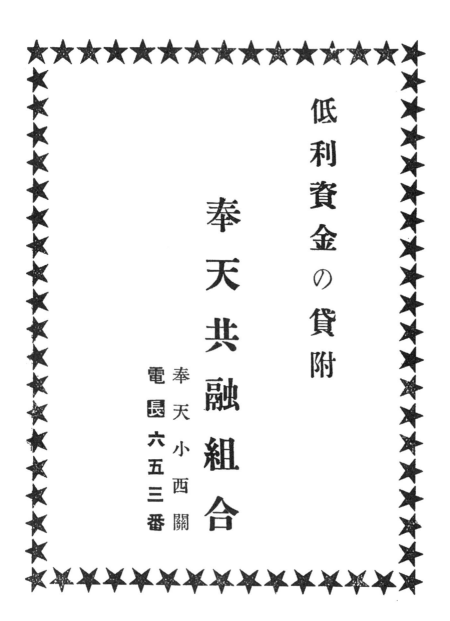

編輯室より

流石暑氣猛烈を極めし奉天も昨今は秋風吹き來り朝夕の冷氣は身に覺え目下冬仕度の準備中なるが今までの當地は野球に庭球にさては野外運動さて種々の催しがありし爲め之等に對し活躍されし我川柳家も來る三十日滿鐵秋季運動會を以て打ち切りにして此より川柳界の舞臺となり奮闘すべき秋となれり此際諸氏の勉勵を望む▲大阪の本田溪花坊氏は今回繪日傘會なるものを起し既に八月十五日を以て第一號を創刊されたるが體裁頗る優美にして表紙繪には楠瀨恂の筆になり大阪系川柳共鳴者には是非必讀の柳誌たるを疑はず同好希望者は二錢郵券を添へ大阪南區綿屋町一〇繪日傘會へ申込まれたしさ▲岡山の川柳家龜山寶年坊氏より發行されつゝありし（ちさの木）は八月號を以て終刊となし既刊（かさゝぎ）と合併し相寄り相援い以て乾坤一擲の英斷を振ふべしとの告發今後の發展を期待すべし▲能代川柳會秩父昇司君は去る八月十五日心臟痲痺病にて永眠せらたる由年三十一歳能代に於ける實業家さして父川柳家として將來囑望されつゝありしが不幸此悲報に接す氏に男女二子ありて共に幼なりさ聞く實に悼むべし▲大連川柳會同人一行七名は八月十七日傅家庄へ納涼を試み暑かりしとかにて樂屋落ち一句宛を駄句り一日の清遊を極めたる由なるが歸途逢坂町遊廓を襲撃し盛宴を張り大に平素の隱し藝を發揮したるさの報ありダブリしのもありしや否や我等知るところにあらず▲前號の本誌は尠からず誤植及び缺字ありしを發見せり此は印刷を急ぎし爲め校正の不行屆の結果生じたるもの幾重にも御斷り申す（八月三十一日）

謹告

▲投書は如何なるものにても喜んで拜受す▲一家吟は元より事川柳に關したるもの▲研究を要すべき川柳上の質問▲初心者の參考さなるべき必讀の記事▲各地柳界の消息又は句稿▲若し原稿返附を要すべき者あらば其旨附記せられたし▲投書は本部田邊柳香宛にして御寄稿を懇願す

大正六年九月十日納本
大正六年九月十五日發行
毎月十日一回發行　（定價十錢）

奉天西塔大街
編輯兼發行人　田邊米三郎
奉天小西關
印刷人　石本力藏
奉天小西關
印刷所　奉天活版所
奉天遼東新報社分局
發行所　奉天編輯所
電話一二五番

大正六年九月十日發行
每月一回十日發行

ほうてん
（第八號）

大正六年一月廿四日
第三種郵便物認可

發行所
奉天編輯所

大正六年一月二十四日第三種郵便物認可
大正六年十月十日發行（毎月十日發行）

ほうてん

第九號

十月號

募集吟課題

△冬籠り　五葉選
△子守　水府選
△借錢　渓花坊選
△按摩　意想郎選
締切十月二十五日（十二月號）

△雑煮　木府選
△婚禮　蘭華選
△炬燵　五葉選
△片思ひ　意想郎選
締切十一月二十五日（一月號）

投吟所

奉天編輯所

内容

ほうてん

第九號

大正六年十月十日

江戸趣味

江戸趣味を解せんとせば、輕文學の極粋たる川柳の眞價を學ばざるべからず＝川柳は前句付より起り元緑時代既に行はれて寶暦、明和、安永、天明年間に於て最も隆盛を極め發達せり＝人情の機微を穿ち、而も諧謔輕妙にして能くその時代の風俗を表徴したるものは川柳を措いて他に求むるべからず

川柳界

元老連の今昔

岸本水府

▲思ひ出して見ると

脱線もあるが混線もある引退あり沈默あり近くは復活さるべき而笑子ありて此の處柳界は走馬燈の如し

七八年前僕が川柳を始めた頃の先輩を數へて見る。當百、而笑子、卯木、百樹虹衣、久良岐、劍花坊、飴ン坊、幻怪坊、角戀坊の諸氏まだ外にあつたが畧す。この十氏は何れも各川柳雜誌に熱心な選評や指導をされたものであつたが今日となつて見ると

▲實に今昔の感に堪へぬ

ものがある、當百氏は最近に引退されたが氏が例會其他の場合に於いて後進者を導かれた事は並大抵の事ではなかつた。「青柳」誌上毎號の説はどれだけ當時の（四文字欠）したか知れない。而笑子は讀賣

柳壇の選者とし一方「滑稽文學」の主幹として氏を扶くる者に柳影子、葉舟、蔦雄の諸氏あり如才なき人として

▲現今の劍花坊の知き勢力を持つて居た。然も一朝その選句に遠ざかるや讀賣派の柳士は四分五裂の狀態となり孤立する者。劍花坊派に走る者、斯界を退く者續出して而笑子氏は遂に往年の而笑子たらず、秋風落莫、

▲寧ろ同情に價するものがあつた。けれども元氣旺盛の而笑子は近く捲土重來昔に返らんとするの形勢を示して居る。「山陰川柳」誌上「五葉君へ」を讀んでそれを痛切に感ずると共にいひ知れぬ哀愁を覺ゐた。卯木、百樹、虹衣の三氏は當百氏と共に大阪に在つて關西柳壇のために盡された人、三氏何れも古きに通じ卯木氏の古句評釋、百樹氏の川柳史、虹衣氏の浮世繪は後進に資する事、

▲實に偉大なるものであつた。數年ならずして卯木氏は横濱に百樹氏は松本市に去り、斯道に盡さるゝの都合は聊か薄らぎしかの如く、虹衣氏大阪に在つてもまた自然遠ざかるの結果となり、座ろに「青柳」「獅子頭」時代を思はずには居られぬ。當時久良岐氏は現今と少しも變らず

▲寧ろ氣焔は今の方が盛んなりと思はれる位である。劍花坊氏は今程に脫線せず、而して今ほど勢力がなかつた、飴ン坊氏が選評に熱心な事は昔も今も變らず只句風に劍花坊氣分が注入され、批評と作句とに矛盾を見出される

の缺點は、七八年前の
▲同　氏　には全然無かつた
筈である。幻怪坊氏の大脫線はあの歷史ある「新川柳」誌を潰して無意義なる淺薄なる「短詩」としてしまつた。角戀坊氏は久しぶり「奉天」誌上にメートルを擧げ秩序立つたる說を立てゝ居られるが昔は妙な事を云つて後進を惑はせたものであつたらしい「らしい」は少し責任免れのやうに聞ゆるが兎に角古句研究家を
▲攻　擊　した態度などは少
し感心が出來なかつた。何は兎もあれ以上十氏の今昔、思ひ出すさへ懷しう、さうして何となく淋しさを覺ゑずには居られぬ。

九月十三日雨の降る晩、九時と云ふに珍らしく家に歸り「ばん傘」の編輯をよそにして筆を執る

龍寶寺詣で（八月二十七日）

木枯のあとは名古屋で芽榮ゑ　久良岐
龍寶寺他國に施主をたんと持ち　桂雨

カウヒー（田原屋にて）

丸髮のホーク茶の湯の氣味があり　久良岐
丸髮の斐翠にダリヤよくうつり　素梅女

富士登山

豊田千龍齋

落伍者を呼子で招く霧の峰
六合目以上黑雲に覆れて

雜吟

岩井波六

空を眺めて行水は立ち上り
行水をしてる女房の痩せたこと
卒業を國へ誇りの歸省なり

高尾の紅葉

横濱　高木好風

今井卯木氏著「川柳江戸砂子」正燈寺の項に、高雄の苗をうゆる故に高雄の紅葉といひきたれり、云々とあつて、正燈寺の紅葉を高雄の紅葉と呼んだ如く記せられて居るが、今文緑三年版藤田理兵衛が著、「江戸惣鹿子名所大全」を讀んで、高尾の紅葉は他にあつた事を發見した、同書に曰く

高尾の紅葉、葉柴村正光院と云ふ淨土寺にあり、そのかみ吉原三浦四郎左衛門が所の二代目高尾、うの身太夫の位ろなわりかたちのうるわしきことはいふもさらなり、手跡は佐里行成にもおさおさおとるましく、拳三味線の秘曲は底を極め、あさか山のあさからぬ三十一字をもおどり、万にいみじき遊女なりしに、おもわすおもき病におかされ、去る万治の初つかた身まかりぬ、そのからを今の正光院の客殿の左のかたに埋て傳譽妙心と改名してなきあとのしるしに紅葉を一もと植置きぬ、初はほふる計りの細木なりしか、いつとなく枯木となり、枝葉おひしけりて今は手なかくすべきほどの大木となりぬ、秋の頃は好士の者は餘木にかわりて色もこと更なつかしきさても興ずるなり、

云々とありて、明かに此正光院の紅葉を差して高尾の紅葉と稱して居るが、正光院と正燈寺とは、よく字句が似通つて居るので、同一の寺院ではないかと思つて古書を調べて見たが、正燈寺は下谷龍泉寺町に在つて曹洞宗の寺で、正光院は葉柴村に在つて淨土宗に屬する寺であるので其同一の寺でない事も明かとなつた、正燈寺は紅葉、萩の名所として、當時都人士に聞ゑて居た事は、言ふ迄もないが高尾の紅葉説には疑を存して、參考の爲めに記して置く。

見物を醉はす鏺のれ紺さん（油屋）　西嫁
肝心の處で靜の聲が出す（尼ケ﨑）　柳香
松王の二度目に古靭息が切れ（寺小屋）　波六

糸瓜の影より

大阪　本田溪花坊

◎句に對する議論も向上策として或程度までは必要だらうが、趣味を穿き違へて四角八面の論を振つて眞面目な川柳家より腄物扱ひにされてる隙人は別として、自分等は句を作るまへ帳場の算盤を見て既に頭脳が疲れて了ふ。

◎美しい東山と靜かな流れの鴨川が京阪電車の窓から見へると自分が大きうして貰つた土地に住む若い生氣のある多くの川柳家が、ほんとに懷しくなる。

◎多作必ずしも賞すべきにあらずと雖も近作を出ださずして柳界の傾向を語らんとせるの人あり、その大膽さを寧ろ愛すべきなり。

◎詰らないのは………他人の句の詮索と専門誌上に藝者を伴れた記行文とであらうと或人は笑つて語る。

◎散財に行くことを何とも思はず、誌代を拂つて居ない專門誌の來ぬを癪にする人もあるさうなり。

◎說明を要する句は既に詩としての定則を離れて居るは云はずもがな、樂屋落の句、土匪吟また解かざる處に一讀の情味あり。

◎例會場で作句の課題が出る、賛否まち〳〵にして新らしく出席せるゝ人々を惑はせること多し、併して川柳家の去んだ後の會は美しく云へば落花、極端に言はゞ恰も屑屋の撰り場の如き感あり、自分の座つて居た範圍は自分で始末をして行きたいものと思ふ。

◎今日の生活狀態が既に懸賞的に成立つて居る以上、句の懸賞募集何の不思議とも思はざれど奬勵すべき性質のものにあらず、されど又排斥するにも及ばなず。

古句の裏面（五）

敦賀　船木夢考

町內で知らぬは亭主ばかりなり

夫婦とは一夫一婦、即ち一身同體にして人生自然の要求よりなる戀愛の極に滿足しての、これ即ち夫婦の約束なり。自由戀愛を呼び女子參政權を主張せしが如き青踏社には少々不徹底かも知れぬが、古今我國の習慣上、妻は夫に對して三分の愛情と七分の尊敬を以て一家圓滿の根本とせり、然るに此の女房にしてたゞ永遠に友白髮に至るまで、同じ一家に連れ添ふのみを夫婦の本則と心得てか、白晝、亭主の眼を忍び道ならぬ不義をするに至りては人生此の上もなき不道德の極めなるべし、此亭主、德義上正直と云へば正直なり、白痴と云へば白痴なり、されど世に燈臺下暗しの譬へありて萬止むなきも、若し此の亭主その醜體を見し曉には如何に佛の如き亭主にしろ忽ら鬼と化して、短刀直入に、或は言語道斷の處置を採るべきも、此亭主の知らぬ限り此の町內にしては默つて居ず、朝夕の井戸端會議の問題として、櫛卷連中の女房共より姦ましく噂立てられるであらう、若しその亭主の知る處にあらざれば至極哀れと云ふべし。今日なれば「新聞に出ても亭主は知らぬなり」と云ふべき場面なり。

大江山美くしいのを喰ひ殘し

昔は兎も角、近來の女にして貞操に對する意志の薄らぐに反比例して顏へ塗る白粉の濃くなりし傾向あり、內心はいざ知らず外觀の美に富みて尙ほまたそれに重きを置く現今の社會、女の衣裳は女の武器とは云へど此れを最も露骨に最も極端に詮じつむれば、つまる處玉の輿を望んでの廣告的にして、所謂世の中を茶化して居るものに過ぎず、だから之を善く云へば女の身嗜みとなり、之を惡く解釋すれば男に對する詐僞的手段となる、然しすべて皆程度問題である以上、一概には論ずる事を得ぬが、大體、女として先天的に外見を裝飾すべく生れて來たものと思へば腹が立たない。須く女は化物であると云ふ事を今日の多くの男女はみな自覺して居る筈なるに、白晝をも此の化物に化かされつゝあるは生理的感應とは云へ情けなき現象と云ふべし。むかし／＼大江山に住める鬼の如き至つて感情の愚鈍なる者なる者ですらその美しき容貌と華美な衣裳とに魅せられてその女を喰ひ殘したとすれば、高等動物たる人間社會の男子には無理なかるべきや。

閉口と云ひ云ひしやべる太鼓持

大體に於て幇間と云へば腰ぬけの部類に屬するものなるも今日は世人、さうは云はず所謂之を本願寺と稱へり、されど現今の俗人よりは馬鹿者に見せて居るだけ此の幇間、賢人にして元來の馬鹿者には出來ざる商業なり、萬事みな間拔となりて調子外れのした處に幇間の眞價があるなり。英雄よく人を欺くの譬へは英雄よく間拔け、よくとぼけるの事を云ふなり此のとぼけ、又、社交上に於て人を翻弄せしめ如何なる難事も一笑に附する事ありて至極重寶必要なるものなり、自我の生活上とは云へ女尊男卑の感ありて今日の世には少々不適なるやも知らず、されど現代は金錢の世なり、幇間自身は例へ女の尻に敷かれて居ても恁んな呑氣な商賣で近來の如き多くの成金の發生時代には首が切れても止められぬと云へり

金借りに行けどもそれとも語り得ず
世間ばなしに更くるさびしさ　節郎

忙中閑言

美濃　川村琴仙

▲繭の値が空前の相場になつた爲め、各農家の景氣と云ふものは、だん／＼と一變して來た、昨今は何んでもかでも養蠶と云ふ勢で、その忙しさは又この上もない有様だ。

出來繭の算盤立て丶桑をやり

▲川柳の價値が昂つて、柳界の景氣が一變して、何でも川柳でないとならぬやうな時代がいつ來るだらう乎。川柳飼育の進歩と作家の多數の如何が、即ち川柳時代である、いくら多くの川柳家が出來ても、駄作家ばかりでは駄目だ、故にどうして佳作家を作り出さねばならぬ。

▲處が近頃の樣に川柳作句上や、課題に就いてむつかしく云ふと、うつかり川柳も作れなくなる、むつかしい形式や、研究も必要であるが、先づ第一に多く作りヨリ多く川柳を讀む事が肝要だ、

六ケしく書くゝ手紙も下手に也

▲初めから和尚樣はないと同じことで、川柳も初めから大家や、上手になれるものでない、上手になる迄には相當の努力と習練が要すべし、多作多吟のうちには平凡もあれば、佳句もある、又川柳にならぬものもある、それを選者に依つて、拔句して貰ひ、自己の句と比較して研究を要するが、故に　選者の責任も又大なるべし、斯くして初心者は指導され、むつかしき川柳を、至難なく容易に敎示を受け向上せねばならぬ。

奉天にやがて柳が生へしけり

▲此意味に於て「奉天」は新しい川柳作家を作り出すことに於て、常に努力せられつゝあるを敬意を表すると同時に尚永久に繼續せられん事を祈るものなり。

川柳旅行

高山と海上へ

▲京都と大連の

川柳家が三日と一日の所見を簡單に紹介す

六好秋川

富士登山 一夜で出來た富士山へ、一夜で纏つた相談から、何んの準備も用意もなく、家を飛び出したのは、七月二十五日の晩だ、京は後の祇園會にて、夏の情調を、加茂川の畔に味ふて居る頃であつた、汽笛一聲七條を跡に逢阪山の隧道も、歌に名高き石山も、三井寺も、唯轟々として過ぎて行く、

京で買つた夕刊を見たが、別に變つた事もなく、ウト／＼と眠るうち、大津、米原、大垣、名古屋も夢のまゝに汽車は走り、早や午前四時に御殿場へと着く、御殿は好い處別莊もある、見仰ぐれば富士の高峰は、我等を迎へて居る、三十有餘の別稱の富士も、遙かに見てる方が好い、絶景である、來て見れば豫期したほど、感興も與へぬ、難所とも思へぬ、女達の登山も

斯うして年々增加して行くのも蓋し無理からぬ事だ、先づ中畑道より、

太郎坊に出で、灰砂を踏みながら、上へ上へと登る、八合目に着いたのは、恰度日暮れ後で、もう脚下の雲は四方を穏し下界は見えぬ、立昇る水蒸氣が、それに反映して、「影富士」を見た、奇觀である壯觀である、霞氣樓に勝る大觀である、その夜は八合日宿り、黴臭い夜具に包まれて一夜を明す、早くも

日の出を 觀ると大平洋上から立昇る夏の日の出は、雄大な駿遠三の山谷を照して、眞にパノラマであつた、登山者の快は富士山の朝である、これからか所謂胸突八丁の険より、不減の大殘雪を見ながら、金明水に着く、午前五時である た鉢廻りに、親不知子不知の難所、劒ヶ峰、釋迦の割石、賽の河原などの

神秘的な そうして雄大な険を所越えて舊噴火口に來た、周圍を見て砂走りの快を味ふ、登山三日間の快味は又筆紙に盡くせぬ、下山して、不老館に腰を下して、三日ぶりの汗を流す、書きたらぬところを左の句によつて、（京都六好生、

曇つたり晴れたり頂上雲に浮き
脫ぎ捨てた草鞋下山の馬か喰ひ
五里夢中かすかに鈴の音かする
下山する講者の顏の黑いこと
牝馬の屁唯に遠慮もあらばこそ
強力はくづしの様に登るなり
八合日亭主矢つ張り單衣を着
神主はスタンプ代を歌の様
正宗の瓶で銀明水を賣り
一瀉千里とは砂走りをば云い

傳家庄行 傳家庄《フカセ》行の日か來た、時は八月十二日、晩夏の候は麗かに風なく眞に納涼は和なり、朝飯も匆々にして西嫁君を訪ふ、氏は余の訪づるを待ちありて、直に集合地に行く、西廣場より電車に乘れば、既に意想郎氏車中にあり、

車内は急に賑かとなり

滿員の儘　運ばれて信濃町を左折し一直線に逢阪町へと、飛ぶか如くに快走す、早くも電車は終點に達す、待ち合せ居る連中は居らず、

來ぬ人の待つ身になつに愚痴も晒落　秋月

滿員車大公望の採めが出來　西嫁

兎角するうちに不何郎の顔か現はれる、續いて茗八か來た、麥村、れ染庵と云ふ順序に集りて、一行七人となり

馬車二臺　に分乘せば馭者の一鞭の下に街道をひたすら傳家庄へ走る、大連より傳家庄まで約一時間半、垣々たらざる凹凸の街道を、右に左に曲りして走るほどに、見あげるばかりの坂道となる

坂道で支那馬車客を歩かせる　秋月

煉瓦工場の苦力の作業を一瞥して、高粱や、赤や、黄や、又紫の名の知れぬ草花か、心地よく咲きみだれ居るを眺めつゝ

馬車はます〳〵走る、

納涼の途中新たな汗をかき　秋月

ひだまつき洗濯してる支那女　同

くだらぬ所見を耽つて居る、先登の車馬には茗八頻りに晒落を云ふ、こちらも一行を笑はせつゝ走れば、馬車はもう傳家庄に來て、松並木に止まつた、馬車より降りて、遥かに見ゆる旗亭アカシ家へ歩を進ませば

傳家庄は日本人に犬が吠へ　茗八

日は高くなつて、晝も近く

腹も大分　北山になつて居る十二時過ぎに、アカシ家の人となる、汚れた顔を洗ひ、浴衣を借りて明るい一室に腰を下すと、沖より吹き入れる冷風は、又云ひ知れぬ愉快の感か、泌々と襲ふて來る沖を見渡すと青い島々か、浮で出た樣に二つ又三つ、限りなき大海原、絶景である、眞に絶景と……、海手を熱ッと見

入つて居ると、どこからとなく三味の音か聞ねるどこかの馬鹿者の遊興だらう、泣く樣である、咽ぶ樣である、あれか歡樂か泣きたくなつて來た飯も喰ふ氣になれず、裸のまゝ砂濱に出ると、走り廻るもの、海に飛び込むもの石を拾ふもの、まるで子供である、いつの間にやら角力狂の西嫁は、支那人の子供を集めて庄之助氣取りになつて居るこれには一同大笑ひだ　（つゞく　秋月生）

大連の例會

大連川柳會に於ける第百二十一回例會

九月十三日會場は楸晃君の宅で集るものは意想郎氏を初め有山、秋月、茗八、蕎、西嫁諸氏の外に新に川柳家になられし機樂坊、秋雨の兩君と主人楸晃氏の九名であつた、流石は成る口の手料理を遠慮なく頂戴してうれしく散會したのは十二時過ぎなりき

（大連川柳會報）

花火　宿題

夜花火を肴にふねる一銚子　機樂坊
ドンと打つ音より早し散る柳　同
出る首を車掌が叱る川開き　西嫁
晝花火取り合った愚を繼いで見る　同
幇問《たいこもち》玉屋をほめて唄になり　同
川開き花火に陽氣な三味もつれ　秋月
物干が滿員になる揚花火　同
朝からの花火で首のだるいこと　楸晃
對岸に花火の度のざよめきや　茗八
あきらめて寢てから花火續けさま　同
川開き萬歳で來たこともあり　同
縁先に花火線香が孫を呼び　有山
泣き止んで又花火見る迷ひッ子　意想郎
花火見の暗い手元で酌をする　同
花火見の戻りながらも振り返り　同

秋雜吟　席題

秋日和又出た蠅に思ひやり　茗八

轎御輿夏から引いた風邪がぬけ　同
低氣壓留守に百姓福の神　機樂坊
懷ろは秋に關したことばかり　愀晃
瓢簞の形きまつて萩も咲き　秋月
避暑の客ついでに月を見る氣也　同
戀ふ鹿を哀れとれもふ物思ひ　薔花
長き夜の寢返りを打つ右左　意想郎
芋堀つた後は畑に二ツ三ツ　有山
使《つか》ふ金も女郎も可愛い〻秋の夜　秋雨
秋風に質を氣にする軀黴院　西嫁
月今宵潮にまかせた帆が見へる　同

雲丹　席題

お袋は氣味惡そうに雲丹を甜め　意想郎
雲丹甜めて先生斗酎を傾ける　同
雲丹さげて村中歩く山住ひ　秋雨
馬關驛兄の土産に雲丹を買ひ　秋月
冷奴雲丹で文句のない旦那　薔花
潮干狩赤い湯卷が雲丹をかり　愀晃
女房が無性で雲丹を甜めごーし　若八
雲丹の味知らぬが箸を深く入れ　同
雲丹の味下戸は知らぬのかと思ひ　有山
里の母雲丹と云ふ物つく〳〵見　西嫁
雲丹で餅む樣にも見へず司法官　同

都々逸と川柳

大阪　德弘兎子

とめる弱身の妾しと知つて
歸る振りする憎くらしさ
（羽織など着かけて業平一寸すれ）
かへす心になれぬが辛い
妻子ある身も知りながら
（四疊半寛風愁風が吹いて居り）
逢へば邪慳に泣かされながら
思い切れない可愛い主
（四疊半一寸三味線せる引きよせろ）

こうろぎが田舍は淋しく鳴くの也　微笑
犬と猿程に鷄飼は月をいみ　千枝
君なればこそ火災は平氣なり　與久堂

雑吟

田邊柳香

花嫁は又挨拶に突き出され
挨拶に取りまいてゐる子澤山
挨拶に邪魔な隣りの蓄音機
大變が出來て挨拶抜きにする
挨拶に來た子へ旦那酌いてやり
車上から挨拶されて輕く受け

姫小松庵小集

世の中が成金熱に浮かされてゐる八月二十五日の晩姫小松庵では若い川柳家が八人祝儀、關係、寳物、茶店、お茶子、蔭口、口笛、共稼の題で六時頃から十二時頃まで熱心に作句をしました、當日は牛文錢氏の御出席下すつた事と選を五葉氏に御願したさころ早速御聞届けくだすつた事を厚く御禮申上ます

（姫小松）

八題句稿

五葉選

關係と云ふ程もなく笑ふて居　鶯郷
女房が留守で祝儀のタメが過ぎ　同
抜けさうに子供負ふてる共稼　同
助太刀は茶店で聞いて走るなり　同
茶店まで來ると追手は疲れて來　同
まだ惜しい草鞋茶店で履き更へる　同
茶店迄雨に追駈けられたやう　同
聞いていぬ振りでお茶子は聞いてゐる　同
蔭口に一間だん／＼靜なり　燈雨
寳物を復業にするお寺なり　同
頂いた客をお茶子は送つてる　同
關係の無い人が來て座がしらけ　舟人
目を丸め乍ら蔭口聞いてゐる　同
足音がそれて蔭口亦はじめ　同
蔭口は少々話大きくし　同
御祝儀を伸拭き／＼乍ら受け　同
口笛も飽いてカチユーシヤ唄ひ出し　同

共稼子供一人に番をさせ　同
共稼ごつちも貯金帳を持ち　同
温和しく馬が茶店のかごに立ち　同
寶物の案内さわる手を叱り　同
寶物の終い繪葉書をばすゝめ　同
返辭してた茶子なか〳〵こぬの也　同
座蒲團を持つてた茶子が先きにたち　同
忙がしくた茶子呼ばれる長い幕　同
關係がつく迄はよい女なり　微笑
心易い丈けに關係まだ出來ず　同
蔭口へ又も加勢が一人殖ゐ　同
いけすかぬ奴だと言ふて膳な下げ　同
蔭口を男のくせにすく喋り　同
鐵棒をかるく茶店く立てかける　同
一般の茶に息つなぐ峠茶屋　同
鐵瓶をはさんで蔭口續くなり　不及
蔭口を少こしは聞いて通るなり　同
新らしい仲居は祝儀見せに降り　同
口笛に男の方が振返り　同

口笛に相合傘が振返り　同
一方が酒飲むといふ共稼　同
茶店迄下りて松茸分けるなり　同
赤土の崖を背にして茶店なり　同
寶物のほこりを撫でゝ叱られる　同
寶物にでもされさうな衣なり　同
特等は片手をついてた茶子聞き　同
通る度に茶子の裾が鬢を撫で　同
關係が出來て不義理な借が殖ゐ　英丸
もう蔭口言ふ程舞妓ませて居る　同
蔭口を云はれる程に金が出來　同
寺の鐘聞いて茶店は終ひかけ　同
團參の旗が茶店へ先きに着き　同
關係も大びらりなり子か出來て　姫小松
金のないくせに關係續けてる　同
蔭口にがちやりと音をさせて行き　同
裏返へる人も蔭口聞いてゐる　同
敷島を祝儀の内で一つ買ひ　同
水鼻をすゝつて祝儀受ける也　同

入れ更へる時に祝儀を一寸見る　同
口笛に女は逃げる樣に行き　同
茶店から裾をからげてのばる也　同
丑五郎のやうなが飲んんでゐる茶店　同
物足らぬ顏で寶物藏を出る　同
肝心のとこへ寶物蟲かつき　同
仄暗いとこへ寶物並べとき　同
素人ではないとれ茶子は思ふ也　同
蔭口を關せず　と支那へ行き　半文錢
蔭口を堂々と云ふ天聲子　同
小便に立つた蔭口ぢきに切れ　同
振袖か目立つ茶店の雨になり　同
茶店から出て松原か續くなり　同
茶店から茶店へ屆く小提灯　同
雷か茶店の下て鳴ると云ひ　同
飼犬でもなし茶店でころぶなり　同
寶物の調査に眼鏡曇るなり　同
幕前にれ茶子の用事重ねとき　同
けんたいにれ茶子三等席を行き　同
れ茶子の眼には花道の長いこと　同
花道へれ茶子仰向き勝ちにもち　同

秀　逸

開幕にれ茶子其儘かゞむなり　姫小松
引越してすぐ蔭口を聞かされる　同
洗ふてる方か蔭口聞いてゐる　同
半分は立つてれ茶子は聞ど行き　不及
柏子木にれ茶子は後へ引返し　英丸
團體は寶物二度に別けて聞き　舟人
蔭口にびつくりをさす郵便屋　同
座蒲團にれ茶子の世辭か物たらず　半文錢
蔭口の通りに首をつつたげな　同

投吟家へ

本號に掲載すべき一家吟は非常に多數集り居れるも記事輻輳に就き全部來號に相廻し本號限り休載する事になりたるを以て惡からず御諒察を乞ふ

岡山壁士川柳社詠草（第二回）

手拭　綠天選

手拭を四つに曲げてかしこまり　黄八丈
眼隠しの手拭されはこんなとこ　同
手拭に撚りをかけてる次の番　同
手拭で土産の桃を提げて歸に　同
井戸端へ先きのかタオル投げてやり　同
手拭で耳を拭き〳〵風呂屋を出　佐用
手拭をグット握つて大胡座　松の家
濡れた手を下げて手拭待つてゐる　仝
奉納の手拭どれも汚れてる　仝
風呂戻り禿へタオルを戴せて歸に　仝
手拭を絞ッて大分醉がさめ　日本原
勸誘員タオルを折鞄へ入れ　仝
物置の隅に眞ッ黒けの手拭　仝
石油臭くなつて手拭捨てられる　仝

秀逸

隠し藝今の手拭借りるなり　日本原

軸

手拭を座敷で使ふむづかしさ
黒い鳥は黄八丈に、備前坊は佐用と何れも改名せり

美濃の小集

九月九日京都の後藤千枝さんが川邊町まで來られました通知を得てその旅館に訪ひいろいろと川柳談を交しました末何か一句など宮町の栃井神社なる木の根橋を因て二三句宛を物しましたのが即ち左に……

（河村琴仙）

木根橋は横へまわつて覗かれる　千枝
木根橋の句碑に社頭の松落葉　仝
木根橋の邊で川邊の宿を聞き　琴仙
落ちそうなかと木根橋踏んで見る　仝
病上り木根橋まではゆるされる　仝

松江より

米村餡馬

▲柳香様　あなたの御經營になる「ほうてん」九月號あり難く拜見致しました。號を追ふて内容が充實して參りますのは全くあなたの御苦心の賜と感謝せずには居られませぬ。

▲宍道湖と云ふ水に生きた水郷松江も、雲の流れ、月の色・最早秋の情緒がみなぎり出して何となく作句の衝動を感じます、この間も例會(彌次馬會)を開いて午前三時頃まで馬力を擧げました。

▲會員はこの社の記者營業部員等十餘名の所謂家の子内閣でやつて居ります。御ひま共有つたら御遠征の意味で御送句を願ひたひのです………。

▲秋も深く成ります、遥にあなたの御筆硯の繁榮を祈ります。(松陽新報社にて)

本願寺小集（大連）

曉起會

九月△△日

曉起會ある間だけ早く起き　機樂坊

大びらに晝寢して居る曉起會　否那丸

曉起會女房からんだ事を云ひ　現厦

曉起會悟つた樣な顔ばかり　蓮の家

曉起會朝歸りかと尋ねられ　虹夜子

曉起會其後は矢張り午砲間際　西嫁

横濱聯合大會

横濱に於ける川柳園の千龍齊氏を初め凡笑子、好風、茶々坊、餘念坊諸氏發起の下に十月十三日午後一時より川崎大師富士見亭に會合し横濱聯合大會を開催せらるべき豫定なるか當日は劍花坊、飴ン坊卯木、劍珍坊、素浪人其他諸氏の參列選句せらるべしと云へば定めし當日は盛大なるべし

募集吟

風鈴

五葉選

晩酌の上に風鈴一寸鳴り　柳香
乳母車幌に風鈴つけて見る　同
風鈴を聞きつゝ手紙書いてゐる　正人
風鈴も動かず座敷蚊遣りだけ　六好
夕立が風鈴の音無駄にする　同
風鈴をさはれば破れ音を立て　同
風鈴を頭で鳴らす肩車　時勢
風鈴が鳴りだしてから一と休み　同
風鈴の音も悲しい斷末魔　西嫁
飛びついて風鈴煽ぐ絹團扇　黒い鳥
宿直の風鈴誰れが買ふたやら　同
風鈴へ蜘蛛が巣を張る暑い事　同
蟲干の綱を風鈴さつて掛け　同
妾宅の風鈴浮世の風で鳴り　琴仙
右左見て風鈴屋肩を變へ　舟人
すねた子を抱いて風鈴嬲らせる　松峰
風鈴が話題にのぼる初對面　同
風鈴が鳴ると蚊都遣火ばつさ燃ね　同
撒水車ゆくさ風鈴鳴り始め　同
風鈴は鳴らす金魚は皆んな浮き　艶笑

佳句

いつち好い風鈴を買ふ園者　曲人
風鈴が矢鱈になつて灯が消ゐる　柳香
寢せつけてからは風鈴邪魔に也　逸見仙
風鈴の音を産婦はうるさがり　時勢
今賣れて吊りかへてゐる風鈴屋　舟人
風鈴をボンヤリ見てる晝寢起き　松峰
二階借鳴らぬ風鈴吊つて居る　艶笑

人

風鈴屋歩くさ顔が見ゐぬなり　おほさか 舟人
風鈴屋水かけられてだまつてる　かうべ 艶笑

地

風鈴の下でれ妾欠伸する　同
風のたび風鈴の蠅狼狽へる　たいれん 西嫁

風鈴をはつきりと見る稲光り　かうべ　艶笑

天

風鈴の處で煙の輪が崩れ　おかやま　黒い鳥

挨拶　五葉選

挨拶にもう年頃は赤くなり　葉蘭
御挨拶母親そばで口を添へ　逸見仙
一昔だと挨拶の久し振り　機樂坊
挨拶が濟むと話が一寸切れ　黒い鳥
挨拶に車屋少し還ざかり　同
女客暫し疊にキッスめき　西嫁
親方は流石判つた挨拶し　琴仙
挨拶が濟んで子供の年を問ひ　舟人
挨拶に子供は極り惡ひ顔　同
挨拶が濟むと土産の紐を解き　同
挨拶が濟むまで土産側に置き　牛厘坊
挨拶が濟むと舞妓はもう喰らひ　同
御挨拶ねゝと女はツンとする　同
他の下女への挨拶をする下女の母　同

挨拶の内に小供はもう馴染み　同
挨拶をさすと馬鹿でもなひらしい　同

佳句

挨拶に一番困る學校出　黒い鳥
挨拶をしながら煙草盆を撫で　同
挨拶に大きな男汗を拭き　美月

人

挨拶をした事もない垣一重　よこすか　逸見仙

逸

挨拶をした風もない瓦斯會社　たいれん　西嫁

天

挨拶を棧敷の旦那輕く受け　すま　牛厘坊

辨當　百樹選

輕い方は姉さんの辨當なり　曲人
二度ぶり提げて行く稼ぎ者　同
寢すごして汽車で辨當喰ふ氣也　柳香
折角の辨當惡い雨が降り　同
辨當が要らないと云ふ飲んだ漢　クレ　同

白墨で印をしてる辨當屋　水丁
發車鈴辨當屋四五間づゝ走り　六好
辨當を下げて數へる二十年　逸見仙
辨當箱枕にしてる油虫　美月
工場への辨當はづかし赤手柄　同
よい景氣むきくくにれ辨當　御風
辨當の中のぞき合ふ幼維園　時勢
辨當で濟ますさ亭主强く出る　同
腰辨のフト先きの世が氣にかかり　西嫁
汽車辨に親子五人のかしましさ　同
辨當を喰ふ新郎のなつかしみ　同
總見の辨當渡す色眼鏡　黒い鳥
ストーブで餅を燒いてる松の内　同
腰辨にあきて恩給二十年　孥仙
山番は箸を削つて喰つて居る　同
辨當持つ新婦は極り惡氣也　梅笑
新聞の辨當で行く淺黃服　舟人
辨當のふたを湯呑にして喰べる　同
電車が見へて辨當持ち直し　燈雨

不許葷酒辨當は魚なり　紗斗流
若葉影四ッ手のもとで飯をたべ　同
辨當の賣子に淋しい終列車　同
腰辨の工場へ急ぐ汽笛なり　松蜂
靜岡の辨當をほめる汽車の客　滋竹
コムミッジョン辨當代から曝れかかり　同
辨當の汁がノートへ泌みて居る　半厘坊
棧敷の旦那辨當へぶゝをかけ　同
辨當の空を土方は枝へさげ　同
折鞄辨當だけが入つてる　同
貝殼を辨當箱へ拾ひ込み　同
辨當を窮窟に食ふ大入場　同
辨當屋釣錢もつて追ふ汽車の窓　艶笑
辨當をまだ喰べてるに木が入り　同
頂上の風に飛んでる竹の皮　同
辨當の箸を止めて浮きを見る　豐齊

人

辨當の空箱が鳴る停車場おかやま　黒い鳥

地

腰辨當去年女房に死別れすゞ 牛屋坊

天

辻ビラに又立つてゐる辨當箱おかやき 黑い鳥

軸

澤庵の匂電車を降りて行き

無性 水府選

人前で働くだけの智恵者なり 葉蘭
知つてゐて惡いが無性出してゐる 柳香
れ妾の無性旦那はあきらめる 仝
無性者子供のれもちや能く毀し 水丁
無性者とは思へない頭なり 六好
いつ行てもれ膳が出てる夫婦也 仝
無性者文句の多い男なり 仝
書く暇のなきにはあらず無性する 逸見仙
押入の偶に無性は山をなし 美月
繪に書いた樣な娘の無性者 機樂坊
ぼた餅の落ちて來ぬ事も知つてゐる 風御
一つ勢出したらうかと無性者 丁子

不性者のやうに娘は云はれて居 仝
臺所の無性閉口されて居り 仝
井戸端に一軒無性者が居り 仝
一扁で吃驚される無性者 仝
無性者大した事も云ひつかり 仝
さつぱりと掃いて貰ふて不性者 仝
二階借全く以て無性者 仝
共寝起きほんとに無性らしい顏 仝
仕舞風呂無性な樣な顏が奇り 仝
これも愛嬌だと無性者笑ひ 仝
隱居所で無性は可笑がられて居 仝
隅のゴミ亭主休んだ時に掃き 西嫁
評判の無性朝顏に趣味を持ち 仝
新課長を給仕無性だなと思ひ 仝
無性者又豆本を借つてくる 黑い鳥
無性者雨戸は二枚開けたきり 仝
れ茶漬に不平も云はぬ無性者 仝
無性者火鉢の灰へ唾を埋け 仝
出勤の夜卷いて置く無性者 仝

無性者皿は面倒だと思ひ　仝
友達が二人しかない無性者　仝
姑の口實嫁を無牲にし　同
座蒲團を足でいぢらす無性者
無性者ぢきに轉んで話すなり　同
無性者又家主まで呼ばれてる　同
火のないを氣にもかけない無性者　同
無性者五燭光だけさると極め　同
無性者一番あとで膳につき　同
人程に羨みもせぬ無性者　同
無性者講談物を積み重ね　同
嚴重に家賃は拂ふ無性者　同
喰ふだけの慾さと今日も寢てしまい　琴仙
雜巾の無性小僧は叱られる　同
圍はれた丸髷じつと座つて居　梅笑
無性もの昨夜の床へもぐり込み　松の家
無性もの浴衣の尻は黑くなり　同
無性して手紙の日附書き直し　舟人
無性して取て返つて用が出來　同

無性者そのくせ喰ふは早いなり　同
小間物屋來ると無性らしく立ち　燈雨
よくもまあ無性寄つたと笑ふてる　同
伸をした儘に無性は寢てるなり　同
無性者とふとう恥を掻かされる　紗斗流
いゝ娘親の無性に腹を立て　松峰
無性者存外口は走るなり　同
割烹に先生無性を見て叱り　滋竹
無遠慮に痰を吐いてる無性もの　同
出無性になつた久し振りの客　半厘坊
出無性に爲つて此項臺を習ひ　同
湯上りをいつそ細帶だけで居る　同
黑板を拭かずに敎師出て仕舞ひ　同
女房の留守を飯屋へやつて來る　琴仙
筆無性どころではない無心狀　艶笑
高利貸不性無性の顏にあき　同
もう無性こりたとノート寫してる　同

佳句

大火事になつても無性な事をする　柳香

毋視に餘計なものを似た無性　仝

無性者足袋の甲走のとつた儘　六好

叱られる事が平氣の無性者　仝

若い者揃つて居つて無性する　逸見仙

無性者小鳥をかうは別らしい　美月

一寸座つても無性物よく分り　丁子

今掃いたところへ無性横になり　仝

晝寢する前に無性を叱つとき　仝

番臺は無性な奴だなと思ひ　仝

鏡臺でほんとの無性なのが分り　仝

あんまりの無性を亭主不憫がり　西嫁

仕合せな無性豪傑肌にされ　仝

無性者いつでも淡い墨で書き　黒い鳥

無性者枕を顎であてゝゐる　仝

無性者一本無事な筆を持ち　仝

緒のゆるい下駄を引摺る無性者　仝

妾宅ば無性な朝の日が當り　琴仙

仲居部屋脱ぎ散らかした儘であり　松の家

妾の無性旦那氣がつかず　豐齊

段々に大きく呼ばす無性者　舟人

無性者立つに手間取る手をつかへ　燈雨

身に受けた願ひ女房の方はせき　仝

無性者と知れたが既に孕んでる　紗斗流

臨檢は無性な樣を見て歸り　滋竹

新世帶無性な事も苦にならず　牛厘坊

不性無性立つてた妾裾を踏み　艷笑

不性無性出ると廢兵二人居り　仝

人

重寶な事を無性は思ひつきおかやま　丁子

地

珍らしい無性と思ふ執達吏たいれん　西嫁

天

驅黴院掃かされた上皮肉られたいれん　西嫁

軸

監獄を出て全くの筆無性

無性とは見ねず三味線彈いてゐる

門番　緣天選

門番の目的もなく年を越し　柳香
門番は空を眺めて寝るさ極め　仝
自働車の笛に門番立ち上り　仝
運轉手門番さチト氣が合はず　仝
門番の樣に立つてる交番所　洲馬
門番は捨兒の親を知つて居る　仝
門番に賴んでくぐる非常口　仝
眠り猫の樣に門番晝寢をし　水丁
源藏を待たせ門番奧へ行き　仝
門番はけふも子供を相手どり　仝
門番に元軍人の風が見ゑ　逸見仙
門番のカイゼル髭が見知られる　美月
門番は先代以來仕へてる　機樂坊
門番へちつさ嫌疑がかゝるなり　御風
後添の秘密門番知つて居る　時勢
鍵卷きの時計門番下げて居る　仝
門番は遠目に客をよく見譯け　仝

門番は勳八等の獨身者　仝
門番はたゞ一徹な男なり　丁子
どうしたか門番今夜眠られず　仝
門番の閑を頻りに狆が飛び　仝
い〻月へ門番尻を向けて居り　仝
若旦那樣を門番だけ庇ひ　仝
門番は以前の乳母の家を知り　仝
門番はそのゝ長屋に住んで居り　仝
門番へ不孝の伜尋ねて來　西嫁
首だけを出して門番すかして見　仝
刑事さ聞いて門番の狼狽て過ぎ　仝
門番の先代樣をよく話し　仝
門番は牛乳入れたなさ思ひ　仝
門前へ給仕は何か云ふて歸に　黒い島
門番は只うなづいて聞いてやり　仝
門番へ新任ゝ辭儀して通り　仝
門番は默つて札の方を指し　仝
門番ばマッチを御者は持つて行き　仝
門番が呼び止めてゐる小風呂敷　仝

門番は裏へ青物少し植ゑ　仝
門番へ太いステッキ尋ねて來　仝
門番は犬でも飼はふかと思ひ　仝
門番へ宿直何か借りに行き　仝
門番の硝子一枚破れたきり　仝
門番はこのお邸で死ぬつもり　琴仙
門番は武骨一點張りに生き　仝
お微行を知るは門番ばかりなり　梅笑
待て居る車夫と門番話してる　舟人
門番へ犬尾を振つて奥へ行き　同
返事だけあつて門番開けぬなり　燈雨
門番は時々端書讀み返し　紗斗流
門番は女の聲にそつと起き　同
門番は講談雑誌などもおき　勇生
門番はこつそり夜鳴き喰ふ氣也　松峰
門番は宵寝がしたいなと思ひ　溢竹
門番ば要領のいゝ男なり　同
門番が見てるに彼奴ウロ〳〵し　罷笑
飛行機の飛ぶと門番敎へてる　同

仕出し屋と門番とよく話合ひ　同
門番の變人を皆な知つて居り　同
門番へ默つて通る郵便屋　豊齊

佳句

魚心なく門番は憎まれる　葉蘭
交迭があつて門番だけ殘り　洲馬
どう見損こなつたか門番誰何する　逸見仙
旅順奉天を奉天又話し　丁子
左り前だなと門番分つて來　同
門番はよく來る奴だなと思ひ　同
門番の娘の方のしとやかさ　西嫁
門番は足が風邪を引くと云ひ　黒い鳥
門番へ慇懃に聞く受驗生　同
門番の眼の先へ立つ大緑門《アーチ》　同
玄關の犬を門番ふ追て呉れ　舟人
ストライキいつか門番逃げて居り　松峰
逢ひに來る奴を門番知つてゐる　罷笑

人

門番の處へ藤倉借りに來る　おかやま　黒い鳥

地

門番は英語を内へ連れて行き　おかやま黒い島

天

今度だけマリを門番とつてやり　かうべ艶笑

海雑吟　大吉選

怪しげな雲に沖釣り戻つて來　柳香

競泳に別莊からせ濱へ來る　同

海女の群へ銀貨を投げる面白さ　同

腕白の主張が通り水泳場　葉蘭

羨ましがらうと片瀬から便り　逸見仙

東海に國あり小さきが自慢　同

東窓奇麗に晴れて沖が見ゆ　機樂坊

首つ玉がぽか〳〵浮ぶ水泳場　御風

船長の壽命が延びる貸浴衣　西嫁

奪ひ合ふ兩眼鏡に潮を吹き　同

三男は海兵團へ志願する　舟人

暴風雨燈臺守のみじめなり　兎子

活動の海岸音がしそふなり　同

浦島の戀は龍宮にありとかや　笑月

汐干がり舞妓の袖が邪魔に也　同

移り氣の又海となり山となり　春花

二三人海からあがる夏の景　同

水煙船は素知らぬ頭で馳せ　牛厘坊

濡れた儘餘興を見てる海水浴　同

一ト儲けする氣で廣い海を越ゆ　同

秀逸

山と海の間を玩具の樣な汽車　おほさか舟人

軸

一邑を呑んだと見へぬ今朝の凪ぎ

立聞　意想郎選

何心なく聞くはなし已がこと　柳香

立聞きを女將は委細知つて居る　同

立聞は惡い男になつて居り　同

電燈を消して立聞耳を寄せ　同

足音で立聞と知り低くなり　同

立聞きをしてから娘氣が變り　葉蘭

小姑が立聞きをして波が立ち　同
折鑑を立聞きしてる前の母　水丁
立聞はとぎれ〳〵に聞ゆなり　同
立聞をしたなと思ふ口ッ振り　逸見仙
立聞の悪い了見ならねども　同
立聞はそろりつと來てそっと退き　美月
殺生をすなと立聞たゝかれる　同
立聞がニヤリ笑ふと幕になり　同
足音を沈め憐りの内所事　機樂坊
息を殺して立聞は罪つくり　御風
れ可笑しさを袖に包んで立聞し　同
氷踏むやうに立聞いてそっと逃げ　時勢
捧げた湯のさめて立聞やっと行き　同
立聞の二三歩行つて咳ばらい　同
立聞を知たと姑は聞入れず　同
繼ッ子の立聞もせず攻められる　西嫁
合奏の佳境を外に二三人　同
女房の腕に驚く美人局　同
立聞に肝心のとこ聞きとれず　黒い鳥

立聞は折があつたら云ふ心算　同
立聞は無理を云ふてるなと思ひ　同
立聞のハ、腹違ひだと思ひ　琴仙
立聞の衣紋直してそつと行き　梅笑
噂する人は障子の外で聞き　松の家
立聞は嚔の出るを手で押へ　同
立聞は話のケリをつかず逃げ　舟人
見つけられ立聞極り悪く逃げ　同
立聞を知たが止めた三味の音　同
立聞の隣りが明いてびつくりし　同
立聞の乳母と一緒に笑つてる　燈雨
終局になつて立聞あはて去り　同
立聞は巡査は賊と思ひ込み　紗斗流
立聞をして警官は繩を解き　同
立聞の風の音にも氣を配り　勇生
立聞をして新聞で素破抜き　松峰
立聞に隣の三味が邪魔になり　同
不機嫌は立聞をしてからの事　同
四疊半立聞したひ話しぶり　滋竹

藪蚊に喰はれ乍らに立聞し　同
立聞は咳をこらへて座に戻り　牛厘坊
裏口の戸へ探偵は耳を寄せ　同
立聞の去らんとすれば蹴つまづき　艶笑
立聞が時々のぞく鍵の穴　同

二　點

立聞の障子に寫つたとも知らず　柳香
立聞の今度は顔が見たくなり　黒い鳥

佳　句

立聞の足にまつはる狆の鈴　西嫁
足音がして立聞は歩き出し　牛厘坊

人

立聞をしてゐたらしい逃げて行く　おはさが水丁

地

立聞の後に電氣明る過ぎ　かうべ艶笑

天

立聞の裏をかいてる高話　おはさか美月

軸

立聞の氣配に二人座を隔て
立聞の便所を聞く間の惡さ

行　水

意想郎選

行水が濟むと亭主は膳を急ぎ　葉闌
娘だけ行水をせぬ裏長家　同
行水で胡瓜を刻む音を聞き　逸見仙
行水の間に晩の膳が出來　同
行水の娘恥かしそうに入る　機樂坊
行水の臍をたさねる俄雨　御風
行水の後褌をつけて置き　同
行水の爲めに豆腐を買ひ損ね　黒い鳥
行水は明日の朝顔數へて見　同
行水で亭主首の指圖をし　同
今起きたのを行水へ連れて行き　同
行水をする間亭主は抱かされる　同
糠袋行水枝へ一寸懸け　同
行水に眼鏡をかけた儘で入り　同
行水の處へ避暑から戻つて來　同
行水の使ひに茄子の虫を見せ　西嫁

行水を待つてる浴衣帯が乗り　仝
肉の香がして行水の腹が鳴り　同
行水をして夕顔へ水をやり　琴仙
たらいから亭主浴衣を呼ばつてる　同
行水を窮窟にする大男　同
裏長屋行水同士話してる　舟人
行水が來た號外へ手を延ばし　同
行水の欠伸まだ眼が能く覺めず　燈雨
ボートなど浮かし行水ヤットさせ　兎子
行水の背中へ温度話ずなり　同
行水の横に一枚戸を立てる　美月
行水は背中を向けてものを云ひ　同
行水は浴衣のノリを嫌がつて　同
行水は顏から先に洗ふなり　同
暗がりに音のみ女湯を使ひ　春花
獨り者水行水で濟ませとき　同
順繰りに行水させる子澤山　同
行水へ怒つて下駄を替へて來る　牛厘坊

佳句

晩酌の菜を行水嗅ぎ當てる　牛厘坊

人

行水に母は近所へ子を探し　おほさか 美月

地

行水の聞き流してる「御免やす」　おほさか 葉蘭

天

行水で明日七夕の事を知り　おかやま 黒い鳥

軸

た袋は一番あとで行水し
行水の洗濯板を裏に敷き

雜吟　意想郎選

辨當のたかす途中で買ふて行き　兎子
月給日戻りは辨當邪魔になり　同
朝戻り辨當のこと思ひ出し　同
獨り者朝の殘りの茶ですまし　同
二階借り机の下の塵をため　同
無性してたいて頻りに負け惜み　同
風鈴もなつてた姿らしいうち　同

三味のあいだに風鈴の音も聞こえ　同
門番と言ふのへ頭一寸さげ　同
何んの氣もなく門番で五十年　同
鳴る音でうまく楫取る風鈴屋　春花
風過ぎていつそ風鈴邪魔になり　同
打水に風鈴の音の涼しさう　同
口丈けは達者無性の內儀なり　同
喰ひ時に茶腕を洗ふ無性者　同
知つて居て無茶をかこつ病上り　同
遠足の子供辨當くらべ合ひ　同
拐帶の汽車辨當をそつと買ひ　同
空腹へ汽車辨をやる二人連れ　同
辨當が家に待つてる獨りもの　同
門番に聞いて出直す高利貸　同
門番にまで媒人の世辭がよし　仝
遲くなる夜を門番に鼻藥り　仝
隱れ家の門番世辭もない男　仝
火の番を兼ねて門番つゝがなし　仝
立聞の足を盜んであと戻り　仝

後添の身に立聞のくせがつき　仝
咳が出て途中の話し聞きはぐり　仝
風鈴の涼しさを增す峠英屋　靜城
風鈴の下へ泣く兒を抱いて行き　仝
すまんとは思ひながらに聞んてゐる　仝
カーテンの中ですつかり聞いちまひ　仝
門番は夫人の秘密知つて居り　仝
門番の朝を案ず嵐の夜　仝
門番と先生かねる私立校　仝
女學生の辨當ほんのしるしほど　仝
辨當のたかず聞き合ふ女工連　仝
辨當を樂みで行く幼稚園　仝

謝告

大谷銀坊氏執筆に係る「川柳出放題」は八月以來筆者病氣靜養中の爲め一時休載なしつゝありしが來る十一月號より以前の如く縱橫の快筆を以て讀者に提供せんとす

寄贈金品目錄

川柳鯱鉾　中京川柳社
新寶暦　山梨川柳會
山蔭川柳　山蔭川柳社
日繪傘　大阪繪日傘會
紅クラブ　紅倶樂部
海友　大連海務協會
奉天評論　奉天評論社
大陸　大陸社
月報　奉天商業會議所
紅一點　松旭庵其光
わがまゝ　河内攝津守
川柳サイ　京都彩柳會
ひろ顔　梠元紋太
チサノ木　龜山寶年坊
江戸町獨案内　阪井久良岐
をさなぐさ　同
教育新聞　林富士子
京華日報　同
實業新聞　同
京都染物月報　同
大阪朝日京都附錄　同
藥業の友　村田鯛坊
松陽新報　米村紹馬
山蔭日日新報　篠原春雨
南海時報　伊豫笑樂
敦賀新聞　船木夢考
大阪パック　同

金壹圓五拾錢　大阪某氏
金壹圓　西田艷笑
金壹圓　若草機樂坊
金壹圓　大山不句郎
金六十四錢　金子呑風
金五十錢　宮崎胴田貫
金五十錢　久野如海
金五十錢　中西東嶺
金五十錢　堀田祐吉
金五十錢　岸川國次
金五十錢　阪口燈雨
金五十錢　林陽谷
金五十錢　高橋有生軒
金四十錢　小川舟人
金三十錢　志賀半厘坊
金二十錢　萩の家
金十一錢　吉原叢隱
金十錢　河村琴仙
金五錢　平井美月

今回の風水害に對しては
遙に御見舞申上候

奉天
田邊米三郎

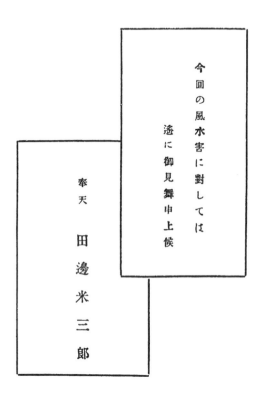

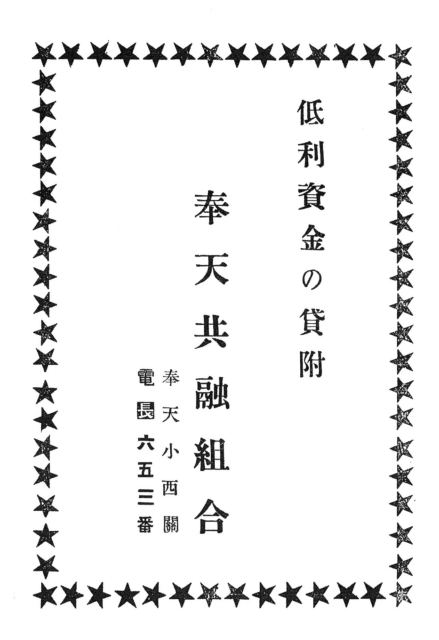

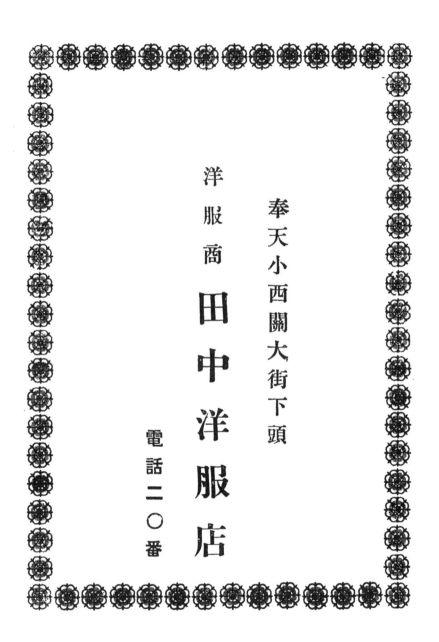

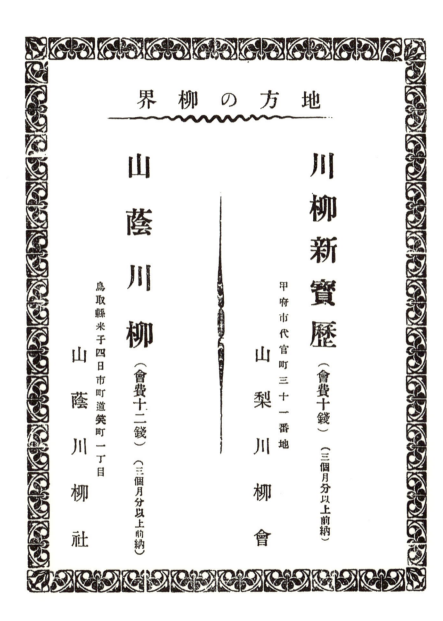

編輯室より

創刊以來常に同情を以て迎へられつゝある我奉天も幸に諸君の努力に依り第九號を續刊し又内容の充實も號を重ねるに從つて完成すこれは皆諸兄の深き同情に依るものと我等は常に感謝する次第にて今後共永久に御援助を望むものなり

▲何がさて無人の編輯員がヨり多くの材料を蒐集し最も趣味ある雜誌さして拵らへ擧けるべく苦心なしつゝあるも如何せん限りある人力と紙數にては到底豫想の十分の一にも達せず諸兄に對して常に不滿足を與へ甚だ遺憾に堪へざる次第なるが號を追ふに從ひ出來得る限りの理想を實現すべし▲本號に於ても又お斷りすべきことと出來せり即ち一家吟の事にて毎號他方面より投吟を頂き本號は非常に多く集り居れるも既に御覽の如く九月號の[illegible]吟三名が併入せる上に[illegible]も頗る幅輳を極め努以て本號のみ一家吟の掲載を見合せざるべからざることになり遺憾ながら休載せり出句者に對し申し譯なき次第なるも行の事情に就き悪からず御賢察を乞ふ▲近頃は柳號改名の傾向頗る流行し編輯部の知れる柳友のみにても岡山因子君が黒い鳥さして改名せられしを手初めに日本原が喜選子に備前坊が作用に大阪の花城か水ーに大連の秋月が柳彩と云ふ調子なるがそれに又もや黒い鳥が黄八丈さなり柳彩が靜城より未だ發表せざる矢先に重ねての改名は聊か滑稽の感あり▲毎度ながら各柳友諸兄より柳香へ繪はがき其他いろいろと貴通を頂き居れるが多忙の爲めついゴテゴテと致し居るうちに日時は經過し貰ひはなしのまゝさなり幾重にもその缺禮を謝すと同時に誌上を以て諸兄の健康を祈る

謹告

▲投書は如何なるものにても喜んで拜受す▲一家吟は元より事川柳に關したるもの▲研究を要すべき川柳上の質問▲初心者の參考さなるべき必讀の記事▲各地柳界の消息又は句稿▲若し原稿返附を要すべき者あらば其旨附記せられたし▲投書は本部田邊柳香宛にして御寄稿を懇願す

大正六年十月十日納本
大正六年十月十日發行 （定價十錢）
毎月十日一回發行

編輯兼發行人 奉天西塔大街 田邊米三郎
印刷人 奉天小西關 石本力藏
印刷所 奉天小西關 奉天活版所
發行所 奉天遼東新報社分局 奉天編輯所
電話一二五番

大正六年十月十日發行
毎月一回十日發行

ほうてん
（第九號）

大正六年一月廿四日
第三種郵便物認可

艱難は人を玉にす
努力は器を大にす

發行所
奉天編輯所

大正六年一月二十四日第三種郵便物認可
大正六年十一月十日發行（毎月十日發行）

ほうてん

第十號

十一月號

募集吟課題

△雜煮　水府選
△婚禮　蘭竿選
△炬燵　五葉選
△片思ひ　意想郎選
締切十一月二十五日（一月號）

△野暮　五葉選
△悋氣　南北選
△落語家　水府選
△算盤　意想郎選
締切十二月二十五日（二月號）

投吟所

奉天編輯所

内容

奉天支那公園ノ茶亭

THE MUKDEN CHINA PARK

ほうてん

第十號

大正六年十一月十日

最後の勝利

我等は十七詩を以て該界に奮闘し後進者に對して聊か努力せるものなり、川柳は滑稽にあらず諷刺にあらず人事十七詩なり、人情の機微を穿ち而も諧謔輕妙に詠ふべきものが即ち川柳なり、されば諸君と共に相互研究修養を經て後に能く川柳家たらんと欲するもの也、故に小成に安んぜす一時の小虚名を得んとするものにあらず、我等の目的は最後の勝利に在り

評選

題詠と選句と

ゆるがせにすること勿れ
調子も川切り方も大切に
一句を纏める充實味を
放散しては駄目である

近藤飴ン坊

題詠と云ふものが詩興を充分に發揮するは妨げになると云ふ者があるこれは最もな説で題を頭に置くが故に言はんと欲する所を拘束されると云ふ説は最もである、併しながら又題あるが爲めに佳句を得る場合がある、此程山梨縣勝沼の川柳會へ招かれて行つた時に會の課題に「緋」と云ふのがあつた私は沈思して數句を投したが劍花坊君の選でそして私の左の句が三方に選はれた。

御大葬同盟國の猩々緋　　飴ン坊

此句が出來た時私には自信があつた、ヨシ選者が此句を顧みなくとも私は自分の句帳へ殘すつもりで居た所が選者の共鳴

を得たので私の自信に裏書が加はつた私は新聞記者として

先帝の御大葬を拜送し奉つた空には星が銀砂子のや

うに輝き地には鳥羽玉の闇の大葬場の所定の位置に着いた私は、悲みと云ふよりも寧ろ神々しい宗敎的氣分に支配されて嚴肅な態度を以て自ら襟を正した、やがて葱華輦の軋る音悲みを誘ふて後列の數々が葬場殿に向へば、續いて訂盟各國の軍隊が列を正しく從ひ參らせた中に

我が同盟國英國軍隊の猩々緋の印象は深く私の腦裡

に殘つた、大君を見送り奉る赤子に涙も盡きて身も心も緊張して式場は咳一咳も聞ねず嚴肅の氣が漲つた其の中を肅然として英國軍隊の裝ひの猩々緋—、花よりも紅ゐに私の眼を射つた、紅きものゝ燃ねて陽を覺ゆる經驗こそあれ此の夜の如く紅きが肅氣に和して此の式場にふさはしき色を觀たるは初めてゞある、そして隊列の進むるに伴れて憂然たる靴音の

男の涙かも雄々しげに悲しく私は此の夜斯の深き印

象を得て一句にまとめる事が出來なかつた、それが六年の後「緋—なる課題に接して當時の意識が働いて此の句を産んだのであるから題詠と云ふものは絶對に貶すべきものではない諸君に於ても斯の經驗は多いと思ふ、旅行の場合に於ても強い印象に打たれても句を成し得ずして

却つて後日題詠の場合に其の印象を喚起して佳句を

得る事も多からう、私は以上の説は題詠

の作句者に對して題詠をゆるがせにすべからざるは選者の立場として希望する前提である、さて今回の題「摺鉢」は活用の範圍狹く詠みにくい故もあらうが佳句を見出し得ないのは題詠をゆるがせにして居るのではあるまいか、

摺鉢をふせたやうだと富士をほめ
摺鉢をさかしまにする日本一
摺鉢のやうだ／＼と富士の山
摺鉢をふせた姿だと富士を詠み
摺鉢をふせたは富士に能く似たり

摺鉢は植木に二度の勤めする
摺鉢に植た植木がつくのなり
摺鉢はかげると植木植ゑられる

など類句が此外にも多かた、一句の調子に就いて少し説かう、

餌摺鉢とゞめて聲に聞き惚る　艷笑

愛鳥のよく啼く聲を摺餌の手をとゞめて聞きほれると云ふ想は一句を爲し得る質を持つて居るが此句は調子が惡い、餌摺鉢で切れ、とゞめて切れる所に句の充實味が散じて行くやうだ、どうせ句には切れ所があるが、其の切れ方は一句をまとめる充實味を放散するやうではいけないこれは作句家の最も注意すべき事である

聞き惚てゐろそかにする摺餌の手

斯う直せと云ふのではない、調子に就て云ふのである、聞きほれてで切れても、ゐろそかになると言ひ起すのに此の切れ方は連絡がある、原句の餌摺鉢で全く切れてしまつて、とゞめてと言び起すのと趣きは違ふ、こんな呼吸を作句の上に注意して貰ひたい

先づピクを覗き摺鉢取りに行き　西嫁

これも、先づが惡い調子をこはして居る

ピクを覗いて摺鉢を取りに行き

の方が調子が宜からう、選者吟として

お座敷にある摺鉢は鰡の寸　飴ン坊

類句がないと信じます、臺所の摺鉢が座敷にある場所の當を得てゐるのが第一の柳味である、何で座敷にあるのかと思ふとそれには鰡が入つて居る、ハヽア、網釣に行つた人が大きな美事な鰡だと云ふのでお裾別けをした、取敢ず摺鉢に受けたと云ふ事が第二の柳味、そして大きいので摺鉢から尾や頭がハミ出してゐる寫生もハッキリ利かせてあると思ふ、大きな美事な鰡なので、主人が歸つて來たらお目にかけて贈れた人の親切を酬ゐやうと云ふ主婦の心の働きと家庭の睦まじさも窺はれやう「お竹や美事な鰡ぢやありませんか、何寸位ゐあるでせうね」

選者吟　摺鉢だけに味噌を上げ

これは狂句です……と斷つて置かないと大家桂雨君に又槍を入れられますからね

その日〳〵

豊田千龍齋

曇天のチムネは龍と見たがはせ
本宅で二度喰はして口を拭き
念佛の語尾を欠伸が喰ちまひ
吊革の包に亭主知らん面
賞與を土臺に建る月賦割
重役の協賛を得て流行妓

甲府の武藏屋

篠原春雨

甲所は聞かず首を振るばかり

追悼吟

近藤飴ン坊

見たさめになつた故國の都の灯

田村君（大毎奉天特派員）の永眠は夢のやうです、今年の春の歡迎會が別盃とは

問題の川柳

和歌山　高森子洋

九月　號誌上に九羊君の「柳の葉ッパ」の一節に曰く講談倶樂部の五十圓懸賞の「飛行機の或る夜火を吹く美しさ」と云ふ句を其選者たる劍花坊氏は盛んに褒めちぎつて居たが僕には何處が宜いか判らない云々とあつた、判らないのが當り前で前記の句を褒めるのは恐らく

劍花　坊一人であらう此の句が五十圓の價値如何はさて置いて講談倶樂部社が入花料を取つて募集した數萬句中の最高位に拔けた句として論じるのが至當であらうと思ふ、其前に一言述べて見たい事がある今日川柳の選者として崇敬する人は誰れであらうかと云ふ聲は數次初心の人より耳にする事なるが東都に於て最も名の知られたるものは即ち劍花坊である、されど東京一といふを許されず又た

日本　一と云ふは尙更のことである雜誌新聞の選數に於ては柳界第一であらうが其選識眼及び自作句に於てはより以上の頭腦を持つたものは其同人中に頗る多い然し同人中の三分の二は門弟共にて所謂納所と云ふべき劍花坊の事業を助ける連中にて實際同人として列し居れるものは僅か二三名位に過ぎず此の二三の同人も意見の相違より或は入り或は放れ等して目下沈默の狀態を呈し居れる如きも今後此等の連中に依り柳界の

暗雲　を排するは此處一ヶ年後ならんとの說あり此の劍花坊の門弟にして柳樽寺の納所たる子弟の關係から講談倶樂部の五十圓懸賞の募集吟に投句して每回最高位に列せるは新年號に於て伊澤久坊(所謂五十圓)に三太郎、小次郎次の大懸賞號よりは尺一、雅子郎、紅太郎、芥子

郎等にて恰も講談倶樂部の五十圓懸賞が**柳樽**寺の爲めに設けられたるが如き頗る滑稽の感あり以上を照會せば諸人の等しく認むる所ならんと思ふと同時に何等かの疑を差狭むも無理からぬ事である之に依つて見ると寄附云々は最早論ずべき問題にあらずさて不可解の句に就て論ぜんに題は「美」と云ふのであつたと記憶する飛行機が晩に火を吹いた大都會の梨子地の樣な星のある中空で火を吹く其の火が空に對して何とも云へぬ大きくて今迄に知らなかつた美しさと云ふ只之だけである殊に「或る夜」が甚だ惡い

技巧も斯うなると効を奏さない所でなく此一言で全體をぶちこはして仕舞ふ着想は煙火の美しさを際物に取り變へた丈けで句主は選者の解釋に反した頭腦を以て作つたものとしか想はれない最後に云ふ筆者は作句家に非ず川柳研究家の一人にして問題とすべき選者は久良岐、劍花坊、飴ン坊、水府、劍珍坊、鯛坊、角戀坊、卯木、當百、文象、蔦雄、鐵羅漢、素浪人の十三氏なるが今後の柳界は前記諸氏の暗鬪は免れぬ事ならんと豫想す。

（東都艸田　友人庵にて）

雑吟

束縛をされて息子の盗み酒　白牡丹

疳癪を起して妹寝てしまい　喜選子

ピラ展は美人畫集の氣味があり　千枝

足腰は立たぬが伯父の喋る事　波六

親方の明忘れをして怒つてる　胡蝶

明忘れ思ひ出して膝を打ち　英子

萬福を文久錢で買ふ氣なり　文久

持ち上げる樣に阿呆を使ふなり　柳香

た二人の珍客が來る乳母の里　西嫁

程のよい男に一寸岡惚れる　春花

柳談苦言

名古屋 佐々木桂雨

◉川柳の區別

▲川柳は川柳であつて短詩でも無く俳句でも無い、川柳を研究する人は古川柳の妙味を研究するがよい、併し昔の川柳は川柳も狂句も混同して居たが、吾々は詩的川柳と非詩的狂句とを區別して研究して居る、随つて洒落と駄洒落とは似て非なるものである。

◉花魁と女優

▲古川柳の妙味を味はふとしても、單に柳樽を繰り返して通讀しただけではいけない、寶暦天明の江戸と明治大正の現代と人情風俗習慣に於て大變な相違がある随つて現代式の頭で古川柳を讀むと難解の句許りで恰度謎を解くやうな氣がする一例を擧げるも古句は吉原が社交の中心であつたから吉原を謳歌したのが多い、現代は藝者が社交の中心であつて遊廓へ通ふのは低級者であるから、現代式の頭で見ると古川柳作家は低級者らしく見ゆる、之が川柳が現代人から輕蔑される原因であると信ずる、然るに寶暦天明度の花魁の教育程度は現今に於ける無學の藝者や女郎とは比較にならない、瀧川や花扇は立派に諸大名に詩歌管絃のお相手が出來て、今の女學校卒業生位では到底及ばなかつたと云ふ、而して氣に入らなければお客を振り飛ばす程の權威を以て居たものだ、久良岐師は寶暦天明度の花魁は現代の帝劇女優が之に近いと云はれてゐる。

◉感興と思索

▲此の如く現代的の頭腦で古句を評すると見當違ひになるから古句の妙味を味ふには古句の背景たる江戸趣味の情調氣分

に通じなくてはいけない吾々が古句を讀んで感興の洒落であると思ふのを、現代的の古句評者（角懸坊君）は思索と洒落のないまぜであると云ふて居る。

◉此の三部を熟讀せよ

▲そこで初心の人が川柳を研究しやうとするならば、今井卯木氏の川柳江戸砂子西原柳雨氏の川柳吉原志、大野露草氏の歴史と川柳位は、是非熟讀して貰いたい

背中のタオル

河野鐵羅漢

車屋と呼べば膝掛け抱いて來し
小間物屋少うし女息さかりき
手拭を咬へて鬢を梳いて居り
脛の蚊をぽんと雜誌で打ち殺し
裸體をかくすっぽの背中のタオル

都々逸と川柳

大阪　德弘兎子

晴れて逢へない仲ぢやと知つて
　降つて來ぬとは憎い主
　　（長火鉢輪に吹かしつゝ自烈たさ）

腹で泣いても愚痴さへ言はぬ
　惚れた弱身があればこそ
　　（笑くぼなど見せて涙をそつとふき）

逢瀬嬉しい首尾した宵の
　待つ間辛氣な雨の音
　　（それらしい音は隣の家に入り）

醉ふた振して嬉しい樣の
　背にもたれて獨り言
　　（恥かしい話にひどく目を落し）

癪の介抱のその手でいつそ
　殺して欲しい罪な人
　　（業平は捨てゝ置けず押へて居）

古句の裏面（六）

敦賀　船木夢考

仲直り元の酒屋へ立ち歸り

▲犬と犬との喧嘩は例外として、こゝに感情の動物として人間の喧嘩なるものあり、堪忍袋の緒が切れて、又は肝癪玉が破裂しては最早口論にては納まらず、まして生存競爭の世の中なれば時間の經濟上、遂に組打撲り合ひの喧嘩の結果を得るものあり、すべて喧嘩の起りし理由をたゞせば極めて小なるもの案外多くして又その本人の膽玉も小なるが故の根本から、こゝに喧嘩の原因の一つとして酒なるものありて禁酒家の曰くにはアルコール中毒と云ひ、愛酒家の曰くに百薬の長と云ふ一種の興奮劑あり、人生僅か五十年酒なくて何の己れが櫻哉と唄はるゝが如く現世は酒と女の爲に生存して居るものと見て差支なし、偖てその酒や女の爲めに働くことは二段として酒は交際飲食の一つとして重きを置かれたるものなれば腹への納まり具合に依りて絶交の破目になる者、頗る多し、然し之等は人が酒を飲むにあらずして酒が人を飲むに至りたるものなり。

形見分け以後は音信不通なり

▲古今に通じて親戚とは殆ど名目のみにして婚姻、葬式、祖先の發禮以外には往來にての寒暑の挨拶ぐらいのものにして他に何等他人と異る點のなきは今日の實例なり、自分の親戚に百萬長者ありと語る者あるとも日本一の乞食ありとは語らず、よしんば百萬長者の親戚があるにした處、富者は貧者の近寄らずの常例上、貧者には何の利益もなきものにしてたゞ世間の體面上、止むを得ず長者ありと吹聽する位いのものあり、然して此の本人

親戚を誇るに於ては自分の意氣地なしを已ずと發言して居るものにして至極哀れむべきものなり。

仲直り鏡を見るは女なり

▲處女も女房も生理的構造に於て女は女なり、從つて心理作用に於ても然り也、三四年の前、男女同權說の海外より輸入して以來、一時は或る新らしやの女なるもの獨身生活を叫び或は政治的能力を有せりと稱へたるも之等の不自然極まるものは論外として、女は女らしき處に最も女の眞價を有し而して其を女の生命とせる以上は一家の事となりて其の天職たる家庭の任務を果しそして夫は生活上、外にあつて働くものを通例とせり、つまり天地陰陽ありて夫妻あり、即ち夫婦とは二人にして一字たるべきなり、されど天地間にも時節に依つて雷鳴のあるが如く夫婦にもまた時々夫婦喧嘩なるものありされどほんの一時的にして再び晴々たる元に恢復するものなり。

状差へ差さぬが女房氣にくはず

▲今も昔も男女ともに嫉妬に置いては變るところ更になし、されど裏に婦人の專用性となつて現今これを俗に燒くと稱す古今の統計上この嫉妬心と虛榮心のために倫落と家庭の破瀾を生ずるもの最も多し、然しこの嫉妬のなき女に至りては其の良人たる身として之れ又、不案を感與する一原因にしていづれにせよ困つたものなるも萬事この燒き加減一つに依つて破滅にも圓滿にもなるものなり、されば妻なるもの此の程度の强弱を克く呑込んで居ると居らぬに依つて離別の難に逢ふものならずや

寂しくも雨の降る日は京の街
京の女をおもひくらせり

岡山の革命

松の家生

▲劍花坊の米櫃とまで思はれ思はれて居る岡山の柳界は昨今連りと旗色を變へて來た。舊オホック會の健吟家倉田喜選子君（日本原、當百系）が本春後復活以來最初骨肉會（醫專校內）の共鳴を出し皷鉾會の發會に次で又別に二三の同志を得壁土川柳社の發會と同時に當地に一大勢力と云ふべき舟月會の共鳴を見、最近同會の例會吟も選を五葉、溪花坊氏に托するに至つた、主脳者小野ひさを君は温厚篤實の人、氏の力に依りて得る今後の發展は又大なるものがあらう。又近くは健吟家揃ひの三葉吟社及び美作川柳社の共鳴を迎へたのは何と云つても一大快事である

▲劍花坊は流石に賢い。これ等を懸念したのでもなからうか、九月の大正川柳誌上に不二郎と寶年坊の柳樽寺同人を置いた。前記ひさを君の同人推薦もあつたが同氏はキッパリとこれを辭したさうだ。最近鐵羅漢寶年坊の主唱に依りて新らしい川柳の告發もあつたが、一向その發表を見るに至らないのは何うした理由か。

▲何と云つても岡山の柳界が破竹の勢で革命されつゝあるのは事實なのだ、又喜選子君の親友で、四子から黒い鳥それから今の黄八丈と、一ヶ月間に二度も號を變へたが其の黄八丈君の天才は當地柳界の話題に上つて居る、斯く喜選子君の手に依りて長足に革命されつゝある岡山の柳界は幸福と云ふべきであらうか。

▲此の岡山の革命が藤原弘美の死ぬる間もなく起つたので一般の柳士は妙に思つて居るらしいが、當の喜選子君などは弘美とは一面識も無かつたので。たとへ弘美が生きて居ても立派に革命の順序にな

つて居る、只喜選子君の復活が遅れただけそれだけ革命が遅れた譯で、その點はどうか誤解のないやうに願いたい、近頃の舟月會の例會へは神戸より紋太、一山其他の諸氏の應募句が參るやうになりました、神戸からの應援は私等にとつて此の上もない喜ばしい一事です。

▲それから最う一つ面白い話が、岡山の山陽新報に每號發表される山陽柳壇がある、劍花坊の選で、岡山のある柳人が幾度投書しても前抜一句しか抜いて吳れない――。業を煮した揚句、同柳壇の花形不二郎の名を以て投句した、ところが天位に一句及び佳句として五六句の抜句を見た、其際投句した寳年坊等より成績が好かつたと云ふ、あまり感心した話でもないが不二郎と云ふ雅號の者が別にあつたとして見るとサア問題だ………ところが劍花坊はすべて斯う云ふ風の男であるから別に珍らしい話でもあるまいと思ふこの話は當の本人から私が直接聞いた話で決して間違ひはない。天位に抜けた句は斯うである。

緋の法衣石の楷段長々と

▲八月號の鯱鉾誌上日誌中に喜選子君を或る會社の技師長云々の記事があつた、該記事の出所は何處から出たか知らぬが同君は直に中京社へ向つて取消を請求したが、爾來川柳家に餘り偉いものが無いと同樣、同君も岡山某化學工業會社の少壯主任投手として働いて居るだけの者で兼々同君より何かの序に書いて吳れと依賴されて居たから思ひ出して書いて置く、兎に角岡山の柳界は眞面目に此の上もなく發展を續ける豫定である。

効能を笑ひ合つてる玉子酒　雅柳

出戻りの胸にしみ込む秋の雨　春花

秋雨の裏町から

鴨柳會　後藤千枝

◎柳香さん、暫く御無沙汰致しました、其後一度御便りをしやうと思ひ乍ら失禮を致して居ました、今宵も雨であります何んだか秋雨は滅入る樣な心地がして淋しゆうござります、毎度ほうてんを御惠送下さいまして有難とう御座ります、內容の充實と編輯振りの奇拔さは流石に職掌柄だとうなづかれます。

◎柳香さん、只今日出新聞の夕刊が這入りました、御勅題が發表されてあります「海邊の松」誠に和歌にとつては具合の好い課題でありますが、川柳にはチトこなし難くい樣であります、私は此の課題を見るなり「羽衣」を聯想致しました然し私の營業上では非常に都合がよろしゆう御座ります、裾模樣の圖案又は帛紗、友仙何れにしても至極平凡乍らこなしよう御座ります、何にしても此の頃の樣にこう雨が近こうては染織界は閉口頓首を致します。

◎柳香さん、私は毎日々々新聞を讀んで居て何にが一番癪にさはるかと云ふと私と同年者が犯罪の記事を讀むことです、妙に(二八)と云ふ文字が目立つてなりません

◎柳香さん、同い年と云ふので思ひ出しました、三年以前即ち大正三年の廻り年に寅年川柳會と云ふ者を設立して、同年の川柳家に入會して頂いた事があります其の節に入會下すつた會員は溪花坊、梅童、悠々、京童、文芳喜峰、紋太、みの作、溪水、好風、龜醉、玩月の十二名と迂生と合して都合十三名であります、此處三ヶ年の内には非常に異動がありまして、其の年の二月には早や京の玩月子が長逝せられ、溪花坊君は大阪に轉居され

悠々子も今夏大阪へと、梅童子は一時沈默して居られし處昨今再交柳界へ顔出をして熱中、京童、文芳、喜峰、谿水、龜醉の諸氏は矢張り沈默ならんか、目下柳界に奮鬪努力をされつゝあるは前述の溪花坊、好風、みの作、紋太、悠々子等位で約半數弱とは情ない事であります、最う一度此の次ぎの廻り年には、同年者を募つて見たいと思つて居ます。

◎柳香さん、鴨柳會もお蔭で日を追ふに從つて盛會になります毎回廻覧誌の投吟者も、二十名を下つた事はありません、然しこれも、卯木先生のお蔭で御座ります、又昨今は拙私所藏の川柳參考書（小數乍ら）會員に限り無代貸出しをして參考資料に供して居ります、可成り成績良好でありまして一番好評を博して居るのは矢張り川柳江戸砂子であります……。

「栗ヨオーイ丹羽屋栗、たん栗、栗々々々々」

と秋雨のそば降る夜を裏町から

桂雨君に答ふ

近藤飴ン坊

お示しになりました。

　畫に描いてさへも胡粉の要る女

貴解は、畫に書いてさへも丁度白粉のやうな白い胡粉が必要な女だと云ふ駄洒落であるから狂句と云ふのですが

私の解は、畫に描いてさへも女は胡粉が要ると皮肉に見たのです、

君は駄洒落と思ふから狂句と云のですが私は皮肉と思ふから狂句ではないと云ふのです、作者も恐らく駄洒落でなく、皮肉が作句の土臺になつて居ると思ひます

大阪の水害

村瀬微笑

秋の雨家まで流すほどに降り

川柳家と朝顔

大阪　吉田鶯郷

朝顔の種蒔いて水や肥しを、施《や》らねば枯れるに限つたものだ、川柳家の領分に住んで川柳を惡口する人は己の寢所へ小便をする樣なものだ、川柳を作るは、無限の日記を作る樣なものだ、自分は本田溪花坊氏に川柳の趣味を敎へられてから約三年に近い此間の半は唯娯樂的に、時々新聞等に投句して恥を晒してゐたに過ぎない、と云ふは自分の業体に川柳なるもの適當しなかつた、オットさす力がなかつたのである、今日に成つて川柳の趣味が摘切に響いて來た、川柳を作れる樣に成つてから退屈と云ふものを知らない川柳は場所も選ばず時日も求めず如何なる場合、如何なる時も川柳は作れる、滊車に遅れた長い幕に退屈をする、借取りが來た、悉く其感しが川柳に綴つてある何んと云つても一列車を待される位退屈な馬鹿臭いものはない、其感じ其寫生を悉く目擊して居る限りは絶へず手帖に鉛筆が乘つて居る、よし其時作らずとも其感じが作るべき時の頭に響いてくる、自分は和歌も俳句も少し試みた、而し俳句では川柳の樣に深く突込めない、川柳と俳句とを試し斬りに使へば川柳が初段であれば俳句は目錄であると思ふ、初段と目錄も同じ腕前であるが、初段の斬つた傷と目錄の傷と深さが違ふ、玆に川柳の價値があるとたれもふ、然るに世の人の多くはまだ川柳の趣味を知らない、武藝の奥儀を研めて時機の來るを待つて浪々する勇士と、目錄にも屆かぬ腕前で金の力で、金看板を掲げてさも名人らしく盛大に見せて、時ともなしに大掃除の化物の樣に、叩き倒して居るのを賞めそやす時代の夢が未だ醒めない、その證據には未だ茶席に、川柳の短冊を拜見せぬ、川並の俳句たら云ふものをさも勿体らしく晒らされてゐる、此時に於て大正の時代に活躍する人士よ大に川柳を向上して、一般社會の人士の頭に川柳の、根本的徹底的趣味を肝臓まで滲み込まさねば、今日の川柳家としての任務を全ふせぬ、同時に川柳家に禮儀と云ふものゝ必要を感して來る、例會の席に於て床緣《ブチ》に腰をかけたり、己の携帶品を床まで運んだり、甚しきに至つては床座に踏込んで掛物を振廻したりする樣では、とても川柳の格式を高貴の掌に存在する時は中々である、相當の禮儀、相當の格式を向上發展させ大に川柳の領分を耕して欲しい、自分は斯して川柳の向上を計つて居るのも、川柳なるものは精神の修養上非常に必要なるものと認めたからである、川柳家には親孝行が多い、結構である、餘り長くなつたがもう一つ云ひたい事がある、川柳家は朝顏の樣な系統を持つた人が多い、散々人々に樂しました揚句、己れの亡ふべき時に枯れた蔓の節々に、切西爪の標本の樣な眞黑な種を殘して、良い花を咲かしたものは印をされ、保存されて一週年忌每に其の花の美しかつた事を評して喚れるが、惡い花を咲かした種は、火鉢の引出しの中で、明ける度に彼方へゴロ〳〵此方へゴロ〳〵と遂には大掃除の埃と共に捨てられて、埃塵塲の隅の方で、犬の糞の隣りから楓の紅葉する頃も知らずひよろ白い芽を吹いてゐる

橫濱の洪水

豊田千龍齊

洪水の中を飲み水見舞に來

傳家庄行（續）

大連　秋月生

三味の音

を聞いて腹立まぎれに出たもの丶、思へば喧嘩をしに來たのではない、句を作りに遊びに來たのだと思へば、こんな事もしてゐられぬ、腹も空つてゐるので、午後二時と云ふ頃再びアカシヤ家に戻り持參の辨當をパクつく塵と潮風と汗とがごつちやになつて、顔も大分汚れてゐるので、女中の案内で風呂に入る、休憩をして互にメートルを昂げる、當家自慢の便所も拜見して、樂屋落と初まる

＝麥村＝

廓でも町でも人氣あり印度人　不句郎
麥村は作句かあらぬ夢の人、　秋月
廓の話しに麥村はニヂリ出し　意想郎

麥村の遠出衣裝に小半日　茗八
此度こそ手管でないと絞られる　西嫁

＝西嫁＝

西嫁もう子供集めて行司ぶり　秋月
いやらしい掛合西嫁頼まれる　意想郎
あの石はなどゝ西嫁の愚痴悲し　茗八
割前でならば西嫁は發起人　麥村

＝茗八＝

茗八は近頃髭で紳士振り　お染
茗八の嬶友達にた人出され　西嫁
飲む段になると茗八ニコ〳〵し　茗八
茗八は自由行動の髭を立て　意想郎
麥酒瓶一合代になると賣り　麥村

＝意想郎＝

意想郎は眼鏡を五ッ六ッに見　茗八
髭の割り驚く程の人でなし　お染庵

意想郎の辨當を喰ふ二三人　秋月
敵娼に教訓意想郎目が据り　西嫁
茗八と意想郎ひよんな處で逢ひ　麥村

＝秋月＝

眠そうな顔で秋月輪に吹かし　意想郎
休む日の朝を秋月パンにぢれ　麥村
下女に惚れられて秋月考へる　西嫁
秋月をデコ甘黨だなと思ひ　茗八
　但しテコと云ふは西嫁の飼犬なり

＝不句郎＝

不句郎は寢坊の上に晝寢をし　意想郎
引綱と迄は不句郎大き過ぎ　茗八
不句郎は劇評にちと趣味を持ち　秋月
不句郎は殿樣然と子を叱り　西嫁
口はわざわい不句郎の傳家《フカ》庄《セウ》行　麥村

＝お染庵＝

三日繰上げてお染庵卅五錢損　茗八
兄さんと云はれお染庵ニコ〳〵し　意想郎
お染庵初めて逢ふて面白し　秋月
悠々と迷はせて居るお染庵　西嫁
よく稼ぐ筈お染庵野心あり　麥村

斯くしてる　裡に午後六時となり、アカシ家を引上げる事になつた、行きは陸路の馬車旅行、歸りは方面を變へて、海路老虎灘へ横斷する事になる、一行七名がシャンク二艘に打ち乘りて、青疊の敷いた樣な靜かな海上を、折柄の夕凪にそよ〳〵と帆を吹くませば、心地よく走る、喰ふ、飲む、唄ふと云ふ調子の大元氣、日は西山に沒してよりもう一時間

老虎灘は　影だに見せぬ、今まで洒落た連中も、吻と息をつく、海上も刻一刻と暗くなり、浪も高くなつて來た何うしやう、こんな慘めな目に逢ふのなら馬車で歸《いん》つたらと、愚痴も出る、此の

時だ、この時遥か前方に二ッ三ッの灯が見ゐた、チラリ見ゐる老虎灘の夜景、支那式を加味した、星の如き灯が、我等を如何ほど喜ばしたか知れぬ、眞に我等の

命拾ひを　した樣だ、皆なの元氣も元に戻り、老虎灘へとジャンクを走らせる、兎角するうちに、老虎灘へついて、ジャンクからあがり、直に電車に乘る、間もなく逢阪町へ着いた、腹が空つて一歩も歩けぬ不何郎を救けて、ゐでん家に飛び込む、喰ふや飲むやら、頗る馬力を擧げた若八、元の身体になつた不句郎、何れも元氣ごころか、藥が強きて來た、さてこれからがごう發展したか、處は不夜城の逢阪町遊廓だ、言はぬが花だから止めにする。

發展は思ひ〳〵の路をとり
久し振りなど〻藝者の顔が出る
けつたいに藝者座つた儘にゐる
割り込んで貰ひ藝者は酌をする

再び松江より

米村餡馬

▼柳香詞兄、奉天十月號たしかに拜見致しました。御好意に酬ゆべく新刊紹介の欄を借りて御吹聽して置きました。私はしみ〳〵あなたの御奮闘とあなたの御苦心とを想はずには居られませぬ

▼柳香詞兄　水郷松江も漸く秋が深く成つて來ました、菊の見頃は天長節祝日過ぎでせうが紅葉は春日は一夜一夜に濃くなります松茸のシーズンに入つてなけなしのポケットマネーを叩いて秋の味を味ふのです。それにこの頃から幾百艘の漁船が宍道湖に篝を焚いて海老を漁るのです。その篝火がまるで湖上のイルミネーションと見へて美觀、壯觀、外所に見ゐぬ國自慢と鼻うごめかさゞるを得ないのです。

▼私共の川柳會も近來は大分内容が充實して來ました。毎月二回はキット例會を催すことにして居りますが新聞社の飯を食ふ身には樣々な用に慮げられて思ふ樣に馬力を擧げることが出來ません。が併し研究といふ點ではソウ人樣に敗ける樣な事はあるまいと自ら信じてます。

▼柳香詞兄、物質に對する戰ひは日に烈しく成て來ます、その間にあつて人生の譜を川柳に依つて奏でゝ行く身のユトリを喜ばずには居られません。同じ趣味に生きちよる御同樣は愉快ではありませんか私もあなたの驥尾に付してモツト〳〵眞劍な努力を續けませう。川柳は私が生の叫びであり私のパンの努力に對する快い柔かな瞬間のアクビであります。

　髯剃りの戻りをフイと氣がかわり
　髮を結ふそばに男の子守唄
　襟垢に聞けば女房が無相な　（舊作）

岡山壁土の發展

岡山に於ける鶉殿黄八丈小畑松の家兩氏其他同人より成る壁土川柳社は豫て機關雜誌發行の計畫ありしが諸般の準備整ひたるを以て愈々來る新年より「かべ土」創刊の豫定なるが卷頭には諸士の高吟を飾るべく目下各方面に向つて蒐集中の由にて一般募集吟として「たさらひ」「曆」の二題（句數無制限）にて十一月一日まで岡山市野田屋町六一鶉殿黄八丈宛にて投吟せられたしと

正誤

本誌十月號募集吟中に水丁君の句として發表したる八句は全部田谷正人君の句を誤植したるに就き本號に於て正誤すると同時に深く句主に謝す

奉天柳壇　投吟歡迎

金子呑風

二人おき位に藝者はさまれる
二次會は祝儀位を持つて居り
ゲーム取り藝者と古い馴染なり
雜記帳辨當箱のシミが出來
差入屋未決を氣の毒さうに云ひ
椽の下風鈴のカケ落ちて居り
料理する間を客に寫眞帖
筆を賣る香具師に立つてる手織縞
はしなごか持てゝいつぱし日本通
受附の女少うし塗つて居り
ジヤパンタイムス葉卷ゝ煙りゆるゝかに
お帳場で藝者誰かと一寸聞き
客の聲澁いに帳場耳を立て
火元では女房發狂した噂
何ならんとして電鈴に胴忘れ

◎　川村琴仙

調和せぬものは長屋の夏コート
下宿屋へ薩摩絣が尋ねて來
妹の樣な娘の樣な法界屋
三味線の撥で養女は叩かれる
學校を出ると養女は早く增せ
隱し藝全體無理な事をやり
小料理屋へ工女らしいを連てれ來る
小料理屋の二階十燭一つなり
勝五郎いざりのくせにいゝ男
助太刀はあぶない處へ現はれる

◎　德弘兎子

電燈の灯《つ》くを業平待つて居り
走る度妙な癖あるチヤンピオン
算盤が電氣を一ツはぶくなり
電燈が灯《とも》つて化粧やつとすみ
蠅叩き持つて女房膳に向き
女房は將棊ばかり思つて居
辻將棊頭の上で煙を吹き

待合の電氣一方まぶしがり

◎　鵜殿黄八丈

新聞を出してカーテン引いて呉れ
新聞を持つ手がだるい隔離室
夕刊で泥を拭いてる紺蛇目
質屋へも行けず恩賜飾つとき
質屋から袖口揃へながら出る
質屋から折目の付いた羽織が出
塗りたてのペンキに小さい指の跡
改札を口にくはへた赤切符

◎　池上水丁

ハハハ何んにも知らす殺されず
小料理屋どれが嫁やら仲居やら
辨當の名前半分消て居る
肩入は顔見らるゝを嬉しがり
肩入は自分の顔を知らぬなり
立聞の片手を振つて制して居

◎　平井美月

新聞の惡口樓主耳にタコ

質屋から出てほろ酔は車夫を呼び
質屋行き里が聞いたら泣くと云ひ
猪口のあと拭いて又置く長火鉢
番頭は後から起きて先に喰ひ
繪はがきは電報程の字數にて

◎　小川舟人

下駄と傘持つて待つてる停留場
紙幣の數いつち終いは音をさせ
競り賣屋叩くたんびに安くなり
いゝ娘逢ふ人毎に見返され

◎　阪口燈雨

さも見ゐるやうに盲目は物を云て
雷を笑ふ男は裸體なり
話の種と名物を喰つて見る
店の戸を開けて主人は一寸出る

◎　高田紅彩

八百長を取つて素人喜ばせ
取組ながら棧敷の女チラと見る
怒鳴るのを見れは棧敷の酔ふた人

◎　松本春花

後ろから見ると女はよく化ける
出來心盜んだ子より親を攻め
嬉しいと云ふは束の間處世難

◎　小畑松の家

泣いて居た妓とは見えない廻し部屋
無い物は無いと氣強い懷ろ手

◎　倉田丁子

片思ひ手紙ばつかり書いて居る

◎　船木夢考

合乘りに二人が二人我慢して

◎　田邊柳香

賣れ殘り又朋輩に馬鹿にされ
隣から平手な謠に疑つかれず
言譯に困り忘れた事にする
電燈が消ゑたを盲目笑つてる
懷手別嬪だなとスレ違ひ
いさかいをしたのか女房無言也

京都鴨柳會回覽誌

投吟歡迎せり

京都後藤千枝氏は豫て鴨柳會廻覽誌を發行せられ一般柳士より投吟を乞ひ昨今頗る盛況を呈し居れるが次回の廻覽誌募集句は今井卯木氏選（盲人）二句吐なり宛名は京都市車屋町二條下る藤井方京都鴨柳會へはがきにて投吟せられたしと

東美川柳會回覽誌

振つて投吟あれ

東美川柳社の川村琴仙氏は今回川柳廻覽誌を發行され一般同好家より川柳の投吟を希望せられ居れるが募集句は岸本水府氏選（一人娘）と大曾根大吉氏選（會計）の二題にて各二句吐の由投吟所は美濃加茂郡古井村森山東美川柳社宛にて投吟せられたしと

川柳忌小集（京都）

世がハイカラに成つたから、川柳忌も一つ新暦でやろじやないかと、九月二十三日の夜寺町の樂山堂へ押し寄せたのは誰れあらう、富士子と千枝、それに樂山子を加へて三人、セツセと菓子鉢へ手を伸ばし乍ら「月」の課題で作句したのはザツトこんなもん

意外戀人

＝月＝

連作吟

中二階月夜に一つ丈け灯し　富士子
　萩や芒を生ける生花　樂山
邇う迄子供の騒ぐ好い月夜　千枝
　日曜にまたつゞく大祭　富士子
泣いて居る人も有ろうに月の宴　樂山
　轡虫又た鈴虫の聲　富士子
干物をふと氣付いてる月明り　樂山
　肥立ちの遲い產褥の妻　千枝
飯む事に定めて別れる居待月　樂山
　だんだん近い夜廻りの聲　富士子

隱居所から三ヶ月は拜まれる　千枝
　錆びた燈籠に淡い灯　富士子
海の月せんぐり砂を踏に來る　樂山
　這ひ寄る波にをつさたまげた　千枝
二階借月平凡に見てる也　富士子
　机の上に置いた燒き芋　樂山
納豆屋呼戻される好い月夜　千枝
　何を泣いてる水のせゝらぎ　富士子
下戸だけが虫を聞いてる月の宴　千枝
　離房に聞こゆ吐月峰の峰　樂山

中京川柳連々作吟（名古屋）

停電に洋燈の塵を拭きあかず　大吉
　郷を頻りに戀しがる下女　映絲
宿直の晩湯豆腐に熱を上げ　桂雨
　枕時計の鍵をかけつゝ　大吉
火廻りは酒の燗だけ云ひ送り　於福
　當直部屋で歯の痛む晩　桂雨
手鍋で行こか戻るの詮議なり　映絲
　たしか赤電二つ三つ前　於福
ピッシャリ閉める電話室　大吉
　奮れくと騒ぐ生酔　桂雨
車でもないさと流連す下心　於福
　晩の約束いつか忘れて　映絲
小使に内々頼む養子口　同
　野球は堂に入りつゝ　大吉
兎も角も大須バーまで行けど　桂雨
　後藤は後さと時をかまはず　於福
敷島が無くなった頃二尾釣れ　大吉

　餌箱の角で痛み覺ゆる　於福
醉醒の宿直室にお茶が切れ　桂雨
　小使部屋に高いびきの音　映絲
當直は神聖にして醉ひつぶれ　於福
　便所の耳へ自働車のボー　大吉
均一屋賃銀の愚痴聞きある　映絲
　いつそ自暴さと又も一杯　桂雨

鴨柳會々報（廻覧誌）

＝婚禮の巻＝　卯木選

花嫁の其後五燭をまぶしがり　光坊
嫁の荷を淋しく見てる嫁き後れ　雅柳
婚禮の倖一々覗かれる　豐齋
従弟同士盃事にチット衒れ　可酬
盃の置き所なし嫁の兄　柳絲
祝言の嫁へ電燈明る過ぎ　白牡丹
新婚の留守の取沙汰面白し　七面堂
祝言と迄で仲人は漕ぎつける　同

秀逸

仲人の謠に燭のゆれ心地　悠々

軸

アラスカに寫眞と違ふ嫁が着き

誕生日爺やの古い〳〵唄　黄八丈

重箱は仕舞に手間のかゝる事　喜選子

岡山　壁土川柳社詠草（第三回）

落付、千鳥足　半文錢選

千鳥足とまると何か獨りごと　水肥

千鳥足一と固りに女學生　同

千鳥足胸算用に手間をとり　緣郎

千鳥足そんな話は明日にする　同

落ついて居て灰神樂叱られる　同

落ついた樣に被告は席につき　同

困らせてやる氣で千鳥足に也　喜選子

千鳥足後にも一人御同役　同

落ついて話すとそんな事もあり　同

落ついた時分本家の見舞が來　同

切れ話女だまつて吸ひつける　同

千鳥足待合してる常夜燈　黄八丈

團參の奈良も京都も落付かず　同

宿下り何の仔細か落付かず　佐用

花道へかゝると千鳥足になり　同

電話室出て若旦那落付かず　松の家

何喰はぬ顏では居るが落付かず　同

人

落付いてごらん女も居るでせう　黄八丈

地

千鳥足何か大きく躓づき　喜選子

天

臺所座つて云ふと判るなり　同

軸

千鳥足のあとから藝者欠伸なり

一杯の水に註進もの語

神戸の小集

紐　互選

紐だけで抱へて歸る終ひ風呂　一山
紐だけに口笛を吹く逃げた犬　同
片紐で預る質屋へ念を押し　同
首吊りはこないだくけた處の紐　同
姉藝者そうめん程の紐をしめ　同
鐵側の時計は紐で濟される　みの作
貰はれた犬二三日紐がつき　同
驅つこの負けたは靴の紐が解け　同
土用干終ひに紐も持ち出され　同
來客に太い羽織の紐も居る　牛山

郡中紫庵小集（伊豫）

二次會に年増藝者の太い聲　白牡丹
た嬲りで無いと藝者は甘く逃げ　同
醉どれを車に乘せる大騷ぎ　同
橫町へ曲ると連れが二人增　文水女

名を呼ぶと妙な顔出す大皷持ち　同
大皷持芝居を眞似て銘口を受け　同
抱て寢てやらうに舞子逃げ廻り　花の舍
好きさんがあらうと雛妓嬲られる　同
奧にさう告げましようかと雛妓云ひ　同
蹴られた後で旦那を叩くなり　同

川柳七八會詠草（第十二回）

夕暮、片手　佛手柑選

片手落繼子と處は知られけり　閑葉
片手落賄賂と云ふ噂なり　白牡丹
色息子いつも片手は袖へ入れ　好風
暮近く殘飯を待つ廟つなぎ　同
夕暮れを未だ泣いて居る子澤山　春花
夕暮れを俺に淋しい鐘が鳴る　同
誓ひたる濱の夕日を淋し見る　同
賛成の手はたのづから上る也　同
逃げ仕度片手に帽子引き寄せる　逸見仙

佳句

秋の夕暮の思ひで留守居する　逸見仙
夜行汽車スケッチしたいせいなり　西嫁
天晴の夫人夜汽車で口をあげ　紅夜子

募集吟

切腹　水府選

入相に切腹ぢつと眼をつむり　黄八丈
切腹の座つた儘の幕が開き　同
切腹の何やら口のうちで云ひ　同
切腹の辭世矢立の墨で書き　同
切腹が一人大事を飲んでゆき　葉蘭
切腹に咽喉笛一ッ餘計切り　同
忍術は切腹の時消へるなり　正人
彌次馬は切腹など、空元氣　同
切腹が城の在金聞いて居る　空盧
泉岳寺皆んな見上げた腹を切り　叢隱
兎も角も切腹をした親を持ち　春花
悪人がほろび切腹役が立ち　笑
切腹をしてそれからがよく喋り　同
切腹は強健法のように撫で　同
何故の切腹に鳴る笛の聲　同
揚幕で切腹を待つ由良之助　松の家
鎌腹は名主に濟まぬ申譯　同
寶物の詮議もせずに腹を切り　同
切腹の舞臺二ひら三ひら散り　舟人
切腹の右と左りに泣いて居る　同
九寸五分手にしてまんぢ夜が白み　琴仙
切腹をしかける舞臺へ幕が下り　草丘
切腹を尺八でする蔭茲　綠郎
切腹場もう一足と云ふところ　同
切腹した家と云ふのに草がはへ　時々勢
切腹の刹那檢使は目をつむり　同
切腹にならうとしたを島にゐる　竹南
切腹は止められるよにはすに向き　花樂
忍び足切腹の間で殺される　同

切腹が片手で受ける御墨付　同
曲者をこうふんまへて腹を切り　四洋
木の音を踏で切腹止めに出る　同
散りかゝる花と切腹息が切れ　同
切腹を眞似てポン〳〵叱られる　牛山
切腹が終ると赤毛布が來　靜城
曾我の家の腹は止め人々待ちに待ち　西嫁
文樂座好く腹切りを見せる處　同
左の手上けると前へ首がたれ　呉久堂
切腹を檢使は横にしばたゝき　洲馬
一足の違ひで腹を切る所　同
切腹は平場の方へ眼をすねる　一山
切腹の舞臺にチラリホラリ雪　同
切腹が手を合はせると木の頭　牛厘坊
追腹へ家中は惡い評を立て　同
切腹をする氣女房を又叱り　同
切腹は遺言すると目をつぶり　微笑
切腹の檢使に立つて目を外らし　同
切腹の遺言御家を氣づかうて　同

只一騎いと安らかに切腹し　同
腹切つてもう目が見へぬまで喋り　美月
切腹を待つてた樣に出て留る　同
座禪する樣に切腹無言なり　松峰
切腹の話舞妓を嫌がらせ　同
切腹の始末一同手をひかへ　同
鎌腹の背向に火繩かけてあり　喜選子
鎌腹は泣き事計り云ふて死に　同
切腹の前に印籠投げ出され　同
用水の蔭にも一人腹を切り　同
切腹といふを一味のなかで聞き　同
間男の噂鎮守で腹を切り　同
切腹の側へ泣きつく美しさ　同
若旦那樣を呉々腹を切り　同
むつかしい顔で切腹申しつけ　同
切腹は位牌の前で死ぬるもの　同
腹を一つぱい出して死に切れず　同
かぶり附きさあ切腹だなと思ひ　同
切腹の背向本箱ばかりなり　同

敵などを目の前にして腹を切り　同
切腹は登城の太皷聞いてから　同
捕方を拂つて眞一文字に切り　同
立ち腹の其處へ十手を振りかざし　同
切腹の間際氣扳た世とかはり　燈雨
歌一首殘して心安く切腹　兎子
腹切つて迄でも異見を棚に上げ　機樂坊
切腹をせねば平凡なる男　逸見仙
惡人の切腹だけを賞められる　同
見ん事に切腹敵が賞めてゐる　同

佳句

切腹の[illegible]一人位斬れるなり　黄入丈
切腹の口をゆがめてから喋り　同
切腹にフートライトの明る過ぎ　艶笑
花道に切腹未練殘すなり　同
切腹を止めてくれたが仇となり　花樂
切腹は何に思うてか笑ふなり　同
切腹を思ひ止まつて武士を捨て　四洋
簾内の切腹粥を喰つた樣　西嫁
詰腹を切らすにやたら暇が入り　與久堂
切腹の死に切れぬまゝ引ばられ　洲馬

居並ぶ方へこけて切腹眼を開き　一山
解決がつくと切腹息が絶ゐ　牛厘坊
立ち腹に捕手一人が組敷かれ　同
忠臣の切腹殿は未だ醒めず　微笑
腹切つてからの身振が多過ぎる　美月
切腹の其夜鼠が荒れまはり　松峰
切腹の部屋へ提灯續くなり　同
猿轡下郎は腹を切るに決め　喜選子
切腹の側に百兩ばかりあり　同
切腹へ今御改心告げに來る　同
鎌腹にもう若樣は大分落ち　同
白鞘を握ると母者人の咳　同
鎌腹は全く死ぬるまで恨み　同

人

切腹に鬢のほつれが美しう　喜選子

地

諫言の脱けば切腹すがたなり　艶笑

天

死際に切腹少し延びあがり　牛厘坊

軸

切腹をしそうに見ゐる「肥後守」

夜番　五葉選

荷車を夜番少うし中へ入れ　黄八丈
用水の影を夜番は知らず行き　同
ドテラ着た夜番にね胴一ッ入れ　同
縄梯子登つて夜番覗き込み　同
交番で夜番しきりに手眞似をし　同
夜明だけ夜番眞面目になつてゐる　正
木の枝の動くに夜番不審がり　艶笑
あはたゞしい奴夜番はスレ違ひ　同
一ト廻り廻つて夜番大分醒め　同
出る頃は夜番もほろり好い氣嫌　同
台所へ夜番は火種貰ひに來　松の家
シャツ一つ餘計着て行く夜番の日　人
まだ起きて居るうち夜番買つて置き　同
御近所の時計夜番は皆んな聞き　同
辨當の外に夜番は何か喰べ　同
ごぶろくに安産をかいて居る夜番　琴仙
頬冠り夜番らしいに道を外れ　緑郎

れた土産の折を夜番に分ケてやり　時勢
腹の虫グラ〱と云ふ寝ずの番　半山
辻切りに夜番知らずに引ぱられ　同
氣味惡い女に夜番尋ねられ　一山
夜番の屁誰れも笑はぬ音をさせ　同
稲光り夜番いさゝか面喰ひ　微笑
物蔭へ夜番は息を殺して居　喜選子
夜番ナト意見したろうかと思ひ　同
夜番が來ると乞食何處からか動き　同
孝行な娘を夜番持つて居り　同
小風呂敷夜番は家出だと思ひ　同
のつけから夜番は逃げる腹に極め　同
うつかりと夜番信所する處　同
亂れ髪夜番の側を通り抜け　同
向河岸の喧嘩を夜番小さく見る　同
雨が降り出して夜番は氣がゆるみ　逸見仙
荒療治こゝまで夜番やつて來ず　半厘坊
腕自慢の夜番誰でゞ誰何する　同
夜番の子ずつと男手で育ち

外套の上から夜番帯を締め　同
消火器を夜番一應聞いて置き　同
夜廻りの默つて舞臺通り拔け　同
拍子木の音にコソ泥チト狼狽《あは》て　同
奥樣の用事に夜番腹を立て　同
あんまりな雨に夜番も軒へ寄り　同

秀逸

生藥屋夜番に一寸起される　黄八丈
裏塀の處で夜番は斬られて居　艷笑
虫のついた事を夜番は知つて居り　琴仙
朝飯を食ふて夜番は寢て終ひ　時勢
負博奕らしいと夜番擦れ違ひ　喜選子
振向かぬ事に夜番は極めて居る　牛屋坊
坊ちやんは夜番の爺がいつち好き　同
夜廻りの其後飲んだを否定する　同

五客

裏門の錠を夜番はさはつて見　松の家
足元が今晩夜番氣にかゝり　喜選子
奥樣に律義な夜番嫌はれる　牛屋坊

ハキハキと言はず夜番は怪しまれ　同
本宅の後妻を夜番鬼にする　同

人

柿の木の下で夜番は死んで居る　なかやま 黄八丈
縄梯子夜番の聲と遠ざかり　かうべ 艷笑
今時分汲むのを夜番不思議がり　おかやま 喜選子

地

女房の不貞を夜番思ひ出し　たいれん 西嫁
匕首が光つた迄は夜番知り　おかやま 喜選子

天

夜廻りの今夜は逆に廻つて見ます　牛屋坊

摺鉢　飴ン坊選

味噌を摺りすり寒い朝だなあ　琴仙
カナリヤの餌程味噌する新世帯　春花
獨り者摺鉢ゝきの落し味噌　同
摺鉢を下女に馴染のようにする
摺鉢のはまぐり一つ死んで居る　舟人
下女が擲摺股へ挾むなり　草丘

獨者足で抱へて擂るのなり　緣郎

擂鉢を破れそうな音下女はさせ　牛山

たづ〳〵と下女擂鉢をついて見る　靜城

擂鉢に木の芽の香未だ殘り　微笑

新參下女擂鉢をかたつかせ　松峰

擂鉢を隣の下女が持つて來る　花蝶

餌擂鉢こゞめて聲にきゝ惚れる　艷笑

二點

奥の擂鉢では鳥の餌が出來る　逸見仙

擂鉢を持つてた方に用が出來　花樂

二階借り擂鉢いらぬものにする　葉蘭

擂鉢を夜店から買ふ新世帶　叢隱

上女中擂鉢をする手を見つめ　草丘

笑はしちやいやよ擂古木を持直　四洋

言ひ合つた朝擂鉢にあたること　靜城

三點

擂鉢へ銀かんざしが辷り落ち　黒い鳥

先づビクを覗き擂鉢取りに行き　西嫁

擂鉢に受けきれぬ程雨がもり　洲馬

人

道具方又擂鉢に蹴つまづき　たいれん 西嫁

地

擂鉢にお手澤山の遊びごと　しほさか 美月

天

擂鉢をおさへて子供邪魔也　みかみ 春花

軸

お座敷にある擂鉢は鰡《すら》の寸

お内儀　意想郎選

お内儀さん丈けが氣に入る猫を飼ひ　葉蘭

内儀さんに養はれてる二階借り　同

物干で隣りと話すお内儀さん　正人

薄化粧してお内儀さん使ひに出　同

内儀さんにつかまして居る裏梯子　叢隱

手なづけて置けばと内儀可愛がり　同

金策の先づ内儀から泣きおとし　春花

續き物だけを内儀の讀んで居り　舟人

お内儀は亭主の知らぬ金を貯め　同

デップリと肥つてお内儀子をもらひ　絲郎
もう雛妓お内儀の知らぬ事が出來　同
家附のお内儀亭主へむごく云ひ　同
子が一人ほしい内儀の願ひなり　時勢
何事も内儀にまかすいゝ亭主　同
お内儀になつてスッカリ堅く也　曾南
飲むと屹度話すお内儀の全盛期　靜城
語るのを内儀困つたものと云ひ　西嫁
店中で内儀を牛と名稱けたり　同
浪六の好きな内儀の長煙管　同
氣忙しく内儀支店へ一寸寄り　同
落籍さした悔に内儀の頰が落ち　同
針の手のにぶるお内儀の物思ひ　呉久堂
内證を内儀少し斗りため　微笑
お内儀は帶へ鍵などぶら下る　同
お内儀に直り家政が亂れがけ　同
お内儀に亭主の知らぬ借が出來　同
一廻りちごう内儀お氣儘なり　美月
供をする内儀に思ふ事があり　燈雨

象に似た目つきでお内儀客を引き　燃樂坊
好く流行る店にお内儀の笑聲　同
お内儀の手並が見ゐる膳の上　逸見仙
頂けぬ代りと内儀酌をする　同
お内儀が歸ると猫が出迎へる　兎子
立膝をするお内儀の小言なり　同

佳句

愛嬌を振りまく内儀悔多し　叢隠

人

世辭云ふて内儀衛の目を盗み　たいれん　西嫁

地

二人になると内儀廓訛り　みさか　春花

天

管を巻く客へ内儀の片腦　たいれふ　西嫁

軸

お内儀の粋を利かして使ひに出

意想郎曰く、お内儀は女將と同型にして違ふものとは知り乍ら捨つるに惜しきものは矢張り採つておいた、尤も見れば誰にでも判かる、

寄贈金品目錄

川柳鯱鉾	中京川柳社
山蔭川柳	山蔭川柳社
柳櫻	磐城柳櫻會
川柳サイ	京都彩柳會
柳太刀	神戸ツバメ會
わさび	秋田素滴會
華	馬塲仙樓
海友	大連海務協會
藥業の友	村田鯛坊
紅一點	松旭庵其光
ヘソ	藤本蘭華
二葉	林富士子
汀	同
川柳ノート	同
柳誌四册	同
實業新聞	同
京華日報	同
活眼新聞	同
松陽新報	米村餡馬
南海時報	梶谷笑樂
日本美術新報	藤本蘭華

大阪乾物新聞	山田葉蘭
北羽新報	島田豊三郎
金壹圓	增田長吉
金五十錢	坂井笑華
金五十錢	重岡西嫁
金五十錢	木内機樂坊
金五十錢	大連靜城
金三十錢	武内吳久堂
金二十錢	松本春花
金二十錢	川村琴仙
金十錢	平井美月

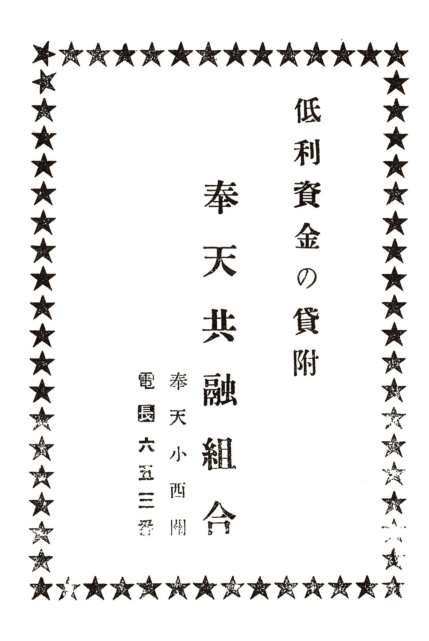

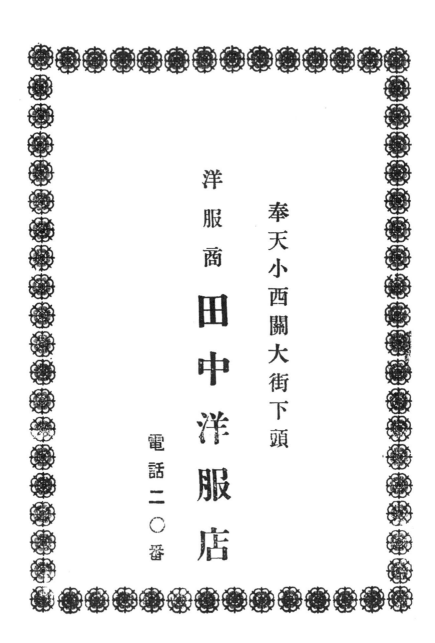

地方の柳界

川柳新寶歷（會費十錢）（三個月分以上前納）

甲府市代官町三十一番地

山梨川柳會

山陰川柳（會費十二錢）（三個月分以上前納）

鳥取縣米子四日市町道笑町一丁目

山陰川柳社

編輯室より

内地では運動會月も滿州ではもう雪も降り氷もはつてポツポツ冬籠りの仕度中と云ふ調子ストーブに喫つて川柳を駄句ろも結構ですが餘り寒いので川柳氣分も出て來ないそれが爲め格別變つた珍談を報告する材料がないので本號は二三柳友の消息を吹聽します▲さて十月の月は目出度い話が重なつて二十日には京都の蘭華さんに朝子さん二十二日には大阪の渓花坊さんにも喜久子さんと云ふお孃さんを得られ頗る喜こんで居られるさうで編輯子も猶におり出度御祝ひ申します、處が妙な事には奉天十月號募集吟の選者に兩君を御願をしたのが期せずしてお兩家に此の慶事があるとは▲追分の河内攝津守君の經營に係るわがまゝは今度其土地に因んで十一州と改號され内容も充實し華々しく發展されるさうで第一輯は十一月上旬に出すと目下準備中である由▲これは京都の狂柳君の投書ですが何んでも半年程前に川柳家になつた人が京都のある雜誌に選をして居られるが頼む人も人なら又た頼まれるものも氣が知れない諸兄の批評を煩はしたしと投書をその儘斯の如し▲岡山に於ける柳界の活動は頗る目醒しいものでそれに健吟家の喜選子と黄八丈の兩君が急先鋒となり其他の有力家が一致團結して柴派との川柳戰は誠に結構な事で將來奮闘を望みます▲木内機樂坊君に云ふ一家吟は本號に掲載する筈であつたのですが編輯の都合上締切りを早めましたのと記事輻輳で來號に廻す事にいたしましたから惡からず御諒察を願ひます▲近頃は紙價暴騰とあつて本誌發行費も段々と昇上し來り前々號に値上げを斷行しましたが又た本月も紙價昂騰で發行費を値上げになりましたが堪ひ得る限りは辛抱をいたしますが何うか御賢察の上幾分御補助あらん事を切に望みます▲御寄稿の原稿は順次掲載いたしますが内容の都合で前後して掲載しますも右は編輯上止を得ざる次第ですから惡からず御賢察の程願ひます（十一月二日）

謹告

▲投書は如何なるものにても喜んで拜受す▲一家吟は元より事川柳に關したるもの▲研究を要すべき川柳上の質問▲初心者の參考となるべき必讀の記事▲各地柳界の消息又は句稿▲若し原稿返附を要すべき者あらば其旨附記せられたし▲投書は本部田邊柳香宛にして御寄稿を懇願す

大正六年十月十日納本
大正六年十月十日發行　（定價十錢）
毎月十日一回發行

編輯兼發行人　奉天西塔大街　田邊米三郎
印刷人　奉天小西關　石本力藏
印刷所　奉天小西關　奉天活版所
發行所　奉天遼東新報社分局　奉天編輯所
電話一二五番

大正六年十一月廿四日
第三種郵便物認可

ほうてん
（第十號）

大正六年十一月十日發行
毎月一回十日發行

發行所
奉天編輯所

中根泰治編

『訂正再版 奉天事情』

（文古堂書店、一九二五年五月）

571　中根泰治 編『訂正再販　奉天事情』（文古堂書店、1925年5月）

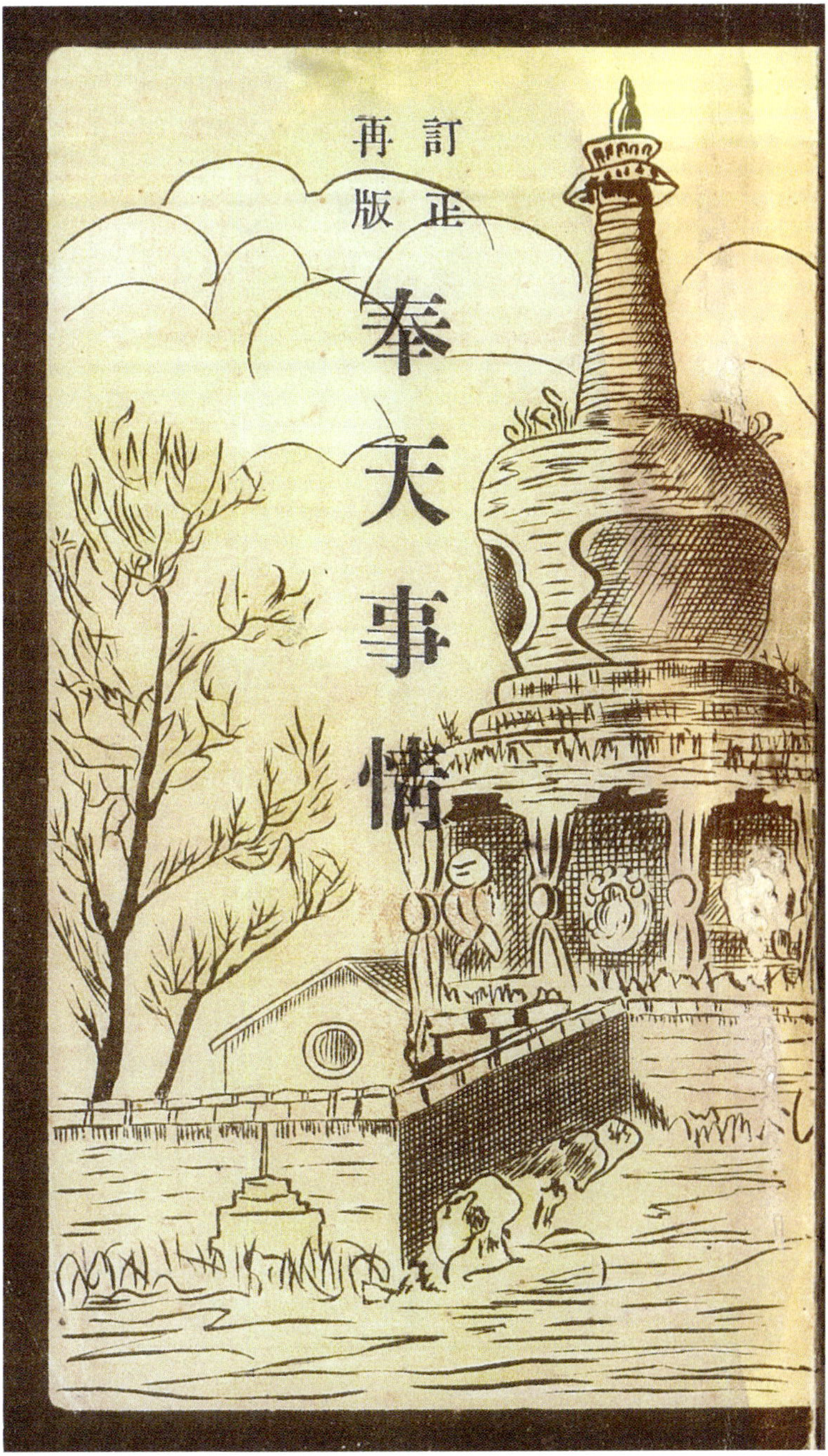

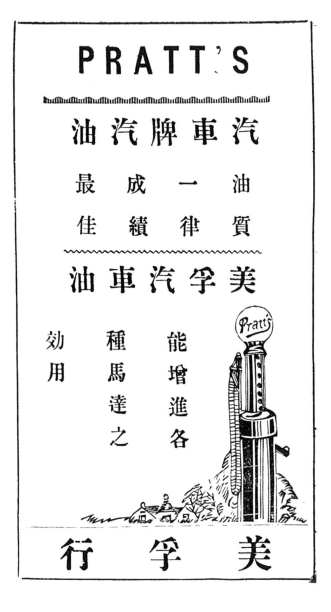

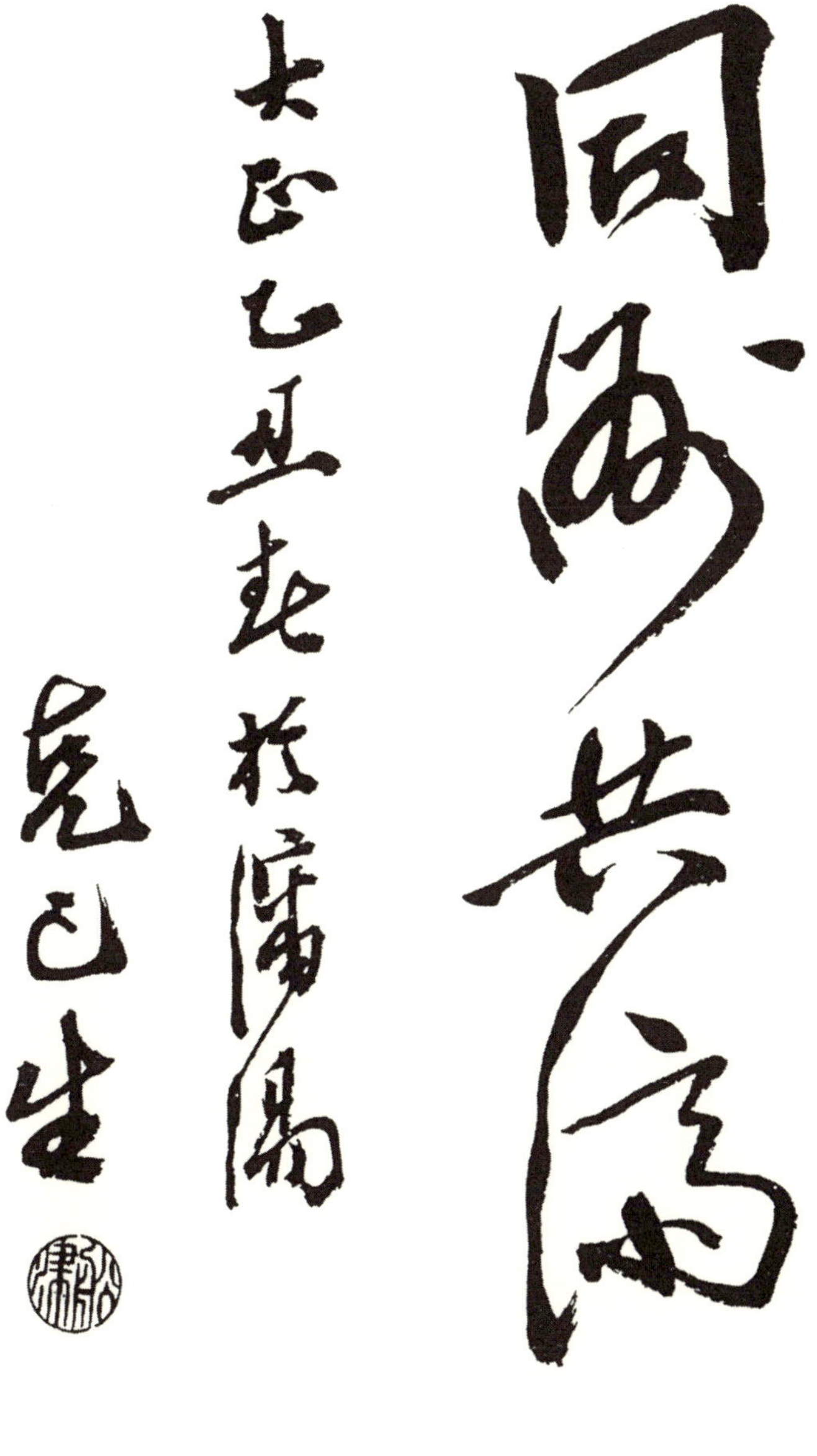

序

最近都市ノ名稱ノ下ニ概觀、事情等ノ文字アルヲ上梓シ以テ其紹介宣傳ニ努ムルノ著編不尠ト雖モ未タ完キハ之レ罕ナリ。蓋シ簡潔ヲ望ンテハ多ク數字ノ羅列ニ終リ興趣ヲ希テハ徒ニ辭句冗長ニ亘ル。即チ一ハ無味蠟ノ如ク。他ハ要綱捕捉ニ苦ム

編者ハ嘗テ此種ノ編纂ニ經驗ト趣味トヲ有スルノ士ナリ、我カ奉天カ南滿洲ノ樞軸ニ位シ、經濟、交通、其他百般ノ焦点トシテ逐年進展ノ盛運ニ伴ヒ、内外調査見學ノ徒接踵來奉スルニ鑑ミ其眞想ヲ究明ノ爲、茲ニ「最近奉天事情」ノ編蒐ヲ企テ數月ニシテ其稿成リ今余ニ序ヲ求メラル。一讀スルニ行文簡易、事相穿眞、遽ニ在來他冊子ノ跟隨ヲ容サザルモノアリ。眞ニ奉天査察者ノ好伴侶タランカ。

大正乙丑春

副輯生

はしがき

題して「最近の奉天事情」と云ふ敢て政治を説き外交を論するは著者の本領にあらず唯に經濟的若しくは文化的に開發されし奉天の事情及び價値を說くに過ぎさるなり、人の理想は將來にありて過去にあらさるを以て其將來を推測せんとするは往々にして正鵠を失することあれば筆を取るに當り努めて、過去と現在の事實を基礎とし、最近の奉天を簡明に叙述し以て今後の推移如何を究めんとせり

日支兩國の貿易に企業上經濟的關係の密接なることは今更說明を須爲ず、今や支那は自ら經濟的に自覺して工產業に貿易に革新の機運漲れるのみならず、列强各國の擧つて奉天を中心として其天惠の富源に着目し從つて將來の滿洲市場は各國の商戰中心たるに至るは火を覩るよりも瞭なり

玆に於て其土地の事情に精通する事と、將來果して如何に變化すべきかを知ることは幾多の場合各自の利便を齎すものにして且其金融の改善產業の消長、貿易の變遷各國競爭勝

敗等數へ來たれば是れ實に興味ある問題なるが、然かも此の間に處して我國は地位能く維持され益々發展すべきや否やに關する重大問題たるなり

茲に至つて先づ第一に母國人士は其土地の事情を調査研究は之を忽緒に附す可からず本書は淺學短才を以て不完全ながらも「文古堂主人」と曩の編者鶴田君、の趣旨に基き一般の要求に應ぜんが爲め金融、交通、諸機關、產業、貿易、等の資料を蒐集し母國人士の一照に資せんと欲し

本書を編述せるも名實の伴はざる譏りを恐る、幸ひに此小著が大方參考の一助ともならば望外なり

本書の起稿に當り先輩其他助力者諸氏の教導を仰げり萬一此の書が何等か益する所ありとすれば右の諸氏の賜なり、茲に記して謝悃を申ぶ

風荒み吹く奉天の寓居にて

著　者　識　る　す

奉天停車場

奉天北陵

奉天日本忠魂碑

奉天日本總領事館

訂正再版 奉天事情目次

附録

奉天事情目次終り

第一章　沿革

奉天は舊稱瀋陽と言へり、日本より北京へ大連長春哈爾賓等への鐵道交通機關は十字路上にあつて四望坦々たる一帶大平野の只中に形成されたる、大都會である、

渤海時代の瀋陽にして城東の福陵、は渤海大代祚榮の居城を築き東牟山の舊跡なり、瀋水の河名方に此時に始る、或は云ふ太宗東征の後安東都護府を置きしは此地なりと、舊史の徵すべきものなく從つて其の詳細を極むること能さるも、唐朝以前既に高句驪の領土たりしが如く高句驪以前は、把婁國なりしとも云ふ、瀋陽の名、元朝に始まり、明は此に瀋陽中衞を置き、清の太祖帝が、創業に及んで天命中都を遼陽より此地に遷し盛京と稱せりと、現在の奉天は西は蒙古及支那本部、を控へ東及北部は露領西比利亞に隣し東南は我朝鮮に接壤し南は大連及黄海に瀕する、が故に帝都としては瀋陽は恰好の位置にて其形狀略ぼ不規三角形を爲し居れり、順治初年頃北京に遷都するに及び將軍を此地に置き留守せしめたるに因りて留京と稱し又陪都とも呼へり、其後更に奉天府を設置し滿洲を分ちて一に

東三省（奉天省、吉林省、黑龍江省）と稱すに及び瀋陽は奉天一省の行政の首府たると共に東三省軍政の樞軸となれり

明治卅七、八年日露戰役勃發し我軍奉天を占領するや滿洲軍總司令部を（舊商業會議所院內）小西關に移し直ちに軍政を布き一般人民の治安保護に努め戰後の整理を行ひ嚴重なる、戰時行政を實施し、日支兩民共之に依つて其取締を勵行し茲に始めて發展の端緒を開くに至れり、同時に支那側としては制度を一變し更に再四變し現在の中華民國督軍及省長駐在地として民國政府に於て最も軍事上經濟上共に重きをなす、顯要の所爾來今日に及べり

奉天城市の西郊一帶に連る滿鐵附屬地は元、東支鐵道會社の經營管理たりしも日露戰後我野戰提理部の管理する處となりしも明治四十年四月初旬南滿洲鐵道株式會社の營業開始と共に同部より引繼き爾來附屬地の市街を施設經營に當ること二十年引繼き當時は渺漠たる荒野に過ぎざりし奉天も一大進展を來し、文化的大都市を現出せしめたり、將來必すや尙現時に數位の大奉天市街の形成さるべきは想像するに足る

位置

奉天は、北緯四十一度五十八分東經百二十三度三十八分に位し、安東に到る、百七十哩大連に到る二百四十六哩、北京に到る五百二十三哩、長春に到る百八十九哩に位置す、今各種の調査を綜合したる、奉天城推定面を示せば大約左の如し

奉天省　　一四、〇二九方里

氣候

南北滿洲を通じて一般に大陸的にして之れを同緯度に在る本邦に比すれば大に寒暑の度を異にす、奉天より以南瀕海地方は多少海岸の影響を受け調節を爲し得れ共奉天の如きは純然たる大陸的の氣候にして冬期に於ては氣壓著しく高度に達し、氣層の傾度急峻となり連日乾燥し强烈なる、西北風吹き砂を捲き雪を飛ばすの光景を呈し、攝氏零下最高三十五度、最低二十六度を示し室内に於ける、液體を凍結し道路等は年中十一月より翌年三月に

至る大約五箇月間は全地面を凍結せしむ斯かることは敢て珍しからず然れ共冬季漸く去りて春季に入れば氣温急速に上昇し草木一時に發芽し忽ち花を開き氣温の上昇に伴ひ雨量漸次増加し七八月の候に至れば雨期と稱し降雨連日に亘り、雨量年總量の半を占む、彼の大雨沛然として車軸を流すの形容詞を使用するは、此時期にして河川は勿論野となく總て一大水面となり、時には水害を報ずることあり

　氣温は八月を以て極度に達し攝氏三十三四度に上騰す、既にして八月中旬に至れば漸次低下し九月下旬既に秋冷を感じ、結霜を見ることあり、而して此季節に至れば雨量著しく減じ、高氣壓の出現によりて寒氣漸く加はり再び嚴冬の候に入る、要するに奉天の氣候たる寒暑の兩季長く且つ其差著しく冬季は天氣晴朗にして西北風甚しく夏季は、南東風多くして降雨頻りに臻り、春秋の氣温は中位にして雨量少く所謂紅塵萬丈の偉觀を呈し里餘に亘りて咫尺を辨せざる事あり然れ共、風向亦相交錯し、最も愉快なる期節なれ共期極めて短かし、天の配劑は斯如き冬季と雖も彼の三寒四温の諺の如く間斷なく酷寒の連續するものにあらずして寒温交々至り、殊に家屋の構造煖房の設備等は能く其缺陷を補ふを以て住

民の生活に適せしむ

第二章　奉天市街

滿鐵附屬地（面積八一、八二四、一二八坪）は奉天の西郊一帶を占めて其市街は奉天停車場を起點として放射線狀の大路をなす、就中浪速通り、千代田通り、平安通り、の三條は其基幹にして城内小西門及大西門に通じて居る、今茲に奉天市街今昔の概略を説明すれば明治卅九年我帝國總領事館設置當時、奉天驛は現在の貨物取扱驛にして數年前迄は其涕を止めたりしが倉庫改築の爲め破壞され、今や僅かに鐵道踏切の旁に一二露西亞式倉庫あるのみ其他は毫も當時の形跡を止めず現公園喫茶店ありしのみ、又驛前と雖も目下守備隊の營舍として利用せし三五の家屋と西塔方面に支那客棧の六、七點在せるのみなりき、猶ほ西塔の雄姿は其當時より巍然として中空に聳へ奉天全盛の昔を偲ばしむる印象物たりしを失はず其後に至り堀立小屋を以て小運送店及び飲食店、宿屋等數十戸不規則に建設され漸く驛の繁榮を來たせしものなり、現滿鐵公園動物園附近に安奉線驛ありて玩具の如き輕便車、細き笛を鳴らしつゝ發着せしも其當時なりき、新市街の昔は支那墓地各方面に突起し松楡、柏楊樹等其周圍に點在し或は塹壕、陷井、胸壁の跡等にて野草茫々たる一大原野に過ぎざりしなり

爾來南滿鐵道會社の施設經營と市民の發展努力の結果茲に二十星霜、市街の體裁一變し卷頭市街圖又は寫眞に於て見る如く規矩井然として整頓し、驛は市街の中心點に移され主要道路は浪速通り千代田通り平安通にして道幅二十間乃至三十間の大路たり、悉く碎石を敷き詰めコールタールを以て其上を固めたるアスファールト道路とし雨中の路上は恰も玻璃盤上を行くが如く清潔にして排水溝亦完備し道路兩側には綠濃き楡、柏楊の街路樹の并びは歴々にある

更に全區に亘る幾多の大小路ありて、大路は人道及車馬道に別れ且つ公園乃至廣場と相俟つて家屋建造の如きも滿鐵の建築規則に從ひ建造せられたる、二階三階の建築物は甍を連ね華麗美觀を添へ、殊に驛前浪速通は大厦高樓櫛比し商店の最も殷賑街、にして名古屋の廣小路又は東京の銀座通りに等しく一般に言ふ浪速銀座街の別稱を用ふ之敢て誇張溢美

の言にあらざる如し斯の人道の街路樹は初夏緑翠滴り清天下路上に數丁の街衢を眺むるときは目涼透徹の感あらしむ

之を以て支那市街に比せんか寔に別天地の仙境にも譬へ得べく新市街の繁日に月に近み邦人の勢力は年と共に加はるを思へば邦家の爲め意を強ふするに足る、既往二十年間培養されたる大奉天は今將に完全なる花を開かんとしつゝあり花開き花散り、堅實なる實を殆ぶは近き將來なるべし

（イ）商　埠　地

商埠地は附屬地と城の西邊とに連接する大小西關門并に十間房一帶の地界を指すもので就中十間房附近は日露戰後當時纔に二三の瓦葺家屋の五七の土塗り家屋ありしのみ而もまれ等は悉く日本人に賃貸し目覺しき家賃を貪り且つ家屋拂底にて兎もすれば家主より追ひ拂はれんず形勢ありしものなり、三十九年夏十間房大街は建設され見るからに末粗なるバラック式木造家屋を以てせしも其冬を通過すると共に改築を加へ日本人町として相當の事業を經營するもの多きに至れり、邊門外には軍政署時付建設されたる宏大なる

魚菜市場ありて毎朝支那魚菜販賣者は此處に集り最も雜閙を極め尚其後方に當りて白亞木造のバラック式長屋十數棟軒を發べ而も幾多の遊戲場ありて支那下級者の足を止めしめ其賑ひ恰も昔日の淺學公園裏を學偲ばしむるの觀ありし處現今は附屬地發展に連れ近代文化的と變し、所謂各國人の雜居地なれば日本總領事館を首め英米獨露佛等諸外國の領事館及支那交涉局、英米煙草トラスト、日本赤十字社分院、奉天支那公園、日本郵便電信局、奉天新聞社、奉天毎日新聞社、三井物產滿洲取引所、奉天信託會社、鮮銀、正隆、正金、滿銀等各官公署、銀行會社を始めとして邦人問屋商奉天劇場及び各一流、二流料亭等の大建物皆此界隈に在り、就中十間房大街西南方一帶の商埠地は內外商賈の櫛比せる大街路にして且つ附屬地と相接近せる結果今後益々繁盛を極むに到れるとのと思推さる

（ロ）奉天械內

奉天城は現奉天停車場東方約三十町余の視界に灰黑色の磚壁堂々たる內外二城の廓を成せるものあり是れ奉天城內にして方形の城壁に圍れ其周圍は實に一里半高三丈餘、壁上に樓蝶を設け一朝有事の際壁上に數萬の戍兵を配列し得べく其厚さは裕に野砲を布くに足ゆ

と云ふ、試みに門側より攀ぢて壁上に立ち四方を眺むれば人馬の往來織るが如く中にも一見眼を惹くものは城の中央群屋の上に特立する黄甍朱壁の殿樓堂閣にしてこれぞ有名なる清朝祖宗の舊宮殿及び奉天督軍公署である、道路は八門に依つて抱せられ其門口は甕城を以て擁護せらる城根は賤民小商店の雜居せる陋巷にして俗に言ふ小盜兒市場の在る處是なり

城內は井字に交叉せる、四大街を商區とし中央宮殿より大南門附近に亘る一群の屋宇は督軍省以下省內主要官憲の邸舍、公館等を以て充さる、小西門より大東門に通ずる大街路上に稍高く半空に聳ゆる、鼓樓鐘樓あり鼓樓より小西門附近に亘る街路は各種商賈の大店舖軒を列ね往來の客頻繁にして實に其の殷賑の狀態はとても筆紙の能く盡す所にあらず墨繪の如き樓客の彼方、內城の外邊を繞れる、楕圓形の土城は外城の土壁にして周圍約四里に亘れり、內城の城門と同一線上に八箇の邊門ありて外城の入口二八城よりも大きくその街路は內城の各門に通じ各種の棧房（問屋）其他の大家、巨舖多く特に南市場內には支那遊廓等ありて市況頗る活潑である

人口

奉天附屬地并に城內外、日支外人の移住の狀況を見るに、日露戰爭後の渡來者は一時現象にして急激の增加を見るに至らざりしと雖も爾來年々堅實なる發達を遂げつゝあり、之を最近統計に徵せんか、大正八年の日人一、八四六〇人、同九年末二、一八一二人、同十二年末には更に二、六二〇一人、斯く歲々年々續々激增するは一方誠に悅ぶべき所なり今參考迄に日支外人の戶數及人口を表字に示して見ん、

イ　滿鐵附屬地

		八年	九年	十年	十二年
日本人	人口	九、三〇二	一一、七七二	一二、九二四	一四、四八二
	戶數	二、九三四	二、九三二	三、二九四	三、五一七
支人	同	六、四八九	七、五四九	七、八一五	九一一四
	同	八九九	一、一二四	一、〇九六	一、三九〇
外人	同	三三	五一	五三	二一七
	同	一五	一七	一八	五五

総計｛同　一六、〇二二　一九、三七四　二〇、七九四　二三、八一三
　　｛同　三、八四八　四、〇七三　四、四〇八　四、九六二

（ロ）商埠地

人口｛日人　二、二三一人｝城内ヲ含む
　　｛外人　、二〇七人

戸數｛日人　六三一戸｝城内を含む
　　｛外人　六〇戸

（ハ）城内支那人戸數人口

支人｛一七〇、〇〇〇人
　　｛三五、〇〇〇戸

右數表に據れば只在住邦人の狀態たる堅實なる基礎を有するもの少く徒らに人員の多きを誇るに過ぎざるを遺憾とす、邦人發展の將來たるや實に多望なりと謂ふ可し

第三章　官公衙

奉天に於ける官公衙の建物としては奉天は滿洲の政治上中心地たり且行政廳の所在地なるが故に官署學校等頗る多し今其官公署名を參考迄に列記すれば左の如し

（イ）城内

東三省巡閲公署	奉天督軍公署	省長公署
財政廳	政務廳	外交部（奉天交渉署）
實業廳	東三省屯墾總局	盛京副都統署
教育廳	高等審判廳	高等檢察廳
兵工廠	東三省電灯監督署	造幣廠
軍機廠	電灯廠	省議會
奉天商務總會	滿鐵奉天公所	郵税局
奉天市政公所	關税籌備所	

（ロ）商埠地

日本總領事館	英國總領事館	米國總領事館

佛國領事館　獨逸領事館　露國領事館
日本總領事館警察　交涉局　日本赤十字病院
日本電信局　民會　商埠局

（八）附屬地

獨立守備隊　憲兵隊　滿鐵地方事務所
同鐵道事務所　奉天警務署　郵便局
觀測所支所　公會堂　商業會議所
衛戍病院分院　奉天醫院　奉天消防屯所

行政

奉天滿鐵附屬地、商埠地及城內の三行政區劃より成る

支那側にありては日露戰爭當時奉天將軍を置き其後東三省に新政施行と共に總督、巡撫を置き革命後總督巡撫に代ふる都督及巡按使を以てし都督は鎮安上將軍とし東三省最上の軍務統率權を掌握せり、文治に在つては省長專ら上將軍の補佐たり

又陸軍は新舊二種ありて舊軍は巡防隊と稱し各地方に分駐す、師軍は第二十師第二十七師第二十八師の三ヶ師團及騎兵一個旅團にて内二十七師は奉天精鋭として大北門外に駐屯す外に憲兵隊あり

附屬地(日本側)に於ては

奉天附屬地に於ける邦人居住者は地方行政の關係上關東廳の行政下にある、鐵道附屬地(新市街)居住者と商埠地内居住者と全く二樣に取扱はれつゝあり、商埠地内は在奉天日本總領事舘に於て總てを管掌されり、奉天居留民會は又其管内(城内及十間房等)に於ける在留民の公共事務を處理す、鐵道附屬地は滿鐵奉天地方事務所に於て公費地方施設等の行政を司り、警察事務は關東廳警察署に於て取扱はれつゝあり

(五)　附屬地町名概記

未だ全く充實したりと云ふを得ざるも附屬地町名及其形狀を述ぶれば次の如くにして平安通り以南、富士町以東は滿鐵及郵便局其他會社舍宅の在處纔かに町名を存するのみにして、將來の發展に俟つの外なしと雖も、今驛前直通の千代田通り中心を脊にして左方鐵道

線路に平行したる町名を順次に擧ぐれば
宮島町　橋立町　松島町　春日町　住吉町　琴平町　八幡町　富士町　淺間町　新高町
白根町　筑波町　霧島町とす
同じく千代田通りを中心に之れに平行し左方線路に稍々垂直に走る道路を列擧すれば
北一條　北二條　北三條　北四條　北五條　北六條の各通りとす
以上縱横の街路を斜に通する、大路を浪速通りと稱し奉天唯一の長大路にして富士町と北四條通りの出合場所に圓形の表忠塔置在の大廣場あり其の大廣場を隔てゝ富士町直線上の左方に通する中路を加茂町とす株屋或は錢鈔業の在る處更に十間房奉天劇場及び商埠地料亭の所在地に到る又加茂町を平行に、宇治町、淀町、木曾町、隅田町、信濃町あり
浪速通りは尚此等の町筋を斜に東走すれば商埠地道路に連絡す、同じく千代田通りを中心に鐵道路に平行し右方に走る町名を述ぶれば
若松町　紅梅町　彌生町　霞町　青葉町　藤波町　稲葉町　葵町　紅葉町　竹園町　雪見町等なり

千代田通りに平行し右方（即ち）南方鐵道路を稍垂直に走る、街路を記すれば南一條　南二條　南三條　南四條　南五條の各通りとし此間平安通りを斜に走りて萩町に至る更に又次を宮島町日吉町と稱し十間房大街（附屬地支那側道路）に連なる日吉町の裏町一帶を柳町と稱し花柳の巷にして料理店營業者の多くは此町に集まる宮島町日吉町柳町の一角より鐵道線路を横切り普通鐵道西と稱する方面の町名を擧ぐれば
芳野町　末廣町　永代町の三ヶ町とす
之を要するに奉天附屬地は三大通り一小通り南北十一條通三十六ヶ町に區劃せらるゝ所にして東南部は尙將來の發展に俟つ所多しとす
市內各種の機關整頓し一々枚擧に遑あらざるを以て章を改め各種機關を擧けて說明し市勢の一般を覗はんとす

第四章　外交及諸機關

日本の對支外交中奉天地方問題に關する日支の交涉は日本總領事館其衝に當る城內に滿

鐵公所ありて直接支那側に交渉する事あるもそは滿鐵一個の交渉に過ぎず茲に日本總領事館を單に外交機關として述ぶるは妥當ならずと信ずる所なるも事務の性質と機關分類の必要上述べんとするに過ぎずその警察權と裁判權を以て在留民の保護取締を爲しつゝあり

在奉天日本總領事館は明治四十年軍政署撤廢と同時に設置せらる、當初は軍政署跡(現赤十字委員部所在)にて事務を執りたるも大正二年四月一日現在の場所に新築移轉せり

今其の管內區域を參考迄に述ふれば左の如し

奉天省中瀋陽、撫順、本溪湖、新民屯、彰武、黑山、桓仁、興京、通化等の各縣及內蒙古、赤峯領事館の管轄に屬せざる阜新縣、等にして新民屯通化、には、總領事館分館あり

歷代の總領事

明治三十九年	萩原守一	
同　四十年	加藤松四郎	
同　四十一年	岡部三郎	總領事代理
同　四十一年	小池張造	

同　四十二年　落合謙太郎

大正四年　矢田七太郎　總領事代理

同　六年　赤塚正助

同　拾貳年　船津辰一郎

軍事機關

満鐵沿線鐵道警備の爲め各附屬地樞要の個所には獨立守備隊の駐屯する所にして奉天に於ては獨立守備隊第三大隊駐屯し安河内中佐之を統率す其他駐奉歩兵大隊憲兵分隊陸軍經理部出張所衛戍病院分院等ありて全く完備し居れり、宮島町、日吉町、加茂町裏、陸軍用地の區畫內建物は即ち練兵場及此等陸軍營兵舍である

特務機關は附屬地內隅田町、に白亞館、の稱あり、菊池公館（元貴志公館跡）あり、菊池少將駐在特別軍務に服しつゝあり、尙此外支那重要地位には廿數名夫々軍事顧問、教官技師等に招聘され邦家の爲め支那側に余光巖然たるものあり

地方事務所（事務分掌及其組織）

地方事務所は附屬地行政の事務を管掌するものなるが故に附屬地内居住者は其何人たるを問はず地方事務所の管掌事務を知ることは最も必要の事にして居住者の義務なるのみならず各自に便宜と利益を齎す所以なれば既に居住者須知の事項ならんも玆に概要を摘記せり敢て徒爾ならざれば幸也卽ち左の如し

庶務係

- 印章保管ニ關スル事項
- 人事ニ關スル事項
- 文書ノ收受發送及保管ニ關スル事項
- 外事ニ關スル事項
- 社宅ニ關スル事項
- 社會施設ニ關スル事項
- 他係ノ主管ニ屬セサル事項

地方係

- 地方委員會ニ關スル事項
- 公費ニ關スル事項
- 教育ニ關スル事項
- 衛生及警備ニ關スル事項
- 土地及建物ノ計畫並ニ經營ニ關スル事項
- 給水ニ關スル事項
- 公園市場其他公共施設ニ關スル事項
- 農商工ニ關スル事項

工務係
- 道路、河川、上下水道、公園其他ノ土木工作物ノ建設ニ關スル事項
- 建物ノ建設、改良保存ニ關スル事項
- 機械施設、及其ノ修繕ニ對スル事項

經理係
- 社費ノ豫算、決算ニ關スル事項
- 物品ノ出納、保管、調度ニ關スル事項
- 工事請負、契約ニ關スル事項

販賣所
- 石炭、其他生産物販賣ニ關スル事項
- 販賣所奉天、本溪湖、貯炭場、鐵嶺、開原

電燈營業所　電燈營業所ニ關スル事項

瓦斯營業所　瓦斯營業ニ關スル事項

右の外細別を列擧すれば多々ありと雖も實際生活上に交渉を有するものは右の内に有するものと信ず

警務機關

總領事館警察署は即ち總領事の開設と共に設置せられたるものにして現在其管區は總領

事館管轄區域と異なるなく奉天省中安東營口長春鐵嶺遼陽各領事館警察の管轄に屬せざる地方にして奉天に於ては附屬地外城內及商埠地の地域に警察官吏派出所を設置し居留地在住邦人の保護取締に任せり、今其派出所の所在地を表示すれば（南北東大大西關十間房）初總領事館警察署長は外務省警察官吏の專任なりしも明治卅九年關東督都府設置せらるるや民政部に警務課を置き州內警備機關たらしめたりしが後鐵道沿線の保護及取締の爲め鐵道附屬地に警務署及支署を置くことゝなり關東都督府の警務は州內及鐵道沿線幷に附屬地を管轄するに至れりされど一歩附屬地外に出ずれば奉天總領事館警察署の管轄に屬し取締上領事館警察と警務署側との間に往々杆格を生ずることありしが爲め明治四十一年勅令第二、二七〇號を以て都督府官制を改正し領事をして都督府事務官を兼しめ鐵道附屬地の警務を掌理せしむると同時に都督府警察官吏をして外務省警察官吏を兼任せしむる事となりたれば爾後領事館警察署長の兼任する所となり現在の關東廳事務官警視それなり

奉天警察署

奉天警務署の設置は領事館警察署の部に於て述べたる如く附屬地行政警察及司法警察の

事務を掌理す、奉天附屬地が滿鐵の經營に移りたる明治四十年當時は露軍の遺留家屋は現在の貨物取扱所（舊奉天驛家屋）及現觀測所駐屯軍隊の營舍に充當せられ居る家屋其他十數棟に過ぎず其他は一面の曠野にして急造家屋の點在を見たるのみなりしが現奉天警務署は其當時に於て建築せられたるものにして戰後奉天に於ける我正式建築物の嚆矢なりと稱せらる警轄區域は自沙河至新台子、自蘇東分岐點至草河口、撫順線全部（撫順を除く）にして附屬地概要の箇所に派出所を設置し保護取締に任じつゝあり、今其の派出所設置箇所を擧ぐれば

驛前警察官吏派出所　宮島町警察官吏派出所
浪速通り同　千代田通り同
加茂町同　中央廣場同
青葉町同　隅田町同

明治四十一年以際歷代署長兼務監代署を擧れば

村上庸吉　田中剛輔　佐々木眞七

宮越正良　石橋正光　末　光
峯岸安太郎　藤原鐵太郎

消防の組織は附屬地側と消防側とは其組織を異にし民會消防組は元十間房警察官吏派出所横に消防器具置場を設け組員一名を常置し消防警備の任に當らしめつゝあり組員は民會長の推薦により領事館之を任命す消防器具總て在來の物を用ふるに反し附屬地側に於ては滿鐵の經營にして滿鐵消防隊と稱し大正八年三月十日富士町八番地に常備屯所を建設し自働車ポンプ機械梯子蒸汽ポンプ等を備へ監督一名副監督一名副監督二名消防手日本人四名支那人二十名雜務者十一名を合せ都合三十八名にして平生衛生及警備に任じつゝあり

衛　生

居住民の保健衛生に關する行政は滿鐵及民會に於て自治的に執行し各其警察署の取締を受け、汚物の掃除春秋兩季清潔法の施行種痘傳染病豫防方法を講する外兩地域內藝酌婦其他の健康診斷は居留地側に於ては日本赤十字病院、附屬地側に於ては滿鐵醫科大學附屬醫院に於て（附屬地藝酌婦のみは柳町にて）其檢査を爲しつゝあり尚其外滿鐵に於ては鐵道西末廣町に居留民會に於ては城内に各々墓地及火葬を設け幾多邦人の葬場に供しつゝあり、病院は日本赤十字病院、滿鐵醫科大學附屬奉天醫院、其外市中開業醫により經營せるもの十余の多きに達せり以下順を追ふて其醫院名を説述せん

池科醫院	西田産科婦人科醫院	大橋醫院
吉田醫院	永井醫院	山本醫院
藤卷醫院	松岡醫院	守田醫院
同生醫院	井上耳鼻咽喉科醫院	中島齒科醫院
大森齒科醫院	至誠齒科醫院	藤掛齒科醫院

鯉沼産科醫院等あり

屠畜場は附屬地鐵道西末廣町に大正二年九月創設され、規模宏大、設備遺憾なく、屠獸數逐年增加す、此等屠殺肉及内臓等は檢査を行ひ合格のものに對しては檢印を爲し不良と認めたるものは屠殺を許さず又は筋肉若くば肉藏の全部又は一部を廢棄せしめ衞生法を施行されつゝあり

第八章　社交機關

當地邦人の社交的機關として縣人會町內會等初めとし其他何々會何俱樂部と銘打つて趣味に娛樂に修養に或は相互の親睦と利益の爲めに各其會合を催して交情を温めつゝありと雖も之等同趣味同業の關係を以て成るもの多くは範圍狹少にして社交機關として述ぶるに足らざるも奉天俱樂部は古き歷史を有し其代表的社交機關と目すべきものなるを以て左に其沿革を叙し聊か其內容を覗はんとす

奉天俱樂部

奉天俱樂部は明治卅九年九月時の總領事萩原守一氏の主唱の下に資本金銀四千圓の株式會社を組織し以て俱樂部を經營することゝし同年十一月十二日定款を作成し直ちに株式の募集を爲したるに忽ち滿株となり玆に會社の成立を見名付けて奉天協益株式會社と稱せり

俱樂部は當時關東都督府經理部保管に係る元奉天商品陳列館正門側二棟を借受け明治四十年三月一日を以て俱樂部の發會式を擧行せり會員百八名萩原守一氏を會長に正金支店支

配人杉原泰雄氏を副會長に推薦せり明治四十年七月倶樂部は奉天協益株式會社の事業を繼承し倶樂部獨立經營することを決議したり當時倶樂部は東西部に分ち東部會場は之を邊門內に西部會場は之を附屬地に置きしが明治四十三年三月十八日臨時總會に於て兩部合併の議を決議し新倶樂部の成立を見るに至れり明治四十四年二月十七日評議員會に於て西部會塲（附屬地側會場）は倶樂部必要の時期まで當分之を閉鎖することに決せるも同年十月十二日の評議員會に於て西部會塲は再開するに決定せり大正二年七月一日定時總會に於て本倶樂部會場を東中西の三部に分ち東部會場は之を城內に中部會場は之を西關に西部會場は之を附屬地に置きたるも大正三年十二月十五日の定時總會に於て（一）三部會場を閉鎖すること（二）會場附屬財產を處分することを附議し滿場一致を以て可決し會場閉鎖財產處分を爲したる結果以後倶樂部は單に名稱を有するのみなりしが大正九年七月二十七日の評議委員會に於て倶樂部開設に議一決し加茂町公會堂に倶樂部設備を爲すに至れり現在會員百九十六名を有し大正十一年三月倶樂部規則は改正せられたるを以て附錄に揭ぐることゝせり

第五章　教育機關（邦人及支那人）

奉天に於ける邦人の教育施設は居留地と附屬地とは機關を異にせし爲め居留地に於ては從來民會に於て小學校を經營したりしも大正六年來其經營を滿鐵に引繼たる結果邦人の學校施設は全然滿鐵經營となるに至れり

今其邦人側の教育施設趨勢を見るに日露戰後の當時は實に貧弱なりしも其後滿鐵の經營宜しきを得二十星霜を閲し逐年設備規模は擴張され校勢の膨大を來し現在の盛況を見るに至れり、更に最近に於て奉天商業學校の設立計畫あり、又各學校修業年限其他教科書及運動等內地の學校に異る處なしと雖も當地の如き氣候風土變りし上且つ各府縣の移住者多きを以て各々其氣風習俗を異にせるを中途退學者頻繁なるとに依り教育訓練共に一層の努力を要する爲め教員訓導の任用に就ては特に優良者を選拔し以て國民教育實力養成に當局に於ても努力されつゝあり

今附屬地及附屬地外に於ける滿鐵の教育施設を述べんに教育の程度は普通教育中等教育

高等専門教育に分れ學校の管理は普通教育に屬する小學校公學堂補習學校等は公費負擔とて奉天地方事務所の所管に屬し中學校高等女學校南滿醫學堂（醫科大學となる）南滿中學堂の如きは地方部の直轄に屬せり尚此外圖書館を設けて社會教化の事業に至るまで滿鐵の施設經營に俟たざるものなきの狀態なり

尙小學校には家政女學校及幼稚園を附設し女子の補習教育幼兒の保育を爲さしむ幼兒の保育は義務教育にあらざるを以て幼兒保育料を徵收する所にして公費區外たる居留民會兒童の小學入學には民會より信託教育料を徵し居れり

此外滿鐵は直接の經營にあらざるも小西關に於ける外國語學校（日支學生を收容し日支語其他を教授す）及び小西邊門外に於ける實業普通學校（鮮人教育）等に對して補助金を交付して學校經營の維持に努め教育の普及を助長し居れり

今其教育施設の一般を覗ふ可く重なる學校を述ふれば一滿洲醫科大學（舊南滿醫學堂）滿鐵が附屬地を經營するに當りては附屬地衞生行政の委任を政府に負ふ所ばなれ同會社が滿洲に醫術普及をなすは文明的使命の一端にして滿鐵は創業の始めより夙に醫育機關を

滿洲に設くるの意あり其調査準備をなせること數年明治四十四年時の奉天總督其他支那滿官憲と交涉の結果其贊同を得て百般の規畫漸く熟し玆に南滿醫學堂開設の大計を成就するに至れり

即ち明治四十四年五月二十日會社は專門學校程度の醫學堂を奉天に設くるの申請を關東都督府（現關東廳）に致し同年六月七日其認可を得たり

本學堂は日支兩學生に醫學を敎授し人格技能共に優良にして中華民國に於ける醫事衞生の發展に貢献するに足るべき醫師を養成すると同時に盛に醫學の硏究を行ひ以て歐米に於ける斯學の發展に後れざらんことを斯するると共に中國に於ける同種學校中最も權威あるものたらしむるを目的と爲せるが故に當初高等專門學校と爲せしと雖も專ら力を內容の充實に傾注したる結果現時に於ても中國に於ける醫育機關としては優秀なる設備內容を有するに至れり然れども學堂開設以來既に十餘年を經過せり時勢の進展は遂に從來の醫事敎育を以て尙滿足せざるものあり會社は曩に滿洲に於ける醫科大學の設置を意圖し南滿醫學堂を醫科大學に昇格の運動中なりしが遂に十一年三月三十一日の勅令を以て大學令に依る旨官

級を以て公布せらるゝに至りしより其筋に設立許可の申請を爲し十一年五月一日を以て正式認可を得るに至り爾來滿鐵は醫科大學としての設備を進め學長教授の任命を終り學則其他の規定を發表し講堂の建設增設を急ぎつゝあり而して十一年九月一日を以て豫定の如く新學期の開始したり新學期開始に當り滿洲に於ては關東長官を始め學務當局は勿論遠く內地よりも斯界關係の名士參列の許に盛大なる式を擧げられり斯くの如く過去十餘年の歴史を有し且將來を期待されつゝあり、之を詳細になさんと欲せば到底本誌の如き小册にては盡し得ず玆には略記す（詳細は南滿醫學堂十年誌を參照せらる可し

一　奉　天　中　學　校

滿鐵沿線二十餘の小學校より吐出す、小學生徒數は年々增加し男學生の中學校入學志願者亦勘からず從來旅順及大連に於ける中學校及商業工業の各中等、專門學校に入學したりしが年と共に中學入學志願者の多數となり。加ふるに競爭激甚にして之等を收容するに足らずして遂に沿線に中等敎育機關の必要を來し曩に奉天には南滿醫學堂の設置あり。中學校の設立は必然の事にして南滿の大都市たり政治上から見ても地理的位置よりするも奉天

は滿洲の學府として建設せられざる可かずとして大正八年二月十九日設置の件を滿鐵は社告を以て發表し同時に校長として前任南滿中學堂長内掘維文氏兼務を命せられ同年三月三日南滿洲鐵道株式會社は中學校規則を制定發表し同年四月十日入學式を擧行し南滿中學堂校舍に於て授業開始し居りたるも昨年の校舍新築峻工と共に移轉し現在に至れり

現在教員　十六名　生徒　四百五十二名

實宿舍教員　六名　生徒　百八十八名

三　奉天女學校

前記中學校と同じく沿線各地小學校卒業生徒の年々增加するに從ひ滿洲に於ける女子高等普通教育の必要を感ずる所にして大連旅順に於ては既に高等女學校の設立を見る所なるも收容に一定の制限あり滿鐵沿線の卒業生に對する就學の便をも得せしめざる可らずとして滿鐵は茲に鑑みる所あり大正九年二月二十八日社告を以て奉天附屬地内に高等女學校を設置するの件を發表し同三月一日社則第五號を以て南滿洲鐵道株式會社高等女學校規則を發表し同年四月二十三日加茂町公會堂内の一部を假校舍とし開校の式を擧ぐるに至れり開

校當時は第一學年生として入學を許可せられたる者僅かに四十六名に過ぎざりしが爾來各沿線の發展著しきに伴ひ入學志望者の數を激增し來たるは明かなる所にして到底永く假校舍を以て甘すべからずとして大校舍建築に著手し大正十一年六月竣成されし共に公會堂より隅田町校舍に移轉を見現在に到れり、因に敎員生徒數を示せば

敎　　員　　十　六　名　　生　　從　二百十六名
寄宿舍敎員　　四　　名　　生　　徒　ナ　　シ

四　南　滿　中　學　堂

滿鐵は附屬地に敎育施設をなし邦人子弟の敎育に努むるは勿論なるも滿洲に於ける事業の發展は支那人の敎化與つて大なるものあり、支那人敎育の事業又忽緖に附すべからざる所にして滿鐵は夙に沿線樞要の箇所に公學堂及び日語學堂を設置し支那人に日本語の普及を圖ると共に必須の學科を授けて求職の道を開く等日支人の敎育に力を致せる所なり

本校は即ち大正六年三月二十八日設置の件を發表し同六年四月一日開校したるものにして支那人に中等程度の學科を敎授し進んで高等の學校に入るの道を開けり

開校の當時は滿鐵地方課勤務飯河道雄氏學堂事務取扱を命ぜられしも同年七月長野縣師範學校長内掘維文氏聘せられて堂長に就任す

校舍は新高町にあり大正六年八月建築起工し大正八年三月竣工す校舍の敷地坪數は一萬五千九百八十九坪建物の坪數本館五百四十三坪寄宿舍五〇九坪を有せり

本校教員最近の學生數を擧ぐれは左の如し

教　員	十七名	生　徒	百九十八名
寄宿舍教員	ナ　シ	同	百九十八名

五　實業補習學校

實業補習學校は卽ち小學校の教科を卒へ職業に從事するものに對し業務に關する智識技能を授け且つ日常生活に必要なる教育を施すを以て目的とするが故に授業時間も多くは業務の餘暇となるべき夜間を利用するを普通とす

滿鐵は附屬地に教育施設を爲せる以來特に補習教育の必要を認め明治四十三年三月補習學校規則を制定し各附屬地の主なる小學校に補習學校を附設せる所にして補習教育の爲め

にも多額の費用を投じ居れり

奉天實業補習學校は即ち明治四十三年四月一日奉天尋常高等小學校に附設せれ同校に於て授業を爲し來りしも大正四年四月一日驛前滿鐵地方事務所三階に移轉し授業せしめたるも大正十一年四月一日補習學校規則改正の結果小學校附設より分離獨立すると共に校舍を宮島町に復移轉し現在に至る

敎　員　十八名　生　徒　七百九十一名

六　奉天尋常高等小學校

本校は明治四十一年四月廿七日開校にして滿鐵の創設に係る、在外指定學校たり、當時は附屬地の居住者僅かにして學兒童も亦少數なりしが爾來附屬地の發展著きに伴ひ就學兒童は逐年激增し年々校舍の增築を爲すも尚狹隘を告けたる結果、滿鐵地方事務所三階を假校舍として一部を收容せるも十年以來工費十六萬數千圓を投じ新築中なりし第二小學校も十一年竣成と共に九月本小學校より移校し十學級を編成し授業開始現在に到れり、因に新築小學校を第二小學校と稱す尙ほ就學兒童「收容」不能の爲め大正十二年第二小學分敎場設置せり奉天商埠地（小西邊門外）所在の尋常小學校を第一とするが故に設立年月の順序に依りて呼稱するものに過ぎず何れは奉天何々小學校として區別さるるに至らんかと思推さる、本校に於ける敎員及生徒數を示せば、敎員三十二名、生徒千百九十七名、第二小學校は敎員、十四名、七百九十一名、尙ほ本校には家政女學校及幼稚園を附設せられあり、家政敎員、二名、生徒六十七名、幼稚園に於ては保姆敎員五名、兒童百六十名、なりと

七　奉天第一尋常小學校

居留民會に於ては民會設置以來大西關第二區に公立小學校を設立し在留民子弟の敎育を爲し來れる處にして附屬地滿鐵小學校經營以前にありては附屬地兒童をも收容したりしが漸次附屬地の開發に伴ひ小學校の設立を見るに至りて小學敎育は全然區域的に區別せらるゝに至れり然るに大正六年十一月民會の小學校は滿鐵に引繼ぐことゝなりしかは玆に邦人子弟の敎育は統一せらるゝに至り、即ち滿鐵は大正六年十二月八日社告第一一四號を以て大西關第二區に奉天尋常小學校を設置するの件を發表し幼稚園（當時は幼兒運動場と稱す）

をも附設せり通學兒童は全部居留地側の子女にして滿鐵より之を見れば即ち公費區外なるを以て民會より教育依託料及幼兒保育料を徴する所以なりとす

本校は小西邊門外にあり、大正九年四月、新築落成せるを以て大西關の舊校舍より移轉し、從來奉天尋常高等小學校分校として專任校長なかりしも大正十四年四月一日獨立するに至り、現在六學級にして教員八名、生徒數二百十五名、幼稚園四十一名、保姆一名

八　公　學　堂

平安通りにあり專ら支那人子弟の教育は支那開發上最も必要の事に屬し關東廳は主として州内の支那人教育に努力し滿鐵は州外鐵道附屬地の支那人教育に努力しつゝある所にして公學堂とは邦人小學程度の學科に日語を加へ教育するを以て主旨とす

奉天公學堂は即ち大正八年十一月一日創立せられ生徒二百三十名、教員七名

九　奉天外國語學校

奉天外國語學校は明治四十三年三月一日(小西關)設立し、晝間部と夜間部に區劃し前者は支那人に日本語及實業的學科を教授し後者は日本人に支那語を教授せり

十　普通學校

普通學校小西邊門外に設置され專ら鮮人に對し日語及び德性涵養と普通智識技能を敎授し居れり其成績概して優良なりと

現在敎員　七名　　生　徒　二百三十三名を有す

十一　圖書館

奉天圖書館現在萩町に新築され地方人士及び一般學生の修養に資すると共に趣味の向上を促進し以て公衆の增進を圖れり

十二　城　內

前淸末葉迄は最も舊式の科學制度を墨守したる爲め新學の言ふ可きものなかりしが光緖の末年に至つて科學制度を廢し新式敎育を行ふことに改められ、爲に支那の新制度敎育は年所を經ること僅かに十數年に過ぎぬのみならず國內秩序紊亂財政の窮乏等は敎育の振興を阻碍し初等國民敎育の如きも義務敎育制度なるにも拘らず學校の施設不完備就學兒童甚だ多からざる狀態にあり、民國初年九月敎育趣旨に依れば重きを道德敎育に注き實利敎育

を以て之を輔け更に美感敎育を以て其道德を完成すとあり

爾來屢々敎令の發布を見學制の改正は再三行はれ最近のものは敎令第二十三號にして之れが實施を見るに至れり

就中奉天は滿洲の政治上經濟上の中心地たると共に時代の趨勢支人の向上と相俟つて各地の學生笈を負ふて來るもの多し玆に於て何人も日支の關係上城内に於ける主なる學校を記憶の必要あらん因に參考迄に列擧して見れば左の如し

農林學堂（大學）中學堂（中學）商業學堂、電信學堂、陸軍講武學堂、陸軍測量學堂、巡警學堂、法政學堂、工業專門學堂、各小學堂、外國語專門學校、奉天文化大學（兩級師範學堂）

第六章　通信及言論機關

日本側

奉天に於ける通信事業は明治三十九年九月元奉天野戰郵便局を繼承し關東都督府郵便電

信管理局奉天支局と稱せられたるが同四十年十一月奉天郵便局と改め當初は現在の觀測所に於て郵便　爲替、貯金、電信、電話等の通信に關する事務の一切を開始し爲たるも爾來駸々たる市況の發達と共に通信機關漸次改善せられ大正四年浪速通りに新築竣成せしを以て同年十月現在の建物に移轉したり城內に於ける郵便局は革府會議の結果撤廢され今は其涕を見ず唯た一つ大西關赤十字病院前に存置さるものは支那側が日本に對し電信款借を有する結果此所のみは日本電信局と改め一般通信事務を引繼居れりと

城　內

從來奉天に於ける郵便通信事務は驛站、文報局等の機關に依つて掌されつゝありしも時世の進運に連れ對外交、政治、經濟、交通、の中心地點なるを以て民國二年東三省郵務管理總局を奉天に移し、屢々郵政の變遷を經て現在組織の下に一般事務を開始するに至れり

新聞雜誌及各種報導機關

當地に於て各種報導及言論の機關たる新聞社雜誌社又は興信所を擧ざる可からず奉天は滿家に於ける萬般の樞軸の地なるを以て報導と言論の機關頗る多く一々項を分ちて說明の

要なきも又斯界の參考迄に左に擧示して見ん（順序不同）

盛京時報社	隅田町	奉天新聞社	小西邊門外
奉天毎日新聞社	十間房	大陸日日新聞社	浪速通り
滿洲通信社	信濃町	奉天電報通信社	浪速通り
滿洲商業通信社	加茂町	日華興信所	加茂町
奉天興信所	加茂町	中日實業興信所	
東亞興信所	宮島町	朝鮮申報社	信濃町
新滿洲社	松島町	大陸之產業社	
奉天商工週報社	橋立町	土木建築新報社	
滿洲經濟時報社	淀町		

更に各新聞雜誌社支局を示せば

大阪朝日新聞通信部	住吉町	大阪毎日新聞通信部	住吉町
遼東新聞社支局	住吉町	滿洲日々新聞社支局	宮島町

大連新聞社支局	信濃町	安東新報社支局	八幡町
哈爾賓日日新聞支局	――	京城日報支局	――
關門日日新聞支局	松島町	東方通信支局	淀　町
福岡日日新聞支局	春日町	泰東日報社	浪速通り
滿蒙文化協會支局	彌生町	大陸社支局	橋立町
其　他			

第七章　交　通

交通機關としては支那人の人力車、馬車、及日支合辦馬車鐵道、露西亞人の運轉する乘合自働車等とす、而も前述の如く奉天驛は東三省の首都たり四通八達の要衝なるにより或は京奉線に或は安奉線に或は本線南行北行に發着毎日支人の乘降するも織るか如く從つて車馬の多きこと他にその比を見す四時繹絡として驛頭に蝟集す又街上を彷徨する所謂路海車辻待の車馬の數亦夥たたしく到處に散見し行人の便多大なり上述の關係と一は支那街の道路不良とにて春夏期に於ける一場の降雨は將に泥濘膝を沒し一陣の風は寔に沙塵を捲いて人の面を掩わしめ而して冬期に至りては凜烈なる寒風肌を刺し紛々たる霏露は尺餘に積り人をして余議なく彼れらの便を藉らしむ

且つ彼等の遊惰性に尤も適合せす勞少なくして收入多く日本に於ける如く鑑札の檢査嚴密ならず誰人にても從業し得る等の理由によりて益々其數の多きを增したる所以なり

イ　馬車鐵道驛

驛前ビルデングを基點として守備隊兵舍橫（日吉町）十間房を通じて小西邊門に至る約廿町位の短距離を運轉す之れ元日支合辦事業として明治四十一年創設せられ小西邊門より更に小西關に連續し日支唯一の交通機關として珍重せられ來りしも支那官衙との契約期限の關係にて一昨年より小西邊門を終點として運轉するの止むなきに至れり

而して全線を三區に區分す即ち驛前―馬車公司―十間房―小西邊門とし一區間金三錢位とす

ロ　自働車

乘合自働車は大正七八年好況時代に資本金拾五萬圓を以て創立せし奉天自働車株式會社の組織を改め日露人の共同經營せるものにして運轉手は全部露人を使用し運轉系統を二線に分つ

一は驛前を基點として千代田通り忠魂碑を一直線に大西邊門に至る、二は驛前を基點として浪速通り東拓支店前領事館を經て馬車鐵道路に出で小西邊門に至る

一二線共所要時間弱十五分にして何れも二區に分ち一區金八錢位に相當す

ハ　驛構內車馬組合

驛構內車馬の營業は乘客爭奪の防止は勿論構內事故防止上取締を要するは瞭かにして警察官吏の派出所ある所以なるも構內自由營業は取締上支障少からざる爲め驛長許可の下に同業者の組合を設けたるもの卽ち構內車馬組合なりとす組合員は一定の組合費を負擔し構內營業を許さるゝ所にして組合長は驛長の指揮を受け組合を總理し構內營業に關する取締をなしつゝあり、現在組合契約は組合員馬車五十台騾車二十五台、人力車百五十台を以て定員とす

因に左に表示せるは組合が監督者の許可を得て規定したる賃錢なりと雖も近來の如く奉票對金票の換算相場の變轉極りなき時には必ずしも此の如き規定に依るを要せず殊に彼等の常套としては外來者と見做せば無法なる賃錢を要求する惡弊甚だしければ此點は外來者の特に留意せらるべき所にして最初に賃錢を取り定めたる上に乘車するを尤も可とす

自驛至病院十錢　　自驛至領事館二十錢

第八章　日支宗教

奉天に於ける宗教は頗る復雜多岐を極め日露戰爭後年を追ふて邦人の發展は益々根强く展發せられ彼れも之れも移して以て永遠に基礎を固めつゝあり、物的施設の反面に於て社會の風敎を維持するものは精神的人の信仰一致にあり、現はれて、神社、敎會寺院布敎所となる、之等が設立せられ神道には天理、黑住、大社、神理敎、金光等佛敎には眞宗、眞言、曹洞及臨濟宗があり亦基督敎にも日本基督敎會，組合敎會、メソヂスト、及救世軍等あり支那人の佛教には買菩薩、雲棲、曹洞、臨濟、毘盧等の諸派あり、道教には龍門、金山華山等にて又基督教は、ルーテル、カトリック、の數派あるも概して崇高なる宗教心に乏しく多くは迷信に走り幾多の邪教行はれつゝあり

今奉天の現附屬地に於ける神社佛閣等を一々細説する迄もなきと思ひ唯た在置されつゝある宗教名を擧示するに止め、項を分ちて支那の宗教を參考迄に概説せん

奉天神社

大正四年十一月十日　今上陛下御即位の大典を行はせられんとするや國民等しく此の御大典に際し好個の紀念事業を起して永久に祝壽し奉らんと希望せし所にして滿洲に於ては我が大和民族海外發展の將來に見る所あり民心歸一の表象なかるへからずとなし各地期せずして神社建立に意を用ひし所なりとす之今日沿線の都邑に神社の建立を見る所以にして奉天神社の建立亦右の趣旨に出でしに外ならず

奉天神社は大正五年十二月六日小學校の假殿より御神靈の御遷御を請ひ奉り鎭座式を行ひたる所にして神社の基礎此の日始めて成る

神社境内は周圍に樹木を以て之を劃し四隣に神域を汚すものなく常に淸淨せらる北四條通りの道路に面し銅張の大鳥居建立せられ神社の崇高尊嚴を覺へしむ之れ奉天の大藥房廣濟堂主人佐藤菊次郎氏の寄進に爲るものにして大正十年九月建立せらる目下拜殿御造營の議ありて決せざるも御造營費の如きは在留民一般の寄進に俟つべしとは雖も更に又斯の如き特志家の寄進に俟つ事多しとす

今神社關係事項を表示すれば左の如し

御神體	祭典日	社司	相談役	氏子總代	世話役
天照大神 明治天皇 靖國神社	五月十四、五日 九月十四、五日	石橋德太郎	六名	十八名 内三名常任　庶務 會計　營繕	百二十人

ロ　各派寺院

本派本願寺　十間房　(電二〇六番)　三十九年五月

奉天大谷派本願寺	宇治町	（電話六四三番）	大正三年九月
浄土宗奉天寺	宇治町	（同六六四番）	明治四十五年
曹洞宗興福寺	富士町	（同五六八番）	大正六年十一月
蓮華寺	宇治町	（同四七〇番）	明治四十一年
日本基督徒教會	八幡町		明治四十一年十一月
組合教會			

支那側の佛教は昔盛んなりしが僧侶等何れも寺廟を守つて自己の私復を肥す事のみに苦心せし結果益々狹縮し將來の運命たるや方に疑はざるを得ぬ

彼等は我國の寺僧の如く擅家なるものを有するにならず廟内の家屋を貸し或は寺田を自ら耕し又は日を期して開廟し參拜者の賽錢なるものに依つて生活をなしつゝあり

喇嘛教は黄教、紅教の二種あるも奉天地方に行はれるは黄教にて之れを信する者頗る多く現に本山とも云ふ可き黄寺あり、これ有名なる蒙古の嘛喇教にして活佛にあり歸依の中心となり居る

道敎は老子の祖とされたものにて元來宗敎になかりしも後世に至り佛敎に擬し偶像を設け冠婚葬祭を行ふ事となり、佛敎僧に相當の者を道士と云ふ、最もこれ等は皆醉生夢死の生活をなし有德の道者なく世道人心を敎化するか如きは望む可からず、敎派多く奉天の道敎は龍門牌と稱する敎派多く有名なる千山廟を中心に當地及吉林各方面に廟多々あり

回回敎は大概屠牛者或は旅舘料理店を營むもの丶多きが奉天地方には比較的僅少なるも此宗敎は異敎徒を憎み團結心強いとの事なり

天主敎は耶蘇に比して根底的勢力を有し外國宣敎師の熱心なる布敎に對し成効遲々たるは支那人の宗敎心に背馳する敎者あるか爲めにて良民は一般に有害無益視し從つて當地などを知る可きである

基督敎は多く老派にして何等か特殊の關係者にあらざるもの丶外は皆之に屬するもの縱なり

奉天に於ける此の外雜敎は種々あるも大體に於て迷信的宗敎行はれつ丶あり、要するに文化の遲れたる地は何處も同じ事ならん主として一般に行はれつ丶あるは巫者と變る事な

く怪しげなる術を弄し愚夫愚婦を惑す者多し殊に有名なる白連敎は北淸事變の義和團事件を起せしことあり之等は最も目下當地方には何れも勢力を秘め文化の遲れたる地方に行はれつゝあり

第九章　名勝舊蹟

名勝舊蹟其他としては奉天大會戰奉天の四方徑三里圍内は總て日露の大會戰の修羅場にして數萬の勇士陣亡せし夢の痕ならさるはなし、陵より、東關に至る間は野津軍の進出せし所にして興隆嶺より輝山に到るの間は黑木軍の迂回せし山路なり、渾河鐵橋より大石橋に至るの間は乃木軍の甜戰せし彼我會議の地區たり其の詳細は之を戰史に讓るも皇國をして列强の班に入らしめし最後會戰の地域たりしを憶へば轉々感慨なきを得さるならん

（イ）　奉天の忠魂碑たるや鐵道附屬地の東南部に在り奉天の大會戰に祖國の爲めに陳沒したる我が忠勇なる將卒先輩の納骨堂なり、直徑二尺八寸餘の鑄鐵製小銃彈形碑標は台石幾層の上に巍然とし附屬地の各方面より望見する事を得る、其題字は故大山元帥の揮毫に

係る納骨堂には、二萬八千四十八名の我將卒が忠勇戰烈の遺骨を納め毎年、春秋二回莊嚴なる招魂祭を執行し奉天官民は禮拜敬吊その偉靈を慰む事を怠らず又、奉天醫院前大廣場の中央に屹立する高さ五丈四尺「ヌク子サイ石」の戰跡紀念碑も忠魂碑と相對し、日露戰捷の餘威を物語るもの丶如し來奉の名士亦必ず參拜し昔日を返想す

(ロ) 新市街公園は滿鐵會社の經營する面積一萬四千坪の公園にして園內は春に到れば桃李の花咲き夏は綠樹繁り涼風揮す可く市民の散策に好適地たり花壇、芝生の配置又妙を盡せり

(ハ) 奉天支那公園は小西邊門外に在る支那巡按使の所轄する公園にして境內樹木稍繁茂す、到る處支那獨特の喫茶店點在し、夏期には天幕張の中にて假劇場を設け、支那式歌舞音曲を演じ頗る奇觀を呈す

(ニ) 小河沿は城の東南に在り蓮池として一般人に知られ夏季舟を泛べて清涼の遊戲を試みるもの或は水岸に酒樓、旗亭ありて詩趣を添へ、冬季は降雪の風景雅致を賞する風流の韻士尠からずと云ふ

（ホ）　宮殿は奉天城內中央にあり、奉天唯一の古蹟にして內外人の等しく參觀することを欲する處なり（奉天驛より約一里半若し拜觀せんとする者は總領事舘を經て拜觀許可の證交付を要す拜觀無料）宮殿は淸の太祖高帝及び太宗文皇帝の宮居せし所之を圓鑾と稱し崇德二年（今より、二八〇年前）建造せられ東西三十三丈南北八十九丈の一廓を成し、南面せる宮門三、中央にあるを大淸門と稱し、東にあるを文德坊、西にあるを武功坊と名つく門內の兩側に二層樓各一あり東を飛龍閣と云ひ西を翔鳳閣と云ふ、二百八十有餘年前に於て進謁する文武官溜所なりしが其後寶物倉庫となりて金銀珠玉寶劍書等を納め太祖の兜金剛石作小刀黃金作の黃鑵珠玉の首飾等は光彩陸離として人目を眩せしも其の古珍重寶は大概皆北京に移され今は復見る由もない、崇政殿は大淸門に向つて構へられ彫龍の玉階あり、當年天子自ら政を聽せ給ひし正殿なり、崇政殿の後方に巍然として聳ゆる、高樓は鳳凰樓にて更に鳳凰樓の後に淸寧宮あり、之れ皇帝の寢殿にして太宗文帝の崩御せられし所である、又西隣には文溯閣あり、乾隆四十八年（距今一二四年）の創建に係り、四庫全書六千七百五十二函を藏せしが今は北京の武英殿に移されたり

（へ）　東陵は又福陵とも稱し其丘を天柱山と名附け昔東牟山と謂へり、天聰三年二月太祖高皇帝の神靈を此丘に祭り同八年十月寢殿を立て順治八年增修して今日の壯觀となる、由來滿洲には三陵あり、肇祖顯祖等の遠祖を以て葬靈場と稱し、太祖の廟を昭陵と稱し順治帝以下列聖の寢は皆北京の郊外風水最も佳なる所にあり、故に北京政府は特に三陵奉祀の爲めに盛京禮部侍郞を常置し歲々祭事を行はしめしが制度一變の後に於て興京及盛京副都統をして寢陵に關する祭事を奉行せしむ福陵は三陵中最も風水の勝地にて奉天城の東方三里の渾河右岸にあり、興隆嶺となり輝山となりて福陵に連る全丘老松を以て蔽はれ積翠寢陵を封する所、朱壁綠瓦參差として聳ゆ門內石獅、石駝、石象、石獬豹等の配列せる所康熙帝の勅撰に係れる福陵聲德神功の碑あり更に寶域に進めば祭殿の後方に隆思殿あり、高皇帝及皇后の神位を奉安する殿後の築土は即ち太祖の永眠せる寢陵なりとす

（ト）　北陵（領事舘經由拜觀許可證要す）一に昭陵と云ふ、奉天驛より東北方約一里半太宗文皇帝の寢陵にして清の崇德八年（今を距る二六七年前）に成り、翌順治元年八月其の靈柩を葬り、始めて昭陵と名け山を封じて陸葉山と云ふ、寶域の規模極めて宏壯にして

周圍約十五町に亘る土塀を繞らし、入口には華麗なる大牌樓あり、之を入ること磚道の兩側に馬、駱駝、象、唐獅子、豹等の珍奇なる、石像の列ありて朱壁、黄瓦の碑閣に至る、内には康熙帝の撰文に係る、昭陵聖德神功の碑岐立し、其西に當つて隆恩川、隆恩殿あり、後丘即ち寂陵にして丘上夏草の生ひ繁る所人をして轉々今昔の感に不堪陵外は松林蓊鬱として黄塵漾々たる奉天唯一の清涼地たると瀋陽驛及城内よりの距離近接せるを以て杖を此地に曳く者頗る多く觀光の客多し、因に宮殿東北陵共に馬車、人力車、自働車等の便あり其他名勝舊蹟甚だ多し、寺廟の大なるものには法輪寺長寧寺、黄寺、（萬遂里靈佛アリ）實勝寺、延壽寺あり

第十章　旅館

日本側旅館としては奉天驛樓上ヤマトホテルあり同ホテルは防寒用スチームの設備は勿論、ステイションホテルとして最も完備せり（滿鐵經營）此外市中日本旅館は瀋陽館、大丸旅館、都ホテル、常盤旅館、一力旅館、大星ホテル等あり、中にも大丸旅館瀋陽館、都ホ

テル等は、ヤマトホテルに劣らざる大なるものにして孰れも一流旅館にて防寒用スチームの設備あり。一般客に親切にて團體遊覽視察、等にも案内者を附け最も便利を與へつゝあり、因に滿鐵沿線旅館組合ては年一年增加する內地からの滿洲視察團の便宜を圖るため宿料を左記の如く割引すると參考迄に示せば

團體種別	大連旅順	奉天
小學生團體	一、〇〇	一、二〇
中學生團體	二、〇〇	二、〇〇
專門學校以上學生團體	二、五〇	二、五〇

以上は三食つき晝飯は辨當

敎員軍人	三、〇〇	三、五〇
普通團體	四、〇〇	四、五〇
紳士團體	五、〇〇	六、〇〇

以上二食一泊茶代全部廢止使用人心附け（客引　女中　風呂番）は學生團小學生を除く

は一泊毎に一人十五錢宛其他は宿料の一割以上二割以下

支那側

支那旅館と言へば邦人は徒らに不潔下等なる如く思推するは謬想も甚だしきもので所謂物質文明の侵透せる現在に於て一流旅館の設置に至りては寧ろ日本旅館の遠く及はざる點多々あり、百聞は一見に不如で請ふ見よ驛前、目抜の大街路上に岐然として聳ゆる大厦高樓を而して盤桓幾日異國風慣を味ふも亦支那研究の一助たらんとす

今驛頭に中華旅館組合及其宿泊料を表示すれば左の如し

悦來棧、天聚東、天泰棧、福順棧、公合棧、茂林飯店、日昇棧、北京飯店、中華旅館等あり

單間	一室借リニテ數人ヲ不論 但シ夜衣類ナシ	大洋四元、二元、一元、五十錢 大洋二元八、邦貨一圓三四十錢位
干房	普通宿泊ノミ	大洋 五十錢

晝食一人　大洋元三角　　朝食一人　大洋八十錢

晩店（片泊り）　普通大洋一元

其外客車時間待合せの旅客に對しては二十錢を要す其他城內を除き小西邊門外支那公園前奉天旅社と稱する南方支那人の經營せる高等旅舘あり、城內高官の出入する者多く洋華兩樣の宴會の設備をも兼ね頗る宏大なり

料　亭

新開地の發展を見るに多は料理店飲食店の魁するを以て海外殖民地の邦人發展は常に之等の誘導に基因するが如く見做されしは遺憾なるも事實に於て新開地の來住者は一家を擧げて移住すべき目算立たざるを以て多くは單獨來住者なるを常とし職業にまれ商業にまれ撰擇の瀰踏中なれば現在多少の居住者あるを見込み大商店の經營を爲さんとするは餘りに將來を見越過ぎたるの感なき能はず總して營業者は右顧左眄の狀態なるに反し土地の開發を促すべき事業の着手せられんか第一着に商賣として立行は料理店營業にして不思議の現象なるが如くして實は不思議にあらざるは可笑けれど近き例は鞍山製鐵所の建設決定するや第一着に先鞭を着けたるは料理店營業者にあらざりしか之等の建物は何等の澁滯もなく築造せられたるに見ても人心の赴く處を察知し得べし奉天も過去十數年前は即ち邦人の新

開地なり今日料理店營業の繁榮を見れば奉天の好況を物語るものとさへ云はるるに於て本營業の盛衰は奉天の消長を表示する唯一のバロメーターならざる可からず料理店營業の現狀を調査するは奉天の內容を知るに徑捷なりと信せし所なるも之を略し奉天に於ける日支代表的料理店營業者を掲けて讀者の想像に任せんとす

名稱	所在	電話番號	宴會設備	經營者	
金六	十間房	七五	大宴會席ヲ有セサルモ三四十名ノ宴室多シ	吉岡俊一	大阪
金城館	同	一九	百人以上ノ宴會席アル外別ニ御殿ノ間ト稱スル室アリ	荒井卯三郎	愛知
金龍亭	同	五四	百人以上ノ宴會席ヲ有シ大小席多數アリ	垂水晋	福岡
葛家	同	一四一		青山ツタヨ	廣島
奉天券番	同	一〇〇五			
菊文	同	四四三		田中虎二郎	京都
奴	江島町	二四二		井上吉之助	大阪

尙ほ參考迄に日鮮支人々員を表字せんか

料理店		日本	藝妓	酌婦
柳町		三一軒	百拾壹人	一五六人（廣告參照）
十間房		一四軒	八九人	一七人
朝鮮人		一五軒	一二〇人	
附屬地	支那遊廓	一二軒	三一一人	
大西關外支那遊廓		二拾軒	一流	九十人
南市場 北市場方面下等		四十軒	下等	二百餘人

支那高等菜館

日本料理に東京風或は大阪風の相違ある如く支那に於ても南方料理或は北方式とあり、南方菜に比して稍々淡白なり、此は氣候の關係にも出るが多くの日本人には南方菜の口味を以て嗜好に適するならん、而して東京、神戸、横濱、大阪、等に於ける純粋の北京料理店は纔にして他は多く南方料理店の多かりしと記臆す若し夫れ日本人の經營する洋食屋兼用の支那料理に至つては所謂「アイノコ」料理にして支那料理の眞味に觸るゝ能はざるや贅言を要せず、新來の名士遊歷して此地に至らば宜しく試みに卓を圍んで舌鼓を打ざるべけんや但し食腸の點に到りては敢て編者の責任にあらず又清舘或は回々舘と稱するものあり、其一の回々教に屬する料理店に於ては豚肉を一切使用せず、其因由は昔時或る求道者が教徒となるには肉を食しては悪しきや否やを尋ねし際先覺者曰く諸肉を禁すと、求道者錯聽し猪肉と解す蓋し支那語に於て諸（チユウ）は猪（チユウ）に通ずればなりと、爾來回々教徒は猪肉を忌むと附して笑話となす

現在附屬地に於ける日本人間に最も著名なる支那高等菜舘を擧示せば

松梅軒、　公記飯店、　志城飯店、

右は何れも千代田通りに在りて驛前旅舘より一、二、丁を隔るゝ箇所にして、就中松梅軒及公記飯店は樓房矮少の如く見ゆるも房内に入れは大廣間あり何れも相等しきが唯た價格の低廉にし材料の吟味に跑堂兒（ポーイ）の鄭重親切なる點は外觀の宏大を誇る志城飯店の

及ばざる處にして漸次其れか爲め壓倒されつゝありと

元來支那料理は一卓子八人位程度にて特等あり、小皿盛、十六、大碗八、碗八、菓子類三種位の定めにて一、二、三、四等級に分ち燕菜席、魚翅席、海參席の三種類あり、之れを包卓子（會席）と稱す、又各自に好みの料理を定做（住文）するものとし前者は宴會的のものにして後者は多く二、三人にて赴く時を通知とし一品金五十錢位の値段なり

今試みに大體の値段を示せば左の如し

	一等	二等	三等	四等
燕菜席	四二、〇〇	三二、〇〇	三〇、〇〇	—
魚翅席	三二、〇〇		一八、〇〇	—
海參席	一四、〇〇	一二、〇〇	一〇、〇〇	—

右は奉天票の相場なれば金一圓に付き奉票一圓五十錢位と思考せば大差なし

第十一章　日支娛樂機關

奉天市街は一望坦々たる曠野に建設せられしを以て郊外一日の歡樂を壇にして苦腦を慰すべき景勝地なきも由來奉天は清朝の舊都たりし地なるが故に宮殿墓陵の見るべきものなきにしもあらず殊に北陵は松樹欝蒼雜木繁發し花草珍らしからざるも市井巷間の人の賞する所となり、春陽の杏花晩秋の紅葉季節に至れば殆んど邦人行樂の巷となる、小河沿の蓮池、渾河の流水等又時に及びて市民行遊の佳境たらざるなし、營々として他意なき邦人活動の反面には常に享樂的慾求の奔放するあり、日常の娯樂は精神活動の根幹として社會の中心に施設せらるを以て荒寥無味の生活に飽き春花秋葉一日の歡樂を呼んで尙足らざる時は須く娯樂機關を利用して慰すべきなり

奉天に於ける日常娯樂機關としては市民一般の慰安を求むるに充分なりや否やは覗知せざる所なるも十間房の奉天劇場、宮島町の朝日館（活動寫眞館）春日町に活動寫眞常設、奉天館、住吉町に活動寫眞及定席等をなす演藝館等在り平日は夜間のみ日曜祭日は晝夜兼行にて開始し一般市民の歡樂的慾求に應じ演劇寫眞等の諸設備充分なりと雖も冬季の興業に對しスチーム暖房の設備不完全の爲め演者も觀客者も共に些か羨みとする處なり

支那側にも相當西洋式娯樂機關あるも其れ等は先づ措て奉天に於ける支那式の娯樂機關を照會せんとす敢て奉天の事情を知らんと欲する諸賢に對し無駄ならず却て支那趣味を知覺する上に於て役立つべきと思推さるを以て玆に二三を概說して見ん

現在奉天に行はれつゝある骰子（賭博）は麻雀、牌九、搖攤、番會、山票等あり、之を大別すると四種になり、一、骰子より變化したる骨牌幷骰子を用ゆるもの、麻雀、牌九、攤の遊びは此內に屬す二、骰子骨牌に化つて穴錢を用ゆる物、番攤はそれなり三、詩謎より變化せる猜手字、花票等四、動物を鬪はすもの卽ち我國の鬪鷄鳥鬪蟋蟀等その初め印度より傳へられしものと云ふ要するに天地四方に象りしものにて假に一を天とし六を地とすれは他の四方東西南北に當り從つて奇數を陽とし偶數を陰とし又は赤目を陽とし黑目を陰とするのもあり或は文武官をして明を分けて此戯を爲さしむあり、この種娯樂は多々あるも玆には省略す

支那芝居を一切我國の如く學術思想的に新舊兩派の對抗に非るなし其相互に消長するの情狀は亦恰も舊學術と新學術と相調和する能はざるが如し、惟新劇なるものは最近の時期

中に在つて殊に未だ發展を見ず、則ち新劇自身獨立の精神と存在の價値たり故に決して除根華固頗樸不破の舊劇と桁抵抗するに足らずと、今爰に新舊兩大種なり舊戯は支那國粹の一種にて日本に於て群雄時代の劇と相同じ故に胡弓を相雜じゆる鑼鼓を以て音樂上和優美の感觸を生する能はず又新戯は文學美術上の趣味を與へず亦藝術上の練習工夫頗る缺如せり上海或は北京地方は異る要する處邦人には甚だ無味なりとす

寄席新らしきか舊きかは別問題として芝居活動或は賭博以外に我國の寄席と同一種の娯樂機關を見出すそは寄席藝人等によく見る頭髮を「ペツタリ」と別け如何にもニヤケた男が相當浮世の幸酸を嘗めたる如き顔付にて平服の儘、壇上に現蛇味線を彈じて唱を謠ふ之を奉天城内に於ては說書と云へるものにて我國の差詰め講談或は浪花節の種類に相當する、目下盛んに行はれたるは灘黄なるものあり灘黄には、蘇州、上海、寧波の三種にて一組五名乃至七名が高座に上り、琵琶、調板、胡弓、などを賑やかに囃し止んで後ち男女の身振り聲色等をつかい諸謔を交じ居る、其の外北京の樂子、天津の大戯、楊州鎮江の云書、紹興の平調等各地方に依つてその名を異にするも要するに其源は說書より出しものにて、歌

詞と聲音に雅俗の差こそあれ孰れも大同小異なり、彼等は大概一組七元、から九元位にて書場へ出席する然し宴席に呼はれたる際は外に二、三元の増金を申受ると言ふ因に支那劇場を示して見んに

城內二軒、北市場一軒、附屬地一軒

第十二章　體育機關

我奉天に於ける體育機關は內地の如く體育協會と云ふ可き種類の統轄的機關なきも野球倶樂部の組織ありて全奉天を代表する野球團を維持しつゝあり、角力協會と銘打つて運動の好委節に體育の奬勵として紳士相撲を催すあり、庭球又盛んに行はれ柔劍道は警務署及滿鐵に於て之れを奬勵し滿鐵演武場を設け每夜七時より九時迄を演武時間とし一般に奬勵し體育の增進を圖りつゝある、其他水泳場を設置し一般に開放夏季の遊戯として奬勵され冬期に到ればスケート運動あり其他體育を基礎として生じたる運動の競技は老初を問はず盛んに行はる、就中、最近著しく進歩發達したるは野球競技にして各學校、會社、大商店

に於て其チームの組織せられざるなき狀態なり、且つ常に對抗試合を行ふを以て奉天市民は競技の趣味を解すると共に運動熱の高調を見る、奉天野球大會、州外野球大會、內地或朝鮮の各大學、中學、野球競技會等の對抗試合は例年行るゝ結果市民が年中行事の一として壯烈なる、試合を競ふて觀覧する有樣は如何に斯道の一般に普及せられ居るかを證するに足るべし

第十三章　金融機關と銀行

當地は大正九年度恐慌以來各銀行の警戒厳にして加ふるに昨年奉直戰爭の結果神經銳敏となり、在奉內外商共極端なる金融硬塞に苦しみつゝありし不況の一原因又玆に存す、されど昨秋固定の狀態なりし一二銀行の諸品擔保處分に依る貸出金回收と他個特產物資金及東拓の不動產資金を筆頭に一般市況好勢は相當商業資金の需要を促し全體帳尻としては貸出減少を示したるも事實は右述特殊の事情を除き反つて貸出は膨脹の姿となり、爲めに一般金融は序に小繁狀態に傾き漸次景氣は恢復と共に好調は好調を加へ玆許暫らく面白き好

變化を出現する物と思推さる、されば横濱正金、朝鮮銀行は本邦唯一の爲替銀行として且つ中央銀行の感を呈せしめ、奉天を中心に滿蒙啓發に寄與する處甚大、尚滿蒙に於ける今日の隆盛を來さしめたる一の樞着たるは世間の周知なり

又本邦貿易上、綿糸布、特産物商等の發展に貢献する處尠しとせす、更ば當地に於ける主なる日支銀行を次の通りに擧示して見れば左の如し

名稱	設立年月	本店在地	開設年月	奉天所在地	資本金	拂込額
横濱正金銀行	明治十三年二月	日本横濱	明治四十一年八月	附屬地浪速通城内	一億圓	全額
朝鮮銀行	同四十二年十一月	朝鮮京城	大正二年七月	同加茂町城内	八千萬圓	——
正隆銀行	同四十一年一月	滿洲大連	明治四十一年十二月	同浪速通り城内	二千萬圓	九百五十萬圓
滿洲銀行	同四十四年二月	滿洲安東	大正七年十一月	同浪速通り城内	二百二十七萬三千圓	全額
東三省官銀號	光緒三十一年十一月	奉天	——	奉天城内鐘樓北	六十萬圓	全額
中國銀行	同　三十三年	北京	民國元年	城内大西門裡	——	——

交通銀行	宣統二年四月	同	同元年四月	城内大北關	庫平銀一千萬圓	五百萬圓
奉天興業銀行	民國三年四月	奉天	二年四月	城内東華門外	百五十萬元	―
華富殖業銀行	同六年一月	同	同六年	城内四平街	六百萬元	不詳
商業銀行	同三年五月	同	同三年九月	同大西門裡	五十萬元	不詳
黒龍江官銀號	光緒三十三年九月	黒龍江	不詳	同大南門裡	十五萬圓	同

而して右の内現今綿糸布及特産物品の關係を有するものは日本側が主で支那側は一流銀行のみなり

正金の如きは現在單に爲替銀行として活動し銀當座を取扱ひ目今は特産商側の取引銀行となり我貿易上重要品たる綿糸布商側には大概鮮銀を主とす

鮮銀は當地に支店を設立以來或時代迄は積極的活躍を續け支那商人の約手割引、擔保貸付にも應じ相當多額の投資を爲せり

尚茲に特記すべきは銀行外の本邦金融機關の主なるもの列記して見ると左の如し

社名	設立年月	本店所在地	開設年月	奉天所在地	資本	代表者
東洋拓殖株式會社	明治四十一年十二月	東京	大正六年十月	浪速通	五千萬圓	吉植庄三
東亞勸業株式會社	大正十年十二月	奉天	大正十年十二月	琴平町	二千萬圓	佐藤彌太郎
東省實業株式會社	大正七年四月	奉天	大正七年四月	浪速通り	參百萬圓	高橋貫一
滿洲晝夜金融株式會社	大正八年十一月	奉天	大正八年十一月	浪速通り	五十萬圓	佐藤菊次郎

等其他多々信託金融會社あるも茲には略記す別項商業取引信託の方に於て述べんとす、此等は主として不動産又は動産擔保貸付を目的とし事業資金救濟に在滿日支人に直間接に貢献する事又大といふ可し

通貨

奉天に於ける通貨を語らんと欲せば頗る廣汎にして且つ復雜極まりなし、元來貨幣制度を有せざりし結果暫く紊亂を重ね今日に及び各種固有の硬貨に更に加へて各種の紙幣流通

じ居るも外來に取つては固有の通貨は使用に耐へず搗て加へて各種の外來通貨相入り亂れ通用され、爲めに混亂せし制度は其上尚ほ亂脈を見るに至れり、今奉天に於て流通しつゝある、固有のもの及び外來種の二種に別ち概略を示さんに

一、固有通貨、制錢、銅貨、小洋錢、大洋錢、洋錢票、

二、外來通貨　日本圓銀、日本銀行金券、朝鮮銀行發行金券、墨銀、露國留金貨

右の如く大別するも斯くの如く多岐に渡り、如何に復雜なるかを一見知るを得べきなり外來圓銀は特に奉天及其他貿易市場の中介本位貨幣として流通さすべく横濱正金銀行をして出させしものにて日露戰役及び西伯利出兵の際我軍の發行に係る軍票は即ちこれなり今尚は幾分殘存せるものあり

然らば奉天に於ける通貨を固有及外來に類別名稱を擧示せるが更に兩者を混じ硬貨及紙幣に別ちて見れば

一、硬貨、制錢、銅貨、小洋、銀錠、日本圓銀、日本補助貨、露國留金貨

二、紙幣、洋錢票、日本銀行金券、朝鮮銀行金券、

外來貨幣は特殊銀行或は外國政府の發行せしもの、固有貨幣には個人の鑄造に依るものあり銀錠の如帖子の如き卽ちこれなり（但し奉天市内になきも片田舍に於ては今尚ほ利用す）

奉天に於ける固有通貨の本位は勿論區々なるが銅本位と銀本位とあり、現在文明國の貨幣本位より見んか銅本位の如きは誠に出色ものにて外來貨幣に於ても銀本位あり、金本位あり、要するに本位系統に於て亦種々複雜なる干係を有す、今其の各本位に就て現在流通貨幣本位の概略を參考迄に述ぶれば左の如し

一、銅本位の通貨、制錢銅貨

一、銀本位の通貨、小洋、大洋、洋錢票、日本圓銀、黑銀

一、金本位の通貨、日本銀行券、朝鮮銀行金券、露國留金貨、

本位系統が固有流貨に於て見るも斯く不統一のものにて各貨幣が全く聯絡なく一方の貨幣より見る時は他の貨幣は全然商品として見らるべきものにて奉天に全く本位貨なしと云ひ得ると共に金貨幣が總て本位貨幣とも云ひ得る、從つて實質價格の流通たるに過ぎない殊に各通貨は其發行沿革を異にし各起源の事情を異にして此等に就ては追て記述すること

し茲には各種貨幣所屬實質を示して見る

本位	種類	單位名稱	其實價（但し兌換券は其本位貨幣の實質を示す）	實價比較
銅本位固有	制錢貨	吊	（毎吊制錢百六十個）銅貨は通常個數を稱へて通し特定したる單位の稱呼を有せず	
銀本位通貨	小洋及司票 大洋及同銀 及兌換券 票　銀	元 元 圓 兩	純銀庫平五錢九分四毛即ち三三九、九六四一、二「グレイン」 純銀庫平六錢四分八厘即ち三七三、一三一三六「グレイン」 純銀六匁四分五厘即ち三七四、四「グレイン」 純銀三七四、九七「グレイン」	、九〇七 、九九七 一、〇〇〇
金本位外來通貨	日本金票及全部	圓	純金二分即ち一一、五七四「グレイン」	一、〇〇〇

尚參考として奉天支那側各銀行に於て發行せる、小洋票の額面別を示さん

銀行名	小洋錢票種類
中國銀行	一圓　五圓　十圓（圓は元と同じ）

交通銀行	五角	十角	五十角	百角
東三省官銀號	一角	十角	五十角	百角
奉天商業銀號	五角	一角	二角	
奉天興業銀行	五角	一圓	五圓	十圓

右洋錢票は兌換券にて要求次第其所持者に洋錢と交換の義務を負ふものにて一定の保證準備を持つことを要するの規定するも實際に於ては寛大で從つて亂發に陷入り兌換も困難なる、と共に信用至つて薄きもの多し然れ共支那側通貨としては小洋錢最も日常生活用通貨として使用せられ銅貨の使用又同稱なり、旅行者等は日本金券にて何れも通用する點は勿論にして現在其洋錢票は東三省官銀號票最多とし中國交通等も相當流通せり

元來奉天は前述の如く滿洲の主部にして三鐵道の合する處とて獨り支那人のみならず邦人の漸次增加しつゝあるとを以て廣き範圍に於ける商取引隆盛に行はれ居る、其丈け支那側銀行は甚だ多數に達し然かも其各銀行か既に述べし如く洋錢票を發行しつゝあるを以て之等各銀行發行の銀行券相互間に差額を生じ取引上に於て困難を感ずるち通貨狀態として

は大同小異其量に到り多少の異るあるも先づ奉天を中心に各地共同一と見て大差なし支那側諸銀行の發行する洋錢票は殊に官銀號、中國交通等の票盛んに授受され小洋錢即ち銀貨は好愛さるも其額現今に到り甚だ多からず銅貨は洋錢票補助貨の如く取扱はれり、近時邦人增加に伴ひ日貨即ち朝鮮銀行金券は漸次多きを加へ支那人取引上に於ても授受しつゝあり、旅行者等は勿論一般日常生活には困難を來たさざるも洋票相場ありて常に底落しつゝあるを以て在住邦人も洋錢票を使用す風習あり

日支貨幣混流と其の複雜なる、事想像以外と言ふ可く日本貨幣は當地に於て以前正金銀行發行劵及ひ日本銀行紙幣を以て對內地決濟上に使用されたに過ぎさるも一般に流通する事は非常に少なかりしも大洋票に比し比價の變動尠き爲め朝鮮銀行進出と相場前後して賣買の單位と定められるに至り、其後滿洲金劵を朝鮮銀行に統一する事となり現在に於て支障なく流通されつゝあるなり

第十五章　奉天商工農業の現在と將來

奉天は滿洲の中央に位し滿蒙に於ける政治上の中心點なるは今更呶々と敢て論ずる迄もなく又其將來に對しても然る可きは歷史と現在趨勢の明示する處なり

奉天は獨り政治上の中心地たるのみならず交通の便十字路を扼し近く渾河に臨み撫順炭坑を控ふ、經濟的地理より見るときは奉天は將來滿蒙に於ける商工業中心となる可き最も卓越せる地步を占據するものにして且つ從來の不徹底狀態を脫し我對滿政策の一進步は日に月に見るあり、此現象は奉天在留邦人間一大發展を招致し、工業の發展家屋の增築、市街の充實人口增加等近來異常なる大活躍を出現したり是れ將に我在留民努力の一進級と言ふべく眞に奉天の面目を發揮するは將に今日以後にあると云はざる可からず果して然らば如何なる方面に向つて發展すべきか以下工商を分ちて略說せんとす

工業上の將來

奉天は滿蒙に於ける工業上の根據地としての素質を有す、工業地としての要素は其工業の種類により種々雜多あると雖も大體に於て工業の素質と見るべきものは炭、水及び勞力資本の四者を出す此四要素完備し始めて工業なるもの起り其工業の種類は原料に依つて定

まると云ふべきなり

今左に根本要素の四條件に對し奉天は如何に有利なる地位に在るかを略述し以て將來をトすべきかの前提と爲さん

工業に於て最必要を感ずる石炭は車の兩輪の如し、而して奉天は東洋に冠たる無盡藏の大炭坑撫順に近距離にして其他本溪湖、煙台等各特色を有する炭坑何れも近接地にありて我鑛業家の掌に科學的經營を爲しつゝあり、是を又得る事容易の地位にあるを以て知る可きなり、更に水は遠く長白山脈の森林地帶に源を發し四六時中多量の清水を流下しつゝある渾河は奉天の東南兩面を迂廻し新市街(附屬地)の南約二哩の地點を流下しつゝあり、且尙其水量豐富と源泉の遠く森林地帶に起るに依つて知る可きなり

又奉天市街(附屬地)一帶は地水豊富にして且つ水質純良なり、現に滿鐵會社に於て新市街の市民一般に供給しつゝある上水道の如きは纔に直經三十尺の堀井戸に依り供給しつゝあり、當事者の言に據れば此一個の井戸の湧水量八五萬人の居住者に供給して尙餘り有るとの事なり

又當地鐵西に於ける工場を有する會社は其工場用水源は同じく堀井戸に求め僅かに一個の井戸は一大會社の工場及び總ての用水を便じ尙充分の余猶あるは以て如何に地水の良質にして豊富なるかを察知するに足らん

勞力

奉天は滿洲に於ける勞力の集散地にして又供給上の中央市場なり、其所以たるや奉天は滿洲の各地の樞軸地たる故なり、即ち山東其他中部支那方面より大連より滿鐵線にて或は京奉線により奉天に集合す、奉天には工夫市なる一の市場ありて此種勞働者は毎日未明旅舍を出てて此市場に集合す、雇用者は人を派して所要人員を雇用し一日の勞働に當らしめ夕刻に及ひ勞銀を支給して放還す、如斯毎日にして而かも此の市場には勞銀公定相場ありて、年齢の多少身體の强弱に拘はす、一率に所定勞銀を以て雇用し得るを規定とされ始めて此地に來たりたる出朴人は到着の翌日より、此市場に出頭すれば一日の食料を得て尙餘りあると斯くして數日の日傭勞働に從事する内各其特長を發揮するに依り、雇主に認められ常役夫として採用さるゝあり、毎年春季出稼人の出市當時には毎朝集合人員千人を超る

事稀ならず、而して勞働者は殆んど勞銀の下落の時と騰貴の際は一般市場商品需要と異ならず

斯くの如きが故に傭者被傭者共に便宜多く特に日々不定の人夫を要す工事家に取り甚だ便宜な慣あり先づ玆に勞働者の勞銀を大別すれば左の二と見る可し

特種勞働者

大工、左官、壁張、石工、鐵工鉞力工ペンキ塗等特種技能を有するものは日給七十錢乃至一圓二十錢、其間に技量良否により區別さる、一般に用ひらるるは八十錢より一圓程度の日給者なり、作業の都合により比較的長期間雇用する、場合は月給制にするを可とす月給とせば普通十五圓乃至二十四圓程度にあり、一般勞動は何等技能なきものにして年齡と勞働者の需給關係とにより、其他糧食物價高底等外的關係及び勞働者自身の勞働能力如何により、多少の相違あるも概して日給なれば金五十錢乃至七十錢の間を往來し若し之れを月給雇とせんか九圓十五圓見當にて雇用出來る以上は他地方より奉天に出稼に來りたる者に對し一般に仕拂はれつゝあり、勞働者賃銀なるも此外に特種の勞銀關係によるものあり

例外一、商賈人、一般支那商店に使用されゐ店員は一種の勞働者なるも前記純勞働者と趣きを異にす

通稱習買寳又は徒弟と稱し謂所我年季奉公人に相當す、るもの之れなり

以上述べたる如く勞力より手工働に至る迄殆んど無限に近き重寳にして安價なる勞働者を得るに甚だ容易なり要は之れか指導監督の技能如何に在り

工業資金は是を起業、經營二樣に分たざる可からず而して起業資金は固定を意味する故に特に愼重なる、用意を要するも資金に至りては正金鮮銀、正隆、滿洲等の各銀行に豊富なる、貸出資金の備へあり、且つ近年銀行業者の增加に從ひ金利は從前の如く高率ならず商工業者に對し便宜なる狀態に在り、特に起業資金に至りては金融業欄にて述べし如く東拓、東省、勸業等あり、事業の性質に依り起業資金の供給を爲しつゝあれば起業者の爲め最も福音たるなり

要するに奉天は工業經營上將來に向つて大發展を爲し得べき確固たる要素を具備する事を知る可し

農業の將來

奉天一帶は渾河の流域に當り地味肥沃なれは農業夙に開け大豆、高粱粟、其他麥、粳米玉蜀黍等收穫多き作物多し

水田事業は耕地面積の廣大と地質氣候の水稻に適し且つ產米の良質及地價の低廉なる關係より頗る有利の事業たるに不拘數年前迄は極めて不振の狀態にありしも今時經濟界の發展に伴水田事業も益々勃興し來るの機關に向へり而して北陵附近等に水田の經營をなせり概して其成績良好なり

又鮮人の水田を經營するもの當地方にて約壹萬五千人余ありと彼等か經營水田は概ね渾河の東流に位する、混地を利用し天然の水利をも利用し其耕作方法は初稚にして多くは支那人土地を年期租借するか或は分益法に依りて耕作するに過きず次に果樹の栽培なるかこれは氣候の關係と地質に於て適せず、養蠶及牧畜業としては差して見る可きものなきも附屬地に於て鯉沼牧場滿蒙牧場あり、(專ら牛乳搾取をなすのみ) 將來は益々斯業は人口增加と共に發達すべきを予感す

在奉天邦人工業一班

奉天市街の急激なる膨脹と沿線各地に於ける發展に隨伴し當地に於て諸種工業俄に勃興し簡易なる機械工は複雜なる化學工業に移り今日の盛況を呈するに至れり而して此等新工業は多く滿蒙の原料を利用せるものにして且つ邦人經營に屬するもの多きを占むるは誠に悅ぶべき現象而して最近附屬地内に在設せられしもの南滿製糖を筆頭に製麻、煉瓦製造醬油製造、煙草、燐寸、石鹼、毛織物及製革業等あり、將來當地の發展と相待つて益々盛況を呈するに至るべし

而して之れが出資者は獨り當地方の居住者に止まらず近來內地資本家の滿蒙產業開發に着目し競ふて出資を欲する者あるの傾向を見るは誠に慶すべき事とす、今參考迄に主なる狀況を左に列記す

製　糖　會　社

該社は大正五年末創立され南滿洲製糖株式會社と銘打つて資本金壹千萬圓四分の一拂込を以て大正六年春季より起業したり

經營の目的として其地價の安價なると肥沃なる、滿洲の土地に甜菜を栽培し是を原料として精糖を得るを主とし併て滿洲產石炭の南送船の歸途を利用し台灣又は「ジャワ」地方より粗糖を輸入し精製して南北滿洲一帶及中支方面に供給を目論見られたるものなり、今其製造能力及概般を述べれは左の如し

（イ）本　社　南滿洲奉天附屬地內（電信略號マト）奉天驛西南約十町余の所

出張所　東京市日本橋區吳服町十番地（電信略號ナマト）

（ロ）資本金　金壹千萬圓

（ハ）設　立　大正五年十二月十五日

（ニ）製糖開始　大正六年十二月十五日

社長　荒井泰治　常務取締役　白石重太郎　志倉光繼

工　場

一、奉天工場

（イ）製糖能力　本工場ハ甜菜原糖及精糖製造ノ兩設備ヲ有ス

粗製糖能力　一晝夜甜菜消費量五百英噸

精製糖能力　一晝夜約百噸
副産物酒精　廢糖蜜ヨリ蒸溜ス

(ロ) 工場構内敷地　五萬五千餘坪
(ハ) 工場建坪　壹千貮百坪 外ニ酒精工場百六拾四坪)

二、鐵嶺工場

(イ) 製糖能力　粗製糖能力一晝夜甜菜消費量六百英噸
(ロ) 工場構内敷地　參萬參千坪
(ハ) 工場建坪　七百八拾九坪

農場　原料「甜菜」栽培及含糖率)

(イ) 耕作地方　奉天、鐵嶺工場附近ヲ中心トシ南滿洲鐵道沿線並ニ京奉鐵路沿線一帶ノ地域
(ロ) 耕作面積　約六千町歩

製品及マーク　車糖－星、月、富、華、　双目－星双、月双、白双、
角糖－寶刀、
氷糖－F. S. T. L.　酒精－A. B.

販路　滿蒙一帶及支那內地ヲ主トス

本社は南滿洲に於ける甜菜製糖業の先驅にして創業以來鋭意經營し常に良好の成績を收む殊に昨年第二奉直の政爭勃發に因りて大恐慌を現出し流言蜚語相踵ぎ民心の動搖甚しく東三省の通貨暴落して九、十兩月は南北滿洲一帶は全く休市の狀態に陷り、民心不安たりしも俄然十月末に至り政戰の狀況は奉天側の有利に展開されたる詰果漸次民心安定を見るに至り、戰亂中極端に欠乏せる各地の經濟狀態回復と同時に需要方面に於ても猛然として擡頭し市況一時に殷賑を極むるに至れり、其間に於ける他糖は戰亂の影響に因り一時市場より遠ざかりし爲め急需に應ずる事能はずこれに相反し、會社は特殊地位を利用し機に乘じ逸す可からずとて極力之に應じ例年に見ざる多數量の販出をなし莫大なる利益を得たるものなり會社の前途や方に益々有望視されつゝあり

滿蒙毛織株式會社

大正七年夏内閣に於ける拓殖調査委員會の決議に基く我羊毛自給自足の國策に順應し支那產羊毛の利用改良を促し以て滿蒙の富源を啓き產業の發達を圖り茲に經濟上日支親善の實を擧けんとし時の關東都督府に内示し都督府は之れを東拓並に滿鐵に諜り斯くして滿蒙

毛織創立の機運は十分に醞釀し來り更に民間より荒井泰治、茂木惣兵衛等一派の參加を見又支那側より張作霖を背景として時の奉天商務總會會長孫子解が響應するに及び其歳の十二月二十五日東京に於て資本金一千萬圓の日支合辦滿蒙毛織株式會社は全く創立せられたるなり

併して關東都督府は會社に對し向ふ四ヶ年間第一回拂込金二百五十萬圓に對し年六朱の補給利子を支給することゝなり、陸軍省は當時外國機械の輸入困難なるを察知し其の千住製絨所の所有に係る織機二十五台並に附屬機械一式を貸與せられたり之を見ても如何に官邊が會社の事業に對し大なる期待を有せしかを窺知するを得べし

以上は當會社創立に至る經緯の大要にして超ゑて大正八年二月二十一日初めて奉天に假事務所を開設し、現工場敷地を選定すると同時に工場建築に著手し翌九年六月には早くも製品の一部を出市する等一氣呵成的に進捗して爾來今日に臻れり

其後二回に渉る拂込を徵し現在は半額五百萬圓及び東拓借入金三百三十五萬餘圓及社債百萬圓（東拓引受にして三百萬圓は借入金に繰入）にして合計實に九百五十萬餘圓の巨資を

投下したる次第なり

現在重役

取締役會長　前川遜　　常務取締役　寺尾規矩郎

取締役　島徳藏、荒井泰治、高橋虎太、栃内壬五郎、中谷庄兵衛、齊藤龜三郎、丁鑑修、

監査役　渡邊勝三郎、入江海平、吉植庄三、

一目的

イ　毛絲、毛織物の製造販賣（各種維紗サージヘル並に毛布編物用毛糸）

ロ　羊毛其他獸毛、獸皮の賣買

ハ　前各號に關係を有する業務の經營又は之れに對する投資

一奉天工場

イ　敷地　十四萬餘坪　延坪

ロ　建造物

工場	四、四九五、七	計　九、〇二二、〇　延坪
倉庫	一、八〇五、〇	
宿舍	二、二六五、五	
其他	四五五、八	

ハ　製絨設備　紡毛糸　精紡製　二〇臺　織機　一六五臺
梳毛糸　精紡機　五臺
右に要する洗毛、化炭、染色、整理諸機械一切
以上合計　三二三臺

ニ　動力設備　電動機四〇臺、總馬力八〇〇馬力

ホ　汽　罐　セクショナルボイラー　三基
ランカシアーボイラー　四基
コーニッシュボイラー　一基
計　八基

ヘ　專用引込線　延長四、二八七呎（自工場構內至奉天驛）

一製産能力　一ヶ年百萬碼（此原毛消費高二百萬封度従業員一千名）

一製　　品　各種制服用絨、諸メルトン毛布（筋、模様）、膝掛、セル地及毛糸

一販　　路　陸軍省、關東廳、朝鮮總督府、南滿洲鐵道株式會社、其他朝鮮、滿洲、支那、西伯利及內地

一褒　　賞　平和記念東京博覧會ニ於テ金碑受領

天津工場天津プレス工場は素と同地羊毛商の輸出向プレス依頼に應ずるを主眼とし傍ら奉天工場所要原料買付に資せむが爲めに倉庫業を兼ねて計畫されたるものにて舊露國租界

に約千六百餘坪の敷地を買入れ水壓プレス一基を購入せし處未だ据付に著手せず以前財界の激變に遭遇し今日まで操業を見合はし來たりたるに兩三年以來支那羊毛輸出は異常に活氣を呈し來り世界的に注目さるゝに至つたので近く同地外國商と相提携して上記土地機械を利用し資本金約二十五萬圓の新會社を創設するに決せりと

尙ほ天津に於ては大正十年以來事務所を設け出張員を常置し製品の販賣、陸軍納入羊毛及奉天工場所要原料等に從ひ每期相當の利益を計上しつあり、內地諸會社に比し經營上の優越せる諸點を明示せばこの巨資とこの大設備に基き輓近製品の向上著しく複雜せる關稅の障害を突破するも猶ほ且つ大阪、東京、北京等の市場に活躍し得る趨勢を馴致しつゝのみならず朝鮮に於ける販路も年一年と有利に展開じ居れば軈て全鮮に於ける年需、羅紗サージ約五十萬碼、毛布約三萬枚の過半を獨占し得る事は蓋し遠からずと信ず、然らば將來萬一右關稅問題解決し會社製品を內地に輸出する場合、內地に於ける同業と如何なる地位條件を以て競爭、對立すべきか今玆に概略を擧示せん

會社の有利とする諸點

一、原料費　支那羊毛駱駝毛は約三割方安價に買付得る故濠州メリノウ及毛原料の運賃、支那關稅と相殺するも尙ほ且つ有利、（將來支那改良羊毛の顯著とメリノウ毛輸入量減少せば更に優越を來すは勿論）

二、染　料　毛織物染料は主として外國に仰ぐと雖も內地輸入稅の三割五分に對して支那輸入稅は五分（銀）なる故に內地買付諸藥の運賃支那關稅と相殺するも猶ほ遙かに有利なり

三、職工勞銀　內地の平均約二圓に比し支那人職工は同四十五錢見當なるが故に假りに其の能率は邦人職工の半分とするも漸く九十錢に過ぎず

會社の不利とする諸點

一、消耗品　大宗たる石炭は常に內地に比し約二、三割方安價なるも冬期煖房用として多量に消費し要するに結局不利となり他の諸需要品の大半は概ね內地より輸入さるが故に是亦一般に約一割方の不利を來す

二、營業費　（工場經費の一部）會社の所在地が植民地なるを以て社員、日本人職工の支給額比較的多額に上り、且つ內地の如く有力なる問屋少きと販路遠隔の地に散在するを以

て一般營業費の膨張を免れず

三、資産消却費　土地は安價なるも防寒建築の爲め內地に於ける諸工場よりも概畧以之觀是內地諸會社に比し會社の不利とする處は其の優越せる所を以て補足し得て更に余猶綽々たりと斷ずるを得べし

而して會社の聲價漸く認められ天津北京方面に於て確固不拔の勢力を扶植し今や遠く南京廣東迄に及び其の製品の影を見るに至りたることは寔に會社設立の趣旨に副ひ國家の爲め偉大なる功績と稱すべく若し夫れ哈爾賓を中心とする露西亞需要夥だしき市場に於てロシヤ農民の着用する「ポブリカ」と稱する「厚ラシヤ」の如き下等支那羊毛を以て原料となし得るのみならず戰前之れが供給に當りし『モスコー』に於ける各工場は革命當時尠少ならざる打撃を蒙り之れが恢復には猶は數年を要するものと見做され居るが故に之れに供給の覇權を握るが如き易々たるに於ておや幸ひにも旣に日露の修交を見、たる今日商取引の圓滑を得ば此種特種品は恐らく多大の需要を喚起するものと推せらる其他一般市場物も現今にては是亦主として英國製品の占むるところなるも上述支那市場と一班、漸次浸蝕し得べく

尤も有利且つ國家的事業にして多大の期待を持ち昨年火災の損失ありと雖も將に將來を有するものとして一般に囑望されつゝあり、吾人は和かに會社に對し其將來の大成を期待す

　東亞煙草株式會社は本店を東京に置き政府より朝鮮及支那に於て各種の官煙を製造販賣するの特許を得て設立し其業績比較的優良なり資本金壹千萬圓にて明治卅七年秋の設立なり、大正拾壹年朝鮮總督府か官煙直營となるより此れを政府に渡し南北滿洲及支那全土に發展し來たれるなり、現在同社の大株主は鈴木系に歸し同時に從來本店直屬の下に置きたる上海、天津、滿洲販賣所の業務を奉天支店の直轄となし積極的の經營をなさんとして現在の加茂町支店を開設し支店長市岡乙熊氏なり舊來の弊風を革新し其結果比較的進展しつゝありと聞く因に煙草は世界的に最大なる需要性を有し居れば有利にして邦家の爲め多大の將來を有す

　以上擧示したる外に本支店を有する各種製造工業會社の其數實に數千余を以て算すべく然し現在存續しつゝある會社中にも名のみにて實なきものあり新設計畫のものあり、多年の歷史を有し沿革の叙すべきもの或は最近の狀況等を擧けて參考に供す可き雜工業會社又

尠なからざるも其煩に堪へず依って其概要を表示するのみ

雜工業會社一覽表

會社名	所在地	本店	資本金	代表者	設立開設
奉天製麻株式會社	末廣町	奉天	百五十萬圓	安田善助	大正八年二月
奉天窯業株式會社	末廣町	奉天	百萬圓	佐伯直平	大正八年十月五日
滿蒙釀造株式會社	加茂町	奉天	五十萬圓	神谷茂隆 古賀松治	同八年三月
株式會社奉天醬園	四塔大街	奉天	百萬圓	山田三平	同八年八月
瀋陽窯業株式會社	八幡町	奉天	五十萬圓	伊東豐吉	同九年三月
滿洲窯業株式會社	平安通	同	六拾萬圓	岡崎潔九	同十一年十一月
第二滿洲窯業株式會社	同	同	同	同	同十一年三月
滿洲製氷株式會社	隅田町	同	五十萬圓	庵谷忱	同八年十月
奉天建材株式會社	宮島町	同	叁拾萬圓	西野六藏	大正八年十二月

秋田商會木材株式會社	富士町	同	參百萬圓	秋田寅之助	同　九年四月
大連機械製作所	西塔大街	大連	二百萬圓	城戸　眞郎	本店同七年五月
東亞燐寸株式會社	西塔	天津	二十五萬圓	林榮　之助	大正六年
大陸實業株式會社	末廣町	大連	二百萬圓	千矢　成彦	八年四月

商業一班

日露戰後と歐洲大戰との影響に依り我經濟界は殆んど獨占の狀態となり、滿蒙の開發は一層急激の進步を見るに到れり、由來奉天は、南北滿洲中央の集散市場たるを以て經濟上重要の地位を占め交通貿易甚だ熾盛を極めたり、されば我對支貿易は歐洲戰後各國の產業恢復に伴ひ漸次逆轉を豫想せられ貿易の維持振張に就き邦商の覺悟と緊張を促されしは云ふ迄もなき事なるが滿洲は久しく我商權の範圍に屬し日貨の普遍せし所なるも近時獨逸及露國は漸次國內產業の復活と共に再び支那を經濟市場として猛襲し各國又相等しく之に目を注ぐ所にして餘威既に滿洲に伸び最近獨、露、米、貨の輸入頻々たるを傳へらるに至りしは最も重大なる脅威として注目に値ひすべく一部商品なりと高を括りて輕々着過すべき事にあらず從來奉天に於ける邦人貿易業商業者尠からずと雖も輸入貿易日貨の多は支商自ら內地より直輸入を企つると同時に變動極まりなき奉天票は昨年政爭の餘波を受け暴落とに依り邦人貿易業者の打撃尠からざる所にして我か對滿貿易の大局よりすれば是等は倚忍ぶべからざるも最近輸入貿易の趨勢は支那工業の發達に連れ漸次上海方面に移り國產品奬勵と獨貨の續々輸入を見るに至りては我對滿貿易の將來に由々しき大事と云ふ可く邦商の緊褌一番大奮努力を要すべきの秋なりとす

因に奉天に於ける商業機關たる日支商業會所及取引所信託貿易會社等を類別擧示せば左の如し

商業會議所

當會議所は明治四十年一月總領事館令を以て設立せらる當時在留邦商の多くは居留民會地域たる城內外十間房附近に集りたるを以て即ち總領事館管內邦商を以てのみ組織せられ其會議も小西關なる現在赤十字委員部の存する建物の一部を之に充當し來りしが滿鐵の附

屬地經營と共に進み邦人の漸次增加するに至るや會社商店の開業日に月に加はりて新市街の發展を招來するに至り商勢漸く玆に移り時運の趨勢は單に一地區邦人のみを以て組織せる會議所に滿足する能はざるに至り大正十六年其組織を社團法人に改め總領事館管內及鐵道附屬地內居住邦商の合體一致を見るに至れり

爾來對支貿易の中介機關として公機たるの機能を發揮し商工貿易の振興に努力せる所にして大正八年十一月加茂町に公會堂建築成るや會議所を之れに移せり爾後の事務大に擧り滿洲商議滿鮮商議の聯合會主地側となる等滿洲商業會議所間に重きを爲すに至れり

大正九年三月三十一日改正認許を經たる奉天商業會議所定款は附錄に之れを揭載せるを以て參照せらるべし

奉天取引所信託株式會社

營業所　奉天彌生町六番地　　設　立　大正十年十月二十日

資本金　三百五十萬圓　　拂　込　十二圓五十錢

總株數　七萬株

營業種目一、奉天及遼陽取引所に於て成立したる先物取引の履行を擔保し其の清業事務を引受くること

一、奉天及遼陽取引所に於ける取引人に資金融通をなすこと

專務取締役　石　田　武　亥

當會社（奉天取引所重要物產信託株式會社資本金百五十萬圓四分の一拂込）は元奉天取引所信託株式會社（資本金參百萬圓四分の一拂込を半減し即ち資本金五十萬圓四分の一拂込のものを）救濟の爲同會社を合併する目的を以て南滿洲鐵道株式會社に於て出資し同年十月二十日營業を開始す

大正十二年十一月一日遼陽取引所信託會社（資本金五十萬圓四分一拂込）を合併す

大正拾三年十二月一日鈔票對小洋票上場をなし奉天取引所の錢鈔先物取引人に資金の融をなす等在奉發展に甚大なる貢献をせり

滿　洲　取　引　所

當社の大正八年設立に係る前身は資本金貳百萬圓四分の一拂込の奉天證劵信託株式會社

にして後之れが補助機關として奉天商事株式會社（資本金參百萬圓）を設立せしが財界激變と共に波瀾百出し九年八月奉天商事株式半を以て奉證一株に對比せしめ合併することに議決し拾年參月資本金參百貳拾萬圓とし現在の如くなしたるものなり

現在該社の目的は一所屬仲買人をして商品（綿糸布、蔴袋、麥粉、毛皮、及米）並に有價證券の賣買を爲さしむ但し理事會の決議に依り前記物件中一種又は數種を上場せさることあるべしと

奉天信託株式會社

該社は積立會員を基礎とし其中繼となり會員の資金緩急を調和し運用せしめ主として信用貸出を爲し今日及べり

設立　大正十年十一月　資本金　五十萬圓

本店　奉天十間房　支店・鐵嶺、本溪湖

松尾右衛門氏指揮の下に其の營業振り堅實なると信用貸出なるが故に且取扱簡易とを以て一般民より將來を囑望され益々發展の氣運にあり

以上記述したる外個人關係等あり之れを一々擧げて會社及個人の歴史を參考に供したきも一小冊に紙片の限りあると共に其煩をさくる爲め主なる概況を表示するのみ

滿蒙證劵株式會社
滿洲市場會社
奉天不動產株式會社
奉天自働車會社
株式會社奉天馬車公司
奉天運輸倉庫株式會社
南滿倉庫株式會社
株式會社國際運輸支店
滿洲企業株式會社
株式會社瀋陽信託公司
株式會社協濟公司
合資會社天來銀號
合資會社稻葉兩替店
株式會社滿洲共益社
信陽貿易株式會社
株式會社調辦所
滿蒙特產株式會社
奉天競馬會社
株式會社三林公司
株式會社資信洋行
株式會社福星公司
中央洋裝株式會社
中央證劵株式會社
株式會社大信洋行
株式會社丸京呉服店
合資會社山岸十全堂藥房
合資會社松隆洋行
合資會社怡信洋行
合資會社河内洋行

一、米穀及特產物商

美濃洋行　城内
順陽號　木曾町
協濟公司　十間房
天華洋行　江島町
銀杏商會　春日町
岡田商店　柳町

村木洋行　木曾町
誠祥盛　西塔大街
三利洋行　琴平町
三盛洋行　橋立町
橋口洋行　加茂町
松隆洋行
福祥號　同
大菱精米所　橋立町
山合公司　加茂町
義信昌　西塔
木ノ下商店　加茂町
滿洲共益社　城內

桑井精米所　江島町
和同洋行　春日町
大谷洋行　松島町
勝弘農場　同
田洋行　浪速通
三井物產出張所　城內
大東洋行　琴平町
日盛洋行　千代田通
大間知商會　隅田町
新民公司　同
福隆糧棧　同

上野商會　同
齊藤洋行　西塔
高村商會　西塔
三成公司　宮島町
山口精一商會　琴平町
三生洋行　同
大成號　城內
清和洋行　琴平町
河野道雄　彌生町
三永商會　橋立町
三信號　琴平町

二、金物機械鋼鐵商

福生洋行　千代田通り
大信洋行　城內
原田組出張所　同
岡田洋行　同
藤田洋行　浪速通り
同天洋行　琴平町

三省洋行　八幡町　正祥洋行　富士町　三昌洋行　宮島町
上田洋行　城内　和登洋行　千代田通り

電氣器具商

藤岡電氣商會　十間房　源隆洋行　浪速通り　圓橋電氣商會　宇治町
昌榮洋行　加茂町　華東洋行　城内　寶信洋行　加茂町
中孝電氣商會　浪速通

三、鐵工所

大連機械製作所　西塔　川住鐵工所　紅梅町　瀬川鐵工所　江島町
丸光鐵工所　浪速通り　外ニ四ヶ所

四、綿糸布貿易雜貨

大島洋行　城内　東洋棉花　同　滿洲共益社　同
大信洋行　同　森林商店出張所　隅田町　怡信洋行　城内
扇利洋行　同　佐伯洋行　同　濱本商店　紅梅町
三生洋行　城内　石田洋行　同　日本棉花株式會社　加茂町
伊藤忠商事　同　藤丸洋行　城内　西尾洋行　同
寺田洋行　同　永順洋行　同　上田怡商會　同

不破洋行	同	昌和洋行	同		

五、食料雑貨商

伊勢作	浪速通り	福田商店	市場正門	喜多商行	十間房
岩井洋行	柳町	小杉洋行	千代田通り	島屋商店	若松町
古畑商店	橋立町	中越洋行	城内	義順洋行	同
近江洋行	十間房	大和洋行	浪速通り	乃木屋	琴平町
伊豫組	松島町	宇都宮支店	十間房	和同洋行	春日町
佐野商店	江島町	銀杏商會	春日町	石原商店	松島町
東昌洋行	同	花ノ屋	紅梅町	福井屋	橋立町
丸房商店	市場	今富商店	同	池村商店	同
澤村商店	同	かつ屋	同	伊藤商會	春日町

此外二十七軒

六、味噌醤油製造卸商

ほまれみそ	宇治町	奉天醤園	十間房	伊豫組	松島町
大連醤油出張所	住吉町				

七、酒卸製造商

滿蒙釀造株式會社	加茂町	櫻屋商店	春日町	金露賣捌所	同

外　四　軒

八、護謨製造

滿洲護謨工廠	加茂町

九、和洋雜貨商

ヤマト屋洋品店	春日町	熊野商會	浪速通リ	浪花洋行	同
飯田商店	同	松久號	同	牧野商店	春日町商品館
金十三洋行	江ノ島町	此外十三軒			

一〇、土木建築請負業

上木組	橋立町	吉川組	松島町	三田工務所	宮島町
久保田工務所	住吉町	中原工務所	松島町	神田組	葵町
吉田組工務所	橋立町	川畑組	八幡町	丸山工務所	稻葉町
前澤工務所	琴平町	日滿組	八幡町	細川組出張所	十間房
田中組	宇治町	高岡久留工務所	藤波町	西岡工務所	八幡町

清水組詰所　千代田通り　今井組出張所　彌生町　荒木組　淀町
志岐組　紅梅町　藤城組　春日町　廣岡工務所　富士町
榊谷組出張所　八幡町　長谷川組　千代田通り　此外三十餘軒

一一、煖房商

河村工務所　富士町　辻工務所　宇治町　今井商會　千代田通
吉川商會　平安通　廣美洋行　春日町　近藤商會　富士町
岩城商會　加茂町

一二、文房具及書籍商

宮本文古堂　春日町　双龍洋行　浪速通　大野一誠堂　淀町
大野支店　浪速通　弘文堂　同　義道洋行　春日町
昌和洋行　城內　天洋堂　松島町　大陸堂　浪速通
大阪屋號　浪速通　滿蒙商會　同
建築材料及び裝飾品商　三豐洋行　浪速通　福木商店　市場正門
三昌洋行　宮島町　横山商店　同　山葉洋行　浪速通
廣榮洋行　浪速通　內海工作所　橋立町　原田組　千代田通

毛皮類商	五軒
麻袋商	八
藥種商	三十五
軍需品商	七
靴商	七
倉庫業及運送店	十五
農業	十三
工業藥品	八
分團棉	五
古着及古物	二十
金融業	二十二
牛肉商	六
牛乳搾取バタ	四
湯屋商	九
證券仲買	七
同買賣	十二
煙草商	九軒
疊商	七
紙商	十二
樂器並現具商	十四
菓子店	十九
看板店	四
硝子商	十四
人力車業	二
銃砲火藥	六
寫眞商	七
同機商	十一
質商	三十六
材木商	七
肥料商	八
精米所	十一
石炭商	十七
化粧品小間物商	二十七軒
貴金屬及時計商	八
運動具商	六
洋服商	三十
煉瓦並瓦商	十二
貸家業	六十一
理髮商	十四
兩替店	四十五
陶器店	九
釀造業	五
蒲鉾商	二
果實	六
吳服商	十一
骨董商	八

白轉車商	七軒	染料	五軒	鮮魚商	五軒
錢鈔取引人	四十一	洗濯業	十三	米穀仲買	九

在奉各種組合

名稱	組合員數	住所	職名	氏名
奉天特產商組合	十二名	彌生町	幹事	松尾八百藏
奉天棉糸布商組合	十四名	小西關	組合長	佐伯次郎惠
奉天貿易商組合	二十五名	大西關	組合長 副組合長	鈴木基紀 毛原撰三
奉天運送業組合	九名	千代田通	組合長	小谷鎌吉
奉天運送業中日聯合組合	六十八名	同上	組合長 副組合長	小谷鎌吉 邊俊聲
奉天藥業組合	四十三名	浪速通	組合長 副組合長	中江十五郎 山岸勘吉
奉天信用組合	十三名	小西門裡	專務理事	四尾一五郎
奉天實業信用組合	十八名	浪速通	組合長 副組合長	森研吉 小杉與治郎

奉天食料品卸商組合	八名	宇治町	組合長 副組合長	林倉治郎 小杉與次郎
奉天雜貨食料品商組合	二十七名	小西關	組合長 副組合長	佐々木長太郎 小杉與四郎
奉天兩替業組合	二十五名	木曾町	組合長 副組合長	望月實太郎 多久島季雄
奉天貸家組合	七十一名	隅田町	組合長 副組合長	富材順一 向野堅一
滿洲土木建築組合支部	十九名	橋立町	幹事	上木仁三郎 吉川康
奉天質屋業組合	十二名	小西邊門裡	組合長 副組合長	新井安次郎 和田實
奉天質屋同業組合	三十四名	松島町	組合長 副組合長	山本鉦太郎 和田實
奉天古物商組合	四十五名	春日町	組合長 副組合長	堀切峰之助 小川龜次郎
奉天木材商組合	五名	宮島町	組合長	三浦梅太郎
奉天撫順炭商組合	三名	小西關	同上	齊藤邦造
奉天雜石炭商組合	六名	柳町	同上	角野滿壽彦

奉天呉服商組合	六名	浪速通	同上	入江英一郎
奉天洋服商組合	三十名	同上	組合長	富永十一
			副組合長	田中芳次郎
奉天菓子商組合	十一名	同上	組合長	原田覺次郎
			副組合長	中村政市
奉天洗濯業組合	七名	青葉町	組合長	西岡政治
			副組合長	中尾秀治
奉天取引所錢鈔取引人組合	四十四名	彌生町	組合長	三島忠次
			副長組合	望月實太郎
滿洲取引所證券部仲買人組合	七名	十間房	組合長	日向新
			副組合長	若杉鐵之助
滿洲取引所證券部現物取引人組合	七名	同上	幹事長	同上
			副組合長	同上
滿洲取引所證券部現物貸借組合	七名	同上	同上	同上
			同上	同上
滿洲取引所米穀部仲買人組合	十名	同上	委員長	萩原昌彦
			副委員長	金炳泰
奉天米穀商組合		同上	幹事	呉相鉉

奉天表具商組合	十一名	八幡町	同上	奴賀善吉
			同上	高橋肇
奉天宿屋業組合	十四名	浪速通	副組合長	神宮敏男
奉天醫師會	十一名	求ノ島町	會長	吉田一
			理事	池田正賢
奉天麵類同業組合	五十二名	富士町	組合長	柴田榮次郎
			副組合長	白石龍二
奉天三業組合	四十名	十間房	同上	後藤豐一
			同上	劉宗熙
奉天附屬地三業組合	八十名	柳町	同上	本田要
			同上	越口延千代

△支那側會社

名稱	組織	代表者又ハ支配人	營業科目	所在地 本店	支店
惠臨公司	同	馬興橋	マッチ製造	京奉車站	吉林省城
奉天紡紗廠	同	孫維武	綿絲布製造	十間房	
太平木業公司	同	田道堂	建築木材	小西邊門外	
東北鐵工廠	同	楊仙橋	軍機、火藥、製造	小東關	

永業鐵工廠	同	周子眞	機械販賣	上海四馬路	大北關
阜通公司	同	馬興一	醬油製造	上海棋盤街	大西邊門外
永豐慶	同	賈香圃	豆油粕製造	大西關	
永泰和	同	曾紹甫	煙草	小西關	東三省各地
裕民儲蓄會	同	盧秀岩	銀行業	大西關	同
純益繰織公司	同	周國安	織絹布業	大北關	
華北煙公司	鮮人合辦	朱錫元	製莨薬	大西邊門外	

△奉天外國商館

名稱	國籍	營業科目	所在地本店	支店	代表者又ハ支配人	組織
美孚煤油公司	米國	石油販賣	紐育	小西邊門外	ユム、コノダレム	株式
亞細亞煤油公司	英國	同	倫敦	大西關	アール、ユムリノルホッソ	同
德士古煤油公司	米國	同	紐育	浪速通	パリプリン	同
英美烟公司	英國	卷莨	倫敦	小西邊門外	ユイテーボルデン	同
中俄烟公司		同	奉天小西關		ナウスダ、王子元	合資
中法實業銀行		銀行業	上海	小西邊門外	ユイデユマン	同

滙豐銀行	英國	同	同	小西門内	プツマニス	株式
萬國儲蓄會	同	同	同	小北關	ボリユムン	合資
永勝麵粉公司	露國	製粉業	ハルビン	小西關	アリストウ	合名
安利洋行	英國	棉糸布獸毛皮	上海	小北關	ビリスダレ	合資
彼得洋行	同	同	天津	小西關	シユイスキソ	個人經營
滙隆洋行	米國	化粧品皮革販賣	香港	小西關	ハルカヲキツチ	株式
利達公司	同	棉糸布雜貨革皮販賣	上海	小西邊門外	ユイチーチ	同
遠東貿業公司	同	棉糸布毛皮	天津	同	ピヨレンス	合資
惠茂洋行	同	同	同	同	シスピリデ	個人經營
鼎昌洋行	同	同	香港	同	アユリム	合資
北合洋行	猶太	同	天津	同	フオリス	個人經營
生茂洋行	墺國	同	小西關		ヤスリレン	同
永順洋行	獨乙	染料毛織物	青島	小西關	スクリユム	合名
禮合洋行	同	染料塗料	上海	同	フルユウス	合資
利記洋行	英國	棉糸布	同	小北關	ラチヤス	株式
卜內門公司	同	曹達販賣	倫敦	大西門外	チリスナ	同

世昌洋行	獨乙	毛織物	上海	城内四平街	ラフリスダ	個人經營
備昌洋行	米國	機械	青島	小西邊門外		合資
美合公司		鑛業並一般貿易	青島	同	ベーカー	同
仁太洋行	猶太	雜貨	奉天四平街	浪速通	フオリス	個人經營
西門子電機廠	獨乙	電用品	上海	商埠地	スマカリス	
瑞記洋行	米國	雜貨	上海	小北關	オマリカ	合資
源隆洋行	同	皮革	天津	小西關	ピナクリム	合名
興泰洋行	英國	棉糸布毛皮		大西關	クリスノム	合資
歐亞洋行	佛國	雜貨商	上海	奉天商埠地	イウエリカ	同
鼎威洋行	獨乙	雜貨毛皮		浪通速	ベルム	個人
怡和洋行	英國	機械金物		同	アール、スチユワード、スマチン	同
ハジヨポロス商會	希臘	煙草、洋酒、雜貨		同	イーインハジヨポロス	同
仁太洋行支店	猶太	雜貨	城内	同	ガリー、フツクス	同
アゲエフ商會	土耳古	洋服雜貨		同	アゲエフ	合資
寶豐洋行	同	同		同	アブゾフ	個人

アーシチュネフルーウスマノフコンパニー	露國	雜貨	同	チユマリン	合資
プオテアデス商會	希臘	食料雜貨	宮島町	ハエルプテアデス	個人
正昌煙公司	佛國	卷煙	天津	浪速通	カラダース	同

更に支商綿糸布雜貨商の主なるものを擧示すれば

信源長	小西關	同義合	大西關	福昌和	大西關	大德祥
復恒隆	同	長聚興	同	義豊長	同	信來德
福德興	同	中興利	同	天豐金	同	源來德
福順隆	大西關	信義順	同	聚誠德	同	中順公
中順恒	同	泰山玉	同	裕豐泰	同	天復興
大順永	同	天增東	同	天增輻		

綿糸布	百二十八軒	靴商	六十八軒	質商	六十七軒
獸皮商	三十三	靴下製造	二十二	家具及材木商	六十六
茶商	十二	藥商	六十	爲眞館	十
兩替業	三十二	古着商	三十四	果物商	三十五

織物業	十四	天産物及皮革商	十八	硝子製造	十八
紙商	十一	鐵器商	二十五	煙草商	六十
煉瓦及石灰	五十五	雜貨商	百七十六	帽子商	五
支那足袋商	十一	油房	十	曹達製造	十
染物商	三十二	書籍商	三十二	菓子商	四十六
雜穀麥粉	九十七	醬油商	五十八	米穀商	八十六

（ヘ）管内露國人職業別十三年六月末現在

合計戸數八〇、男二一六　女一七〇　計三八六

	戸	人		戸	人
貿易商	二	6	其他ノ物品販賣	二〇	71
機械類販賣	三	11	宿屋下宿屋	六	35
會社員			代書業	一	3
教育關係	四	17	運輸業	一〇	83
無職者	一	2	會社員	八	60

土木業	一	2	郵便電信從業員	二	10
鍛冶屋	一	2			
洋服裁縫	二	12	藝術家	二	4
其他ノ工業	一	3	家事被雇人	二	9
毛織物販賣	四	25	酌婦		6
煙草販賣			工場勞働	二	7
食料品販賣	二	7	其他の有業者	四	14
時計化粧品、小間物販賣	二	9			

支那商店の種類

支那商店は其營業の種類に依り多少の相違あれ共大體を通觀せんか殆んど同一の組織狀態に在り

財東即ち資本主にして若干の資本を提拱し自ら其營業に干與せさるを原則とし稀に資本主自ら經營の掌に當る事あるも、かゝる場合は之を財東兼掌櫃と稱する大商店に於ては

少く又株式組織なる場合は株主を股東と稱す

習買賣、卽ち徒弟にして我國の年期小僧に相當す、掌櫃連の指揮に從ひ店務に從事す

勞貸、純勞働者にして力役に服し相當勞銀を受く以上階級者は如何なる店舗に於ても欠く可からさる、ものにて只其營業の種類により多少の相違有り

右の如く組織されたる店舗は舊慣によれは三ヶ年を決算期とす、此三ヶ年を一定決算期と爲所以は年に豊凶有り市場に盛衰ありされと其豊凶と盛衰は三ヶ年間に凡そ平均さるゝものとして如斯く長期の決算期を慣用したるものゝ如し

支那商人の一般的氣質とも稱す可きは薄利多賣を根本主義とし動かす可からざる古來よりの習性とは云ふも實に驚可き強固の根底を有す近來輸入雜貨販賣店舗等は特に店頭を裝飾するに至りたるも是れ最近の現象にて原則としては營業費を極端に約し以て商品に課する營業費を輕減するに努むるの風習有り是支那商買の強味にして吾人外來商人の三省を要する所なり

一絲房とは我が吳服店に類似し雜貨品を販賣しつゝあり、此種營業は比較的老舗多くして

南支產絹織物、日本產綿糸布を主として雜貨類は凡て東西洋の日用雜貨を備へ地方小賣商人に對し小口卸をなす、其他店頭にても小賣をなす、殆んど總て仕入は一ヶ月乃至二ヶ月の延取引とし賣上は小口卸の外殆んど現金制度なり、されば彼等にして信用あれば資本に數百倍の大經營を爲し得るの便宜を有す、從つて奉天城內最大のもの丶資本額僅かに五六萬元に過ぎさるも實際に於ては優勢なる取引をなしつ丶あり、然れ共資金の運用如斯狀態なるか故一朝突發的事故により、金融の途杜絕せんか屈指の巨商にして尙進退に迷ひ破綻を見る事稀ならず布舖とは綿糸の小賣商人にして傍ら日用雜貨小賣をなす、絲房と異る所は卸をせざるを原則とし、絹物及高等的雜貨の販賣を爲ざす從つて小規模の者なり、

糧米店とは、我國の雜穀商にして食用米穀豆菽等の小賣を營む一般食糧の供給機關なる爲め其數甚だ多く奉天城內外に大小數百戶あり、此種營業日々の運轉頻繁なるが故に比較的小資本を以て營み居れり

洋貨舖とは、輸入雜貨の卸小賣を營むものにて我國洋品店と相等しく近來其發達著きを見る、殆んど絲房に類似し延へ取引を以て仕入現金賣りをなす、該商は我對支貿易の重要な

る華容にして此營業發達は一面に我對支貿易の擴大を意味するものなり而して歐戰以來殆んど我國產品に依つて所辨されつゝあり

雜貨舖とは、我國荒物店に等しく主として土產雜貨の卸小賣を爲すものなり

木局子とは、我材木商にして其殆んどは城壁の北側に軒列をなす、要するに我國に於ける材木商は片側大小の川岸に添を原則とするか如く、奉天城壁外の北側方位の關係上火災の難皆無と云ひ居るも吾人の臆測する處に據れば此種傳說は一の方辨に過ぎずして實際は高き城壁の北側は太陽の直射なく從つて商品の陽乾を防ぐに理想的なり且つ彼等材木商の所在地の北裏は一大水溜あり爲めに火難絕無と云ふ又然りとす

山貨店とは、長白山脈一帶の地より搬出さるゝ一般貨物を山貨と云ふ、其主なるものは木通木賊、山茶葉、麻、煙草、其他鹿角、龍膽草、蜂蜜等要するに我國の藥草商同一なり此商品問屋を山貨商と稱す比較的營業は大規模のもの多く是等商人は山脈地方より搬入し來る前記藥草類の荷受をなし更に營口、天津、上海方面の各地に轉賣營業をなす

金店とは、飾屋に等しく地金及貴金屬類細工品の販賣店なるも近來外來貴金屬製品の發し

たるに連れ舊式髮飾の需要退歩せる結果將來を認められず

魚店、城内を通過ぎ小東門外に我國の公設市場に類せる魚菜市場あり其一部に鮮魚類及鹽乾魚を卸小賣する商店あり彼等總て現金制度を實行せり、是等市場に來る鮮魚は概して山海關地方或は熊岳城海岸のもの多く他は皆河魚なり

鮮果店、我國の果實店にして日本人の想像以外に店舗多し我國の密柑は年一年需要増加を見要するに支那人は氣候風土の關係よりして肉食を主とする結果果實を愛用すること四季を通じて絕やすことなし菸店とは我國の煙草店の事なり

煤、燋子局或舖とは我國の石炭「コークス」販賣店なり

藥舖は我國の漢藥販賣と同一主として舊式の藥店に到れば調劑處方錄とも云ふか如き數百冊の書籍を店頭陳列して來客の求めにより病狀を問診し適宜に調劑し賣渡すを常とす

估衣舖とは我國の古着屋にして城内西側壁外に群居す、恰も東京の柳原、日影町の如し

靴舖　我國の靴販賣店と異なるなし。

書舖　圖書販賣店にして副業に石版、活版の印刷を爲すものを云ふ。

錢舗とは異種貨幣の兩替交換店にて主として貨幣賣買業なり(我國の錢鈔業之なり)奉天票流通貨幣は多種多樣にして時々相場の變動あり、此の變動に相呼應して貨幣の交換により其口錢を所得する營業なり。

錢莊とは我國の一種金融機關に相等し主として爲替事務を營むと同時に前記錢舗を兼營す又時には金を貸與し又は預金を受くる事等あり。
多く現在は一般支那人が村落への要するに鐵道の不便の地に送致する際利用するものなり磁器舗とは我が瀨戸物商の事にて主として當地は山海關地方産磁器の小賣を營むを云ふ
鏡子玻璃舗　丁度我硝子商の如く鏡及硝子販賣業なり。

奉天に於ける重要商品

奉天に集散する重要なる商品としては一は土産品他は輸入品なりとす。

土産品とは主として農産品畜産品多く加工品として輸出せらるゝもの僅少たり、是れ滿蒙の地たるや農業地として發達し工業地としては充分の發達を見ざる一因とす、是に反し輸入品は殆んど加工品にして從前は列國商品の競爭市場たりしも近來殆んど我國産商品或は本邦商人の手を經由せる外國品のみとは言へ最近獨、露商品の進出最も注意を要す可きなり、今茲に便宜の爲め土産品及び輸入品別々にして擧示せん、

一、大豆、豆粕、は當地に於ける輸出の高位を占めつゝあり、

二、高粱は我國の糧米と同様の位置に在りて大豆のそれと異り尚ほ一層重要なる農産品なり、

三、粟、は前者と比せんか甚だ低位なるも朝鮮方面に輸出さるゝ額又大と云ふ可し、

四、小豆は支那種と日本種と少く色合を異にす、

支那種は淡黄色日本種紅色近來日本種の栽培増加したるも地方支那人は敢て好まず舊の如く白小豆を愛するもそは小量なるが最近は日本内地に輸出さるゝ事年々増加量を示しつゝあり、

五、小麥、奉天は冬期の凍結激烈を極むる結果收獲少量、奉天市中に集散する數又僅少なり

六、蕎麥は年收産額の量少き爲特記する程のことなし

七、胡麻(脂麻、油麻)は含油率高く菓子調材用とし又は搾油し胡麻油として食用に供す、

近來其輸出額激増せる感あり、

八、包米（玉蜀黍）は粗物となし下級者の常食とす最近稍々輸出の開路を見る、集散少量

九、陸稻は粳米と稱ふ專ら上流者の食用米として需要さる輸出關係なし

十、水田米（白米）は最近上流社會に歡迎され又一面邦人精米所にて精製し在滿邦人に充分供給さる其收穫は年一年増加を見るなり

十一、麻、は地方に於て消耗さるゝ外上等品は南支、中支各地に移出さる、我國に從前は品質の割に高價の爲め引合ず白麻、は値段比較的安くなりし故特殊用途開け巨額の輸出を見る

十二、葉煙草、は一旦問屋の手に歸し再び地方小賣業に分たる時に問屋より直ちに煙草製造工場に賣却さる事あり集散額は甚大、品質一より十等に分る

畜　産　品

牛、奉天の市場に於て消費さるゝ牛肉は毎年約二萬七、八千頭前後にして其大多數は蒙古地方のものなり經路は北鄭家屯、西、小庫倫、法庫門等を通過し來る毎年初秋頃市場に送

られ來る冬迄肥肉なさしめそれより屠殺旺盛となる、其生肉の多くは市中にて支那人の食用として供せらる(一頭平均五十貫前後なるも特に肥大なるものは百二十貫に達す)

馬、又前記同一にして蒙古産韃子馬と稱する類は良馬多く、是れは要するに遊牧地帶に於て成育したる關係上其發育良好たるなり、市場集散するは初春に多し、駿馬は乘馬に强馬は耕耘用又は輓馬として重用さる、海外への輸出は多く見ざるも中支方面への移出少なからず

羊、は蒙古產概して肥大且つ强健の結果食糧用として發達せる關係上其毛質不良特に北方のもの愈毛質粗惡なり、然れ共滿鐵を始め邦人地方農業により「メリノー」種を以て大に改良す可く努力されたる結果近來稍々好成績を見得らる

牛皮、馬皮、羊皮等の奉天市場に集散する額は數十萬枚にして年一年と增加を見海外に輸出さるもの又甚大なり

羊毛、は春秋の二季出市す、其額二十萬斤餘一斤約七錢見當(洋價)なり

豚毛、吉林長春方面より來集す、年產額四十萬斤位と云ふ毛質數等に分れ、各地に相當

搬出せり
馬尾、吉林、長春、金州、海城等より來るなり
犬皮、は北海産多とす、猫皮は朝陽鎭、山城子、通化方面東方山嶽に産多く奉天に集る
狐皮、は北滿に産するもの奉天に於ける集散額三、四十萬枚なりと
牛骨、は北滿より來るもの多し近來内地方面にも輸出されつゝあり

株式會社

東亞勸業公司

奉天琴平町

滿蒙毛織株式會社

奉天鐵道西

株式會社

滿洲取引所

南满洲製糖株式會社

奉天鐵道西

木材商組合

無限公司奉天支店

牟　　婁　　木　　局

共榮起業株式會社奉天出張所

秋田商會木材株式會社

三　　浦　　商　　會

奉天取引所信託株式會社

奉天彌生町

福永昌銀號	明石開藏	小西關
玉泉號錢莊	關乙總	平安通
福源知久記	上田久衞	小西關
福興和	蒲川萬八	彌生町
潤記銀號	三上潤十郎	稻葉町
廣茂昌	韓文章	宮島町
大福銀號	大木唯一	小西關
滿洲取引所信託株式會社	小田明次	十間房
天隆興	天野多郎介	平安通
新泰銀號	新井宗治	藤浪町
四國銀號	紀井紋治	青葉町
保商銀號	王煥卿	浪速通
雙成永	王蘭亭	千代田通
利盛長	陶占山	日吉町
富安永	富安辰次郎	日吉町
餘慶久銀號	楊耕九	平安通
東永銀號	高昌作次	日吉町

奉天取引所仲買人組合

奉天取引所仲買人組合

當津公司	德久愛馬	木曾町
吉川組商事部	吉川康	平安通
滿蒙證券錢鈔部	野口鶴市	加茂町
益豐銀號	牟恩鴻	浪速通
廣福銀號	望月實太郎	宮島町
源茂銀號	原田丑一	浪速通
順天銀號	渡邊吉之助	小西關
慶豐久銀號	多久島季猛	小西關
裕順隆	李愛和	宮島町
天來銀號	稻葉永藏	小西關
瑞和銀號	左同瑞	千代田通
東昌銀號	和木本鶴吉	千代田通
山泰銀號	山田庄藏	小西關
太濟銀號	三島忠次	加茂町
天福銀號	劉振廷	千代田通
祥隆銀號	頤宮張一	小西關
三裕錢鈔部	若松鐵之助	十間房

證券仲買人

奉天加茂町七番地
滿蒙證券株式會社取扱所
野口鶴市
電話三一一番、八〇九番
振替口座大連七八三番

奉天加茂町五番地
三ッ星商店
電話一〇三、一三七〇番

奉天加茂町九番地
太濟號證券部
電話二八二、八八七番

奉天十間房
米穀證券公司
電話長八七四番

奉天江ノ島町六番地
三裕證券部
電話一四番

奉天加茂町九番地
木下商店
電話五四七、七六八

奉天十間房
大文字屋株式店
電話一〇二四番

米穀仲買人

奉天十間房滿洲取引所前
郵便私書函奉天七八號
萩原仲買店
電話長 一九七六番 一一〇一五番

奉天十間房
三利公司
電話長一四九二番

奉天加茂町九番地
木下商店
電話五四七 七六八番

奉天十間房
米穀證券公司
電話長八七四番

十間房五區一二八
永順號仲買店
電話長九二八番

奉天十間房
萬福來仲買店
電話五八〇番

奉天加茂町十一番地
福興和米穀問屋
電話長 一二六〇 七〇九番

奉天加茂町五番地
三ッ星商店
電話一〇三 一三七〇番

奉天十間房
大文字屋米穀部
電話一、〇二四番

奉天江ノ島町六番地
三浴米穀部
電話一四番

奉天取引所仲買人

寶順和銀號	田中銈次郎	小西關
大　　　記	河西　駒吉	小西關
泰　利　錢　莊	安川松五郎	霞　町
利　順　成	川西　幸夫	加茂町
福來永銀號	井上彥三郎	浪速通
正　進　銀　行	竹内　正八	富士町
雙　發　銀　號	柴原　剛治	平安通
萬　興　隆	胡　雲　五	千代田通
原　華　商　店	原　丑之助	宮島町
義　泰　長	岩田杢之助	加茂町
永　樂　銀　號	藤田　　弘	小西關
吉　昌　永	吉田　親敷	稻葉町
大　成　銀　號	大津　哲郎	平安通
大　興　號	大野　　肇	青葉町
遼　州　銀　號	大山　庄一	加茂町
德合盛銀號	中村　權一	小西關
大　有　號　記	王　世　有	小西關

（金曜會）

橫濱正金銀行奉天支店

朝鮮銀行奉天支店

正隆銀行奉天支店

滿洲銀行奉天支店

東洋拓殖會社奉天支店

滿洲殖產銀行

奉天事情附錄

館令第二號
大正二年館令第一號奉天居留民會規則
大正六年七月二十三日改正
大正九年四月十六日改正

奉天居留民會規則

第一條　本會ハ奉天及其ノ附近ニ住居スル帝國臣民ヲ以テ之ヲ組織ス
第二條　本會ハ敎育衞生消防其他居留民會ノ公共事務ヲ處理ス

第三條　前條ノ施設ニ要スル經費ヲ支辦スル爲居留民ニ課金ヲ賦課ス

第四條　居留民ニ非サルモ本會地區内ニ於テ建物物件ヲ所有シ若クハ使用シ營業ヲ爲シ又ハ別ニ細則ヲ以テ規定スル行爲ヲ爲ス者ハ本會ノ課金ヲ納ムベキモノトス

第五條　本會ニ評議員二十名ヲ置キ其任期ヲ二ケ年トス

但内五名ハ朝鮮人トス

第六條　評議員ハ居留民ノ選擧ニ依リ當館ノ認可ヲ經テ就任ス

評議員ハ名譽職トス

第七條　本會地區内ニ住居シ年齡二十五歲以上ノ男子及法人ニシテ六ケ月以來本會戸別賦課金ヲ納ムル者ハ選擧資格及被選擧資格ヲ有ス但シ本會地區内ニ住居セサルモ六ケ月以來本會ノ戸別賦課金ヲ納ムル者ハ運擧資格ヲ有ス

第八條　選擧人及被選擧人ヲ分チテ三級ト爲シ各級内ニ於テ評議員五名宛ヲ互選ス

前條ノ選擧資格及被選擧資格ヲ有スル者ノ中課金毎月金五圓以上ヲ納ムル者ヲ一級トシ課金毎月金貳圓以上ヲ納ムル者ヲ二級トシ課金毎月金貳圓未滿ヲ納ムル者ヲ三級トス

但朝鮮人ハ以上有資格全體ヨリ五名ノ評議員ヲ互選ス
第九條　左ニ掲ケタル者ハ評議員ノ選擧ニ參與スルコトヲ得ス
一、六年以上ノ懲役又ハ禁錮ノ刑ニ處セラレタル者
二、禁錮以上ノ刑ノ宣告ヲ受ケタルトキヨリ其ノ執行ヲ終リ又ハ其執行ヲ受クルコトナキニ至ル迄ノ者
三、家資分散又ハ破產ノ宣告ヲ受ケ其ノ確定シタル時ヨリ復權ノ決定確定スルニ至ル迄ノ者
四、在留禁止ヲ命セラレ滿期渡航後二ケ年ヲ經サル者
五、禁治產者及準禁治產者
六、本會課金滯納中ノ者
第十條　左ニ掲ケタル者ハ評議員タルコトヲ得ス
一、監督官廳ノ在職官吏
二、本會ノ有給事務員

三、神官僧侶其他諸宗ノ敎師
四、公立ノ學校敎員
第十一條　居留民會長ハ選擧期日前五十日ヲ期トシ選擧人及被選擧人名簿ヲ調製シ選擧期日前三十日ヲ期トシ其ノ日ヨリ七日間居留民會事務所ニ於テ關係者ノ縱覽ニ供スベシ
第十二條　選擧人及被選擧人名簿ニ登錄セラレザル者ハ選擧ニ參加スルコトヲ得ス
選擧人及被選擧人名簿ニ登錄セラレタル者ニシテ選擧資格ヲ有セサルトキハ選擧ニ參加スルコトヲ得ス
第十三條　選擧期日ハ當館ニ於テ之ヲ指定ス
第十四條　居留民會長ハ選擧長トナリ選擧ヲ開閉シ其取締ニ任ス
居留民會長ハ選擧人ヨリ二人乃至四人ノ選擧立會人ヲ選任スヘシ
第十五條　選擧ハ無記名連記投票ヲ以テ之ヲ行フ
投票ハ一人一票ニ限ル
第十六條　選擧ヲ終リタルトキハ居留民會長ハ被選擧人ノ氏名及其得票數ヲ具シ當館ニ差

出スヘシ
第十七條　評議員確定シタルトキハ當館ハ之ヲ各評議員ニ通知シ且公告ス
第十八條　評議員ハ當館ニ於テ正當ノ理由アリト認ムル場合ノ外辭任スルコトヲ得ス
第十九條　評議員ニ闕員ヲ生シ其闕員議員定數ノ三分ノ一以上ニ至リタルトキ又ハ當館ニ於テ必要ト認ムルトキハ補缺選擧ヲ行フ
補缺員ハ其ノ前任者殘存期間在任ス
第二十條　評議員ハ評議員會ヲ組織シ賦課徵收ヲ議定シ其他本會諸般ノ事務ヲ審議ス
第二十一條　評議員會ハ評議員定數ノ半數以上出席スルニ非レハ會議ヲ開クコトヲ得ス
同一事件ニ付招集再回ニ至ルモ仍ホ半數ニ滿タサルトキハ前項規定ニ係ハラス評議員七名以上ノ出席ヲ以テ開會スルコトヲ得但シ決議ハ出席評議員七名以上ノ多數ヲ以テ可決スルニアラサレハ効力ヲ有セス
第二十二條　評議員會ノ議事ハ出席員ノ過半數ニ依リ之ヲ決ス可否同數ナルトキハ議長ノ決スル所ニ依ル

第二十三條　評議員會ニ於テ決議シタル事項ハ當館ノ認可ヲ受クヘシ
第二十四條　評議員ハ居留民會長一名副會長二名（内一名ハ朝鮮人）會計主任一名ヲ互選シ當館ノ認可ヲ受クヘシ
第二十五條　居留民會長ハ本會ヲ代表シ評議員會ノ議長トナリ其議決ニ依リ事務ヲ執行ス
第二十六條　居留民　副會長ハ會長ヲ輔ケ會長事故アルトキハ之ヲ代理ス
第二十七條　會計主任ハ本會ノ出納其他會計事務ヲ掌ル
第二十八條　居留民會長居留民會副會長及會計主任ハ任期滿限ニ達スルモ後任者就任スル迄ハ仍其職務ヲ繼續ス
第二十九條　本會ニ必要ノ事務員ヲ置ク
第三十條　本會ノ會計年度ハ毎年一月ヨリ十二月迄ヲ一期トス
第三十一條　居留民會長ハ毎年度收入支出豫算ヲ調製シ評議員會ノ議決ヲ經テ其ノ年度開始前ニ當館ノ認可ヲ受クヘシ
第三十二條　豫算外ノ支出又ハ豫算超過ノ支出ニ充ツル爲豫算ニ豫備費ヲ設ク可シ

第三十三條　豫算ヲ當館ニ差出ストキハ參考ノ爲左ノ書類ヲ添付スヘシ
一、豫算算定明細書
二、其ノ月ニ終ル年度ノ收支現計書
三、財產表
四、事務報告書
第三十四條　豫算ノ認可ヲ得タルトキハ居留民會長ハ之ヲ公告スヘシ
第三十五條　豫算費支出ハ評議員會ノ決議ニヨリ當館ノ認可ヲ受クヘシ
第三十六條　既定豫算ノ追加又ハ更正ヲ爲サントスルトキハ評議員會ノ議決ニヨリ當館ノ認可ヲ受クヘシ
第三十七條　豫算內ノ支出ヲ爲ス爲メ一時ノ借入金ヲ爲サントスルトキハ評議員會ノ議決ニヨリ當館ノ認可ヲ受クヘシ
第三十八條　會計主任ハ居留民會長ノ命令アルニ非サレハ支拂ヲ爲スコトヲ得ス
第三十九條　本會ノ出納ハ每年度四回以上檢査ヲ爲シ當館ニ之ヲ報告スヘシ

前項ノ檢査ハ評議員會ニ於テ互選シタル二名以上ノ評議員之ヲ行フ
第四十條　本會ノ出納閉鎖ハ年度經過後三ヶ月ヲ以テ期限トス
第四十一條　決算ハ出納閉鎖後一ヶ月以内ニ證書類ヲ添ヘ會計主任ヨリ之ヲ評議員會ノ審査ニ附スヘシ
第四十二條　居留民會長ハ決議報告及之ニ關スル評議員會ノ決議ヲ當館ニ報告シ且其ノ要領ヲ公告スヘシ
第四十三條　評議員會ハ本規則施行ニ關スル細則ヲ定メ當館ノ認可ヲ受クヘシ

附　則

本令ハ公布ノ日ヨリ之ヲ施行ス

館令第三號

大正六年館令第二號奉天居留民會規則附則ニ左ノ一項ヲ追加ス
現在ノ評議員ニ限リ其任期ヲ大正六年十月三十日迄トス

大正六年九月七日

在奉天總領事　赤　塚　正　助

奉天俱樂部規則

第一章　目　的

第一條　本俱樂部ハ奉天ニ於ケル社交機關トシ親睦ヲ篤フスルヲ以テ目的トス

第二章　會　員

第二條　本俱樂部ハ會員組織トス

第三條　本會員分チテ正會員名譽會員ノ二種トス

第四條　正會員ハ奉天及奉天附近ニ在住シ相當ノ地位ヲ有スルモノニ限ル

第五條　各譽會員ハ評議會員ノ決議ニヨリ推選ス

第六條　本俱樂部ニ入會セントスルモノハ會員二名以上ノ紹介ニ依リ入會金五圓ヲ添ヘ幹

事ニ申出テ會長ノ承認ヲ經ルモノトス

但シ其月分ノ會費ヲ徴收セス

第七條　本倶樂部正會員ハ會費トシテ毎月金參圓ヲ醵出スルモノトス

第八條　會員ニシテ會員タル名譽ヲ毀損スル者アルトキハ評議員會ノ決議ヲ經テ除名スル
コトアルヘシ

第三章　役員

第九條　本倶樂部ニ左ノ役員ヲ置ク

會長　一名　　副會長　三名
評議員　十五名　　幹事　若干名

第十條　會長副會長及評議員ハ總會ニ於テ之ヲ選擧ス

第十一條　會長ハ會務一切ヲ總理シ各會議ノ議長トナル

第十二條　副會長ハ會長ヲ補佐シ會長事故アル時之ヲ代理ス

第十三條　幹事ハ會長ノ指名ニヨリ會員中之ヲ選任シ會長ノ指揮ヲ受ケ會務ヲ整理ス
第十四條　各役員ノ任期ハ一個年トス

第四章　會議

第十五條　本倶樂部ハ總會ヲ分チテ定期總會臨時總會ノ二トス
第十六條　定期總會ハ毎年四月之ヲ開キ役員選擧事務會計ノ報告ヲ爲シ臨時總會ハ臨時會長ニ於テ必要ト認ムルトキ若クハ會員二十名以上ノ要求ニヨリ之ヲ開ク
第十七條　評議員會ハ隨時之ヲ開キ重要ノ事項ヲ議決スルモノトス
第十八條　正副會長ハ評議員タルノ資格ヲ有ス
第十九條　正副會長事故アルトキハ評議員中ヨリ臨時議長ヲ定ム
第二十條　各會議ノ議事ハ多數決トシ可否同數ナルトキハ議長之ヲ裁決ス

第五章　會計

第廿一條　本倶樂部ノ費用ハ會費寄附及雜收入ヲ之レニ充ツ
第廿二條　本倶樂部ノ會計ハ毎翌年三月末ニ於テ決算ヲ爲シ定期總會ニ之ヲ報告スルモノトス
第廿三條　本倶樂部ノ會計主任ハ評議員中ヨリ會長之ヲ指名ス

附　則

第廿四條　本規則ハ總會ノ決議ヲ經ルニ非サレハ變更スルコトヲ得ス

三　設　備

本會ハ會員相互ノ智識ヲ交換スルト時ニ時時任奉ノ紳士又ハ來奉ノ名士ヲ招聘シ講演ヲ乞ヒ直接新智識ノ注入ヲ計ルノ外會員相互ノ親睦ヲ期スル目的ニテ新ニ娯樂機關ヲ設ケ特ニ簡易食堂ハ輕便ヲ旨トシ美味安値ナル食料品ヲ提供ス是蓋シ現今社會一般ノ奢侈弊風ヲ刷新スルル一助ニ供シタル所以ナリ

イ　娯　樂　機　關

本會ハ倶樂部室ヲ設ケ式台ノ撞球台、碁、將棋並新聞雑誌ヲ備付ク
撞球使用料　　金　五　錢
會員以外ノ者ニハ入室ヲ許サス但會員ノ紹介アル者ハ者ハ此ノ限リニ非ス
遊戯時間
午前十時ヨリ午後十一時迄トス
ロ　食　　堂
本會ハ食堂ノ設備ヲ有シ調理ニ付テモ衞生ニ注意シ美味定値ナル食料品ヲ提供ス猶此ノ外バーヲ設ケ各種和洋酒及煙草其他雑貨ヲ廉價ニテ販賣ス
食事時間
朝　午前十一時ヨリ午後二時迄
晩　午後五時ヨリ午後九時迄

奉天商業會議所定欵

第一章

第一條　本會議所ハ社團法人トシ奉天商業會議所ト稱ス
第二條　本會議所ハ奉天ニ設置ス
第三條　本會議所ノ事務所ハ奉天ニ於ケル商工業ノ進歩發達ヲ圖ルヲ以テ目的トス
第四條　本會議所ノ事務權限ハ左ノ如シ
一、商工業發達ヲ圖ルニ必要ナ方案ヲ調査スルコト
二、商工業ニ關シ意見ヲ官廳ニ開申シ及商工業ノ利害ニ關スル意見ヲ表示スルコト
三、商工業ニ關スル事項ニシテ官廳ノ諮問ニ應スルコト
四、商工業ノ状況及統計ヲ調査發表スルコト
五、官廳ノ命令又ハ商工業者ノ委囑ニ依リ商工業ニ關スル事項ヲ調査シ又ハ商品ノ産地

價格等ヲ證明スルコト
六、官廳ノ命ニ依リ商工業ニ關スル鑑定人又參考人ヲ推薦スルコト
七、關係人ノ請求ニ依リ商工業ニ關スル紛議ヲ仲裁スルコト
八、商工業ニ關スル營造物ヲ設立シ又ハ管理シ其他商工業ノ發達ヲ圖ルニ必要ナル施設ヲナスコト
第五條　日本臣民又ハ法人ニシテ奉天ニ營業所又ハ事務所ヲ有シ左ノ各號ノ一ニ該當スル者ハ本會議所ノ會員タルコトヲ得但シ合名會社ニアテリテハ社員半數以上合資會社及株式合資會社ニアリテハ無限責任社員ノ半數以上日本臣民タルコトヲ要ス
一、自己ノ名ヲ以テ商法第二百六十三條第二百六十四條第一號第三號乃至第六號第八號乃至第十二號ニ掲ケタル行爲ヲ爲スコトヲ業トスル者
二、自己ノ名ヲ以テ製造及加工ニ關スル行爲ヲ爲スコトヲ業トスル者
三、自己ノ名ヲ以テ農事ヲ經營スルモノ
四、自己ノ名ヲ以テ鑛業ヲ經營スル者

第六條　左ノ各號ノ一ニ該當スルモノハ本會議所ノ會員タル資格ヲ有セス
一、身代限ノ處分ヲ受ケ債務ノ辨償ヲ終ヘサル者及家資分散又破産ノ宣告ヲ受ケ其確定シタル時ヨリ復權ノ決定確定スルニ至ル迄ノ者
二、剝奪公權者及停止公權者
三、禁錮以上ノ刑ノ宣告ヲ受ケタル時ヨリ其裁判確定スルニ至ル迄ノ者
第七條　本會議所ノ經費ハ會員ヨリ之ヲ徵收ス
會費徵收ニ關スル規程別ニ之ヲ定ム
第八條　左ノ事項ハ總領事ニ報告スルモノトス
一、議員選擧ニ關スル事項
二、第二十四條及第二十六條ノ決議
第九條　左ノ事項ハ總領事ノ認可ヲ經ルコトヲ要ス
一、役員ノ選任及解任
二、第三十二條ノ決議

第十條　左ノ事項ハ之ヲ報告スルモノトス
一、豫算及決算
二、總會ノ召集
三、議員ノ選擧
四、其他議員會ニ於テ必要ト認メタル事項
前項ノ公告ハ總領事館ノ公布紙タル新聞紙ヲ以テス
第十一條　定欵ニ規定ナキ事項ハ法令ノ定ムル處ニ據ル

第二章　議　員

第十二條　本會議所議員ノ定數ハ三十名トス
第十三條　會員ハ議員ノ選擧權及被選擧權ヲ有ス
但本會議所會費滯納中ノ者ハ此限ニアラス
第十四條　議員ノ選擧ハ會員ヲ二部ニ分チ各部ニ於テ議員十五名宛ヲ選擧スルモノトス

第十五條　議員ハ總テ名譽職トシ任期ヲ二ケ年トス但シ任期滿了スルモ後任者ノ就任スルマデ其職務ヲ行フモノトス

第十六條　議員ノ改選ハ期年ノ六月定期總會ノ日ニ於テ之ヲ行フ議員中缺員ヲ生シタル時ハ總會ニ於テ必要ト認ムル場合ニ限リ臨時補缺選擧ヲ行フ補缺議員ノ任期ハ前任者ノ殘存期間トス

第十七條　議員選擧ニ關スル細則ハ別ニ之ヲ定ム

第三章　特別議員及相談役

第十八條　本會議所ハ商工業ニ關シ智識經驗アル者ヨリ特別議員若干名ヲ囑託スルコトヲ得

前項ノ特別議員ハ會頭ノ推薦ニ依リ議員會ノ決議ヲ經テ之ヲ囑託スルモノトス但シ其任期ハ現任議員ノ任期ニ準ズ特別議員ハ會議ニ列席シ意見ヲ述フルコトヲ得

第十九條　本會議所ハ議員會ノ決議ニ依リ相談役ヲ囑託シ又解任スルコトヲ得相談役ハ本

會議所ノ重要事務ニ關シ會頭ノ諮問ニ應シ又ハ本會議所ノ事務ニ就キ意見ヲ開陳スルコトヲ得

第四章　役　員

第二十條　本會議所ニ左ノ役員ヲ置ク

會頭　一名　　副會頭　二名　　常議員　十名

役員ハ議員ノ互選トス

第二十一條　役員選擧ハ左ノ方法ニ依ル

一、會頭ハ單記無記名投票トス

二、副會頭ハ聯記無記名投票トス

三、常議員ハ聯記無記名投票トス

但シ前項ノ選擧ハ議員會ノ決議ニヨリ他ノ方法ヲ以テ選擧スルコトヲ得

第二十二條　役員ニ缺員ヲ生ジタルトキハ補缺選擧ヲ行フコトヲ得

補缺者ノ任期ハ前任者ノ殘存期間トス
第二十三條　役員ノ權限ハ左ノ如シ
一、會頭ハ理事トシテ本會議所ヲ統理シ各會議ノ會長トナリ且ツ本會議所ヲ代表ス
二、副會頭ハ理事トシテ會頭ヲ補佐シ會頭事故アルトキ其ノ職務ヲ代理ス代理順位ハ役員會ノ決議ニ依ル
三、會頭副會頭事故アルトキハ役員會ニ於テ臨時代理者ヲ定ム
四、常議員ハ本會議所ノ事務ヲ許議シ會計事務ヲ監査ス

第五章　會　議

第二十四條　總會ヲ分チテ定期總會及臨時總會ノ二トス
定期總會ハ毎年一回六月之ヲ開キ臨時總會ハ議員會ノ決議又ハ會員十分ノ一以上ノ請求ニ依リ之ヲ開ク
第二十五條　定期總會ニ附スヘキ事項ハ左ノ如シ

一、事務報告
二、豫算及決算ノ報告
三、財産目錄ノ報告
四、其他議員會ニ於テ必要ト認メタル事項
第二十六條　議員會ハ會頭ノ必要ト認ムル時又ハ議員五名以上ノ請求アルトキ之ヲ開ク
第二十七條　議員會ニ於テ議決スベキ事項左ノ如シ
一、會費徵收ニ關スル作
二、總會ニ附スベキ報告議案ノ審査
三、會員ノ入會諾否及定款違犯者之處置
四、事務處辦ニ關スル諸規則ノ制定
五、豫算及決算
六、第四條第八條ノ事項
七、其他重要ナル事項

第二十八條　役員會ハ會頭ノ必要ト認ムルトキ又ハ總領事若クハ役員三名以上ノ請求アルトキ之ヲ開ク

第二十九條　役員會ニ於テ決議スベキ事項左ノ如シ

一、第四條第二號第三號第六號及第七號ノ事項

二、議員會ノ決議執行ニ關スル事項

三、其他必要ト認メル事項

第三十條　總會ノ召集ハ開會五日前ニ議員會役員會ノ召集ハ開會三日前ニ之ヲ通知スルモノトス

但シ緊急事件ニ就テハ本項ノ日數ヲ短縮スルコトヲ得

前項ノ通知書ニハ開會ノ日時場所ヲ記載シ議案ヲ添付スルカ若ハ其要件ヲ記載スベシ

前項通知後ニ起リタル緊急問題ハ議場ニ於テ議長ヨリ通知シ議題トナスコトヲ得

第三十一條　總會ハ會員ノ三分ノ一以上議員會ハ議員ノ三分ノ一以上役員會ハ役員ノ二分ノ一以上ノ出席者アルニアラザレバ開會スルコトヲ得ズ

但シ同一議事ニ付召集二回ニ亘ルモ定數ニ滿ザルトキハ當日ノ出席員ニテ開會スルコトヲ得此場合ニ於テハ通知書ニ其旨ヲ附記スベシ
第三十二條　左ノ事項ハ總會ニ於テ出席員三分ノ二以上ノ同意ヲ得ルニアラザレバ之ヲ行フコトヲ得ズ
一、定款變更ノ決議
二、第四十五條及第四十八條ノ決議
第三十三條　議事ノ細則ハ別ニ之ヲ定ム

第六章　處　　務

第三十四條　處務ハ別ニ定ムル處務細則ニヨリ會頭之ヲ總理ス
第三十五條　本會議所ニ左ノ職員ヲ置ク
書記長　一名　書記　若干名
職員ハ役員會ノ決議ヲ經テ會頭之ヲ任免ス

第三十六條　事務ノ都合ニ依リ會頭ハ雇員及傭員ヲ任免スルコトヲ得

第三十七條　金錢出納ニ從事スル職員ニ對シテハ役員會ノ決議ニ依リ相當ノ身元保證金ヲ本會議所ニ納付セシムルコトヲ得

第七章　會計

第三十八條　本會議所ノ會計年度ハ四月一日ニ始マリ翌年三月三十日ニ終ルノモトス

第三十九條　會費ハ毎年四回三ケ月分宛之ヲ徵收ス會費ノ負擔率ハ議員會ニ於テ之ヲ定ム

第四十條　本會議所ハ商工業者ノ委囑ニヨリ施行シタル事務ニ對シ手數料又ハ鑑定料ヲ徵收シ若ハ實費ノ辨償ヲ受クルコトアルベシ

第八章　仲裁

第四十一條　仲裁ハ役員會ニ於テ其受否ヲ決シ仲裁委員ヲ選任シ之ガ判斷ヲ爲サシム

第四十二條　仲裁判斷ハ其作リタル日時場所ヲ配載シテ仲裁委員署名捺印シ會頭之ニ副署スルヲ要ス

第四十三條　本會議所ハ仲裁判斷ノ爲ニ要スル費用トシテ相當ノ手數料ヲ豫納セシムルコトアルヘシ

第四十四條　仲裁ノ手續其他本章ニ規定ナキ事項ハ別ニ細則ヲ以テ之ヲ定ム

第九章　解　散

第四十五條　本會議所解散ノ決議ハ會員ノ三分ノ二以上ノ同意アルニアラザレバ之ヲナスコトヲ得ズ

第四十六條　本會議所解散シタルトキハ會頭副會頭及常議員ヲ清算人トス但シ總會ノ決議ヲ以テ他ノ者ヲ選任スルコト得

第四十七條　本會議所ハ解散ノ後ト雖モ清算目的ノ範圍内ニ於テハ尙存續スルモノト看做ス

第四十八條　清算人ハ清算及財産處分ノ方法ヲ定メ本會議所總會ノ決議ヲ要求スベシ

第四十九條　本會議所ハ解散ノ後ト雖モ其債務ヲ完濟スルニ必要ナル金額ヲ賦課徵收スルコトヲ得

第十章　印章

第五十條　本會議所ノ印章ハ左ノ三種トス

曲尺

奉天商業會議所之印

方一寸一分

奉天商業會議所會頭之印

方七分

奉天商業會議所副會頭之印

方七分

第十一章　罰則

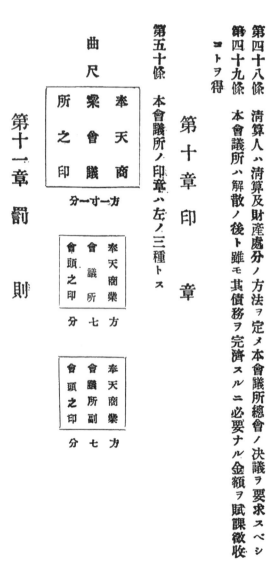

第五十一條　本會議所ノ會員ニシテ會費ヲ滯納シ又ハ本會議所ニ對シ不都合ノ行爲アリタルトキハ議員會ノ決議ニヨリ三年以內會員タル資格ヲ停止シ又ハ除名スルコトヲ得

第十二章　附　則

第五十二條　大正六年十二月十五日認可ノ本會議所定款ハ本定款認可ヲ受ケタル日ヨリ之ヲ廢止ス

奉天輸入重要品と綿糸布概説

奉天に於て最も輸入品の重要なるものは綿糸綿布なり、今茲に略述すれば左の如し

種類	産地	國別割合	
粗布	日本六割	支那四割	外國
綾物	同　五割	同　三割	同　二割
大尺布	同　七割	同　三割	―
ウンス	同　六割	同　四割	同　―
愛國布	―	同	―
細布	同　三割	同　三割	同　三割
更紗	七　割	三　割	―
麻布	八　割	二　割	―
大麻布	―	八　割	二　割
套布	三　割	七　割	―

綿糸	七割	三割	―
緞子	―	不明	―
土布	―	不明	―
綿花	―	支那	―
毛皮類	―	支那	―

即ち之に依りて見る時は支那に對する輸入供給國は我國であり又我國の獨占舞台たり思ふに我か競爭國は英國及支那でなければならぬ要之に七八年前迄は印度糸獨占狀態なりしも現在の民度に於て價格不廉の爲其需要は減退し遂に本邦品の勢力に蠶食せられ漸時販路を縮少するの止なきに至り玆に本邦紡績は異常の發達を來し支那に向つて絕大の勢力を扶植し得、殊に滿洲は本邦獨占的地盤を占むるに至れるなり

然るに一方支那に於ては戰時中物資供給難に基き物價暴騰を見從つて國貨提唱となり其の刺戟を受けたる結果綿糸綿製品の世界的狂騰により遂に支那の紡績は異常なる發達を促し來り、玆に粗製品たる太物綿糸並に粗布、土布類は日本の製品を壓倒せんずの勢を示すに至り又精巧品たる三十手以上の綿糸或は細布細綾更紗其他の加工品にあつては最近英米

獨其他外國製品の弗々輸入を見る今や本邦品は向背に敵を受くるの狀態にあつて世界的競爭市場裡に於て甚大なる脅威を感じつゝあり、されば本邦人たるものは豈棉業界のみならす我對支貿易上の將來に就て特に深甚の注意を拂はねばならぬ

本邦產綿糸布輸入減退原因として玆に最も考慮すべきは斯の如き全滿に對しての奉天市場は本邦品特に安東經由本邦品は至極優秀なる位置にあり、其輸入綿糸布に對し奉天は約三割以上を占め各地の首位にあることは疑ふ可からざる事實なるもこは單に安東經由の荷物のみの現象にして本邦品全體に附いては其の勢力が一段と減退しつゝあり而して其輸入減退原因たるや、近來支那紡績及織布工場の著しく勃興し本邦品と同一にて品質の劣る可きは或一部加工品に止まり其他生地物類の如きは却て優良のものを製出するに到れり、其の結果としては次の諸點に歸すべくと言ふべきなり

恐慌の創痍未だ癒さる結果一般手控へ方針にて現狀維持に力むるに外ならぬ、從つて輸入數量減少を來したり

金融硬塞、各銀行の嚴戒と賣行及び仕入に影響する事

市況益々惡化の一方にて其結果舎田客の懐工合の影響と馬賊其他の脅威を受け奥地不振と奉直戰後の影響と云ふ可く亦通貨暴落せる事

即ち之に依りて見る時は支那に對し綿糸布輸入共一般不況に拘らず原料騰貴と支那品の發達に輸入激進と英米品等の輸入再現は邦品にとりて最も侮るべからざる點なり、尙金銀建値問題か惹起せば本品は直ちに其の惡影響を鋭敏に多少共蒙る點等は最も注意を要す可きなり

參考各論

最近數年來滿洲地方の織布工場は著しく勃興し來たり其趨勢を見るに綿布の賣行惡しき際に於ても綿糸は相當引合ふ模樣であるだが當地方に輸入される綿糸は主として16番手或は20番手者に過ぎない特に16番手が大部分の位地を占めて居る要するに一般地方織布工場では粗布及土布等の粗惡なるものをのみ製織する爲め細糸の需要は極めて僅かである

支那糸は現在支那綿花高影の響とも云ふべく日本糸と比較的値段に於て大差なき結果需要者に於ては從來から使ひ慣れたる日本糸を買慕ふのは自然の趨勢である然れども今後生產增加と關稅干係とで最近弗々輸入激增して來た模樣である此れが爲に本邦品は決して樂觀すべからざる狀況に在るされば現今の處一般より見て支那糸は日本糸に比較せんか糸の引き强からざると節がある等の點は劣つて居るなれども色の點は白くして織り上げは手厚く一見丈夫そうなので素人向に甚だ喜ばれる

代表的銘柄を示せば次の通りである

日本糸扇面16Ｓ日之出鶴20/3双雁20/3

支那糸　水月16Ｓ20Ｓ（日本內外棉會社の製品なるも支那糸と云ふを普通とせり）

朝鮮糸　鳳凰16Ｓ20Ｓ

尙シルケツトは現今沓下製造用として當地各地方の支那側に相當需要を見るになつた影氣回復の曉には又益有望品たるを失はないであらう

代表的銘柄は複雜なる爲め今玆には大阪及愛知縣の一二の商店を示して見やう

大阪市　井上商事株式會社
愛知縣　森林洋行
大阪市　西澤商店
大阪市　龜岡商店
右の者が主に南北滿洲一帶の取引荷主と見て然りである
粗布は當市場に於ける綿布の大宗とも見るべきで本邦品は今や英米品を驅逐して南北滿洲一搬に渡り獨占の地位にある重目と輕目との二種あり當地に於ける代表的のものは

龍C　　日本13/2封度30×40碼
九龍　同　同　同
金貨　同　16　同
文珠　同　同　同
犬馬　同　12　同

當地に於ては主に十三封度半物卽ち標準物が愛され商標の古い關係上龍Cが九龍より高

値にも不拘常に支那人間にあつても日本品の代表とし克く知られて居る支那人の衣服或は襯衣等の外用途は甚だ廣いのである尙外用品としては未だ從前の如き勢力はないけれど弗々昨今市場に現はれ捲來を期しつゝある從前から相當勢力ありしものは次の通りである

大廉甲　　三免

支那粗布としては主に上海製品であつて

水月30×40碼十三封度(內外綿製品)三元寶30×40碼

是等が一番好評を博して居るか然し支那粗布は支那に於ける紡績が未だ綿糸に全力を注いで綿布には重きを置いて居らない干係上生產高が尠く漸同地方の需要を滿すに置ぎないから從つて當地方への輸入も多くないが支那人間には本邦製粗布よりも良質であると評されて居るが原料に支那綿を混用する關係上色に於て聊か優れ居ると織上げば日本の方が齊一であるだが遠からす日本製品の强敵となるであらう現に當地支那商側で主に上海製を取扱ひ直接輸入を計つて居るのもある

大尺布の當地に於ける代表的銘柄は

白羊美人18×22碼五七〇匁（泉織）
三　輪Ａ同　同　五八〇匁（服部）
象　冠同　同　五八〇匁（和田爲）
實　星同　同　五八〇匁（具塚）
金　字同　同　五八〇匁（深田）
人　撈魚同　同　五八〇匁（中泉）
天下一品同　同　五八〇匁（岡橋）

右の内白羊美人、象冠、三輪Ａが最も標準であり特に白羊美人は頗る名聲を博して居る便用原糸は十四番手或は十二番手である元來大尺布は明治卅八年豐田式製織機の發明に依つて生れたもので一度本機の現るゝや日本内地及朝鮮の小巾木棉は全部其れによる事となつたので製品の過剩を生じたが滿洲に於ける上海土布等小巾木棉の要需は相當の額に上れるを見て我小巾木棉製品過剩品の販路を玆に求めんとし之れが模造製織に從事し一時製織工賃高と銀塊暴落に遭遇して多大の損失を蒙り手控への止むなきに至つた事ありしも品質に於て彼を凌ぎ獨特の味を出し土布の本質を離れ別個のもの丶如き觀を呈するに至り漸次土布を驅逐して本邦大尺布は綿糸布界の一大權威とし遂に全滿洲を風靡するに至つたのである大正七八年度好況時代に於ては日本內地に我も〱と大尺布製造に變り大尺布全盛を歌はれた位であるが近來財界の不況と相場不引合等の爲め大尺布の輸入減少し再び土布の勢力擴大するに至り稍もすれば大尺布が之れに壓迫されんとする傾向がある事は特に遺憾の至りである

本品の如きは一般支那土民に供せられるのであるから地質の强靭と値段の低廉なる事を必要とするので支那土布等は實に大尺布に對する强敵といはねばならぬ殊に近時當地及各地方に手織機の勃興は已に侮るべからざるものとなつて來た。土布は主に輸入品として當地に來たるものは尠少なるも長春以北に上海ものが相當需要を見るのである一時戰時中は日本大尺布に壓倒されて居つたのが最近に及び臺頭し來り今や値段の安い結果日本大尺布を驅逐せんとする勢を持して居る土布は上海に於て製織輸入するものが多い

巾一尺三五（支那尺）長五十二尺乃至五十三尺を普通とする

註日本大尺布(支那尺)巾一尺三五長五十六尺
　支那一尺―日本一尺一六
　一　碼―支那二尺六
土布は四十疋約二千五百尺を以て一梱として其一梱中の品質は一定せず上等品四疋中等品最多下等品小數の割合である
小巾布淸水布及套布
本品は主に紅又は藍黃等に染色の上子供用衣服に供せらるるのであるが當地に於ける需要數量僅少であるが日本製小尺布の內好評なものは左の通りである
　金　天　雲　鶴
綾物(打遶布)は古き時代より本邦品も輸入を見て居つたので已に米國品を驅逐し支那人間に日本打遶布と言へば龍頭、双鷲を思はしむるに至つた代表的銘柄は
　竜綾(東紡)14　封度29/2×40碼
　鷲綾　同　13　29/2×44碼

鳳凰（富士紡）14　30×40碼

而して此れ等を英米品に比較する時は多くの遜色を見ないか材料の優れて居る點でもあらう英米品の綾目の整然として居るには一歩を讓らねばならない

最近支那人間の生活程度向上に伴ひ細布と等しく本品に代るに「ジーンス」の需要が實に增加して來た事は尤も注目を要する所である

上海に於て製出されるものに優良品あり本邦品の此等は勁敵と見てよからう其重なるものは左の通りである

五元寶十六封度　　鹿鶴十五度度

双猫英十一封度　　三魚十二封度

圈三兔十二封度

細綾（坎布）最初は春秋の二期に賣行を見たに過ぎなかつたが支那人嗜好の變遷よりして「ドリルに代り」本品を使用するに至つたので最近は春夏秋冬四季を通して一年中賣行を見るに到達した代表的銘柄は

双童(服部)十封度竹虎(鐘紡)十封度

人面(東紡)十封度菊月(天満)10 3/4封度

一般支那人向としては双童人面菊月格の物が彼れ等の嗜好に適し別けて双童が標準となつて居る竹虎の如きは未だ上等に過ぎる樣である英國品も生地細徴良質に過ぐる樣であるが漸次生活程度向上の結果は將來愈益々優秀品を必要とするに到るならんと因に外國品の代表的の物としては30碼もの丶輸入が多い

三麻頭30碼又は四十碼

地球30碼又は40碼

雙松鼠三十碼

細布(生金巾)市布は以前夏季中短期間即ち三ヶ月程より賣行を見ざりしも三四年前より俄かに本品の需要を増し一年中賣行を見るに至つた此れは要するに當地方一般の生活程度の向上を意味するものであるが其の數量は未だ粗布土布大尺布に遠く及ばない

本品は精巧品に屬し戰前は英米品の獨占であつたが歐洲戰亂中其出廻り減少に乘じ當業

者努力の結果愈々本邦品の勢力を扶植し歐米品を驅逐するを得たのである

奉天地方に於ては十三封度半物最も賣行き多く十二封度十一封度物之れに次ぐ本邦品の標準物としては

軍人36×40碼朝日36×40碼

獅子四A36×40碼世樂鳥36×40碼

英國品は糸綿の佳良なるに加へ生地の齊一であるが爲め外觀宣敷又染色具合等は本邦品の遠く及ばさる所である最近當地には未だ余り入荷を見ざれとも哈爾賓地方に弗々其姿を現し來り商標としては協隆雙人槍怡和人槍等で是等は已に該地に相當輸入を見て居る

晒金巾は元來英國品の獨占であつたが本品輸入困難となるや本邦品はこれに乘じ賣行頓に激增したのである本邦製代表的商標としては

日蝶　　郭子儀　　童笛　　倪雲林

等が最も好評である

英國品は泰和藍團竜。泰和藍團鳳公平老頭漂崔英怡和、金三塔等の輸入荷あるも大概洽爾賓方面に送られるものが多い米國品も幾分入荷されて居る本邦品は是等と比較する時は漂白の點等に改良を要する所が多く巾等も各需要者の要求に應じ大巾小巾共製造し得る樣注意をせねばならぬ

染ジンス及染綾は最初露國人向として北滿方面に輸入されしも現在は一般支那人の愛用する處となり色合としては黒及茶鼠色で光輝附が好評の聲を博し竹虎或は雙童級のものが一般の代表的であるなれども光輝附は生地を傷める結果中流以下には黒色光輝なしの方か好まれるも共に衣服用で五色ジンスは男女兒供服地又は裏地用として春秋冬の三期節に渡つて相當需要を見て居る

染綾は主に紅色銀色鶯色等で支那人男女の衣服用とし多數量の賣行を見て居る最近は尙ほ蒙古人の衣料とし弗々新販路を開始されつゝある

更紗は露西亞更紗を以て世界第一と迄定評あつたもので最も堅牢にして優良な染料ばかりを選定し建染々料及び不溶解性アブ染料の取合せに重きを置いたもので到底俄かに勃興した日本更紗の企及し得ざる所の事は明かな事實であるが生地及染料の選擇に今少しく細

心に注意せんか本邦品たりとも相當の製品を出し得る事が出來やう

近來英國及び獨逸の優秀製品の哈爾賓地方に相當輸入を見るに到つたもの丶品質は甚だ優好で以前の露西亞更紗に比較して大なる遜色を見ない樣で米國品も當初は日本品と大差なく却つて値段の高い丈け劣つてゐたのが最近相當に良質のものを見受くるに至れり殊に當地に於て細糸生地の物は上中流向に賣れ行がある故に本邦製品も細糸生地を使用するならば宜敷効果を擧け得るべきであらうと思ふ

日本品は茄子生地を以て最良のものとし一時白熱的好況時代は生地の製織の間に合はず代用品を以て糊塗した事があつたが既に白地小柄縞物は流行遲れとなりダーク（色染）位で値段の干係上僅かに一部の支那人に販路を見るのみで決して好評を受けて居ないから本邦當業者の尙充分の研究と改善を必要とするものである

戰前露西亞人は支那本部及滿洲各地に常に出張員を派遣し流行及嗜好を絕へず調査させ東洋向き或は歐洲向きと其方面に依つて模樣等を異にして居るのであるが本邦品の如きは千變一律を免れない點は特に一考を要すべく支那人の模樣に對する嗜好は常に變遷するの

であるから友仙模様の應用なども或は面白い結果を得られるであらう
紅天竺（紅洋晒）は支那人小供服及婚禮其他の儀式用並に壁張裝色用等に使用せられるもで當地を初め南北滿洲一般の支那人間に相當多額の需要あり有望なる商品の一である大概六封度もの又は五封半物が最も賣行き良好なり
當地に於ける代表的のものは
郭巨　進軍　鴛鴦　二美遊興
從來は英獨製品に本邦品は到底及ばざりしも漸次邦人の技術進歩と共に現在に於ては餘り悪評なく凡て本邦品の獨占と稱してもよい
寧波布は支那人一般向として侮るべからざる勢力を持つて居るけれ共本邦品は好況時代粗製の甚しきものがあつた事は實に遺感の到りである元來が本品は粗製品だからと言つて等閑にするのはよくない是等は最も親切に造つて貰ひたいものである
大阪製の外に當奉天に於て製出のものが相當好評なのは本邦當業者の考一考を煩す必要があらう

而して該品の如き一般的支那人に需要の多い粗製品に對する支那製品即ち上海品又は滿洲製產品が今後勞賃及び關稅等の干係よりして有利の地盤を占めて居る事は最も恐るべきである

ボプリン（線綴）は贅澤品に屬するもので從つて中以下の者には販路が少い多く大官連威は上流者の衣服用に多數賣行がある

本品は絞織の黑色又は紫色等が一般的に好愛されて居る蒙古人向としては黃色牡丹色紫色等最も好評を博しつゝあるも北滿地方ロシヤ人向には今後黑又は茶色の無地ものが賣れる樣に思はれる

英國品も弗々姿を現して居る

雙英馬　珍珠塔　金鑾殺

等で品質は本邦品に優る事は數等である

小倉織（洋服織又は羅格布）は

霜降り又は縞物で二十五碼物及三十碼物の二種あるが其の內二十五碼物は地質厚く最も

支那人向に好評あり三十碼物の霜降りは主に露人向即ち哈爾賓知多黒河方面へ仕向られ彼の地方人に需要を満たされて居る尚最近はセル擬ひのもの或は黒綾地物が奉天を中心として北満方面に相當販路を擴張して居る本品は主に岩國義濟堂株式會社及岡山の大塚織布株式會社備後國明正合名會社等の製品である

ネル本品は戰前に於て英米品有力なる地位を占め居たるが今や本邦品は右二國を壓倒するに至つたのである一時衣服の裏地として多額の賣行がありしも現今は思ひ出した樣に時々引合を見る位である

マーチ印捺染ネル日本和山製が一般に最も好評でラシャネル之に次ぐ普通綿ネルも相當需要あれど白色桃色玉子色等は全く喜ばれない花柄は相當販路を進張したものである

片綾ネルは支那人の各襯衣用として相當優勢に賣行を見て居る五百番及千番で代表的商標は

電車　三羊　鋏　進軍

千五百番は偶々引合あるも値段の關係で不調に絡つた模樣である

日本木棉とは卽ち白木綿にして支那固有の土布に類似せるものなるがシーチングに相似て價格割安なるが爲め中流以下の支那人に歡迎されて居る而して其輸出額の大部分は當滿洲地方が主である

綿伊太利及綿儒子(羽綢)は戰前に於ける本品輸入額の約九割は英國品にして約一割を其他の各國より輸入されたものにて本邦品の如きは殆ど指を染むる能はざりしも時局の結果漸く販路を獲得し現在に到り日本品獨占的勢力を滿すに至つたのである

綿縮(日本縐布)は本邦特産品とも稱すべく淸洒として着心地よく價格又低廉である爲め南北滿洲に從前は賣行のあつたものであるが現在當地方は需要尠く主として露人向に白無地及友仙物等が西伯利方面で好評がある

浴巾(手巾)本品は旣に戰前に於ても本邦品は支那市場に優越なる地歩を占め居たものなるを以て戰亂當時特に日本品の輸入を激增したるにはあらざりしも大體に於て最近に至り增加の傾向を示し他外國品は輸入減少を來して居る然しながら滿洲に於ける斯業の發展も亦近來著しきを以て將來は必ずや本邦品の輸入に影響を來すことは火を睹るより瞭かであ

る

加工綿布類聲價維持策と改良を要する諸點

支那市場に於ける一般に我加工綿布が英米品に劣れる原因は要するに日本布の技術は支那人の趣味に投じ歡迎を受くるには余り染色加工幼稚にして不變色なるを以て其實を發揮する能はず品質粗惡にして疵物多く支那地内に於ける愛國布電光布文明布等の精巧織物に動ともすれば壓せらるゝ氣味あることは其主たるものなり

本邦綿製品の聲價を維持するは必すしも困事にあらず最も加工品は英國品に匹敵する能はざる點多しと雖も需要者の立場より見る時は稍々生活程度向上したとは言へ未だ比較的一般に低級の支那地方に於ては値段次第にては多く需要者中には品質の如きよりも安價なるを希望するもの尠かなず之が爲め賣込みに對しては全々困難なる程の事なかるべし最も品に注意を要するは勿論なるも此外に間斷なき供給と割合に安價なるを以て好しとす要するに我綿糸布の今後の發展は精巧品の輸入にあり歐米品は歐洲戰局以來船舶輸送力の缺乏其他幾多の傍生的障碍の爲め極東への輸出は一時其の跡を斷つならんと豫想せられしに事

實は其れに反し積量少く金額の大にして有利なる加工綿布は昔日と異常なく依然として其勢力を張り相當の地位を維持し居れり從前凡ゆる綿製品に於て英米品の後尾を拜しつゝありし本邦綿製品は戰局の恩惠ありし結果生地物に於て彼等を陵駕し之を驅逐するに至りしは吾人の等しく一大快事とせざるべからざるも之にて滿足することなく更に歩一歩進んで加工品に於ても生地物同樣に日本品を以て亞細亞市場を支配するの覺悟にて努力奮鬪を爲さゞるべからず

支那人の嗜好及性質に對する注意事項

需要者嗜好及性質等に就て其の注意と研究の必要を力說するものは多數にあるも詳細に之を明示したものゝ尠い事は實に遺憾の至りである

適好なる支那向の商品を吟味するに當り注意すべきは一般地方の人情風俗が敦厚質朴なること及び風氣未だ充分開發せりと云ふ能はず從て生活程度は實益實用を主として利害の計算に敏なること且つ自尊心強く妄りに新奇の事物を探取せざること又迷信深く守舊なる事尙今昔日と異ならず

従來支那人は主に附近市場に於て製造する手織木棉（土布）を需要し來りしに近來手織木棉は極く僅かにして農民又は下級の勞働者等の使用に限り商民は多く新式の機械織物を使用し其の實用の如何を研究の後果して堅牢便利なりと認るときは價格の如何は敢て意に介せざる傾向あり斯くの如く支那人の常用とする衣服地は老若男女貴賤を問はず多く丈夫向にて洗濯に堪へ得る地厚の品にして其色合の如きも一定の標準なきが如し

だが晴着（外出用）の場合には大に綺羅を飾り殆ど粗製品を見ざる有樣で男女の小供等は色物若しくは捺染物を使用するを通側なりとするも其柄に至りては殆ど變化なけれ共只吉事に凡て紅色を貴び凶事には蛾黄及白色を使用するを常とす

模樣として種々復雜にして到底筆紙にて現す事は不可なるも其著しく特に好む者を四五列記すれば

牡丹　菊　梅　蘭　竜　獅子等の類を喜び文字なれば

福　壽　寶　財　陞　悦　發　貴等にて又其嫌惡すべきものは

龜　鼈　熊　犬　鬼　蟹　蛇　鰐等の文字及び圖畫なりとす

殊に龜の文字に字りては支人は忘八と稱し之を大に嫌忌せり

次に種々のものに使用する色合に至つては支那人一般に高尙優美よりも却つて濃厚華麗を好むか故に我國の派手と稱するもの丶色彩を配合し光彩燦然一見目を驚かす如きものを一般の嗜好に投ずるもの丶如く思料せらる絹織物綿布手巾類は色彩の表裏とも鮮明にして光澤あり模樣等も其形大なるを好み且つ染料の良好にして屢次洗滌するも褪色せざるを好しとす而して好むものは

洋紅　綠　淺黃　藍色　紫色　銀白色等である

支那人は一般に色合及配合に付いての觀念薄く其嗜好する色合の如きも極めて濃艶なる深草色か赤色なれば眞紅例へは緋金巾の如き一點も他の色合を混せざるも元素的色合を嗜好し總て淡色の如きは殆んど省みられない又色合配合の如きも如何なる色とを配合すれば見榮好きか如何なる色の下着を着る時は上着を如何なるものを着ればうつりよきか又年齡の上下によりて如何に色合を變ずべきか等の考へは毛頭更になきが如し且つ支那人が色合及び其配合の感念薄きは文化の程度が諸外國に比較して尙ほ遼く及ばさるに歸せずんばあ

らず更に南北地方を對比するに南方は諸外人に接すること多く且つ從つて文化も早く輸入せられ人民文明の程度遙かに高きを以て其色合に對する觀念も高尙なるは亦事實にして五六十歳の老婆が眞紅色の花簪を用ひ緋色の庫子を穿つは北方に於て見るも南方にしては之を見ることを得ず斯くて色の觀念甚だ薄く北方は南方より劣り田舍は都會より劣れるを以て其用ふる色合と地方に依りて大に趣味を異にす模樣は支那人一般に無地を着用し其衣服の色合に付ては比較的嗜好深きにも不拘模樣に於ては左迄意に介せざるもの丶如し故に古來殆んど一定の模樣を持續して更に新機軸を出すことが尠い而して日本の流行は東京を起點として世界の流行は巴里に始まるが如く支那の流行は實に上海を以て源泉とする爲めに總て新珍物は先づ上海に行き後ち漸次各方面に及ぶが滿洲は又一個の別天地である然し注意すべきは紫と地合が異れるものは成年の男女に決して用られず嗜好に對する色合及模樣は異既述の如し今茲に支那人が綿布類の實質に對する嗜好としては元來支那人は極めて虛色を貴び外觀の美を喜ぶ風あるを以て中流以上のもの丶如き多くは平素常に絹布を纒ふも其外衣を脫するや絹布は綿布に變じ又其不潔なること甚しく而して斯く身分に潛越して外

面を飾らんとする結果に皆悉く絹布を着ること能はずして外面を糊塗するに止まり反つて他者の朝笑を招くのみ然れ共斯くの如き支那人一般の風習にして各人之を認めて怪まず互に競ふて外観を塗飾せんことに勉む從つて彼等の綿製品に對する嗜好の如きも實質の如何よりは外美を好愛すべく即ち装飾を第一とし實用を第二とする如き此一點に至りては事實は此に反し實用を旨とし装飾を後にするが如し

何を以て然るかと云ふに小數の上流社會は暫らく措き大多數の中以下の社會に於ては何ほ其生活の程度低くして装飾のみを事とする能はず專ら實用を主とせざるべからず加之屢々洗滌するを以て若し不堅牢のものならんか到底數度洗滌に耐ふるを得ず其の技術の巧拙如何を問はず品質の堅牢と商標の舊い名の通つた者を擇ぶが常である故に當地方に於て竜Cが九竜より高値に賣れ行く等は至極適例と言はねばならぬ斯の如く今日の現狀に於ては外觀を主とするよりは實質の改良を主とせざるべからずとは雖も外觀の如何を不問に措く時は是れ赤支那人の意を酌まざる事になるされば兩者相俱ふて改良進歩の道を圖るべく只だ實質を先にする事を忘却すべからず

結論

以上述べた如く對支綿糸布の發展を爲さんと欲するには各方面に對支經濟的改革刷新を行ひ根本的に在來方針を一變せねばならぬ點が尠くない而して之が目的を達せんとするには亦幾多の新施設を要すること勿論である

然も綿糸布は我國輸出品の對支發展と代表的商品として好評を博し居るもの下生糸及絹織物と同樣相當强固な地盤を有して居るけれ共一方外國商品支那製品の脅威を受け殊に改訂關稅後の支那製品は其の保護を受けるに反して本邦製品の蒙る損失は甚大であるから決して其前途は樂觀を許さない當地に於ける日本綿糸布商も國家政策上より言へば飽迄日本製品をのみ固守し外國品と對抗して其販路伸張を畫さねばならぬのであるがそれは多くの資本及び後援があつて始めて行はれる所以の者で到底微力を以ては永續は出來得ない忽ち倒產の憂き目を見なければならぬので將來の發展と自己防衛を策する上に於て他の雜貨商と等しく日本製品のみと以て激しく戰ふ事は出來ないで其他にどうしても上海方面に連絡

を保ち外國品や支那品の輸入をも計らねばならん狀態にある

如斯にして支那紡績業の發達と亞いで外國品の輸入と共に盛んに日本製本の販路が蠶食されて行く事は否む事は出來ない

今や排日貨或は外品　は支那品の脅威等の此の苦き試練に堪へ忍んで今日迄得た販路を固守すると同時に將來に對する大策を樹立せなければならぬ時である

奉天は現今こそ不況のドン底に沈倫して居るも政治上交通上中樞の地で且つ滿洲及西比利亞蒙古の中心市場であり尙洋々たる前途を有して居るから當業　も亦此の奉天の發展に順應して日本綿糸布の販路を擴張しなければならない

綿糸布は啻に日本の重要輸出品のみならず今や世界的の商品である內地の需要があるからとしそれを以て安心し輸出を疎にする事は出來ない今後世界を相手に世界的競爭は激烈となるが今日迄の如き生產方針では到底輸出貿易の發展は期することが出來ない

日本は未だ好況時代の隋性に引運られて居る樣であるが早く此の桃源の夢より醒めて紡績會社綿糸布商將又銀行業者及爲政者學者技術家や勞働者も總て大局に活眼を注いで姑息

的手段や偏狹的商策又は政爭を捨てゝ日本が支那市場に於ける經濟上の勢力を伸張せんと欲せば先づ第一に誠心誠意を以て相共に呼應し此の世界的競爭に當り攻防兩つながら須らく打算を誤らざる作戰計畫を樹てゝ優勝の榮冠を獲ち得る爲めに我が國民たる者の蹶起すべく最全の努力を致さなければならぬ秋ではあるまいか

奉天事情終

大正十四年四月二十日印刷
大正十四年五月一日發行

不許複製

奉天事情

金壹圓貳拾錢

編輯者　奉天橋立町一五番地　中根泰治
發行者　奉天春日町五番地　宮本武郎
印刷者　奉天淀町五番地　米田喜平
印刷所　奉天淀町五番地　米田號印刷所
發行所　奉天春日町　文古堂書店

滿洲食糧公司

事務所　奉天橋立町十八番地
工　場　奉天橋立町十七番地
電話長一一七〇番　振替口座大連一四九番

營業種目　文化米、膨脹粟、膨脹玉蜀黍、膨脹穀類、復興、御國與
製菓原料ノ製造及販賣

組　織　大正十三年九月創業　資本金參萬圓

公司主　自在丸金市

奉天

松尾大正堂藥房

本店　浪速通四十一番地
電話一六四四番

分店　浪速通二十三番地
電話（長）六八一番
電略（マ）又ハ（マツ）
振替口座大連二〇七五番

奉天西塔大街三丁目

精米業
米穀問屋
特産物商

合資會社 福隆糧店

工場能率
一日精白米二百石
玄米二百五拾石

米穀部
精米工場部
特産部

電話長一二六一番
六八〇番
電略フリウ（又ハフリ）
受信略號ホウテンフクリウ

鎭咳袪痰並喘息發作頓服薬
「アスマトール」製造元
奉天松島町十四番地

藥品器械商 鶴原文雄商店

電話長一五〇五番
振替大連二八六三番

みやげ物

ケンチユウ風呂敷製造販賣
其他歐米煙草各種

丸貞洋行進物部

奉天浪速通三

奉天旅館業組合

瀋陽館

都ホテル

大星ホテル

大丸旅館

一力旅館

常盤旅館

日進館

東亜旅館

武蔵屋旅館

満洲館

鐵鋼
機械

奉天千代田通り二十番地

合名會社 原田組奉天支店

電話長六二番

本店 大連山縣通り二十一番地

滿洲市場株式會社

電話（六三六番）（八九六番）（振替口座大連一七二二番）（電信略號（マ一）又ハ（マ）

満洲産薬輸出入商

二昌洋行

疊部主　川村竹藏

南満洲奉天加茂町十二番地
電話長一四五六番
同　九八三番
振替口座大連一二五六番

和洋雑貨
化粧品
小間物
袋物

奉天浪速通七番地

まつや雑貨店

電話九八三番
振替大連二七六七番

和洋酒
食料品
紙類
卸小賣商

金松號

一番ケ瀬虎松

奉天春日町五番地
市場東門南へ三軒目

奉天新市街平康里支那料理店組合

會長	群樂一所	于世銘
副會長	百花僊館	董世德
會員	艷樂書館	張海亭
	鴻聲書館	張漢臣
	群樂三所	賈連閣
	群仙書館	劉士鴻
	青蓮書館	張錦波
	素蘭書館	鄭國慶
	會仙閣	卞松桃
	萬雲書館	黃鶴貴
	同樂班	朱朝山
	聚樂堂	宋德源

奉天柳町（イロハ順）

御料理割烹

い津美	五〇一
いろは樓	二五六
一山樓	二七〇
ハイカラ館	六二六
穗積館	一五六
御多福	五三四
まん月	五七六
第一旭樓	一〇一八
松乃家	三一九
金八	四七
よね家	一〇二三

中華旅館
公合桟
奉天千代田通

奉天驛前
中華旅館
日升桟
電話一三二八番

中華旅館
茂林飯店
奉天千代田通

中華旅館
北京飯店
奉天浪速通三十七番地

中華旅館
悅來棧
奉天驛前

中華旅館
天聚東
奉天驛前

中華旅館
天泰棧
奉天驛前

中華旅館
福順棧
奉天驛前

奉天運送業組合

國際運送株式會社奉天支店
奉天千代田通十二番地
電話 營九〇九　九〇八
　　 長七九九　一五八

內國通運株式會社奉天取引店
奉天驛前
電話一三六一番
振替口座大連三九四二番

宮城運送店
宮城貞藏
電話一六三七番

丸重運送店
奉天宮島町十六番地
電話長一四八四番
　　一七七番
振替口座大連一四二九番
電略（〇）

丸大運輸
電話三六四番

川上運送店
電話七八一番

狩野運輸
電話長一二二八
　　一二二七番

建築材料
石炭
美富號
奉天宮島町十一

陸軍各官衙滿鐵病院會社御用達
麵麭類
和洋菓子
調製所
原田商店
奉天浪速通り
電話二四五番

各國蓄音器
伊太利カタニヤマンドリン
獨逸ハンミツヒバイオリン
獨逸エムホーナハーモニカ
豐泰號樂器店
奉天春日町七番地
電話七一二番
振替大連六二八番

奉天浪速通九番地市場西通角
和洋雜貨
各國化粧品
寫眞機並材料
洋酒洋菓子
商
金十三洋品店
店主市岡永七
電話六〇七番
振替大連三八一三番

805　中根泰治 編『訂正再販　奉天事情』（文古堂書店、1925 年 5 月）

奉天霞町二一番地（驛ヨリ約二丁右入リ）

中華菜館

公記飯店

支配人　高魁五

日電一三七六番
七五二番

中電一二五〇號

奉天淀町（東拓東側）

和洋紙
文具商
大野一誠堂本店
電話二五九番

奉天浪速通リ
大野一誠堂支店
電話九三〇番

奉天十間房

諸雑貨商
喜多商行

電話一三三番
振替口座大連二三九八番
發電略語（キ）又ハ（キタ）

満鐵線
四洮線
吉兆線
列車内販賣

株式
會社
調辦所

本店　奉天　支部　大連　長春　鄭家屯

奉天呉服商組合

入江呉服店　電話 二七三番 局八〇番

伊豫組　電話 二〇二番 五九六番

中瀬呉服店　電話 三九番

田中呉服店　電話 五六七番

丸京呉服店　電話 七五七番 一一七二番

牧野呉服店　電話 三六番 四五〇番

奉天千代田通り二十七番地

鑛油
鑛鐵商

福生洋行

電話一二〇四番

奉天春日町五番地

和洋
新古
書籍店

宮本文古堂

和洋雑貨
和洋食料品
奉天小西關
中越洋行
電話一五〇番

滿洲物產輸出
南滿洲奉天加茂町八番地
橋口洋行
電話　一四二二番
　　　園一六六番
電略　受ホウテンハシクチ
　　　發（ハ）又ハ（ハ…）
振替口座大連一二二五二
出張所
新民府大街電話園二八番
奉天小西關電話二二四〇番

奉天小西關大什字街商
綿糸、綿布
特產物其他
一般輸出入
貿易委託賣買
日本海上保險
株式會社代理店
合資會社　三生洋行
電話（日　園四七八番
　　（中　五四〇號
受信略語ホウテンミセ（イ）
發信略語（ミ又ハミセ）

雑穀肥料
醬油原料商
質屋業
奉天加茂町八番地
大正號
長電話七八六番
電略タホ又ハタ

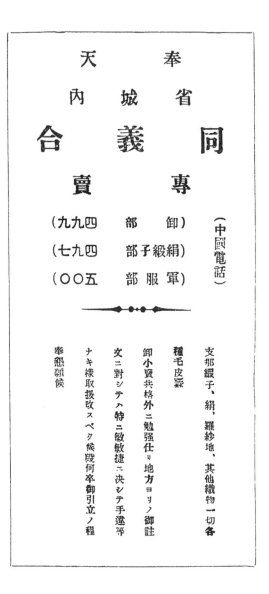

奉天千代田通リ十六番地

支那南北
高等料理
西洋料理

松梅軒飯店

主人　隋玉祥

日電七六二番
中電千〇〇一番

弊店ハ附屬地ニ開業以來既ニ三閲年、室內、器具、通風、採光等總ベテ新式ノ設備ヲ施シ、北京、上海ヨリ、特ニ熟練セル料理人ヲ招聘シ衛生ヲ重ンジ、材料ヲ吟味シ、御安値ヲ旨トシ御宴會等ハ營業宣傳ノ意味ニ於テ利益ヲ度外視シ特ニ御便宜ニ御取計ヒ致スベク候間何卒御試食ノ上御引立ノ程奉懇願候

生田流
琴三絃
指南所

大勾當玉木養重

奉天松島町四番地

米穀
石棉
販賣
商

畠井精米所

奉天江ノ島町二番地

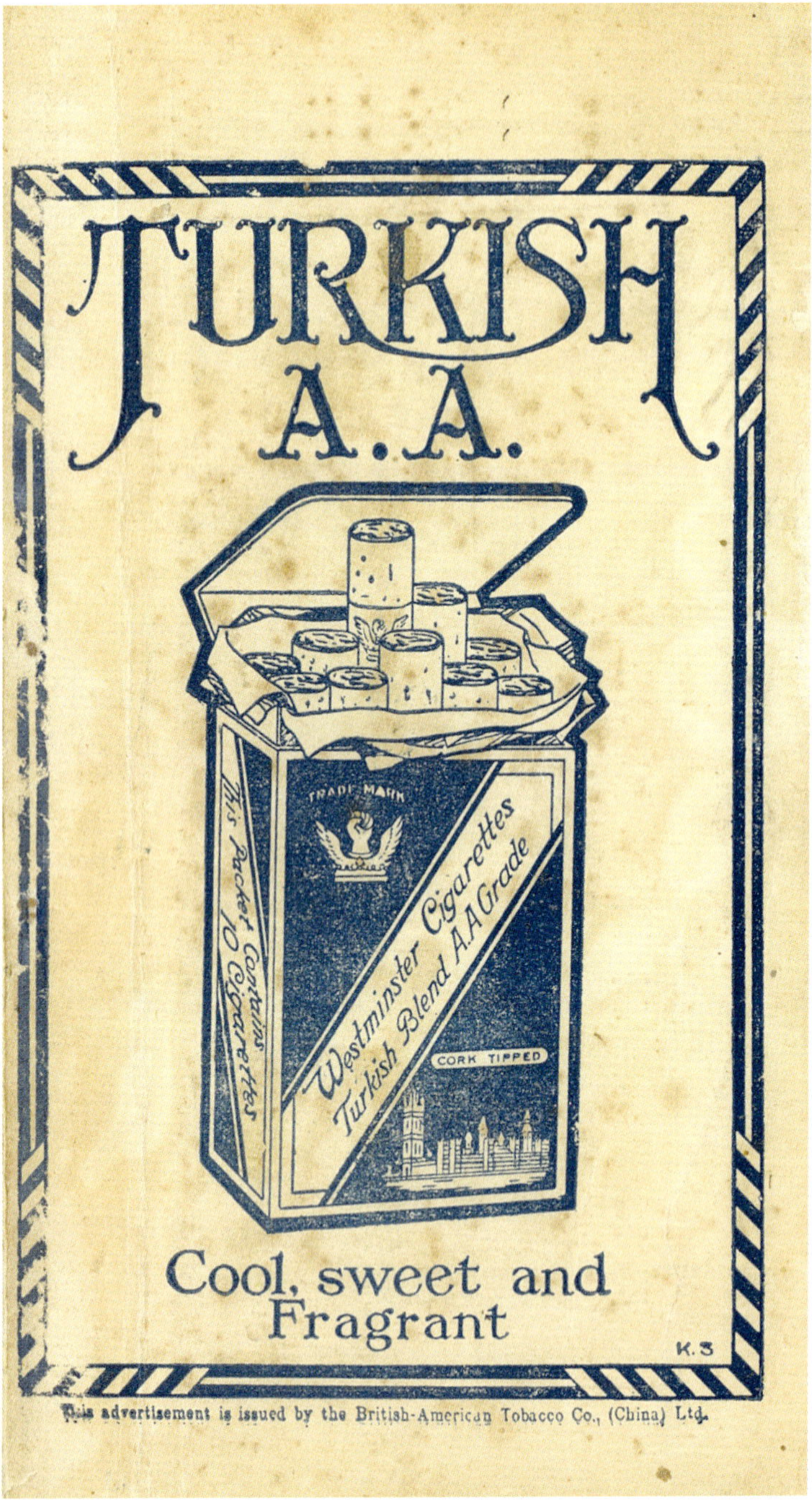
TURKISH
A.A.
TRADE MARK
Westminster Cigarettes
Turkish Blend A.A Grade
This Packet Contains 10 Cigarettes
CORK TIPPED
Cool, sweet and Fragrant
K.S
This advertisement is issued by the British-American Tobacco Co., (China) Ltd.

山崎鋆一郎

『最新版　奉天写真帖』（大阪屋号書店、一九三四年六月）

＊本書『最新版　奉天写真帖』（大阪屋号書店）については、山崎鋆一郎氏の著作権を継承された、池宮商会出版部様に許諾を得て収録しております。

821　山崎鋆一郎『最新版　奉天写真帖』（大阪屋号書店、1934 年 6 月）

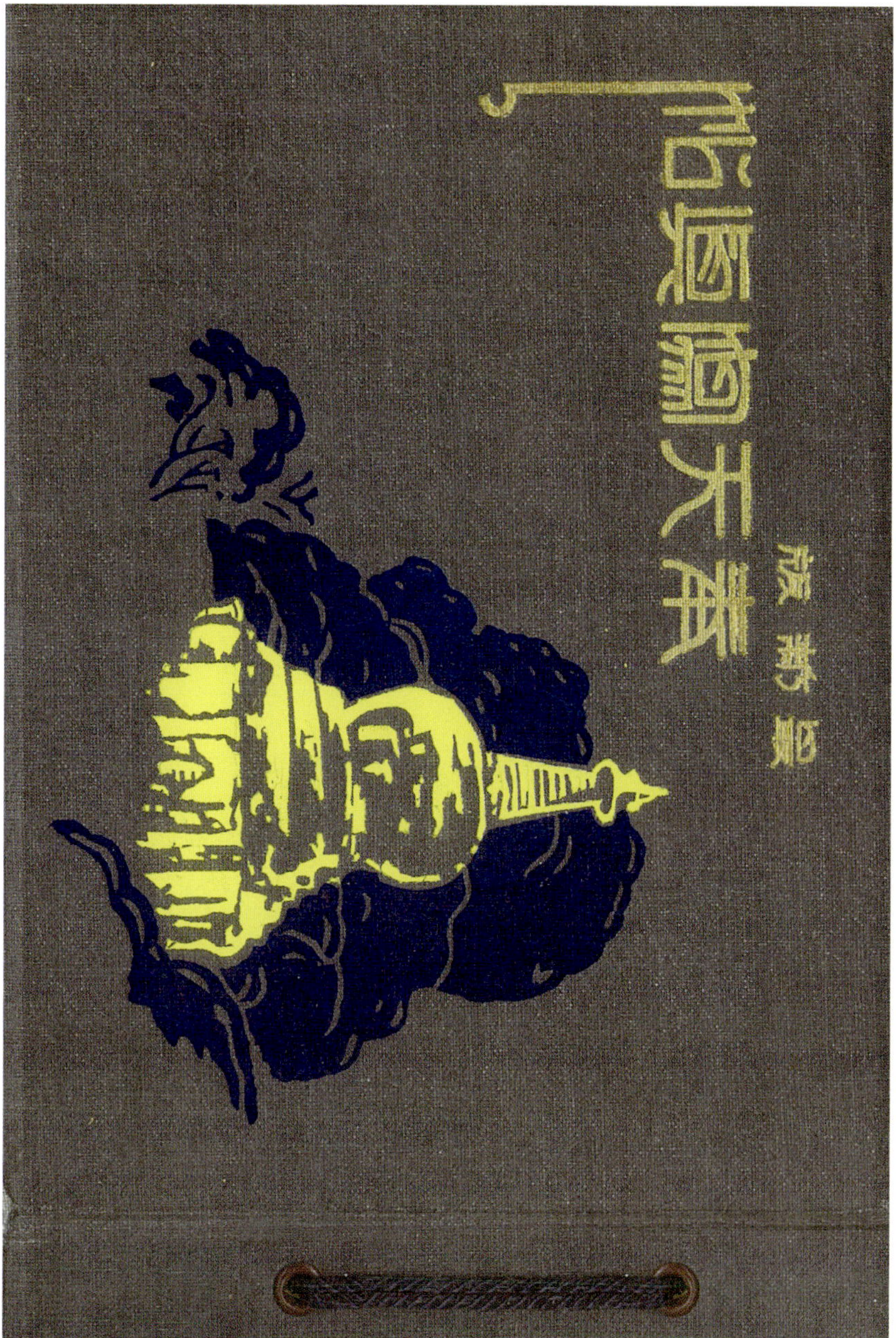

最新版

奉天寫眞帖

奉天 大阪屋號書店發兌

はしがき

四顧無涯、天に連なる沃野の眞唯中、滿洲一の大都奉天の地に足跡を印して、今や觀光の第一歩を踏み出すに方り早くも既に驚異を禁じ得ないのは、驛頭に降り立つた刹那の第一印象である。

鐵路の響音幾十時間、怪しくも蟠まれる灰色の雲、際涯もなく打續ける蒼い蒼い高粱畑、今の今まで、そんな物のみを眺め續けて來た眼の前に、忽焉として發見した近代都市奉天の出現、これは、旅客の心を顚倒せしめて餘りあるマジックそのものでなければならぬ。

見よ、其の威を競ふが如く立並べる洋風建築、滿洲客引の聲を嗄らして旅客を爭奪する喧騷、幾千年來傳統の服裝と、滔々流れをなして入り來る歐洲文明とが、更に日本人と滿洲人とが渾然融和して、他では見られぬ大陸的の一異態を醸せる實狀とを――灰色の雲から、高粱畑から、忽焉としてきつとした空氣の中に拋り出された時、誰か奇蹟と叫ばずに居られよう。

滿洲の古都奉天よ、滿洲一の大都奉天よ、今御身の土に第一歩を印するに方り、吾等は先づ父を想ひ、祖父を想ひ叔父を想ひ、兄弟を想ひ、只管吾等に遺された此の偉大なるものを、如何にして永劫に守り續けて行くべきかに想到せずには居られない。

殊に滿洲事變の勃發地として、その事變が計らずも滿洲帝國出現の契機となつたことに於て、清朝の王統が繼續される芽出度さの中に、東洋平和の爲めに、曾て清朝の首都たりしわが奉天をどうして忘れることが出來よう！

馬車は動く、觀光の道順を定めて――いざ。

目次

奉天驛構内

何しろ滿洲國内に於ける最大の驛である。又國内の三大幹線鐵道の相合ふ驛である。蜒々として果しなく走る廣軌道、長い廣いプラットホーム、堂々として横はる機關車、すべて内地で見られぬ大陸的の情景である。

滿洲第一の商工業都市大奉天のあらゆる取引はこの驛の構内を無視して存在し得ない。又滿洲の交通文化はこの驛のプラットホームから走り出るとも云ひ得やう。何しろ人口四十万の最大都會大奉天を後に控へたこの驛の構内の廣大にして重要なることゝ云ふまでもなからう。

【1】

MUKDEN STATION COMPOUND.

奉天驛構內

奉天驛

南滿洲鐵道が安奉線と合し、更に奉山線と相會する地点で、四通八達せる南滿洲交通機關の心臓部とも云ふべく、歐露、支那、朝鮮各地との中繼驛として重要の地点にある。

滿洲事變當時も皇軍行動の中心となり、隨分重要な役目を果した。其の建築の壯麗なること、實に南滿洲幹線唯一のものであり、又奉天屈指の大建築物である。

驛前の廣場は廣過ぎる位廣いがこれは有事に際して色々な意味で必要とされてゐる。（近々改築の議あり）

MUKDEN STATION.

奉天驛

奉天驛の玄關

奉天驛の玄關は又滿洲第一の大都會の玄關口でもある。その廣大な廣場を前に建ち竝ぶ大ビルデイングを見て、喧しい電車の軋り、自動車の疾驅、馬車、人力車の往來、行人の錯綜等々に接して、誰か大奉天の殷盛を感じないであらうか、其處に四十万市民の生活が活動が躍々さして、渦を卷いてゐるのだ、流石『奉天だ』といふその潑溂たる光景は奉天驛の玄關に立つもの丶受ける第一印象である。

ENTRANCE OF MUKDEN STATION.

奉天驛の玄關

奉天驛頭の盛觀

一望千里、高粱畑の打續く滿洲の野に、列車は幾十時間を走り續けたであらう。色彩の乏しい慰さめのない旅愁の眼を、一度奉天驛頭に放つた時、荒涼たる此の曠野の一ポイントに、忽然として此の都會美が現はれようとは、一體誰が想像し得たことか。

見よ、天に冲する高層の建物、近代美の總てを蒐めた色彩、蝟集する人車、馬車、自動車、驅走する電車、走り、叫び、追ひすがり、擦り落さるゝ人々、此の雜踏する文化の渦卷きが、確かに一個の實在として、滿洲の野の一ポイントに置かれて居る――それは正しく奇蹟ではないか。

旅人を拉し來つて此の驚嘆を叫ばしむるもの、それは奉天驛頭に直面する近代都市美である。此の一帶は滿鐵の建設になり、區分して貸付くるものである。

FRONT OF MUKDEN STATION.

奉天驛頭の盛觀

農牧の民

農牧の國、農牧の民——何處から出でゝ何處へ旅する一群か、父は幼孩を携へ、母は嬰兒を背にし、一袋の世帶道具を肩に、水草を追うて移住する彼等の哀れにも呑氣さうな旅姿は、同じ國土に臍の緒切つた人々の目にも、異樣な感興を起させよう。

奉天市街に今一歩足跡を印した彼等の述懷を聞け——お互ひの田舍とは似てもつかぬ此の賑やかさ、世帶道具も一式背負ひ込んで居ることだ、先づゆつくり見物をして、氣の向いた處があれば働きもしよう、何しろ一家眷族打連れての旅だから——さ。

FARMERS.

農牧の民

馬車上の夫婦

支那に於ける上流家庭の夫婦とその愛兒である。肩觸りの好い衣服、華麗な馬車、更に圓滿平和な面上の微笑——塵埃と、叫喚と、爭奪と、それらのものが混雜して、焦燥極まりもない奉天市街に、『愛兒を膝に、佳人を座側に、さあ是れから市内の見物だ——』何と云ふ屈托のない一家族であらう。

A COUPLE ON THE OMNIBUS.

馬車上の夫婦

驛前通の美觀

奉天市の玄關、奉天驛直前の大通りである。奉天に入るもの、奉天より出づるもの、總ては必ず此處に點景人物の一たらねばならぬ關門で、近代文明の粹を蒐め、道路の整頓と建築物の宏大さは、さすがに大奉天の第一印象たるに恥ぢない。

電車に、自動車に、馬車に、人車に、交通の殷賑は云はずもがな、訪客の第一に知己となるべき懐かしい大通である。

GREAT SQUARE IN FRONT OF MUKDEN STATION.

驛前通の美観

三十七八年戰役記念碑

奉天新市街中央廣場にあり、曠古の大戰たる明治三十七八年の戰蹟を保存し、永遠に其の忠烈を記念せんが爲めに組織せられた處の滿洲戰蹟保存會によつて建設せられたものである。

碑銘は山縣元帥の筆で、大正七年九月竣工したもの、碑の高さ六十尺、巍然として滿洲の野を睥睨し、奉天新市街の一偉觀たるのみならず、寔に千古に亘る好記念である。

MONUMENT TO THE BATTLE OF FENGTIEN.

三十七八年戰役記念碑

奉天中央廣場

驛頭に列車と別れ、足一度奉天の地を踏めば、旅人は必ず其處に中央廣場を發見するであらう。

東京驛を控へた丸の內、馬場先には東京そのもの丶宏大さがあり、奉天驛を擁する中央廣場には、奉天そのもの丶華麗さがある。

試みに視線を轉ぜよ。センターには明治三十七八年戰役の記念碑あり、それを繞つてヤマトホテル、鐵路總局、東拓、朝鮮銀行、警察署、正金銀行等の建物が聳えて居る。圖の中央は奉天唯一の大街浪花通りで、其の盡くるところが奉天驛である。

CENTRAL CIRCLE

奉天中央廣場

奉天警察署

奉天大廣場に面した大建築で、滿洲第一の堂々たる警察廳舍で、又奉天著名の建築物である。

前に壯大なヤマトホテルの建物があり相對し相映發して附近の一大美觀を構成してゐる。

【10】

Mukden Police Station.

奉天警察署

ヤマトホテル

ヤマトホテルは滿鐵經營の旅館事業で各地にある。奉天ヤマトホテルは、明治四十三年七月新築した奉天驛建物の階上階下の一部をホテルに充て、營業を開始したのに初り、其後大正二年客室を增加したが、各國人の滿洲に出入するもの多きを加へ狹隘を感ずることが少なくないので、鐵道ホテルの一大使命を全うすべく、總てに完備した歐風ホテルとして、別に建設した大建築物で、其の華麗壯重なること、奉天建造物中一頭地を拔いて居る。

【11】

YAMATO HOTEL, MUKDEN

ヤマトホテル

東洋拓殖株式會社奉天支店

中央廣場の盛觀を形作る一要素である。

明治四十一年三月、東洋拓殖株式會社法の制定成り、朝鮮の拓殖事業を唯一の使命として、本社を京城に置いたが、我國民海外發展の大勢は、單に朝鮮經營の一部に跼蹐するを許さず、大正六年、東拓改正法案を帝國議會に提出し、同年九月定款を變更して、本社を東京に移し、營業區域を滿蒙及び東部露領亞細亞（貝加爾湖以東）又は支那の直隷、山東、江蘇の三省より、比律賓、南洋諸島、馬來半島にまで擴大した。

奉天支店は大正六年十月一日、大連支店と同時に開設したものである。

ORIENTAL COLONIZATION CO.
BRANCH OFFICE.

東洋拓殖株式會社奉天支店

正金銀行奉天支店

明治十三年二月創立、我國隨一の外國爲替銀行として、内外の信用最も厚い横濱正金銀行の支店である。

滿洲には明治三十三年一月、初めて牛莊に支店を設置し、明治三十七年七月ダルニー（大連）出張所を置いたが、三十八年之を昇格して大連支店とし、滿洲の總支店とした。

奉天支店は明治四十一年八月十五日開設されたもので、初めは城内にあつたが、大正十年一月、新市街浪速通りに移轉し、大正十四年現在の中央廣場に行舍を新築し、以て今日に及んで居る。奉天の金融機關として業務大いに盛んである。

YOKOHAMA SPECIE BANK BRANCH.

正金銀行奉天支店

奉天公會堂

奉天市民にとつては樞要缺くべからざる一機關である。大正八年十一月新築落成した宏壯な建物で、正面中央を講演會其他あらゆる集會の會場に充て、北側は奉天商工會議所事務所、南側は倶樂部となし、階上は商品陳列所で、奉天に於ける產業の縮圖を現出して居る。然し伸びる奉天としては狹きため近く別地に大建設の議起り近く實現するならん。

MUKDEN PUBLIC HALL.

奉天公會堂

滿洲醫科大學

滿洲に於ける最高學府滿洲醫科大學は、滿鐵が明治四十四年四月、工費三十七万六千餘圓を投じ、南滿醫學堂と稱する、祖國の醫學專門程度の學校を奉天に設置し、日支兩國人に醫術の普及を圖ること十餘年、內容の完備と共に大正十一年五月大學に昇格し、本科、豫科、專門部、及び附屬豫備科に分ち、專門部は中國人の爲め特に實地醫術に必要なる學術を課し、豫備科は豫科又は專門部に入らんとする中國人に、日本語の豫備敎育を施し、以て滿洲の衞生施設に根本的改善進步の原動力を與へて居る。

學生は逐年增加して大正十三年には本校の隣接地に豫科校舍の新築成り、日滿兩國の爲め益々健全なる發展をなしつゝある。

S. M. R. CO.'S MEDICAL COLLEGE.

滿洲醫科大學

滿洲醫科大學醫院

滿鐵では沿線各地の衛生設備に力を注ぎ、醫院分院等を設置して一般居住者に開放し、其の診療に當つて居るが、奉天の滿鐵病院は特に滿洲醫科大學の醫院として、學術的設備の整へることこそ驚くばかりである。

建物は奉天中央廣場にあり、日滿人の出入するもの多く、殊に在留邦人が海外幾百里の異鄉に在て、生命の上に何等の不安なく活躍出來るのは、整頓せる設備あるが爲めである。

S. M. R. CO.'S MEDICAL COLLEGE HOSPITAL.

滿洲醫科大學醫院

奉天神社

奉天春日公園の東部、陸軍練兵場の南に鎮座する大宮、周圍は煉瓦塀を以て繞らし、四隣に神域を汚すものなく、常に清淨を保たれて居る。

殖民地に在ては得て國民道德の根源たる敬神思想の缺如され勝なのを遺憾とし、敬神の志厚き同胞が相謀つて奉建したる神社で、奉天神社と稱し奉り、正門の大鳥居は、奉天の大藥房廣濟堂主人佐藤菊次郎氏の寄進になるものである。

本殿は大正五年十二月の建立に係り、拜殿社務所等は其の以後に完成したもので、祭神は天照皇大神、明治天皇の御二柱を合祀し奉り、毎年四月十四日、十五日は春祭、九月十四日、十五日は秋祭を執行する。

荒寥たる滿洲の朝夕、同胞の神前に奉拜する拍手の音は、廣い境内の樹間に谺して、えも云はれぬ懐かしさと心强さの響きを傳へて居る。

【17】

HOTEN SHRINE.

奉天神社

千代田通の盛観

奉天新市街の中央大通で、浪速通と共に奉天の二大街と云はれて居る。

圖の遙か正面は奉天驛で、この通りの一端から東へ城内大西門に達して居る。街路の幅員十六間、高層の建築物が相並んで殷賑を極めて居る。

CHIYODA-DORI STREET.

千代田通の盛観

滿洲中央銀行奉天分行

滿洲中央銀行は滿洲中央銀行法なる特殊銀行法により設立された半官半民の株式組織である。

其の目的とするところは國內通貨の流通を調節し、その安定を保持し、金融を統制するにある。

資本金　三千萬圓。

奉天分行は舊東三省官銀號で、建物は奉天の大街千代田通りの一角に立ち、その壯麗さ、宏大さによつて異彩を放つてゐる。

MUKDEN BRANCH OF MANCHOU CENTRAL BANK.

満洲中央銀行奉天分行

奉天忠靈塔

南滿の曠野が今日の發展を來し、皇國の威風を颯爽と大陸の一角に示すに至つたに就てはもとより日露戰役に於ける帝國軍人の勳功に感謝しなければならぬ。

奉天忠靈塔は奉天新市街の東南部にある。これは言ふまでもなく、明治三十八年三月の奉天大會戰に陣沒した忠勇將卒の英靈を記念せんがため、その尊き遺骨を奉安した納骨堂である。

當初明治四十五年現在の正門の處に造營されたものであつたが、市街の發展に伴ひ英靈安からぬものあることを慮つて、大正十四年巨費を投じて改築されたものである。毎年三月十日に壯嚴なる祭典が執行される。

【20】

CHUREI MONUMENT.

奉天忠靈塔

千代田公園

愛兒を誘ふ若き母性、佳人を携ふる紳士、平和の光漲れる水邊の散策よ、まして花壇あり、噴水あり、設備整頓せる近代的の園内に行樂の足を向ける時、誰か身は海波幾百里の天涯に在るを想ふものぞ、まことに近代都市にふさはしい立派な公園である。

CHIYODA PARK.

千代田公園

春日町の盛観

奉天第一の商店街、大商店軒を並べて顧客を迎へ夜は電光燦然として美觀を添へる、買物に散策に、日夜人出多く繁盛を極めて居る。

奉天訪問の一日、ゆつたりとした遊覽氣分で此の街衢を歩めば、正に銀ブラ以上の興趣を覺えて、旅と云ふもの丶慌だしさから暫しは開放されるであらう。

春日町の盛観

KASUGA-CHO.

滿洲教育研究所と奉天中學校

滿鐵の經營で大正八年四月入學式を擧行した。當時は隣接地の南滿中學堂校舍で授業をなして居たが、大正十一年現校舍の新築成り、大正十三年度には第一回卒業生を出すに至つた。

斯くして將來滿洲經營の中堅たるべき有爲の材は、年々歲々多きを加へ、此の校舍から巣立つて行くのである。

滿洲に於ける初等教育は、內地のそれさは大いに趣を異にしなければならぬ實狀にある。滿鐵は夙に此の點に着眼し、教育のに當る教員の養成を痛感して、滿洲の中心任たる奉天に巨費を投じて本校を創立し、大正十五年九月落成した滿洲唯一の師範學校たりしがその後改革され現今では教育研究所さなり日滿教育のあらゆる研究をなす處さなれり。

S.M.R. CO.'S PEDAGOGICAL LABORATORY
AND HOTEN MIDDLE SCHOOL.

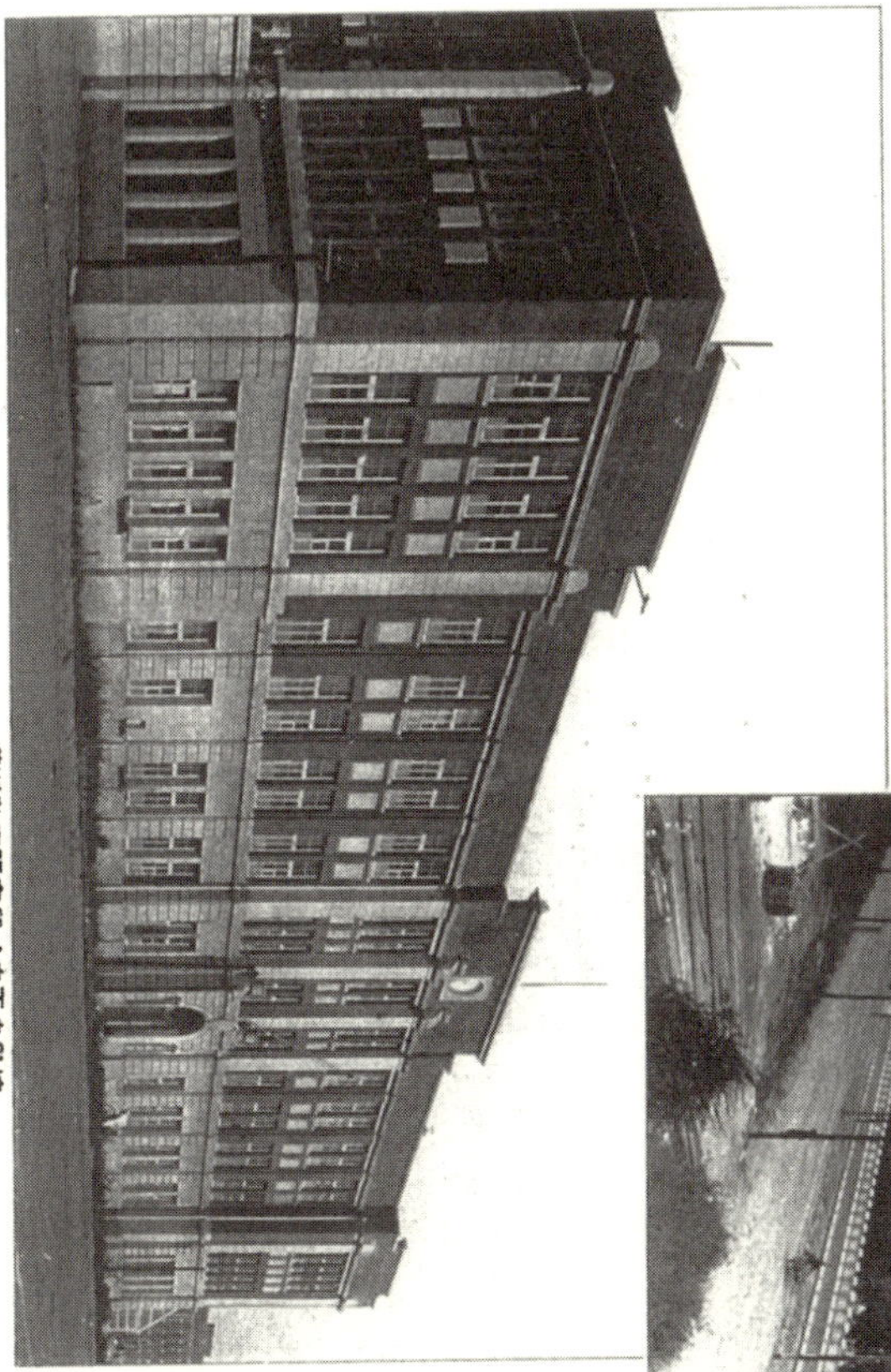

滿洲教育研究所と奉天中學校

奉天高等女學校

大正九年四月二十三日、加茂町公會堂の一部を仮校舍として開校式を擧げ、大正十一年現校舍の第一期分が竣工したので、六月三十日移轉したが、校舍の設備は既に完成して、殖民地に於ける將來の母性は年々多數に送り出され、成績は南滿洲唯一と稱されて居る。

HOTEN GIRLS' HIGH SCHOOL

奉天高等女學校

奉天小西邊門

奉天は彼の有名な城壁を以て城內城外に區分されて居るが、小西邊門は外廓中西側の一門で、商埠地との區劃門となり、小西關に達する前門である。門一歩內部を稱して城內といふ。

小西邊門附近は人車の交通最も頻繁で、黄塵萬丈、滿洲氣分の最も豊かな一劃である。

HSIAO-HSI-PIEN GATE.

奉天小西邊門

城外満洲人街の繁盛

恐ろしく尨大な城壁、それを隔てゝ城内に入らうと云ふ地点に打續く満洲人街である。満洲特有の城壁、満洲特有の装飾、さうした満洲の匂ひ豊かな一劃に、終日殷盛な雑踏を續けて居る様は特に觀光客をして好奇の國に遊ばしめる。

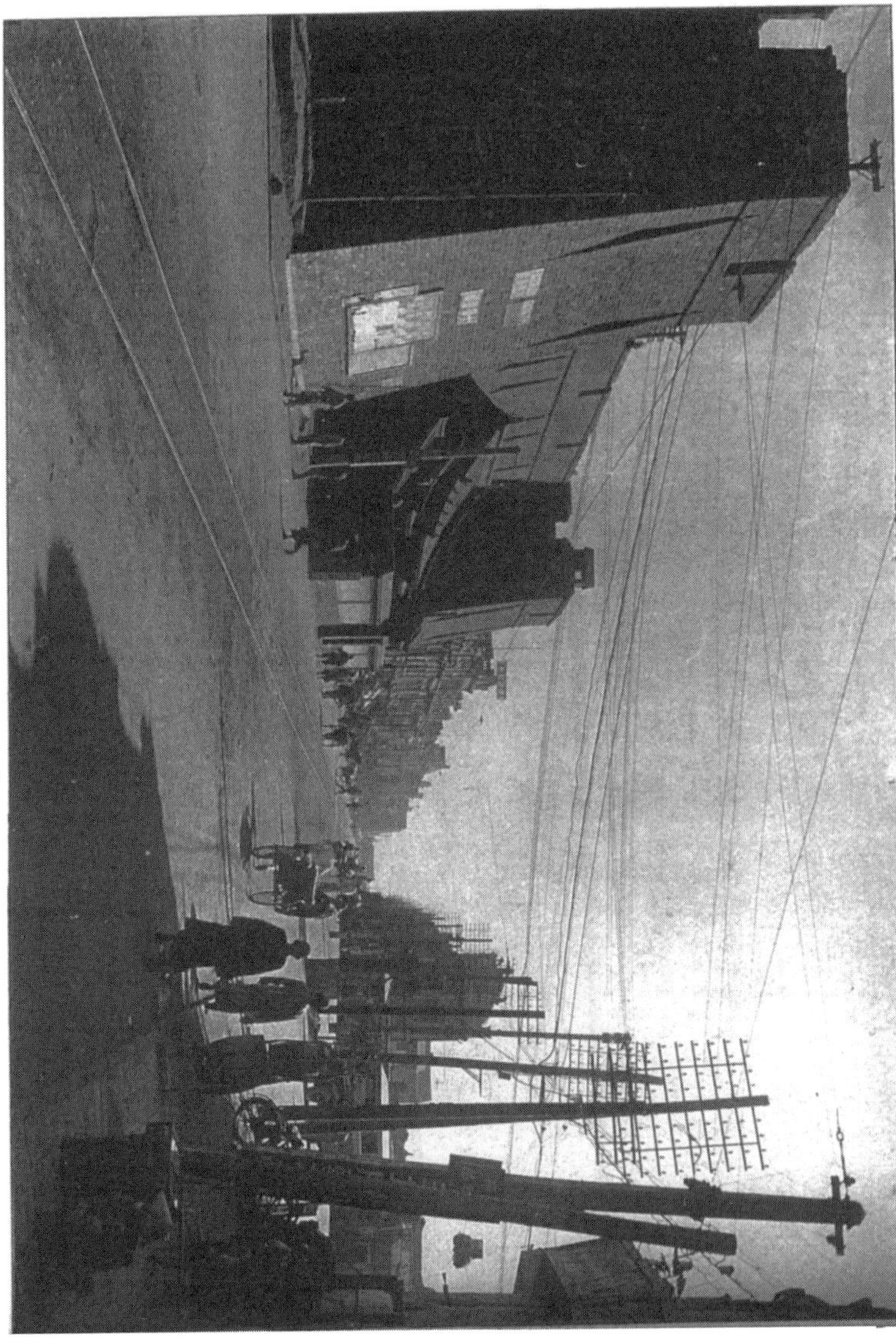

MANCHURIAN STREET.

城外滿洲人街の繁盛

厳めしき城門と雑踏

双十節の日の賑はひである。平常も人車の往復織るが如くであるが、此の日は特に雑踏を極める。人や車や馬車が、城内城外から流れ入つて、揉み合つて、やがて双方へ流れ出る、其の間特有な『満洲の物音』が一入満洲氣分をそゝつて居る城壁諸門中第一の大門である。

【28】

CASTLE GATE.

厳めしき城門と雑踏

城内滿洲人街の全景

建物といふ建物は何れも同じ形で、俯瞰すれば唯一面の灰色の屋根、その下に種々の物が藏されて、宛然墨繪を見るの觀がある。滿洲――といふものゝ色彩が物音が、匂ひが、すべて此處に集められ、寔に滿洲に遊べるの念を強くせしめる城内のメーンストリートである。

STREET VIEW IN WALLED STREET.

城内満洲人街の全景

商舖櫛比せる四平街

城内滿洲人街にも近時洋風建築が少なからず出來たが圖の三軒は東京、大阪の三越の如く、奉天滿洲人街の誇りさするデパートメント、ストーアである。

客に愛想の良いのは、顧客式販賣の舊法に依る爲めであらう。此の店で日本品を買ひ求めて、内地土産にすることも屢々ある。

SSU-PEI-CHIEH STREET.

商舗櫛比せる四平街

吉順絲房樓上より宮殿を望む

茫々たる灰色の空に連なる甍の海、遠い近い物音を蔵して、心臓の如く動ける奉天市――大百貨店吉順糸房の樓上から視線を放てば、殊に目立てる樓屋の一構が、古代滿洲の榮華を物語る宮殿の一劃である。その一劃を中心として、一望千里、甍から野へ、野から空へ、滿洲の眺めは果つる處もない。

PALACE LOOKING FROM
CHI-SHUN-SSU-FANG HALL.

吉順絲房樓上より宮殿を望む

宮殿鳳凰樓と玉座

清初の榮華を聚めた宮殿は、城内中央に在る。清の大祖高皇帝、大宗文皇帝の皇居であつて、今を距る二百八十余年、崇德二年の建造に係り、康熙十一年及び光緒年末に修復したものである。

宮殿の周圍に三つの宮門があつて、中央を大清門、東を文德坊、西を武功坊と云ふ。

大清門に向つて崇德殿あり、階段を上ると彫龍の玉座がある。皇帝が諸臣を召して、親ら政を聽いた處である。崇德殿の後方に巍然として聳えるのが鳳凰樓で、歷代の聖容を奉安して居るといふ。便殿であつた清寧殿は更に其の後にあり、左右には王子、皇妃の宮房が相對し、整然として並んで居る。

宮殿の一劃黄甍朱壁相映じて彫刻精緻、金色燦然たる古代東洋藝術の極致は、唯感嘆の聲あるのみである。

FENG-HUANG HALL AND THRONE.

宮殿鳳凰樓と玉座

東轅門附近

圖は東轅門、西轅門附近の眺めである。そこには督軍公署があり、舊軍閥時代附近一帯には陸軍諸官衙、兵營等が集まつて居て、奉天の武威を示してゐたものであるが、今は奉天省公署などの官衙街となつてゐる。

891　山崎鑿一郎『最新版　奉天写真帖』（大阪屋号書店、1934年6月）

東轅門附近

AT TUNG-YUAN GATE.

奉天國立圖書館

奉天國立圖書館は元張學良の官邸跡に設けられてゐる。學良が東三省を統治してその權勢當るべからざるものがあり、專恣横暴徒らに良民を誅求して贅澤三昧に暮してゐたことがこの建物の豪華さ、壯大さについて見てもよく想像される。

圖書館は國立で多くの世界的古書等を收め、研究材料としての有力なる機關として、社會的に大いに利用されてゐる。

NATIONAL MUKDEN LIBRARY.

店飾の美しき滿洲舊商舗

赤い布に金文字と云ふ滿洲式の旗や、目も綾なる漆の金看板、さては色彩濃厚な店飾りと、あらゆる商業上の秘術を盡して、顧客の吸引に鎬を削れば、行人日夜錯綜して、滿洲獨特の騒音を漲ぎらせ、奉天城内の繁榮を此處に集める——城内滿洲人街の商業地區四平街は、追が人口四十万の大都市たるを思はせるが今は市區道路擴大のために此の美しき店飾は取り除かれて見ることを得ざるも懷舊のため茲に綴り置く。

【36】

MANCHURIAN SHOPS IN OLD STYLE.

店飾の美しき満洲舊商舗

孔子廟

文廟とも云ふ、奉天城内の東南隅にあつて、儒教の祖孔子を祀つてゐる。規模は左程大きくないが、清浄の境地、莊嚴の殿堂、粛然として孔子の聖風を偲ばせるものがある。

滿洲帝國の立國精神が王道である爲、孔子祭を國祭として久しく衰微してゐた文廟を再興し、毎年九月五日の孔子祭には莊嚴盛大な式典を擧行する。

CONFUCIAN TEMPLE.

孔子廟

奉天大同學院

文廟の西に隣して元の萃升書院の跡にこの學院がある。

康熙乾隆の頃から文敎の府さして知られた由緒深い處で、國務院總務廳の管理に屬し、官公吏、若しくは官公吏たるべきものを養成訓練するのが目的である。

今は三百の青年が朝夕熱心に就學してゐる。

奉天大同學院

MUKDEN DAIDOGAKUIN.

皇寺碑樓

名所舊蹟に富む奉天は、車夫の走り車の進むに從つて、旅人をして古い支那の文化に只管驚嘆せしめるが、皇寺の碑樓の如きは、更に移り行く時の寂しさもの悲しさをしみじみと味はせる。

一望千里、沃野の果に沈まんとする赤い夕陽の餘光の中に、古代藝術の匂ひを漂はせつゝ、寂しくも立てる樓門よ、三五人仰ぎ見るその祖國の人達は云ふも更なり、一度大陸の風物に接した旅人の胸に、それは果して何物を齎らすであらう。たゞ――古い支那そのものゝ面影――を。

TEMPLE GATE OF HUANG TEMPLE.

皇寺牌樓

柳條溝と北大營

昭和七・八年の滿洲事變は遠因として色々の事件を擧げることが出來るが、その直接の動因となつたものは不逞極まる張學良直屬の北大營兵士が柳條溝に於ける滿鐵本線を爆破したのに據つてゐる。

柳條溝は奉天の北郊、北大營の近くにある。當時支那兵はその爆破を契機にわが守備隊襲擊の陰謀をかされてゐた、若し我軍の神速機敏なる行動がなかつたなら、一大事となつてゐたであらう、即ち我軍は彼等の機先を制してその本據たる北大營を陷入れたのである。

LIU-TIAO-KOU AND PEI-TAI-YING BARRACKS.

柳條溝と北大營

小河沿の蓮

滿洲の野に夏が來て、蓮の花の咲く頃になると、此の邊一帶に掛茶屋なんかが出來て、佳人を携へ散策に出掛ける者多く、非常な賑ひを呈する。

水に緣の薄い此の地方の人々は、唯是れ程の水溜りにも、非常な愛着と憧憬を感じて、夏日の涼を趁ふのである。

LUXURIANT LOTUS FLOWERS,
HSIAO-HO-YEN POND.

小河沿の蓮

北陵碑樓

『滿洲にもこんな處があるのか』

車が北陵に近づいた時、旅人の先づ發する嘆聲はこれである。滿目荒寥たる滿洲の野に、幾日かを送り迎へた人々は、其處に鬱蒼として繁茂する松林を見た時、先づ必ず此の第一印象を得るのである。

愈々近づいて更に大なる驚異の聲が發せられる、見よ、入口に巍然として立てる正門を、華表に似た碑樓、それは美麗な大理石で築造され、幾百年來風雨に曝されても猶且つ色褪せず、異常なる美觀を呈して居る。

NORTH MAUSOLEUM. (PEI-LING)

北陵碑樓

北陵正門

碑楼の前で少なからず驚異の念に驅られた觀光客は、既に芳醇の香に醉へるが如く、それを借つて第二の正門に達するであらう。門を借れば碑閣である。何と云ふ宏大さであらう、何と云ふ精緻さであらう。今を距る二百七十年の昔、此技巧を有して居た東洋文明の精華は、當に奇蹟の存在として眼前に展開される。

見よ、碑閣の左右に連なれる石豹を、石馬を、石獅を、石駝を――怪しげなそれら動物の尨大な姿が時代といふものゝ推移に左右されて、半ば荒廢に歸せんとして居る有様を目撃する時、旅人の心は、古い國の歴史の前に立てる觀念を更に强めて、うら寂しい遊覽氣分の中に浸るであらう。

FRONT GATE OF THE NORTH MAUSOLEUM.

北陵正門

北陵隆恩門の前庭

北陵に杖を曳き、二門を仰ぎ見て東洋藝術の芳香に陶醉せる旅客よ、更に足を進めて遊覧の殿堂に入らう。

碑閣を借つて第三門に入らんとする前庭、其處に泰然と横たはれる石象の巨軀を發見するであらう。近づけ、そして更に凝視せよ、石象は美麗なる大理石である事を知つて、驚異を新たにせずには居られまい。

思ひ切つて大きな仕事、思ひ切つて纖細な仕事、それは唯驚嘆そのものである。

FRONT GARDEN OF LUNG-EN GATE.

北陵隆恩門の前庭

北陵隆恩門

巨象の姿に驚いた眼を上ぐれば、其處に聳ゆる三層樓は隆恩門である。巨大な材料、精巧な構造は、觀る者をして啞然たらしむるに充分であるが、蒼く繁れる松樹の間を點綴する隆恩門なり隆恩殿の姿は、恰かも祖國日光の東照宮に相似て、更に懐かしさを覺えしむるものがある。

怨むらくは、結構世に類ひなき此の藝術品も、修繕の行屆かないのと、最近剝落した漆の代りに安物のペンキを以て塗り代へた爲め著るしく昔時の俤を失うたことである。

旅客はこんな境地にさへ醜惡な近代の姿を見せつけられて、淺間しい感想の中にも、匂へる愛惜の心持を樂しみ得るであらう。

LUNG-EN GATE.

北陵隆恩門

北陵隆恩殿の廻廊

隆恩門を借つて達する隆恩殿の廻廊である。大木を並べ立てた丸柱、覆ひ被さる様な感じのする屋根、唯もう偉大なる力そのものを正視する外ない古代の遺物は、嚴として此處にも存在する。

此の廻廊の如き、昔日漆を以て塗り巡らしたその美觀は、宛然龍宮を偲ばしむるものがあつたことであらう。今は隆恩門と同じく、安ペンキを以て昔時の色彩を止むるに過ぎないのは、誠に惜むべきである。

CORRIDOR OF LUNG-EN HALL.

北陵隆恩殿の廻廊

北陵隆恩殿の玉階

隆恩門を入り隆恩殿に參進する階段が三つある。中央を天子昇降の玉階とし、左右の二階段は諸臣の拜階である。

中央の玉階には龍の彫刻あり其の精巧なること眼を驚かすばかりであるが、美麗な大理石作りの玉階も、可なり破損して彼らに遺跡の寂しさを味はせる。併し支那式に云へば、『作る時は非常な骨折りであつたらうが、修理はとても思ひもよらぬ』と云ふことになるのであらう。

STONE-STEPS IN THE LUNG-EN HALL.

北陵隆恩殿の玉階

北陵寢園

北陵の諸建築に驚嘆を禁じ得なかつた觀光者達は、やがて大宗文皇帝が畢生の大業を終へて、永劫の眠りにつける寢園に入るであらう。陵前に聳えるのが寢殿である。

寢殿の内部には大理石で作つた丈餘の大石碑を安置し、碑面には梵字、蒙古文、漢文の三体を以て、大宗文皇帝之陵と記してある。

悠々幾百年、皇帝が成し遂げた覇業淸の基礎は、星霜と共に移つて、一時は靑天白日旗の巷と化したが、今や大滿洲帝國の世となり、淸朝最後の宣統帝がその皇帝として登臨し淸朝の王統を傳えてゐる。大宗の威靈こゝに久しく安らかなるであらう。

NORTH MAUSOLEUM GARDEN.

北陵寢園

北陵全景

北陵は奉天驛の北方一里半の處にあり、馬車で五十分を要する。大宗文皇帝の寢陵で、帝德高く武威八紘に輝き、帝業隆であつたから、陵を隆業山と名付けられたのである。

崇德八年、我紀元二三〇二年築造に着手し、翌順治元年八月成つた。周圍二里餘、松樹の多きこと滿洲に類なく日露戰役の際、我軍が此の密林中に進入して、數日間出られなかつたと云はれて居る。

各門各樓の結構は至つて壯麗で、松樹の間に點綴する樣、我が日光東照宮に酷似し、宛然蜃氣樓に對する思ひがする。

FULL VIEW OF NORTH MAUSOLEUM. (PEI-LING)

北陵全景

北陵四隅の角樓

北陵の外圍には四隅に角樓あり、何れも屋上に黄瓦製の法輪を頂いて居る。

高德威武の英帝、文大宗の眠り安かれさの心から、其の陵を永遠に守るものであらう。

北陵の全景を見渡す時、松樹さ諸殿の色彩とが交錯して、異常の美觀を呈する中に、四隅の此の角樓は際立つて異觀を見せて居る。

SQUARE TOWER.

北陵四隅の角樓

父祖傳來の乘用馬車

水なき川を渡つたり、道なき原を衝き進んだり、恰かもタンクの如く、勇敢に走り廻るのは、父祖傳來の此の馬車を措いて他にはない。

北陵の遊覽を終へて、東陵に向ふ場合、旅客の多くは此の馬車に乘るのが例である。

【51】

PRIMITIVE OMNIBUS.

父祖傳來の乘用馬車

東陵境内

大宗文皇帝の北陵遊覽を終へた人達は、例の馬車に搖られながら東陵に達する。

東陵は一名福陵とも云ひ、其の丘を天柱山と名づけて居る。太祖高皇帝の神靈を祀り、北陵、永陵と共に滿洲の三陵と稱せられて居る。

境内は北陵に比し規模稍小であるが、壯麗さは決して相劣らず、風水の勝は三陵中の首位にある。

全丘老松を以て蔽はれ、朱壁綠瓦積翠に相映じ、遊覽の客をして覺えず色彩の美と風水の快さを覺えしめる。

EAST MAUSOLEUM. (TUNG-LING)

東陵境内

東陵の一部

老松の中に色彩の美をちりばめる東陵の寶域に進めば祭殿の後に隆恩殿がある。高皇帝、高皇后の神位は此處に安置されて居る。殿後の圓丘は即ち太祖の永眠せる寢陵である。

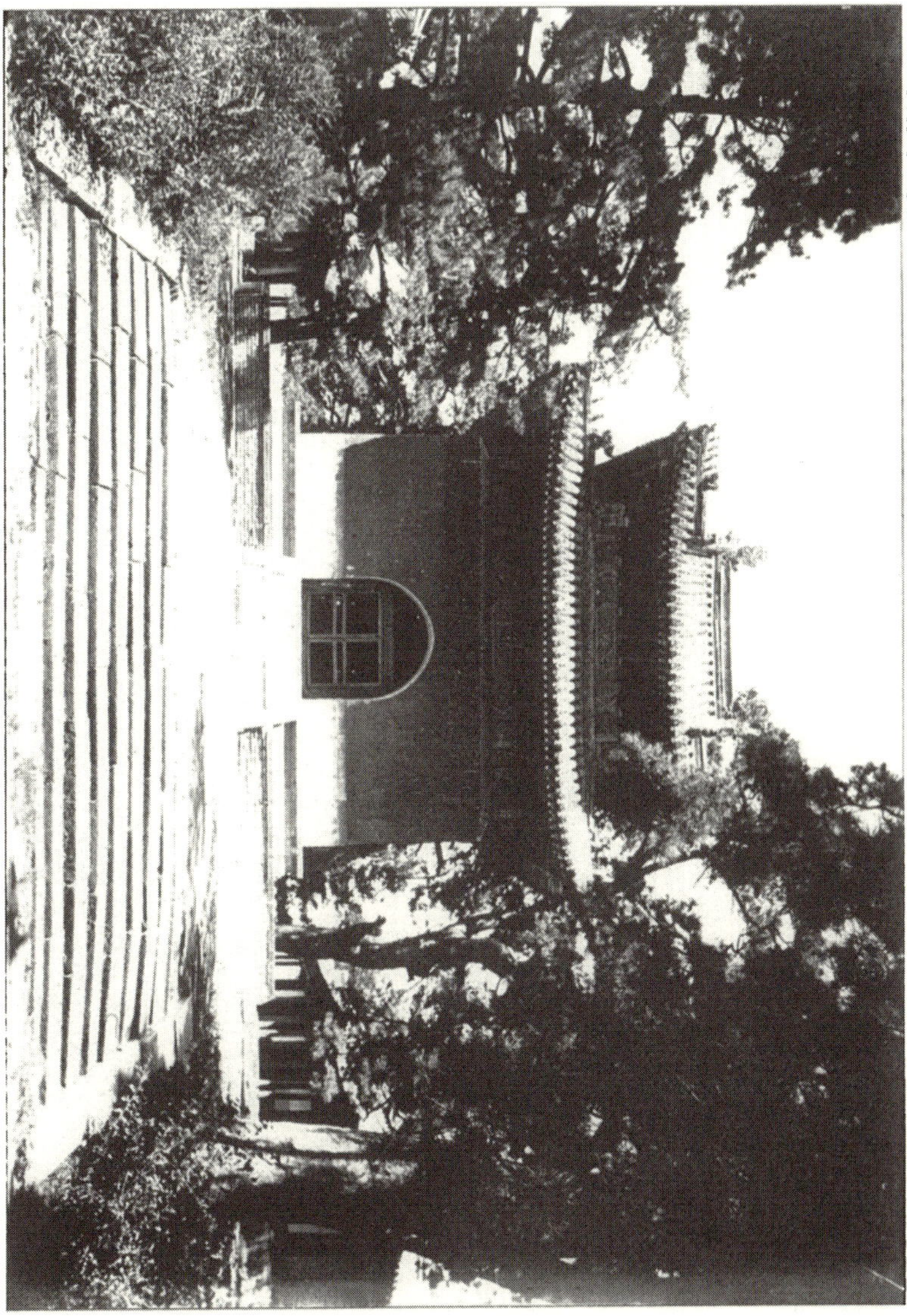

A PART OF EAST MAUSOLEUM

東陵の一部

東陵老松の間より渾河を望む

風水の勝三陵中に冠絶する東陵は、奉天城の東方三里の渾河右岸にある。長白山の龍脈が永陵を經て薩爾滸山となり、更に輝山となつて迫るところ、陵そのもの〻遊覽も旅客に少なからぬ感興を與へるが、積翠連なる老松の間、近く白帶を布けるが如き渾河の流れを俯瞰する風光は、荒寥たる滿洲の野にあつて又と得がたい眺めである。

RIVER HUN LOOKING FROM
EAST MAUSOLEUM

東陵老松の間より渾河を望む

廢墟の跡も悲しき西塔

『東塔《トンター》、南塔《ナンター》、西塔《シイター》、北塔《ペイター》――』さ一口に車夫は敎へて呉れる。奉天城を中心として、城外の四隅に四座の喇嘛塔があつて、護國塔さ云はれて居る、その中の一つの西塔へ、旅人は必ず誘はれる。

護國塔は奉天築城當時（天聰五年）の勅建で、王城鎭護の高塔であり、西塔は奉天城の西方延壽寺境内にあつて、側面には巨大な獅子の浮彫がある。

一見實に得難い藝術品であるが、今は荒れ果て、廢墟の如く、徒らに蒼空に聳えて居るのも悲しいが、恐ろしく宏大なその結構を仰ぎ見て、そゞろに往時の盛觀が旅人の胸に追想されるであらう。

THE RUIN OF THE WEST TOWER.

廃墟の跡も悲しき西塔

露西亞戰沒者の記念塔

經營十年、露の滿洲に於ける施設は、根本から破壞され、其の企てた併呑の大業は、哀れ菫花一朝の夢と化し去つた——奉天大會戰の慘憺たる敗亡は、彼れに取つて確かに日本以上の記念であらう。

戰沒せる幾万の靈魂は、今も此の塔に祀られ、移り行く祖國の國情と共に、永く一沫の哀れを止めて居る。塔の正面に現はれた大十字架は、さすが宗教國たる國民性を窺ふに充分である。

奉天訪問の同胞よ、卿等は必ずや日本の記念碑に賽し、忠靈塔に詣でた暇を割いて、當時の對手を祀れる此の塔前にも、一片の香花を手向くる床しい人間愛を持合されて居るであらう。

RUSSIAN WAR MONUMENT.

露西亞戰役者の記念塔

渾河の鐵橋

奉天の郊外を流るゝ渾河は、一望千里の沃野中にあつて、忽焉として殷賑を極むる奉天の都に取り、唯一の點景であり、且つ日常生活上至大の利便である。

遠く望めば白帶の如き其の河上、架せられた渾河鐵橋は、淸洒なる姿を水上に現はして、交通利便の鍵となつて居る。

THE IRON BRIDGE OVER THE RIVER HUN

渾河の鐵橋

昭和五年三月十日印刷
昭和五年三月十三日發行
昭和五年五月一日再版印刷
昭和五年五月十日發行
昭和六年三月一日三版印刷
昭和六年三月十日發行
昭和九年六月一日四版印刷
昭和九年六月十日發行

著者兼印刷者　山崎鋆一郎
印刷所　大正寫眞工藝所　和歌山市小松原通一丁目五番地
發行者　山崎鋆一郎　和歌山市小松原通一丁目五番地

發賣所　大阪屋號書店
奉天（銀座）春日町六番地　振替奉天三三一番　電話二五二九・四二七五番
本店東京市日本橋　振替東京一三七五番　電話㉔三七三七・三六八九・四五三五番
同
大連浪速町　振替大連五五番　電話（代表）五一六八番
大連常盤橋　振替大連二二七番　電話六一五〇・六一五三番
旅順青葉町　振替大連八五番　電話三五一番
新京中央通　振替大連三八〇三番　電話二三二一番
京城本町一丁目　振替京城二五七三番　電話（本局）六八四・二〇八六番

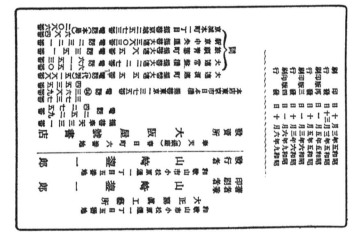

雑誌掲載記事

① 無署名「評論之評論　内国　奉天の大会戦」(『太陽』一九〇五年四月)

○奉天の大會戰

貔貅八十五萬、戰線三十餘里に亘り、相對峙すること茲に數ヶ月、一度戰機動いて一大修羅場の現出せらるゝや、我軍の畫策其圖に當り、追擊又追擊、敵を窮地に壓迫して莫大の損害を與へ、死傷十五萬、俘虜約五萬、戰利品の無數なる、敵軍の過半を殲して再び起つ能はざらしめたり。抑も這般の會戰たる空前の大戰鬪にして實に日露兩軍の決戰的戰鬪たりしなり。然るに敵は脆くも致命的創痍を負ひ、我は決勝的大捷を收め得たり。曾て遼陽の大戰に於て、沙河の會戰に於て、敵の總指揮官クロパトキンをして豫定の退却に名を成さしめ、環視の列國をして尙ほ我帝國の最後の勝利に疑念を抱かしめしもの、遂に其の疑念を挿む餘地なからしめたり。無形上に於ては露國は國民一般を沮喪せしめ、益々列國の信用を失ひ、戰費も亦外に得る能はざるに至れり若し露廷にして常識を有したらんには、速に來て和を乞ふの得策に出づべしと雖も、彼や頑迷容易に覺めず、再び大軍を發して更に勝敗を決せんとすと、善哉其の覇氣の旺なるや、我に於ては多々益々辯ずるもの、露國の全軍を殲滅して、彼が極東に對する野望を根本より絕たしめ東亞永遠の平和を回復せざる可らず。吾人は君國の爲めに斯戰に殉じたる將卒の英魂を吊すると共に、我全軍の將卒が益々健在にして、最後の光榮を發輝せんことを祈る。『日本』(三月十四日)は曰く。

今回の戰爭は日露戰爭中の最大戰たるべしと推定するも過言にあらずして、此の戰に於て殲殺的敗衂を受けたる露國は、今後に於て到底之を回復すべき成算あるべき理なし、是に於て人の直に和議に思ひ至るは當然の推理にして露廷の君臣にして常識あらば、亦此の方案に出づるの外策なかるべし、唯戰場が露都を距る數千里の外にある一事は、露國が據りて以つて剛愎の言を吐き得る所以にして、既に軍隊輸送の爲に幾多の不便を感じたる露國は、此の際に至り逆に之を利生して、尙ほ膝を屈せざる唯一の友とするも未だ知るべからず。彼の主戰派が新に四十萬の大軍を送り、皇帝に勸めて陣頭に立たしめんと宣言するもの則ち是れにして、果して然らば今後の戰局は如何に變遷せんか是れ目下研究の好題目なり、

『國民』(三月十二日)は曰く。

今回の大會戰に於ける。我軍の主要なる目的は、實に敵軍主力に大打擊を與ふるにあり。而して戰鬪の經過を見るに、我軍の計畫は、著々其の圖に中り、奉天方面に於る、數日來の包圍攻擊は、全

く其の目的を逸し。我が全線は、今や敵兵に肉薄して、之を追撃中にあり。吾人は、我軍の總追撃が、更に痛切なる打撃を敵軍に與へ得べきを疑はず。日露の大決戰に於て、我軍は斯の如くにして光輝ある功績を奏したり。吾人は、今回の戰捷が重大なる結果を今後の戰局に來たすべきを信ず。

『大坂朝日』（三月十三日）は、今回の奉天會戰を以てセダン役に比し、佛のマクマホン大將が戰死を期して前線に出で遂に負傷し代將の容易に降服を肯ぜざりし態度は、クロパトキンが戰前に於て全勝を得ずんば何の面目あつて皇帝に見えんと大言を吐きながら其終りを全くする能はざるに勝れりとし尚ほ論じて曰く。

勝利に於ては、我軍は獨軍以上の結果を收め、敗北に於ては敵軍は獨軍以上の恥辱を蒙る。此戰を以てセダン以上と爲すは決して吾人の誇言にあらざるなり。吾人は更に公報の鹵獲砲數其他を公表するの機を待ちて、益セダン以上の勝利たるを證せんとす。

『讀賣』（三月十一日）は曰く。

此度の戰爭は互に智を盡し、勇を竭したる彼我主力の決戰にして、實に滿洲に於ける戰爭の一期限を劃するものなり、縱令大々的の勝利を博せざるも猶以て大に祝意を表すべし、況んや我の作戰著々其圖に中り、全く敵を殲滅するの好望あるに於てをや、國民たる者今より大に祝賀して可なり。

『大坂毎日』（三月十二日）は曰く、

ア、奉天撫順既に我占領に歸す、敵の二大根據は茲に全く殲滅し、渾河の大會戰は古今萬國に比類なき勝利を以て我軍の成功に終りたるものといふも不可なかるべく、國民大に之を祝すべしと雖も吾輩は尙敵の中央および左翼の幾部分が其退却を全うしたるか、我軍の退路遮斷の計が如何なる程度まで成功したるか、我各軍の追躡が如何なる程度まで猛進するを得たるか、敵果して鐵嶺に踏止まるを得るか是等の事情にして明にされずんば憂心の忡々は未だ全く擺はるゝに至らざるを感ずるなり、何となれば屢次繰返すが如く戰局の大段落は實に此大戰の結果如何にあればなり、然れども我軍計畫の巧妙なる我軍勇猛にして善戰せる、今回の如く兩者相待つて其欲する如くに進捗したること未だ曾て之なきの一事は、最も吾輩をして其成功の信念を堅からしむるものなり。

『毎日』（三月十二日）は、今回の捷利が全局に與ふる効果は、淸廷をして益々我武を仰ぎ我義を感ぜしめ、露軍をして軍糧を遼西附近に取る能はざらしむると共に露國は歐洲諸國の信用を失ひ其結果佛國に於ける募債は困難に至るべしと論じ更に左の言をなせり。

露國に與ふる効果は直接にして且更に大ならん、由來國事に暗き露民は、其政府の慢言傲語に操つられて、政府の力を過度に信じたり、然るに一年戰爭の經過は此暗信を減じたると、露國内部騷擾の原因なり、露國政府此機微を知るが故に、其軍事の目的、一は日本に克たんとするに在りて、一は内部の民心を鎭めんとするに在り二者互に相關聯す、左れば一敗毎に内部反亂の熱度加はるは其政府の恐るゝ所にして、一捷を博し得て、此勢を回へさんと欲せしに、今回無前の大敗を取りて殆ど回復の望を失はゞ、其影響果して如何ぞや、且他方に波艦隊回航の報を聞く、其眞否未だ確知す可からずと雖も、其艦隊の士氣沮喪して、進行の意無きとは確實なり、海に陸に潰裂解躰の凶報を聞く、露國は之が爲めに如何の反應を現はすべき乎、是れ列國の凝眸して視んとする所なり。

『東京日々』（三月十三日）は論じて曰く。

露國は開戰以來陸海共に未だ一たびも勝たざるなり。總ての智略、總ての力量を擧げ、諸種の困難及供給の缺乏を冒して滿洲に來るは冥府の關外に入り、阿鼻叫喚の修羅場裡に投せるものなり。既に獨裁專制の政治に倦み、革命勃興の氣運に乘ぜんとする國民は果して此の如く無謀無算の戰爭を繼續せんが爲めに政府の强制に應ずべき乎。否、此事即ち國民を刺戟し、其暫く鎭靜に歸したる國亂の再燃を促すとなかるべき乎。吾曹甚だ疑なきと能はず。是故に吾曹以爲く奉天附近の會戰は追撃戰の大成功にして、追撃戰の大成功は露軍をして又起つを能はざらしめたるもの、即ち之を決戰と爲すに妨げずと。既に此の如き大勝利なり、既に此の如き大成功なり、死傷四萬に超ゆと雖も尚全軍の十分一に過ぎず。之を旅順陷落に比して更に大に賀すべき所以のものなくんば非ざるなり。

『時事』（三月十三日）は曰く。

今度の戰果は實に異常絶大にして我軍の功勞は如何なる辭を以てするも殆ど言ひ盡すを得ず殊に其死傷の如き二月二十六日より昨朝までの調査に總數四萬千二百餘名に及びたりと云　斯る大戰の成績より見れば決して多しと云ふ可からずと雖も單に其數より云へば決して少なしと云ふ可からず我軍の深く痛惜に堪へざる所なれども所謂奉天附近の會戰は今度の戰局を決する一大段落のみならず實に世界無比の大戰鬪にして又世界無比の大効果を收めたる其大戰鬪に參加して名譽の死傷したる人々は其功名萬古に滅す可からずして自ら慰むる所ある可し。我軍は一般國民と共に今度の大成功を祝すると共に死傷軍人に對しては特に深厚なる感謝を表するものなり。

『東京朝日』(三月十三日)は曰く。

歐露各地方にて、動員及び運輸上は毫も内亂より起る可き各種の妨害を被むらずとしても、今後六箇軍團の大兵を滿洲の野に送り付くるまでには、或は八九箇月を要す可し。況んや旦夕勃發の虞ある歐露の内亂あるをや。我日本軍は十分に利用し得べき餘裕と機會とを此間に取ることゝなれり。是戰局に於ける今回大捷の碩果なり。一大發展期す可きなり。一大更始亦望む可きなり

更に無形上に於て露廷及一般人民は沮喪すべく、亦内亂の一大勃發なきと保す可らず。日本の益々順潮に向ふと同時に、露國は列國の信用を失ふに至るべしと論ぜり。

○世論一束

◉戰役後の日露の關係　日露戰後の形勢は第三國の離合如何に依りて其觀を異にするに至らん。露國は今回の敗戰によりて志を極東に挫かれ、一轉して力を中央亞細亞に注がんか。英國の印度に於ける地位は爲に窮境に瀕すべしと雖、若し日英兩國にして將來攻守同盟を印度にまで擴張せば、露は侵入の餘地なかるべし是に於てか露は百方この同盟を破碎せんと畫策するあらんも從來の政策を根本的に變改せば兎も角、今日の有樣にては能く希望を達する能はざらんか。而して爾餘の變動は露と列强との關係に依らん。露は極東及中央亞細亞に志を得ざるも尚優に强國の體面を保つを得て、他强國は列國の權衡上提携するならんが。然りと雖も一朝佛獨にして露國の賴むに足らざるを悟らば其盟約は形式に止まり眞情の存否は疑問なり。果して然らば列國は遂に之を度外視するに至らざる可きか、否露國の領土尨大、中に不毛の土地多ければ、露國にして一旦自衛するに堪へざらんが、列國は機會を求めて之を割有せんとするは自然ならん事茲に至れば露國將來の危機眞に測り難からんとす。要するに我國は現戰役に於て東洋に於ける自國の地位を安固にし得ば則ち足る。其次は英國との同盟を擴張し制海權を完ふすべし、露國の紛亂を生ぜんか、或は列國の侵略に遇ふか。之れ急遽に起るべきに非ざるも、數十年後露國は地圖面に僅か豆大の名殘を止め、他は列强の彩色に領屬するの日なきを保すべからず。露は遂に第二の元朝たらん運命を有すべきなり。

(日本人第四百五號)

◉日米の同情と將來の世界的文明　西洋文明の先鋒たる米國と東洋文明の尖兵たる日本とが、將來東西文明の融合渾化に對して大なる天職を有し、共同の理想を抱持して立てるは明白の事なり。昔は埃及と希臘と相對して地中海の文明を造り出だしたるが如く、又前世紀には歐洲大陸諸國と英米のアングロサクソンと相共に大西洋を中心としたる文明を發達したるにも似て、而も此等よりも非常の大規模と一層久遠の過去將來とを有して茲に二十世紀以後に、東西兩洋幾千年の文明を融合し、太平洋を庭中の池となす世界

的新文明を形成すべき任は我等日本人と彼等米國人との共同の理想ならざるべからず。この理想の爲めには皮膚の黄白、宗教の異同は問ふ所にあらず。あらざるのみならず、この異同差異あるによりて二者の融合は始めて能し得べきのみ此に於て、日米の同情は、實に將來の世界文明に對して偉大なる天職を有する精神的大同盟なり。我等二國の同盟は一時の政策利害の比周にあらずして、世界の進運と人道の發揮の上に永遠の意義を有する眞の同情たらんとす。然らば則ち我等は茲に一大覺悟を定めて大にこの精神的同盟の眞意義を發揮するに勉めざるべからず。二十世紀、太平洋の文明は東亞兩洋の先端たる日米兩國の任務なり、又特權なり。二者の同情とは即ちこの任務特權の自覺に外ならざるなり（時代思潮二の一四）

◉澁澤氏の辭職と東京商業會議所の前途

澁澤氏の辭職は一時同會議所の爲めに一大打擊を加ふるに相違なきも。永遠の上より觀れば、寧ろ喜ぶべきの好結果を生ずるや未だ知るべからず。其理他なし、今後同會議所は、世間の峻酷なる批評に逢ふべし。從來の如く他人の庇隱に由て以て自ら攻擊の鋭鋒を避くると能はず。是に於て乎、同會議所の前途は二者其一に居るべし、即ち世人の批難激烈なるにも拘らず、會議所は自ら悔い悛むる能はず、益す墮落して社會は遂に此有害物の存在を許さゞるに至るか、否らずんば、同會議所は從來の態度を一變し。盛んに商工業者公共の福祉を起すを勉め、以て帝都の商業會議所たるに耻ぢざるに至り我財界をして其惠に倚らしむるの好結果を收むるか是なり、要するに今後同會議所の其本來の目的を達せずんば、社會の非難に逢ふて消滅し永く其害を世に止めず、若し同所其本來の任務を盡さんか、其壽萬々歲にして、國民は大に其德に浴せん、二者孰れに歸するも國家の幸なり（東洋經濟三三二）

◉衆議院と大審院の衝突　新潟市選出代議士白勢春三氏は新潟電燈會社の監査役たるが爲め、大審院に於て衆議院議員選擧法第十三條二項によりて無資格者と判決せられたり。然るに衆議院は東京電燈會社々長佐竹作太郎、同監査役根津嘉一郎兩氏に對する代議士荻野左門氏の異議申立ありしに際し、兩氏の資格に缺くる所なしと決定したり、此に於て大審院と衆議院とは全く衝突したるなり、吾人は常識より云ふも。公私一般に電燈を供給するものを以て政府のため請負を爲すとして、其關係者に代議士の資格無しとするが如きは實に驚ろくべき謬見と云はざる可らず。是に對する衆議院の解釋は法律論として間然する所なく極めて妥當にして又實に立法部の判決たるに於て、大審院——司法部は總て此解釋に遵由するを要す。白勢氏に對する大審院の判決の如きは斷じて之を憑據すべき司法上の先例と爲すべからず、然り誤謬なる先例として之を再びす可らざるなり（中央公論二〇の三）

◉今の青年は戰爭に冷憺なるか　（第一）維新前後に在りて國事に奔走せしものの多くは青年なり。今の青年は一向戰時に熱衷せざる觀あるも、當時國事に奔走せしものは五六藩の少數なる青年のみ故に維新前の青年は國事を憂へ今の青年は然らずと云ふは速斷の嫌あり。

（第二）維新後開成校に入りし者が天下國家を念とし、慷慨悲歌自ら國士を以て任じ、亦青年の學校に入らずして政治運動に從事せるもありしが、是とて實數に於て決して多しとせず。

（第三）學校の數及學生の數增加せる今日に於ては、前に士族の大部分を占めしもの、轉じて素町人土百姓と輕蔑されしものを以て滿さるゝに至れり。而して是等の多數は商人者流の不德なる家庭より出でたるものなれば。之に望むに氣風を士人と齊しくすべきを以てするは、聊か時夜を卵に求むるの觀なからずや。

（第四）老人が元と比較的經歷多き丈け自らと國家との關係及位置を知ること精しく、內憂外患の起る際、恰も自家頭上に墜ち來たるの感あるも、青年は日常主とする所學校の任務なり、苟も課程に怠慢なきを得ば復他に意とすべきなしとせん。

（第五）青年は戰爭に冷憺なりと云ふも、其冷淡の現象は何の邊にか存ずる。現に戰場に馳驅しつゝある、兵士たり人夫たるは何人なるか、其の大部分は殆ど青年ならずや。然れども實際冷憺なるが如く見ゆるは、主として或る一種の文學者が故さらに吹聽するところ、即ち國家に縛せらるゝを小なりとし、其範圍以外に逸脫するを以て豪的とするの少しく流行したるが爲めならずや。

畢竟するに青年の軍事に冷憺なるを云ふは、幾何か心を文學に注ぐものゝ言、然らずしてさる感想を懷くものありや。青年の父兄たるもの亦果して玆に疑ふ所ありや、吾人は思ふ、却てかゝる跡ありといふを聞きて其の何事たるかを解し能はざるの多からんことを。青年の軍事に冷憺なりとの言は、一部の文學者に對する批評と認めて可なるが如し。青年の事は一端を以て論す可らざるなり（日本人第四百六號）

外國

〇奉天大捷と列國の論調

世界近世に於ける、曠古の大戰に決勝的捷者となりし我日本の絕大なる光榮に對し、列國の論調、果して如何を講究するは、蓋し無用の業にもあらざるべし。同盟國たる英國、及初めより我れに好意を表せる米國の論調は、依然として我れの光輝ある大捷を稱讚し、米國の或る新聞の如きは、更に一轉して歎美の聲を擧げ、彼地の軍事專門家が、大山大將を以て、或はカルセージの勇士ハンニーバルに比し、或はフレデリッキ大王に比し、或はナポレオンに比し、或はマルボローに比し、或はグランドに比し。『此等の名將と同列に在るべき者也』と評論せし旨を揭載するに至りぬ。英國の論調は、比較的に沈着の態を失はず、其詳細は未だ之を知るに由あらざるも、其主要なる諸新聞は、一齊に『露軍今回の敗北は、旅順の陷落よりも、更らに一層注目すべき重大の影響を、戰局に與へたる者也。露國が徒らに望みなき戰爭を固執して、其極經濟的亡滅を招かんとするは、露國の爲めに之を取らず』といふに一致する者の如し。されど英國も米國も、今回の殲滅的大捷を認めながらも、なほ未だ媾和の期至れりとするを見ず。米國の如きは、夙に旅順の陷落に於て、既に我れの全勝を認めたる者、露國屈伏の遠からざるとは、固より今回の大戰を待ちて後之を知る者にあらず、されど露國の屈伏すべきをいふは、未だ之れあらず。英國亦初めより露國の發意なしに、調停の成功し難きとを知悉せる者、故に奉天の大戰が、露國滿洲軍の全滅に等しき結果を奏せしヿを認めたるも、最後の談判に關しては、自から進んで之が衝に當らんと企圖するヿなかるべし。故に其國の論調が、なほ未だ露國の屈伏すべきヿをいはざるは、米國に同じ。

此際殊に注意すべきは、開戰以來、最も不明白の態度を持せし獨逸の論調是れ也。眞先きに獨逸皇帝は、三月九日、ウイルヘルムスハーヴエンの新兵宣誓式に親臨し、新兵に對する演說に於て『兩交戰者中、殊に日本人の至大なる愛國心、勇氣、無私の心、並に何時にても、生命を犧牲に供するの精神は、世に最も稱揚すべき者にして、獨逸新兵たる者は、此高尙なる龜鑑に依て啓發する所あるべく、一朝有事の日に當りては、之と相競はんヿを希望す』と宣示したり、而して伯林諸新聞中『ローカルアンツアイゲル』新聞は、『今回十二日に亘りし大戰に於ける、頑强の程度、並に期間の長かりしことは、古來其類例を見ず。該戰爭は、日本の勇往果敢にして、其軍略が露軍に致命傷を與へしまでに成功せしヿを證明したり。日本軍は兵數に於て敵を屈伏するに遺憾なきほどなるを得ざりし爲め、今回の大戰を以て、第二のセダン役たらしむるを得ざりしも、其成功の大なりしヿは嗟歎して以つて滿腔の稱讃を表すべき所也』といふ。『フォッシッシエ、ツアッング』は曰はく『露國今回又もや招きたる大戰敗は、露國に取りてはたとひ其戰局には及ぼす效果を外にするとも、少くも其人心に及ぼす効果に於て、往來のセバストボル陷落以上に該當する者也。蓋し同陷落の當時は、今回とは全く其敵を異にし、同盟したる歐洲諸大國を敵として敗れたる者なれば也。今より二年前に在りては、露帝は勿論、何人と雖ども、彼の獨逸皇帝が、世界中最强の陸軍國と稱讃したる大露帝國に對し、日本が方今の如くによく拮抗し得べき者とは夢にだも想像し得ざりし也、然るに今や露國の驕慢も、嘗つて黃色の猿猴と蔑視したりし敵の勇壯なる決心の前に、屈伏するの已むなきに至れり、奉天の露國に於けるは、無形の効果に於て、普魯西のエナーに於けるが如し、今日若し露國の專政君主にして其腰を屈し、玆に勝者の命令すべき條件を承認する者となさば、露國は啻に一戰鬪に敗北したる者たるのみならず、全戰局に於て失敗したる者と謂はざるべからず。而して露國人民は、露帝が發せる去三月三日の詔勅に從はず、却て益す騷擾反亂の擧に出づべく、隨て露國政府は之が爲めに、其國家を重大なる不幸に陷らしむるの責を免かれ得ざるべし』と。其他諸新聞の論評は、何れも此等二者と大同小差の間に在り。此の如くにして獨逸の論調を一見するに、獨逸皇帝を始めとして、一般に我軍略の巧妙なりしヿ、及我兵士の勇敢にして不撓不屈なるヿを稱讃せざる者なしと雖ども、而かも露國が此大敗によりて、膝を屈して和を乞ふに至らん如きは、一もなく之を斷言したる者あるヿなし。和を乞ふに至るとせば、露國は、全戰局の敗北也といふは之れあるも、未だ露國が屈伏すべしと斷言するほどの勇氣を有せず。是れ或は今回大戰の損害程度が、未だ明白に彼れの知る所とならざるにも、之れあるべしとするも、又實に其國際關係上、已むを得ざるの事情あるによれり。此の如くにして英、米、獨の三國ともに、未だ日露戰局が、該大捷の爲めに、玆に終結を告ぐべしといふに一致するを見ず。以て戰局に對する主要列國の豫測が、なほ戰爭の繼續に存するを知るに足らん。

此際に當りて、露國の同盟國たる佛國の輿論が、却つて早くも露國の全敗を認め、之に向つて降伏を勸告するに一致するは、最も注意するに價するの現象也。此れ蓋し佛國が獨り露の同盟たるのみならず、資金を彼れに供給すると、最も莫大なるの關係あるに由るが故なるべし。奉天大戰に於ける露軍の殲滅的大敗報が、一たび佛國に傳はるや。佛國の輿論は忽ち翕然として媾和說に傾けり。『新聞紙の媾和運動熾んなるが爲めに、新公債の發行は暫らく延期せられたり』といひ、又『公債の現金は、媾和條約締結の後に引き渡さるべし』といふ如き諸電報が、當時頻りに吾輩の耳朶を掠めしを見ても佛國の輿論が、一齊に媾和說に傾きしとを證明するに餘りあり。

奉天、鐵嶺の占領は、我決勝的の大捷なるとは、佛國の一般に承認する所となり、之が爲めに同國の論調は、全然一變したるが如し。佛國の諸新聞は、異口同音に媾和の必要を唱導し－初めより日本に同情を寄せし諸新聞、及社會黨の機關紙が、益す力を極めて露國の全敗を公言し、且つ直ちに媾和をなすべしと論ずるは勿論、『ルータン』、『ジュールナル』、『マタン』の如き、眞面目なる諸新聞、並に最も親露派に屬する『エコー、バ、パリ』、『ルゴーロア』新聞に至る迄、亦皆『露國は近き將來に於て、勝利を得るの見込を有せず。故に相當の條件を以て、日本と媾和するを、露國の爲めに得策也』との意見を表明せざるなし。而して之れと同時に、佛國の資本家は、すべて露國の將來に關し、相期せずして深大なる危惧を抱くに至りぬ。此れ豈に佛國輿論の一大變調にあらずして何ぞや。

今最も眞面目なる新聞紙中の一に就き、『ルタン』新聞の所論を一見するに彼れ曩きに遼陽の戰後、『日本は最早や此上の成功をなすべき望を有せず』と放言したる者也。然るに今や俄然として其論調を一變し、三月十五日の紙上に、全く正反對の社說を揭げて曰はく、

『戰爭の運命は、今や決定せり。日本は制海權を占め、又滿洲を掌握せり。露國は到底現下の戰爭に於て、勝利を得るの見込あるをなし。而して日本が其戰捷の果實を悉く獲得せずんば已まざると、亦疑を容れず。今や極東に於て、第一流の一新國を現出せり。該國は文明の最も進步せる諸國の間に加はりて、之れと對等の地位を博し、其國勢の隆、既に世界の最強國と相伯仲せり。今日は日本が宜しく露國に取りて直ちに認容し得べき條件、即ち償金を要せず、また露國の屈辱を來すべき事項を包まざる條件に依り、和議の成立を容易ならしめ、以て其寛宏の大度量を示めすべきの時機也と謂ふべし』と。

曩きに『遼陽大戰以上の成功を得るの見込みなし』と放言したる同一の日本に對し、此の如き特別寬大の度量を望むが如き、如何に甚しき變調を來したるかを見るに足らん。其媾和を主張するの已むなきに至りしとを切言せるは、最も改むるに吝ならざるの所爲にして、寧ろ之れを稱揚するに價すべきを疑はずと雖ども、其『償金を要せず、又露國の屈辱を來すべき事項を含まざる條件』を以て、露國の顏を立て、日本より進んで媾和を申込めよといひ、而して日本たる者、此大度量なかるべからずといふは、甚しく人を愚にしたるの言也。其依然として頑冥を免れざるは、却て八の一笑を博するに過ぎざるのみ、世に五十萬の大軍を動かし、連戰連捷して、最も驕慢亡禮を極む

る勍敵に對し、償金なく、又敵國の屈辱を來たさゞる如き條件に依り、戰捷國より和を申込むの愚者あるべけんや。若し相手が弱者にして、已むなく兵を動かせし場合あらば、敗者を憐みて、大度量を示めすともあらん。されど露國の如き、暴戾惡虐、頑冥不靈を極むる大帝國に對しては、亦何の大雅量を示めすの必要あらんや。飽くまで其戰鬪力を打擢し盡くし、之をして最後の屈服に至らしめざるべからず。今の戰爭は、露國の國民と戰ふにあらずして、彼れの頑冥なる官僚政府と戰ふ也。彼れ官僚政府の惡虐を充分に懲さずんば、講和の乞如何に切なるも、決して之を容るべきにあらず。若し官僚政府瓦解して、國民の意志が、露國の一勢力をなす如きあらば、日本は固より其國民を敬して、之れと和を媾するに躊躇せざるべし。佛國の新聞、如何に日本をおだてゝ、大雅量を示めせよといふとも、日本豈に彼の頑冥にして非文明なる官僚政府に支配せらるゝ、虎狼の國に對し、驟かに和を媾ずることを許さんや。況んや其官僚政府が、全國民の四方に紛起して、戰爭終止を絕呼したるにも拘らず、今回の大敗北を受けながら、なほ剛慢敢て非を遂げんとし、益す戰爭を繼續せんと焦つに見ば、日本が更らに之に向つて、今回以上の大痛擊を加へ、再び起つことを得ざるに至らしめざる以上は、決して自己の非を悟ることなきを見るべきをや。彼の國の主戰黨が、輿論旣に講和に傾ける佛國に對し、百方苦心して、更らに其全力を擧げ、以て戰爭を繼續せんとするの決心を示めせる者、以て其如何に剛慢なるかを知るに餘りあらん。

③内藤湖南「奉天訪書談」（『中央公論』一九一三年一〇月）

奉天訪書談

文學博士　内藤湖南

▲奉天行の目的

私は本年三月十三日に京都を出發して五月二十三日京都に歸着する迄、約七十日間の旅行をして來たのであるが、此旅行の目的は、京都大學の依賴を受けて、奉天の宮城内にある貴重なる古文書の撮影にあつたのである。なにしろ支那人を相手にしての仕事であるから、成功するかどうか極めて冒險的な企てゞあつたけれども、兎に角目的の大部分を達することが出來たのは非常な幸てあつた。私の撮影して來た寫眞の數は殆ど壹萬枚に上り、之を仕事した日數の約一ヶ月に割り當てゝ見ると、一日三百枚以上になるのである、恐らく寫眞職工としても、專門寫眞家のレコードを破つた事と思ふ。此撮影した寫眞を整理する丈ても、此夏休み一ぱいを費さねばならず、此古文書を研究して其結果を發表する迄には少くも四五年はかゝらうと思ふ、今は大體奉天に於ける仕事振りと、其古文書に對する概念丈をお話して置かうと思ふ。

前にも申した通り私が京都を出發したのは三月の十三日て奉天に着いたのは三月の二十三日てあつた。それから五月十七日まで奉天に居つて仕事をしたのてあるが、行く時は京都文科大學講師富岡謙藏君と一緒に參り、後からはやはり京都大學の講師羽田亨君が加はつた。羽田講師の奉天に着いたのは四月の八日てあつた。私は此兩講師の幇助を得、又彼地に居る同文書院の卒業生の助力を得て今度の仕事を遂行したのてある。

私は明治三十八年三十九年に北京の方から奉天へ廻つて、いろ／＼調べて置いたものがある。三十九年には稻葉君山君初め其他の人々と奉天に於ていろ／＼の書物を見て置いたので、機會があつたらどうかして手に入れたい、若し全部日本に持て來ることが出來れば尚結構だが、さういふ譯にも行くまいから、成るべく寫し取りたいと思つて居つたのである。奉天にあるもので寫取りたいと思つて居るものは非常に多數てあつて今度寫したのは其の中の極く小部分に過ぎないのであるが、一體支那の官吏程當てにならぬものはないのてあつて、今年は非常に工合が好いと思ふと、翌年はガラリ様子が變つて少しも仕事が進行しない。然らば將來も亦さうかと云ふと、さうでもない、又いろ／＼の便宜を得ることもあるので、今度行くに就ても豫め支那の官吏の機嫌を見てから行くといふ譯にも行かぬから、實は行き當りバツタリて、運を天に任せて行つたのてある。勿論何處にどう云ふものがあるかといふやうなことは、既に調べて知つて居るが、愈々やつて見て出來ないと言つて、無手て歸つて來るのは面目もない話てあるから、其點に於て平生暢氣の私も少しは心配を致したのてあつた。

▲撮影の目標とした古文書

今度目的として行つたものは二つある。第一の目的としたものは滿文老檔と云ふものと、實錄戰圖と云ふもので、第二の目的としたものは五體淸文鑑てある。是だけが出來れば宜いと云ふ覺悟て參つた。所で今度出來上つたのは其中第一の目的とした滿文老檔と、第二の目的とした五體淸文鑑てある。實錄戰圖と云ふ方は少しの都合て出來なかつた。そこて此御話をするには、どうして私が之を目的としたかと云ふことを少しく申さなければならないと思ふ。

▲奉天の宮城と奉天にある書物

然しそれを話す前に一體奉天にはどんな處にどんな本があるかと云ふことを、ざつと一と通り言つて置かなければならぬ。奉天といふと少し支那の事情を知つて居る人は、誰しも文溯閣にある所の四庫全書と云ふてとを直ぐに問ふ。四庫全書には宋より古い書物が澤山あるが、今申した三種の本は何れも四庫全書以外のものである。それを話すに就て先づ奉天の宮殿の様子を概略述べて見やう。之を圖にあらはせば、(下圖參照)

大體こんな位置て、左右に小い門があり、中央の門を大清門といつて、其門を入つて右に大廟、飛龍閣といふのがあり、左に翔鳳閣といふのがある、其奥に崇政殿と云ふがあり、其後ろに鳳凰樓と云ふ三層樓があり、其奥に清寧宮と云ふのがある。それから左右に區劃があつて、左の方に文溯閣、右の方に敬典閣と云ふのがある。それから崇政殿の左に書庫、右に磁器庫がある。

此中て書物の入つて居るのは何處かと云ふに、世人が思うて居るが如く文溯閣ばかりてはなく、其外の書庫にも本がある。四庫全書と云へば誰も知つて居る如く北京の文淵閣、杭州の文瀾閣熱河の文津閣にあるのと同じて、是は誰も知つて居る通りのものである。敬典閣には玉牒と言つて天子並に皇族の系譜が入つて居る。是は清朝では十年に一遍づゝ必ず系譜を編製して、奉天に一部と、北京に一部づゝ納めることになつて居る、それが今日となると積んで非常な大部のものになつて居る。此玉牒も縱劃の分と横劃の分と二通り

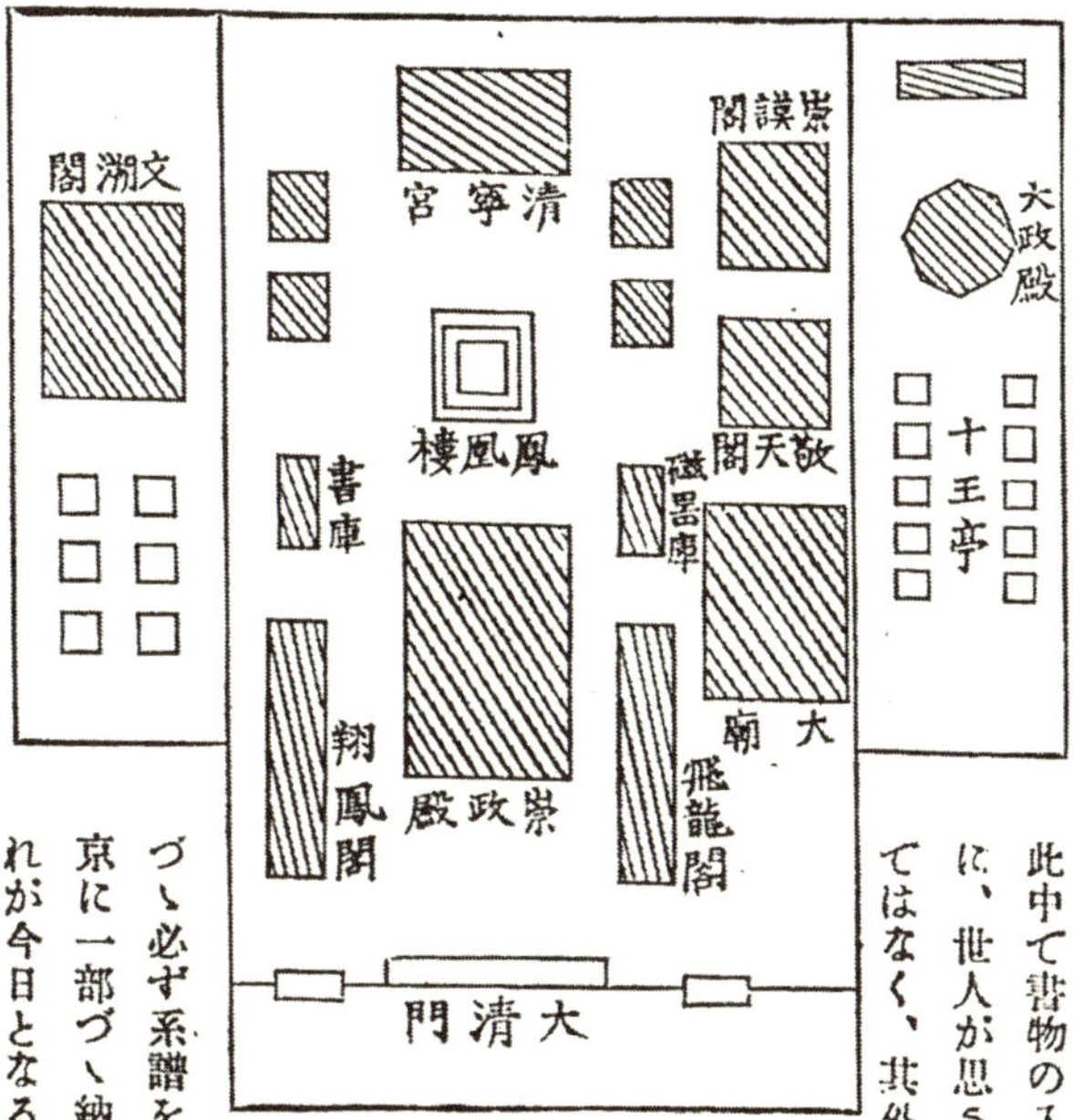

奉天宮殿略圖

になつて居る。即ち横に線を引いて、横に系圖を並べたのと、さうでなく縦に書いてあるのと二通りの系圖がある。さうして帝系宗室の系圖は黄色の表紙になつて居り、覺羅の系圖は赤い表紙になつて居る。それから崇謨閣には實錄並に聖訓が主に入つて居る。實錄は太祖太宗以後歷代の實錄である。尤も宣統帝の實錄はまだ出來て居らぬ。それは滿洲文と漢文と兩方で出來て居る。それから聖訓と云ふのは天子の詔勅で、是も歷代の分が滿漢兩文で出來て居る。それから崇謨閣には其の外の或る種類の本がある。それは即ち私が撮影の目的として滿文老檔と、實錄戰圖である。それから其外に漢文の舊檔と云ふのがある。此檔と云ふのは記錄と云ふことで、或は檔子ともいふのである。漢文舊檔は既に三十八年に寫して、私が持つて居るし、又其寫は東京帝國大學に納めてある。是は太祖の時代の文書の寫で、主に朝鮮と交渉の文書である。それから其外に其時分明朝から降參した者共が、太宗に對して明を取るの策を上つた奏疏の寫などもあつて、隨分貴重の材料であるが、それは既に三十八年に寫取つたから、今度は滿文老檔と實錄戰圖とを寫す目的で參つたのである。

▲滿文老檔の話

それではどう云ふ必要があつてそれを寫すのかと云ふと、此滿文の老檔は、前にも一通り見て置いたけれども、今度愈々寫すに就て調べて見た處が、清朝の太祖、即ち一番最初の太祖奴兒哈赤《ヌルハチ》と云ふ人、並に其次の太宗の時代の滿洲文の日記の寫である。此原本は今何處へ行つたか分らぬが、乾隆頃まで反古にして突込んで置いたものを整理して淸書したものである。さうしてそれは二通りになつて居る、一は無圈點檔子、一は加圈點檔子である。滿洲文と云ふものは、最初は蒙古のアルハベットに依つて、滿洲語を書取つたものである、其蒙古のアルハベット其儘を使つて書いたのが無圈點檔子である。所が太宗の時に有名なる達海《ダハイ》と云ふ學者が、どうも是までのやうに單に蒙古のアルハベット其儘では、滿洲語の眞の發音に對しては不完全であるからと云ふので、蒙古の文字に點を付けたり丸を加へたりして、恰度日本でハヒフヘホに點や丸を加へてバビブベボ、或はパピプペポを現はすやうな工合にして、蒙古字に圏點を付けて十分滿洲語を寫出せるやうにしたのである。之を加圏點といふのである。て此滿洲文の老檔が一部は無圏點、一部は加圏點て、つまり二通りに分れて居るが、併し其内容は同じてある。是は全部て百八十冊てあるが其中の八十一冊は太祖の時の日記てある。太祖は天命と云ふ年號を唱へたが、其天命と云ふ年號を用ゆる十年程前から始まつて、天命の最終即ち天命十一年まて凡そ二十年間の日記てある。それから太宗の時の日記が又二通りに分れて居る、太宗の年號は二つあつて、一は天聰、一は崇德といふ。天聰は八年まてゞ、九年目に崇德と變つた、それて日記のあるのは天聰六年までゞ、其六年間の日記が六十一冊、それから崇德と云ふ年號になつてからの分は、是は元年一年分丈しかない。處が其崇德元年は事柄の非常に多い年てあつて、此年に始めて太宗が自ら皇帝と稱することになつた、それまては汗と稱して居つて、つまり謂へば北狄の稱號を維持して居つたのてあるが、此時始めて皇帝と稱するやうになつた、其他種々の事柄が多かつた爲に、此崇德一年丈て三十八冊になつて居る。都合百八十冊て、それが十六秩の中に入つて、七つの包になつて居る。

て是は原本は元から斯う云ふ日記になつて居つたのを、乾隆頃に清書したものと見えて、紙も何も皆新しいものゝやうになつて居る、然しそれは餘程鄭寧に清書したものてあつて、殘缺の所は、ずつと上から文句が書續けてあつて、それから其殘缺の所へ來ると、黄色の紙に元檔殘缺と書いた札を貼つて、それから又下を書續けてある、或は年月の不明な所、日記てあるから年月が順を逐つてあるべきてあるが、多くの中に日だけあつて年月のないのや、月の不明なのやいろ／＼のものがあるけれども、さう云ふ所を少しも棄てずに之を殘したものと見えて、太祖一代の日記の中には凡そ九冊だけ無年月の日記がある。それから太宗の方の日記にも無年月のがあるけれども、之は僅か一冊丈てある。それて私が枚數などを調べた時に、どの卷が何年何月までの分、どの卷が何年何月までの分と云ふことを調べて、目錄を作つた、さうして寫眞に撮つた譯てあるが、其紙數が四千百枚程あつた、其外に表紙があるので、全體の寫眞が四千三百枚程になつて居る。其原本が一頁七行づゝになつて居つて、悉く滿州文て書いたものてある。

（滿文老檔）

▲滿文老檔の史的價値

それては是はどう云ふ値打のあるものかと云ふと、それは先きにも云つた通り四五年も研究した後てないと、之を一通り讀むて內容を知ることが出來ないから、詳しいことを云ふ譯には行かぬが、其價値のあると云ふことは數の上から積つて見て明らかであらうと思はれる。即ち太祖一代の實錄と云ふものは、滿洲文の方ても漢文の方ても同樣てあつて、是はどちらも八卷しかないのてある。所が滿文老檔の方は太祖一代のことが實に二十卷、八十一册になつて居つて、殆ど十倍の紙數になつて居る。さう云ふ次第てあるから自然其記事も非常に詳しからうと云ふことは想像し得るのてある。それて寫眞を取らせて居る間に、處々を開いて見て居る間に見出したことてあるが、何か事件のあつた時に、太祖が詳しい詔勅を滿文て發して居る、さう云ふものは是まて見た漢文の實錄ては殆ど見たことが無い。さう云ふ譯だから滿洲に關する史料としては恐らく之に越した精密なものは他に無からう、殆ど是は根本史料と云つても宜い位であるから、歴史上大變な價値のあるものであらうと思つて居る。太宗の方は是は太宗實錄と云つて、漢文も滿文もあつて、何れも凡そ六十卷程になつて居る。是はつまり天聰が八年崇德が八年、合せて十六七年ばかりの間が書いてある。所が滿文老檔に於ては天聰が六年までと崇德が一年、つまり太宗の治世十六七年の中の七年間の日記が九十九冊に上つて居る、是丈で見ても其記事が如何に綿密であるかと云ふ事が推測られる。殊に此中崇德元年のことなどは一年間て凡そ三十八冊と云ふ非常な數に上つて居る。それから其外に太宗が一大敵として苦んだ明の將軍毛文龍が朝鮮の椵島といふところに立籠つて、背後から滿洲を襲ひ、絕えず太宗を苦めたことがある、それに關係した丈のことが毛文龍事件と云ふので二卷別になつて居る。さう云ふ所を見ても、如何に貴重のものであるかと云ふことが推測し得られるのである。さう云ふ次第であるから、尙之を十分に研究したならば、實錄などに未だ曾て現はれざることが澤山にあらうと、私はそれを樂しみにして居る。勿論以前から價値のあるものであらうと思つて居たけれども、實際之を寫取つて見ると、實に豫想以上の貴重の資料たることに驚いた位である。て私の最初の豫想では枚數が二千枚内外だらうと思つて居た所が、實際計算して見ると四千二百枚餘に上つたやうな譯て、寫眞などの豫想も大分狂つたが、兎に角是は一枚殘らず全部寫取つて來た。

▲實錄戰圖の話

それから失敗をして寫取ることが出來なかつた實錄戰圖は、太祖實錄同樣八卷あつて、是は滿文のと漢文のと、蒙古文のと三樣になつて居る。此本の面白いのは處々に繪を挿んであることであつて恰度日本の繪本太閤記とか云ふやうな風て、太祖一代のことを繪解きにした本てある。其内容は大體に於て實錄と同樣てある、併しそれなら實錄と全く重複して居つて値打が無いかと云ふと、さうてはない。私は元來實錄に就ては疑を懷いて居つたのである、日本には淸朝の初めの三代實錄と云ふのが傳つて居つて、太祖の分はやはり八卷になつて居るが、それを讀むで見ると、支那の方に傳へてある記錄とは違つて居る所がある。支那の方に傳つて居るもので、通例吾々が見ることの出來るのは東華錄と云ふのであつて、是は清朝の實錄の主要な所だけを書拔いたものであるが、此東華錄も太宗一代の分は書拔いたのではなく、實錄が殆ど全部出て居ると言つても宜い位である。所で此東華錄と、日本に傳はつて居る實錄とを對照して見ると、時々相違がある。今其著しい點を云ふと、太祖は六十八歲で亡くなられたが、其時分に大きい方の子供は四十に近い人も大分あつた、現に太宗も三十以上の人であつた、所で其太祖の奥方、即ち皇后は極めて若い人で、其の時確か三十六であつた、此人は大變太祖に氣に入られて居つて、其腹に出來たのが北京へ行つて攝政親王と言はれた有名なる睿親王である。其太祖の皇后に對して腹異ひの大勢の息子達が寄つて集つて殉死を勸めた、隨分亂暴な話であるけれども、大勢の息子達が、太祖が死んだからあなたも一緒に死ねと言つて殉死を勸めた、皇后はそれを厭がつて餘程拒んだが攻め立てられて據ろなく殉死をした、其死ぬ時に、自分の生んだ睿親王は未だ年が若いから、行末を心配して、自分の死んだ後は宜しく賴むと云ふやうな遺言をして死んだのである。其事は日本に傳はつてあるけれども、東華錄には載つて居らぬ、所が今の繪本太閤記流の實錄戰圖には其事がやはり載つて居る。そこで段々考へて見ると、日本に傳はつて居る實錄は、康熙帝の時に出來た實錄で、現在支那に傳はつてある方の實錄は、恐らく乾隆の時に出來たものであらうと私は考へる、それは種々の點から推測されるが、先づ諡からだけでも知ることが出來る。太祖の諡は初めは何とか云ふやはり大分長いのであるが、之れに康熙、雍正、乾隆頃には一代に太祖の諡を二字づゝ增してある、所で日本にある實錄には、支那にある所の東華錄にある太祖の諡より四字少ない、是はつまり雍正、乾隆の二代に增した所の諡が足らないのであらう、故に是は康熙年間に出來たものだらうと、斯う云ふ想像が付くのである。それで今支那にある實錄は乾隆頃に手を入れたものであると云ふことが分つた。さうして其時に太祖の子供が大勢して自分等の繼母に殉死を强いたと云ふやうなことを削つたのであらうと、斯う云ふやうに考へて居つたのである。それで今度行つて奉天の庫にある所の實錄戰圖を見ると、果して私の想像通り今支那にある所の實錄は、東華錄同樣母に殉死を迫つたと云ふやうなことが削つてあることが分つたので、玆に其疑問は明瞭になつたのである。さう云ふ譯で此實錄戰圖と云ふものは日本に傳はつて居る所の實錄を證據立てるに屆竟の材料であつて、史料として極めて必要のものであるから、是非之を寫したいと思つたが、つい故障が起つて、此方は寫して來ることが出來なかつた。それはつまり崇謨閣の中にある書物である。

▲五體清文鑑の話

それから第二の目的とした五體清文鑑、是は翔鳳閣の中にある本である。此翔鳳閣と云ふのは、一體書物を藏して置く所ではない。是は乾隆帝以後、嘉慶、道光兩帝などが屢〻北京から奉天及清朝の起つた興京の離宮などに行幸になつたのであるが、さう云ふ行幸の際に、奉天のみならず、沿道の駐蹕所などに飾付ける所の調度品を入れて置く庫である、從つていろ〳〵の御手許品の中には多少書物などもある。それらの書物の一部分に五體清文鑑があつたのである。此五體清文鑑も一枚殘らず寫眞に取つた。是はつまり清朝が支配して居つた各民族の語の大略の辭書であつて、第一は滿洲語、第二は西藏語、第三は蒙古語、第四は土耳古語、第五が漢語の五種の辭書である。辭書ではあるが、アルフハベット順になつて居るのではなく、天文とか地理とか云ふ風の部門別になつて居つて、後から段々增して行つたものらしいのである。で私が此五體清文鑑を寫して來たと云ふことが新聞に出た所が、中には思ひ違ひをして居る人があるやうである。現に水戸の彰考館にも清文鑑と云ふ本がある、それは今度寫して來たのと同じてはないかと言つて、態々葉書て知らせて與れた人があつたけれども、それ位のことは私も承知して居るし、又私も從來淸文鑑とか、滿洲語、蒙古語、西藏語、漢語の四種の淸文鑑は私も備へて居るから、それ位のものならば何も此樣な馬鹿らしい苦勞はしないのである。所て此淸文鑑は最初康熙年間に出來たのてある、それを乾隆の初めに增補してある。で一番最初は滿洲文と漢語と對譯の爲に出來たのてあるが、其後乾隆四五年頃に蒙古語を加へ、其後西藏語を加へて四種の淸文鑑が出來た、さうして是は版本があつたが、五體淸文鑑には版本はないのである。今度寫して來た五體淸文鑑は非常に鄭寧に寫した寫本てあつて、まるて御手許本と言つても宜い位に出來て居る。是は奉天の庫に一部ある丈で、外にはないものである。白鳥博士は曾て是と同樣のものを巴里て見られたと云ふことを聞いた事があるが、若し果してそれが是と同じであるとすれば、それは英佛同盟軍が北京の圓明園に侵入した時に持つて行つたのかも知れぬ。それから北京には今一部位同じのがあるかも知れぬが、其外にはある見込はない。それ故に大變な面倒を掛けて寫して來たのである。是は本の形が少し大きいので二頁を一遍に取ると云ふ譯に行かぬので、一頁を一枚の寫眞に取つたが、此紙數が二千六百枚、寫眞の數が五千三百枚餘てある。

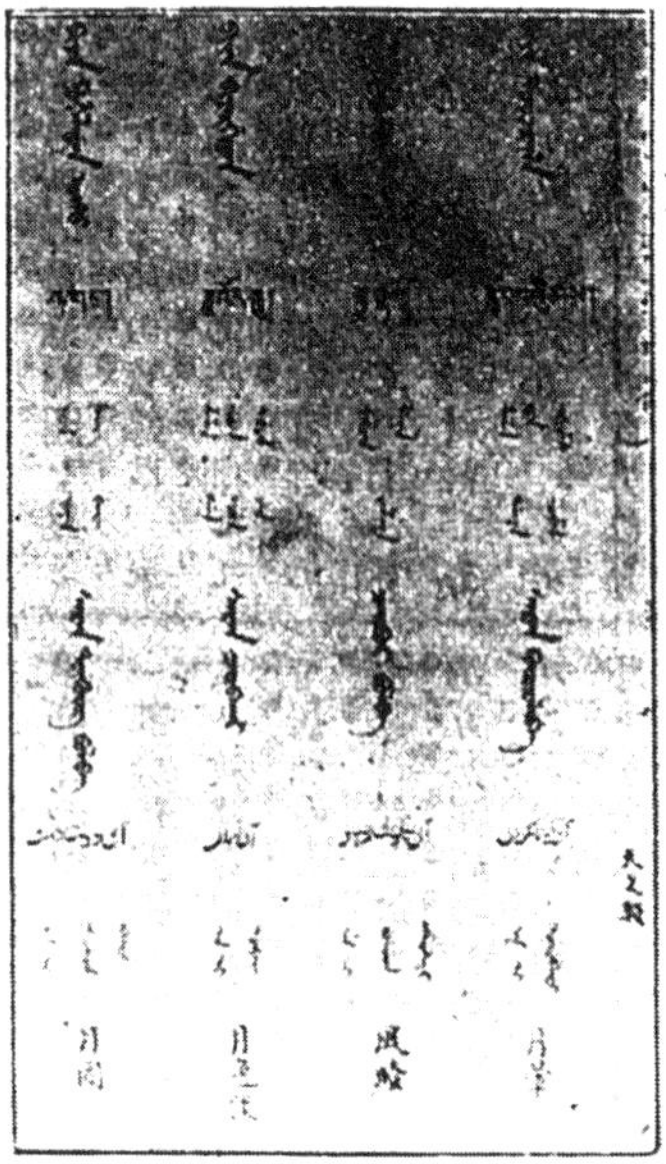

(五體淸文鑑)

▲どんな風にして仕事をすたか

で今度寫眞に取つたのは滿文老檔、是は合版と云ふので取つたので、其數が四千三百枚、それから五體清文鑑の方が五千三百枚、兩方で約九千六百枚であるが、實際寫眞に取つたのは、取り損ひなどもあつたから一萬枚以上に上つて居る。それて實際仕事をしたのは四月十二日から始めて、五月十三日にはすつかり荷造りまでも終つたのであるから、恰度滿一ヶ月の間てあつた。それて支那の官吏の狀態が前にいつたやうな風てあるから、果して事が思ふ通りに運ぶかどうか頗る疑はしいので、餘程心配をした。三月二十二日に奉天へ着いたが、恰度伊集院公使が來たので、領事館なども二三日は非常に忙がしかつたので、それが濟むでから奉天總督に交渉することを頼んて置いた。それから私は元來現在の總督趙爾巽と云ふ人とは知合てもあり、又其下に居る交渉使、つまり外交事務を取扱ふ所の孫といふ人も知つて居るから、領事館から申込むと云ふ事になると同時に私は先づ交渉使を訪ねて、私相當の贈物をし、又趙總督にも會つてやはり相等の贈物をし、表面は總領事から依頼するのであるが、貴方とは豫ての御知合であるから特に私からも御賴みすると言つて賴んだのである。それから歸つて返事を待つて居た所が、二十九日になつてから返事が來た、領事館には二十八日に來て居つたのですが、私の所へは二十九日に來た。其總督の返事は、內藤と云ふ人は自分も前から知つて居る、あの人が奉天にある書物を見たいと言つて來たのは歡迎する、出來る丈便宜の取計らひをすると云ふ意味であつた。そこて私も大に喜んで、早速京都大學に電報を打つて寫眞の種板を送つて貰ふことにした、併しどれ位要るかと云ふことを言つてやらなければならぬから、三十日と一日と二日掛つて計算をして見た。それて最初の日には半分ばかししか計算は出來なかつたが、凡そ三千五六百枚位だから、先づ三百ダースの種板を用意したら宜からうと思つて、それて電報を打つた、所が翌日又行つて調べて見るとそれては足らない、どうしても四千枚以上と云ふことが分つた、是はつまり實錄戰圖と兩方をやる積りてあつたから、先づ種板を四百五十ダース用意して來るやうにと云ふ電報を打つた。之だけの種板を一時に拵へると云ふことは、京都では容易に出來ない、大騷ぎをして大坂まで馳歩いて漸く揃へて、早速羽田君がそれを携帶して來るといふことになつたさうである。

其間に私は寫眞を取る準備をした。で是は元より知つて居る人ではないが、奉天で寫眞屋をして居る人で、其人が二人の弟子を連れて來て吳れた、それからそれに羽田講師が加はつてやつたが、それでも手が足らないので、もう一人、やはり同文書院の卒業生で、恰度彼地に遊んで居た人があつたので、其の人々とて愈々滿文老檔の寫眞を取ることになつた。勿論初めてであるから豫定は分らぬ、分らぬけれども三十九年に多少の經驗がある、僅か二三時間であつたが、多少經驗があるので、一時間に二三十枚、一日に二百枚は行くであらうと云ふ大體の見當は付いた。併し一時間に二十枚として、一日十時間少しも休みなくやるといふことは困難だらうとは思つたが、それは慣れゝば今少し手早く行くるだらうと云ふ考で、凡そ五千枚の寫眞を取るに二十四五日と云ふ豫定であるが先づ一月仕事と思つた、それでいろ〳〵の準備をしたのである。

で先づ暗室を拵へねばならぬ、そこで恰度巡査の交番のやうな格好をした暗室を拵へて、それを宮中に持込むと云ふことになつたのである。所で其時分には向ふの官吏が皆好意を持つて居つたから、萬事が大變都合よく運んで、初めは此方も遠慮して、宮中の圍ひの外でやつて居つて、崇謨閣から一々往復して居つたが、崇謨閣の官吏達が、監督をするのに自分等が面倒であると云ふ所から、暗室を奧まで持つて來いと云ふことになつたので崇謨閣の直ぐ前まで暗室を持つて行つたので大變便利を得た。それで四月十二日から始めたが、最初の日は準備やなどに暇が要つて、漸く一時間ばかりしか出來なかつたので僅か四十七八枚寫した丈であつた、それから其翌日もいろ〳〵面倒の事があつて、半日ばかりで百三四十枚しか出來なかつた。併し此二日の經驗で、どし〳〵やつたならば一日に二百枚は樂に出來ると云ふ見込が付いた。それから十四日は日曜て、十五日から始めた。十五日には十時頃から始めて四時頃までに三百餘枚出來た、其翌日は四百餘枚出來た、所が其翌日はいろ〳〵故障の多かつた日で、三百八九十枚しか出來なかつた、先づ一日に四百枚は出來ると云ふ見込が立つた。それから其後は四百二三十枚平均に寫せた、或日には四百九十何枚か取れた日もあつた、實際寫したのは五百枚以上になつて居つたが、やり損ひなどがあつたので、其れを除いて四百九十六枚か取れた。

さういふ風で寫す方はずん〳〵進んで行くが現像が迚も追付かぬ、そこで寫すばかりさう寫しても仕方がない、是は寫眞屋から二人來て、私と、羽田君と、もう一人の助手と五人でやつたのであるが、寫眞を取る方はずん〳〵進んで一分間も掛らない、一時間平均八十枚位は裕に出來るが、それに追付かないのは種板の取換である、今のやうに小さな暗室、まあ一人しか入れぬ二人入るには無理しなければならぬと云ふやうな暗室で取換をやるのであるから、是がなか〳〵困難な仕事である。所がそれをするのは羽田君より外に無い、私は本を取出してやる、滿洲文の本ですから抛つて置いて誰にでもやらせると云ふ譯に行かぬ、私が順に本を出して渡す、それから三人が一枚々々に寫して行く、さうすると種板の取換は羽田君がやらなければならぬ、所が是が一番厭やな役だ、朝から晩まで日の目を見ずに眞暗の中で働くのだから隨分厄介なことである、其上に其暗室は非常な急造であつて、板の合はない所には紙を貼つて、それに澁のやうな厭やな臭のあるのを塗つたので、何とも云へない氣持、普通ならば傍へ寄るのも御免を蒙るのであるが、妙なもので愈々入込んでしまうと臭さも忘れて仕事をして居る、現に角午前十時頃から午後四時頃まで、其臭い暗室へ立籠つて種板の取換ひをすると云ふことが一番厭やな役である、それを羽田君が一人で引受けたのである。何しろ長い間暗い所に居るので、目が變になつて、外へ出て來ると暫時目をパチクリやつて居る。所が私も一日其中で仕事をしなければならぬことになつた、それは羽田君が折悪しく風邪に罹つてやれなくなつたので已むを得ず私が其暗室に立籠つて種板の取換をやつた。そんな眞暗な所に入つて仕事をして居ると、一日が大變長いであらうと想像されるが、仕事に逐はれて却つて日が早く暮れた位に感じた。そんなことで結局滿文老檔の方は四月二十五日に出來上つた、始めてから凡そ三週間で全部寫眞に取れたので、一安心を致した。

▲滿鐵本社の好意

所が其時に現像がもう二千枚以上も遅れて居るので、どうしても一偏休んで現像をして、それから次の實錄戰圖に取掛らうと云ふことになつた、そこで二三日休んだのが大失敗で、それが爲に實錄戰圖はとうとう出來ぬ事になつたのである。それは一方に現像もしなければならぬし、それから其前に大連の滿鐵本社から私に講演をして吳れと云ふ注文があつた、自分は非常に忙しいので迷惑であつたが、此度は非常に滿鐵の厄介になつた、現に吾々が居つた宿舍も滿鐵で貸して吳れ、炊事は隣の盛京時報と云ふ日本の新聞社でやつて吳れ、又寢道具から何から一切貸して吳れたので、費用も餘計にかゝらず、萬事に便利を得たのである。さう云ふ譯でどうも斷る譯に行かぬのと、それからもう一つは滿文老檔の寫眞が意外に早く出來たので、實錄戰圖の外に五體清文鑑も寫さうと云ふ希望を起したのである。それは羽田君は土耳古語に通じて居る、日本には恐らく土耳語では羽田君に及ふ者はなからうと思ふ、それで私は交渉して羽田君の爲に此の五體清文鑑を借出したのである。すると羽田君は大變喜んで、晝間隨分疲れて居るのも意とせず、毎夜十二時頃まで此中の土耳古語丈拔書して、一週間程やつたが、厚い本が三十六册になつて居る、其中の一册少し餘しか出來ぬ、是には羽田君も非常に苦勞して、或時などは寫して居る間に坐眠をした位だと自分でも白狀して居つたが、何しろ容易な事ではない。そこでどうか是も寫眞に取つて置きたいと云ふ希望が起つたので、早速京都大學へ手紙で交渉をしたのだが、それが許された所て種板の用意がしてない、それなら奉天で間に合ふかと云ふに、奉天では間に合はぬ、どうしても大連へ行かなければならぬ、それから又大連で其種板を買ふにしても費用が要る、其金は一時滿鐵からでも借りるより外に仕方が無い、幸ひ滿鐵から演説に來て呉れと云ふのだから、そんなことも話して見たいと思つて、非常に忙しい際であつたが二十七日に大連に行くことにした。

奉天城から停車場へは一里以上もあるので二十六日は一日休んで、其夜は停車場の近所に泊り、二十七日の朝の汽車で大連に行く部合にした。それで急行列車だと奉天から大連まで八時間で行けるから、朝五時に出掛けると午後一時に着く筈であつた。所が其前夜は四五年此方滿洲に無いと云ふ非常な大風で、宿屋に寢て居ても戸の間から砂が吹き込んで、夜中に目を覺まして見ると自分の着て居る夜具から頭から眞白になつて居つた位であつた、さう云ふ大風の爲に汽車が大變に遲れた、何でも途中で餘り風が甚しく、迚も進行が出來ないので、一時間程停車して、客車の窓を悉く開放して風の通しを良くし、漸く轉覆を免かれたと云ふことであつた。そんなこんなの爲に丁度一時間と四十分程遲れて奉天に到着したので、約束の時間に遲れるだらうと私は大變に心配したのである。てそれから後も汽車は段々に遲れて、午後三時二十分に大連に着いた。其時に羽田君は未だ旅順を見ないからと云ふので旅順見物に一緒に行つたが、何しろ二時間以上遲れたので、旅順へ行く汽車に間に合はなかつた。それで私は午後四時から一時間半ばかりやはり滿文老檔の話をし、六時から御馳走を頂戴した、其御馳走の席には岡松理事、久保田理事などが見えたので、早速五體清文鑑の一件の談判を開いた、實は斯う云ふ譯で凡そ六百圓程金が要るが、京都から來るまで一時立換て貰いたいものだと言つて相談した所が、直ちに承諾して呉れた。そこで私は大に喜んで其の晩八時過ぎの汽車で奉天へ引返した。さうして一方には京都の大學へ電報で金は一時滿鐵で借り、寫眞の種板も大連から送つて呉れることになつたから、許して貰いたいと言つてやつて、それから其本を奉天の四軒の寫眞屋に分けて寫眞に取つた。是は本が借りて來てあるのだから非常に早く出來て、五千三百枚程の寫眞が十日間ばかりで出來上つた。斯う云ふ譯で五體淸文鑑を寫取て早速荷造りをし持て歸つた次第である。

▲實錄戰圖を寫し損ねた原因

それから大連へ行つて來た間に、一方滿文老檔の現像が終つたから、今度は實錄戰圖の寫眞を取らうと考へて、三四日休んでから行つて見ると、宮中の模樣がガラリ變つて、何だか愚圖々々言つて此方の言ふやうにならない、そこで私は總督に會はうとしたが、總督は會ふのを厭やがる樣子、それから交渉使に會はうとしたが、やはり會ふのを好まない。そこで總督の秘書、是は日本の留學生で、日本の女を奥さんにして居ると云ふやうな譯で、又非常に美男子であつた、私は何も美男子だから會つたと云ふ譯でないが、其男に會つて話して總督に傳言を賴んだ所が、さう云ふ込入つたことなら間違があつては可ないから書いて行つて呉れと言ふ、そこで私は書いて渡して來たが、其日私が歸らぬ先きに其秘書が私の所へやつて來た、併し私が居なかつたから何も言はずに歸つたさうですが、それは別に聞かなくとも不成績であると云ふ事が分つた。其中に今度は交渉使の方から可けないと云ふ手紙が來た。勿論可けないと明に斷つてあるのではないが、いろいろ苦情があるから寫眞を取ることを暫く休んで呉れと云ふのである、併しそれは可けないと云ふ斷りである、其使に來たのは早稻田の留學生でした。そこで可けないと云ふなら仕方がない。それは仕方が無いとして、今まで取つた滿文老檔の寫眞を一通り揃へて見ると、四千三百枚程の中で二百枚ばかりやり損ひがあるので、それだけやらせて呉れと言つたが、やはり愚圖々々言つて居る。そこで私は、一體寫させないと云ふのは誤つたことを外國に傳へられては困ると云ふからだらうではないか、それを斯うやつて今まで寫眞を取らせながら、今になつて取らせないと云ふならば、仕方が無いから間違つた儘持て行くが宜いかと談判した所が、二三日してから、それなら其取損ひの分だけは取らすが、他のものは一切取つてはならぬと云ふ、甚だ怪しからぬ譯であつたが。併し其場合喧嘩をして了ふと二百枚ばかりのやり損ひも取られぬと云ふことになるから、我慢をしてそれだけ取り直すと云ふことにした、所が何しろ大急ぎて一日の間にそれだけのものをやつて了つたのだから、後て現像して見ると、又二十七八枚程やり損ひがある、そこて又やり損ひがあるからと言つて頼むのも工合が惡い、何か良い方法はないかと、又考へたのてある。

所て斯う云ふ風の故障の起つた原因も、其時には略々分つて居つた、それは其事を扱ふ長官が新になつたと云ふことも一つの原因であるが、つまり言へば私の方に手落があつたのてある。それは宮中の内務部の役人は大抵私は知つて居るし、さうして其主なる人には夫れ々贈物をしてあるので、皆喜んて好意を表して、別に見せて呉れと言はないものまでも、どし〳〵出して見せて呉れたと云ふ風てあつたから、大變に都合が好かつたのである。所で其後内務府へ行つて見ると、從來の官吏の外に見知らぬ人が三人奥の方で何か仕事をして居る、それに氣付かなかつた譯ではないが、何だか書き物などをして居るのだから、さう上官でもあるまい、先づ其方は宜からうと思つて拋つて置いた。所が後になつてそれは新に北京から來た大官だと云ふことが分つたけれども、苦情が起つてから何か持て行くと云ふ事も面白くないから、其儘にして置いた。それから其外に故障の起つた理由は、私が寫眞を取つて居ると云ふことが北京に傳はつて、新聞なども日本は奉天の宮中で寫眞を取つて居るさうだが、あれは滿洲をどうかする爲ではないかと云ふやうな記事を掲げたことなどもあり、又もつといけない直接の原因は、私の宿と隣り合つて居た盛京時報に、内務府の一番上役の惡口が出て居つた。それもちよつと一日位ならば兎も角、五日間も續けて廣告欄に、やれ彼は誰某の田地を横領したとか何をしたとか彼をしたとか、非常な惡口を書いてあつた、私は少しもそんな事には氣が付かなかつたが、さういふことが其人の感情を害して、故障を言ひ出すやうになつたのである。所が二十何枚かのやり損ひがあるので、それをやり直す爲に今度は其一番惡るい故障を言つて居る男に打付かつて見ることにした、そこでちよいとした贈物を持て會に行つたのである。尤も其前にも一度會つて置いたが、支那人は少し位感情を惡るくして居つても、表面はさう惡るい顏はせぬ、早速會つたのである。それから私は國華社で出版した王羲之の卷物を贈つた、さうして實は此間二百枚程寫直させて貰つたが、まだ二十枚ばかり落ちて居つたから、それを寫させて呉れまいかと言つて賴んだ所が、其男は多少書畫に趣味のある方と見えて、私の贈つた物が餘程氣に入つた樣子であつた、そこで早速私の賴みを聽いて寫すことを許して呉れた。斯ふ云ふ樣な有樣で私のちよとした手落から實錄戰圖の方は寫して來ることが出來なかつたが、滿文老檔の方は完全に寫して參つた。それから五體淸文鑑の方は、是は借り出して置いたので、默つて知らぬ顏をして十日間ばかりの中に寫して返したので、是は向ふでは知らないのである。

で此滿文老檔にはどんなことが書いてあるかと云ふやうなことは、支那の官吏などもよく知らぬ、總督でも一向に知らぬ、何か滿洲文の書物を寫して居るさうだ位にしか思つて居らぬ、所が日本人が宮中へ入つて寫眞を取つて居るといふことが八ケ間敷なつたので、どうも默つて居る譯に行かぬ、そこで急に態度が變つて來たのであらうと思ふ。

▲寫字生の同盟罷工と支那人氣質

それから一方寫眞をやつて居る間に寫字をやつた、それは文溯閣にある四庫全書、是は前にも借り出したから、今度も借り出しを申込んだ所が、是は直ぐに貸して呉れた、そこで之を寫取る爲に支那人を雇つた所が、同盟罷工をされたやうな事があつた。最初之を寫さうといふときに、どうか人はあるまいかと盛京時報の人に話すと、それは新聞に廣告したら直ぐに得られる、それは此方で募集して上げても宜いと云ふことてあるから、一切を盛京時報の方に任せた、て廣告したところが、十人位しか要らないのに四五十人も申込んで來た。そこで試驗見たやうなことをして、其中良さゝうなのを十人程選んだ。それから寫字料は千字四十錢位の積りであつた所が、募集して見ると餘り應募者が多いので、盛京時報の方で少し方針を變へて千字三十錢でやれと言つた、するとそれでは少ないとか何とか言つて苦情を言ふ者もあつたが、何しろ四五十人も應募者があるものだから、さう強くも言張れないと見えて、結局千字三十錢でやると云ふことになつた。それからやらせて見ると、是ではどうも安い、役所の仕事でも七八十錢呉れるのに餘り酷いとか何とか言つて頻に苦情を言つて居る、所が夕刻になつてあまり苦情を言ふから、それなら御前達は寫字をしないのかといふと、しないと云ふ者もあり唯だ愚圖々々言つて居る者もある、其中に支那人流の煽動者が出て來て、皆して斷然やらぬから今日だけの金を拂つて呉れよと言ふ、そこで此方も負けることは出來ないから、金を拂つてやる、彼等はそれでその儘歸つて了つた、さあ斯うなると明日からは一人も來る者が無いので、實は内心弱つて居つた。所が翌朝八時頃になると、一人の者がやつて來て寫字はしないのかと問ふ、寫字はするのだ、するのだが御前達の方で厭やだと言ふのだから仕樣が無い、昨日の約束でするなら、させてやらうと云ふと、其男はそれで宜いからやらせて呉れと言ふ、それから其男が一人でやつて居ると、外から二人ばかり覗いて居つた者が又やつて來て自分達にもやらせて呉れと言ふ、それなら昨日の約束通り千字三十錢で宜いか、宜しいからと云ふので、其日に五人程になつた、それから又其奴等が自分の友達を連れて來て、十三日ばかりの間に全部を寫終つたのである。

此寫した中て禮部志稿といふのはどういふものかと云ふと、即位の禮や、皇室の禮や、或は官吏登用試驗、即ち科擧の事やいろ／＼ある、其中の主客司と云ふのには外國に關係した先例と云ふやうなものがある、之には星槎勝覽、西洋朝貢典錄などにも載つて居らぬものまでも載つて居る明代の寫本であるが、四庫の中に入つたから版本は一もない、て是は四庫の本て寫すより仕方がないからやつた。其他二三種の本を寫したが、一ヶ月ばかりの間に本の數が百六七十卷册數にして六十八册ばかりを寫した。此寫字の方は富岡講師が監督から何から一切やつて呉れたのてあるが、彼等に金を拂ふだけでもなか〳〵の大役て、其には五日に一遍或は十日に一遍拂つて呉れと云ふものもあるが、中には他の地方から來て居るものは毎日拂つて呉れと云ふ者もある。それに七八十錢から一圓五十錢位の額を勘定してやる。而も毎日價格の變動のある支那の金に換算して渡すのだから、非常な面倒で、五日或は十日目毎にまるで銀行が取付けに遇つた樣な騷ぎをやるのである。それて富岡君は彼方に居る間、晝は監督をし、夕方には今の銀行が取付けに遇つたやうな騷ぎて、少しも外へ出ることすらも出來ず、歸つて來てからリヨウマチスを起すやうなことになつたのである。

▲奉天程よい所はない

それから寫眞の方は歸つてから羽田君が毎日學校へ出て整理をして居る。それはつまり寫して來たのを今一遍水洗をして、其上で燒付をするのであるが、何しろ九千六百枚の多數だから、是までに三分の一も出來て居らぬ。それから乾燥させるのにも奉天でやつた時には半日で十分乾いたのであるが、京都では一日半位掛つても十分に乾かぬ、東京へ持て來たら多分三日も掛らなければ乾くまいと思ふ。さう云ふ譯で奉天は斯う云ふ仕事をするに大變都合が好い、それのみならず奉天と云ふ處は萬事に善い所で、私は實に奉天程結構な所はないと思ふ。歸つて來たら大變緩りして來たなど、人から言はれるけれども、私の方では七十日ばかりの旅行は實に早く經つて了つて、少しも緩りしたとは思はぬ。段々歩いて見ると日本位面白く無い處はないので、奉天に居ると、支那の土地とは謂ふものゝ、兎に角日本の疊の上に寢、日本の飯を食ひ、不自由ながらも大連から氷詰にして魚類なども來るのであるから、さう云ふ處は日本に居ると少しも違はぬ。それから日本よりも良いことは、自分が少し贅澤をして見たいと思へば、幌馬車でも箱馬車でも、一回出るに二圓位で自由に雇ふことが出來る、それから汽車に乘つて歩いても日本の汽車より結構で、どうかすると只で乘せて呉れたりするので尙結構である。それから朝鮮へ來ても京城などには馬車も自由に傭へるので未だ宜い。それから京城から此方の方へ來ると汽車は惡くなる、尤も此頃は滿鐵の汽車が釜山まで來るやうになつたので餘程宜い、それから聯絡船はまだ結構であるが、一たび下ノ關に上陸すると、汽車は惡るい、ボーイは不親切、何でも彼でも氣に入らない。日本人は内地では不愉快に暮して、さうして有りもしない金を殖民地へ持て行つて使つて居る、是等は善い事か惡るい事か知らぬが兎に角私は奉天は大變に好い處だと思ふて居る。

▲奉天の古書畵

私の話は略ぼ之で盡きたのであるが、尙序に奉天の宮中にある古書畵の事を一言して置かう。是は今度初めて氣が付いたのであるが奉天の宮中に古書畵が四百五十點程あつた、それは翔鳳閣の二階にあつたのである、て翔鳳閣は前にも見たが、二階は見せなかつた、私は此二階には何があるのかと聞くと、何も無いと言つて見せなかつた、後で聞くと翔鳳閣の二階には古書畵や金銀などが澤山にあつたのを、團匪の亂の時に大分散亂して、殊に金銀などは大分無くなつた、それが爲に係りの官吏は譴責されたと云ふやうなことがあつて、それで外國人には二階を見せないと云ふので私にも見せなかつたらしい。所が昨年其整理をしたと云ふことを聞いたから、今度見せて貰つて來たが、なかなか澤山あつた。滯在中に二日程見たが、一方の寫眞の方の仕事が忙しいので、古書畵などを樂みに見て居るやうな暇が無いのでよくは見られなかつたか、先づ其目錄を得たいと思つて、目錄があると云ふ話だから見せて呉れないかと言つた所が、宜しいと言つた儘どうしても貸して呉れない。それから其中にどうか言ふ事て目錄を調べたと云ふ男が私の所へ尋ねて來て、自分は其目錄を持て居るが、今他に貸してあるから、返して來たら見せると言つて居つたが、なかなか持て來ない、其中にどう云ふ積りてあつたか極く大略の目錄を持て來た、本當の目錄には題跋なども詳しく書いてあるさうだが、單に名だけ書いた目錄を持て來て見せた、而もそれは全體が揃つて居るのてはなく、終の方は缺けて居つて、四百五十點ばかりの中三百五六十しか書いてない。それを持て來て見せたから、ちよつと貸して置いて呉れと言つて夜なべ仕事に二時間ばかりの間に寫してしまつた、さうして拜見した難有ふと云つて返したが、支那人は手が遲いから、さうちよつとの間に寫したとは思つて居ないやうてある。て其目錄を段々に見たけれども、實際見たのは四五十點に過ぎないので、今どうと云つて御話をすることが出來ぬが、其目錄の中には本物もあるが勿論僞物もある、閻立本とか、戴嵩とか云ふ名があるけれども、其目錄だけては何が何やら一向分らぬ、目錄を見て是は立派なものだらうと思つて出して貰つて見ると、眞赤の僞物てあつたり、こんなものはと思つたに案外立派なものがあつたりして、一向見當は付かぬ、て見た中に閻立本の職貢圖と云ふ一卷があつた、是は定めて僞物だらうと思つたが、大きいものだからどんなものかと思つて見た所が閻立本ては無論無かつたが、宋の徽宗皇帝の瘦筋書と云ふやうな字て書いてあるから、無論閻立本てはないが、南宋のものてあると云ふことは確だ。さういふ風て稀にはなか〳〵立派なものがあつた。

それから驚いたのは蘇東坡の書てある、蘇東坡の書は幾通りもあるが、其中ても治平帖と云ふ手紙がある、寸法も度つては見なかつたが、凡そ一尺五寸ばかりのもので、立派な紙に書いてあつて、其書がまた頗る見事なもので、恰度王羲之のやうな書き方て非常に立派なものてあつた。さうしてそれには趙子昂、文徵明の跋が添へてある、此二つも亦極めて立派なもので、確に眞蹟てある。さうかと思ふと似ても似つかぬやうなものもある、米芾のものも見、蔡襄のものも見た、それは皆な僞物だ。勿論全部見たのてはないが、本物もあり、僞物もあり、玉石混淆して居る。それから趙子昂の孝經の圖と云ふのがあつた、是も誠に美事なもので、從來私が見た子昂のもので此位立派なものを見たことがない。それから郭煕の觀碑圖即ち曹操が黄絹幼婦外孫齎臼の碑を見て居る圖、是は大きな幅であるが、果して郭煕であるかどうか判斷は付きかねるが、やはり南宋以上の書であることは確だ。さう云ふものが中には見付かる。又文徴明位の書畫は隨分珍らしくない、其他仇英などゝいふやうなものもある、又清初の人では王麓臺などゝ云ふものもある。さういふやうに私の見たのは僅か四五十點に過ぎぬが、なか／＼良いものもあるので、出來るならば寫眞に取りたいと思つたが、それが出來なかつたのは誠に殘念であつた。

▲寫眞屋に對して大威張り

要するに、私が撮影して來た書物に對する研究の結果は今數年後にあらざれば出來ぬ事で、只今の話は私は寫眞屋をやつて來たと云ふに過ぎないのであるが、其寫眞の速力が、寫眞屋の未だ曾て經驗の無い程の早さでやつたので、是だけは寫眞屋に對して威張れるのである、それて向ふに居た寫眞屋も私が斯う云ふことをやつたのを見て、素人でありながら斯ういふことを考へるには驚いた、今度又何か思ひ付きがあつたら敎へて貰ひたいなどゝ言つて居つた。兎に角私の今度の旅行は少くも寫眞屋に對しては多少鼻を高くすることが出來るかも知れない。(完)

④ 黒島傳治「奉天市街を歩く」（『戦旗』一九三二年一一月）

奉天市街を歩く

黑島傳治

驛には、機關銃をニユツと突き出した裝甲列車が、ずらりと並んでゐた。

息せき切つたカーキ服の一團がホームにかけつけて來た。鋼鐵のヘルメツトをかむつてゐる。汗は襟から、下衣に透つてゐた。

『どこへ行くんです？』

彼は、分隊長の軍曹にたづねた。

『今、公主嶺が戰鬪中です。その應援に行くんです。』

軍曹はセカ／＼してゐた。

ホームに集まつたカーキ服の兵士達は、途中の怪しげな支那《しな》人はかまふこたいらぬ列車の窓から擊ち×せ！と、命じられてゐた。

奉天は、完全に、日本の軍隊が占領してしまつた、その翌日、九月二十日のことだ。戰鬪は奉天から、公主嶺、長春、吉林方面にのびてゐた。カーキ服はいづれも、さういふところを占領してゐた。

奉天市街は、ガランとして、犬の仔一匹ゐない。內地から來るとよほど寒い。商店は一軒殘らず戶を閉めきつてゐる。平常ガヤ／＼と露店にたかる苦力《くり》が誰一人もゐない。彼は、そこを歩いて行つた。

珠數つなぎにされた支那《しな》人の俘虜が、三列に百四五十人、黑い板塀のかげに押しこめられて蹲んでゐた。そこは憲兵隊だ。銃劍をピカつかしたカーキ服が、それを取りまいてゐた。日本の居留民が、寫眞機を携へてニヤ／＼しながらそれを見物にやつてくる。俘虜は、軍服を着た支那《しな》人でなく、普通の大褂衣の連中だ。軍官學校の生徒かと思はれる者が二人くらゐまじつてゐるきりだ。

『あいつらそらツ！逃《に》げるぢやないか！』

一人が立つたかと思ふと、急《きふ》に傍の二人も立ちあがつた。

『ナニ、小便に行つてるんだ。』

誰《た》れかゞ云つた。見《み》ると、三人が一連に縛られてゐる。やがて、三人は、板塀の隅に行くと、その一人がチンポをふり出して小便をした。二人は、ぢつと立つて一人の用《よう》がすむまで待つてゐた。

『こいつら、まだ生きて居るんか！チエツ！一ぺんに、擊ち×してしまへばいゝんぢやないか！』

一人のベツ甲ぶちの眼鏡をかけた居留民は、やつて來ると憎《にく》々しげに云つた。

彼は前に蹲んでゐる日本語が分るらしい三十からみの支那《しな》人の眼《め》が異樣に光るのを見た。その支那《しな》人は、何か話してゐたが、急に口を噤んでしまつた。彼は、そこを出た。たまに通る自動車《じ》にはカーキ服ばかりが乘つてゐる。遠くで鈍い大砲の音がしてゐた。

奉天城內に這入る小西門まで來た。

『止まれ！』

不意《ふい》に、呶鳴《どな》りつけられた。機關銃が据えつけてあつた。衞兵が銃劍をきらめかしてゐた。

『君は、どこの人間だ。』

『日本人だ。』

『本當か？……チヤンコロのやうな面しとるぢやないか。え、え。――何しに、こんなところへやつて來た。』

衞兵は物々しげに、ぢいつと疑ひ深く、彼の顔を見入つてゐた。

隊東軍の許可證がなければ城内へは這入《はい》れないのだ。衞兵《えいへい》は一歩を踏《ふ》みこめば突《つ》き殺《ころ》しかねない樣子をしてゐる。勿論《もちろん》、彼には、許可《きよか》證を貰《もら》ふやうな手づるはなかつた支那人《しな》は、ケツの孔《あな》の毛《け》まで身體《しんたい》檢査をされてゐた。

仕方《し》なく衞兵のゐない裏通《うら》りへ這入《はい》つて引つかへした、細《ほそ》い溝《みぞ》のところで、ハッとした、慘死體《ざんしたい》が放《はう》り出されてあつた、つまづきさうになつた、右の眼球《めだま》がとび出して、頰が裂《さ》け白齒《しろは》が白《しろ》く見《み》えてゐた、銀蠅が傷口に重なり合つてブン／＼たかつてゐた。

『これや、どうしたんだね?』

そこへ來た支那人《しな》にきいてみた

『殺《ころ》されたんだ!』

『誰《だれ》に?』

『分つてら!殺《ころ》しやがつた、殺《ころ》したんだ!』

そつけなく云つて支那人《しな》は行《ゆ》きすぎてしまつた。

京奉線の、皇姑屯《くわうことん》の停車場《ていしやば》に來た。そこは、いつぱいの支那人《しな》であふれさうになつてゐた。無蓋の貨車《くわしや》に、支那人《しな》がギッシリつまつてゐる。皆《みな》は坐《すわ》ることが出來ずに立つてゐる。いや、坐《すわ》ることが出來ないばかりでない。向きをかへることが出來ない詰め方だ。それでもなほ、あとから／＼爭つて乘車《じやう》しようとあせる。側板《そくはん》につかまつて突《つ》き落される者、連結機《れんけつき》にあがる者、側板《そくはん》の足掛金具《ぐ》に縋ぢ登る者などがある。すべて避難《ひなん》する連中だ。そこには、日本人は、彼一人だつた。多くの支那人《しな》は、逃《に》げることを急《いそ》いで、一人の日本人に憎惡を示《しめ》すひまがなかつた。

車輛が無頓着に笛を鳴《な》らすと、列車はゴト／＼と動きだした。速力が出ると吹《ふ》き落されさうなのもかまはず、鈴成《すず》りの支那人《しな》達は、やつと命《いのち》を拾《ひろ》つたやうな安吐《あんと》した顏になつてゐた。だが彼は二日後その列車が爆擊機のバク彈《だん》に粉碎されたときいた。

東洋禍亂の中心[奉天驛]

奉天

山本實彥

(一) 北大營

日本の政治はどこから動かされてをる？　奉天から！　少くとも近いこの七八ヶ月間は奉天にある日本軍部がすべての日本の政治を動かす最有力者である！　日本の社會を動かしてをる！　かうした感じを我識者が持つやうになつたのは、確かなる事實であつた。私が今回旅行の大半は、實に奉天が主要なる視察題目であつた。奉天は東北軍閥の巣窟であり、その發祥地であり、その滅亡の地でもあつた。そして久しい間、我國の外交、軍事、政治の一半は奉天を中心として動いた。そして我國民的呪ひも、國民的怨みも奉天が中心であり、作霖父子が中心であつたのであつた。今回の滿洲事件も、その發端は彼學良の牙城であつた北大營にあつた。九月十八日、夜はまだたいして更けてはゐなかつたが、一寸

―（奉天）―

先きは歩けぬ闇の夜で、そして高粱は頭が上に繁みのびて我軍の前進はいたくはばまれてゐたのであつた。それにもかかはらず六百の寡を以つて十五倍の敵を明け方までに追ひ散らして、たいへんな手柄を樹てたのであつた。そして敵は死屍だけでも三百二十を遺棄したのに、我はタッタ二名といふ奇蹟的な戰死者があつたのみであつた。

さうしたことから北大營は奉天名物の筆頭となつた。足一たび、この地を踏んだ邦人は先づこの新戰場を弔はなければならぬこととしてある。私は夏草が渾河のほとりに萌え出でてくる五月二十二日の正午、山中君の案内で北大營一帶を一瞥することができた。丁度、その日は陸軍省の吉澤中佐も此地の視察にやつて來てをられたので、私は中佐の專門的說明と、圓岡君の實際的說明とを併せて聞くことを得たのであつた。見渡せば、奉天第一の名所たる北陵も爆破された鐵路の彼方に鬱蒼たる存在を示してをり、そして暑い日脚に帶の如く流るる新開河のほとりには滿洲文化の最高處と誇つて居つた東北大學の甍がチラチラ見える。我等の立てる堤の外は問題の鐵路で、その鐵路から四、五十間位のところが北大營の兵舍だ。なるほど兵營の垣根の西の窓からは、彼等が所謂「東北の創痕」である滿鐵列車が夜となく、晝となく運轉してゐる。そしてその煤煙が、彼等の練兵場に黑い小さな塊となつて落ちくるとき、彼等の指揮官達は「看哪？營垣西邊的鐵道」と書いて、營所々々の隅々に貼りつけさした。「見えないか？兵營の垣根の西を通るあの南滿鐵道が」の意味を含む示唆の多い文字だ。そればかりでなく「八十年來重要國恥表」や「臺灣、旅順、大連を取り返せ」とかの排日をそそるポスターが千切れ千切れではあるが、あそこここに貼られたのが殘つてあつた。彼等の所謂「怨みの軌道」と營所との間は長雨のあとを思はせるやうなツルツルした粘土まじりであるが、周圍はいまだ高粱の芽ものびないで、一面は廣い廣い平地が奉天街までつづいてをる。私はこの北大營と我兵の駐屯地である虎石臺や、柳條湖が目と鼻の間――十町と隔たらぬ――にあるので、これでは衝突も無理もないとも考へたりなどした。

それから歩兵六二一團の一營から二營、三營、六一九團の第三營、六二二團本部、王以哲が頑張つた七旅司令部、六一九團本部、騎兵隊、自動車隊、彈藥庫と順々に見て、最後に尤も頑強な抵抗を試みたといふ第六二〇團第二營は見るからに凄壯の氣持がわいてくる。窓といふ窓、煉瓦塀と云ふ煉瓦塀まで小銃、機關銃の洗禮を受けてゐない箇所はなく慘憺たる姿を呈してをる。私は各兵舍のかずかずを精細に觀察を遂げて彼等が案外に精鋭なる兵器を有し、そして最新式な戰車、自動車に至るまで驚くべき準備をしてゐたことについて一應は學良、王以哲の平常の揚言が强ち嘘八百でなかつたことをも首肯はできた。

私等はまた、彼等の遺棄した官服のズタズタに千切れたもの、ブリツキの鍋、支那靴、傘、工兵隊のいろいろな道具が血痕がついたまゝ放置してあるのを目のあたり見て、その夜の戰ひのいかに凄慘を極めたかを偲ぶことができた。それから小二台子側の外濠に立つて一わたりまたそのかみの説明をきくことになつたが、我軍で北大營入口の無線電信所を手に入れたのは朝爽の三時半で、そこを占領すると共に、その北側に根據をおいて敵が東大營、大窪方面へ退却するのを片つ端から射殺した！　それが、もう、夜がほのぼの白む頃ほひからであつたので、味方の陣營からはそのたびごとにドーツと鬨の聲があがつた！　戰ひもかうなれば愉快なものだ！　その戰ひに參加したといふN氏はハンカチーフで汗をふきふき得意らしく語るのであつたが、私はその堤の上をウロウロ歩きながら、明け方の空に算を亂して高粱畑へ飛込む彼等大群の當夜のあわてふためきを想像してしばしばそのことをのみ考へ込んでゐたのであつた。營所の煉瓦塀と、堤との間は二間位の淺い濠になつてゐるが、その濠の中にところどころ小高い土盛りがある。その土盛りこそはその夜陣歿した彼等に土をかぶせた假りの墓場である。そしてその界隈の畑地にはいくた小銃の彈殼が散在して、見物人たちは一、二箇づつ記念のためにと土のついたものを紙につつんで持ち歸るものさへ多いのである。

さうした國際的鬪爭には些の關心も、趣味もなささうに、遼東の主は自分達である、といつた情景のもとに二かたまり、三かたまりの支那の農夫たちが、いそいそ高粱畑に本年での初鍬を入れてをる姿が哀れにも私の或る胸の一部に何ものかを突き差すのである。彼等には唐虞の古い血が流れてをるか

學良軍の最精鋭の屯せし[北大營]

も知れない。或は山東から安住の世界を求めて渡つて來たその日ぐらしのものかも知れない。平和をあこがれて、苦難の巷を逃れてここに來て見れば、兵馬の騷音は絶えたことなく、搾取、壓迫、命のやりとりを朝夕見せつけられて、生命の壓迫感から解放された時とてはない彼等である。

(二) 奉天のクロスに立ちて

彼等の都！　三千萬大衆の政治的、軍國的首都であつた奉天街！　その奉天街の有する最大の百貨店！　哈爾賓のチュウリンであり、東京の三越である吉順絲房五層樓の屋頂から此一帶を展望すれば、殆んど眼界を遮るものもない廣い廣い曠野である。この曠野の中に僅々數方里を占むる綠の一簀が東洋の伏魔殿であり、恐るべき軍閥の牙城たる奉天であるのである。自然はかくの如く見渡すこともできぬやうに廣茫をきはめてをるが、人爲の市街は眇たるものである。人口が三、四十萬といへば相當の市街のやうにも聞えるが、北滿の大廣原の中にあつては全く大洋のなかに一粒の存在する思ひしかしないのである。そして自分の鼻のさきにある黃金色の甍に輝くのが宮殿の跡で、奉天城の外郭に黒めるが北陵、東の方にコンモリ茂れるが東陵である。それ以外に森といふ森もなく、山といふ山もなく、また都といふ都もないのである。ただ、絲のやうな小さい流れが夕陽に照り映つてキラキラと光つて居るのが、かすかに蘇家屯の方へ見える。そして四條の黒いレールがほのかに私の眸に這入つてきた。卽ち大連の方向に南下する南滿線、新京、哈爾賓に北上する線、錦州、北京に走る北寧線、海龍、吉林に達する瀋海線これである。そのクロスに打建てられた奉天街はどういふ意味の存在であるか？

殊に奉天城外の商埠地、附屬地が堂々たる近代的構造による一つの重壓が、資本主義的にいかなる意味を以つて解釋すべきであるか、否、國際聯盟のリツトン氏はじめ、あまたの各國代表者は奉天ヤマトホテルに永い間滞在して、歷史的任務の遂行途上にあるのである。そしてその正面には日本軍部の總本山である關東軍司令部が駐屯する古びた洋館が聳立してをる。

私は暮れ行く奉天市街を眺めつつ民族的に、いろいろの想像に耽らざるを得なかつたのである。あの大連に行く一線！　幾十億の犧牲と、數十萬民族の血を祭壇に捧げて我勢力圏に收めた貴重の線路。そして漸く暮色が包まんとしてをる瀋陽驛！　彼軍閥の巨頭が死なんとする息をこらへこらへ到着した恨みの驛頭である。そして、その驛頭！　現在は、毎夜毎夜のやうに誰にも分らぬやうに變裝したる彼等殘黨一派が北京、海龍、磐石、通化等へ風の如く入り亂れて聯絡する足だまりであり、東洋の平和に暗い暗い未來を投げかけるところの恐しい策動地でもあるのである。私はかうした國際的紛糾を持つ鐵路、深刻な禍亂をつつむ奉天についての印象をまとめたく思つてをるのであるが、奉天が「まとまりのない市街」であるが如く、奉天を端的に現はす文字のないのは遺憾である。その上、奉天を正確に解剖するなら東洋の軍國的方向への展開も分明するであらうし、軍器の民族的、時代的進歩も、日本及ソビエツトの亞細亞に對する政策も摑めるであらう。それだけ、奉天の描寫は大がかりで、民族的の深刻さ、陰慘さが伴はなくてはならぬのであるが、しかし、ソビエツトとの緊張は一歩前進して、東支沿線、大興安嶺、外蒙一帶に推しやつたやうな姿である。であるから、ソビエツトとの對立については詳しくは「北滿論」を草するときに讓るとしても、その外郭だけは本論でチヨコチヨコ首を出すことであらう。

私は空想家である、夢の如きことをいつでも繰り返し、くりかへし考へる。しかしいかに空想家であつても、その平和的道程へ！　民族的飛躍へ！　の基調が自分の體內において並立してをるのがをかしいのである。この矛盾したやうな二つの對立がいつも私の腹中において、腦裏において抗爭をつづけてをる。それで私自身の性格も、私自身が經驗した、又は經驗するであらう將來の行動でも、一面には詩人的、空想的の純眞な、朗かな領域が、自分の性格を通して平和觀への聖なる方向への努力を强示する。しかも他面には民族の先驅としての「現實」の勝利が、いかにも愉快なものであり、そして「血みどろ」の、更らに「死」を捧げての民族的飛躍に對して、「歸するが如く」の消極的宿命觀より、積極的勇士の態度によりて死の鐵條網へ飛込むことに愉悅を感ずる刹那が湧いてくる！　その感じを私は併せ感じ得る。私は「眞理の把持」によるガンデイズムのまどろつこしい態度を今更深く感じた。そして奉天の街にはもう電燈を見るやうになり、私の脚下にまで暗い鬼氣が迫らうとしてをる。

私は眼をもう一度、瀋陽驛附近へ向けて見た。そして何だか、瀋陽驛にはこの暗闇に乘じて、磐石、通化、海龍方面から紅い紐、白い紐で結ばれたいくたの紅槍會、白槍會匪等が押し寄せてくるやうな幻影が描かれる。今でこそ高粱も茂つてゐないが、この廣い奉天一帶も八月半ばから九月にかけては高粱の茂みで包圍されることになる。彼等は、その茂みの中に根據を置いて變幻出沒することであらう。さうしたことを思ふにつけて我軍の行動の尋常の苦心でないことをつくづく回想させられた。そして過ぐる日、本庄將軍とも逢つたのであつたが、思ひなしか、いくらかの夏瘦せ――の感じさへ浮ぶほどであつた。日露の役における、奉天や、沙河の大會戰の如きなら、溜飯が下るといふこともあらうが、二六時中、かしここに五百や千の匪賊にのべつ幕なしに出られては、誰でも神經衰弱にならざるを得ない。眞にうつたうしい限りであるだらうと思はれた。昨年の九月十八日以來、もうかれこれ

吉順デパート樓上より奉天街展望

一年になる。その間、たくさんの將領を指揮するさへ、たいへんの苦惱だ。私は、西比利亞事件のとき浦鹽、ハバロフスク、ブラゴエチエンスクに滯在して大谷司令官と大井、大庭將軍等との指揮命令關係をめぐつて、いくたの面倒ないきさつがあつたことを、まざまざと見せつけられたことがあつた。今回の事件はそれより構圖が大きく、そして我國の重要性において比較すべくもない。それだのに本庄氏は諸將統制の上からさしたる風評を聞かない。一見平凡人の如くして淡々として事功を擧げてをる。本庄氏は我陸軍の代表的切れものである荒木、眞崎、阿部三將軍とは同期の出であるが、荒木、眞崎兩氏の如く烈性がなく、積極的のところがないにしても、眞面目、寬宏の量において下僚から叛くに叛かれぬ德望の持ち合はせがある。本庄氏の統制下には戰略、戰術にかけての天才である多門中將始めいくたの將領があり、その幕僚としては板垣、石原、片倉等々、陸軍中での鼻つ柱の强い俊髦をたくさん集めてをる。それらの若い人々が思想的に、時代的に、そして大きな構圖を建てて本庄氏の裁斷を俟つのとき、そこに云ふに云はれぬ苦惱の連續があつた。また、滿洲國が誕生するのとき、軍部當局は、そのどこまでが政治を離れたる自分等の領域であり、そして政治を離れての國軍の動きをなすことができるか？　さうした惱みを惱みつづけた。そして政黨政治が滿鐵の利權を中心として醜い鬪爭を戰ひつづけて來たことを彼等は思つた。その上、自分等の稅金さへ納め

大宗文皇帝を葬つた北陵

ることができず、食ふや食はずにゐるそのなかから、滿洲問題解決のために、幾億の兵站費を默々として負擔してくれる八千萬大衆のその苦しさを思ふにつけ、背後の人々に對する責任感の重大より、一死を犧牲に供しても、その足らざるものあるを思ふ位なるに、職業政治家の不眞面目なる、更らに新滿洲國の建設をめぐりても資本家と結託してうまい汁にありつかんとする――といふやうなことが、軍部を怒らしたの

渾河の畔にある東陵

は事實であつたらう。

さらぬだに、昨年十月頃から、フハッショ的團體はあそこにも、ここにもできて東京においても、ややもすれば、既成政黨を威壓する勢力を持つてきた。その指導精神と、原動力が何れにあり、そして蓄積されたフハッショ的總量がどんなものであるかはXであつたのである。さうした雰圍氣が我日本の民衆を不安の裡においた。滿洲國でも、奉天でも、そして一般在滿の民衆でも、軍部でも何かしら、そこに政治から來る陰鬱と、重壓とに惱まされたのである。

さうした環境の一年間を戰ひつづけた本庄氏の勞苦は、また意料することのできぬものがあるだら

暗雲低迷のクロス【瀋陽驛】

う。今や本庄氏は、滿洲國が國家として將來いかなる成果に生きようとも、歴史的人物として押しも、押されもせぬ一つの存在に克ち得たのである。

吉順屋頂には名も知らぬ滿洲の草花が數種咲き綴れてをる。私はヂッとその可憐な情調に見入らざるを得なかつた。そしてまた一つの？に向つて何かを考へ込まざるを得なかつた。

戰には勿論ベストを盡すべきである。いかにそれが小敵であつても、周到の策戰と、渾身の勇氣と、磨きに磨いた兵器の全精鋭とを擧げて戰ふべきである。明治の末葉、東郷元帥が英皇戴冠式に列しての歸るさ、華盛頓

において大統領ルーズヴェルトを訪問した。そのとき官邸にかけられた少壯ル氏が驃騎隊の一佐官として戰陣に馳驅する馬上姿の前に元帥が立たれたとき、大統領夫人はすこし得意になり、夫君の戰功をそれからそれへと語るのであつたが、ル氏は恥かしげに之を制して「元帥の前にはあまりにも小さな戰功である」といふのを元帥は「いかなる戰にも責任と配慮は同じことである」と答へたさうである。これは獅子が小獸を搏つにも全精力を出すといふ一面の解き方である。

現在我國軍に、もしくは新滿洲國軍に反逆する勢力はどの位あるかわからない。その主力と見られた馬占山軍一萬二千は既に倒壞の姿にあるが、しかし海倫、拉哈站、黑河地方が全然我勢力下にありとは見られず、蘇炳文は滿洲里、ハイラル地方に約六千を擁し、反吉林軍の主將としては李杜、丁超等約一萬二三千を率ゐ、なほ、王德林は救國軍總司令として牡丹江より間島境まで、湯玉麟は熱河の全軍一萬四千、この外に獨立騎兵（第九旅）一千二百、（第十旅）約二千、第三十一旅約二千六百、第三十六師の第七旅第八旅約八千三百等々が主なるものであるが、その他黄顯聲等の指揮する義勇軍及熱河東北各地に活動するもの及大刀會匪、紅槍會匪等を數へ來らば恐らくは七、八萬を出づるであらう。而して滿洲國側と見るべきは、熙洽、于琛澂、吉興派たる吉林軍の一萬が長春、吉林、敦化、延吉、ハルビンに分在し、張海鵬軍約九

關東軍司令部

千が洮南、新家屯、彰武、四平街、通遼に分屯し、干芷山軍一萬一千七百が撫順、梅河、通化、臨江、懐仁、八角台、打虎山に駐在し、王殿忠軍二千が營口附近を固めてをる姿になつてをる。この滿洲國側に我軍が共同戰線を張れば、反日軍、反政府軍はたいして手强い敵とも考へられないが、熱河の背後に河北軍があり、綏遠、山西軍もある。尤も山西には閻錫山が虎視眈々の姿ではあるが、また張學良系もあるのである。何にしても、學良軍は東四省を除いても二十七萬の傍系兵力と、小銃十二萬挺、重機關銃三百九十挺、輕機關銃七百五十四挺、野山砲二百十六門を有し、その他に平射歩兵砲二百十六門、迫擊砲三十六門、飛行機約二十機、重砲三十六門とを有するのである。これに東四省の兵力、兵器を合體したならば、中央軍の一百萬には及ばずとするも、馮、閻等の勢力に比すれば兵力においても、兵器においても數倍の實力を有つてをるのである。もとよりその個々の兵器について檢討すれば隨分飛切り新式のものもあるにはあるが、大體において粒の不揃ひなため、我國のそれと比較さるべくもなく、また、その數においても斷然たる相違があるのである。武器でもその通り、そしてその武器を動かす將兵の精神、訓練、勇氣においては到底對比するのが馬鹿らしい位ゐである。さりながら、支那兵といひ、兵匪といひ、一段見くびつてかかると、そこに思はざる深い陷穽におとし入れられてしまふ。そして我國はこれから先きが大事であり、これから先きに本舞臺の大厄難が手具脛引いて待ちかまへてをるのであるから、一兵が大事である。一兵も失うてはならないのである。しかるに今まで上海事件、滿洲事件で幾千の同胞を失つたらう。また今後滿洲事件が一段落を告げるまでどれほどの同胞が高貴な生命を犧牲に供せねばならぬのであらう？　そして滿洲事件の前途を想望すれば、ここ幾年で解決ができよう想像さへつかぬのである。

私は、その日吉順絲房にてすこしばかりの土産ものを求めた。故國にのこせる子供のために支那名産の細筆と、墨と、蝙蝠ひとを若干錢を投じて手に入れたのであつた。ところが、その領收書には中華民國の收入印紙を用ゐてあるのはいいとして、「年號」のところは空欄とし、そして奉天とか瀋陽とか書くべき欄には、張學良によりて改名せられた「遼寧」の字を殊更に用ゐてあるのが目に這入つた。彼等は滿洲國政府によりて定められた「大同」の年號が、また近く變亂のために改元さるるとでも思つてゐるのか、それとも張學良の勢威を恐れての所爲か、何れにしても彼等の腹黒い用心深さの一面を窺ふことができるではないか。奉天第一のデパートにしてかくの如くである、その他の商賈は推して知るべきであらう。また、私の奉天滯在中瀋陽縣の警務局長一派がさる滿洲國の大官と通謀して奉天襲撃、日本軍襲撃を企ててをつたが、それは一網打盡に檢擧されてしまつた。それ等の人々も我國人に逢つては日本軍の熱烈な味方であるとその日までは言うてをつたさうだ。我々の行くところ、彼等はいつもいんぎんに迎へてくれるが、しかしなかなか安心などはつくものでない。商賈でも、一般の役人でもその通りであるのである。その形を級數的に大きくした奉天市が、奉天省が、滿洲國がさう云ふやうな裏腹に出づるがごときことがあつたらどうなるのであらう。

歴史的存在本庄中將

思うてここに至れば、亞細亞の興亡は奉天のクロスから生れる！　といつても差支へないほどいくたの興趣と疑問のかずかずを包藏してをるのである。民國軍閥はこのクロスを最前衛とし、そして最强なる接戰線とし、東北軍閥の總本部としての組織と實力とを集中してかかつたのであつた。蔣介石が國民革命を實現するまでは實に全支に號令する實力の所有者は奉天軍閥であつたのである。我が田中內閣も、幣原外交も一時は彼等の掌上に飜弄さるるかのやうにもあつた。北京はあれど、上海はあれど、日支外交の中心は常に渾河のほとりに集中された。そして黃民族と白民族の民族的大決戰をしたこの奉天！　我二十五萬の精鋭と、彼の三十二萬とが雌雄を決したこの奉天！　民族的意義において世界史上に忘るゝことの出來ない奉天のクロスは、日本民族が世界の舞臺に足をかけたところの歷史的クロスであると同時に、黄色民族が科學戰においても一つの驚異を持たるゝに至つたところの記錄的發祥地でもあるのだ。私は奉天の我附屬地大廣場に立つところの「明治三十七八年戰役記念塔」の前に額づいたとき、どういふ祈りをしたのであつたか。人類的に祈つたか、民族的に祈つたか。默禱の數分間において目の前に現れたところの我死傷者七萬の聲々が、死の前において、戰の夜において、どのやうに血に咽ぶ聲に充ちてゐた――と云ふことそれであつた。

　私は奉天が示唆するいろいろの軍國的氣分に重壓を感じた。奉天軍閥、兵工廠、北大營、戰役記念塔、銃劍の街、武裝奉天のクロス等々が象徴する色彩は何れも民族的であり、何れも戰闘的である。朗かな、麗らかな、のびのびした人間性はどこに行つても眺められなかつた。綠の深い郊外を歩いてもをのゝき、おびえ、呪ひ、恨みの目なざしが原始的な彼等遼東人によりて淋しく我々に投げかけられるとき、我々も永遠の平和を彼等のために思はざるを得ないのである。しかし乍ら、平和のための國際聯盟、軍備制限の事業は年ごとに尤もらしく、くり返さるゝけれども、理想と現實とは、常に相背馳せる結果をのみ招來して原始遼東人の期待を裏切るのを、どうしやうもないのである。だが、幸ひなことに、東四省の都は一歩前進した。都の騷音が一歩前進すると共に、政治、軍部の葛藤からくる總ての騷音も奉天から去つてくれるだらう。そして奉天のクロスに永い間、宿された陰晴な重壓を拂拭して平和な光りを投げかけてくれるだらう！　かうした人類の願望！　それが大興安嶺のもとに磨ぎすまされた兩大勢力――黄白の永久に抗爭するであらう力――が相接觸した刹那において、どういふ形態を我々の前に示してくれるであらう？

（三）　陣中夜話

　こんどの滿洲事件が突發するまで、奉天見物に行つたものは必ず舊宮殿、それに大宗文皇帝を葬つた北陵、太祖を葬つた東陵とを訪問するのであつたが、只今では、北大營、兵工廠、本庄軍司令官との三つの名物が新に殖えてきた。

私は今回の奉天往訪では、ずゐぶんいろんな方面の人々と逢つた。しかし奉天は何と云つても軍閥の街である。東四省に號令してゐたところの奉天軍閥、張作霖父子を中心として軍國的に成長したところの奉天が發散する微かなる呼吸の裡にも、三十五萬市民の經濟的窒息が近づきたりたることを知ることができる。いつでも、いつでも或る一人の野心家のために、三千萬の人々が、瘦せ細りて青い顏をして居らねばならぬのだ。彼等が天下をとる！さうした野心さへなければ我々はかうした徵發ばかりを受けないでもすむのだ。馬もとられる、嚊アもとられる、家は燒かれる、財物は掠めとられる、殘つた身體一つも、いつ打たれるかそれさへわからぬのだ！その上に、不換紙幣は濫發される、今まで辛抱我慢して貯めた財産もそのため十分の一、百分の一の價格に暴落してしまふ始末である。內亂、苛斂誅求、もう立つ瀨がないときに、またかうした大動亂で、彼等は泣くに泣かれぬ狀態にあるのだ。何れの日にか滿洲は安定する、そして一族がまどゐして笑ひ得る日の光りがいつ訪れてくれるだらうか。さうした思ひが、彼等全體の

奉天軍閥の頭領張作霖(上)
沒落過程の學良(左)

悩みであるのである。

かういふ狀勢を前にして、我が陣營の主腦部では滿洲問題の前途、滿洲國の將來に對してどういふ認識の下にいろいろな計畫を進めつつあるだらうか。さる軍部の一主腦は左のやうな話をしたのであつた。

滿洲國の問題に對しては、まだ相當の大問題が解決されないで殘つてをる。そして、張學良政權にたいしては、彼等四省の人々は深い恨みこそ有つてをれ、彼が再び奉天の主人公となつて歸還することは絕對に反對してをる。それにもかかはらず縣長會議なぞを開くと、まだその半數も出席しない狀態である。去る五月開いた奉天省縣長會議には、五十九縣のうちその十三縣長が出席したのみで、吉林省縣長會議でも、四十一縣のうち十八縣長が出席したやうな次第であつた。尤も其後において馬占山軍が沒落し、現政府の威令がその當時よりいくらか增加はしてきたが、しかし現在において奉天、吉林、熱河、黑龍江四省の百七十二縣でその幾縣が徵稅に應じてをるであらうか。今後新政府の威令を徹底せしむるには、いかなる政策をとつたらよいか——それに對し、一財政通は——

新政府の特に必要な人物は王永江の如き、眼中、東北三千萬の民衆あるのみといふ底の、財政家が一枚加はるにあらずんば、眞にガッシリした、財政的に鞏固な政府をつくることはむづかしからう。新しい法制上の學問ばかり修業したものを主腦者としたところで、なかなか中央政府に金は集るまい。財政權の中央集中はいいことではあるが——その形式と實質とが兩全するまでには、まだずゐぶんの努力を續けなくてはなるまい。しかしながら、中央政府の收入乃至財政勢力が增大せなくては、滿洲國々家の基礎は確立すまいとの至極尤もな話であつた。

私はそれについて左の如く話したのであつた。

滿洲國の人々が、或る一人の野心のためにすべてを搾取されてゐた制度は、此度で淸算せねばならない。滿洲國の眞の政治的基礎は三千萬の土着農民と、土着地主層におかねばならない。であるならば、今後は軍閥も復辟も何等問題にはならぬ筈である。そこで滿洲國政府のモットーは「軍閥政治」を倒すといふのにあるのだから、あくまで現在までの政治機構や、軍閥機構を全部排除せねばならぬ。かりにも、張學良一派の殘黨を以つて新政府の中堅となすが如き陣容ならば、到底新味ある政治が出來ないのみならず、舊來の情實から離脱することは、到底困難である筈である。然るに、現在滿洲國政府の顏觸れは、東北邊防軍の延長であり、東北政務委員會の延長とも見ることができるから、今後において新政策の協定にヨホドしつかりしてかからねば、二、三年してつくりあげたものは、また元の「軍閥」に還元してしまつた、といふやうな結果にならぬとも限らぬ。これから先きに第一に考へねばならぬことは省長の軍政に携はることと、省長を兼ねて中央の財政權を掌握すること等を絶對に禁止せなくては、いつまで經つても、支那督軍政治の現狀を打破することができないのである。彼等省長、督軍等に、兵器を買入れる權利、兵隊を扶養して行くこと、租稅を勝手に徵收することを許すやうな制度ならば、いつまでも隣境と抗爭するやうなことばかりをやるに違ひないのだ。だから、兵力、財政は、極力中央集權を斷行すると共に、府縣制度をもつとよく生かして行く。できるなら、省政府を廢して府縣を中央政府に直隸せしめて行く形式の下に統治して行つたならば、從來の弊害を一掃する政治を實現することができはしないかとも思ふ――それから日本の資本移入及滿洲の國防について――の問題について、軍部側の意見としては

×　×　×

滿洲國に强ち日本資本家を歡迎せぬのではない。それはいづくの資本でも歡迎するであらうやうに、資本なくしては滿洲國の開拓をどうすることも出來ないからだ。しかし軍部としては、今まで通りの資本家のやり方では、到底我々の期待するやうな根强い發展ができない。のみならず、馬賊、兵匪があのやうに猖獗をきはめては、平和的移民、卽ち鍬ばかりの移民では成功ができないと云ふのだ。それには所謂「墾屯式」とでも云ふか、一方には銃をとつて抗爭する力を有つものでなくてはならない。彼の勇敢なる朝鮮民族が、滿洲の水田を開拓する狀態は我々日本國民のとつて鑑とすべきであるにもかかはらず、尙且つ、兵匪の蹂躪に逢つては、彼等鮮民族兄弟姉妹の血と汗とで十數年もかかつて開墾しながらも、泣く泣く全部の土地も、財寶も凶暴なる兵匪の手にスツカリ提供するの已むを得ざる狀態ではないか。我々、出先きの將

兵とて決してプロレタリア意識のもとにブルジョアを排撃するものではない。また、さうした意味を以つて在郷軍人を特に植民に迎へようとするのではないのだ。歸するところは、日本全階級の實力、經濟力を質實に、根强く植ゑ付けようとする婆心に外ならぬのだ。また、滿洲をフハッショの本源地としていろいろ計謀するといふことも根據のない浮說に過ぎぬ。我々は、四六時中、兵匪のあくなき凶暴にたいして應戰する以外、國際聯盟の沒分曉漢どもとも戰はねばならない。彼等の歸趨は初めからきまつてゐた。滿洲くんだりまで態々調査に來て、そしていつも偏頗な立場ばかりをとつてゐる、まことに心外千萬の話で、我々として腹にこらへ切れないで腰のものに手をかけて見るときもあるのだ。しかしながら、いくら國際聯盟が反對だといつて、今の場合日本が一歩でも手を引いたらどうなるか、滿洲國は即時瓦解、日本は大陸から追つ拂はれて東洋のデンマークとして忍ばなければならぬ運命に逢着するであらうとともに、東洋は蜂窩をこはしたと異ならぬ混亂を呈するに至るであらう。我々は日淸役にも國を賭けた。日露戰爭にもその通りであつた。今回は前二回に比してもつと時局が重大であるのであるから、飽まで日本の全機能を動かして戰ばねばならぬのだ。しかしよくよく考へて見れば日本農村は疲弊のドン底にある。現在より負擔を增加しては國民に氣の毒である。また實際、國民もそれにたふるところではないであらう。しかし滿洲の治安を徹底的ならしむるにはモウ一、二個師團の駐屯を必要とする。だが、今までも日本の豫算の中で、軍事費は決して少いとは云はない。だから、これ以上軍事費を議會に要求することは我々も欲せざる所である。また現在の狀勢よりせば、內地に十箇師團にあまる兵力の駐屯を必要とせないから、それを割いてでも此地に持つてくることにしたい。滿洲國はこの一、二ケ年が最も大事であるのだ。ただいまでは熱河省には殆んど一兵も入れてない、興安省にもその通りだ。まあ一ケ年に二億內外の金を二ケ年も日本大衆が負擔してくれるならば、滿洲國も立派な國になることができるであらう。熱河、興安兩省の統一ができれば、あとはさう澤山の兵力を駐屯することも不必要となり、また內地の師團も減じてよいから、減師から生じた費用を航空隊の費目に廻してやる樣にすれば、米國の將來に對しても、怖いところはないと云つていい。アメリカに對抗するには航空の完成にかぎるのだ。滿洲國の問題でいつもフラフラして居れば、ソビエットはますます黑龍江沿岸に强大なる軍備を配置することになるであらう、そして滿洲の我權益はいつも脅威を受けることになるのだ。今度は國民もつらからうが、佛つくつて魂入れずでは困るから、もう一歩といふところを踏みこたへてもらひたい。我々としては何も滿洲國を屬國とするとか、若くは日本と併合せしむるといふ樣な考へは毫頭ない。唯、滿洲國が中立の意味において、嚴然と國家的存在をしてをつたならば、東洋の平和の上に、また我國が帝國として存在する上に好ましき所であるのだ。現存の狀勢では佛蘭西と英吉利は太平洋において、支那の市場において我國と對立し覇を決するといふ資格も實力も無くなつてをる。しかし米國は太平洋において、支那の市場において、我國の發展にいつも、競爭者の立場にをるのみならず、ことごとく我國勢力の展開に干渉し、甚しきは實力で爭ふやうな威壓的態度に出でてをる。國際聯盟でも國務卿が現地まで出かけて我國を脅迫してをるではないか。我國軍の飛行機は米國の半分しかない、卽ち我一千四百機に對し彼は二千八百機、我航空兵が十六箇中隊あるにかかはらず彼は四十三箇中隊もある。そして彼にはイザとなれば民間飛行機が一萬機もあるのだ。これを徵發された場合我國の立場は頗る困難に陷るのだ。そして米國にはＣ・Ｗ・Ｓ隊といふ厄介な化學戰隊がある。第一瓦斯聯隊もあれば、二箇の豫備瓦斯聯隊もある。化學戰學校もあれば、毒瓦斯工廠もあるのだ。軍備制限とか、人道問題の本家にかうした非人道的な不法殺人研究が進められつつあるのだ。それから戰闘艦でも、巡洋艦でもいざとなれば金次第であるから、どう云ふ壓倒的な勢力でもつくり得るが、我國はどうであらう。なるほど日本人は果敢である、死の前に、又國家の前に自分の身體は省みない。自分の一家も、妻子もない。かうしたことはアングロサクソンでは不可能であらうが……しかし最後の國際的優位を決する刹那において、日本魂のみでよくアメリカの科學的勢力を克服することができるだらうか？　今度の滿洲事件には成るほど、軍人として第一義的の戰爭をしてをらぬかも知れない。これがアメリカだとか、ソビエットだとか云ふ强國と戰ひを交へることになると、モツト悲慘極まる市街戰、科學戰が展開されるだらう。歐洲大戰みたやうな、否、それよりか進んだ兵器によつて一戰ごとに國民の心臟の鼓動の止まるやうな戰ひを經驗せねばならぬかも知れない。早い話がこの奉天でも、新京でも一夜のうちに灰燼に歸するやうな運命を見るかも知れないのである。たとへば、投下瓦斯彈をあの奉天の城中に投げたとしたらどうなる？　歐洲大戰では、幸に一回も投下されたことはなかつたが、その後、かうした惡種の研究が祕密裏にたいへん盛になつて來たから、將來の國際戰には必ず使用さるるは間違ひのないことだらう。五千米の高空からあの黃金色の帝王の墓を目がけてヅドンと落されたとき、奉天城內といはず、附屬地と云はず、商埠地まで一日、二日と猝烈無比な火焰が狂つて綺麗に市街全體を嘗めつくしてしまふのである。その上、この瓦斯彈はいかなる穴の中へでも這入つて追つ驅けるし、横には煙の如く廣がるし、風の工合が惡ければ十日間も街の中に低迷するといふしろものだから、奉天四十萬の人間がいかに濾過式防毒面を使用しても、その半分以上の人間どもは直ぐにコロリとまゐつてしまふのである。その

次に、飛行機からおとす「燒夷彈」の威力も今後の戰爭で味はれることであらう、この彈は攝氏三千度の熱が出づるのであれば、鐵筋も溶け、煉瓦塀もグワラグワラくづれてしまふのだ。その他無線操縱でも、今次の戰爭で使ひたければ使へるものを、まだ使用してをらぬのだ。それほど餘裕綽々といふか、餘地を殘しての滿洲戰爭ではある。それから科學戰の最偉力で半ば成功途上にある獨乙の電氣砲が完成すれば、八千粁のところまで無煙、無音でドシドシ威力を發揮し得るのだから、奉天のあの城壁から發砲すれば、天津（四五〇粁）や北平（六五〇粁）、浦鹽（七〇〇粁）の砲臺をも打こはし得るやうになるのだ。何だか話があまり空想的と思はるるところまで發展したが、かういふ怖ろしき計畫に向つて片輪の文明が進みつつあるのだ。人倫や、人道を片つ端からこはして行く殺人裝置が、罪のない人間をたばにして葬つてしまふのだ。かうした大戰爭から見れば、悲慘、殘酷といふやうなことにおいて比較にはならないやうなものの、今次の戰ひは、次いで豫想さるる大戰の序奏曲であると云ふ氣持ちを國民全體にもつてもらひたいのだ。それから「ソビエツトの戰備」について少

し評つて見よう。なるほど、滿洲事件以來、彼等の神經がヒリヒリ動いてをるのがヨク眼に見える。しかし彼等は隱忍自重してをる。だが、浦鹽からハバロフスクまでの間に十萬を配置し、ハバロフスクからブラゴエチエンスク、滿洲里の間へ十萬を配置してをるのは事實であらう。これだけが極東特別軍の第一線とも云ふべきもので、その後方にも歐露から増派された部隊がたくさんあるのだが、その兵數は不明ではあるが、その外にニコリスクには騎兵旅團が、スパスカヤには飛行聯隊があつて、我北鮮間島から、滿洲國の北部を全部包圍してゐるのである。それから尤も記憶せなくてはならぬのは、極東に百五十臺の精鋭の飛行機があることと、戰車が三百五十臺、機關化國五箇大隊があることである。今までは極東軍の總司令部はハバロフスクにあつたが、事態の變化と共に現在ではチタに移轉したことによつて赤軍の目標とすべき大勢を察知すべきではあるまいか。支那を敵として戰爭すると、ソビエットを敵として戰爭するのでは、精神力でも、兵器力でもまるで桁違ひであるから、赤色陸軍の一般だけは知つてゐてもらひたいのだ。赤色陸軍は大體正規軍、民兵軍、隊外現役勤務の三つに分れてをつて、正規軍は赤軍の中堅を成す常備軍で、戰時には第一線に出るのだが、民兵軍は我國で云へば北海道に三十年前においてあつた屯田兵みたやうな片手に銃、片手に鍬もつ兵隊であるが、現役が五年、歩砲兵は八ケ月、騎兵は十一ケ月といふやうな工合に一定期間在營することになつてゐるが、その編成法が、共産黨の細胞組織見たやうで、字で小隊、村で中隊、村團で大隊、郡で聯隊を編成してをる。正規軍と民兵基幹部員は常に兵營にあるが、その數は四十七萬、民兵軍の一般兵が六十萬、それにゲ・ペ・ウ二十三萬を併せて百三十萬の兵を擁してをり、戰車總數七百、空軍二百十四中隊、飛行機二千二百機、それにソビエット近代の精鋭なる化學戰部隊があるのである。ソビエットは來年一杯で五ケ年計畫も完成する譯であるが、そこに不思議な一つの現象はこのごろますます軍事費が増して、一九三〇年でゲ・ペ・ウの一億留を併せて十三億九千萬留になつたのは我が無産陣營にある人々も一應は承知してゐてもらひたい事實である。とにかく米國なりソビエットなりの情勢がかくの如くであつて見れば、滿洲國を此際獨立國として置くの必要は一層切實になつてくるのである。我々は別に戰を好む譯ではない。しかし吾々の時代にウンとふん張らなければ世界の第一線から退却せなければならぬ。日本民族は衰退か、滅亡しなければならないから農民も困らう、內地の全階級の人々も困らうが、それをまげて民族の前に、國家危急の前に我慢してもらひたいと云ふのだ。國債とか、愛國債とか何等かそれを支ふる方途はあらうと思ふ。そして我國のために鐵道の新線も必要であらう、熱河や興安を徹底的にやつつける必要もあらう。これも皆相談は軍費の問題に歸すのだ。滿洲において資本家ばかりに利權を左右させたくないと云ふ意圖はかうした國民的の問題が殘つてゐるから輕々に我等が動かないまでだ……軍部の意向も一わたりは聞いた。陣中とは云へ奉天は我軍の本營のあるところで、食べたいものは食へるし、そして一身の危險も先づないが、訪客の多いのは大閉口だ。司令官も參謀長も有象無象の面會に惱まされてゐる。甚だしいのは、知名の人々の添書を持つて利權漁りに我々幹部を訪問するものの多いことだ。滿洲各戰線の毎日々々の報告を聞くだけでもたいしたものだ。それに一々指令したり、協議したりして逹算のない聯絡をとらねばならぬ我々の任務をも知らないで慾得づくの相談には腹が立つてしやうがない……その述懷は無理もないところもあるやうではあつた。

(四) 兵工廠

大正十年の秋、梟雄作霖は、當時支那の飛將軍を以つて知られた吳佩孚と山海關に戰つて見事に敗北したのであつた。此一戰に作霖が勝つたならば、彼は恐らく、その年において支那全土の統一ができ、帝王として北京にをさまることが出來たのであつたらう。彼はその敗戰に深い怨みをいだいて奉天に歸つた。そして山海關の敗因について徹底的に研究するところがあつたが、勿論將卒の意氣の擧らなかつたのも、重大な理由ではあつたらうが、それよりか、武器が精良でなかつたことと、彈藥が缺乏したことが原因であつたことに氣づいたのであつた。そこで天下を取るには、上海、漢口、山西等の各兵工廠に比して絕對的に優越するものをつくらねばならぬ。いな、强隣ロシアに對し、日本に對しても、やがては弓を引かねばならない。失地を恢復し、いろいろな利權も各

三千萬民衆搾取の結晶「兵工廠」

國から回收せねばならぬ。それには上海や漢口の兵工廠に對して絶對的であるといふより、日本の砲兵工廠に比してモット大組織を以つて取りかかる必要があるとして、彼は五億萬元といふ莫大な資本を投じて奉天に兵工廠をつくるに至つたものであるが、大體の構成は丁抹の或兵器會社が之に當り、その上各國の新兵器に關する優秀なる技術者を招聘して各主要部を統轄せしめたのであつた。作霖はかくして一歩は一歩と全支統一への途へついたのであつたが、彼作霖が全盛時代は職員、工夫二萬を出でたのであつた。そして其總辦たるものには自分の尤も信頼する辣腕家である楊宇霆を据ゑたことによつても、彼の意圖の奈邊にあつたかを知ることができよう。

　私は今回旅行の途次、幾たびも兵工廠のある大東邊門外と城内との間に自動車を驅つたが、その路面の坦々として滑るが如きに驚いたのであつた。恐らく支那の道路としてそのやうに路幅のひろく、且つ手のこんだ道路は滅多にあるまいと思ふ。そして兵工廠の外郭を見ても我が小石川の砲兵工廠の比でないことが分る。工廠内の廣さが、六十萬坪を越すといふにおいて、その規模のほども推測はできるが、その後、南北和平が成つてからいくらか計畫も縮少されたが、それでも民國十九年末において、職工は八千を出で、他に外國技師のみにても一千六十二人といふ大袈裟な人間どもが立て籠つてゐたのであつた。いま工廠の內容について寸言すれば、槍彈廠では小銃實包を製作するこの工廠での主力部で、日本式と獨乙式との二種で、一日の製作高は三十五萬發から四十萬發といふところであつた。そして礮彈廠では民國十四年の建設當

學良にだまし打されたる楊宇霆

時にあつては一日僅かに百發の砲彈しかできなかつたが、今日では四千五百發の作業能率を有するやうに進歩したのである。丁度、日露戰役最中、すなはち南山や金州の激戰の折、日本でも一日に百發しかできなかつたものを、寺內陸相が氣狂ひみたやうになつて一日三千發の作業能率にまで引上げたことを追憶すれば、今昔の感にたへないものがある。

大砲の製作は野砲と山砲は一ケ月に約十門、また十珊及十五珊級のものは一ケ月に二門しかできないことになつてをつたが、小銃、機關銃の製作能力はかたく祕密に附せられてをつたから正確には知ることができない。ここに面白いのは彼作霖が、東三省の歲入が六千五百萬元あつたのに、兵工廠の年々の所要經費でも五千萬元を超過せしめて恬然たりしことこれである。その他に軍費としても五千萬元を出で、一般の行政費も二千萬元を下ることはなかつたのであるから、差引不足額は五千五百萬元に達してをる。さうした不自然な政治を十年間もつゞけてゐるうちに、東三省は疲弊の頂上に達した。しかし彼等父子はいつもの常套手段たる奉天票を洪水の如く濫發してどうにか當面をごまかしてをつた譯であるが、

これがために東北四省がいかに困り切つてゐたかは、別にも記するところがあつたから之には省くとする。

彼は支那の大元帥になつた父の遺業を繼いで、北方支那の主權をしばらくは、掌握することができた。彼は決して月並みな二代目ではなかつた。相當ネバリもあり、度胸もあつた。我精銳なる關東軍を向うにまはして一年も戰つたところを見ると、この十ケ年に養ひ來つた乾兒——軍器——が非常な役割を遂げたのであつた。さりながら、彼は作霖の片腕として奉天軍界、東四省政界の唯一といつても差支へのない腕利きの楊宇霆にたいしてはどうすることもできなかつた。その手腕、その閱歷、その度胸において少くとも學良は楊に對して勝ちめはなかつた。そこのところの距離が作霖に比して劣るといへば劣るが、さればといつて作霖を現在の政局に立たして見たところで、學良以上の持久力があつたかは疑問であらう。しかしながら、彼學良は沒落を前にしていまどういふ感慨が湧いてくるだらうか。父、作霖の死の前の悲壯な遺言や、死に至るまでの苦しいあへぎが今更のやうに眼の前に現れてくるであらう。そして四年前の正月十日の夜、楊と常蔭槐とを總司令部におびき出してだまし打にしたのであつたが、その刹那のことも思ひ出されて身慄ひがするであらう。また彼は青天白日旗をかかぐるときのいろいろの思ひ出でや、北京の新しい主人公となつたときの感懷等がつぎつぎに彼の腔裏をみたしてくるのである、彼が最後のもがきであらうところの國際聯盟への切なる愬へが、どういふ工合に生き返つてくるか！　然しながら、彼學良はたとひ北京の主人公を逐はるるにしても、米國へ漂泊の旅にのぼるにしても、いかでか瀋陽の地を忘るることが出來よう。彼は夢寐の間にも彼の大平原の都を忘るることができないのである。そして太祖、大宗の宮居にも比すべき豪壯の我家を思ひ切ることができないのである。否、それ以上に學良父子が三千萬民衆から搾取しつづけて東洋一の存在とまで知らるるに至らしめた、あの兵工廠に對しては死の執着を有つてをるとさへ云はれてをるのであつた。紫禁城裏に身をひそめ、殆んど生きた氣持もしてゐない彼學良は、一鳥の羽ばたきにも九一式戰鬪機の來襲かと恐れをののいてをることだらう。

⑥北原白秋「奉天北陵」（『改造』一九三三年四月）

奉天北陵

北原白秋

鵲《かささぎ》の聲行き向ふ北の晴《はれ》北陵の空に雲ぞ明《あか》れる

太宗文皇帝の陵《みささぎ》とふ北陵は邃《おか》し松の陵《みささぎ》

靈廟《みたまや》の南おもての日のあたり氷は池にかがよひにける

牌樓《パイロウ》の影は日向《ひなた》と閑《しづ》かなり狛犬《こまいぬ》が見ゆうしろなで肩

狛犬《こまいぬ》の卷毛《まきげ》の渦《うづ》のをさなさよ日をあびにけり冬をこぼれ日

奉天北陵の磚道《せんだう》を踏みのぼり來てひえびえとよし春の松風

黄《き》の甍《いらか》い照り映《うつ》らふ冬の晴《はれ》や目もすまにしてここは靈廟《みたまや》

森ふかし對《むか》ひ衝《つい》立《た》つ石獸の影多くして音無かりけり

みささぎのこの松かげに人をりて茶をたつる湯氣《ゆげ》のほのぼの寒し

かうかうと隆恩門に我《わ》が向ふこの内庭《うちには》の雪冷《ゆきびえ》の風

風鐸《ふうたく》の音《おと》しきり鳴る春あさし隆恩殿に向ひて歩む

帝王のただに踐《ふ》ましし玉《ぎよく》の階《きだ》我《われ》ぞ踏みのぼる松風をあはれ

丹《に》の柱《はしら》黄金《こがね》甍《いらか》の端《つま》にして寢陵は見ゆ枯れし圓山《まるやま》

鳶の影流れたゆたへれ陵《みささぎ》や槐《えんじゆ》は枯れぬ土《つち》に槐《えんじゆ》は

角樓は石《いし》階《きだ》狹《せま》し傍《わき》のぼる高壁《たかかべ》の外《そと》に雪こごり積《つ》む

⑦ 衛藤利夫「瀋陽雑記」（『セルパン』一九三三年八月）

瀋陽雜記

衛藤利夫

奉天のことを西洋人が Mukden といふのはドウいふワケかと訊かれることがある。實を云へば、自分もハツキリとは知らぬ。「ムクデン」と云ふのは、或る時代からのことで、その以前には、西洋人もヤハリ瀋陽と云つたものらしい。白耳義人で、康熙の時代に支那に來てゐた耶蘇會士の南懷仁ことフエルビウストと云へば、近世に於ける東西文化の交流の上に大きな足跡を印した巨人であるが、その碧眼紅毛の偉大な學者が、これはまた東洋に於ける不出世の哲人帝王である康熙の東巡に扈從して、今から二百五十年も前に、北京から、彼の所謂『東韃靼』である今日の滿洲の、奉天から吉林にかけて旅行した時、その旅の模樣を遠く歐羅巴に書いて送つた有名な手紙がある。それには、こゝ奉天のことを、Xin-yan と云つてゐる。「シンヤム」とは瀋陽で、今日渾河と呼ばるゝ瀋水の陽にあたるので、可なりに古い頃から左樣呼ばれてゐたらしいが、ズツト古いところでは營州だの、玄菟だの、建州だの乃至清朝の世になつてから盛京、或は陪都と稱したり、北京の順天府に對して奉天府と呼んだり、最近張學良が南京政府に合流してから、急に取つて付けたやうに、北京を北平に、直隷を河北に塗替へると同時に、奉天を遼寧と云ふことになつたりしたが、目下滿洲國が出來てから、また奉天と云ふ名が擡頭して來て、そこいらの官衙、店舗の標札や看板や、ビルデイングの壁や扉にケバケバしく盛り上つた金色の『遼寧』と云ふ字面が、急に影をひそめつゝある。支那の名ある土地の例に洩れず、時勢によつて色んな名なり稱呼なりの變遷があつたワケだが、普通今日では、西洋人の間にはその總てを通じて「ムクデン」の一點張りで通つてゐるやうに思はるゝ。

康熙が南懷仁をお伴にして奉天に來たのは、康熙二十一年の春であつたが、それから三十年を經た、康熙五十年には、康熙一代の文化的大事業の一つである『皇輿全覽圖』と勅題せられた、支那本土から西藏、滿洲、蒙古の邊域に至るまでの土地を實測して、その地圖制作の仕事が完了した。これは、帝が、當時歐羅巴から支那に來てゐた十餘人の耶蘇會士に各地を分擔させ、その曆學、天文、算數、測地術の知能を傾け盡して、三十年もかゝつて、支那で始めての科學的方法によつて出來上つたものであるが、それと出所を同じうすると傳へらるる地圖が、それから二十四五年を經た一七三五年に巴里で出版された。有名なるダンヴイルの『支那・韃靼新地圖』で、最初はデユアルドの大著『支那・韃靼誌』の挿圖として公刊され、二年後には和蘭のヘーグで單獨な地圖として發行されたりしたものだ。これは、康熙の『皇輿全覽圖』作製の時、その粉本一部を、ヤハリその測地製圖の事業に參劃した耶蘇會士の一員白晉《ブーヴェ》（佛蘭西人、J. Bouvet）が、支那から佛蘭西に送つたものを主要な材料として、あちらで當時の地圖學者ダンヴイルが編纂印刷したものである。で、その頃以來、歐羅巴人の支那本土なり邊疆なりに對する知識は、前記デュアルドの『支那・韃靼誌』とダンヴイルの『新地圖』を據憑とするものが急に多くなつたことを見ても、如何にそれが、今日の支那學の古典として尊重せられたかが判る。ところで、そのダンヴイルの地圖に就いて、今日の滿洲に當るところを見ると、そこは“Leao-tong”で、奉天のところには、“Chin-Yam”とあり、そこに註して“Mougden”としてある。前二者は、「遼東」に「瀋陽」だから問題にはならぬが、最後の「ムグデン」とは一體何のことだと、滿洲語を覺束なく囓つて居る友人に訊くと、それは滿洲語で「興盛する」とか、「繁榮」するとか云ふ意味の音だと敎へて呉れた。そこで思ひ合はさるゝは、淸の太祖努爾哈赤《ヌルハチ》が、瀋陽に都城を定めてから、次代太宗の天聰八年にこゝを合名して盛京と云つたことだ。それ以來漢字では盛京と書くが、同じ意味のことを、滿洲人仲間では「ムクデン」とか「ムクデン・ホータン」（ホータンは城）とか云ひ馴らしたものではあるまいか。その滿洲式の稱呼を、地圖作製の任に當つた耶蘇會士たちか、乃至前記の白晉か、ダンヴイルかゞそのまゝ佛蘭西式の羅馬綴りで、これを音《トラン》寫《スクリプト》して地圖に書き込み、それが汎く歐羅巴の支那學者に讀まれて、さてこそ今日、イロンな意味で世界の耳目を聳動せしめつゝある「ムクデン」になつたものではあるまいか。これは自分だけの多少の根據を、多少怪しい當て推量で補綴した解釋だが、間違つてゐたらあやまる。だが、それが煩瑣な攷證學的に、本當であらうと間違つてゐようと、實のところ自分はタイした關心を持つてゐない。それより左樣いふ解釋の、或るアヤフヤな、或はfictionらしいところに、古い、塞外の「韃靼の都」であると共に、コスモポリタニックでもあるこの奉天に、自分は一種の詩を感ずるのである。

ゲーテは『實と詩』とを並べて云つてゐるが、それが互ひに裏づけ合ふのはいゝとして、時にヘンに食ひ違ふことがある。その例一つ。奉天の驛の近くに、周平さんの人形屋なるものがある。今日奉天は愚か、新京、旅順、大連をもこめた全滿洲名物の随一になつてゐる店で、畫伯小倉周平氏がその夫人とともに營む泥人形の店。奉天界隈の泥土を、畫伯が自分でコネて、自ら窯の前に座つて、滿洲の風俗人形を燒いて賣る、一種の紳士藝術の店で、奉天に來る人で、こゝから土產を買はないものはないといふ程に繁昌してゐる。主人公の周平畫伯とは舊知の間柄で、偶にはその店に遊びに行つて、夫婦でお客様にサービスするのを邪魔し乍ら、店頭の土間の籐椅子に腰を卸して、番茶を啜りつゝ二三時間も話しこたことがある。

或る時、支那の少女のやうに裝うた畫伯の夫人が、店の土間の仕切りになつてゐる板扉の面に、來店の諸名士が勝手な文句や署名をしてゐる間に割り込んで、自分にも何か書けといふ。柄にないので斷つたが、ドウしても承知しないので、思ひ切つて、その場の突差の思ひつきで「韃靼泥匠」と愛嬌でやつてのけたものだ。

　そこで想つたのは、こんな南滿洲の奉天あたりまで、元史あたりに出て來る「韃靼」といふ字を使ふのはドウであらうかといふことだ。或は、梨ん坊さへ見りや印度人といふやうな間違ひをしてゐるワケぢやあるまいかとも思ひ迷つたが、しかし「韃靼」と呼ぶことに於て、自分は奉天のエキゾーチシズムを感ずる。モット云へば、瀋盤の、色褪せた、土臭い、埃臭い歴史のみが持つてゐる或る「詩」を感ずる。前に云つた南懐仁もこゝらを平氣で「東韃靼」と云つてゐる。それより前、恰かも淸朝が奉天から北京にお引越しをするドサクサ騷ぎの時、越前福井の船頭たちが、日本海で方角を間違つて、その對岸である大陸に漂流し、そこから上陸して奉天に引張つて來られ、更に淸朝の引越しと一緒に北京まで連れて行かれたものだ。その連中が書いた「韃靼漂流記」にも、奉天のことを「韃靼の都」と云つてゐる。外國人がその頃のことを書いたものは、大抵滿洲、蒙古は Tartary で、それを、明朝を意味する「支那」と、對立的に取扱つてゐる。これは今日の政治的に

も何かのサゼスチョンになるかも知れぬが、まづそこらの根據で、圓平さんの店の板扉にヌタくつた「韃靼」の二字は、嚴密な意味に於ける史上の『實』にそぐはなかつたら、その「詩」の方だけを汲んで與れる人があればいゝと思つてゐる。

⑧北川静雄「奉天一巡記」（『文化集団』一九三四年一一月）

奉天一巡記

北川静雄

一

幼い時の聯想が記憶の底に残つて居たせいでもあらう、滿洲は、茫莫たる曠野を眞赤に染めて夕陽の沈む、乾燥した土地であると思つて居たのに、僕の旅行中は意外に雨が多かつた。近年滿洲は年毎に雨をまし、滿人は「日本人が雨をもつて來る」といつて居る、との話だつた。彼等は雨を好まない。

何の豫備知識もなしに、突然引つさらふやうにして僕を連れてきた用事が一段落つくと、さつそく奉天市中見物にでかけた。

驛前の廣場——東京驛前の廣場より大分廣からう、ハルビンのは圓形になつて、植込みが繁つて居るが、こゝは何のしきりもない矩形が緩い斜傾で前さがりになつて居る、——の眞中に、まだ新しい、黄色く塗つた遊覧バスがポツンと客を待つて居る。向つて右の、降車口寄りに、滿洲名物の馬車や洋車（人力車）が二十臺ばかり一かたまりになつて居る。驛の正面入口の少し薄暗くなつたところに、淺黄の支那服に混つて、赤い法被の見えるのは、赤帽の類だらうバスに乘りこんで、ピカピカ光る硝子越しに見て居ると、向ふ側の電車線路を横切つて、帽子を被らず、着流しの白地浴衣の裾から大膽に毛脛を露はして、まつすぐにこちらへ來る壯漢がある。日本人に違ひない。

黄色の洋服を着、茱萸を含んだやうな口紅をさし、手にハンド・バツクをもつた車掌さんが、

「これより車の進行につれまして、チクジ御說明申し上げます。」

といふ。バスは浪速通りに向つて走り出す。

奉天市は、滿鐵沿線の他の都會同樣、城內と鐵道附屬地との二つの極に分れその中間の地帶に商埠地が横はつて居る。城內は清朝の鄕都以來として歷史上に現れてきた支那人町、附屬地は滿鐵が帝政ロシアから引き繼いで經營してきた近代的の日本人町、商埠地は外國人雜居の居留地で、附屬地の人口は三萬五

千、その中朝鮮人を併せての日本人の人口が三萬七千、城內と商埠地の人口は日•滿•外人併せて三十七萬餘といふ。——總人口からいつても、日本人居住數からいつても「滿洲國」では一番多い。鐵道を舊 Mukden の西側にもつてきたため、附屬地は線路の東側に發達して居る。驛を中心とする交通路は不の字形になつて、居て上の線が鐵道線路で、右から浪速通り、千代田通り、平安通りの順序で、三韓線道路が附屬地を貫通して居る。浪速通りは驛正前の通りではないが、事實上メイン・ストリートになつて居る。十數町、兩側に煉瓦やコンクリートの近代建築の並んだ、アスファルトの大道を走ると、大廣場に出る眞中に日露役の記念碑が立ち、周圍をヤマト・ホテル、警察署、東拓支店、鐵路總局、醫大がぐるりと取り卷いて、政治的・文化的中心を形づくつて居る。

バスは左へ曲つて奉天神社へ行く。

次に大廣場を右に曲つた線へ入る。前方に白い給水タンクが道路をふさいで居るやうに見える。驛正面の千代田通りと、この道路が交る點にある忠靈塔參拜の順序である。遊覽バスはどこでもかうで、滿洲に限つたことではない。

「いつもあの仁で。おくれる！」

僕の右後の商人風の男がハツキリ呟いた。早稻田の高等學院の生徒と、熊本五高の生徒とが、さつきも奉天神社で記念スタンプを押し、寫眞を一枚撮つたが、こゝでも他の乘客が坐席に揃つたのに、まだ事務所から出て來ないのである。

帝政ロシアは極東計略の途上、都市を建設すると直ちに敎會を建てたさうだが、日本は忠靈塔を押し立てゝ北進してきた。

二

附屬地を出はづれて商埠地に入ると、道路が悪くなり、屋並が不揃ひになり商店が減つて歩行者がぐつと減る。そのかはりに馬車と洋車とが目立つてくる

馬車はやはり帝政ロシアの東清鐵道經營時代の遺物だといふことだが、南滿と北滿とでは馬も馭者も大分異ふ。馬は南から北に行くに從つて良くなり、ハルビンではロシア風にアーチ形の横木と頸につけた駿足らしいのを見かけたが奉天以南ではさういふのを見ず、內地の駄馬より小さい蒙古馬――形こそ拙いが、性從順で、夏は水の無い砂漠の行旅に耐え、冬は雪を掘つて草を喰むといふ非貴族的な種類で、蒙古の天地では最適のものだといふ、――の系統が支配的のやうに見えた。大連・旅順の馭者は日本語が殆ど通ずるやうであるが、ハルビンではほんの片言しか通じないやうであつた。奉天は丁度その中間に當る「相場は大體十町毎に洋車五錢、馬車十錢でいゝ。右側が ueber で、左側が Zauder 止れが到了だから俵と覺えといたらいゝ。」

小盗兒市場を見物に行きたいといつたら、僕の支那語の師匠はさういつて地圖を渡した。もつとも支那人は、そんなのを支那語だとは思つて居ない。支那語に似た日本語だと思つて居るといふ話だつた。小盗兒といふのも、支那語だとばかり思つて居たが、汽車で一緒になつた早稲田の滿人學生にはどうしても通じなかつた。

商埠地を北へ進んで行くと赤煉瓦の塀をめぐらした一廓が右側にあつて、案內人は日本領事館でございますといつた。煉瓦塀の上には鐵條網が張つてあるこゝには各國の領事館があるが、鐵條網の張りめぐらしてあるのは他に見當ら

なかつた。秩父宮の新京御訪問の時には、日・滿兩國軍隊に、滿洲國警官、日本の憲兵、それに、も一つ何かと、五つの機關を動員して、沿道奉迎の民衆一人おきに一人の警戒員を配置し、その前後私たちも大變多忙でしたと關係者の一人がいつて居た。

バスは二三度街角を曲つた。それでもう方角は解らなくなつてしまつた。「左に見えますのが張學良の邸宅で、右に見えますのが王以哲の邸で、………いづれも事變の際、………襲撃をうけて燒き拂らはれたものであります。次に右側にございますのが、もと何とか何とか省長の豪奢をきはめた邸宅でございまして、ただ今は日本軍何とか何とか司令部となつて居ります」といふやうな案内人の説明をきゝながら、ところどころ齒の拔けたやうな廢墟のある、人通りの少い屋敷町を走つてゐる中に、バスに搖られてゐるといつの間にか睡つてしまふといふ惡癖に襲はれて、僕は少しうとうととしたらしい。氣がついてみるとバスは、右手向ふに東北大學の赤煉瓦を望みながら、こゝいらには珍しい水田の中の畷道を通つて、北陵への道を走つてゐるのであつた。

三

北陵（昭陵）は清の太宗の陵墓で、太祖を葬つた東陵「福陵」とともに、奉天の古い名所になつてゐる。滿洲は要するに支那の田舎で、清朝は東夷北狄の類と思つた眼には、頗るあでやかに感ぜられる。塼で疊んだ城壁のやうな内外の壁、薄日をうけて曇天に聳り立つ高秀な樓門の數々、富麗をきはめた壁面、かういふものは流石に滿洲の曠野の大きさと……對象の底力を感じさせる。しかしテラテラと輝く屋根の黄色い瓦、赤青極彩色の勾欄・斗拱・軒廻り、大理石の階段や壁面など。昨日出來上つたもののやうに妙に生々しく感覺的で、奈良や京都の古建築はもとより、京城の諸宮殿に比してさへ Frend なものに感ぜられる。感じからいふとハルビン郊外の文廟もこれと同じであつた。

　フリーチェは、ある論文の中で、ミケランヂエロもラフアエルも民衆の抑壓者・搾取者に奉仕した藝術家であつて、それ等の作品に對する時憤懣の情を禁じ得ないと云つて、さういふ藝術作品の評價に惱んでゐるかに見えた――不圖そんなことを想ひ出した。

　バスはそこから引き返して城外へ向ふ。小西邊門は、附屬地の浪速通りの延長が邊城につきつけた所の關門で、「車馬織るが如く」に雜鬧してゐる。人と車の流れを押し分けて、青味がかつた大鼠色の大型バスが進んでくる。運轉臺には若いロシア人が眞面目な顔をしてハンドルを握つてゐる。警戒色の黄バスも來る。

　支那家屋の軒下に、青い縞の入つた大きなマクワウリを、皮のまんま嚙つてゐる苦力がある。中から橙色の種が見えてゐる。

「なあすキーらーりい、マアイ〳〵」朝、寢てゐる中からさういつて市中を賣り歩いてゐる瓜である。これが夏中彼等の晝食代用になるといふ。

　大通りを右へ曲つて、うす汚い裏街を縫つて同善堂へ入る。こゝは「滿洲國唯一の慈善機關」で、乞食を收容するといふ棲流所、捨子を養育する救生所、孤兒院、養老院、廢業娼婦を收容する濟良所などがある。

　捨子の收容所を覗いてみると、三十疊位の部屋の眞中が通路になつてゐて、兩側に炕が設けてある。左右の炕の上には、定規で仕切つたやうに間隔を置いて、恐ろしく小さい、どれも紫色の顏をした赤ん坊が三四人づゝ寢せてある。

一人の赤ん坊に一人の老婆が、こちらを向いてひかへてゐる。

孤兒院は、教室の中に二十人ばかりの子供が默つて腰かけてゐる。窓ぎはに女の先生がゐるが、子供はみんなこちらを見てゐる。何をしてゐるのでもないみんな、見せるために行儀よくひかへてゐるのである。參觀者の群が入口を離れて別の棟に移らうとすると、一齊にひかへることから解放されて、ドヤドヤと入口へ集つて來る。廢業娼妓のところでも同樣である。僕等より先に來たらしい、いづれも仕立て下しの背廣を着たいづれ官費の何とか視察團一行なのだらう、好紳士達の一團がある。

「ね、撮らうぢやないか、こゝで一緒に」

好紳士中の尤なるものが、眼に沈んだ侮蔑の色を泛べた蒼白い女たちと、彼等一行とを七分三分に眺めながら、しつつこくいつてゐる。こゝは奉天視察コースの中に必ず入れられることになつてゐるらしい。

イワン・イワーノヴイツチの慈悲心とは、考へられない程の慘忍性であつた

四

今度はもう一度大通りへ引き返して、愈々奉天內城へ向ふ。邊城の小西邊門から眞直ぐに內城へ突きつけたところが小西門で、寫眞や繪葉書などで見かける、見上げるやうな城壁がそゝり立ち、穴のやうな門が開いてゐる。素燒の甕のやうな偉大な顔をした將軍が悠々馬を打たせて來る、道の兩側には手に日の丸の旗をもつた支那民衆が歡呼の聲をあげてゐる、あの日本軍入城團の後方に見えるのは南大門だといふ。

小西門を入つた通りが所謂城內銀座の四平街で、吉順絲房はそこの三越ださ

うである。三階・四階の支那家屋、西洋建築が櫛進してゐる。吉順屋上から見ると城内中央に、翼を擴げたやうな清朝の宮殿の屋根が見える。ずつと向ふに張學良父子の宮殿が見える。他の大官連同様、イザといふ場合、道路一筋で支那民衆も軍隊も手出しの出來ぬ附屬地や商埠地に、自分の銀行や別邸をもつてはゐたが、常の住居はそこだつたといふ。

宮殿は割合小さい。崇政殿の玉座からは門前の人通りが見えさうである。ま向ひに城内憲兵隊の屯所がある。奥殿が博物館になつてゐる。考古資料や美術品ばかりを陳列してある點は、ハルビンや旅順の博物館——ハルビンのは荒廢してゐる、旅順にはいゝものが多く、設備も上野より良い——が、現代凡俗資料や物産研究資料をも加へてゐるに對して、内地の博物館の概念に近いが、見るべきものは、建築物以外餘り無いやうに思はれる。

街路樹の葉をすつてバスが出る。十字路に、青訓服みたいな服をきた交通整理の警官が、ライフル銃を地について立つてゐる。午後二時頃の風景である。

五

北大營は最近奉天名所の筆頭となつた。旅順が「東洋平和」の犠牲壇であるやうに、北大營は「王道樂土」の發祥地である。奉天に遊ぶほどのものは、少くとも北大營だけは見落すことが出來ないとされてゐる。だから——

「こゝの戰爭で二人のお方が亡くなられました。伍長新國六三さんと、上等兵增子正男さんとです。六と三と加へると九で、六三とを掛けると十八で、これは即ち九月十八日であります。新國六三さんがこの日の戰ひで亡くなられましたことは、この日、この方が人柱となられまして、新しい國が一つ生れたことを意味してゐるのだと申されます。また、增子正男さんは、かうして滿洲國といふ正しい男の子が、…………出來たことを意味してゐるものだと思はれます。」

事實さう聞かされたのだ。しかも二度。一度はこの二勇士の墓前で、案內孃の茶菓の唇から、一度は正前横の茶店で、來る人每に當夜の戰況を仔細に語りきかせるそこの善良さうな主から。

この親父さんは、奉天軍閥の精兵一萬人を、七百人の兵が半夜にして擊退してしまつたといふ奇蹟を、熱心に語つたが、…………………………といふ、…………、…………………………專らの噂については冷淡であつた。

附屬地へ歸つて、そこの銀座といふ春日町を歩いてみると――そこから三町行くと住宅地、三町行くと郊外といふ點は異つてゐるが、――內地の大都會と異ひないと思はれた。一般に內地より金費ひが暴く、表面の景氣はよい樣に見える。それは、例へば煙草などが、敷島と殆ど同じ「橋立」が百本十八錢で買へるといふやうに、少種類の物資が廉い外は、日用品類の大部分が內地から來て居て、五割から十割高いことなどからさう見える關係もあらう。だが根本的には、特に大都會地にさまざまの形で現はれる所謂軍事インフレの影響によるのであらう。

僕は、慌しい旅行者として、內地人向きとして提供せられた滿洲の一部を、――從つて、三千萬の人口中二十五萬を占める內地人の生活の、反映の一部分にすぎない滿洲を便宜乏しい個人の資格で見たにすぎない。安東驛の廣いプラツトフオームに銃劍をついて立つてゐた人懷つこい童顏の兵士、水師營の會見

⑨　室生犀星「奉天の石獣」（『文学者』一九三九年一月）

奉天の石獸

室生犀星

荒野なる
王宮《みやゐ》かたぶき石《いし》獸《けもの》の
吼ゆるに堪えず
人ら群れけり

荒野なる
王宮はひそこしづもりて
甍に黄金《きん》の
苔をいただく

大荒野の
極まるこころを知らざれば
王宮の階《はし》に
のぼるくちなは

くちなはも
大き枯野に生きたらむ
石階《かい》をのぼりつ
あそびほほけり

石獸ら
むらがり立ちて吼えゐたり
走獸の肌に
我は手を觸る

石獸の
叫び立つごとき黄塵は
蒙古の天に
捲きもおこらむ

此處に來て

石のけものの肌にさわり
巨大なる足を
眺むる我は

石獣ら
巨いなる足ふまへけり
荒野のなかの
城の深きに

いにしへの
麒麟のまなこ怒り立ち
もろがみ立てて

趨り行かんとす

巨いなる
獅子のくびわに鈴さがり
前脚を折り
ねむりゐしかも

巨いなる
金色獸のたてがみに
はるのそよかぜ
しばしさざまる

──奉天の石獸──

何人の
刻みしものか優しもよ
金色獸の
ふぐり光れり

古き世の
象と駱駝とゐならびて
顔つきあはし
もの言はざりにけり

清朝第二代
太宗文皇帝の陵墓に
春たけなはなる
象の吼えけり

象の吼
太宗文皇帝の磚道に
皓こして神松《まつ》は
鳴りわたるかな

王宮なる
松美《は》しきかもくろがねの

枝さしかはす
幾百年なるらむ

びやうびやうと
象の吼えゐる磚道に
しろたえの肌
かがやきにけれ

清朝第二代
太宗文皇帝の陵墓に
鳶は輪をえがき
啼きもやまざれ

清朝太守の
愛でたまはりし獸らの
寢陵を戀ひ
吼ゆるなるらん

磚道の
石のあいまに燦さして
滿洲の苔の
かがやける見つ

石獸の
重きはだゐのこころごころ

やつれて見ゆれ
古き歳月

石獣の
ふと腹のあたりうらうらと
はるふかき日ざし
あたりゐるかな

甍みな
黄瓦碧瓦のいにしへの
露をたたへつ
石獣を守る

遊女一人
石のけものによりそひて
おろがみゐたり
もろ手あはせつ

遊女一人
石獸群のまだなかに
ざれうたうたひ
遊びけるにや

滿洲に
ふたたび我の來らざれば
遊女を見つるも
あはれなるゆえ

(123)

——奉天の石獣——

石をもて
きざめる獣らとひと日は
遊べりとしるす
わがたびにあるかな

⑩　大場白水郎「奉天ヤマトホテル」（『中央公論』一九四〇年七月）

奉天ヤマトホテル

大場白水郎

やんごとなき方の御宿リラ咲けり
ライラック咲き歸朝の日近づきぬ
蒙古風強しライラック咲匂ふ
リラ匂へども黄塵靜らず
リラは咲匂へども人は語らざる
リラも陽も黄塵吹きてかくす日々
リラの窓明け放ち朝の空氣吸ふ

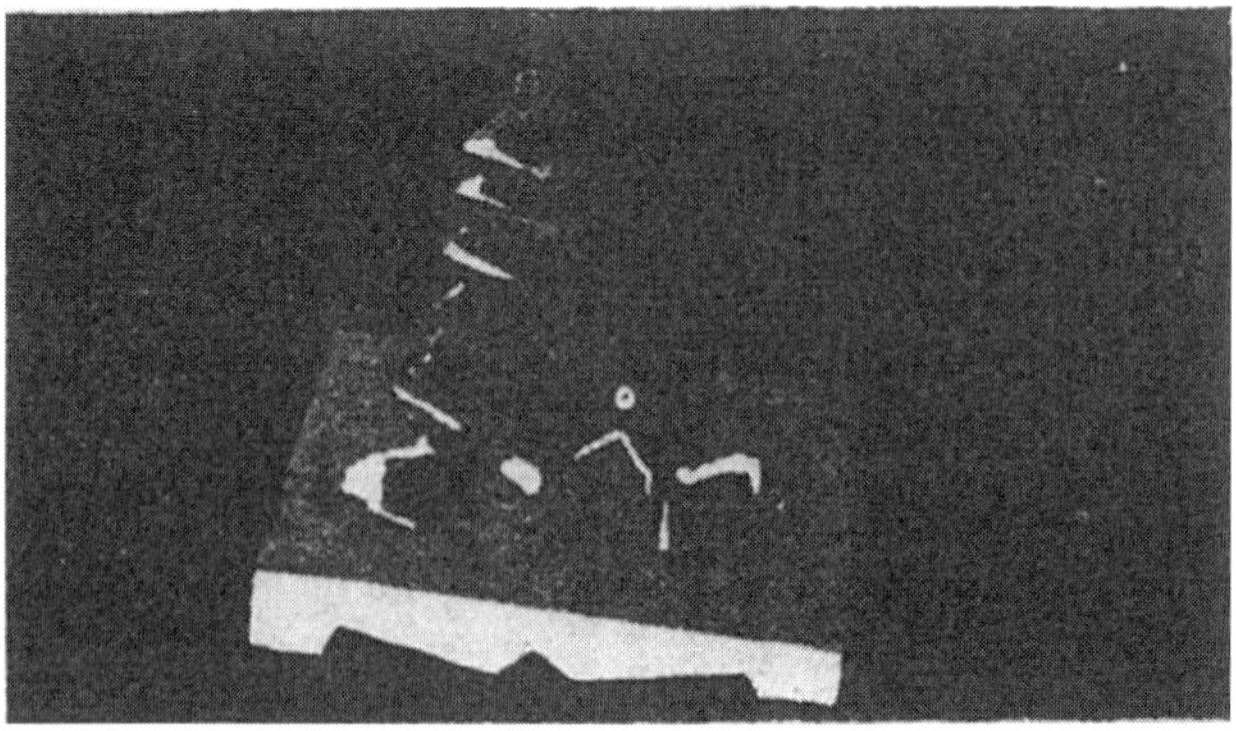

緑・小穴隆一

エッセイ・解題
関連年表・主要参考文献

徐　静波

奉天（瀋陽）――二重の都市

徐　静波

一　奉天（瀋陽）――近代まで

かつて「満洲」と呼ばれた、中国の東北地方――遼東半島より北の広大な土地（大体現在の遼寧省・吉林省・黒竜江省に当たるところ）は、歴史上漢民族、或は漢民族を中心とする中原王朝とのつながりがそれほど緊密ではなかったようである。ただ遼河流域の遼東半島、あるいは現在の遼寧省に当たるところは、中国の戦国時代の末期頃（約紀元前三〇〇年前後）、燕という国がすでにそこに「遼東郡」「遼西郡」といった行政区画を設置し、燕国の武将である秦開が現在の瀋陽に侯城という都市を築いた。当時侯城は燕国遼東郡襄平県に属していた。後に秦が勃興し、紀元前二二一年に他の六国（韓・魏・趙・燕・斉・楚）を滅ぼして天下を統一し、中国全土の版図を三十六郡に分け、遼河流域に「遼東郡」を設置、郡は県を管轄し、侯城県は奉天、つまり現在の瀋陽市に置かれた。後に漢の武帝が朝鮮半島へ勢力を伸ばし、半島の中北部に「漢四郡」を置いた時代も、この区画は踏襲された。

奉天（瀋陽）の名称として最初に確認されるのは「沈州」である。契丹人が建てた王朝国家「遼」の遼太宗天顕二年（九二八年）、南へ移住する民を按排するため、「沈州」という都市を設置した。沈州は遼東地域の経済と・軍事の中心地になると同時に、遼と金という北方の王朝国家同士の戦場ともなった。その後、モンゴル人もこの地に侵入し、城あるいは街としては一時荒廃してしまった。一二三四年、金が再び沈州を復興させようとする。モンゴル人が支配する元王朝中統二年（一二六一年）、元皇帝のフビライ＝ハーンは、高麗軍民を安置する総管府を設置するため、一二六六年に詔書を発布し、行政地として再び沈州を設立する。元成宗元貞三年（一二九六年）、沈州を「瀋陽路」と改名。「路」は元王朝が定めた行政区画の一つで、省の下の府に当たる等級である。

なぜ瀋陽と命名したかというと、沈州の南に「沈水」（「渾河」とも呼ぶ）という大きな川があり、沈州は沈水の「陽」に当たることから瀋陽という地名が誕生したという説がある（中国語では「沈」と「瀋」は同じ文字であり、瀋陽は沈陽と書く）。明太祖洪武十九年（一三八六年）、明王朝は瀋陽に「瀋陽中衛」「瀋陽左衛」を設置。一三八八年、城壁に囲まれた瀋陽城の建設が竣工。十七世紀の初め、後金（一六三六年に国名を清と改める）という国が興り、瀋陽を攻略、一六二五年、後金太祖ヌルハチが首都を遼陽から瀋陽に移した。一六三一年、次代皇帝ホンタイジの命で瀋陽城の再建工事が竣工、城門は四つから八つへと拡大され、城内の市街は十字型から井字型に増幅された。瀋陽を首都と定めた後、一六二五年から十年余りをかけて、瀋陽城内の中心部には皇宮（今の瀋陽故宮）が造営された。一六三四年、ホンタイジは詔書を発布し、国中のすべての官職名や地名を満洲語で呼ぶようにする。瀋陽は「莫克敦」（発音はMUKDEN）と称するようになり、漢訳名は「天眷盛京」となる。「莫克敦」は満洲語で「興盛」「隆盛」という意味で、つまり「隆盛の地」（満洲族が隆盛し始まるところ）という意味である。

以後、瀋陽は「盛京」と呼ばれるようになり、盛京は明の時代の衛所から都へと昇格した。一六四五年、北京に入り同地を首都とした清王朝は、盛京を清国の陪都（行政上首都に準ずる都市）に定めた。順治一四年四月（一六五七年六月）、清王朝は奉天府を設置、府衙を盛京徳勝門（大南門）内街の西に設ける。その後、奉天の地名はほぼ盛京と並立するようになる。一六五一年に瀋陽城の東に清王朝初代皇帝ヌルハチを葬る雄大な「福陵」（俗に「東陵」と呼ぶ）と、北に二代目皇帝皇太極（ホンタイジ）を葬る「昭陵」（俗に「北陵」と呼ぶ）がそれぞれ竣工した。北京への遷都後、「陪都」あるいは「留都」となり、やや降格されたものの、瀋陽は都の建制が依然として長期にわたって留保された。一九〇七年四月、清王朝は満洲、つまり中国の東北地方の行政を省と改制し、それぞれ奉天省・吉林省・黒竜江省を設置、最高長官である盛京将軍を東北三省総督と改称、「盛京」も「奉天」となる。一九二九年二月、南京国民政府は訓令を発し、奉天省を遼寧省と改名。同年四月に、奉天市を瀋陽市と改称。満洲事変勃発後の一九三一年九月二二日、瀋陽を占領した日本軍はまた瀋陽を奉天と改名。日本敗戦後の一九四五年一〇月一〇日、奉天に進駐した中国共産党軍は中国共産党中央東北局の名義で、「奉天」を「瀋陽」と回復、それと同時に「奉天省」も「遼寧省」という名称に回復する。

十九世紀の半ばごろまでは、清王朝は満洲族または清国の竜盛の地として山海関より北の地域へ漢民族の大規模な移民を禁止していた。しかし、十九世紀に入ってからロシアがこの広大な地域を虎視眈々と狙い、その勢力を南へ推し進めてきた。一八五八年の「愛琿条約」と一八六〇年の「北京条約」によって黒竜江以北、烏蘇里江以東の百万平方キロメートル近い土地がロシアへと割譲された。清王朝は、ロシアの絶えない南進に危機感を抱き、満洲への漢民族の移住制限を緩和した。大量の移民によって、奉天近辺の人口も急増し、人口統計が始められた一七四一年当時、遼東人口は一三・九万人であったが、一八二〇年には一三二・五万人まで増加した。一八九四年に奉天府管轄下だけの人口は二四七・八万人に達し(1)、奉天城の城外へと街は拡大し、多くの人々が暮らす市井となった。

日清戦争が激しく展開された一八九五年に、日本軍は初めて大規模に満洲南部へ侵入したものの、三国干渉のため、間もなく遼東半島から撤退した。その代わりに、ロシアが干渉の功績を恩に着せて、その勢力をほぼ全満洲へ広げようとした。清政府に圧力をかけて、満洲里から大連までの東支鉄道（中国では東清鉄道、後に中東鉄道と呼ばれた）の敷設権を獲得し、一八九九年に東支鉄道南満支線が奉天までに開通して奉天駅（最初は盛京駅と呼ばれた）を建設した。その前年、ロシアは渾河北岸に上水の井戸を竣工し、奉天で最初の水道水を供給するようになった。その前後、ロシア人を始め、イギリスやフランスなどの西洋の宣教師や商人などが続々と奉天へ進出し、教会や病院などを開設した。ほぼそれと同時に、華北一帯で始まった西洋排斥の「義和団」の乱も一九〇〇年に満洲に押し寄せ、奉天城内の各種の天主堂を攻撃し、外国人神父や修道女及び、中国人神父総計十二人を殺害、千人以上の教徒の命を奪った。電信柱や電線、鉄道、盛京駅など近代的な施設も多くが破壊された。それを口実に、同年の七月からロシア軍は東清鉄道を保護するという名目で、一三・五万人以上の大軍を満洲へ派遣し、八月に奉天を占領して大規模な殺戮を行った。ロシア軍の総司令部は盛京皇居（今の瀋陽故宮）に置かれ、奉天城の市街も砲火に覆われ、数多くの中国の軍人、市民が殺された。その後、ロシア軍は二年間半に亘って奉天を占領し続けた。一九〇四年、日露戦争が起こり、奉天会戦の際、奉天は再び戦火に晒され、多大な損害を受けた。

こうした戦乱にもかかわらず、二十世紀に入ってから、激動のなか奉天の再建は徐々に進められ、近代的な病院や学校が置かれ、鉄鉱業も最初は小規模ではあったが、中国人あるいは外国人の手によって創設され、遅れながらも近代都市への道を歩み始めた。一九〇三年、奉天当局はアメリカや日本と条約を締結、奉天と大東溝を商埠地として外国人へ開放した。日清戦争後、数多くの日本人が満洲とりわけ奉天に流入し始めた。一九〇六年、奉天の日本占領軍当局は盛京駅から奉天城西側の小西辺門に至る道を舗装、たちまちその西側に一棟十間房子（家屋）のバラック式木造家屋が立ち並ぶようになった。いずれも飲食店、菓子屋、農家などの寄り合いで、いつからともなく「十間房」と呼ばれるようになり、そのまま地名となった（残念ながら、今はその地名は消失している）。一九〇六年五月、奉天当局は「開埠総局」という機関を設置し、それと同時に、小西辺門外の土地を外国人居留民地と定め、小西辺門外から後の南満洲鉄道奉天駅までの地域を各国通商の開埠地（開港地の意味、後にこれを商埠地と呼ぶ）と画定した。十間房を中心とする商埠地について、本書に収録されている『訂正再版　奉天事情』には次のようにある。

商埠地は附属地と城の西辺とに連接する大小西関門並びに十間房一帯の地界を指すもので、就中十間房付近は日露戦後当時僅かに二三の瓦葺家屋の五七の土塗の家屋ありしのみ。（中略）三十九年夏十間房大街は建設され、見るからに粗末なるバラック式木造家屋を以ってせしもその冬を通過すると共に改築を加え日本人町として相当の事業を経営するもの多きに至れり、辺門外には軍政署時付建設されたる広大なる魚菜市場ありて毎朝支那魚菜販売者は此処に集まり、最も雑踏を極め、尚その後方に當りて、白亜木造のバラック式長屋十数棟軒を並べ、而も幾多の遊戯場ありて、支那下級者の足を止めしめ、その賑わい恰も昔日の浅草公園を偲ばしむる観ありし。處現今は附属地発展に連れ、近代文化的と変し、所謂各国人の雑居地なれば、日本総領事館を始め、英米独露仏など諸外国の領事館及び支那交渉局、英米煙草トラスト、日本赤十字社分院、奉天支那公園、日本郵便電信局、奉天新聞社、奉天毎日新聞社、三井物産満洲取引所、奉天信託会社、鮮銀、正隆、正金、満銀など各官公署、銀行会社を始めとして邦人問屋商、奉天劇場及び各一流二流料亭などの大建築物皆この界隈にあり。就中十間房大街西南方一帯の商埠地は内外商賈の櫛比せる大街路にして且附属地と相接近せる結果今後益々繁盛を極むに至れるものと思推する

一九〇五年四月、趙爾巽が奉天将軍に着任して以来、奉天に最初の官立銀行「奉天官銀号」が設立された。また、近代的な官吏を育成する学校「仕学館」が創設、さまざまな学校の開設を奨励した。一九〇五年には、奉天には商家が一、三六九軒あり、人口は一八万人近くに上った。(3) 緩やかに奉天も近代的な街へ変貌していく。一九一〇年代の後半から、張作霖がほぼ東北三省の実権を握るようになり、地盤を固めるために、さまざまな事業を始めた。一九一八年六月、国立奉天高等師範学校が開校。一九二〇年六月、張作霖が奉天城大東門外に、敷地一、八〇〇畝（一二〇ヘクタール）の広大な「奉天軍械廠」を創設（翌年増築して「東三省兵工場」と改名）。同年、奉天東塔飛行場が竣工、

満洲地方の最初の飛行場と軍事基地になった。張作霖は更にイギリスやフランスより二十機の飛行機を購入して東北軍の空軍力を整えようとする。一九二一年、当時最大の近代的な劇場「奉天大舞台」が南市場で落成。一九二二年九月、張作霖の息子、張学良が東塔飛行場で東三省航空学校を創設。一九二三年四月、張作霖は元の奉天高等師範学校と奉天文学専科学校を合併して拡充し、それに基づいて満洲での最初の総合大学「東北大学」を創設した。一九二五年一〇月、奉天市内の最初の路面電車（長さ四・二キロ）が開通。同年、大規模な増築を施した高さ五階の洋館風の百貨店「吉順糸房」が開業、奉天においてナンバーワンを誇る近代施設が整ったデパートであった。日本を始め、ロシア、アメリカ、イギリス、フランス、イタリアなど西側諸国も次々と奉天に領事館を開設するようになり、国際的な雰囲気が漂い始めた。このようにして、一九二〇年代に入ると、奉天は次第に昔の清王朝の都から近代的な都会へと脱皮していく。

二　中国と日本が絡み合う二重の都市

満洲つまり中国の東北地方、その南部、特に遼東半島には漢民族は早くとも二千数百年前にすでに進出していたが、清王朝が成立してからは、北東アジア大陸の大半は完全に中国全土の領土となっていた。最初にこの土地に野望を抱えながら、その勢力を横柄に拡張しようとした国はロシア帝国である。一八六〇年に黒竜江以北と烏蘇里江以東の広大な土地を奪い取ったロシアは更に南進して、満洲全域を自分の勢力範囲に入れようとした。一八九六年、ロシアは満洲里から哈爾浜を経て綏芬河までのT型本線と、哈爾浜から長春を経て大連に至る南部線の鉄道敷設権を獲得し、一八九七年八月から起工、一九〇三年七月に全線が開通した。鉄道によってロシアの勢力は迅速に北満から南満まで浸透した。哈爾浜をはじめ、ロシア人の移民も徐々にシベリヤを通過して満洲へ押し寄せてきた。日清戦争が起こる前は、満洲に対する日本人の関心はそれほど高くなかったようである。戦争の結果、いったん日本に割譲された遼東半島も、三国干渉のため中国に返還された。満洲に日本人の姿が現れ始めたのは、東支鉄道の建設が始まってから、建設労働者の衣食を目当てにごく少数の日本人が地元の商人と一緒にやって来た時期である。それらとともに、日本人売春婦も満洲北部に流入。鉄道建設が南方へ発展するにつれて、これらの日本人も南満、とりわけ奉天に入ってきた。一九〇〇年（明治三三）年、奉天城内で生業を営んでいた日本人は二三名で、いわゆる先述の「娘子軍」を加え三〇余名であり、現地で日本人会も結成された。(4)

一九〇四（明治三七）年、日露戦争が勃発した。翌年三月、日本満洲軍総司令・大山巌が大軍を率いて奉天城に入城、奉天軍政署を設置した（翌年の七月末まで）。同年五月、横浜正金銀行は奉天城内四平街に出張所を設置し、現地で使用可能な紙幣を発行し始めた。同年一二月、日本は清国とロシアの南満における利権譲渡に関する条約を調印し、日本は正式に南満へ大規模な進出を始めた。一九〇六（明治三九）年五月四日、荻原守一を初代総領事とする日本総領事館が奉天城内に開設され、同年南満洲鉄道株式会社（満鉄）が特殊法人として設立された。その年の八月、ロシア人の手によって敷設された南満鉄道を日本が接収し、翌年の一九〇七（明治四〇）年四月、正式に営業開始、その鉄道用地も「南満洲鉄道附属地」と改称した。

その後、二十数年をかけて、「南満洲鉄道附属地」は奉天地域における完全な日本人街に変貌していく。附属地の総面積は一八二万五、二〇〇余坪（六平方キロメートル）、そのうちの半数以上の九三万四、〇〇〇余坪は市街宅地道路に割り当てられた。(5) 附属地の行政は、関東州の権限に属する警察権を除き、すべて国策会社である満鉄に運営が委任された。奉天附属地は奉天城西方約三〇町（約三キロ）のところ位置し、その間にあるのは商埠地である。日本が引き継いだ時は、ほぼ一望千里の原野のようであり、一九〇七（明治四〇）年に附属地に住んでいる日本人の人口は僅か八四一名に過ぎなかった。明治末年、辛亥革命騒動の影響で奉天城内外より避難してきた日本人を加え二、三〇〇人になったが[6]、その後、景気沈滞のため、著しい増加は見せなかった。

満鉄はロシアが建てた旧奉天駅を接収した翌年の一九〇八（明治四一）年から、その南西に新駅の建設に取り掛かった。壮麗な新駅は一九一〇（明治四三）年七月に完成、九月に営業を開始、幸いに今日まで大切に保存されている。この新駅より北東に向け、日本の守備隊本部より東に向かい、奉天城小西辺門に至る、幅三六メートルの西塔大街が作られた。さらにこれと同一の幅で奉天駅正面より東南方に走る大路（瀋陽大街、後の千代田通で、東に向かえば大西門に至る）を中心として、向かって右の浪花通、左の平安通に三〇メートル幅の二本の放射線状の大路を配した。これを骨格として町を碁盤型に区画、大路の途中に広場を設けてその周辺に公園や上下水道などの公共施設を置いた。後にこの空間に様々な道路が作られたが、その町名は、宮島町・松島町・富士町といった、日本風の名がつけられた。このようにして日露戦争以降、ほぼ日本人の手によって奉天城の南西側に、日本風の新市街ができあがった。

奉天において最初の交通機関は中国式の蒲鉾式馬車か、軽快なロシヤ式馬車しかなかったが、後に幌型の馬車が導入され、一般化するようになった。一九〇六（明治三九）年以降、人力車が日本から移入され、年々台数が増えた。一九〇八（明治四一）年一月、日清合弁の瀋陽鉄道馬車会社が営業開始、翌々年一〇月より、その線路は小西辺門から新しくできた奉天駅まで延長され、一日平均約七、〇〇〇人の乗客を運んだが、一九二五（大正一四）年九月に撤去され、奉天市政公署が経営する電車がこれに取って代わった。

鉄道附属地住民の数は一九一四（大正三）年六月末、中国人一、七二五人、日本人三、八五三人、朝鮮人と諸外国人を入れて総数は五、六七三人になっていたが、訂正版の『奉天事情』では、一九二三（大正一二）年、中国人九、一一四人、日本人一万四、四八七人、その他の外国人二一七人、総数二万三、八一三人になった。九年間で、奉天における附属地在住の日本人の数は四倍近くも増加し、奉天城に隣接する空間に新しい日本人の街が現れたのである。

一九三一（昭和六）年九月、関東軍が「満洲事変」を引き起こし、後の半年の内に、奉天を始めほぼ満洲全土を占領した。翌年の三月には日本人が拵え上げた「満洲国」が成立し、首都を長春（直後に「新京」と改名）に定めたが、奉天は依然として満洲におけるもっとも重要な都市であった。一九三三（昭和八）年七月には「奉天都市計画大綱（奉天都邑計画）」が決定され、十五年間で奉天市を、人口一五〇万に発展させようという壮大な予想図を描いていた。結果、その都市建設の青写真が実現することはなかったが、都市の整備は格段に進歩し、良い方向に向かって進められた。奉天市の総人口は、一九四一（昭和一六）年六月末の治安部調査によると、日本人は一六万三、五九一人、満洲族も含めた中国人は八六万九、三二一人、その他を含め総計は一〇七万八、〇〇四人。一九四四（昭和一九）年一月、瀋陽県全域を奉天市に統合した後、その総人口は一八九万〇六九四人に達した。そのうちの日本人は一五万二、二三九人であった。(7) その数は全体の十分の一にも達していないが、都市における中心的な役割を果たしていた。以上の事情からもわかるように、明治の末頃から日本の敗戦まで、奉天の日本人居留民にせよ、よそからの旅行者にせよ、一時的な定住者にせよ、彼らが見て、肌で感じたのは、奉天は純然たる異国の都市ではなく、むしろ中国と日本が絡み合う二重の都市であったと言えるだろう。これは我々が近代日本人の奉天体験を語るさい、それを重要な前提として充分に留意して置かなければならない点であろう。

三　近代日本人の奉天体験

時間の長さから言うと、近代日本人の奉天体験は、基本的に日露戦争から日本の敗戦までの四〇年間に限られるのであろう。居留民として長く暮らした人もいれば、短期旅行や短期滞在した人も少なくはない。本書にこれらの見聞記はごく一部収録されているが、ここでまた何人かの当時の記録や日記、また回想録を抄録して、それぞれ違った時代の奉天体験を考察しておきたい。

大正デモクラシーのリーダーのひとりである吉野作造（一八七八～一九三三）は東京帝大を出てから、一九〇六（明治三九）年一月、袁世凱の招へいを受けて、長男袁克定の家庭教師を勤めるべく、家族を連れて天津へ渡った。同年七月から袁克定は奉天省督連署総弁に任命され、奉天へ移動。吉野も彼に従って三カ月近く奉天に住んだ。一九〇九（明治四二）年の『新人』という雑誌に掲載された「清国の夏」に、その奉天体験が次のように語られている。原文はやや長いが、抄録する。

奉天に着いたのは忘れもせぬ六月十八日の昼過ぎである。停車場から城内まで一里あまり支那馬車に乗り、支那人の経営して居る日本人向き宿屋茂林館といふに一ト先づ荷を下ろした。支那家屋で不潔で不便で御話にならない。丁度雨期で毎日〱雨は降る、床の煉瓦はしめる、従つて衣類もじめ〱する。子供のおしめは乾かない。食べ物は滅法わるい。加之《しかのみならず》隣が馬車宿で、有名な満洲蝿が遠慮なく襲つてくる。随分難儀した。日本人のやつて居る日本流の便利な宿がないではないが、多くは否な悉くは、淫売兼業で、醜業婦を買うでなければ泊まることが出来ない。況んや夫婦者は門前払いを喰ふは明白だ。戦後早々の事とは言いながら呆れてものが云へない。

袁克定君は、僕の為に自分の内の近所に一構《ひとかまえ》の家を借りて呉れた。大南門外と称する区域で、ズット場末の日本人などの殆ど入り込まぬところである。初めて見に行つた時は、汚いので嘔吐を催したが、之でも奉天ではまづ上等の貸家だと友人なども云ふので、我慢して這入ることとし、猶袁家の者に掃除や何かを頼んで遂七月十日宿屋を払つて移つた。これが予の支那での初めての家住まひである。袁家の者に頼んで家の設備をしてもらう時、一番困つて且一番可笑しかつたのは便所を作るということである。初め彼は一通り設備をして呉れたけれど、便所は作つて呉れぬ。予は友人某氏を通訳に頼んでこの事を談じ付けたるに、彼は怪しげな顔をして取り合はぬ。漸くのことで承知さしたるに、不届《ふとどき》にも、門の入り口に作つた。表門を入りて右に折れた突き当りの空地に、一尺四方ばかりの穴を一尺有余の深さに掘り、中に石油の空罐を置き、両側に古煉瓦を五ツ六ツ積んで之が便所だといふ。門の入口だから来客などがあると見える。セメテ囲などがあればと思つて聞いてみると、要らないと云ふ。アンペラででも以つて囲つてくれんでは困るで無いかと云つても一向聞き入れない。茲処《ここ》で一寸断つておくが、一体便所を丁重に作るといふは支那の習慣にないことである。支那では貴人はその室内に便器を置き大小便とも之にやる。故に特別に便所は要らない。奴隷の如きは人の見る前で処嫌はず尻を捲つても差し支えないことになつてゐるから、是亦特に便所を必要としない。仮りに便所を作るとしても、これを人目より遮るためにアンペラで蔽うの必要は更に無いのである。且又支那人は、人の家へ行つて大小便をすると云ふことなく、催ふせば直に自宅へ帰るという習慣なれば、客の為めに便所を設けるという必要も無い。左れば天津における袁氏の家でも、便所の設備がなくて僕は大《おおい》に困つた事がある。故に奉天でも、袁家の者は僕の便所のことを喧しく云ふ訳がわからなかつたのである。色々説明しても要領を得ず、即座に拵へてくれそうも無かつたから、已むを得ず通訳をして、特別の便所を作り之を人目より蔽ふはわが日本国の法律の定むるところである。法律の命ずる所は背くべからず、もし此儘にして放置すると、他日領事館から御咎《おとがめ》でもあつた時、御前方の落度になるぞと威《おど》して見たらビツクリして俄《にわか》に材料を買い整えてすぐに拵えて呉れた。(8)

吉野が奉天に住んでいた時期は日露戦争終結直後の一九〇六（明治三九）年の夏である。その時、満鉄附属地つまり新市街の建設はまだ始まっていないし、奉天城の西にある商埠地も十分に開発されていない。義和団の乱、またはロシア軍の侵入、日露戦争における大規模な激戦、いずれも奉天という町に多大な破壊をもたらした。近代的な新しい気風はまだ古い奉天に吹き込んでおらず、吉野の住まいも奉天城の「大南門外と称する区域で、ずっと場末の日本人などのほとんど入り込まぬところである」から、明治後期東京に暮らしている東大出身の彼にとっては、当時の奉天乃至中国についての印象はマイナスの面が多いのも不思議ではない。しかも、その時の吉野は、中国研究を全く始めていないし、中国にいながらも中国対してはほとんど無関心で、その視線はむしろ見下げるようなものであった。

本業は医学教授で、詩人・劇作家として名高い、木下杢太郎（一八八五〜一九四五）は、一九一六（大正五）年一〇月から一九二〇（大正九）年七月まで、奉天の満鉄附属地にある南満医学堂から招きを受け、医学教授兼奉天医院皮膚科部長を四年間以上務めた。彼が残した日記に、詳しくはないが、当時の奉天での生活の一部が簡潔な言葉で記録されている。木下の滞在時期は、吉野作造と違って、商埠地はすでに繁盛を迎え、鉄道附属地の新市街も整えられつつあった。彼を招いた南満医学堂は一九一一（明治四四）年満鉄が創立した教育施設で、東三省総督・趙爾巽を名誉総裁とし、医学博士・川西健次郎が堂長に任命された。場所は鉄道附属地満鉄医院の南にあり、杢太郎が到着した時、厖然たる大校舎は附属地の北東に屹立する当時南満唯一の大学堂であった。南満医学堂建物の大部分は、後に中国医科大学に継承され、今もその大学の構内に残っている（瀋陽市北二馬路92号）。

杢太郎の日記は半分以上ドイツ語やフランス語で記されており、奉天時代については記録も寥寥たるものであるが、その日記から読み取れる彼の奉天体験は、①普通の日本人と違い頻繁に北陵または奉天城内を訪れること。②よく奉天城内の松鶴軒や新市街の瀋陽館で中国料理を食べること。③中国の文物に興味深く、現地の中国人ともよく交際してたこと、である。

一九一八（大正七）年七月三一日「休日、朝石井柏亭来。一緒ニ昼食、午後山下モ一緒ニ（2時頃、予ハ支那ノ服装ス）北陵ニ行ク。帰途ハ雨ニ降ラル」。同年一〇月一九日「午後谷崎（潤一郎）、山下ト北陵ニ行ク」。同年一二月一八日「夜瀋陽館ノ新築開キニ招カル」。一九一九（大正八）年二月二一日「夜中華民国学生諸君ニ告グノ演説ス」。同二月二三日「曹操ノ芝居少々カク」。同年三月二日「午後山下君ト散歩。北陵ノ近クマデ行ク。ソレヨリ城内松鶴軒ニ立チ寄ル」。同年三月五日「曹操ノ芝居6枚。」同年三月八日「学会。夜松井来ル。ソノ後曹操ノ芝居ヲカク」。同年三月三〇日「朝岳父ト家妻到着。1．風勁ク寒シ。北陵及宮殿。2．松鶴軒」。同年四月一日「李東国来。岳父ト李東国ト予ト城内ニ赴ク。姓寿ナルモノノ家ニ食事ニ呼バレル。夜寒シ」。同年四月八日「支那ノ絵ヲ模写ス」。同年四月九日「支那ノ絵少シカク」。同年五月九日「午後奉天館ニ於イテ『奉天ノ清眞寺、附回回教徒ノ文明ニ就テ』講演。夕、食堂ニテ内野、守中両氏歓迎会、支那料理」。同年八月五日「朝永井潜氏ヲ訪フ、ソレヨリ auto ニテ大成ト北陵オヨビ城内」。同年一二月七日「城内―松鶴軒」とある。(9)

まず頻繁に北陵と奉天城内に足を運ぶことについてである。北陵は清太宗皇太極とその皇后を合葬する陵墓で、一六四三年起工、一六五一年竣工、現存する盛京（奉天）三陵墓の中で一番規模の大きい建築群である。少年時代からほぼ西欧に一辺倒である杢太郎は中国に来る前、中国についてほとんど無知識であったが、中国現地で暮らす日々を重ねるうち、中国に対する興味が湧いてくる。北陵は満洲族祖先の陵墓でありながらも、あくまでも中国文化の蓄積の一つであり、北陵をしばしば訪ねるのも、杢太郎の中国文化探索の一つではなかったかと思われる。吉野作造は奉天城内の生活に閉口していたが――確かに文明生活と離れてしまう一面が存在することは否めないが、杢太郎は、雑踏や城内の街から漂う中国人生活の匂いや人情味、また数百年の歴史を有する黒ずんだ城壁と城門などに好奇心をひかれていたのであろう。杢太郎と友人がよく踏み入れる中華料理屋「松鶴軒」も城内にある。

二つ目の食事の点について、李太郎の日記を読むと、彼は異国の中華料理に全く抵抗がないようである。上に触れた松鶴軒は老舗の一つで、現地の中国人がよく利用する料理屋の一つである。李太郎がしばしば足を入れる瀋陽館は、一九一二年開業した附属地の中央にある全部赤レンガ造りの洋式建築で、当時は食堂付きの大きな旅館であった。幸いに、百十数年の風雨に晒されながらも、現在の住所では中華路2号、奉天駅（今は瀋陽駅）向こう側の中華路と中山路の交叉するところに現存している。当時の食料は一人で昼食日本円一・五円、夕食は一・七五円で、安くはないが、李太郎は度々友人と一緒にここで食事し、あるいは歓迎会や送別会などを催した。また中国の知人に呼ばれて自宅の中国料理を味わっている。奉天の中国料理に関して、一九一八（大正七）年一一月中旬に、李太郎の奉天の家に十日ばかり泊まった谷崎潤一郎は翌年一〇月『大阪毎日新聞』に発表した「支那の料理」で次のように書いている。

朝鮮から満洲へ這入つて最初に食べたのが奉天城内の松鶴軒といふ家であつた。其処は奉天では第一流の料理屋だという話であるが、支那で言えば先づ田舎料理に過ぎないかも知れなかつたけれど、それでも東京の偕楽園などとは比較にならぬほど美味かつた。美味いばかりでなく価が非常に安い事も私を驚かした。もう一軒小楽天とい云ふ家へも往つたが、其処も矢張り不味くなかつた。(10)

李太郎も奉天に暮らしているうちに、中国料理に魅了されてしまったのであろう。

三つ目の中国の文物に強い興味を持っていることについて、李太郎は中国へ来る前に、中国の事情をほとんど知らなかったが、美術や絵を描くことには非常に通じていた。彼は奉天に着いてから間もなく、中国の歴史や書物、演劇などに対する関心が強くなっていき、友人の和辻哲郎などへ送る手紙（後に斎藤茂吉に宛てたものが「満洲通信」としてを『アララギ』に連載された）に、自分のそのような関心を書いている。また、奉天滞在中に、北京を中心に各地を訪れている。一九二〇（大正九）年一〇月二五日の日記にはこのように書いている。

龍門へ行けなかつたことが、予の支那に対する愛着を一層深くした。住むこと四年で、予の心には支那に対する無智識の longing が段々減じて、支那を軽く評価する心がはびこりだした。今度は二度とは支那へと来まいという思ひ出の旅であつた。然し龍門を見なかつた為に、予の心にはまた支那に対する未練が残った。『よしまた来てやらう』といふ気が出た。(11)

山口淑子（以下、淑子）の奉天体験は吉野作造より二十七年も遅れて、一九三三（昭和八）年からである。一九〇六（明治三九）年、一家は中国へ渡り、一九二〇（大正九）年、奉天近郊で生まれる。撫順で幼い歳月を送ったのち、十三歳の頃に一家で再び奉天へ移住した。北京の女子中学校に編入されるまで奉天で一年以上暮らし、その後も奉天との縁が深かった。奉天に来て間もなく、隣人で父親の友人であり家族ぐるみで交流のあった瀋陽銀行の頭取・李際春の義理の娘となり、「李香蘭」という中国名を得た。父親は中国語の教員として、満鉄研修所で日本人職員に中国語を教えていた。この影響で、幼少期から、父親の方針で中国語に親しんだ。後に「李香蘭」の名で歌手と映画女優になり、東アジアで六年にわたって大活躍した。戦後日本の参議院議員にもなっている。一九八七年、口述の形で『李香蘭　私の半生』という自伝を出版した。一九三三（昭和八）年から奉天に一年間以上住んだが、満洲事件はすでに発生し、傀儡国家である「満洲国」も作られていた。言うまでもなく、吉野作造が住んだ時とはかなり異なり、満鉄附属地の新市街（大和区と改名）は出来上がり賑わっていたし、奉天全体も日本人の支配下にあった。その時代の奉天体験について、淑子が語っていることを以下に要約する。

当時の奉天は満洲第一の都会で、政治、経済、文化の中心地。満洲に住む者はみな憧れていた。（中略）単に規模が大きいだけではなく、長い歴史と伝統を誇る文化都市で、美しい街だった。撫順では雀は黒い小鳥という印象しかなかったけれど、奉天の千代田公園の緑の中で餌をついばむ雀の羽は茶褐色に輝いていた。（中略）日露戦争では、両国軍隊の決戦の地。また郊外の柳条湖で日本軍は鉄道を爆破したことから勃発した満洲事変の発火点。私たちが撫順から引っ越したのは日中の不幸な歴史のページが開かれたばかりの時期だった。しかし、夢見る娘の私はそんなことは知らずに、憧れていた華やかな都会生活に夢中だった。純中国風であれ、西洋風であれ、純和風であれ、見るもの聞くものすべて珍しい。それは多彩な一大国際都市であり、夢の城だった。

清朝興亡の歴史を包む故宮のある奉天城は、大きさでこそ北京の紫禁城に及ばないが、落ち着いた歴史の重みを感じさせる城郭である。（中略）

中国人街「瀋陽区」と日本人街「大和区」の中間地域が欧米の雰囲気を伝える街なみで、元の商埠地だけあって、英米独伊などの領事館や商務館がひしめき合い、ヨーロッパの都市を思わせる。

そして大和区には、浪花通り、千代田通り、平安通りなど、日本をしのばせる目抜き通りが奉天駅から放射線状に走り、料亭や旅館など純日本風の建物も多い。

どこの区域にも西洋風の立派な建物が見られたが、西洋風の大半はロシヤ風、赤煉瓦造りの奉天駅や天主教会堂などはもともとロシヤ人が建てたもの。また満鉄直営の奉天ヤマトホテルは、アメリカンルネサンス様式の瀟洒なホテルでひときわ人目を引いていた。

そうした国際色の豊かな環境は、その後の私の人生に随分大きな影響を与えたような気がする。建物や景観だ

けではなく、奉天の街の生活や人間関係は、きわめてインターナショナルな空気に包まれていた。(12)

奉天を含む満洲全体は日露戦争までは日本との関わりが非常に薄かった。戦争が終わるにつれて、関東州が設置され、満鉄が創設され、鉄道が敷設されるようになり、それにしたがって日本人も武力を背景に南満洲（最初は旅順・大連・奉天などを中心に）に急速に進出した。収録した『奉天一覧』『奉天事情』に見られるような、満鉄附属地（新市街）を、日本領つまり日本人が大陸で開いた新世界と観ていたのであろう。既存の奉天城（中国人の世界）にはあまり親しみを抱いてはいないようである。

吉野作造の奉天滞在は、戦争直後の時期で、しかも彼は奉天城つまり中国人世界の一角に住んでおり、非常な違和感を抱いていた。一九〇九（明治四二）年に発表された「清国の夏」からは、中国人の世界に対しての、一歩先んじて西洋近代化した日本人の優越感が滲んでいたといえよう。その後、一九一六（大正五）年頃になると、孫文らの革命党の影響もあり、積極的に中国を論じていくようになる。

奉天で生まれ、撫順で幼少年時代を過ごした山口淑子にとって、奉天は彼女が歌手としてデビューした土地であった。北京の女学校で教育を受けた彼女は、中国人と思われるほど中国語が上手かったし、中国に対する感情も厚い。彼女の記憶の中で、ほとんどの中国人はみな善良で、奉天での生活は快いものであった。もちろん、奉天がすでに近代的な大都会になっていたことも、主な理由の一つであろう。

明治・大正・昭和、各時代の日本人の奉天認識を取り上げてみた。当然のことながら、各時代による奉天の状況、その人によって、その認識は異なり、一つにくくることは困難である。それは、先に述べたように、奉天が中国と日本という、二つの相が複雑に絡み合う都市であったことに大きく起因するものではないだろうか。

注記

（1）張志強主編『瀋陽通史　近代巻』（瀋陽出版社、二〇一六年四月）
（2）中根泰治編『訂正再版　奉天事情』（文古堂書店、一九二五年五月）
（3）瀋陽市文史研究館編『瀋陽歴史大事年表（紀元前300年—紀元1949年）』（瀋陽出版社、二〇〇八年四月）
（4）松原一枝『幻の大連』（新潮選書、二〇〇八年三月、五頁）
（5）皆川秀孝『奉天一覧』（満洲日日新聞社、一九一四年八月）
（6）福田稔『満洲奉天日本人史——動乱の大陸に生きた人々』（謙光社、一九八三年一月）
（7）同右
（8）吉野作造「清国の夏」（『吉野作造選集』第一二巻、岩波書店、一九九五年六月）
（9）『木下杢太郎日記』第二巻（岩波書店、一九八〇年一月）
（10）『谷崎潤一郎全集』第二二巻（中央公論社、一九八九年四月）
（11）『木下杢太郎日記』第二巻（岩波書店、一九八〇年一月）
（12）山口淑子、藤原作弥『李香蘭　私の半生』（新潮社、一九九〇年一二月）

解　題

徐　静波

・皆川秀孝『奉天一覧』（満洲日日新聞社、一九一四〈大正三〉年八月）

本書は一九一四（大正三）年八月、満洲日日新聞社により刊行された。本文以外に地図一枚、写真三八点を含んである。本文の冒頭には、「株式会社満洲日日新聞社奉天支局編纂」と記してあるが、奥付には、著者名は皆川秀孝とある。皆川秀孝については、出身地と生没年は不明であるが、一八九九（明治三二）年九月、東京外国語学校清語学科の別科に入学、翌年、善隣書院にも入学し、一九〇一（明治三四）年東京外語大を修了した。一九〇二（明治三五）年より、四川省成都の武備学堂の教員となる。日露戦争時には陸軍通訳となり、その後、青柳篤恒が中心となり創設した早稲田大学清国留学生部で、明治三八年九月～明治四一年まで中国留学生に日本語を教えた。長らく、日本人に中国語、中国人に日本語を教える仕事を勤めたようである。著書も語学関係の書物がいくつあり、本書以外の著書には、一九〇八（明治四一）年、文求堂書店から『支那語動詞形容詞用法』を、同年八月には、編集兼発行人として、『清語講義録第一期第一号』（東亜学会）を出版した。また、一九二一（大正一〇）年二月に、朝鮮の『京城日報』に「満洲の朝鮮人　之を善導するの策奈何」というテーマの文章を連載、一九三四（昭和九）年に、二〇頁程度の『治外法権撤廃と鉄道附属地』を出版している。本書の内容から見ると、著者が満洲日日新聞社奉天支局長を務めた時代、大量の資料収集と綿密な現地調査したうえで書かれたものと考えられる。

本書は第一章「奉天」（位置、気候、沿革、奉天城、人口と戸数、風俗などに関する総合的な紹介）、第二章「開埠地」（ほぼ二十世紀に入ってから開発された商業地帯）、第三章「鉄道附属地」（満鉄をはじめとする日本人の力で建設した新開地）、第四章「在留邦人」、第五章「貿易」、第六章「日本の官衙」（在地の日本官設機関）、第七章「各国領事館」、第八章「支那の官衙」、第九章「満鉄諸機関」、第十章「奉天居留民会」、第十一章「奉天商業会議所」、第十二章「支那商工会」、第十三章「日支金融機関」、第十四章「教育機関」、第十五章「宗教」、第十六章「交通機関」、第十七章「病院」、第十八章「戦跡と忠魂碑」、第十九章「名所古跡」、第二十章「各種団体」、第二十一章「公園と農場」、第二十二章「日支電気業」、第二十三章「会社及主（原文は「重」）なる商工業」、第二十四章「新聞雑誌」（七割は邦字新聞）、第二十五章「娯楽機関」、第二十六章「旅館」、第二十七章「食道楽」と「附録、商工案内」からなる。一九〇五（明治三八）年、日露戦争が終結し、日本人が多く奉天に移住した最初期の総合的な紹介書であろう。当時の奉天の全貌、とりわけ現地に進出している日本人に関する情報がすべて把握できるのではないかと思われる。この分野での貴重な資料である。

・『ほうてん』（第二号〜第一〇号、奉天編輯所、一九一七〈大正六〉年）

『ほうてん』つまり「奉天」の仮名表記であるが、奉天に住んでいる日本人が創刊した川柳を吟唱する同好者の月刊誌で、非売品である。編集兼発行人の田邊米三郎に関しては不明であるが、長らく奉天に住んでいる人間ではないかと推測される。編集所が遼東新報社奉天分局に置かれてあることから見れば、この雑誌は遼東新聞社とも何らかの関係があるのではないかと思われる。『遼東新報』は一九〇五（明治三八）年一二月一五日、大連で創刊された邦字新聞であるが、後に奉天に分局を設置された。本書に収録された『ほうてん』は第二号から第一〇号で、発行年月は一九一七（大正六）年一月一〇日より同年一〇月一日。残念ながら創刊号は入手がかなわず欠号である。

創刊号を欠き、発刊辞を見ることができないが、第八号の冒頭に「本誌の主張」があり、「川柳界に起伏する万般の事象に対しては諸先生に乞うて最も権威ある批評と確実なる報告を為すとともに初心者のために研究資料、各地における柳界の消息、諸友よりの寄書その他募集吟に至りても十分意を注ぎ且我等が研究せんとする川柳を真面目に解決を遂げんと欲するが故に吾等の伴侶は川柳研究家也」とある。確かに、第二号からの内容を見れば、奉天現地の日本人が季節または実世界に対する感想や描写などを詠っており、江戸中期から成熟してきた川柳という日本の文芸を、「内地」以外の「外地」へも伝えようとする気概を感じ取ることができよう。第三号に拠れば、「奉天作家新番付」の人数は三九名に達し、そのうち横綱三役が選抜されるなど、創作陣の規模は小さくない。創作した川柳の内容は、必ずしも奉天現地の地域色が濃いとは言えず、希に「植民地より」、「満洲」などの題目が目に止まる。「目的もなく満洲へ流れ込み　廃兵は未だ満洲を夢に見て　満洲へ左遷始めて船に乗り　守備隊付と聞いて親爺は酒を飲み」（第四号第六頁）のような句がある。

「本誌の主張」にあるように、『ほうてん』は川柳以外にも、川柳に関する小論文や評論などをよく掲載し、川柳創作に関しての意見が交わされている。第九号の冒頭に編集者が川柳を「軽文学の極粋たる」ものと定義し、「人情の機敏を穿ち、而も諧謔軽妙にして能くその時代の風俗を表徴したるものは川柳を置いて他に求むるべからず」と主張している。

川柳以外のジャンルでは、旅行記などのエッセイもたびたび掲載されている。第九号と第一〇号に連載された、六好秋月の「高山から海上へ」という紀行文は、大連での見聞や傅家庄への旅行記などが楽しく描かれている。地元奉天の名勝などについてほとんど触れられておらず、雑誌名から想像されるような、奉天ローカルの色は薄い。

・中根泰治編『訂正再版　奉天事情』(一九二五〈大正一四〉年五月、文古堂書店)

『訂正再版　奉天事情』は一九二二(大正一一)年八月に刊行された初版を改訂し、一九二五〈大正一四〉年五月に、奉天地元にある文古堂書店から出版された。両者の表紙装丁や発行元と発行者は同一でありながら、編著者の名前は異なっており、前者の編著者は鶴田恒雄であるが、訂正版の編著者は中根泰治となっている。中根泰治は「はしがき」に、「先ず第一に母国人士は其の土地の事情を調査研究は之を忽緒に附する可からず本書は浅学短才を以って不完全ながらも『古文堂主人』と曩の編者鶴田君の趣旨に基き一般の要求に応ぜんが為め金融、交通、諸機関、産業、貿易などの資料を蒐集し母国人士の一照に資せんと欲し」と記している。

初版と再版を見比べると、全体の構成から具体的な内容まで、異なるところは少なくなく、前者を元に大幅に書き直されたものとみても差し支えはなかろう。訂正再版の本書は、地図二枚、写真五点を含む。内容は第一章「沿革」、第二章「奉天市街」、第三章「官公衙」、第四章「外交及諸機関」、第五章「教育機関」、第六章「通信及言論機関」、第七章「交通」、第八章「日支宗教」、第九章「名勝旧跡」、第十章「旅館」、第十一章「日支娯楽機関」、第十二章「体育機関」、第十三章「金融機関と銀行」、第十四章「奉天商工農業の現在と未来」と附録及び結論からなる。この巻に収録された『奉天一覧』と比較すれば、十年あまりが経過した奉天市街、とりわけ満鉄附属地の変貌ぶりは大きいことがわかる。編集当時の最新情報が収められており、例えば、鉄道附属地住民の数は大正三年六月では、中国人一、七二五人、日本人三、八五三人、朝鮮人と諸外国人を入れて総数は五、六七三人であったが、『奉天事情』では、大正一二年で、中国人九、一一四人、日本人一四、四八七人、その他の外国人二一七人、総数二三、八一三人となった。九年間の内、日本人住民の数は四倍近く増加し、奉天における日本人の勢力がどれだけ拡大したかがうかがえる。

本書は『奉天一覧』と同じように、奉天全般の事情を概観するものと言いながらも、その重点はやはり現地の日本側の官庁、日本人が経営する鉄道附属地、日本人が創設する学校や病院及び企業や商業施設などに置かれている。奉天城について、若干の紹介はあるものの、現地中国人の生活ぶりにはあまり触れていない。人口の分布をみても、大正一四年当時、「満鉄」管轄の鉄道附属地に住んでいる日本人の数は、奉天城と新しく開発された外人向けの商埠地のそれより圧倒的に多い。本書を読むと、編著者の植民地的視点は強く、附属地に焦点があてられるのも不思議ではなかろう。

・山崎鋆一郎『最新版　奉天写真帖』（大阪屋号書店、一九三四〈昭和九〉年六月）

本書に収録された『最新版　奉天写真帖』は第四版として一九三四（昭和九）年六月一〇日に発行されたもので、初版の発行日は一九三〇（昭和五）年三月一〇日で、弘文堂より刊行されていた。短い間隔で同年五月に刊行された再版を確認したが、収録の写真はいくつか異同が見られる。「はしがき」には以下のようにある。

殊に満洲事変の勃発地として、その事変が計らずも満洲帝国出現の契機になつたことに於いて、清朝の王統が継続される芽出度さの中に、東洋平和の為に、曾て清朝の首都たりしわが奉天をどうして忘れることが出来よう！

この段落は、一九三一（昭和六）年の「満洲事変」を受けて、新たに書き加えられたものであろう。

著者兼印刷者及発行者は山崎鋆一郎で、発売所は奉天（銀座）春日町六番地にある大阪屋号書店である。著者兼印刷者及発行者の山崎鋆一郎の名前の前に、和歌山市小松原通一丁目五番地大正写真工芸所とある、「大正写真工芸所」は、明治末に和歌山県の大正予備学校で写真技術を学んだ山崎鹿之助によって設立され、最初は絵はがき、卒業写真帖、記念写真帖などで市場を開拓し、満洲事変後は、支店と営業所を東京、大阪に拡大、旧満洲の新京（現在中国の長春）、大連、上海、朝鮮の京城（現在のソウル）、平壌などにも進出した。各種の写真帖や絵はがきを印刷してお土産にする印刷事業は、優れたコロタイプ印刷の導入にも助けられ、大いに繁盛した。『最新版　奉天写真帖』の著者兼印刷者及発行者の山崎鋆一郎（一八九七～一九八五）は、当時の日本の植民地或は准植民地である朝鮮、中国の満洲方面（当時の言葉で表現すれば所謂「外地」である）に赴き大いに活躍した。『最新版奉天写真帖』と前後して、『満洲絵葉書写真帖』（一九三〇年）、『満洲の展望写真帖』（一九三二年）、『大連の景観』（一九三三年）、『満洲民衆風俗写真帖』（一九三五年）、『台湾の風光写真帖』（一九三五年）、『最新満洲寫眞帖　附旅順戦蹟』（一九三八年）、『満蒙風俗寫眞帖』一九三八年）など数多くの写真帖を編集している。それらの写真帖を見ると、山崎鋆一郎は、写真家でありながら写真に付した説明文もかなり文学的であり、文筆家といってもいいほどである。彼は後に上海で「大亜公司」という印刷会社を設立したようである。

本書には五九点の解説付きの写真が収録されているが、底本は目次に検閲を経た形跡があり、「㉕独立守備隊司令部」「㉟清安軍歩兵第一隊」「55北塔と天地仏」「59奉天兵工廠とその内部」は「削除済」の印が押され、該当の解説・写真は削除されている。本書は『奉天一覧』や『奉天事情』とはやや違って、奉天城や、中国人街にも焦点が絞られている。前半の写真は日本人が開拓して建設した新奉天の景観（例えば奉天駅、駅前の通りの美観、奉天中央広場、大和ホテル、満洲医科大学など）に集中しているが、後半の写真は、以前からある奉天の歴史的景観を記録している。雄大で清潔な鉄道附属地に新しく作られた洋風な建造物や、よく計画された放射線状の大通りなどと比べれば、奉天城を始めとする中国人街は、その繁盛ぶりも別の風情があるといえよう。特に「商舗櫛比せる四平街」などでは近代的な建物も散見される。歴史の由緒ある北陵碑楼や正門と隆恩門など中国伝統風の立派な建物も収められている。言うまでもなく、編著者の立場は、当時の大多数の日本人と同じように、帝国日本が武力を背景に海外へ拡張し、満洲に傀儡国である「満洲国」を創ることなどを、正当と見ているものであるが、今日顧みると、当時撮影したこれらの貴重な写真は、奉天（瀋陽）の歴史的な流れを理解するうえで、高い史料価値があるものであろう。

・雑誌掲載記事

①無署名「評論之評論　内国　奉天の大会戦」（『太陽』一九〇五年四月）　943ページ

前半部分は、讃辞を惜しまずに日本軍の勇敢と堅忍を称賛して奉天大会戦の日本の勝利に誇らしく歓声を上げている。日本国内の主なメディアの会戦に関する報道文や評論などを抜粋という形で紹介している。当時の有力紙である日刊新聞『日本』、『国民新聞』、『大坂朝日新聞』、『読売新聞』、『大坂毎日新聞』、『毎日新聞』、『東京日日新聞』、『時事新報』、『東京朝日新聞』の三月一二日前後の関係報道や言論を比較できる。若干の差はあるが、日本軍の戦績を謳歌する方向には一致している。「露国の全軍を殲滅して、彼が極東に対する野望を根本より絶たしめ東亜永遠の平和を回復せざるべからず。吾人は君国の為に斯戦に殉じたる将卒の英魂を吊すると共に、我全軍の将卒が益々健在にして最後の光栄を発揮せんことを祈る。」とあるが、この「東亜永遠の平和を回復」というのはいったいどういう意味であろう。言外の意味は「ロシヤの勢力を中国の満洲から駆逐し、その代わりに我が日本帝国がその地域を占有する」ということであろう。「東亜永遠の平和」という大義名分を掲げて、帝国日本の国益を最大化せんとすることが目的であることは言うまでもない。日露戦争は、その戦場において全く中国側の同意を得ず、中国の土地で繰り広げられ、多数の中国人民衆も大きな犠牲を払わされた。これらの事実につて、日本の世論は少しも触れず、中国の存在は完全に無視されている。

② 無署名「評論之評論　外国　奉天大捷と列国の論調」(『太陽』一九〇五年四月)　946ページ

奉天会戦に対する諸外国の反応はどうなっていたか。ここでは、英米独仏四大国の主要紙の言論を評論をつけて紹介している。一九〇二(明治三五)年、日英同盟を締結してから、イギリスは常に日本側に立っているようである。奉天会戦についても日本軍の連戦連勝への称賛の辞を惜しまないが、今後の戦局については慎重的な態度を示している。奉天での勝利は戦争全体を決めた戦役であるとは断言できず、戦争はしばらくの間続くのものであろうと見ている。アメリカは最初から日本に同情の態度を示していたが、奉天会戦で日本が勝利したこと、とりわけ日本軍の機知のある謀略や不屈不撓の戦闘精神を大いに誉めたが、ロシアは自ら進んで講和の意を示す段階にはまだ至らないと見ている。開戦以来、明白な態度を取っていなかったドイツは、奉天大勝の報に接して態度をがらりと変えたようである。ドイツ皇帝自身も日本人の至大なる愛国心、勇気、無私の心などを公に高く称揚した。ドイツの新聞も日本軍の勇往邁進の精神を称え、日本の軍略がロシア軍に致命傷を与えることに成功したとする。しかしドイツ全般の世論は、ロシアはこの大敗によって膝を屈して和を乞うまでにはまだ至らないと判断している。かえって、ロシアの同盟国であるフランスの世論では、ロシアの全敗を認め、これに向かって降伏を勧告することにほぼ一致している。フランスはロシアに公債を発行するなど。経済面での援助を行っていた。だからこそ、その内情、とりわけ経済の破綻をよく理解しているし、「血の日曜事件」によるロシアの内乱にも反応していた。日本国内の沸きたつ歓声と比べて、諸大国の反応に距離を保った冷静な眼差しを感じることができる。

③　内藤湖南「奉天訪書談」（『中央公論』一九一三年一〇月）　951ページ

内藤湖南（一八六六～一九三四）は秋田県出身、日本の近代中国学の重要な学者で、「唐宋変革論」の提唱者として、中国史の時代区分を巡る意見が日中両国の学界で大きな反響を呼び起こした。さらに中国史学史や美術史、満蒙史などの分野でも、卓越した実績を上げた。一八九九（明治三二）年九月、内藤湖南は初めて中国を訪れ、膠東半島や天津、北京、奉天、杭州、蘇州、武漢、などの地を歴訪して帰国、一九〇〇年にこの旅の見聞録『燕山楚水』が博文堂から刊行された。後の一九〇二（明治三五）年と一九〇五～六（明治三八～三九）年、大阪朝日新聞社や外務省の委託を受け、満洲を中心に何回も中国を視察に訪れ、当時の「間島」問題に関して日本当局に関連資料を提供し、解決案を提出した。『支那論』（一九一四年）とその続編の『新支那論』（一九二四年）は大きな反響と議論を起こし、当時日本人の中国認識に多大な影響を与えた。「満洲国」が作られてからも現地へ旅行し、この傀儡国家に対して肯定的な姿勢を示した。

一九一三（大正二）年三月、内藤湖南は勤務先の京都大学から依頼を受けて奉天へ向かい、現地で一ヵ月以上瀋陽故宮の蔵書楼「文溯閣」と「鳳翔閣」を訪れ、「満文老档」と「五体清文鑑」という古文献を選別して一万点以上の写真を撮影した。「奉天訪書談」はその記録である。奉天では満鉄の宿舎にただ泊まり、食事は近くにある日系新聞の盛京時報社に頼り、昼の間はほとんど書籍の調べや撮影の仕事に没頭するといった具合で、奉天の中国人社会をあまり体験していない。「奉天にいると、支那の土地と謂うものの、兎に角日本の畳の上に寝、日本の飯を食い、不自由ながらも、大連から氷詰にして魚類なども来るのであるから、そういう処は日本にいると少しも違わぬ。それから日本より良いことは、自分が少し贅沢をしてみたいと思えば、幌馬車でも箱馬車でも、一回出るに二円位で、自由に雇うことが出来る」という、また書籍の選別や撮影乃至現像に至っては非常に専門的な記述があり、文献研究においては価値のある文章であると思われる。

④　黒島傳治「奉天市街を歩く」（『戦旗』一九三一年一一月）　974ページ

黒島傳治（一八九八～一九四三）は香川県小豆島の自作農の家庭に生まれ、小学校を卒業すると、上級学校への進学の学費が賄えず、畑仕事を手伝いながら、地元の五ヶ村組合立内海実業補習学校に通った。一九一四（大正三）年、実業補習学校を出て、醤油会社の醸造工として働く。一九一七（大正六）年に上京し、建物会社に勤めながらお金を蓄え、一九一九（大正八）年早稲田大学高等予科英文科に選科生として入学する。そのうち、同じ小豆島出身で後に詩人になった壺井繁治と親しくなった、同年兵役の召集を受けてシベリヤ出兵に看護卒（衛生兵）として従軍した。この体験は、後に代表作『渦巻ける烏の群』（『改造』一九二八年二月）、『橇』などの〈シベリアもの〉とよばれる戦争文学として結実する。兵役を終えた後に小説を書き始め、一九二五（大正一四）年に「電報」で世に知られるようになる。『豚群』など農村を舞台にした黒島の作品はプロレタリア文学の世界で好感をもって迎えられた。「奉天市街を歩く」という作品は勃発したばかりの満洲事変を背景に、日本軍が中国人を捕虜にしたスケッチ風短篇である。当時黒島は現場にいないはずで、おそらく一九二〇（大正九）年に衛生兵としてシベリヤへ満洲を経由して向かった時の奉天体験に基づいて書かれたものであろう。三人称の主人公（日本人男性らしい）が事変後の奉天の市街を歩きながら、その目で見た異様な風景が描かれている。中国人捕虜といっても軍服を着たものではなく、普通の中国服を着ている一般の民衆に過ぎない。「奉天市街は、ガランとして、犬の仔一匹いない。内地から来るとよほど寒い。商店は一軒残らず戸を閉め切っている。平常ガヤガヤと露店にたかる苦力が誰一人もいない。」銃剣をきらめかしてカーキ服姿の不意に怒鳴る横柄な日本人衛兵。写真機を携えてニヤニヤしながら見物にやってきて何か憎々しい口調で言っている日本人居留民。前にしゃがんでいる無口な中国人。満洲事変直後の日本国内の歓声を上げる雰囲気とは違い、「彼」は非常に冷徹な目で奉天の市街を見ている。この短篇はナップ（全日本無産者芸術連盟）の機関誌『戦旗』でなければ、掲載できないものであろう。

⑤　山本実彦「奉天」（『改造』一九三二年九月）　976ページ

作者の山本実彦（一八八五〜一九五二）は改造社創業者であり、総合雑誌『改造』の創刊また一九二七（昭和二年）、一世を風靡した「円本」である『現代日本文学全集』全六三巻を刊行するなど、近代日本文学の普及に大きな貢献をした。彼は文化人或は出版者のみならず、国内外の政治や社会問題などについてもいろいろな発言を行い、一九三〇（昭和五）年には、立憲民政党から衆議院選挙に出馬し当選した。日本の国益から中国の事情にもかなり高い関心を持ち、数多く中国を訪れ、中国の現状を考察し、さまざまな要人とも会見した。中国について、『満・鮮』『支那』『支那事変　北支の巻』『大陸縦断』『興亡の支那を凝視めて』『渦巻く支那』など多くの著作がある。

本文章を書いた時期は、満洲事変の発生より一年が経過し、「満洲国」建国も宣言され、日本はほぼ満洲全土を勢力範囲に治めていた。山本実彦は、政治的な立場は明らかにナショナリズムであり、詩人の気質を持ち誠実に「平和な道程」を願う一方、ナショナリストとしての彼は心より「日本民族の飛躍」を熱望している。日本軍の満洲占領を「民族の飛躍」の大きな一歩と見て、日本の満洲占領を喝采している。前述の通りかなり中国事情に通じていて、奉天兵工場のディーテルも熟知している。張学良についての評価は、「彼は決して月並みな二代目ではなかった。相当粘りもあり、度胸もあった」と賛辞を惜しまないが、依然として軍閥系統の人間と見ている。いずれにしても、一九三二（昭和七）年奉天の事情を理解するに、評論と文学的な抒情が飛び交う現地の見聞記はかなり価値の高いものと思われる。

⑥　北原白秋「奉天北陵」（『改造』一九三三年四月）　1000ページ

北原白秋（一八八五～一九四二）は日本近代文学史に於いて輝く詩人の一人である。少年時代から学業も放り捨てて詩歌創作に熱中。一九〇四（明治三七）年に中学を無断退学し上京、早稲田大学英文科予科に入学。一九〇五年（明治三八年）には『全都覚醒賦』が『早稲田学報』懸賞一等に入選し、いち早く新進詩人として注目されるようになる。以後、文壇で頭角を現し、詩や短歌、童謡を創作した。文学的には象徴主義に傾いているが、政治的には晩年になると国家主義に偏るようになった。一九三八（昭和一三）年に『万歳ヒットラー・ユーゲント』の作詞などがある。一九四一（昭和一六）年には、帝国芸術院会員に就任、この頃かねてより患っていた、糖尿病および腎臓病が悪化、一九四二年（昭和一七年）、日本文学報国会編纂の『愛国百人一首』の編者に選ばれたが、一一月に逝去した。

一九三〇年（昭和五年）二月末から四月六日までの四〇日間、白秋は満鉄の招きで満洲を旅行。三月六日、大連に上陸したあと順次北上し、奉天でも遊歴した。帰国した後、満洲の風物や地名をテーマに数編の詩や二百数十首の短歌を書いた。「奉天北陵」もその時書かれたものであろうか。奉天北陵は先にも触れたが、北陵の正式な名称は「清昭陵」で、清太宗皇太極とその皇后を合葬する陵墓である。一六四三年起工、一六五一年竣工、敷地面積は十六万平方メートル、現存する盛京三陵墓の中で一番規模の大きい建築群である。奉天（瀋陽）城の北に位置するので、普通は「北陵」と呼ばれる。場所は今の瀋陽市皇姑区泰山路12号にあり、境内には古松が高くそびえ、美しい池もあり、楼閣がいかめしく並んでいる。もちろん、白秋の「奉天北陵」は「鵲の声行き」や「黄の甍」「風鐸の音しきり鳴る」などの言葉を多分に使っているが、この短歌は単なる懐古の思いから北陵を詠唱するにとどまらず、満洲族の祖先を謳歌するとともに、日本人によって作られた「満洲国」の正当性を肯定する意味も多少含まれているのであろう。

⑦　衛藤利夫「瀋陽雑記」（『セルパン』一九三三年八月）　1002ページ

衛藤利夫（一八八三〜一九五三）は熊本県出身で、一九〇八（明治四一）年、第五高等学校文科退学、東京帝国大学文学部選科に入る、一九一二（明治四五）年選科修了。一九一五（大正四）年東京帝大司書。後に満洲に渡り、一九一九（大正八）年より満鉄大連図書館司書、奉天簡易図書館主事などを歴任。一九二二（大正一一）年満鉄奉天図書館長に昇進した。一九三二（昭和七）年「満洲国」が作られてから、首都新京にある「王道楽土」建設を担う「満洲国」の官吏養成機関である大同学院の顧問にも任じた。一九四一（昭和一六）年奉天図書館長を辞任し、日本図書館協会理事になり、戦後の一九四六（昭和二一）年同理事長に昇格した。満洲、特に奉天に長らく居住し、満洲事情とりわけ奉天に関しては非常に詳しい。満洲に派遣されたスコットランド出身の医療宣教師ドゥガルド・クリスティーの回想録を、一九三五（昭和一〇）年に『満洲生活三十年　奉天の聖者クリスティの思出』（大亜細亜建設社）という書名で翻訳して出版している。一九四二（昭和一七）年に『満洲夜話』を吐風書房より刊行し、同書は第一五版まで版を重ねた。掲載誌の『セルパン』は、一九三一年（昭和六年）創刊されたもので、当初は、翻訳文芸・詩・小説・美術等の小冊子でスタートしたが、その後、時事評論・海外事情等も加え総合雑誌の形態となった。後に『新文化』と改題し、一九四四（昭和一九）年三月、版元の第一書房の廃業とともに廃刊した。

「瀋陽雑記」は瀋陽（奉天）の現状を記録する文章というより、むしろ瀋陽という地名或は地域の沿革について、いろいろな資料を参考してやや学問的に考究するものである。特にMUKDEN（莫克敦）という言葉の由来から瀋陽にまつわる様々の地名の意味を興味深く解析している。

⑧　北川静雄「奉天一巡記」（『文化集団』一九三四年一一月）1005ページ

北川静雄の本名は本多秋五（一九〇八〜二〇〇一）で、愛知県豊田市生まれの文芸評論家である。一九二六（大正一五）年に旧制第八高等学校に進学し、一九二九（昭和四）年に東京帝国大学文学部国文科に入学、大学時代マルクス主義に接近し、一九三〇年（昭和五）には、ロシア革命記念日のデモに参加したため検挙される。一九三二年、東京帝大を卒業、大学院に進学する。一九三三（昭和八）年、治安維持法違反で検挙され、翌年釈放され郷里に帰り、長兄について満洲を訪問。「奉天一巡記」は其の訪問記の一つである。一九四四（昭和一九）年に情報局嘱託となり、一九四五年（昭和二〇）に召集され名古屋の連隊に入ったが、同地で敗戦を迎えた。一九四六（昭和二一）年に平野謙らと共に雑誌『近代文学』を創刊し、一九四九（昭和二四）年には、初の著書『小林秀雄論』（近代文学社）を刊行する。一九五七（昭和三二）年には、中国訪問日本文学代表団に参加、『転向文学論』（未來社）を刊行した。戦後派文学の代表的な評論家である。文章が掲載された『文化集団』は一九三三（昭和八）年六月に創刊、一九三五（昭和一〇）年二月に廃刊。一九八六年に「日本社会主義文化運動資料32」（久山社）として復刻された。

「奉天一巡記」は作者が観光バスに揺られて、奉天駅から満鉄附属地―商埠地―北陵―奉天城内、さらに附属地に戻るという、観光コースの車窓から観察した奉天の実景を記録したものである。非常に写実的な描写であり、よく整った新しい街の附属地、稍々混雑な商埠地、富麗を極める北陵の建築、雑踏な城内の風景、または銃剣をついて立っていた人懐っこい童顔の兵士、日本国内（内地）より結構高い日本商品の価格などを、非常に綿密かつ生き生きとした文筆で描いている。満洲を占領した日本軍への讃辞はまったくなく、地元の中国人を見下すような眼差しもない。客観的であり、日本人というよりむしろ第三者の冷静な視線で当時の夏の奉天を見て描く、なかなか良い文章である。

⑨　室生犀星「奉天の石獣」（『文学者』一九三九年一月）1014ページ

室生犀星（一八八九〜一九六二）は金沢市出身で、金沢高等小学校を中途退学し、地方裁判所で給仕として勤務しながら俳句と詩を書いた。一九一〇（明治四三）年上京。北原白秋主宰『朱欒』に詩篇を寄稿し、萩原朔太郎らと交流。一九一八（大正七）年に『愛の詩集』、『抒情小曲集』を刊行。一九三〇年代からは小説も書き始め、詩・小説・評論・随筆などの分野で活躍した。犀星は一九三七（昭和一二）年四月中旬から五月初旬にかけて朝日新聞の依嘱により、満洲へ旅行、大連、奉天、哈爾濱、朝鮮などを遊歴した。

この人生たった一度だけの海外旅行の産物である『哈爾浜詩集』について、『室生犀星全詩集』（一九六二年三月筑摩書房刊）の巻末の「解説」で犀星自身は以下のように記している。

昭和一二年五月哈爾浜に赴き、奉天、大連等の満洲の曠野を彷徨した。殆んど生涯にはじめての遠距離の旅行であつた。その吟詠がこの詩集の制作を促がし旅行ぎらひの私としては、脚で何かを踏み破つた思いであつた。
詩もその作家の生活に紆曲のあつた時に一挙に誦せられることは、この全詩集を読み来つてはじめて肯けるやうである。小説『大陸の琴』もその折の作品であつたが、私にはこれらの朗吟風な詩が今日これを眺めて飽くることのないのも、もはや曠野がずつと我々とはなれてゐる景色になつたことと併せて、懐かしいといはざるをえないのである。曠野には暑く熱して火のやうな鳥が啼いてゐる。

山岳地帯が主である日本という国で育った犀星にとって、満洲で一番印象深いのは、見渡す限り果てしがない大荒野であろう。関内の中国の土地と比べると、関外の満洲は歴史がそれほど悠久たるものではないかもしれないが、島国出身の犀星にとっては、北陵や東陵にある歳月の痕跡が鮮やかに残る石獣は衝撃的な深い印象を与えたのだろう。詩の中で頻繁に出てくる「王宮」「甍に黄金の苔」「石階」「金色獣」「獅子」「麒麟」などの言葉は、大陸北方の荒涼と雄大と人間の歴史の厚みを連想させる。奉天また満洲での旅行は犀星に見知らぬ大陸の世界を開いた。「奉天石獣」を読むと、当時の犀星の心情がよくうかがえる。

⑩　大場白水郎「奉天ヤマトホテル」（『中央公論』一九四〇年七月）　1026ページ

大場白水郎（一八九〇～一九六二）は、東京出身の俳人。府立三中時代、同級生であった久保田万太郎のすすめで俳句をはじめ、大学時代には秋声会、三田俳句会に参加する。『俳諧草紙』『藻の花』『縷紅』『椿』『春蘭』などの俳誌に関わる。一九二八（昭和三）年刊行の『白水郎句集』をはじめ『縷紅抄』『早春』『散木集』などの句集がある。

宮田製作所の重役を務めており、奉天の宮田製作所に遅くとも一九三八（昭和一三）年には赴任していたことが、『三田文学』への投稿（「奉天詠草」一九三九年一月、「満洲だより」一九三九年六月～一二月、一九四〇年七月、「満洲雑記」一九四二年八月）からうかがい知れる。一九四〇年の奉天商工公会編『奉天産業経済講話』、第一三輯に「奉天鉄西区　宮田工業　常務取締役　大場惣太郎」とある。戦後一九四六（昭和二一）年九月に奉天から引き上げ帰国、「お互いに命拾いて秋袷」と詠んだ。

「満洲だより」は、ほぼ「奉天ヤマトホテルにて」という結びで終わっているので、そこを住まいにしていたのであろう。本作では、優雅なライラックが咲いても、目の前に広がる大陸北方の異国風景であり、「帰国の日が近づきぬ」という一句に、作者の複雑な望郷の想いが込められているようである。

関連年表

〈凡例〉

・本年表は、事項篇、奉天（瀋陽）推移篇（◆）、作品篇（◎●）で構成している。

・事項篇には、日本と中国の大きな事件、西洋列強と中国との関係及び中国の大きな事件を中心に記載した。年月は西暦紀年を記載し、（　）の中に日本の元号を併記している。事項篇に作成に際しては、一次資料のほかに、岩波書店編集部編『近代日本総合年表』（岩波書店、一九九一年第三版）、韓信夫ら編『中華民国大事年記（1－5）』（中国文史出版社一九九七年二月）、沈渭濱編『中国歴史大事年表（近代巻）』（上海辞書出版社、一九九九年二月）などを参照している。

・奉天（瀋陽）推移篇◆には、奉天（盛京、瀋陽）の歴史推移、奉天（盛京、瀋陽）における主な事件や出来事などを記載した。この部分を作成に際しては、主に張志強編『瀋陽通史（近代巻）』（瀋陽出版社二〇一四年一一月）、郭春修ら編『瀋陽通史（現代巻）』（瀋陽出版社、二〇一五年年五月）、瀋陽市文史研究館編『瀋陽歴史大事年表（紀元前三〇〇年―紀元一九四九年）』（瀋陽出版社、二〇〇八年四月）、塚瀬進『満洲の日本人』（吉川弘文館、二〇〇三年三月）、福田実『満洲奉天日本人史』（謙光社、一九八三年一月）などを参照している。

・作品篇の◎には中国関係の単行本を記載した。

・作品篇の●には総合誌・旅行誌・文芸誌その他の雑誌に掲載された奉天、中国関係の記事を記載している。

・漢字の旧字体は、原則として新字体に直している。

一八九四（明治27）年

七月、日本艦隊、豊島沖で清国軍艦を攻撃、英国籍の運送船高陞号を撃沈。**八月**、日本と清国が相互に宣戦布告、日清戦争勃発（1日）。**九月**、清国北洋艦隊と日本連合艦隊が黄海で激戦（17日）。**一〇月**、旅順陥落（21日）、日本軍による旅順虐殺事件（22日）。**一一月**、日本軍金州城占領（6日）、日本軍大連港占領（7日）、日本軍による旅順虐殺事件は欧米の新聞に報道される（30日）。孫文、ハワイで興中会を組織。

◆奉天地区の総人口は二四七・八万人。

◎**一二月**、町田勲『日清戦争実記旅順城域陥落』（勉強堂）。

●**一〇月**、国木田独歩「愛弟通信」（『国民新聞』21日より連載開始）。

一八九五（明治28）年

一月、日本軍第二軍主力、中国の山東半島に上陸。大本営政府連合御前会議で、日清講和条件を決定（27日）、伊藤博文首相及び陸奥宗光外相が日清講和交渉の日本全権に任命される（31日）。二月、北洋艦隊主力艦「定遠」号が日本海軍の攻撃を受け沈没（5日）。清国、講和全権に李鴻章を任命（19日）。三月、牛荘作戦（4日）、日本軍は営口を占領（7日）。孫文らの興中会、青天白日旗を革命軍の軍旗とする（16日）。四月、金州に占領地日本総督部設置（11日）、下関の春帆楼で日清講和条約調印。朝鮮の独立、遼東半島・台湾・澎湖諸島の割譲、賠償金支払などを約定（17日）、独仏露三国公使が、遼東半島還附を勧告（23日）。五月、日本政府は遼東半島放棄を三国政府に通告（5日）。一二月、日本海軍旅順口の引渡し開始（8日）、日本軍遼東半島引渡し完了（21日）。露清銀行設立（10日）

◆六月、清朝日本間に奉天南部を返還条約を締結（14日）。一〇月、清朝廷は依克唐阿を盛京将軍に任命（13日）。この年に、奉天城大東門に奉天機器局が開設された。

◎一月、陸地測量部撮影『日清戦争写真帖　旅順』（陸地測量部）。三月、今井七郎『日清開戦録――旅順陥落威海占領』（今井七郎）。

●四月、『日本』（正岡子規「陣中日記」）。五月、『日本』（三宅雪嶺「嘗胆臥薪」）。

一八九六（明治29）年

三月、清国は官書局を設置、外国図書や新聞の翻訳・刊行を開始（4日）。郵政局を設置（20日）。四月、広島大本営が解散（1日）、李鴻章はロシアのペテルブルクに到着（30日）。五月、李鴻章とウィッテ蔵相が中東鉄道敷設権問題に関する交渉開始（3日）。五月、清国派遣留学生13名来日、嘉納治五郎が東京神田三崎町に塾を開き、留学教育にあたる。英・独、清国に共同借款供与（一六〇〇万ポンド）。六月、李鴻章とロバノフ外相、ウィッテ蔵相とモスクワで露清密約に調印、ロシア、東清鉄道敷設権を獲得（3日）。清国、フランスにベトナム鉄道の広西竜州までの延長を認める（5日）。一〇月、清国、鉄路総公司を設置（20日）。東清鉄道密約改訂され、東三省鉄道とシベリア鉄道接続定まる（21日）。

◆六月、盛京将軍依克唐阿が朝廷の許可を得て、奉天鉱務を試行し始める（9日）。八月、盛京将軍は朝廷の許可を得て、奉天機器局で銀貨を鋳造する機器を購入、銀貨及兵器・火薬を製造するようにする（1日）。

一八九七（明治30）年

二月、英国と清国の間に条約調印。雲南とビルマ（現ミャンマー）の境界、ビルマ鉄道の雲南への延長、英国の通商上の権利の拡大などを決める（4日）。**六月、**牛荘に日本領事館設置（30日）。**八月、**孫文、米国から横浜に到着（2日）。**一二月、**露艦隊が旅順口に入る（15日）、露公使は西徳二郎外相に露艦隊の旅順碇泊につき通告（17日）。ロシア、清国への借款供与の条件として、満蒙の鉄道敷設・工業の独占権、黄海沿岸の一港租借などの要求を提示（16日）。

◆**一一月、**清朝廷は『奉天鉱蔵採掘章程』を批准し、「三陵竜脈無害を前提に採掘を許可」と規定（13日）。この年、「万順鉄工場」が奉天城内に営業開始。

◎**五月、**古城貞吉『支那文学史』（経済雑誌社）。

一八九八（明治31）年

二月、清国、英国に揚子江（長江）沿岸地域の不割譲を約束（11日）、英人を永久に総税務司とすることを承認（13日）。**三月、**清露間に旅順及び大連湾租借条約調印（3日）。ロシアが関東州を清から租借、租借期限25年と南満鉄道敷設権を獲得（27日）。清・独間に膠州湾租借条約調印（6日）、ドイツ、膠州湾租借権（九九年間）膠済鉄道敷設権・鉱産物採掘権を獲得。**四月、**仏、清国に広州湾租借雲南鉄道敷設権を要求（9日）、仏軍、広州湾占領（22日）。福建不割譲に関し日清交換公文（22日）。**五月、**義和団、山東省や河北省で排外運動を開始（23日）、後に暴動化にエスカレート。**六月、**英国、清国から九龍を租借（99年）、光緒帝が戊戌変法の勅令を発す（11日）、光緒帝が康有為に「日本変政考」の提出を命ずる（16日）。**七月、**英国、清国から威海衛を租借（25年）（1日）。光緒帝が京師大学堂の設立を命ずる（3日）、清露間で中東鉄道南満支線に関して契約調印（6日）。**九月、**英・独間に、在中国権益に関する協定成立、揚子江沿岸は英国、黄河沿岸はドイツの勢力範囲と定める（2日）。戊戌変法が失敗、光緒帝が幽閉され（23日）、譚嗣同ら六君子が処刑される（28日）。**一一月、**東亜同文会設立（2日）。**一二月、**梁啓超が日本に亡命、横浜で『清議報』創刊（23日）、北京で京師大学堂

開学（31日）
◆一〇月、奉天省城中学堂設立、奉天にある最初の中学校（23日）。
●一月、『太陽』（近衛篤麿「同人種同盟・附支那問題研究の必要」）。八月、『太陽』（上田万年「清国留学生に就きて」）。

一八九九（明治32）年

三月、駐清公使矢野文雄、亡命政治家康有為・梁啓超らの欧米への転居、『清議報』発行停止等につき、清国政府の要望を外相青木周蔵に報告（11日）。**四月**、日清間に福州日本専管居留地取極書調印（28日）。**九月**、内藤湖南が清国へ向け神戸出帆（5日）。米国務長官ヘイ、前後して英・独・露・日本・イタリア・スペインに中国の「門戸開放」覚書を通告。**一〇月**、嘉納治五郎が留学生のための塾の学舎を新設し、「亦楽書院」と名付ける（7日）。日清間に、厦門日本専管居留地取極書調印（25日）。**一一月**、清・仏間に広州湾租借条約調印（租借期間九九年）（16日）。
◆この年、東清鉄道南満支線が奉天まで敷設、ロシア人による奉天駅竣工。

一九〇〇（明治33）年

一月、横浜正金銀行が牛荘支店を開設（4日）。**五月**、青木外相、駐清公使に、義和団に関し欧米諸国と共同の措置を取るよう訓令（3日）。北京駐在の十一ヵ国公使団会議で清国に対し義和団の速やかな鎮撫を決議（20日）、英米仏露日など各国兵三五六名、天津より北京着（31日）。**六月**、英艦隊司令長官シーモア中将の指揮下に海兵二、〇〇〇人余の列国連合軍、天津より北京へ向かう（10日）。清が日本など八ヵ国に宣戦布告（21日）。**七月**、約二万の連合国軍、天津を攻略（14日）。**八月**、ロシア軍はハルピンを占領（3日）。清国、李鴻章を全権大臣に任命し、停戦交渉を下命（4日）。連合軍が北京総攻撃開始（14日）、北京陥落（15日）。**一〇月**、ロシア軍奉天を制圧。**一一月**、第二次露清密約締結、ロシアがハルピン－旅順間の鉄道敷設権と満洲占領地域の独占的権益を得る（11日）。
◆明治三十三年前後、奉天城内で生業を営んでいる日本人は二三名で、酌婦などをやる「娘子軍」を加え三〇余名。義和団、奉天城内の教会堂を焼き討ち、奉天付近の東清鉄道を破壊。

◎**四月**、井上円了『漢字不可廃論』（井上円了）。**六月**、内藤湖南『支那漫遊燕山楚水』（博文館）。**一二月**、服部宇之吉『北京籠城日記』（博文館）。

一九〇一（明治34）年

二月、加藤高明外相が清国公使に対し露清交渉に関してロシアに特殊権益与える条約を結ばぬよう警告（13日）。ロシア、清国に満洲撤退条件として、満洲・蒙古・中央アジアにおける権益の独占、北京への鉄道敷設権などを要求した協約草案を提示（16日）、日英米独墺、ロシアの対清協約草案に不満表明（24日）。**四月**、ロシアは「満洲」に関する交渉の中止を通告（5日）。**五月**、北京公使団が義和団事件に関する賠償要求は総額四億五、〇〇〇万テールとなる旨を清国に通告（7日）、後に清国側、これを受諾。**七月**、近衛篤麿が清韓視察に出発、陸羯南同行。天津・北京・旅順・大連などを訪れ、李鴻章・恭親王・慶親王らに面会（12日）。清国、総理衙門を外務部に改める（24日）。列国連合軍、北京より撤退開始（31日）、九月一七日、撤退完了。**九月**、北京で義和団事件に関する最終協定書に調印、清国は日本の華北駐兵権を認め、北京公使館区の各国軍隊駐留などを承認（7日）。日清間に、重慶日本専管居留地取極書調印（24日）。

◆**三月**、時の牛荘領事田辺熊太郎の勧誘により、奉天在住の日本人約二〇余名で日本人会を結成（30日）。**七月**、カトリック教会ラテン学校が奉天城内開校。この年、奉天郵便局設立。西洋人による奉天同善堂病院を設立。

◎**一月**、水田栄雄『北京籠城』（博文館）。

●**二月**、『国府犀東「政治時評　奉天密約」（『太陽』）、**九月**、「清国奉天府露国占領地域」＊写真（『太陽』）。

一九〇二（明治35）年

一月、日英同盟協約調印（30日）。**四月**、東三省返還に関する露清条約調印（8日）。嘉納治五郎が、清国からの留学生のため東京牛込に弘文学院設立（12日）。**六月**、北京列国公使会議、講和条約付帯議定書調印、賠償金分配決定、日本の受領額は三、四七九万三、一〇〇海関両（14日）。天津で『大公報』創刊（17日）。**八月**、高田早苗『日清戦役外交史』が安寧秩序妨害のかどで発禁（11日）、日・英・独・仏・伊・露は天津の各国都統衙門（臨時政府）を解消、天津を清国に還付（15日）。

◆二月、フランスカトリック教会、奉天城内に修道院を設立。三月、時の牛荘領事田辺熊太郎の勧誘で、奉天在住の日本人約二〇余名、日本人会を結成、これが奉天に於いて日本人居留民会の始まり（30日）。一一月、奉天城大学堂設立、奉天地区最初の大学堂、学生数は四八人。この年、英国教会、奉天城内にミッション小学校を創立。キリスト教長老会、奉天城内に文会書院を創立。

◎一〇月、呉汝綸『東遊叢録』（三省堂）。

一九〇三（明治36）年

四月、ロシアが東三省からの撤兵の条件として七項の新要求提出（18日）、小村寿太郎外相が清国政府にロシアの新要求に対する拒絶を勧告するよう内田康哉公使に訓令（20日）、清国がロシアの要求を拒絶し返還に関する条約の履行を要請（27日）、清国留学生が東京で集会を開き、拒俄義勇軍を結成（29日）。八月、ロシアが旅順に極東総督府設置、総督はアレクセーエフ。一〇月、露軍、奉天省城を占領（8日）。内村鑑三、幸徳秋水、堺利彦等が日露開戦論に転じた万朝報社を去る（12日）。一二月、連合艦隊編成、司令長官は東郷平八郎（28日）。黄興・張継・宋教仁ら、長沙で華興会結成。

◆二月、奉天当局、奉天大学堂を省学堂と改名。七月、東清鉄道南満支線全線開通、営業開始（14日）。八月、清朝と米国間商務条約を継続、奉天の大東溝地区を商埠地と開く（13日）。一〇月、清朝と日本間に『通商行船続約』を締結、日本に奉天大東溝地区を商埠地と開く（8日）。

●一二月、「時事評論　奉天占領と清延更革」（『太陽』）。

一九〇四（明治37）年

二月、御前会議で対露交渉打切り開戦を決定（4日）、日本陸軍部隊仁川上陸、連合艦隊が旅順港外のロシア艦隊を砲撃し事実上の日露戦争開戦（8日）、日本とロシアが相互に宣戦布告（10日）、清国が日露に対し中立を宣言（12日）。五月、日本軍金州占領（26日）、日本軍大連占領（30日）。六月、満洲軍総司令部を編成、総司令官は大山巖参謀総長（20日）。八月、日本軍、中国側の許可なしで安東より奉天に鉄道を敷設、黄海海戦でロシア艦隊旅順に敗走（10日）、日本軍による第一回旅順総攻撃（19日）、ロシアがバルチック艦隊の太平洋派遣を決定（24日）。九月、日本軍遼陽占領（4日）。**一〇月**、日本軍による第2回旅順総攻撃（26日）。**一一月**、日本軍による第三回旅順総攻撃（26日）。**一二月**、日本軍が二〇三高地を占領（5日）。

◆**八月**、日本が中国側の許可なしに安東より奉天までの鉄道を敷設（10日）。

◎**三月**、東川徳治『日露戦史第一編（旅順仁川海戦詳記）』（戦報社）。**四月**、村上浪六『日露戦争仁川旅順の巻』（村上信）、旭堂小南陵講演、山田都一郎速記『旅順大海戦——講談速記日露実戦記』（柏原奎文堂）。

●**一月**、「明治三十六年史　第二章外交　其六日露交渉と奉天再占領」。**六月**、「愛新覚羅氏の宗廟　在奉天府」＊写真、「満州風景　其二　奉天城内の二層楼」＊写真（『太陽』）。**一〇月**、「評論之評論　外国　露軍果して奉天に戦ふか」（『太陽』）。**一〇月**、「奉天風景」＊写真（『太陽』）。

一九〇五（明治38）年

一月、旅順港のロシア軍降伏し、旅順開城（1日）、大阪・大連航路開設（14日）。**二月**、日本軍がダーリニーを大連と改称（11日）。**五月**、大連に関東州民政署設置、民政長官に石塚英蔵（19日）。日本海海戦で連合艦隊が露バルチック艦隊を破る（27日）。**八月**、第2次日英同盟が調印（12日）。孫文ら、東京で中国革命同盟会結成（20日）。**九月**、ポーツマスで日・露講和条約調印（5日）。**一一月**、遼陽に関東総督府設置、大島義昌が初代の総督（1日）、第2次日韓協約調印、日本による韓国外交権の掌握、漢城に統監設置（17日）。

◆**三月**、日本軍奉天占領（10日）。満洲軍総司令官大山巌、奉天城に入城、奉天軍政署を設立。**五月**、清朝廷、増祺の盛京将軍（奉天地区の最高長官）の職を免じ、趙爾巽を盛京将軍に任命（7日）。横浜正金銀行、奉天城内の四平街に奉天出張所を設置、紙幣を発行。**七月**、安東より奉天までの鉄道を竣工（15日）。奉天当局、各府州県より選抜された学生を日本に送り、速成師範学校に留学させる。奉天陸軍小学堂、選抜された学生四〇名を日本に軍事学習させる。**一〇月**、奉天を占領した日本軍、公示を発布し奉天で軍事管制を実施。**一二月**、趙爾巽、奉天最大の官製銀行奉天官銀号を設立（6日）。清日間、『会議東三省事宜条約』を締結、清国、ロシアに替わり、日本が満洲南部のすべての権益を受け取ることを承認

（22日）。この年、奉天教育会を創立、奉天官立東関模範両等小学堂を開設。奉天公議会の統計に拠り、奉天城内に料理屋二五軒、簡易食堂三三軒、商家一、三六九軒、城内の人口は一七万七、三八五人。

◎**一月**、田山花袋『第二軍従征日記』（博文館）。**二月**、旗野桜坪・司．渡辺森蔵・曲『旅順陥落祝捷歌』（同文舘楽器校具店）。**五月**、光村写真部撮影『日露戦争旅順口要塞戦写真帖』（光村写真部）

●**一月**、浅田空花「奉天附近の地理」（『太陽』～二月）。**四月**、「時事評論　曠古絶代の奉天大会戦」、「評論之評論　内国　奉天の大会戦」、「評論之評論　外国　奉天大捷と列国の論調」（『太陽』）。**五月**、「戦地の光景　奉天会戦左翼某師団の進撃」＊写真、「在上海本邦居留民の奉天戦勝祝賀会」＊写真（『太陽』）。**六月**、「時事評論　奉天将軍の新任」（『太陽』）。

一九〇六（明治39）年

三月、伊藤博文が韓国統監府の初代統監に就任（3日）、関東州で日本人のための小学校規則と清国人のための公学堂規則とを公布（31日）。**四月**、大阪商船長崎・大連航路開始、南満鉄道正式に開通（1日）、日本内閣会議で外国人及び外国船に大連を開放することを決定（2日）、駐米代理大使日置益は米国務長官に日本が満洲の門戸開放を尊重する旨を通告（12日）、西園寺首相、「満洲」視察に出発（14日）。**五月**、関東総督府が遼陽より旅順へ移転（6日）。**七月**、文部省で今夏学生の満韓旅行に便宜供与と通達（1日）。**九月**、関東都督に陸軍中将大島義昌任命される（1日）、関東都督府は大連・旅順・金州に民政署設置（1日）、清朝、立憲予備を上諭（1日）、旅順に鎮守府設置の勅令発布（25日）。**一〇月**、横浜正金銀行が関東州で銀行券発行開始（15日）。**一一月**、清朝、全国に36師団の陸軍（新軍）設置（6日）、南満洲鉄道設立、後藤新平が総裁兼関東都督府顧問に任命される（26日）。

◆**四月**、奉天省城総商会結成。**五月**、奉天、開埠総局を設立（1日）。奉天当局、省城小西門外を外国居留民地と設定、西関脇門より南満鉄道奉天駅あたりまでを各国の通商開埠地とする（3日）。奉天城内に日本総領事館を設立、初代総領事は荻原守一（4日）。清朝、科挙試験を停止、学校創設を奨励（10日）。**五月**、英人欧礼裴（C.H.Oliver）が奉天関税司の責任者になり、奉天海関の設立準備を進める（22日）。**六月**、日本軍、奉天から撤兵（1日）。ロシア、奉天城内に領事館を設立。**七月**、日本、奉天の軍政署を撤去（31日）。**八月**、南満鉄道の管理権をロシアから日本へ移行。**八月**、奉天法政学堂、省城大西門内に開設。奉天女子師範学校開校、女子学生総数六三名。奉天省城第一女子中学堂開校。**九月**、日本人中島真雄、奉天省城大東門の内側に、中国語紙『盛京時報』を創刊（1日）（一九四四年九月休刊）。米国総領事館、奉天城内設立（30日）。**一〇月**、奉天城内の日本人居留民会、南大西関広会道の民家を借りあげ、奉天最初の日本人小学校を開校、児童数八名（6日）、翌年文部省から在外指定校の認定を受け、修業年限を尋常科6年、高等科2年となった。日本人居留民会は、東大医科卒の檜垣春三を聘し、日本総領事館の跡に仮診療所を設置、一般診療を開始。関東都督府郵便電話局、奉天城内に支局を設置。**一一月**、奉天省城官立農業中等学堂開校。この月、英・独それぞれ奉天城内に総領事館を開設。**一二月**、日本、奉天省城大西関で奉天展覧会を開催（15日）。ロシア、奉天に領事館を開設（16日）。この年、奉天当局、選抜された学生七〇名を日本に送り、師範教育と法律を学習させる。奉天の大東関小河沿に万泉公園を建設。この時期前後、十間房を中心とする奉天城内に九〇余名の日本人が住んでいる。

◎**四月**、児玉定『旅順案内』（遼東新報支局）。**六月**、遅塚麗水、内藤昌樹『露軍将校旅順籠城実談』（博文館）。

●**四月**、『無署名「時事評論　隣邦　奉天博覧会と清民の賛同」（『太陽』）。**六月**、「時事評論　隣邦　奉天将軍趙爾巽」（『太陽』）。**七月**、「時事評論　政治財政　奉天の開設、奉天博覧会」（『太陽』）。

一九〇七（明治40）年

三月、ハルピン総領事館開設（3日）、「満鉄」の本社を東京から大連へ移す勅令が出される（5日）、満洲興業会社創立総会（30日）。**四月**、南満洲鉄道が大連本社で営業開始（1日）、清国と、新奉・吉長両鉄道に関する協約に調印（15日）。清朝、満洲に東三省に東三省総督と三巡撫設置、関内と同じ行政区域とする。満鉄調査部設置（23日）。**五月**、日清間大連海関設置及び内水汽船航行に関する協定調印（30日）。**六月**、日仏協約調印、清の独立・領土保全が約束され、両国の勢力範囲が確認される（10日）。**七月**、大連海関開関（1日）、第三次日韓協約締結（24日）、第一次日露協約調印（30日）。**八月**、「満鉄」所属の大連ヤマトホテル開業（1日）。**一一月**、星野錫が大連で『満洲日日新聞』創刊（3日）。**一二月**、営口で『満洲新報』創刊（11日）

◆**一月**、居留民会は奉天府尹衙門の跡を借りて奉天公立病院にした。**二月**、吉田茂、奉天副領事に着任、元の副領事太田喜平がハルピン副領事に転任（13日）。**三月**、大清銀行（民国後、中国銀行と改名）、奉天省城に支店を設置（1日）。**四月**、清政府、中国の東北地方に三つの行省を設置、即ち、奉天行省、吉林行省、黒竜江行省。盛京将軍を東三省総督に改め、徐世昌を東三省総督、唐紹儀を奉天省巡撫と任命（20日）。**六月**、北京・奉天間の鉄道、全線開通（29日）。**七月**、満鉄奉天出張所が発足。**九月**、奉天公園を建設。**一〇月**、奉天省城に中日（大倉組）合弁の鉄道馬車有限公司設立、老道口より十間房を経由して小西門までの馬車鉄道を敷設（8日、一九一〇年一〇月に路線は新奉天駅まで延長）。**一二月**、奉天省高等裁判所設立（9日）。奉天省城に『東三省日報』創刊、奉天で、中国人による最初の新聞。

◎**六月**、山路愛山『支那思想史・日漢文明異同論』（金尾文淵堂）。

一九〇八（明治四一）年

四月、満洲における領事裁判に関する法律公布（14日）。**五月**、米議会、義和団事件賠償額の削減（二、四〇〇万を一、四〇〇万ドルに）と、中国人学生の米国留学援助を承認（25日）。南満洲鉄道全線で広軌列車開通（30日）。**八月**、「満鉄」が大連・上海間に定期航路開設（10日）。**一〇月**、南満洲鉄道・京奉鉄道連結協約調印（5日）、布施勝治がハルピンで新聞『北満洲』創刊（5日）、東亜同文会会長鍋島直大が清国訪問に出発（5日）、チチハル領事館開設（29日）。**一一月**、金子平吉が大連で中国語紙『泰東日報』を創刊（3日）、芝罘・関東州間海底電信線の運用に関する取極及び在満洲日清電信線の運用に関する取極調印（7日）。**一二月**、奉天で『南満日報』創刊（1日）、愛新覚羅溥儀が清の皇帝に即位（2日）、中村是公が満鉄総裁に就任（19日）

◆**五月**、日本が奉天商埠地に中国側の許可なしで領事館警察署を設置。この年、奉天省に専門学校が三校、実業学校八校、師範学校三一校、普通の学校二、〇七〇校があった。
◎**六月**、内藤虎次郎編・大里武八郎撮影『満洲写真帖』（東陽堂）。**一一月**、国木田独歩『愛弟通信』（左久良書房）

一九〇九（明治42）年

二月、伊集院彦吉公使が外務部に満洲6懸案覚書を提出（6日）。**五月**、旅順工科学堂官制を公布（11日）。**六月**、韓国統監伊藤博文が辞任、曽禰荒助を統監に任命（14日）。**七月**、閣議で韓国併合の方針を決定（6日）。閣議、清国の錦斉鉄道（錦州・斉斉哈爾間）敷設を是認する方針を決定（13日）。伊集院公使が中断した「満洲」に関する諸懸案の交渉を開始（26日）。**九月**、「満洲」及び間島に関する日清協約調印（4日）、夏目漱石が「満鉄」総裁中村是公の招待により満韓旅行に大連着（6日）。**一〇月**、伊藤博文がハルピン駅で安重根に暗殺される（26日）、「満鉄」により大連・蘇家屯間複線開通（27日）。**一一月**、吉林省龍井に間島総領事館開設（2日）。
◆**二月**、南満鉄道奉天駅が南に移るため、奉天馬車鉄道が一・五里に延長。**四月**、奉天当局が奉天方言学堂を創設、英語・日本語・ロシア語三種類の外国語科を設置（25日、翌年奉天高等学校と改名、一九一〇年に法政学堂に編入）。**七月**、唐紹儀が奉天省巡撫を離任、程徳潜がそれを受け継ぐ（8日、25日）。**一〇月**、日本人経営のすべての医療施設を新設した奉天赤十字病院に移管した。**一一月**、奉天当局が日本と「奉天十間房土地租借規定」を締結（9日）この年、奉天城内に東北電信学校創立。奉天医科学校創立。日露戦争後の日本軍政時代、奉天辺りに進出した日本人業種別商家数は、料理店・一〇二、雑貨商・六四、遊戯場・四二、土木請負業・二七、薬種業・一九、大工一八、旅人宿・一四、飲食店・一三、運送業・一一、床屋・一一、呉服屋・一〇（一〇以下略）となっている。
●**一〇月**、『東京朝日新聞』（夏目漱石「満韓ところ〴〵」10月21日から12月30日まで連載）。

一九一〇（明治43）年

一月、日露両国が米国提案の南満洲鉄道中立化案を拒否（21日）、**二月**、旅順地方法院が伊藤博文暗殺の安重根に死刑判決（14日）。**四月**、日清間鴨緑江架橋に関する覚書調印（4日）。**五月**、宮下太吉が爆発物製造容疑で逮捕されることをきっかけに、大逆事件検挙開始（25日）、韓国統監に寺内正毅任命（30日）。**六月**、幸徳秋水が逮捕される（1日）。**七月**、旅順口開放につき勅令公布（1日）、第二次日露協約調印、満洲における両国の勢力圏を画定（4日）、**八月**、韓国併合に関する日韓条約調印（22日）、日韓併合（29日）。**一〇月**、初代朝鮮総督に寺内正毅を任命（1日）、「満鉄」が営口に埠頭事務所支所設置（1日）。**一一月**、清朝、一九一三年に国会開設すると頒示。

◆**七月**、『大公報』、奉天で創刊（11日）。満鉄道付属地に満鉄投資の奉天新駅が落成、九月より営業開始、其の二階は後藤満鉄総裁の発意で、大和ホテルとした。**一〇月**、奉天省、兵器製造局を設立（10日）。

一九一一（明治44）年

一月、大密院で幸徳秋水ら大逆事件被告二四名に死刑判決（18日）。**二月**、日米通商航海条約が調印され、日本の関税自主権が回復される（21日）、関東都督府と東三省間に肺ペスト対策で日清共同防疫会議始まる（28日）。**四月**、日英通商航海条約調印（3日）。**六月**、大連に北清輪船公司を設立し、満洲と華北沿岸間の運航を始める（1日）、日独通商航海条約調印（24日）。**七月**、第三次日英同盟協約調印（13日）。**八月**、「満鉄」が鉄道院管轄から拓殖局所管となる（24日）。**九月**、京奉鉄道延長に関する協約調印（2日）。**一〇月**、武昌新軍蜂起、辛亥革命が始まる（10日）、日本閣議で「満洲」の現状を維持するという対清国方針を決定（24日）。**一二月**、外蒙古王公会議で清国からの独立を決定し大蒙古国と称する（1日）。

◆**二月**、奉天在住の日本人人口は、居留民会管内及び鉄道付属地併せて五、〇〇〇人前後、芸妓酌婦だけで二二〇人といわれる。**四月**、「満鉄」が奉天の「満鉄」附属地に南満医学堂を設立し、学堂長が河西建次、最初の学生数は二八人（15日）。清政府、東三省総督に趙爾巽を任命（20日）。**一〇月**、趙爾巽が奉天総領事小池張造と会見（26日）。**一一月**、小池張造が奉天総領事を離任、落合健太郎がそれを受け継ぐ（15日）。

◎**六月**、鳥居龍蔵『蒙古旅行』（博文館）。**一一月**、池亨吉『支那革命実見記』（金尾文淵堂）、小林秀雄『支那印象記』（敬文館）。

●**一月**、「最近南満洲通信　奉天満鉄病院」＊写真（『太陽』）。

一九一二（明治45・大正元）年

一月、孫文が南京で中華民国の成立を宣言し、臨時大総統に就任（1日）、中華民国政府、各省に通令、即日より公歴を使用（2日）。山県有朋が「満洲」に二個師団を出兵させ、秩序紊乱を予防する好機と述べる（14日）、日本閣議で「満洲」における日露勢力分界線の延長補足の件及び内外蒙古勢力範囲につきロシアと交渉開始を承認（16日）、「満洲」における居留民保護のため、第十二師団に動員命令（23日）。**二月**、愛新覚羅溥儀が清朝皇帝を退位、清朝滅亡（12日）、関東都督大島義昌が遼東半島力中立地帯であるとして、清軍・革命軍双方に撤兵要求（13日）、孫文が参議院に臨時大総統の辞表提出し、後任に袁世凱を推薦（13日）。**三月**、内田康哉外相が、議会において「南満洲」の租借地及び鉄道附属地での治安案乱は許さずと演説（7日）。袁世凱、北京で中華民国臨時大総統に就任（10日）。日本政府は「南満洲」における日本の権利を留保して、四国借款団の参加を英仏独伊四ヵ国政府に申入れる（18日）。**四月**、福島安正が関東都督に任ぜられる（26日）。**六月**、奉天・釜山間に直通列車運行を開始（15日）。**七月**、第三次日露協約調印、東西内蒙古における各勢力範囲を承認（8日）。**八月**、「満鉄」が大連で『ManchuriaDailyNews』を創刊（5日）。

◆**三月**、各省の総督を都督に改名、趙爾巽が東三省都督に就任（15日）。中英合弁の奉天医科大学が開校、学制は五年（28日）。**四月**、奉天省臨時省議会成立、議員数一〇五名（15日）**六月**、奉天より釜山までの直通列車が開通（15日）。**七月**、東三省都督を奉天都督と改名、吉林省、黒竜江省への管轄権を取り消す（17日）。中国同盟会奉天支部結成（28日）。**九月**、袁世凱は奉天の中路・前路巡防隊を合併、それを陸軍二七師に改編、元統領の張作霖を中将師長に任命。**一一月**、趙爾巽が奉天都督を辞任、張錫鑾がそれを受け継ぐ（3日）。**一二月**、日本人奉天貿易商組合を結成。この年、米国宣教師穆徳ら、奉天省城内で「奉天キリスト教青年会」を結成。日本人が奉天「鉄道付属地」の南側に煉瓦造りの上水水源とされる大きな井戸を作り、四五〇トン貯水できる給水塔を建設（一九一五年から給水し始める）。

◎**二月**、宇野哲人『支那文明記』（大同館書店）。**三月**、志賀重昂『旅順攻囲軍』（地理調査会）。**一〇月**、中島端『支那分割の運命』（政教社）。

一九一三（大正2）年

一月、駐英大使加藤高明が、英外相グレーに関東州租借年限延長要求の意図を表明（3日）。**二月**、南満洲鉄道株式会社編『満洲旧慣調査報告書』第一冊が出版され、一九一五年七月までに全十二冊刊行（1日）。**四月**、満鉄が公主嶺産業試験場設置（1日）、鉄道院・満鉄・朝鮮総督府鉄道局等、日中旅客連絡運輸を契約（14日）。**五月**、日本綿花株式会社が大連出張所開設（14日）。**七月**、大連で『満洲重要物産商況日報』創刊（28日）。**八月**、朝鮮銀行、大連出張所開設（20日）。**九月**、大連で日中記者大会開催（23日）。**一〇月**、日本は中華民国政府を承認（6日）。

◆**二月**、奉天省議会正式に発足（17日、議員数六〇名）。**三月**、奉天公立工業専門学校設立。**四月**、中日国民同盟会奉天支部結成、奉天の日本領事などこれに加盟（15日）。**七月**、朝鮮銀行奉天支店設立（14日）、翌日南満銀行設立。この年、奉天城根汽車駅落成、奉天で最初の鉄道終点の駅。民間の資金繰りで奉天商業銀行設立。

◎**七月**、酒巻貞一郎『支那分割論附：袁世凱』（啓成社）。**九月**、白鳥庫吉監修『満洲歴史地理調査報告第1巻』（南満洲鉄道株式会社）。**一〇月**、内田良平『支那観』（黒龍会）。

●**一一月**、「満蒙雑景　奉天停車場　奉天満鉄病　奉天満鉄小学校、奉天日本駐剳隊」＊写真（『太陽』）。

一九一四（大正3）年

一月、日満貨物連絡運輸開始（1日）。**三月**、朝鮮総督府による大規模な自治体の統廃合（1日）、旅順要港部条例公示、旅順鎮守府廃止（14日）。**六月**、日本政府が英資本家の南満洲及び東部内蒙古における鉄道計画につき声明発表（13日）。**七月**、「満鉄」総裁に中村雄次郎任命される（15日）、オーストリアがセルビアに宣戦布告、第1次世界大戦始まる（28日）。**八月**、袁世凱が欧州大戦に中国の局外中立を宣言（6日）、日本がドイツに宣戦布告（23日）、日本海軍第2艦隊が膠州湾封鎖（27日）。**九月**、日本軍が山東省龍口より上陸開始（2日）。**一〇月**、日本海軍が赤道以北の独領南洋諸島占領（14日）。**一一月**、日本軍が膠州湾・青島占領、独軍投降（7日）。

◆**三月**、奉天都督が在奉天日本総領事と「懇親会」を開催、今後毎月のこの日に例会を行い、これを「十七日会」と名付ける（17日）。**八月**、日本が奉天で「満洲通信社」を創設（13日）。

◎**三月**、内藤湖南『支那論』（文会堂書店）。

●**二月**、内田良平「満蒙問題と国民の覚悟」（『愛媛新聞』）。

一九一五（大正４）年

一月、日本が中華民国の袁世凱政権に対華二十一カ条を要求する（18日）。**二月**、大連汽船会社が設立、「満鉄」が全額出資（1日）、東京神田青年会館で中国人留学生全体学生大会開催、二十一カ条要求に反対、中華民国留日学生総会結成（11日）、イギリスが日本の二十一カ条要求に関しイギリスの既得権益及び中国の独立尊重を希望（22日）。**三月**、在日中国人留学生が「全国の同胞に泣いて告げる書」を発表し二十一カ条条要求の拒絶を訴える（1日）、日本閣議で満洲・華北駐屯の兵力増強を決議（10日）。**五月**、満洲日本軍駐屯部隊に動員令（6日）、「満鉄」経営の小学校で少年義勇軍を組織、訓練の計画作成（7日）、袁世凱政権が日本の二十一カ条条要求を受諾（9日）、第一次世界大戦勃発（23日）。**六月**、関東都督府が中国人の初等教育機関として関東州普通学堂規則公布（3日）。**七月**、「満鉄」が撫順図書館設置（1日）。**一〇月**、関東都督府令により大連に市政施行（1日）。**一二月**、袁世凱が中華帝国の皇帝を宣し元号を洪憲とする（12日）。

◆**二月**、奉天法政学堂を外国語専門学校に改め、英語日本語ロシア語三科を設置、学制三年。**三月**、奉天駅あたり、上水給水開始、奉天での最初の上水供給である（24日）。**八月**、袁世凱が段芝貴を奉天督軍に任命、吉林・黒竜江両省の軍務も兼任、張錫鑾が奉天督軍を辞任（22日）

◎**六月**、吉野作造『日支交渉論』（警醒社）、大村西崖『支那美術史・彫塑篇』（仏書刊行会）。**八月**、大連民政署編『大連事情』（大連民政署）。

●**一月**、吉野作造「支那問題の解決とは何ぞや」（『中央公論』）。

一九一六（大正5）年

一月、袁世凱が洪憲元年を宣し、総統府を新華宮と改称（1日）、「満鉄」が長春商品陳列所開設（15日）。**二月**、関東都督府が大連重要物産取引所規程公布（8日）。**三月**、関東都督府が長春取引所規程公布（18日）、袁世凱が帝制取消しを宣言（22日）、吉野作造が満洲・朝鮮へ調査に赴く（27日）。**五月**、大連油脂工業会社設立（1日）、孫文が第2次討袁宣言発表（9日）。**六月**、大連汽船が青島出張所開設（1日）、大総統袁世凱病没（6日）。**七月**、第4次日露協約調印（3日）、東京女子高等師範学校学生一一名朝鮮・南満洲旅行へ東京出発（11日）。**八月**、露大使が中国の参戦に関し再度日本の援助を要望（12日）、鄭家屯駐在の日本軍が奉天軍と衝突、日本軍戦死者一一名（13日）。**一〇月**、林権助公使が、「南満洲」及び東部内蒙古に警察官駐在所の設置を要求する文書を外交部に提出（18日）。**一一月**、犬養毅・頭山満・原敬ら日支協会創立（14日）

◆**四月**、段芝貴が張作霖に奉天から駆逐され、北京に戻る（19日）。袁世凱は張作霖を盛武将軍に任命、奉天軍務を管轄させ、奉天巡按使をも代行させた（22日）。**一二月**、日本資本が奉天鉄西に南満洲製糖株式会社を開設。

一九一七（大正6）年

一月、日本閣議で中国の内政上の紛争に不干渉、満蒙における特殊権益の拡充及び山東の旧独権益を日本へ譲渡させるなどの方針を決定（9日）、「満鉄」経営の撫順炭礦大山坑で炭塵爆発、九一七名の死者を出す（11日）。**二月**、日本政府が中国にドイツ・オーストリアとの国交断絶を勧告（12日）、寺内内閣が日本艦隊の欧州派遣を閣議決定（10日）。**三月**、ロシア二月革命勃発（12日）、ロシア臨時政府樹立してニコライ二世が皇帝を退位（15日）。**四月**、関東都督府満蒙物産館が旅順に開設（1日）、日本がロシアの臨時政府を承認（4日）。**五月**、大連に満洲製麻会社設立（22日）。**七月**、元皇帝愛新覚羅溥儀が安徽督軍張勲を後ろ盾にして復辟を宣言（1日）。**八月**、中華民国がドイツに宣戦布告（14日）。**九月**、中華民国で孫文が広東軍政府を樹立（10日）、広東軍政府対独宣戦（26日）。**一〇月**、満鉄・中国政府間に改定吉長鉄道借款契約成立（12日）、ロシアが日露通商航海条約の廃棄を通告（24日）。**一一月**、ロシアで十月革命が起こりソビエト政権が樹立される（7日）。

◆**三月**、日本が鉄道付属地で南満中学校を創設。**六月**、日本資本が奉天窯業会社を創設。この年、英国資本の香港上海銀行奉天支店開業。仏国奉天領事館開設。

◎**八月**、吉野作造『支那革命小史』（万朶書房）。

一九一八（大正7）年

一月、居留民保護のため、日本がウラジオストクに軍艦二隻を派遣（12日）、「満鉄」大連図書館開設（15日）。**三月**、イギリス・フランスなどが対ソ干渉戦争を開始（5日）。**五月**、「満鉄」が鞍山製鉄所を設立（15日）。**八月**、日本が英米仏軍と共にシベリア出兵をすることを宣言（2日）、富山県で米騒動が起き各地に広がる（3日）、日本のシベリア派遣軍がウラジオストクに上陸開始（12日）。**一一月**、連合国とドイツが休戦協定に調印し、第一次世界大戦が終結（11日）。

◆**五月**、元の奉天両級師範学校を国立奉天高等師範学校に改める。**七月**、日本資本が奉天で満洲殖産銀行を創設。**九月**、張作霖が東三省巡閲使に任命される（7日）。**一二月**、日本資本が奉天鉄西で「満蒙毛織株式会社」を創設。この年、奉天に千代田公園建設竣工。

◎**六月**、金尾文淵堂編『新日本見物――台湾・樺太・朝鮮・満洲・青島之巻』（金尾文淵堂）。**一〇月**、大連商業会議所編『大連港ト支那沿岸貿易』（大連商業会議所）。**一一月**、有賀長雄『支那正観』（外交時報社）。

一九一九（大正8）年

一月、パリ講和会議開会（18日）、講和会議で中国代表顧維鈞が、山東旧独権益の中国への直接還附を要求（28日）。**三月**、朝鮮半島で三・一独立運動勃発、朝鮮全土に拡大（1日）、コミンテルン創立大会がモスクワで開催、日本より片山潜参加（2日）。**四月**、山本実彦が『改造』を創刊（3日）、関東都督府を廃止、関東庁と関東軍設置（12日）、堺利彦と山川均らが『社会主義研究』を創刊（21日）、パリ講和会議で中国山東省のドイツ利権に関する日本の要求を承認（29日）。**五月**、東京・大連間に直通電信線開通（1日）、中国で五・四運動が起こる（4日）、パリ講和会議で赤道以北の旧ドイツ領を日本が委任統治することに決定（7日）。**六月**、上海の労働者・店員が北京の学生を支援してストを行う（5日）、中国代表ヴェルサイユ講和約に調印せず（28日）。**八月**、関東庁が大連・旅順・金州に民政署設置（18日）。**一〇月**、孫文が中華革命党を中国国民党に改組し総理に就任（10日）。**一二月**、「満鉄」が『調査時報』を創刊（30日）。

◆**一月**、「鉄道付属地」の管理当局が、奉天駅周辺の三十三本の街路に日本名をつけた（1日）。日本資本、奉天鉄西に「満蒙纖維工業株式会社」を創設（後に「奉天製麻株式会社」と改名、6日）。三月、張作霖が東三省講武堂を東三省陸軍講武堂に改名、これが奉天軍が独自創設の最初の軍事学校で、張作霖死後、張学良がそれを東北講武堂と改名、延べ八、九〇〇名の士官を育成。一二月、奉天当局が奉天商埠地の南部に土木工事を行い、南市場を設置、翌年、また商埠地の北側に北市場を設立、この二つの市場は民国時代に於いて奉天の盛り場となった。

◎一〇月、河東碧梧桐『支那に遊びて』（大阪屋号書店）。

●三月、八月、戴季陶「我が日本観」（『建設』）、吉野作造「日支国民的親善確立の曙光」（『解放』）。一〇月、郭沫若「同文同種弁」（『黒潮』）。

一九二〇（大正9）年

一月、国際連盟成立（10日）、天津学生五、〇〇〇人あまり、山東問題の日中直接交渉反対のデモを行い、軍警の鎮圧で負傷者多数出る（29日）。二月、大連株式商品取引所創立総会開催（5日）、岡内半造が大連語学校設立（13日）。四月、「満鉄」が撫順公学堂を設置（1日）。五月、日本図書館協会の第十五回全国書館大会が大連・奉天・京城で開催（25日）。六月、日本が国際連盟に加入（29日）。七月、大連に満蒙文化協会成立（1日）、直皖戦争始まる（14日）。一〇月、三井物産船舶部が大連出張員を置く（22日）。一二月、「満洲」で雑穀輸出禁止を実施、日本人貿易業者に大打撃（20日）。

◆一月、北京政府が張作霖に陸軍上将階級を授与。六月、張作霖が奉天大東門に奉天兵器工場を創設、翌年一〇月に東三省兵器工場と拡大。七月、張作霖が東三省航空処を設立、外国から飛行機を購入。一〇月、奉天東塔飛行場が竣工、これは東北最初の飛行場と空軍基地で、この年、張作霖は英仏などから飛行機二十機を購入、および張学良などを日本へ派遣、航空事情を考察させる。一一月、張学良が陸軍少将に抜擢される（25日）。この年、奉天とロンドン・パリの間郵便物直接発送するようになった。大観茶園という劇場が奉天北市場に落成、奉天における最初の劇場の一つである。

◎一〇月、松山珵三編『大連神社創立誌』（大連神社社務所）。

一九二一（大正10）年

一月、関東軍司令官に河合操陸軍中将を任命（6日）、吉林省延吉・黒龍江省など五県代表が日本軍の暴状を総統府に提訴し、対日抗議及び損害賠償などを要請（15日）。**四月**、大連に日満通信社創設（24日）。**五月**、孫文が広州で非常大総統に就任（5日）、日本閣議で満蒙に対する政策を決定（13日）、東方会議開催、参加者に首相原敬・朝鮮総督斎藤実・関東長官山県伊三郎・関東軍司令官河合操らがいる（16日）。**六月**、台湾銀行が大連に駐在員を置く（4日）、モスクワでコミンテルン第三回大会開催（22日）。**七月**、モンゴル人民共和国政府成立（10日）、上海で中国共産党の創立大会が開催される（23日）。**八月**、日本が大連で極東共和国との交渉開始（26日）。**九月**、満鉄・中東鉄道連絡運輸会議が長春で開催（26日）。**一一月**、ワシントンで山東問題につき日中会談開始（1日）。

◆**一月**、東三省陸軍航空処が東塔飛行場で設立。**一一月**、日本資本が東亜勧業株式会社を設立。この年、中国資本の大亨公司製鉄工場が奉天大東門脇門外に創設、奉天に於いて最大の中国資本企業の一つ。

◎**二月**、吉野作造『第三革命後の支那』（内外出版）。三月、丸山昏迷『北京』（丸山幸一郎）。**五月**、旅順中学校編『旅順中学校一覧——大正十年』（旅順中学校）。**八月**、細尾茂市編『蒙古写真帖』（蒙古協会出版部）。**一二月**、日華堂書店編『大連写真帖——満蒙開発之策源地』（日華堂書店）

●『大阪毎日新聞』（芥川龍之介「上海游記」連載開始）。

一九二二（大正11）年

一月、『哈爾浜日日新聞』創刊（12日）、ワシントン会議で、中国全権王寵恵が二十一カ条要求の取消を求める陳述書発表（13日）。**二月**、日中両国全権代表がワシントンで、山東懸案解決に関する条約及び附属書に調印（4日）、ワシントン会議終了、海軍軍縮条約・九カ国条約調印（6日）、「満鉄」が大連に南満洲工業専門学校設立（18日）。**三月**、満鉄が中国人を対象に遼陽商業学校設立（11日）。**四月**、旅順工科学堂を昇格、旅順工科大学設立（1日）。**五月**、孫文が陸海軍大元帥名義で北伐開始を命令（4日）、張作霖が東三省の独立を宣言（12日）。**六月**、満洲里に日本領事館設置（17日）。**七月**、堺利彦・山川均ら日本共産党結成（15日）。**一〇月**、旅順要港部廃止し旅順防備隊令公布（10日）、満鉄社長に川村竹治任命（24日）。**一一月**、留日学生総会が旅順・大連の回収を要求する檄を送付（11日）。**一二月**、ソビエト社会主義共和国連邦成立（30日）。

◆**九月**、張学良が奉天東塔飛行場で東三省航空学校を創立。

◎**一〇月**、婦人文化研究会編『長春会議』（婦人文化研究会）。

一九二三（大正12）年

一月、「満鉄」が長春高等女学校・安東高女学校設置（12日）。**二月**、中国奉天省議会、日中合弁の鴨緑江採木公司の回収を決議（7日）。北京政府が、二十一カ条条約の廃棄を宣言し日本への通告を決定（21日）。**三月**、駐日代理公使廖恩燾が、内田康哉外相に二十一カ条条約の廃棄を通告、併せて旅順・大連の返還を要求（10日）、在東京中国人留学生が、神田で二十一カ条条約取消し及び旅順・大連返還を要求して集会（20日）、二十一カ条条約廃棄、旅順・大連回収を要求して上海でデモ、各地に広がる（25日）。**四月**、「満鉄」全額出資による満洲船渠が大連に設立（1日）。**五月**、全国各地で「五・九国恥紀念日」のデモが行われ、二十一カ条条約廃棄・旅順大連回収対日経済絶交を要求（9日）。**六月**、長沙の反日運動に対し、日本海軍陸戦隊上陸、衝突し双方に死傷者が出る（1日）。**八月**、大連に満洲銀行設立（1日）。**九月**、関東大震災発生（1日）。

◆**七月**、奉天無線電信処が開設。**四月**、奉天高等師範学校と奉天文学専門学校をもとに、東北大学が奉天北陵に成立（26日）。**八月**、奉天市政公所成立、初代市長は曽有翼、これは奉天市制の始まりである（1日）。**一〇月**、東北大学開校式典を行い、大学に文・理・法・工四科を設置（24日）。**一二月**、奉天市政公所が発行する『奉天市報』創刊。奉天駅にある満鉄経営のガス作業所が営業開始、ただし、所産のガスは鉄道付属地の日本人住民のみに供給。

◎**五月**、北一輝『日本改造法案大綱』（改造社）、鶴見祐輔『偶像破壊期の支那』（鉄道時報局）。**六月**、橘樸『土匪』（京津日日新聞社）。**八月**、南満洲鉄道株式会社『鉄道輸送数量上より見たる大連港背後地の範囲』（南満洲鉄道庶務部調査課）。**一〇月**、矢野仁一『近代支那論』（弘文堂）。

一九二四（大正13）年

一月、直奉戦争で奉派軍閥張作霖が直隷派を破る（3日）、中国国民党全国代表大会開催、第一次国共合作が成立（20日）、大連商業会議所が満蒙開発策を建議（28日）。**三月**、関東州阿片令公布（27日）。**五月**、奉天省教育庁長が、満鉄附属地における教育施設を中国側で運営したい旨を船津辰一郎総領事に申入れ（2日）。**六月**、中東鉄道・満鉄連絡運賃に関し新協定成立（3日）。**九月**、孫文が大本営を韶関に移し北伐を指揮（12日）。**一〇月**、橘樸が大連に「支那研究会」を設立（1日）。**一二月**、日本閣議で旅順工科大学存続の大綱決定（18日）。

◆**三月**、奉天航空処、奉天から営口までの試験飛行を行い、これが中国民用航空の始まりである（1日）。奉天の路面電車建設開始、翌年の一〇月運転開始。**七月**、最初の官民合弁の奉天より海龍までの幹線鉄道（奉海鉄道）着工、一九二七年八月竣工。**九月**、奉天最初の新型百貨店「老天合糸房」開業（15日）。**一〇月**、ソ連が奉天に総領事館を設立。

◎**七月**、大西守一『大連名勝写真帖』（東京堂）、村松梢風『魔都』（小西書店）。**九月**、加藤鎌三郎『北京風俗問答』（大阪屋号書店）、内藤湖南『新支那論』（博文堂）。

一九二五（大正14）年

二月、愛親覚羅溥儀が日本公使館を出て天津日本租界へ転居（23日）。**三月**、孫文死去（12日）、大阪商船が大連・香港・広東直行航路開設（24日）。**四月**、満鉄大連図書館が『書香』創刊（1日）。**五月**、満鉄蒙古調査隊第一班大連を出発（16日）、上海共同租界をデモ行進の中国人に工部局警官隊が発砲、死傷者を多く出し、五・三〇事件を起こす（30日）。**六月**、関東州特恵関税公布（18日）。**七月**、広東に国民政府が成立（1日）。**八月**、井上剣花坊が大連川柳会の招きで、大連・奉天などで川柳会を開催（10日）、北京政府が「満鉄」附属地の日本郵便局の撤退を要求（28日）。**一一月**、大倉組が関東州に金福鉄路公司を設立（10日）。張作霖部下の郭松齢が張作霖に反旗を翻し、所轄の部隊を東北国民軍に改編、奉天に進軍（23日）。**一二月**、大連から帰着の山本悌二郎政友会顧問が満洲出兵の必要を力説（14日）、閣議で満洲への派兵を決定（15日）。郭松齢が張作霖軍に捕え、翌日に銃殺された（24日）。

◆**七月**、日本資本が奉天に南満洲ガス株式会社を設立（19

日）。**九月**、中国共産党最初の奉天支部及び中国共産主義青年団奉天特別支部が結成。東北航空局が奉天に成立、のちに東北空軍司令部成立、張学良がその司令官を兼任（20日）。**一〇月**、奉天に最初の路面電車開通（10日）。**一一月**、「満鉄」が『盛京時報』を買収、新社長は佐原篤介（1日）。**一二月**、関東軍司令官白川義則が奉天に到着、張作霖支援を決定（8日）。この年、「吉順糸房」が大規模に改築され、洋館の五階建てを新築、奉天で屈指の現代風百貨店であった。

◎**四月**、土屋清見編『大連アルバム』（日華堂出版部）。**九月**、大連勧業博覧会『大連勧業博覧会記念写真帖』（大連勧業博覧会出品協会）。**一一月**、芥川龍之介『支那遊記』（改造社）。

一九二六（大正15・昭和元）年

四月、大阪商船が高雄・大連航路を開設（1日）。**六月**、大連に南満洲電気設立（1日）。**七月**、蔣介石が国民革命軍総司令に就任、北伐開始（9日）、東京・大連間に無線電信回線を開設（15日）。**八月**、国際運輸会社が大連に設立（1日）。**九月**、日本航空が大阪・大連間に定期航空便を開始（13日）。**一〇月**、大連に満蒙研究会成立（10日）、満鉄が大連に満蒙物資参考館開設（10日）、大連に福昌華工設立（21日）。**一二月**、大正天皇崩御、昭和と改元（25日）。

◆**一月**、奉海鉄道の始発駅奉天駅が竣工、営業開始。**四月**、奉天の北陵長寧寺魔前に創設された東北大学実験工場がすべて竣工、各種の列車の車両や鉄工機械を製造し始める。**五月**、『大亜画報』が創刊され、奉天における最初の画報。この月、『東北日報』創刊。**六月**、中日合弁の奉天駅前から小西脇門までの路面電車が開通（1日）。『新亜日報』創刊。**七月**、イタリアが奉天領事館開設。**九月**、曽有翼が奉天市長を辞任、李徳新がこれを受け継ぐ（2日）。**一一月**、瀋陽故宮に東三省博物館が設立（16日）。

◎**一月**、木下杢太郎『支那南北記』（改造社）。**三月**、大連市編『大連勧業博覧会誌』（大連勧業博覧会協賛会）。**五月**、藤田元春『西湖から包頭まで』（博多成象堂）。

●**一〇月**、内藤湖南「奉天訪書談」（『中央公論』）。**一二月**、魯迅「藤野先生」（『莽原』）。

一九二七（昭和2）年

四月、漢口で排日運動が起こり、日本海軍陸戦隊上陸し日本租界で民衆と衝突（3日）、蔣介石が上海で反共クーデターを起こす（12日）、南京国民政府成立、武漢国民政府に対抗（18日）。五月、日本第一次山東出兵、山東省に陸海軍を派遣（28日）。六月、張作霖が北京で陸海軍元帥に就任、軍政府を組織（18日）。七月、満鉄社長に山本条太郎、副社長に松岡洋右を任命（19日）。八月、森恪が「満洲」へ実情調査に赴く（11日）、森外務政務次官が、児玉秀雄関東長官・武藤関東軍司令官・吉田奉天総領事を旅順に招集、満洲問題につき協議（15日）、芳沢公使、張作霖と満蒙問題につき交渉開始（24日）。九月、ハルピンの日本人商人が大連に満洲輸入組合設立（2日）、全満日本人大会奉天で開催（10日）。一〇月、山本条太郎「満鉄」社長が張作霖と会談（11日）、『遼東新報』と『満洲日日新聞』が合併し『満洲日報』となる（31日）。一一月、南京で日本の満蒙侵略反対大会催され10万人余参加（15日）。

◆四月、日本人運営の千代田小学校落成、開校。五月、奉天当局は奉天の北陵を公園にし、一般公開（22日）。

◎二月、佐々木到一『支那陸軍改造論』（行地社出版）。四月、村松梢風『上海』（騒人社）。九月、大連商業会議所編『大連港と沿岸貿易』（大連商業会議所）。一一月、後藤朝太郎『支那行脚記』（万里閣書房）。

●七月、吉野作造「支那出兵に就て」（『中央公論』）。

一九二八（昭和3）年

四月、日満連絡運輸第七回会議、ハルピンで開催（26日）。五月、三菱銀行が大連に出張員を置く（1日）、済南で日本の山東出兵軍と北伐途次の国民革命軍衝突、済南事件起こる（3日）。与謝野寛・晶子が満蒙旅行へ出発（5日）。六月、日本人による張作霖爆殺事件（4日）。張学良が奉天督弁に就任にする同文電報を全国に発信（19日）。張学良が「内戦停止」「外交上の睦隣主義」「軍事上の精兵主義」「過酷で雑多な税金を免除」という四点の方針を発布（20日）。七月、三井銀行が大連出張所開設（1日）、張学良が東三省保安総司令に就任（4日）、中華民国国民政府が日華通商条約の廃棄を通告（19日）。八月、張作霖の葬儀が奉天で行われる（5日）。一〇月、蔣介石、国民政府主席に就任（10日）。一一月、大連新聞社主催の第2回満洲青年議会開会（11日）。一二月、張学良が奉天ラジオ放送を通して、「即日より、三民主義を順守、（南京の）国民政府に服従、国旗を変える」ということを全国に公表（29日）。南京国民政府が張学良を東北辺防司令長官に任命（31日）。

◆**一月**、奉天ラジオ放送開始、東三省で初のラジオ放送である、翌年、瀋陽ラジオ放送と改名（1日）。**八月**、張学良が東北大学学長を兼任。奉天最大な劇場「共益舞台」が北市場に落成。**九月**、奉天最初の夕刊紙『新民晩報』が創刊。**一〇月**、東三省第一回スポーツ大会が奉天馮庸大学のスタジオで開催。日本人建設の奉天自動電話局が営業開始（10日）**一一月**、東北最高裁判所成立（22日）。米国シティ銀行奉天支店設立。中山大戯院、奉天の北市場に落成、当時奉天で最大の劇場であった。

◎**二月**、鳥居龍蔵『満蒙の探査』（万里閣書房）。**五月**、村松梢風『支那漫談』（騒人社書局）。

●**一一月**、横光利一「上海」連載開始（『改造』）。

一九二九（昭和４）年

三月、日中間済南事件解決に関する文書調印（28日）。**四月**、大連農事会社設立（15日）、日本全国で共産党員検挙（16日）。**五月**、陸軍大佐板垣征四郎が関東軍高級参謀に就任（14日）、高浜虚子が日本を発ち、大連・奉天・長春・ハルピンなどを旅行（14日）、陸軍中堅将校により一夕会を結成、満蒙問題の解決を申合せ（19日）。**六月**、拓務省官制公布、台湾総督府・関東庁などに関する事務を統轄、満鉄などの業務を監督（10日）、日本航空輸送会社が日本国内・京城・大連定期航空便開設（21日）。**七月**、日本政府が張作霖爆殺事件の責任者処分を発表、河本大作大佐を停職、関東軍司令官村岡長太郎中将を予備役とする（1日）。**九月**、大連に満洲金融組合連合会が設立（5日）。**一〇月**、ニューヨーク株式市場大暴落をきっかけで、世界的大恐慌が始まる（24日）。**一一月**、ジャパン・ツーリスト・ビューロー大連支部で月刊誌『満洲・支那汽車時間表』を創刊（27日）。**一二月**、里見敦と志賀直哉が中国旅行へ向かい、満洲各地・北平・天津を歴訪（21日）。

◆**一月**、張学良が政敵の楊宇霆らを奉天大元帥でおびき寄せて殺害し、翌日、そのことを南京の国民政府に通告し、また日本総領事館にも知らせた（10日）。**二月**、南京政府は九十一号訓令を発布、奉天省を遼寧省と改名、三月一日より実行（5日）。**四月**、奉天市を瀋陽市と改名（2日、以下は奉天を瀋陽と称する）。この月、オーストリアが瀋陽市に領事館を設置。**七月**、張学良らの東北当局は一九二四年締結した中ソ中東鉄道共同管理の協定書を破り、中東鉄道を武力で占領し、ハルピン駐在のソ連機関を封鎖し、所謂「中東鉄道事件」を起こした（10日）。**一一月**、ソ連の反撃で、張学良がそれの条件を受け入れ、事件を収束した（26日）。この年、日本人経営の大和旅館が瀋陽に落成。

◎**一月**、天津排貨対策実行会『天津に於ける排日運動の真相』（天津排貨対策実行会）、**四月**、犬養健『南京六月祭』（改造社）、**五月**、村松梢風『新支那訪問記』（騒人社）。

一九三〇（昭和5）年

一月、ロンドンで海軍軍縮会議開催（21日）。**二月**、日本で共産党関係者を全国的大検挙（26日）。**五月**、蔣介石が閻錫山・馮玉祥への総攻撃を命ず、中原大戦が始まる（11日）。**六月**、国民政府が張学良を陸海空軍副司令に任命（21日）。**九月**、菊池寛や横光利一ら、満鉄の招待で満洲旅行（13日）、張学良が和平統一・国民政府中央擁護を通電（18日）。**一〇月**、中東鉄道に関する中ソ会議がモスクワで開催（11日）。

◆**一月**、臧式毅が遼寧省主席に就任（8日）。瀋陽商会が統計結果を発表、瀋陽にある商家数は一六、八七七軒、倒産した商家は一、一〇三軒（16日）。**三月**、中国人が建設する北寧鉄道の終点駅遼寧総駅が竣工、使用開始（19日）。**六月**、瀋陽より吉林までの鉄道開通（30日）。**一〇月**、張学良が瀋陽で、陸海空軍副総司令官に就任（9日）。**一一月**、自動電話局が瀋陽に設立、電話の使用者は二、七〇〇名（15日）。**一二月**、瀋陽にある製造業企業数は五七四軒。

◎**七月**、プロレタリア科学研究所編『支那問題講話』（プロレタリア科学研究所）。**八月**、大連海務協会編『大連海務協会二十年史』（大連海務協会）。**一二月**、プロレタリア科学研究所『支那大革命』（共生閣）、吉野作造『対支問題』（日本評論社）。

●**四月**、山上正義「支那を震せた三日間」（『劇場文化』）。

一九三一（昭和6）年

一月、満鉄理事木村鋭市と張学良、満蒙鉄道交渉開始（22

日）。八月東京上野・日比谷で対満蒙強硬策を主張する国民大会開催（5日）、橘樸と野田蘭蔵が大連で『満洲評論』創刊（15日）。**九月**、関東軍参謀らが奉天郊外柳条湖で満鉄線路を爆破、満洲事変始まる（18日）、関東軍奉天城占領（19日）、関東軍「満蒙問題解決案」決定（22日）、南京市民二〇余万人反日救国大会開催（23日）、満洲青年連盟派遣の遊説隊一四名が大連出発、日本各地で講演（28日）。**一〇月**、関東軍の飛行隊が張学良治下の錦州を爆撃（8日）、日本陸軍中央部が関東軍の独走抑止のため、白川義則大将の満洲派遣を決定（18日）。**一一月**、愛親覚羅溥儀が日本軍の手により天津を脱出、大連に向かう（10日）、日本閣議で「満洲」へ軍隊増派を決定（18日）、関東軍がチチハル占領（19日）。

◆**六月**、自力で製造した中国最初の「民生」という銘柄の貨物自動車が瀋陽で誕生した。**九月**、関東軍が瀋陽柳条湖にある南満鉄道の一部を爆破し、それを中国軍の破壊行為と逆ねじを食わせ、それを口実に瀋陽にある中国守軍の北大営を攻撃、「満洲事件」を引き起こした（18日）。瀋陽陥落（19日）。関東軍司令部、旅順から瀋陽に移転（21日）。日本占領軍が瀋陽市政公所を奉天市政公所と改名、土肥原賢二が「奉天市市長」に就任。関東軍が瀋陽市に憲兵司令部を設立（21日）。日本憲兵が遼寧省主席臧式毅及び瀋陽市要人らを監禁。**九月**、満鉄は「満洲学会」を創立、『満洲学報』を刊行。**一〇月**、趙欣伯が土肥原賢二の跡を継ぎ、「奉天市市長」に就任（20日）。

◎**五月**、南満洲鉄道編『哈爾浜案内』（南満洲鉄道旅客課）、沢村幸夫『上海風土記』（上海日報社）。**一一月**、橘樸編『満洲と日本』（改造社）、鈴江言一『孫文伝』（改造社）

●**一一月**、黒島傳治「奉天市街を歩く」（『戦旗』）。

一九三二（昭和7）年

一月、関東軍錦州を占領（3日）、「満鉄」に経済調査会設置（26日）、日本海軍陸戦隊が中国軍と衝突、第1次上海事変おこり（28日）。**二月**、関東軍ハルピンを占領（5日）。**三月**、「満洲国」建国宣言（1日）、愛親覚羅溥儀が「満洲国」執政に就任（9日）、ハルピンで『哈爾浜新聞』創刊、発行人が大河原厚仁（29日）。**四月**、日本閣議で「満蒙新国家に対する具体的援助と指導に関する件」を可決（12日）。**五月**、拓務省が「満洲」への武装移民計画を発表（9日）。**九月**、新京で日満議定書調印、日本が満洲国を承認（15日）。**一〇月**、リットン調査団が日中両国及び国際連盟加盟国に報告書を提出（1日）、関東軍司令部が「満洲に於ける移民に関する要綱」を決定（1日）。**一一月**、大連汽船会社が大連・台湾間航路を開設（9日）。

◆**二月**、傀儡政権の「東北行政委員会」が瀋陽に成立、張景恵が委員長（17日）。「東北行政委員会」が「新国家組織大綱」を発表（25日）。**三月**、「東北行政委員会」が『建国宣言』を発表、中華民国から離脱と表明、傀儡政権の「満洲国」の成立を声明、首都を新京（長春）にする（1日）。**四月**、閻伝跋、「奉天市市長」に就任（8日）。東三省博物館を「奉天故宮博物館」と改名（10日）。当局は張学良の邸宅（大元帥府）に侵入、後にそれを「奉天図書館」とする。**七月**、日本軍当局・奉天市・満鉄の各関係者により、奉天大和ホテルで奉天都市計画大綱打ち合わせ会が開かれ、その結果、翌年七月計画の大要を決定（28日）。**九月**、「満洲航空株式会社」設立（26日）。**一〇月**、関東軍司令部、奉天（瀋陽）より新京（長春）へ移転（30日）。この年、奉天（瀋陽）在住の中国人三一万四、七〇〇人、日本人三万三、〇〇〇万人、朝鮮人七、八〇〇人、その他の外国人一、五〇〇人、総人口三五万七、〇〇〇人。

◎**四月**、朝日新聞社編『満洲・上海事変全記』（朝日新聞社）、大阪毎日新聞特派員撮影『満洲建国と上海事件』（大阪毎日新聞社）。**六月**、群司次郎正『ハルピン女』（雄文閣）。**七月**、南満洲鉄道『長春事情』（南満洲鉄道長春地方事務所）。**一二月**、片倉衷『天業・満洲国の建設』（満洲評論社）。

●**九月**、山本実彦「奉天」（『改造』）。

一九三三（昭和8）年

一月、日本陸軍が山海関で中華民国軍と衝突（1日）、ドイツでヒトラーが首相に就任（30日）。**二月**、関東軍司令部が「熱河攻略計画」を決定（9日）、満洲への第一次日本の武装移民が三江省依蘭県永豊鎮に入植（11日）、張学良ら二七名将領が抗日通電（18日）、関東軍司令官武藤信義が熱河進攻を声明（25日）。**三月**、日本軍が熱河省城承徳を占領（4日）、日本軍が長城線に達し喜峰口で宋哲元軍と激戦（7日）、張学良が全国に通電、熱河陥落のため、すべての職を辞任、南京政府が東北軍を改編（11日）。日本が国際連盟脱退を通告（27日）。**四**

月、関東軍が長城線を越え関内に侵入開始（10日）、旅順要港部新設、司令官は津田静枝海軍少将（20日）。五月、日本郵船会社が根室・青島・大連航路開設（16日）、大連汽船会社が大連・裏日本航路開設（26日）、日中両国が塘沽停戦協定に調印、関東軍の長城線以北への撤退（31日）。八月、日本内閣が『満洲国指導方針要綱』を公表（8日）。一〇月、国民党軍が中央ソビエト区に対する第五次包囲討伐戦開始（17日）、関東軍司令部が満洲国産業統制計画作成（21日）。
◆二月、「満洲国」が『鉄道法』を発布、元中国人経営の各鉄道会社を国有にする（9日）。三月、『満洲国経済建設綱要』を発布（1日）。奉天軍官学校が奉天講武堂で開校（28日）。四月、当局が張学良邸宅内の物品を競売にする（28日）。九月、関東軍に略奪された『四庫全書』を「奉天図書館」に移送（1日）。一一月、日本当局が日鮮満蒙漢五民族の代表を召集し、奉天の大和ホテルで大会を開催、「大亜細亜連盟」を結成（3日）。奉天の総人口は三八四、八三八人と奉天公署が公表（30日、軍人を含めず）。
◎二月、駒井徳三『大満洲国建設録』（中央公論社）、四月、満洲経済事情案内所編『国都、新京経済事情』（満洲文化協会）。五月、大連市役所編『風薫る大連と満洲大博覧会』（満洲大博覧会協賛会）。七月、満洲大博覧会協賛会編『経済都市大連』（満洲大博覧会協賛会）。
●四月、北原白秋「奉天北陵（短歌）」（『改造』）。八月、衛藤利夫「瀋陽雑記」（『セルパン』）。

一九三四（昭和9）年

二月、『新京日報』と『大満蒙』が合併し『大新京日報』と改題、社長が中尾龍夫（1日）。三月、執政愛親覚羅溥儀が「満洲国」皇帝に即位、年号を康徳に改元（1日）、工藤忠が満洲国宮内府侍衛官長に任命される（1日）、日本閣議で日満経済統制方策要綱を決定（30日）。四月、拓務省が昭和九年度満洲自衛移民実施要領発表（5日）。八月、板垣征四郎が満洲国軍事最高顧問に就任（1日）。九月、「満鉄」が大連・新京間の複線工事完成（26日）。一〇月、中国工農紅軍が瑞金を脱出し長征を開始（15日）、大連に陸軍特務機関設置、責任者が土肥原賢二（19日）。一一月、「満鉄」が大連・新京間に特急あじあ号運転開始（11日）。

◆**五月**、日本資本が奉天鉄西に「満洲麦酒株式会社」を設立（2日）。**六月**、第一回「奉天日満連合運動会」が奉天で開催（3日）。

◎**二月**、内田百閒『旅順入城式』（岩波書店）。**三月**、満洲産業建設学徒研究団編『満洲踏査記念写真帖』（満洲産業建設学徒研究団至誠会本部）。**一〇月**、逓信省日本航空輸送株式会社『定期航空案内』（逓信省日本航空輸送株式会社）。

●**八月**、橘樸「私の方向転換」（『満洲評論』）。**一一月**、北川静雄「奉天一巡記」（『文化集團』）。

一九三五（昭和10）年

一月、国際連盟が日本の南洋委任統治継続を承認（10日）、関東軍首脳部が大連で会議、華北進出を協議（14日）、撫順炭礦で労働者が日本人による殴打に抗議してスト（16日）。**二月**、関東軍・満鉄・関東局・満洲国政府の各首脳部が、関東軍司令部で対満政策を協議（18日）**四月**、満洲国皇帝溥儀が日本へ訪問出発（2日）、満洲特別移民団がハルピンへ出発（30日）。**五月**、拓務省が「満洲農業移民根本方策に関する件」を決定（7日）。**六月**、土肥原・秦徳純協定が成立（27日）。**八月**、中国共産党が抗日救国統一戦線を提唱（1日）、『大連新聞』『満洲日報』が合併し『満洲日日新聞』に改題（7日）。**一一月**、大阪商船が那覇・大連航路を開始（9日）。**一二月**、北平で学生数千人抗日救国のデモ（9日）、冀察政務委員会が北平で成立、委員長が宋哲元（18日）。

◆**四月**、食料品を主とする奉天東関市場開設。**六月**、王慶璋が奉天市長に就任（1日）、米国系のシティ銀行が閉店（1日）。**七月**、「奉天農業高等学校」が奉天塔湾に設立。

◎**三月**、横光利一『上海』（書物展望社）。**九月**、室伏高信『支那遊記』（日本評論社）。**五月**、中川整編『大連港勢一斑昭和九年版』（南満洲鉄道株式会社鉄道部貨物課）。**一〇月**、楯田五六『満鮮周遊』（楯田五六）。

一九三六（昭和11）年

一月、広田弘毅外相が議会で、日中提携・中国の満洲国承認・共同防共の対中三原則を演説（21日）、上海各界救国連合会成立（28日）。**二月**、皇道派陸軍青年将校が挙兵、国家改造を要求、クーデターを起こす（26日）。**三月**、関東軍司令官兼駐満洲国大使に植田謙吉を任命（6日）。**六月**、「満洲国」国務院が国務院の各部に日本人次長を設定と決定（1日）。日満工業所有権相互保護に関する協定署名（29日）。**九月**、大阪実業連合会満洲産業視察団が大連着（23日）、三井物産船舶部が、横浜・大連・営口直行航路開始（30日）。**一〇月**、台湾銀行が大連出張所開設（1日）。**一二月**、「満洲国」の時間を日本時間と統一する（5日）。張学良軍・楊虎城軍が西安で蒋介石を拘禁し、内戦停止・抗日の通電して西安事変を起こす（12日）。

◆**一月**、『盛京時報』の統計で、奉天市における中国資本の紡績工場は一三〇軒、機械台数は二、三〇〇台、工員数は五、〇〇〇人（23日）。**二月**、在奉天ソ連総領事館が閉鎖（14日）。**四月**、「奉天市政公署」を「奉天市公署」と改名、商埠局を撤廃（1日）。**七月**、一九〇七年創立した奉天居留民会は幕を閉じた。

◎**六月**、尾崎秀実『現地に支那を視る』（東京朝日新聞発行所）、橘樸『支那社会研究』（日本評論社）。**八月**、橘樸『支那思想研究』（日本評論社）、有沢広巳編『支那工業論』（改造社）。

一九三七（昭和12）年

一月、西安で一〇万人が内戦反対のデモ（9日）。**三月**、東京・大連間に直通無線電話開通（5日）。**四月**、満洲国第一次産業開発五カ年計画実施（1日）。**六月**、関東州庁が旅順より大連へ移転（1日）、日本空輸と恵通公司による東京・大連・天津間航空路開業（1日）。**七月**、盧溝橋事件が起こり中日全面戦争が勃発（7日）、満鉄社員が華北の軍事鉄道業務に従事開始（12日）。**八月**、第二次上海事変が起きる（13日）、満洲映画協会が新京に設立（21日）。**一一月**、国民政府が南京より重慶へ遷都（20日）。**一二月**、満鉄附属地行政権を満洲国に移譲（1日）、日本軍が南京占領、非戦闘員を含む約三〇万人の中国人虐殺（13日）。

◆**一月**、『盛京時報』、奉天市内の五〇万あまりの住民の内、一四、二〇九人が乞食の状態に陥ったと報道（11日）。**三月**、「満洲国」文教部が学校での日本語教育を徹底実行という訓令を下った（10日）。この月、「満洲国」は「産業開発五カ年計画」を実施始める。**四月**、「奉天市経済統制委員会」設立、生活必需品などを統制管理（13日）。**六月**、日本資本、「満洲油脂工業会社」奉天南満鉄道付属地に開設（18日）。**八月**、「盧溝橋事件」後、日本当局は中国人が奉天で経営する新聞を、『醒時報』以外、すべて停刊（31日）。**一〇月**、日本資本の「満洲東亜煙草株式会社」、「満洲不動産株式会社」、奉天の鉄道付属地に開設。日本資本の「満洲鋳物株式会社」、奉天商埠地に開設。**一一月**、日本資本の「国際運輸株式会社」（航空会社）、南満鉄道付属地に開設（26日）。

◎**九月**、尾崎秀実『嵐に立つ支那』（亜里書店）。**一一月**、榊山潤『上海戦線』（砂子屋書房）。**一二月**、朝日新聞社『支那事変写真全輯』（朝日新聞社）、吉屋信子『戦禍の北支上海を行く』（新潮社）。

一九三八（昭和13）年

一月、第一次近衛声明で「国民政府を対手とせず」との発表（16日）、国民政府は、いかなる犠牲を払っても領土と主権を維持すると声明（18日）。**三月**、中華全国文芸界抗敵協会が漢口に成立（27日）。**四月**、満鉄は産業部を調査部に改編し、農事試験場・地質調査所を満洲国に委譲（1日）。**九月**、臨時・維新両政府代表及び日本が大連で中華民国連合委員会樹立につき協議（9日）。**一〇月**、日本軍が武漢三鎮を占領（27日）。**一一月**、第二次近衛声明で東亜新秩序建設を提唱（3日）。**一二月**、日本軍が重慶爆撃開始（4日）、第三次近衛声明で善隣友好・共同防共・経済提携という三原則を提出（22日）。

◆**一月**、奉天市域を、瀋陽・大和・鉄西・大東・渾河・于洪・永信・皇姑・北陵・沈海・東陵と十一区に区画する（1日）。**二月**、奉天と日本の六大都市との長距離電話を開通（21日）。**四月**、「奉天放送局」を「奉天中央放送局」と改名。この年、奉天の人口数、中国人六八万九、六〇〇人、日本人一〇万八〇二人、朝鮮人一万九、〇一六人、その他の外国人一、四〇七人、総計八一万八二五人。

◎**四月**、阿部知二『北京』（第一書房）、衛藤利夫『韃靼』（満鉄社員会）。**五月**、長与善郎『少年満洲読本』（新潮社）。**七月**、大谷光瑞『大陸に立つ』（有光社）。**八月**、陸軍省新聞班編『支那事変戦跡の栞上巻』（陸軍恤兵部）。**一一月**、白井喬二『従軍作家より国民へ捧ぐ』（平凡社）。**一二月**、ジャパン・ツーリスト・ビューロー編『満洲旅行年鑑』（ジャパン・ツーリスト・ビューロー）。

一九三九（昭和14）年

二月、拓務省が昭和一四年度一万戸の満洲移民計画決定（12日）。**三月**、島木健作が満洲旅行に出発（22日）、満鉄が調査部を拡充（28日）。**四月**、関東軍が「満ソ国境紛争処理要綱」を示す（25日）、田村泰次郎・伊藤整ら大陸開拓国策ペン部隊第一回派遣隊として満洲へ出発（25日）。**五月**、満蒙国境で日本・ソビエト連邦両軍が衝突、ノモンハン事件が起きる（12日）。**一二月**、大阪商船会社が高雄・大連航路を開通（12日）。

◆**六月**、「満洲国」、「米配給統制」「砂糖配給統制」を実施。**九月**、日本資本、奉天大東区に「満洲工作機械株式会社」設立（1日）。**一二月**、「奉天工鉱技術学院」を奉天鉄西区に設立（一九四〇年九月、「奉天工業大学」と改名）。

◎**二月**、佐藤春夫『戦線詩集』（新潮社）、奥野他見男『支那街の一夜 ハルピン夜話』（大洋社出版部）。**五月**、岸田国士『従軍五十日』（創元社）、尾崎秀実『現代支那論』（岩波書店）。**一〇月**、高浜虚子選『支那事変句集』（三省堂）。

●**一月**、室生犀星「奉天の石獣」（『文学者』）。

一九四〇（昭和15）年

一月、拓務省が満洲開拓団員のための花嫁1万人募集（6日）。**三月**、戦争政策批判により衆議院が斎藤隆夫を除名処分（7日）、汪兆銘が南京で親日の中華民国国民政府を樹立（30日）。**五月**、日本軍による重慶大空襲（18日）。**六月**、満洲国皇帝愛親覚羅溥儀が日本訪問出発。**七月**、中日文化協会が南京で成立大会（28日）。**八月**、八路軍が華北で日本軍に対して大規模な進攻を行い、百団大戦が始まる（20日）。**一一月**、南京で日満華共同宣言調印（30日）。

◆**一二月**、「満洲国」は全域の人口が四、三二三余万人、そのうち、奉天市の人口は一一三万五、〇〇〇余人と発表。この年、『奉天商業実態調査』を発布、それによると、奉天全市に商家九、五五三軒、そのうち、中国人経営するのが八、〇八三軒、日本人経営するのが一、四三九軒、その他の国が経営するのが三一軒。

◎**四月**、島木健作『満洲紀行』（創元社）。**五月**、浅見淵編『廟会満洲作家八人集』（竹村書房）。**六月**、朝日新聞社『写真集満洲国』（朝日新聞社）。**一一月**、春山行夫『満洲風物誌』（生活社）。**一二月**、水平譲『写真集海南島』（光画荘）、山田清三郎編『日満露在満作家短篇選集』（春陽堂書店）。
●七月、大場白水郎「奉天ヤマトホテル」（『中央公論』）。

一九四一（昭和16）年

一月、東条陸相が「生きて虜囚の辱を受けず」との戦陣訓を示達（8日）。**四月**、日ソ中立条約モスクワで調印（13日）。**五月**、大連で詩誌『満洲詩人』創刊（1日）、第8回日満実業協会総会が大連で開催（9日）。**六月**、ドイツがソビエト連邦攻撃、独ソ戦が始まる（22日）。**九月**、日本の文壇使節団が関東軍報道部の招きで満洲へ出発（6日）、日本軍が湖南省長沙占領（27日）。**一〇月**、関東軍が熱河省掃討作戦開始（21日）。**一二月**、日本軍がハワイ真珠湾を空襲、太平洋戦争が始まる、中国国民政府対日独伊宣戦布告（9日）、日本軍第二次長沙作戦開始（24日）、日本軍が香港占領（25日）。「満洲国」、『治安維持法』『治安維持法施行令』などを発布（27日）、満洲各地で反満抗日分子の大規模検挙（30日）。
◆**六月**、治安部の統計に拠り、奉天市の総人口は二一一万九一六人、そのうち日本人・一六万三、五九一人、満洲族・八六万九、三二一人、漢民族の中国人など一〇七万八〇〇四人。**一二月**、「奉天ラマ教教団」奉天に結成（25日）。
◎**三月**、小田嶽夫『魯迅伝』（筑摩書房）。**一一月**、村松梢風『支那風物誌』（河原書店）。**一二月**、東亜同文会編『続対支回顧録』（大日本教化図書）。

一九四二（昭和17）年

一月、日本軍がマニラ占領（2日）、日本閣議で満洲開拓第二期五カ年年計画要綱決定（6日）。**二月**、日本軍が山西省の抗日根拠地に掃討作戦を開始（3日）、日本軍がシンガポール占領、中国系住民を多数虐殺（15日）、翼賛政治体制協議会成立（23日）。**三月**、汪兆銘が日本の大東亜戦争に協力すると談話発表（12日）。**四月**、満洲国で第二次産業開発五カ年計画実施（1日）、米軍艦載機が東京・名古屋・神戸などを初空襲（18日）。**五月**、日本軍が冀中抗日根拠地に掃討作戦開始、「三光作戦」実施（1日）、日本文学報国会設立、会長が徳富蘇峰（26日）。**六月**、ミッドウェー海戦開始、日本連合艦隊の主力を失う（5日）。
一一月、第一回大東亜文学者大会、東京で開会（3日）。
◆**一月**、「満洲キリスト教教会」が奉天に結成（27日）。

一一月、「満洲国」、『国民勤労奉公法』などを発布（18日）。一二月、『学生勤労奉公法』を発布（23日）。この年、奉天では物資欠乏、物価急騰、闇市氾濫。
◎四月、鐘田研一『満洲建国記第一部』（新潮社）。六月、山田清三郎ら編『満洲国各民族創作選集Ｉ』（創元社）。九月、鐘田研一『満洲建国記第二部』（新潮社）。一〇月、福田清人『大陸開拓と文学』（満洲移住協会）。
●一一月、網野菊「奉天」（『新潮』）。

一九四三（昭和18）年
一月、大和紡績会社が大連支店設置（14日）、「満鉄」が南方調査のため東亜経済調査局を拡充（22日）。二月、日本軍がガダルカナル島から撤退開始（1日）、「満鉄」本社が大連から新京へ移転（23日）。三月、東条首相が満洲国訪問へ東京を立つ（31日）。四月、中日文化協会第二次全国代表大会南京で開催（1日）、中日文化協会座談会が南京で開催、林房雄・草野心平ら出席（9日）。八月、第二回大東亜文学者決戦大会が東京で開催（25日）。九月、イタリアのバドリオ政権連合国に無条件降伏（8日）。一一月、大東亜会議が東京で開催（15日）。
◆四月、奉天当局、全市に対する大検挙を行い、三、五七六人を逮捕（27日）。五月、第二次大検挙、三二六人を逮捕（4日）。六月、第三次大検挙、三、五〇〇人を逮捕（22日）。
◎二月、藤井金十郎『哈爾浜と風俗――現地写真集』（日信洋行）。三月、増田貞次郎『旅順と大連』（東京堂）、八月、鐘田研一『満洲建国記第三部』（新潮社）。九月、宮下忠雄『支那戦時通貨問題一斑』（日本評論社）。
●八月、葉山嘉樹「満洲開拓体験記」（『読売報知』）。

一九四四（昭和19）年
一月、『中央公論』と『改造』の編集者が検挙される（29日）。二月、大本営が在満二個十七師団にサイパン島などへの移動命令（10日）、第二回満洲開拓全体会議が新京で開催（17日）。三月、日本軍がインパール作戦を開始（8日）。四月、新京で『満洲日報』創刊（1日）、日本軍が大陸打通作戦を開始（17日）。五月、中国遠征軍ビルマ入り日本軍に反撃開始（11日）。六月、マリアナ沖海戦で日本航空母艦壊滅（19日）。七月、サイパン島で日本軍が全滅（7日）、在中国米軍機が鞍山・大連を爆撃（29日）。一〇月、レイテ沖海戦始まる（24日）、神風特攻隊出動、日本連合艦隊壊滅状態に陥る（25日）。**一一月**、第三回大東亜文学者大会が南京で開催（12日）。

◆**九月**、『盛京時報』を『康徳新聞』奉天版と改名、奉天市における唯一の新聞となる（15日）。**一〇月**、米国B29爆撃機数十機、初めて奉天南駅と東関にある「奉天造兵所」を爆撃（7日）。**一二月**、米国B29爆撃機約七〇機、再び奉天にある満洲飛行機製造会社、奉天造兵所などを爆撃（21日）。

◎**九月**、山口誓子『満洲征旅』（満洲雑誌社）、手塚正夫『支那重工業発達史』（大雅堂）。**一二月**、竹内好『魯迅』（日本評論社）。

一九四五（昭和20）年

一月、アメリカ軍がフィリピンのルソン島に上陸（9日）、ソ連軍がワルシャワ占領（17日）。**二月**、ヤルタ会談開催、米英ソ三カ国の指導者が対日本戦について協議する（4日）。**三月**、米軍がマニラ占領（3日）、米軍による初の東京大空襲（9日）。**四月**、米軍が沖縄本島に上陸（1日）。**五月**、ドイツが連合国の無条件降伏文書に署名（7日）。**七月**、米英中三国が対日ポツダム宣言発表、日本に降伏を要求する（26日）。**八月**、天皇が戦争終結の詔書を放送（15日）、南京国民政府解散宣言（16日）、満洲国解散宣言（20日）、ソ連軍が旅順・大連占領（22日）。**九月**、『大連日日新聞』がソ連軍により停刊（3日）。**一〇月**、ソ連軍が大連市長別宮秀夫に解任通告（30日）。

◆**一月**、米国B29爆撃機、奉天を爆撃（13日）。**八月**、ソ連軍パラシュート兵が奉天飛行場を占領、飛行機で飛行場に到着した「満洲国」皇帝溥儀一行がソ連軍に識別され、捕えられた（19日）。ソ連軍戦車部隊の先遣隊が奉天へ侵攻、日本軍がそれに反撃を加え、激しい戦闘が二日ほど続いた（20日）。ソ連軍が日本軍の降伏を受け始めた（21日）。**九月**、中国共産軍八路軍の東進部隊が奉天に入った（5日）。ソ連側の提案で、奉天に入った八路軍を東北人民自治軍と改名（7日）。東北人民自治軍が正式に奉天市を接収管理し、奉天市暫定民主政府を設立（9日）。中国共産党中央に派遣された彭真・陳雲などの要人が奉天に到着、中国共産党中国共産党中央を創設、後に彭真が書記に任命（18日）。中央東北局が中共奉天市暫定委員会を設立、書記に孔原（25日）。**一〇月**、中央東北局が「奉天」を「瀋陽」に回復、瀋陽市民主政府を設立、白希清が市長に就任（10日）。遼寧省行政公署が瀋陽に成立、張学思が省長に就任（12日）。国民党政府が「東北保安司令長官部」を設置（16日）。中国共産党中央が各方面から東北に入った共産軍を東北人民自治軍に編入、林彪を総司令に、彭真を第一政治委員に任命（31日）。**一一月、**中国共産党東北局が『東北日報』を創刊（1日）。東北銀行が瀋陽に設立（12日）。東北人民自治軍及び中国共産党の各機関が瀋陽から撤退し、本渓に移設（26日）。国民党政府が瀋陽を接収（30日）。終戦後奉天に流入した日本人は一一万五、四〇〇人といわれ、原住日本人を加えると二六万人を超えると推測される。

◎**八月、**火野葦平『陸軍』（朝日新聞社）。**九月、**太宰治『惜別』（朝日新聞社）。

●**一一月、**『日本詩』（巽聖歌「冬の満洲開拓地」）。

（徐静波＝編）

主要参考文献

『写真画報臨時増刊　奉天占領記念帖』（博文館、一九〇五年三月）

徳富猪一郎『支那漫遊記』（民友社、一九一八年七月）

濱井松之助 編『最新奉天市街図　再版』（大阪屋號書店、一九二四年一〇月）

奉天観光協会『奉天案内　奉天観光バス案内・奉天観光案内図・満洲の年中行事』（奉天観光協会、一九三八年五月）

満洲帝国協和會奉天市公署分會『大奉天新区画明細地図』（満洲日日新聞社、一九三九年二月）

山田豪一『満鉄調査部　栄光と挫折の四十年』（日本経済新聞社、一九七七年九月）

『木下杢太郎日記』第二巻（岩波書店、一九八〇年一月）

野田宇太郎『木下杢太郎の生涯と芸術』（平凡社、一九八〇年三月）

藤田九市郎『在満五十年・奉天日本人の史　第一部』（大湊書房、一九八〇年一二月）

福田実『満洲奉天日本人史　動乱の大陸に生きた人々　改訂版』（謙光社、一九八三年一二月）

『谷崎潤一郎全集』第二二巻（中央公論社、一九八九年四月）

山口淑子　藤原作弥『李香蘭　私の半生』（新潮社、一九九〇年一二月）

小峰和夫『満洲《マンチュリア》――起源・植民・覇権』（一九九一年一一月）

クリスティー（矢内原忠雄・訳）『奉天三十年』（上、下）（岩波書店、一九九二年二月）

藤川宥二 監修『写真集　さらば奉天』（国書刊行会、一九九四年一月）

『吉野作造選集』第一二巻（岩波書店、一九九五年六月）

塚瀬進『満洲国　民族協和の実像』（吉川弘文館、一九九八年一二月）

永清文二『満州奉天の写真屋物語』（東京経済、一九九九年六月）

『学芸総合誌・季刊　環――歴史・環境・文明　vol.一〇　［特集］満洲とは何だったのか』（藤原書店、二〇〇二年七月）

小林慶二『観光コースでない「満州」』（高文研、二〇〇五年一一月）

小林英夫『満鉄調査部の歴史　1907-1945』（藤原書店、二〇〇六年一一月）
加藤陽子『満州事変から日中戦争へ』（岩波書店、二〇〇七年六月）
小林英夫『〈満洲〉の歴史』（講談社、二〇〇八年一一月）
三宅理一『ヌルハチの都―満洲《マンジュ》遺産のなりたちと変遷』（ランダムハウス講談社、二〇〇九年二月）
瀬戸利春『日露激突　奉天大会戦』（学研パブリッシング、二〇一一年七月）
芳井研一編『南満州鉄道沿線の社会変容』（知泉書館、二〇一三年三月）
上田貴子『奉天の近代　移民社会における商会・企業・善堂』（京都大学学術出版会、二〇一八年二月）
「アジア城市《まち》案内」制作委員会『瀋陽駅と市街地 ～満鉄附属地と憧憬の「奉天」』（まちごとパブリッシング、二〇二〇年八月）
臼井勝美『満州事変　戦争と外交と』（講談社、二〇二〇年九月）
塚瀬進『満洲の日本人』（吉川弘文館、二〇二三年三月）

論文

李薈、石川幹子「中国瀋陽市における公園緑地系統計画の展開に関する歴史的研究19世紀末から1945年までを対象として」（日本都市計画学会『日本都市計画学会 都市計画論文集』第45巻第3号、二〇一〇年一〇月）
木村陽子「安部公房の「奉天」体験 ―満洲教育専門学校付属小学校の英才教育を中心に―」（大阪経済法科大学アジア研究所『東アジア研究』第53号、二〇一〇年三月）
川村邦夫「中国東北部の多民族都市・満州奉天（現瀋陽）及びハルピンにおける鉄道付属地の開発に関する考察」（大阪市立大学創造都市研究会『創造都市研究 大阪市立大学大学院創造都市研究科紀要』第20巻、二〇二〇年三月）
李薈、中島伸夫「清末日中対立の下に中国東北部における『奉天商埠地』の形成に関する研究」（日本都市計画学会『都市計画論文集』第49巻第3号、二〇一四年一〇月）
石田曜「近代期瀋陽の北市場の実態に関する一考察」（『地域と環境』第17号、二〇二三年三月）

中国語参考文献

韩信夫等 编『中华民国大事记（1 - 5）』（中国文史出版社、一九九七年二月）

沈渭滨 编『中国历史大事年表（近代卷）』（上海辞书出版社、一九九九年二月）

沈阳市文史研究馆 编『沈阳历史大事年表（公元前300年 - 公元1949年）』（沈阳出版社、二〇〇八年四月）

解学诗主 编『关东军满铁与伪满洲国的建立』（社会科学出版社、二〇一五年）

张志强主 编『沈阳通史 近代卷』（沈阳出版社、二〇一六年四月）

郭春修 郭俊胜 主编『沈阳通史 现代卷』（沈阳出版社、二〇一六年四月）

关河五十州『张作霖大传 一个乱世枭雄的崛起与殒落』（现代出版社、二〇一七年一月）

姜念思 张毓茂『沈阳史话』（沈阳出版社、二〇一七年一月）

温淑萍 王艳春编著『盛京遗珍』（沈阳出版社、二〇一八年一月）

編者紹介

徐 静波（じょ・せいは）

1956年9月、上海生まれ。復旦大学日本研究センター教授。日中文化比較研究、日中文化関係を専攻。著書に『东风从西边吹来——中华文化在日本』（云南人民出版社、2004年）、『日本饮食文化：历史与现实』（上海人民出版社、2009年）、『近代日本文化人与上海（1923-1946）』（上海人民出版社、2013年）、『上海の日本人社会とメディア 1870-1945』（共著、岩波書店 2014年）、『〈異郷〉としての日本　東アジアの留学生がみた近代』（共編著、勉誠出版、2017年）、『解读日本：古往今来的文明流脉』（上海人民出版社、2019年）、『原色京都：古典与摩登的交响』（上海交通大学出版社、2021年）、『同域与异乡：近代日本作家笔下的中国图像』（社会科学文献出版社、2021年）、『魔都镜像：近代日本人的上海书写（1862-1945）』（上海大学出版社、2021年）などがある。訳書には、陸奥宗光『蹇蹇録　日清戦争外交秘録』（上海人民出版社、2015年）、村松梢風『魔都』（上海人民出版社、2018年）などがある。

コレクション・近代日本の中国都市体験

第6巻　奉天（瀋陽）

2025年3月15日　印刷
2025年3月25日　第1版第1刷発行

［編集］　徐 静波

［監修］　東京女子大学比較文化研究所・上海外国語大学日本研究センター

［全体編集］和田博文・高潔

［発行者］　鈴木一行

［発行所］　株式会社ゆまに書房
〒101-0047　東京都千代田区内神田 2-7-6
tel. 03-5296-0491 / fax. 03-5296-0493
https://www.yumani.co.jp

［印刷］　株式会社平河工業社

［製本］　東和製本株式会社

落丁・乱丁本はお取り替えいたします。　Printed in Japan

定価：本体 25,000 円＋税　ISBN978-4-8433-6713-1 C3325